W0468928

PHILIPPE LEYMARIE
THIERRY PERRET

LES 100 CLÉS DE L'AFRIQUE

Inédit

Postface d'Elikia Mbokolo

HACHETTE
Littératures

rfi

Collection fondée par Georges Liébert
et dirigée par Joël Roman

Cet ouvrage est publié en coédition avec Radio France Internationale (RFI).
www.rfi.fr

Cet ouvrage a été conçu par MFI, l'agence multimédia de RFI, avec les auteurs.

La cartographie a été réalisée par Philippe Rekacevicz en collaboration avec Cécile Marin.

Certains articles sont des contributions de collaborateurs de MFI : Tirthankar Chanda, Sylvie Clerfeuille, Antoinette Delafin, Marie Joannidis, Jan Kristiansen, Gervais Nitcheu, Fanny Pigeaud, Ariane Poissonnier, Olivier Rabaey, Claire Viognier.
Et avec le concours (articles Afrique du Sud, Lesotho, Swaziland) de : Thierry Vircoulon.

© Hachette Littératures, 2006.

Introduction

Un continent malade... de son image ?

Cent clés, mille visages... cinquante-quatre États pour la liste officielle[1], mais aussi deux mille langues, un milliard d'habitants annoncés dans quinze ans, sur trente millions de kilomètres carrés, autrement dit sept fois l'Europe unie, et plus de trois fois les États-Unis. Mille visages et une image, unique, répétitive, obsédante : celle d'un continent des extrêmes, aux déserts infinis, aux brousses impénétrables, aux mégapoles ingérables, aux épidémies ravageuses, aux dictateurs prolifiques... un continent voué aux catastrophes, aux guerres, à la misère et à ses instantanés : des bidonvilles aux camps de réfugiés, des rues en effervescence aux campagnes assoiffées, des administrations faméliques aux dirigeants corrompus, des bateaux naufragés aux avions crashés... Tout y passe, tout y est bon pour la photo, pour l'objectif ou le... rétroviseur, puisqu'il est admis que cette terre infestée cumule les retards, les arriérations et aberrations moyenâgeuses, quand il est question, partout ailleurs, d'avancer au rythme sans frein de la mondialisation.

Ce berceau de l'humanité — avec ses hominidés vieux de plusieurs millions d'années découverts de l'Éthiopie au Kenya ou au Tchad —, qui est peut-être aussi, à suivre les archéologues, la matrice des civilisations, est aujourd'hui le

1. Cinquante-quatre États, en incluant le Sahara-Occidental, reconnu par l'Union africaine.

continent le plus pauvre et le plus instable du monde. Il compte la population la plus jeune de la planète (plus de la moitié a moins de 21 ans, et les deux tiers moins de 30 ans), mais aussi la plus désespérée : certains vont jusqu'à tenter le grand saut de la mort, à bord d'esquifs surchargés, ou contre des clôtures électriques, et jusque dans les trains d'atterrissage des jets, pour avoir une chance d'atteindre la Terre promise d'Europe, fuyant la patrie maudite. Tandis que — moins spectaculaire, plus alarmant à terme — les meilleurs cadres, sportifs ou artistes, s'exilent en Europe, en Amérique, alimentant une fuite des cerveaux massive, estimée à vingt mille personnes par an.

Horizon fuyant

Un demi-siècle après les indépendances politiques, le continent africain est bon dernier dans le classement mondial du développement humain établi par le Programme des Nations unies pour le développement (PNUD) ; il reste confronté au défi majeur de la lutte contre la pauvreté, remis au goût du jour par les Objectifs du millénaire [1], au moment où la pauvreté absolue — moins d'un dollar de revenu par jour et par habitant — touche près de la moitié de ses habitants. Il doit toujours lutter contre la faim (c'est le seul continent où la malnutrition progresse) ; sa population tant urbaine que rurale manque d'eau, de bois, d'énergie ; elle est dépourvue face à des systèmes d'éducation et de santé devenus inopérants. La santé, surtout, est un horizon toujours fuyant : les grandes endémies n'ont pas disparu, le paludisme est triomphant et la tuberculose, « maladie des pauvres », enregistre une nouvelle explosion. Et l'Afrique reste aussi la plus touchée au monde (60 % des cas) par une pandémie du sida qui ne recule pas : 25,4 millions de personnes vivaient avec le VIH en 2004.

1. Objectifs du millénaire pour le développement (ODM) : liste de priorités établies par les Nations unies pour vaincre la pauvreté dans le monde.

La mondialisation devait « tirer » *ipso facto* l'économie-monde libéralisée... En la matière, le doute est africain : avec 10 % de la population de la planète, l'Afrique subsaharienne ne participe toujours que pour 1 % au produit intérieur brut mondial, et demeure d'un poids insignifiant dans les échanges internationaux (2,2 %), tout en se montrant ligotée par un endettement contracté aux heures fastes, qui s'est multiplié par trente en trente ans. Et le continent semble, aujourd'hui comme hier, impuissant face aux aléas naturels, entre tornades, crises de sécheresse et vols de criquets ; son capital écologique ne cesse de s'évanouir — 1,3 million d'hectares de forêts disparaissent chaque année dans le vaste bassin du Congo ; il est en proie au « cauchemar de Darwin [1] » et objet des grands émois de l'humanitarisme triomphant.

Cause autant que conséquence de la déliquescence actuelle, l'insécurité y a redoublé, depuis la fin de la guerre froide et de ses affrontements « Est-Ouest » qui ont cédé la place à une fragmentation généralisée des conflits... depuis aussi que la libéralisation politique a, pour le meilleur et pour le pire, délivré — selon Alpha Oumar Konaré, ex-chef d'État malien et président de la commission de l'Union africaine — « des revendications démocratiques et ethniques longtemps sacrifiées sur l'autel des unités nationales » : si la démocratie « formelle » a partout publié ses Constitutions et autres tables des lois, une trentaine de chefs d'État ont aussi été renversés par la force en moins de quinze ans, et de nouvelles plongées aux enfers — Somalie, Rwanda, Congo, Sierra Leone, Liberia... plus récemment, la Côte d'Ivoire, le Darfour — ont montré toute la dangerosité d'un continent désormais livré à lui-même.

1. Sous ce titre, un film d'Hubert Saufer illustre les ravages d'une mondialisation non maîtrisée : l'introduction dans le lac Victoria de la perche du Nil, poisson très prisé sur les étals européens mais aussi grand prédateur, a ruiné la faune et l'économie traditionnelles, au profit d'une fructueuse industrie tournée exclusivement vers l'export, ouvrant même la voie à des trafics d'armes.

Le tableau serait-il chargé ? Il se trouve souligné par trop de paramètres pour être simplement nié : l'Afrique, naguère « mal partie » — comme le diagnostiquait l'agronome René Dumont à l'orée des indépendances —, se porte aujourd'hui plus mal qu'hier, à une époque où tout se sait et se dit à très grande vitesse. Quitte à globaliser, simplifier et amalgamer, en jouant sur tous les registres de la fascination et de la répulsion... Il y a aujourd'hui un discours sur l'Afrique qui renvoie, dit l'écrivain nigérian Wole Soyinka, à ce « climat de peur [qui] règne sur le monde [1] ». Et qui instruit davantage sur les hantises occidentales que sur l'Afrique réelle, souligne de son côté avec force l'anthropologue Jean-Loup Amselle [2], parlant d'une « géopolitique esthétique » où le continent noir est à la fois objet mortifère, renvoyant à la malédiction biblique (le continent de Cham), et source de certains fantasmes de régénération, tout aussi irrationnels. Dans tous les cas, aujourd'hui semble-t-il comme naguère, l'Afrique est dite et pensée le plus souvent par *d'autres* — ceux qui détiennent le monopole du discours, de l'information, du jugement historique.

Mémoire vivante

À l'« afropessimisme » et à l'exploitation à outrance, par les grands médias internationaux, des thèmes du chaos et de la « dérive », les Africains, excédés par le réductionnisme ambiant, tentent d'opposer la vision d'une « Afrique qui gagne », avec des taux de croissance inconnus en Occident (5,1 % en 2005), avec une population jeune mais féconde, parce que rebelle, pauvre autant que créatrice... Une vision d'une Afrique aux immenses richesses, à l'infinie diversité culturelle, forte — jusque dans le drame — de ses traditions de solidarité et de sociabilité... d'une Afrique ardente en religion — pour rappeler au passage que la chrétienté y joue son

1. Wole Soyinka, prix Nobel de littérature, in *Le Nouvel Observateur*, 25 août 2005, n° 2129.

2. Jean-Loup Amselle, *ibidem*.

avenir, et que l'islam ici peut être facteur de cohésion... d'une Afrique performante, fourmillante de sportifs, d'artistes, d'entrepreneurs, fertile en inventeurs des mille et un scénarios quotidiens de la survie.

Ils évoquent un continent fier de son passé et d'une mémoire vivante dont les historiens patiemment reconstituent la trame négligée, admiratif pour ses héros contemporains — les Lumumba, Sankara, Nyerere, Senghor ou Mandela —, modèles de dignité dans un continent trop souvent soumis. Ils dépeignent une Afrique de la « renaissance », thème venu d'un pays, l'Afrique du Sud, qui, à peine sortie de l'apartheid, s'impose déjà comme la grande puissance à venir au Sud. Ils parlent d'intégration économique, de grands projets de développement, de démocratie : veut-on ignorer qu'à l'heure de la paupérisation et du « durcissement » des relations internationales, l'Afrique est entrée depuis les années 1990, sous le signe du pluralisme, dans une ère politique nouvelle où de réelles libertés accompagnent la diffusion souvent chaotique de l'État de droit, faisant du continent un laboratoire démocratique sans équivalent dans d'autres grandes régions, du monde arabe à l'Asie ?

Un continent encore qui renonce de plus en plus aux discours misérabilistes, aux implorations d'aumônes, au lamento des exploités et des oubliés de l'histoire, aux litanies sur la repentance ou le droit aux réparations, lesquels faisaient hier encore l'ordinaire des relations avec les ex-métropoles. Ces dernières étant forcées de constater, sans toujours le comprendre, que les temps ont changé, que l'heure des réévaluations est venue : à l'exemple du désamour actuel entre la France et l'Afrique qui, entre génocide rwandais et pliage de bagage en Côte d'Ivoire, montre que la grande puissance tutélaire d'hier doit trouver d'autres modalités de sa présence, qu'on aurait tort peut-être d'imaginer simplement révolue, avec l'espoir que prendra forme un jour un partenariat dégagé des pesanteurs historiques.

Un continent qui pourrait se retrouver au cœur d'une nouvelle bataille d'influence, cette fois entre Occidentaux et Chinois. Pékin, devenu deuxième consommateur de pétrole du monde, est intéressé par l'or noir africain : les accords se sont multipliés ces dernières années, en Algérie, Libye, Soudan, Angola, Gabon, Congo ou Nigeria... Loin de la diplomatie tiers-mondiste pratiquée par la Chine communiste au siècle dernier, voici l'arrivée des commerçants, des hommes d'affaires de la « grande usine » du monde : des quartiers chinois se forment dans les capitales, les produits *Made in China* inondent les marchés, des partenariats économiques se nouent. La Chine est désormais le premier client et fournisseur de l'Afrique du Sud et l'ensemble des chefs d'État africains étaient conviés à un sommet sino-africain à Pékin, en novembre 2006, à l'exemple du sommet Afrique-Asie initié (en novembre 2005) à Tokyo par le Japon — un des pays d'ailleurs les plus impliqués dans l'aide publique au développement. Une percée asiatique souvent plus profitable — et politiquement moins tatillonne — que les anciennes solidarités euro-africaines.

Bruit inquiétant

Pendant longtemps, l'Afrique fut muette : *terra incognita* sur les vieilles cartes du monde, elle restait, au fur et à mesure de son exploration par les Européens, un sujet d'étrangeté et une réserve apparemment inépuisable de curiosités. Sa conquête politiquc et sa mise en exploitation économique — y compris l'incroyable captation de ses ressources humaines à l'époque de la traite négrière — ne modifièrent pas sensiblement cet état de choses. Jusqu'à la Seconde Guerre mondiale, l'Afrique dite « subsaharienne » demeure pour l'Occident un *autre* monde lointain, connu des seuls administrateurs et des aventuriers, dont la destinée n'influe pas — on peut du moins le penser à l'époque — sur le sort du reste de la planète. La progressive émergence, au tournant des années 1960, de l'Afrique comme réalité politique autonome et comme enjeu de la diplomatie internationale se fait encore à petit bruit : ce qui s'y passe reste perçu comme une partie annexe des grandes stratégies mettant aux prises les nations développées.

Au surplus, la guerre froide avait instauré une division du monde très fonctionnelle : à l'abri des grandes zones d'influence de l'Est et de l'Ouest, les faibles pays africains sous allégeance ne troublaient guère l'ordre des forces. C'est par effraction seulement qu'ils entraient dans l'actualité, à certains points de friction des blocs ainsi constitués : le Congo, le Biafra, l'Angola et le Mozambique, premières grandes crises de feu et de sang, donnent à voir et à entendre une Afrique déjà inquiétante, mais pour l'essentiel encore sous contrôle. Une Afrique qu'on disait d'ailleurs néocoloniale, ne disposant — comme l'indiquait l'un des pères des indépendances, le Tanzanien Julius Nyerere — que de l'« indépendance du drapeau », avec le plus souvent des régimes autoritaires adossés à un parti unique, creuset d'une unité parfois factice.

D'autres alertes sont survenues : telle la grande sécheresse au Sahel du début des années 1980, perçue uniquement comme un déversoir (déjà) d'aspirations humanitaires, mais qui témoignait, sous l'aléa climatique, de ce que le continent changeait, que sa démographie en augmentation exponentielle n'était plus en adéquation avec des ressources considérées jusque-là comme importantes ou suffisantes. Le continent changeait, et allait bientôt s'autonomiser, entrer dans l'ère des crises, mais aussi du mouvement, alors que le premier « choc pétrolier » des années 1970 ouvrait une ère durable de détérioration des termes de l'échange ; et à l'heure où l'imposition progressive par les lointaines vigies financières régnant à Washington de plans d'ajustement structurel, en ôtant aux États des pans entiers de souveraineté, allait conduire à leur déshérence.

Celle-ci a des aspects d'abord positifs : l'autoritarisme recule, la société civile se réveille, des régions se soulèvent, les dictateurs tombent ou se reconvertissent, les prés carrés se lézardent. C'est le temps des conférences nationales, des libertés reconquises, du multipartisme et de ses élections ritualisées... le temps de l'enthousiasme et bientôt des désillusions, enfin de la division, lorsque l'ethnie — cette catégorie si envahissante et si peu comprise — s'empare de la politique, et que les antagonismes autour du partage des (maigres) ressources se découvrent identitaires. L'Afrique se délite, on parlera bientôt des « naufragés de la démocratie », alors que revient le temps des putschistes et que renaissent des conflits où l'implosion du Zaïre passera pour la première véritable guerre africaine. L'Afrique, cette fois, occupe durablement la une, semble vouloir compenser sa longue absence de la scène par un surinvestissement dans la misère et l'horreur. Spectaculaire, dangereuse, est-elle mieux *connue* pour autant ?

Et si l'Afrique n'existait pas ?

Les étudiants, intellectuels, entrepreneurs, commerçants, militaires, journalistes, fonctionnaires ou militants associatifs qui ont eu affaire avec ce continent savent à quel point il est divers, complexe, par tout ce qui ne fait guère parler de lui : sa géographie, son histoire, ses populations et ses cultures, ses travaux et ses jours. Dès qu'on l'envisage par ce biais, la notion de son uniformité s'éloigne, le jugement se suspend, et l'on est submergé par la multiplicité des points de vue et des situations dont il s'agit de rendre compte.

Les médias ont souvent décrit le continent comme un bloc, dans un registre pathétique : crises, pauvreté, endémies, échecs... Mais cette Afrique est-elle vraiment un *tout*, comme le postulait, dans un grand effort de reconversion idéologique, « l'Histoire générale » mise en chantier au début des années 1970 par l'Unesco ? Une entité ? Pour quelle unité ? N'y aurait-il pas plutôt cinquante-trois Afriques — autant que d'États indépendants — enserrées dans cinq ou six grandes sous-régions, liées de manière plus ou moins homogène par la réalité d'ailleurs mouvante de communautés (ethniques, religieuses, linguistiques, économiques) et de leur histoire ? Au rebours de cette diversité, une certaine opinion persiste à vouloir parler « de l'Afrique », et de ses humains comme des habitants de Sirius, la globalisation rejoignant ici le besoin d'exotisme : « L'Afrique, ça n'existe pas », s'insurgeait voilà quelques années un écrivain (togolais) qui ne se voulait qu'artiste, et non un auteur « africain », en tant que tel consommable[1]. À quoi fait écho le Camerounais Gaston Kelman, rendu célèbre par son livre *Je suis noir, et je n'aime pas le manioc*, qui a récidivé dans ce registre avec un décapant *Au-delà du Noir et du Blanc*[2].

Depuis toujours, ce que l'on considère aujourd'hui comme le continent africain fait l'objet d'une dissociation mal assumée : entre l'Afrique du Nord, conçue comme une extension du monde arabe, entre ce Maghreb (l'*Ifriqiya* des Anciens) avec lequel les échanges sont pour l'Europe depuis toujours d'une nature spécifique, et le maintien dans une situation historique, culturelle, économique radicalement autre de l'Afrique subsaharienne. Ce qui revient le plus souvent à distinguer une Afrique noire et une Afrique blanche.

Aujourd'hui, pourtant, l'Afrique politique englobe ces deux Afriques, la barrière saharienne n'étant que très partiellement une frontière de couleur. Mais dans le langage commun, qui recoupe aussi parfois celui des spécialistes, le label « Afrique » revient le plus souvent à la partie dite « subsaharienne », donc noire, du continent. Cette division est inexacte et utile à la fois : il y a bien des convergences et des intérêts communs, comme il y a du nord au sud une réelle hétérogénéité, le Sud étant uniformément perçu selon les paramètres de la pauvreté et des conflits actuels.

1. Kossi Efui, à l'occasion du festival des Étonnants Voyageurs de Bamako, en février 2003.

2. Max Milo éditeur, 2004 et 2005. Voir également Stephen Smith et Géraldine Faes, *Noirs et Français !*, Panama, 2006.

Plus sûrement, on est ici face à un continent fracturé, ou du moins multipolaire. Où, par exemple, l'Afrique du Sud à elle seule représente entre un dixième et un quart du reste de l'Afrique subsaharienne, en termes de revenu, de ressources, de transports, d'énergie, de moyens de communication. Et où elle affirme (surtout depuis une décennie) son influence sur une sous-région qui prend de plus en plus l'allure d'un arrière-champ économique. Au nord, le Maghreb semble, lui, engagé dans une révolution sociale qui le rapproche des standards européens. Entre ces pôles, combien d'Afriques encore, combien d'identités notamment linguistiques, combien de glacis économiques et de jachères, combien d'organisations régionales et d'intégrations à échelles multiples, combien de zones de transition ? Et il y a aussi ce nouveau maillage des voies de communication, conjugué à une explosion des médias, de l'Internet et de la téléphonie, ainsi que la réalité, *via* la nouvelle organisation de l'Union africaine, d'une redynamisation de l'idéal panafricain, qui permettent à l'Afrique de se rêver unie, à défaut d'être unique.

Le propos de ce livre est de donner les « clés » essentielles de l'Afrique d'aujourd'hui — loin de l'image, projetée à l'envi, de ces ombres humaines sur un théâtre de catastrophe qui résumerait une certaine idée du continent. On y trouvera donc une revue synthétique de l'ensemble des États, des repères autour des grandes problématiques de l'histoire contemporaine de l'Afrique et un choix de thèmes significatifs. Ceux-ci ont été sélectionnés pour éclairer les sujets qui entrent de manière plus ou moins récurrente dans l'actualité : au premier chef les conflits, l'état du développement et de la politique, ainsi que des notices sur les faits de société (religions, villes), les principaux partenaires du continent, les enjeux économiques, les matières premières, la culture, etc. Il s'est agi aussi d'examiner quelques notions peu explicitées : qu'entend-on par ethnies, que signifie l'affirmation selon laquelle l'Afrique est le continent de la corruption ? Des personnages emblématiques y figurent également — de Kofi Annan à Léopold Sédar Senghor, en passant par Nelson Mandela et Thomas Sankara —, ne serait-ce que pour rappeler combien l'Afrique compte, au-delà de ces quelques noms, d'acteurs qui ont eu à influer sur sa destinée...

Cet ensemble est complété par un corpus de documents : des cahiers de cartes ; les « éphémérides » de RFI (Radio France Internationale), qui jalonnent un demi-siècle d'actualité ; des chronologies thématiques (Union africaine) ou régionales (Afrique australe, Congo, Côte d'Ivoire), des discours et textes fondateurs, une bibliographie, une liste des sites Internet, ainsi qu'un index détaillé auquel nous invitons les lecteurs à se reporter, pour composer leurs propres notices.

Liste des entrées

Afrique du Sud

Avec une population de 45 millions d'habitants et un produit national brut (PNB) de 156 milliards de dollars, l'Afrique du Sud est une des principales puissances du continent africain et un géant en Afrique australe. Elle cumule, du fait d'une histoire très particulière, un niveau de développement inégalé par les autres États africains. La ségrégation puis l'apartheid ont conduit à la naissance de deux sociétés : la société « moderne » des descendants d'Européens, équivalente en tout point aux standards de vie occidentaux et dans laquelle évolue environ un cinquième de la population ; et la société « africaine », en version rurale ou urbanisée, qui constitue son tiers-monde intérieur. La nouvelle Afrique du Sud a hérité de cette dualité, qui au plan interne fait à la fois sa force et sa faiblesse, et l'incite au plan extérieur à briguer un rôle de leader continental.

Du premier comptoir établi au Cap par le Hollandais Van Riebeeck (1652) jusqu'au début du XXe siècle, l'histoire sud-africaine a été une longue suite d'affrontements entre colonisateurs et Africains mais aussi entre colonisateurs eux-mêmes. Période de la rivalité colonisatrice entre Afrikaners et Britanniques, le XIXe siècle a été un siècle de luttes avec les différentes tribus qui peuplaient l'intérieur de l'Afrique australe (guerres de frontières avec les Xhosa, guerres anglo-zoulous, les deux guerres basotho-boers et les deux guerres anglo-basotho, etc.). Cette résistance, qui n'était ni unie ni exempte de luttes intra-africaines, ne prit fin qu'après la révolte Bambatha de 1904 — le dernier soulèvement zoulou au Natal. Le XIXe siècle s'acheva par la guerre des Boers (1899-1902), qui mit un point final à la formation territoriale de l'Afrique du Sud.

La société de ségrégation qui fut construite dans la première moitié du XXe siècle, malgré la résistance pacifique de l'African National Congress (ANC), créé en 1912, se transforma en régime politique en 1948 : l'unification politique de la communauté afrikaner permit au Parti national de D. F. Malan de remporter ces élections et d'institutionnaliser la ségrégation. L'apartheid se heurta dès ses débuts à une résistance des non-Blancs et à une dénonciation par les Blancs libéraux. Au début des années 1960 s'y ajoutèrent une dénonciation internationale, puis une mise sous sanction par les Nations unies ; mais il fallut attendre 1990 pour que l'insurrection des *townships* conduise le gouvernement blanc à négocier avec l'ANC et à libérer son dirigeant charismatique, Nelson Mandela.

À l'issue de quatre années de négociations, durant lesquelles le pays fut plongé dans un climat de violence, les premières élections démocratiques portèrent l'ANC au pouvoir et un gouvernement d'unité nationale fut chargé de rédiger une nouvelle Constitution. Accompagné d'un travail de dévoilement des violations des droits de l'homme et de confrontation quasi thérapeutique des bourreaux et des victimes, dans le cadre des auditions de la commission Vérité et Réconciliation, ce transfert du pouvoir politique sanctionné par les urnes fut qualifié en son temps de « miracle » : l'instauration d'un racisme d'État, avec son corollaire répressif, tout comme l'âpreté de la lutte de libération clandestine et de la guerre aux frontières avec l'appui des pays de la ligne de front avaient fait craindre une explosion majeure, des massacres, un rejet des Blancs à la mer et la destruction de l'économie, un retournement géopolitique... Il n'en a rien été.

Depuis la fin de l'apartheid, l'ANC est politiquement en position de surdomination. Réélu avec 62 % puis 66 % des suffrages en 1999 et 2004, le parti au pouvoir n'est pas inquiété par une opposition qui reste minoritaire et fondée sur des bases raciales. Sous la houlette de Nelson Mandela d'abord, puis de Thabo Mbeki à partir de 1999, l'ANC tente de corriger les inégalités héritées d'un siècle de domination blanche et de mettre fin à la marginalisation socio-économique de la majorité africaine. Cette politique de transformation a pris sous la présidence de Nelson Mandela une forme politico-juridique, avec une réécriture législative de grande ampleur et la création de nouvelles institutions.

Les bases de la démocratie sud-africaine étant posées, le gouvernement de Thabo Mbeki a pu mettre l'accent sur le rattrapage socio-économique de la majorité africaine, avec une politique de *Black Economic Empowerment* basée sur la discrimination positive ; mais elle reste limitée (3 % des capitaux échangés à la Bourse de Johannesburg). Faute d'un miracle économique qui aurait pris la suite du miracle politique, l'effacement de l'héritage socio-économique de l'apartheid a été plus lent à engager que ne l'avaient rêvé — et promis — les dirigeants du pays. En crise depuis la fin des années 1980, l'économie sud-africaine a connu une croissance lente dans la dernière décennie du xxe siècle et ne semble avoir retrouvé un taux de croissance significatif que récemment (3,5 % en 2004). En outre, largement étatisée sous l'apartheid, l'économie sud-africaine est passée d'un protectionnisme quasi total à une ouverture libérale qui a induit une période d'ajustement douloureuse dans plusieurs secteurs (agriculture, industrie, services financiers, etc.) et des délocalisations coûteuses en emplois.

Parallèlement, l'économie sud-africaine connaît une mutation structurelle, avec développement du secteur tertiaire. Le chômage atteint 36 % en 2004, selon la définition large du Bureau international du Travail, et les disparités sociales — si elles se sont plutôt déracialisées — ont tendance à se creuser : une bourgeoisie africaine émerge — avec, entre 1998 et 2004, un nombre de familles noires bénéficiant d'un revenu supérieur à 1 800 euros qui a augmenté de... 368 % — tandis que les deux tiers de la population, victimes du chômage, de la violence et du sida, s'enfoncent dans la pauvreté. La pandémie de sida est d'une acuité particulière : le taux de séropositivité est de 24 %, l'espérance de vie de 47 ans et la population sud-africaine ne croît plus.

Depuis 1994, l'Afrique du Sud va donc de l'avant mais pas forcément là où son gouvernement voudrait la conduire. On peut y lire le risque d'un découplage à terme dangereux entre le politique et l'économique, comme on peut y discerner le retour d'une société complexe. Mais après avoir été mise au ban des nations (les sanctions économiques et diplomatiques contre le régime d'apartheid conduisirent à l'isolement du pays), l'Afrique du Sud a pleinement réintégré l'univers diplomatique : elle fait preuve d'un grand activisme, en s'investissant dans la résolution de toutes les crises majeures du continent africain, même si c'est avec une fortune variable.

Si les négociations entre Nelson Mandela et un Mobutu en fin de règne n'avaient pas permis d'éviter une confrontation généralisée dans l'ex-Zaïre, en revanche l'Afrique du Sud a joué un rôle de premier plan dans la stabilisation des situations burundaise et congolaise (accord de Sun City en 2002). Son intervention dans la crise ivoirienne (accord de Pretoria en 2005) n'a pas, cependant, apporté les fruits escomptés. L'Afrique du Sud n'est intervenue militairement qu'au Lesotho pour éviter un coup d'État militaire (opération Boléas en 1998), mais participe à de nombreuses opérations de maintien de la paix en Afrique (Burundi, République démocratique du Congo, Soudan). Le président Thabo Mbeki a pris soin de ne pas laisser son pays entraîné dans la campagne internationale d'isolement du régime de Robert Mugabe, au Zimbabwe, auquel il voue une reconnaissance « historique ».

Les efforts diplomatiques de Pretoria se portent aussi sur les organisations régionales qu'il tente de redynamiser : la Southern African Development Community (SADC, Communauté de développement de l'Afrique australe) est l'objet de toute son attention et la transformation de l'Organisation de l'unité africaine (OUA) en Union africaine (UA) lui doit beaucoup. Il œuvre à mettre au centre des relations Nord/Sud la question du sous-développement du continent africain, en promouvant le Nepad, un plan de développement du continent axé sur l'investissement (notamment dans le domaine des infrastructures) et la bonne gouvernance.

Au-delà de l'Afrique, Pretoria prône la création d'un front diplomatique des puissances de second rang issues du Sud et développe des échanges économiques et un dialogue politique soutenu avec le Brésil, l'Inde, la Chine et d'autres puissances émergentes. Par ailleurs, la diplomatie sud-africaine n'a pas fait mystère de sa volonté de réformer le Conseil de sécurité des Nations unies et de briguer le siège « Afrique » d'un conseil élargi. Ainsi, en dix ans, l'Afrique du Sud est-elle parvenue à devenir un acteur central des relations internationales africaines.

Agriculture

L'agriculture a depuis longtemps été vue comme le socle du développement en Afrique, et la mauvaise gestion du secteur comme la cause directe de son échec : de fait, l'agriculture constitue la base économique pour beaucoup d'États du continent. Au Mali comme à Madagascar, la population compte plus de 70 % de paysans, et au total, le secteur agricole fournit 57 % des emplois du continent. Secteur cependant peu performant, puisqu'il ne contribue que pour 17 % à son produit intérieur brut (PIB). Dans de nombreux pays, il est notamment fragilisé par sa dépendance vis-à-vis des quelques cultures de rente développées pendant la période coloniale et destinées à l'exportation. L'économie du Ghana, par exemple, est tributaire de l'évolution des cours mondiaux du cacao, celle du Mali des cours du coton, celle du Kenya des cours du thé. Certaines de ces cultures ont conduit à l'appauvrissement des sols, comme au Sénégal où la monoculture de l'arachide a abîmé durablement un écosystème déjà fragile, ou en Côte d'Ivoire où la culture du cacao s'est faite au détriment du couvert forestier.

Extensive, majoritairement constituée de petites exploitations familiales, qui combinent élevage et cultures vivrières pour la satisfaction des besoins locaux, l'agriculture africaine souffre d'un manque de compétitivité. Dans un contexte de croissance démographique, l'Afrique est ainsi le seul continent où la production agricole par habitant a baissé au cours des quarante dernières années. Le peu d'attention que les gouvernements ont accordée au monde rural depuis les indépendances serait en cause. Les prix payés aux producteurs ont toujours été très faibles et la plus-value tirée de l'agriculture a été la plupart du temps utilisée pour assurer la paix sociale et le développement des villes. Dépourvues de protection sociale, d'un accès facile au crédit, de moyens pour maîtriser l'eau, pour stocker, conditionner et commercialiser leurs récoltes, de système de retraite et de santé, les populations rurales disposent aujourd'hui de peu d'infrastructures : écoles, dispensaires, routes, approvisionnement en eau et en électricité sont insuffisants, voire inexistants. Du coup, les paysans n'ont pas les moyens d'entretenir le capital foncier national qui se dégrade petit à petit et devient de moins en moins productif. De mauvaises conditions climatiques, comme les périodes de sécheresse des années 1970 dans les pays du Sahel, font partie des facteurs qui ont aggravé cette situation.

Les programmes d'ajustement structurel, prescrits à la fin des années 1980 par la Banque mondiale et le Fonds monétaire international (FMI), n'ont pas arrangé les choses. L'ajustement structurel a été préparé dans son élaboration par le fameux Rapport Berg sur « le développement accéléré en Afrique au sud du Sahara (1981) ». Celui-ci, tout en insistant sur le caractère surtout rural de la pauvreté et la nécessité de redonner la priorité à l'agriculture vivrière, aux petits exploitants et aux coopératives, a préparé la voie à une libéralisation de l'économie toujours d'actualité. Les grands organismes multilatéraux ont ainsi obligé les États à se retirer du secteur agricole, mis fin aux systèmes de stabilisation des prix, entraîné la fermeture des offices publics de commercialisation, supprimé les subventions à l'achat d'intrants ainsi que les organismes de recherche et de vulgarisation. Au final, les paysans se sont retrouvés sans ressources, tant financières que techniques.

Ces orientations ont été renforcées, en 1994, par les accords de Marrakech, signés dans le cadre de l'Organisation mondiale du commerce (OMC), pour une libre circulation des produits agricoles. Avec eux, la marge de manœuvre des États sur le contrôle de leurs importations a encore considérablement diminué. Le faible niveau des droits de douane commun à l'ensemble des pays de l'Union économique et monétaire de l'Afrique de l'Ouest (UEMOA), adopté en 1997, est allé dans le même sens. Extrêmement bas, il a laissé grandes ouvertes les frontières de ses pays membres aux produits vivriers extérieurs. S'il a arrangé à court terme les gouvernements, qui pouvaient nourrir à bas prix leur population grâce aux importations, ses répercussions ont été considérables pour les paysans. Concurrencés par les produits subventionnés et les excédents à bas prix des pays développés, les producteurs n'arrivent plus, depuis, à vendre le fruit de leur travail sur leurs propres marchés. Ils sont devenus de plus en plus pauvres : au Sénégal, plus de 70 % d'entre eux vivent désormais en dessous du seuil de pauvreté.

Pour tenter de sortir de cette spirale de la pauvreté, les chefs d'État et de gouvernement de l'Union africaine, lors du sommet de Maputo (Mozambique), en 2003, se sont engagés à doubler en cinq ans la part des budgets nationaux consacrés à l'agriculture et d'atteindre 10 %. Conscients de la nécessité de moderniser leur agriculture, les paysans s'organisent eux aussi. Ils ont créé, au cours des années 1990, des plates-formes régionales actives sur le plan national et international, à l'image du Réseau des organisations paysannes et des producteurs agricoles d'Afrique de l'Ouest (ROPPA). Ensemble, ces organisations plaident pour l'adoption de régimes fonciers qui permettraient de sécuriser les paysans, demandent à bénéficier du même niveau d'investissement que les villes, réclament la protection des filières agricoles, la reconnaissance d'un statut juridique pour les travailleurs du monde rural, l'accès à une protection sociale. Surtout, elles s'opposent à la volonté de plusieurs gouvernements (du Sénégal et de Madagascar, notamment) de développer une agriculture industrielle, gérée par des investisseurs privés, travaillant pour l'exportation et employant une main-d'œuvre salariée, et de reléguer au second plan l'agriculture familiale, pourtant beaucoup plus pourvoyeuse d'emplois.

Aide

L'Afrique subsaharienne, région la plus pauvre du monde, a bénéficié de la remontée depuis 2002 de l'Aide publique au développement (APD), qui avait fortement fléchi depuis la fin de la guerre froide. Les Africains devraient également profiter d'un doublement, d'ici à 2010, de l'aide vers le continent à la suite des promesses faites par les pays riches, surtout celles du Groupe des 8 (G8).

Le concept même de l'aide au développement est né, à l'issue de la Seconde Guerre mondiale, de l'action des puissances coloniales pour développer leurs possessions outre-mer et de la création de nouvelles institutions internationales qui ont posé les bases du système multilatéral actuel. La Banque internationale de reconstruction et de développement (BIRD) — la Banque mondiale — et le Fonds monétaire international (FMI), fondés à Bretton Woods en 1944, ont commencé leurs opérations en 1946 au moment de l'indépendance des Philippines, puis de l'Inde et du Pakistan en 1947. Le succès du plan Marshall (1948-1951) pour la reconstruction de l'Europe — une aide massive américaine bien utilisée grâce aux politiques communes élaborées au sein de l'Organisation européenne de coopération économique (OECE) — a suscité l'espoir qu'une aide extérieure puisse aussi encourager le développement économique et social des pays pauvres. Dans un contexte de confrontation Est-Ouest, le président Harry Truman propose en 1949 un programme d'aide au développement, adopté l'année suivante par le Congrès, alors que commence la guerre de Corée. Des considérations géostratégiques vont dominer l'aide de certains grands pays jusqu'à l'effondrement de l'Empire soviétique en 1989-1990.

La notion de « non-alignement » entre Est et Ouest naît à la conférence afro-asiatique de Bandoeng en 1955. La quasi-totalité des pays de l'Afrique subsaharienne deviennent indépendants à partir de 1960, précédés par le Ghana dès 1957. Des régimes d'inspiration marxiste s'installent dans des pays comme la Guinée, l'Éthiopie, Madagascar, et plus tard l'Angola et le Mozambique. Les grandes puissances occidentales voient alors dans l'aide un moyen de contrer les avancées du communisme dans la région, et ne reculent guère devant la fraternisation avec des dictateurs et autocrates comme Mobutu au Zaïre, Idi Amin Dada en Ouganda ou Bokassa, « empereur » autoproclamé centrafricain.

Quelques grandes périodes sont à discerner dans le processus de l'aide au développement. En 1960-1961, l'OECE est réorganisée, avec les États-Unis et le Canada comme membres de plein droit, sous le nom d'Organisation de coopération et de développement économiques (OCDE), ce qui souligne la nouvelle dimension en matière de développement de la coopération internationale. L'OCDE établit le Comité d'aide au développement (CAD), principal forum de consultation et de réflexion sur l'aide. De son côté, la Banque mondiale crée l'Association internationale de développement (AID ou IDA en anglais) avec un capital initial de 900 millions de dollars, pour prêter aux pays pauvres à des conditions très concessionnelles. La France devient le premier pays à établir un ministère de la Coopération, responsable de l'aide aux pays pauvres nouvellement indépendants, surtout en Afrique francophone. Le président Kennedy lance l'« Alliance pour le progrès » pour l'Amérique latine, et les Américains créent l'agence USAid chargée d'administrer leur aide bilatérale. Bonn, Tokyo et d'autres capitales suivent leur exemple en créant des structures similaires.

Durant la décennie 1980-1990, après les deux chocs pétroliers, l'économie mondiale est frappée par l'inflation, la récession et la crise de la dette latino-américaine. C'est alors que le président Ronald Reagan vante la « magie du marché », l'entreprise privée et le commerce plutôt que l'aide, et la déréglementation du secteur financier accélère le mouvement vers la mondialisation, qui marginalise les pays les moins développés, surtout en Afrique. La chute du communisme en 1989-1990 semble priver l'aide de sa justification stratégique, au moins pour un temps.

Car après une période de désintérêt et de déclin de l'APD globale dans les années 1990, le débat se ranime. Le CAD met l'accent sur la nécessité d'un partenariat avec les pays en développement et jette les bases d'une nouvelle stratégie pour le XXIe siècle fondée sur la prévention des conflits, la réduction de la pauvreté, la bonne gouvernance et la transparence. Le sommet du millénaire de l'ONU adopte les Objectifs du millénaire pour le développement (OMD) qui reflètent ces idées. Les Africains y répondent pour leur part en 2001 en lançant le Nepad, le Nouveau partenariat pour le développement de l'Afrique. Les attentats aux États-Unis le 11 septembre 2001 mettent en relief les liens entre pauvreté, insécurité et développement. « Dans un monde interdépendant, la prospérité et la sécurité collective sont indissociables de l'éradication de la pauvreté », commente alors le Programme des Nations unies pour le développement (PNUD), et l'APD repart enfin à la hausse.

2005 est une année cruciale. Réunis début juillet 2005 à Gleneagles (Écosse), les dirigeants des sept grands pays industrialisés et de la Russie renouvellent leurs engagements envers l'Afrique, en reconnaissant qu'une « augmentation substantielle » de l'APD, ajoutée à d'autres ressources, est nécessaire pour permettre aux pays pauvres d'atteindre les Objectifs du millénaire pour le développement, notamment la réduction de moitié de la pauvreté d'ici à 2015. En rappelant l'accord intervenu sur ce point à la conférence de l'ONU sur le financement du développement (tenue à Monterrey, au Mexique, en 2002), le G8 affirme la nécessité de tenir les engagements envers l'Afrique, tout en soulignant la responsabilité des pays en développement dans l'élaboration de leur propre stratégie. Les engagements du G8 et ceux d'autres donateurs devraient entraîner un doublement, d'ici à 2010, de l'APD annuelle à destination de l'Afrique, qui serait ainsi portée à environ 50 milliards de dollars, contre 25 milliards en 2004.

Selon le CAD, l'APD globale pourrait effectivement atteindre près de 130 milliards de dollars en 2010, contre 106,5 milliards en 2005. Ce serait la plus importante augmentation de l'aide enregistrée par le CAD depuis la création de ce comité en 1960. L'APD par rapport au revenu national brut (RNB) des vingt-trois membres du CAD s'élèverait ainsi à 0,36 % en 2010, contre 0,25 % en 2004 — bien en deçà du niveau de 0,5 % enregistré au début des années 1960, et encore loin de l'objectif de 0,7 % adopté par les Nations unies en 1970. Trente-cinq ans plus tard, cet objectif n'aura été atteint ou dépassé que par cinq pays : le Danemark, le Luxembourg, la Norvège, les Pays-Bas et la Suède. Les États-Unis, principal donateur en volume, n'ont jamais accepté de s'engager sur un objectif quantitatif. Selon les projections du CAD, l'aide des États-Unis pourrait atteindre 24 milliards de dollars en 2010 (0,18 % du RNB), celle des pays de l'Union européenne 80 milliards (0,59 %) — dont la France 13,9 milliards (0,61 %) — et celle du Japon 11,8 milliards (0,22 %). Toutefois, cet organisme tenait à signaler que plusieurs pays de l'OCDE risquaient de se trouver devant des difficultés budgétaires, et que l'accroissement de l'aide « ne se traduira pas nécessairement par de l'argent nouveau pour les pays en développement », étant donné que l'aide d'urgence, l'allègement de la dette et l'assistance technique — qui sont comptabilisés en tant qu'APD — ont constitué une partie croissante du total depuis 2002. Enfin, l'actualité peut entraîner une réorientation notable des flux d'APD : l'aide consentie aux pays asiatiques frappés, en 2004-2005, par le tsunami (une enveloppe de 5 milliards de dollars avait été annoncée par les gouvernements donateurs) a suscité à ce titre bien des appréhensions.

Des inquiétudes identiques ont concerné les actions entreprises, en dehors des institutions internationales, par les organisations non gouvernementales (ONG). Au lendemain du tsunami, l'association Médecins sans frontières (MSF) décidait ainsi de suspendre la collecte de fonds pour l'Asie, après avoir récolté en quelques jours seulement près de 40 millions d'euros. MSF signalait alors que ces montants représentaient « l'ensemble des dépenses effectuées en 2004 par MSF au Darfour (ouest du Soudan) et au Tchad ».

Les ONG ont pris une place grandissante dans le processus de l'aide depuis le début des années 1990. Cette évolution correspond à une période où le principe même de l'aide publique au développement semblait remis en question, certains gouvernements ayant nettement marqué leur volonté de réorienter leur action vers des projets de « proximité » gérés par des acteurs de la société civile, en raison de l'inefficacité supposée des États africains et de leur haut degré de corruption. Les États-Unis, plus que d'autres, ont encouragé cette tendance. On estimait ainsi qu'en 1996 ils déléguaient déjà plus de 30 % de leur aide aux ONG. Cette position a été suivie, à des degrés divers, par la plupart des grands donateurs. Les ONG (ou OSC, organisations de la société civile) sont ainsi devenues des acteurs importants dans le financement du développement à l'échelle mondiale. Les statistiques de l'OCDE pour 2003 montraient que les dons privés aux ONG se chiffraient à près de 10 milliards de dollars par an, soit un doublement depuis 1990, et se situaient à environ 15 % du volume global de l'APD.

Ajustement

À la fin des années 1970, à la suite de la hausse des taux d'intérêt décidée par la réserve fédérale des États-Unis, et de la baisse de leurs revenus d'exportation, les pays du tiers-monde, notamment africains, vont connaître une explosion de leur endettement et pour certains d'entre eux se trouver en situation de quasi-faillite. Pour surmonter cette crise financière, pallier leur insolvabilité et s'assurer du remboursement de la dette, le G7 invite en 1979 la Banque mondiale et le Fonds monétaire international (FMI) à initier auprès des pays endettés des Programmes d'ajustement structurel (PAS). L'expression « ajustement structurel » a été employée pour la première fois par le président de la Banque mondiale, Robert Mac Namara (ancien secrétaire à la Défense des États-Unis), lors de l'assemblée annuelle de l'organisation en octobre 1979.

Lancés en Afrique subsaharienne à partir des années 1980, les PAS se traduisent par l'octroi de prêts, assortis de conditions strictes visant à rétablir les balances commerciales et les finances extérieures. Le Sénégal est le premier pays d'Afrique subsaharienne à négocier un PAS en 1980 (il sera mis en œuvre à partir de 1984). Pour le FMI, le but d'une politique d'ajustement est « de redonner une position viable à la balance des paiements du pays intéressé dans un contexte de stabilité des prix et de croissance économique soutenue, tout en évitant l'emploi de mesures contraires à la liberté du commerce et des paiements extérieurs ».

Pour rééquilibrer la balance des paiements, les institutions financières préconisent d'abord de résorber le déficit commercial en augmentant les exportations et en diminuant les importations. Les premières mesures prescrites par les PAS consistent souvent à dévaluer la monnaie nationale et à accroître les taux d'intérêt à l'intérieur du pays. La dévaluation permet d'une part d'accroître la rentrée de devises en rendant plus compétitives les marchandises exportées et, d'autre part, de limiter la demande intérieure en augmentant le prix des produits importés. La hausse des taux d'intérêt réduit aussi la demande intérieure en décourageant l'emprunt et en favorisant l'épargne.

C'est ensuite au déficit budgétaire que les PAS s'attaquent. Pour limiter la dépense publique, l'État doit cesser de subventionner les produits de base, réaliser des coupes budgétaires dans les secteurs jugés non primordiaux (comme l'éducation ou la santé), réduire les effectifs de la fonction publique et geler les salaires. Enfin, pour équilibrer la balance des capitaux, le FMI mise plutôt sur l'investissement direct étranger que sur l'Aide publique au développement (APD). Pour attirer l'investissement privé, l'ajustement prescrit notamment une réforme de la fiscalité, l'instauration de la libre circulation des capitaux et des marchandises et une privatisation des entreprises nationales.

Toutes ces mesures ont eu de nombreuses conséquences sur la situation économique des pays africains et sur la vie des populations. Les troubles sociaux survenus dans la plupart des pays du continent à la fin des années 1980, qui ont ouvert la voie à la contestation politique et à l'octroi du multipartisme, sont liés en grande partie à la mise en œuvre des programmes d'« ajustement » : le mot même, réexploité parfois avec humour par la verve populaire (à la même époque se répand dans un registre semblable l'expression « conjoncture » et ses déclinaisons, les gens se disant volontiers « conjoncturés »), devient pour les opposants, ou encore sous la plume des intellectuels ou des journalistes, une sorte d'épouvantail, symbole de la perte de souveraineté et de l'horreur économique.

Il reste difficile de trancher la question des effets positifs ou négatifs des PAS. Au-delà des considérations sur la cohérence des modèles économiques, l'ajustement est au cœur d'un véritable débat idéologique. Pour justifier l'ajustement, les doctrinaires libéraux dénoncent l'inefficacité de l'État et ses gaspillages, tandis que la mouvance tiers-mondiste dénonce l'imposition d'une idéologie néolibérale. Ensuite, les évaluations des résultats des PAS sont contradictoires. C'est notamment le cas de deux études, dès 1989, portant sur l'ajustement en Afrique, l'une par la Banque mondiale et le PNUD, l'autre par la Commission économique pour l'Afrique des Nations unies (CEA). Elles ont, à partir des mêmes données, abouti à des conclusions parfaitement opposées. La première louant ses bons résultats, la seconde dénonçant ses effets pervers.

Le bilan de l'ajustement structurel est donc forcément contrasté. En moyenne, dans l'Afrique sous ajustement, l'inflation est passée de 25 % en 1985 à 10 % en 1990 et le taux de croissance a pratiquement doublé. De même, les déficits budgétaires ont été sensiblement réduits. En 1996, la Banque mondiale publiait un classement des pays sous ajustement structurel. Élevés au rang des « dix meilleurs élèves », on trouvait le Ghana, le Bénin, la Sierra Leone, la Tanzanie, le Malawi, le Mozambique et la Gambie. Parmi les « cancres » :

le Sénégal, le Nigeria, le Tchad, la République centrafricaine, le Cameroun, le Burundi, la République démocratique du Congo, la Somalie et le Kenya. Entre 1980 et 1996, l'île Maurice a été le seul pays, sur trente-sept ajustés, où la pauvreté a diminué. Au Ghana, les PAS ont permis au pays de retrouver un budget excédentaire, de renouer avec la croissance et de diminuer nettement l'inflation (18 % en 1994 contre... 123 % en 1984). Pourtant, le pays n'a pas connu de véritable décollage et demeure toujours très dépendant de l'aide internationale. Même si des effets positifs ont été obtenus, globalement les PAS auraient échoué en Afrique.

Pour les altermondialistes notamment, non seulement ces plans ne se sont pas traduits par un réel développement économique, mais ils ont conduit à la décomposition des structures étatiques, à l'épuisement des ressources naturelles (par l'augmentation des exportations), à l'appauvrissement et à la montée des inégalités en matière de santé, d'éducation et d'environnement. Incontestablement, les PAS ont entraîné un affaiblissement de l'État. Non seulement l'ajustement vise à réduire la place de l'État dans l'économie, mais il le soumet à un contrôle étroit des institutions financières internationales pour l'ensemble de leur politique économique. Si cette dépendance à l'égard des bailleurs de fonds internationaux a été vivement critiquée dès les années 1980, la contestation des PAS est devenue plus virulente durant les années 1990, et a gagné les institutions internationales et la communauté des experts, en raison du coût économique et social de leur application. Dans une résolution datant de 2002, la Commission des droits de l'homme des Nations unies souligne que « les politiques d'ajustement structurel ont de graves conséquences pour la capacité des pays en développement de se conformer à la Déclaration sur le droit au développement et d'établir une politique nationale de développement qui vise à améliorer les droits économiques, sociaux et culturels de leurs citoyens ». L'augmentation des prix et la suppression des subventions à certains produits fragilisent les populations les plus défavorisées et entraînent des révoltes (émeutes de la faim). Les opérations de privatisation ont conduit à des licenciements massifs d'employés. Au Burundi, entre 1986 et 1994, sur un effectif de 21 000 employés du secteur public, près de 2 355 personnes ont été licenciées.

La libéralisation ne semble pas avoir abouti à une amélioration très évidente des performances. Selon l'économiste français Philippe Hugon, « les mesures de libéralisation des filières agricoles coton ou cacao [prescrites par l'ajustement] ont accentué les tensions sociales, et la rationalité économique qui les sous-tendait s'est traduite par un climat d'insécurité agissant sur la confiance et l'attractivité des investissements (cas de la Côte d'Ivoire) ». D'autres critiques formulées à l'encontre des PAS concernent encore le peu de considération des experts des institutions de Bretton Woods pour les particularités des économies du continent, l'inadaptation des plans aux structures économiques des pays africains, ou encore l'incapacité à associer les citoyens à leur mise en œuvre.

Sous le feu des critiques, les responsables des institutions financières ont peu à peu pris conscience des limites et des effets pervers de l'ajustement. Ils ont reconnu que les prêts d'ajustement étaient trop courts, et que les gouvernements des pays concernés devaient piloter les réformes. Comme l'a souligné James W. Adams, vice-président de la Banque mondiale, « la Banque était devenue trop prescriptive et elle avait tendance à présenter un canevas unique à tous les gouvernements ».

La polémique autour de l'efficacité des PAS, loin d'être close, a favorisé une métamorphose de ces programmes ou, à tout le moins, un changement dans leur présentation. L'ajustement structurel a ainsi lui-même subi des... ajustements. En 1986, les PAS sont remplacés par des Facilités d'ajustement structurel (FAS), puis par des Facilités d'ajustement structurel renforcées (FASR). En 1999, le FASR devient la Facilité pour la réduction de la pauvreté et la croissance (FRPC). La disparition du mot « ajustement » témoigne de la nouvelle inflexion. Il s'agit moins cette fois de mettre l'accent sur des réformes structurelles que d'encourager une croissance durable prenant en compte les impératifs sociaux. Ce glissement terminologique est aussi un moyen pour le FMI de redorer son image, la critique de l'ajustement ayant vu se développer des dissonances sensibles entre FMI et Banque mondiale. Joseph Stiglitz, ancien vice-président de la Banque mondiale et prix Nobel d'économie, prolongeant la critique de l'ajustement structurel dans son ouvrage *La Grande Désillusion*, s'est montré très critique à l'égard du FMI et a estimé que la Banque devait se démarquer de celui-ci et recentrer ses activités autour de la réduction de la pauvreté. Mais la conversion sémantique des institutions financières ne convainc nullement les altermondialistes, qui estiment que l'utilisation d'expressions comme la « bonne gouvernance » ou la « réduction de la pauvreté » ne change rien, le contenu des politiques restant le même sur le fond.

Algérie

Il existe un « horizon africain » de l'Algérie qui a longtemps inspiré sa diplomatie, la longue période de guerre civile ayant entraîné son éclipse sur la scène africaine. Dès l'indépendance, sous le régime d'Ahmed Ben Bella, l'Algérie se veut le héraut des peuples opprimés et réserve le meilleur accueil à tous les révolutionnaires et aux représentants des mouvements de libération du continent. Alger devient une plaque tournante du mouvement tiers-mondiste jusque dans les années 1980, et les liens personnels entre les chefs d'État algériens et leurs homologues africains du camp progressiste, de Sékou Touré et Julius Nyerere à Thomas Sankara ou Jerry Rawlings, sont étroits ; la voix de l'Algérie compte au sein de l'Organisation de l'unité africaine (OUA) où se joue une lutte d'influence décisive autour du conflit du Sahara-Occidental avec le Maroc, marquée par le départ de ce dernier de l'organisation panafricaine en 1984.

Le développement de l'intégrisme armé en Algérie après 1992 inquiète ses voisins africains mais ne déborde que ponctuellement des frontières. En revanche, Alger s'est montrée très attentive au développement sur ses marges, à partir de 1991, d'une rébellion touareg qui la conduisit à renforcer sa coopération militaire avec des pays comme le Mali et le Niger, et elle a été partie prenante du processus de paix dans la région. Au cours de la décennie suivante, l'Algérie se pose volontiers en rempart contre le terrorisme islamique sur le continent et noue une alliance stratégique avec les États-Unis. L'accession au pouvoir, en 1999, d'Abdelaziz Bouteflika a marqué d'ailleurs le retour sur le devant de la scène d'un des acteurs (il fut ministre des Affaires étrangères de 1963 à 1979) de la grande époque d'influence diplomatique de l'Algérie. Il a aussitôt apporté son emprcinte à la politique africaine de son pays en se signalant comme l'un des fondateurs, avec Thabo Mbeki et Olusegun Obasanjo, du projet de Nepad (Nouveau partenariat pour le développement de l'Afrique).

Le territoire algérien (2 381 741 km^2), le plus central du Maghreb, s'enfonce profondément dans la masse du continent. Opposant une frange méditerranéenne et un vaste ensemble saharien, il devient désertique au sud de l'Atlas saharien, où s'ouvre le domaine des grands ergs et des massifs cristallins du Hoggar et du Tassili. On rappellera que le Sahara a connu aux temps anciens des périodes relativement humides et un peuplement dont témoignent les peintures et les gravures du Tassili des Ajjer, et qu'il fut à l'époque historique traversé par d'importantes routes commerciales : des traces du commerce transsaharien sont relevées dès l'an 1000 av. J.-C. Les échanges sahariens semblent surtout s'être développés entre les XIIIe et XVIe siècles, époque où de nombreuses routes traversent le désert, reliant les royaumes africains et les empires du Ghana (700-1200), du Mali (1200-1500) et des Songhaï (1350-1600) aux ports du nord de l'Afrique. Les produits de ce commerce sont nombreux : or et esclaves, échangés contre le sel, les cauris (coquillages) et les armes. Ils sont acheminés, ainsi que des tissus précieux, du poivre, de l'ivoire, des noix de cola, des articles en cuir ou des plumes d'autruche, vers les ports d'Afrique du Nord d'où ils sont exportés vers l'Europe.

La région connaît, par la Méditerranée, des vagues successives de colonisation : les Phéniciens d'abord, vers -1250 av. J.-C., puis les Romains à partir de 146 av. J.-C., qui réduisent les royaumes numides (défaite de Jugurtha) et intègrent la région à l'Afrique romaine. Leur succèdent les Byzantins et les Arabes à partir de 647, qui laisseront s'épanouir des dynasties autonomes (royaume de Tiaret, dynastie fatimide, dynastie des Almohades). En 1518, pour lutter contre la menace d'occupation espagnole, Alger est placée sous la protection des Turcs : c'est la régence ottomane qui durera trois siècles. À partir de 1830, les Français s'installent, se heurtant toutefois, à la suite de la guerre contre Abd el-Kader, à une résistance obstinée, et font de l'Algérie une colonie de peuplement sans équivalent dans ce qui deviendra leur empire d'Afrique. Ils créent de vastes domaines agricoles, où la culture de la vigne connaît un grand essor. Le nationalisme s'épanouit dès les années 1930 et donne lieu à une vigoureuse répression en 1945 (massacres de Sétif), avant de se transformer en lutte armée, avec la création du Front de libération nationale (FLN) en 1954. De 1954 à 1962, la guerre d'Algérie fera de 200 000 à 400 000 victimes côté algérien (mais aucun bilan ne fait consensus), 30 000 morts côté français. Un million de rapatriés quittent le pays.

Ahmed Ben Bella accède à la présidence du Conseil national de la révolution algérienne (CNRA) et s'installe au pouvoir en juillet 1962. L'Algérie est exsangue, les rivalités se déchaînent au sein du pouvoir, qui conduisent à un putsch des militaires en juin 1965, en faveur du colonel Houari Boumediene. Dix ans sont nécessaires pour sortir de l'état d'exception et aboutir à une Charte nationale (référendum en 1976) et l'élection en 1977 d'une Assemblée nationale populaire. Boumediene décède peu après, en décembre 1978. Sous son règne s'est poursuivi le processus de nationalisation de l'économie entamé par Ben Bella, tandis que la priorité est donnée au développement des industries lourdes. Cet effort d'équipement est soutenu par les ressources en hydrocarbures (pétrole et gaz) qui représentent à la fin des années 1970 plus de 60 % du budget national. Une révolution agraire est lancée en 1971, sous le signe de la collectivisation. Au plan international, l'Algérie devient une figure de proue du mouvement des Non-Alignés et un acteur de poids au sein de l'Organisation de l'unité africaine (OUA), de la Ligue arabe ou de l'Organisation des pays producteurs de pétrole (OPEP) où elle défend une ligne dure. Elle se heurte à partir du milieu des années 1970 au Maroc à propos de l'affaire du Sahara-Occidental, soutenant la revendication d'autonomie du Front Polisario, et le dossier devient un sujet épineux des relations interafricaines.

Le successeur de Boumediene, le colonel Chadli Bendjedid, se trouve confronté à une nette dégradation de la situation économique qui l'amène à infléchir, vers plus de libéralisme, la politique suivie. Les tensions sociales sont vives, et la révolte contre l'État, jusqu'ici inimaginable, se généralise. Celle-ci est initiée en particulier par les Berbères, qui entendent protester contre la politique d'arabisation forcée menée depuis Ben Bella, renforcée sous Boumediene, qui s'accompagne de discriminations culturelles. La résistance commence dès le début des années 1980 avec le « printemps berbère » et débouche sur les émeutes de Constantine et de Sétif en 1988, violemment réprimées. Les événements créent un traumatisme qui force l'État à se réformer (nouvelle Constitution, adoption du multipartisme et libéralisation, notamment, de la presse). Le pluralisme va permettre une subite émergence de l'islamisme politique : en juin 1990, le Front islamique du salut (FIS) remporte les élections municipales, puis s'impose en 1991 aux législatives. Le processus électoral est interrompu, Chadli Bendjedid est démis (janvier 1992), mais le pays bascule dans la guerre civile.

Au nom du djihad, les groupes militaro-religieux, parmi lesquels le Groupe islamique armé (GIA), sèment la terreur, assassinent en masse en visant notamment forces de l'ordre, intellectuels et journalistes, et l'armée se livre à de violentes représailles : en une décennie, le nombre des victimes s'élèverait à plus de 100 000 morts et plusieurs milliers de disparus, beaucoup d'Algériens ayant également choisi la voie de l'exil. Après Mohammed Boudiaf, assassiné en juin 1992, le général Lamine Zeroual occupe le pouvoir jusqu'en 1999. Les tentatives de règlement politique échouent, tandis que la Kabylie se soulève à nouveau en 1998. L'élection présidentielle d'avril 1999 voit la victoire d'Abdelaziz Bouteflika, qui fait adopter peu après une loi dite de la « concorde civile », et les groupes armés déposent un à un les armes, à l'exception du Groupe salafiste pour la prédication et le combat (GSPC), qui poursuit des actions plus sporadiques en milieu rural. Réélu en avril 2004 (avec 84,99 % des voix), et décidé à tourner la page du terrorisme, le président Bouteflika fait adopter une « Charte pour la paix et la réconciliation nationale » par référendum, en septembre 2005. Des gestes d'apaisement ont été faits en direction de la communauté berbère (institution en 2002 du tamazight comme langue nationale). En revanche, la politique intérieure a été marquée, surtout après 2004, par un net raidissement du pouvoir contre les médias, objets de procès et de pressions matérielles.

Au plan international, la visite d'Abdelaziz Bouteflika aux États-Unis, en 2001, a donné le coup d'envoi d'une politique étroite de coopération en matière de renseignement et de formation militaire, l'Algérie apparaissant pour Washington comme un des « États pivots » sur lequel fonder la lutte contre le terrorisme international. Les liens ont cependant été resserrés avec la Russie par la signature, en mars 2006, d'un accord majeur prévoyant la fourniture d'avions de combat de fabrication russe. Avec la France, une nouvelle phase de détente est intervenue avec une relance de la coopération bilatérale, marquée par la déclaration d'Alger signée en mars 2003 par les chefs d'État des deux pays, mais des frictions demeurent, en particulier autour des « enjeux de mémoire » et de la vision de la période coloniale.

Dans le domaine économique, l'Algérie du début des années 2000 apparaît comme prospère et très attractive pour les investisseurs étrangers, grâce à la forte croissance des revenus pétroliers. Mais ceux-ci, qui constituaient 97 % des revenus d'exportation en 2003, créent une dépendance structurellement dangereuse, et l'endettement du pays reste très élevé (21,411 milliards de dollars fin 2004). Si le régime a clairement opté pour l'économie de marché, la diversification et la rationalisation de l'économie passent spécialement, pour les partenaires de l'Algérie, par un effort de relance de la privatisation et du secteur bancaire. Malgré un produit intérieur brut (PIB) honorable (2 620 dollars/hab. en 2004), la situation est toujours très tendue au plan social et le chômage touche la moitié des jeunes Algériens, dans une population (33 millions) où les moins de 30 ans représentent 65 % du total.

Angola

L'Angola, théâtre du plus grand affrontement de la guerre froide en Afrique et de la plus longue guerre civile africaine, demeure l'un des pays les plus pauvres du monde malgré ses richesses en pétrole, en diamants et autres minerais, son potentiel agricole et ses ressources marines, qui en ont fait un enjeu stratégique international.

Ancienne possession portugaise, l'Angola a connu sur son sol de grands royaumes, dont celui du Kongo qui entretint à partir du XVe siècle des liens d'amitié avec la cour de Lisbonne ; à partir surtout du XVIIIe siècle, la traite provoque une véritable ruée vers l'Angola (et le Mozambique), et l'on estime que 5 millions de Noirs furent déportés de la région en trois siècles. Les richesses de l'Angola attirent en masse aux XIXe et XXe siècles les colons, qui y développent le café, le coton ou la pêche. La dictature au Portugal de Salazar développe la théorie de l'« assimilation », et de colonies vues comme le prolongement outre-mer de la métropole. Mais si le métissage y est important, la promotion des indigènes (qui peuvent accéder à la citoyenneté portugaise) est dérisoire.

Le Portugal résiste aux revendications d'indépendance dans les années 1960 et se contente de quelques réformes. Des mouvements insurrectionnels naissent dans l'ensemble de ses colonies. En Angola, c'est le Mouvement populaire de libération de l'Angola (MPLA) d'Agostino Neto, créé en 1956, qui donne le coup d'envoi de la guerre de libération. Longue et sanglante, animée par le MPLA et par des guérillas antagonistes (Front national de libération de l'Angola — FNLA — de Roberto Holden, dont une scission donne naissance en 1966 à l'Union nationale pour l'indépendance totale de l'Angola — UNITA — dirigée par Jonas Savimbi), elle aboutit seulement en 1975 à la reconnaissance de l'indépendance. Mais celle-ci déclenche une course au pouvoir entre les mouvements de rébellion qui plonge le pays dans la guerre civile, qui devient le champ clos d'affrontements Est-Ouest, avec un MPLA soutenu par Moscou et par Cuba (qui envoie des troupes dont l'intervention constituera un facteur décisif) ; l'UNITA (ainsi que le FNLA) quant à elle reçoit l'appui occidental et, plus significatif, de l'Afrique du Sud. Une autre guérilla, d'ampleur réduite, se développe en 1974 dans la petite enclave du Cabinda (limitrophe du Congo-Brazzaville), avec le Front de libération de l'enclave de Cabinda (FLEC).

Tandis que le MPLA s'installait à Luanda, l'UNITA et le FNLA proclamaient l'éphémère république populaire et démocratique d'Angola. Ces deux mouvements recrutèrent leurs troupes principalement dans leurs ethnies, respectivement les Umbundu dans le centre sud du pays et les Bakongo dans le nord. Le FNLA ayant abandonné la lutte armée, après la défaite de ses troupes en 1976, Savimbi poursuit le combat contre Luanda, étant devenu aux yeux de nombreux pays occidentaux, dont la France, un « combattant de la liberté », comme l'a qualifié au début des années 1980 le président américain Ronald Reagan. Il a aussi des liens avec des pays comme la Côte d'Ivoire, le Burkina Faso ou le Maroc. Les Sud-Africains, désireux de contrer la poussée communiste en Afrique australe et de préserver la Namibie voisine (qu'ils administrent sous le nom de Sud-Ouest africain), interviennent militairement en 1975 puis se retirent officiellement en 1976. Ce qui n'empêchera pas la poursuite de leurs interventions jusqu'à la fin des années 1980, car l'Angola abrite les principaux camps de la SWAPO, le mouvement de libération namibien. Américains et Sud-Africains lieront d'ailleurs l'indépendance de la Namibie au retrait cubain d'Angola, accord qui sera conclu en 1988.

Le MPLA a bénéficié d'un atout majeur : la maîtrise depuis l'indépendance des ressources du pétrole, exploité principalement au large des côtés (off-shore), tandis que l'UNITA finançait ses achats d'armements grâce aux diamants et à l'ivoire provenant des zones sous son contrôle. Paradoxe de l'histoire : dans les années 1980, alors que Washington fournissait de l'armement sophistiqué à Savimbi *via* le Zaïre, au Cabinda des troupes cubaines protégeaient des attaques de l'UNITA les installations de la compagnie pétrolière américaine Gulf Oil — reprise depuis par Chevron. La fin de la guerre froide rend progressivement l'UNITA beaucoup moins attractive pour ses soutiens, tandis que l'Afrique du Sud voit la fin, en 1994, du système d'apartheid. Savimbi est mis au ban de la communauté internationale : la campagne lancée en 1998 par l'organisation britannique Global Witness contre le trafic illicite des diamants au Liberia, en Sierra Leone et en Angola porte notamment ses fruits.

L'histoire de la guerre civile a été jalonnée d'accords de paix violés et d'occasions manquées. L'UNITA a notamment repris les armes à deux reprises — après le premier tour des élections présidentielles en 1991, gagnées par le président José Eduardo Dos Santos mais contestées par Savimbi, puis après les accords de paix de Lusaka (1994), en 1997-1998. Le mouvement rebelle s'est vu infliger des sanctions par le Conseil de sécurité de l'ONU. Cependant, les autorités de Luanda — isolées au début des années 1990 — redevenaient des interlocuteurs respectables, grâce aussi au boom pétrolier. La mort dans le maquis, le 22 février 2002, de Jonas Savimbi a permis de mettre fin, en avril de cette même année, à la guerre civile que l'UNITA menait contre le MPLA. Le président José Eduardo Dos Santos, arrivé au pouvoir en 1979, a offert la « paix des braves » à ses ennemis vaincus qui ont déposé les armes et ont transformé l'UNITA en principal mouvement de l'opposition politique, sous la direction de leur nouveau président, Isaias Samakuva. L'UNITA, parmi une multitude de deux cents partis et forces politiques, se préparait dès lors aux premières élections multipartites, prévues pour 2006. De son côté, la société civile a commencé à s'exprimer, manifestations et grèves faisant leur apparition après des années d'immobilisme.

L'argent du pétrole a permis aux Forces armées angolaises (FAA) de se rééquiper, non sans difficultés : les anciens alliés soviétiques, la Russie en tête, exigeant dorénavant des paiements comptants en dollars, Luanda a dû recourir à des prêts bancaires gagés sur le pétrole, et à des intermédiaires comme l'homme d'affaires franco-brésilien Pierre Falcone, à l'origine avec son partenaire russo-israélien Arkadi Gaidamak, de l'affaire de ventes d'armes de l'*Angolagate*, révélée en 2001 et qui a tendu les relations entre la France et l'Angola. À partir de 1997, l'Angola a pu ainsi jouer un rôle de puissance régionale face à l'Afrique du Sud dans la partie centrale et australe du continent africain. Des militaires angolais sont ainsi intervenus en république démocratique du Congo (RDC) et au Congo-Brazzaville, où ils ont appuyé le retour au pouvoir de Denis Sassou Nguesso, en octobre 1997. Dans les deux cas, la préoccupation angolaise était avant tout sécuritaire : il s'agissait d'empêcher l'UNITA d'utiliser ces pays comme bases arrière. Si l'Afrique du Sud reste dans la région un géant économique sans rival, l'Angola, qui doit mener à bien sa reconstruction, mise sur l'attrait du pétrole et sur sa puissance militaire pour assumer un rôle régional et international plus important.

Avec un territoire de plus de 1,2 million de kilomètres carrés et une population estimée à 14 millions d'habitants, l'Angola, voisin de la RDC, du Congo-Brazzaville, de la Namibie et de la Zambie, bénéficie, outre le pétrole et le diamant, d'immenses ressources minières ; son potentiel hydroélectrique et agricole est considérable et le pays détient une côte de 1 600 kilomètres aux eaux très poissonneuses. Nombre d'infrastructures ont toutefois été détruites par un conflit de plus de vingt-sept ans. Les axes routiers restent encore fortement minés, empêchant une reprise de la vie normale à travers le territoire et gênant le retour dans leurs villages de l'ensemble des quatre millions de personnes déplacées qui ont fui la guerre et la famine. La population, surtout dans les campagnes, ne recueille donc guère les dividendes de la paix. Le régime est accusé de s'accaparer les richesses créées par une hausse spectaculaire des revenus du pétrole, alors que le pays est devenu le deuxième producteur de l'Afrique subsaharienne après le Nigeria : un million de barils par jour en 2005 avec des prévisions de deux millions de barils par jour pour 2008.

Des ONG comme Global Witness et Human Rights Watch ont souvent mis en cause les carences gouvernementales et dénoncé l'affairisme, le manque de transparence et la corruption. Si le président Eduardo Dos Santos a réclamé à partir de 2002 une plus grande implication des donateurs dans la reconstruction de son pays, celle-ci reste tributaire d'une amélioration de la gestion interne, en particulier dans le secteur pétrolier. L'Angola s'est toutefois forgé de nouveaux partenariats, avec la Chine, mais aussi avec l'Inde, Israël ou le Brésil. Le groupe américain Chevron Texaco reste le premier partenaire de l'Angola dans le secteur pétrolier, suivi du groupe français Total.

Annan (Kofi)

La désignation de Kofi Annan au poste de secrétaire général des Nations unies en 1997 avait constitué un événement symbolique d'importance, d'une portée comparable à la remise, dix ans auparavant (en 1986), du prix Nobel de littérature à Wole Soyinka. Pour la première fois, une personnalité issue d'Afrique subsaharienne accédait à la plus haute des fonctions internationales.

Quand il entre aux Nations unies en 1962, Kofi Annan a 24 ans. Originaire de Kumasi, dans l'actuel Ghana, il a étudié l'économie aux États-Unis et en Suisse. De Genève, où il va rencontrer son épouse, Nane Wallenberg, fille d'un diplomate suédois qui sauva d'innombrables victimes des nazis pendant la Seconde Guerre mondiale, il est affecté à Addis-Abeba puis à Ismaïlia. Cet humaniste discret et pragmatique intègre le siège de l'ONU à New York en 1987. Fin diplomate, il négocie le rapatriement de neuf cents fonctionnaires internationaux et ressortissants occidentaux pris dans les griffes de Saddam Hussein en 1990, ainsi que les premières modalités de la vente du pétrole irakien, destinée à financer l'aide humanitaire. Secrétaire général adjoint des Opérations de maintien de la paix de 1993 à 1996, « Annan est un être affable, à la voix douce, un chic type jusqu'au bout des ongles [...], infatigable dans ses efforts pour sauver l'organisation de ses propres démons », rapportait Roméo Dallaire, commandant de la mission des Nations unies au Rwanda, après l'avoir rencontré en 1993, au trente-sixième étage de la maison de verre. Quelques mois après, face au déclenchement du génocide, M. Annan lui rappelle toutefois les limites de son action, qui exclut tout usage de la force (chap. VI de la Charte des Nations unies). Homme du sérail, il fait appliquer la décision du Conseil de sécurité la plus contestée de ces dernières années. La « prudence » alors observée résulte en partie de la débâcle américaine en Somalie. Représentant spécial pour l'ex-Yougoslavie, Kofi Annan assume aussi les atrocités commises contre la population musulmane de Bosnie en 1995, dans la zone de sécurité de Srebrenica, dans un rapport qu'il présente à l'Assemblée générale en 1999. L'organisation enregistre des succès, comme au Timor-Oriental, en Namibie, en Afrique du Sud ou au Mozambique, mais il est temps de « tirer les leçons de ses échecs », estime-t-il alors.

Secrétaire général de l'ONU en janvier 1997, Kofi Annan succède à l'Égyptien Boutros Boutros-Ghali qui a retiré sa candidature face à l'opposition des États-Unis. Il cherche d'emblée à mobiliser les appuis internationaux pour aider le continent africain. En 1998, il publie un rapport sur *Les causes des conflits et la promotion d'une paix et d'un développement durables en Afrique*, qui contient une série de mesures « réalistes et réalisables » pour réduire les tensions politiques et la violence, aux niveaux internes ou inter-États, et pour relever les grands défis que sont la dette, la gouvernance et la propagation de maladies comme le sida.

Premier secrétaire général à sortir des rangs du personnel onusien, il tente de ramener le budget à une croissance zéro.

Il est apprécié des fonctionnaires de New York, qui lui réservent une ovation en février 1998 à son retour de Bagdad où il était parti sauver la paix : l'accord qu'il signe avec Tarek Aziz autorise les experts à visiter les « sites présidentiels » en échange d'une levée éventuelle de l'embargo. Kofi Annan s'inscrit alors dans la lignée du troisième secrétaire général, U Thant (1962-1971), qui s'était rendu à La Havane pour éviter un conflit américano-soviétique. Depuis la fin de la guerre froide, « on ne nous demande plus seulement de "maintenir la paix" en aidant à faire appliquer des cessez-le-feu, explique-t-il, [mais] de participer au règlement des conflits. Cela suppose de s'attaquer aux problèmes à la racine ». En 2000, il fixe les Objectifs du millénaire pour le développement (OMD), pour réduire de moitié l'extrême pauvreté d'ici à 2015. En partage avec l'ONU, il reçoit le prix Nobel de la paix en 2001. Mais l'après-11 Septembre va marquer son second mandat, entamé en janvier 2002.

« La guerre d'Irak était illégale », déclare Kofi Annan à la BBC en septembre 2003. Selon Hans Blix, le chef des inspecteurs de l'ONU en Irak, le secrétaire général ne s'opposait pas à une intervention préventive, mais prônait une approche multilatérale qui seule aurait permis d'endiguer la prolifération des armes de destruction massive et des nouvelles formes de terrorisme. Une position qui devait lui valoir le ressentiment des conservateurs américains, qui réclamèrent sa démission, faisant éclater en 2004 divers scandales qui ont terni l'image de l'organisation (notamment le scandale de l'opération Pétrole contre nourriture). Un an avant la fin de son mandat, c'est un homme affaibli qui proposait, en septembre 2005, à l'occasion des commémorations du soixantième anniversaire de l'institution, un vaste plan de réforme du système des Nations unies qui, une nouvelle fois, n'a pu aboutir...

Apartheid

L'apartheid désigne le régime juridico-politique de l'Afrique du Sud de 1948 à 1994. Après la Seconde Guerre mondiale et un long travail d'unification politique de la communauté afrikaner, le Parti national de D. F. Malan remportait d'une courte majorité le scrutin de 1948 (où seuls votaient les Blancs) en prônant la politique d'apartheid, c'est-à-dire une radicalisation de la ségrégation en vigueur.

Avant cette date, l'Afrique du Sud était caractérisée par une ségrégation multiforme entre les différents groupes raciaux du pays (Blancs, Africains, Indiens et Métis), mais cette ségrégation variait dans l'espace et n'avait pas le caractère absolu qu'allaient lui donner les dirigeants du Parti national. Il n'y avait pas un seul régime de ségrégation mais plusieurs. D'une part, l'Afrique du Sud était à cette époque une fédération, et d'autre part, de nombreuses réglementations ségrégationnistes relevaient de la compétence des autorités locales : les réglementations les plus restrictives étaient généralement le fait des républiques afrikaners, le régime des Africains en zone urbaine connaissait de substantielles différences d'une municipalité à une autre, alors qu'au Cap, les Métis avaient le droit de vote. Afin de résoudre les problèmes induits par ces ségrégations *ad hoc*, multiples et parfois contradictoires, le Parti national élabora un programme de ségrégation totale qui consistait à institutionnaliser la ségrégation.

En 1950, le Premier ministre Malan nomme le Dr Hendrik Verwoerd ministre des Affaires indigènes (il deviendra Premier ministre de 1958 à 1966), avec pour mission de mettre en pratique les deux principes du Parti national : arrêter la dangereuse revendication d'égalité raciale qui s'était manifestée sous les gouvernements précédents et promouvoir le « développement séparé ». L'apartheid alors prôné par les politiciens afrikaners repose sur l'idée de la supériorité de la

« race blanche » et sur une anthropologie culturaliste qui assigne les Africains à un stade inférieur du développement humain. Théorisée par le Dr Werner Willi Max Eiselen, professeur d'anthropologie à l'université de Stellenbosch, l'idéologie de l'apartheid empruntait aux schémas raciaux du national-socialisme (nombreux furent les intellectuels afrikaners qui étudièrent dans les universités allemandes avant la Seconde Guerre mondiale) en les teintant de christianisme (l'Église hollandaise réformée apportant une caution biblique à la supériorité de l'homme blanc) et des connaissances anthropologiques de l'époque.

Précédée d'un grand travail de classification raciale de la population sud-africaine (le Population Registration Act de 1950), cette séparation devait se traduire aussi bien spatialement (ce qui fut dénommé le « Grand Apartheid ») que dans la vie quotidienne (« *petty* apartheid »). Le programme de ségrégation totale du Dr Verwoerd comprenait l'attribution de territoires aux Africains : les « bantoustans » (transformés en territoires autonomes gérés par les chefferies) remplaçaient en les agrandissant les « réserves » et *tribal areas* établies par les Britanniques ; le contrôle de leur présence dans les zones blanches (légitime uniquement pour le travail, chaque Africain devant avoir un *pass*, c'est-à-dire un passeport intérieur) ; et la désimbrication des groupes raciaux en zone urbaine. Le gouvernement définit en 1959 les huit peuples africains qui devaient avoir leur « propre territoire » (les Sotho du Nord et du Sud, les Xhosa, les Tswana, les Zoulous, les Venda, les Swazi et les Tsonga) pour conduire leur « *développement séparé* », dans des territoires qu'ils administraient. Le Promotion of Bantu Self-Government Act de 1959 formalisa cette autonomie et la première de ces créations ethnico-territoriales, le Transkei, se dota en 1963 d'une Constitution qui en faisait un territoire autonome à l'intérieur de l'Afrique du Sud.

Une étape supplémentaire est franchie dans les années 1970 quand certains bantoustans accèdent officiellement à l'indépendance, sans pour autant être reconnus internationalement. Pour donner corps au « Grand Apartheid », le gouvernement mena une politique de déplacements massifs de populations africaines (environ 2 millions de personnes de 1960 à 1980) afin de regrouper chaque ethnie dans « son » territoire. À la fois pour freiner les migrations de travail vers l'Afrique du Sud blanche et pour rendre viables les bantoustans, le gouvernement développa aussi des industries à leurs frontières, ce qui donna lieu à la politique de décentralisation industrielle des années 1970. Toutefois, ce développement industriel ne fut jamais en mesure de répondre aux besoins des millions d'Africains cantonnés dans les bantoustans, et l'exode rural vers les grandes métropoles blanches continua sans faiblir. Dans ces dernières, le Group Areas Act (1950) réorganisa l'espace urbain selon le principe de la séparation des « races », qui impliquait l'expulsion des non-Européens des centres-villes et leur réinstallation à la périphérie urbaine.

La ville demeurant le lieu de la coexistence raciale quotidienne, le « *petty* apartheid » se développa avec des espaces pour les Européens et les non-Européens (le Separate Amenities Act concernait les bancs publics, terrains de sports, transports, plages, toilettes, etc.), et l'obsession de la séparation raciale aboutit à un complexe système de classification raciale de la population : Blancs, Africains, Indiens, Malais, Griquas, Chinois, Métis du Cap, et des catégories moins définies telles que « autres Métis » et « autres Asiatiques ». La séparation raciale s'étendit jusqu'à la vie privée avec l'interdiction des relations sexuelles et, bien sûr, des mariages entre groupes raciaux. L'apartheid institua ainsi un cloisonnement racial multiforme qui allait des bancs publics à l'enseignement (des universités différentes furent créées pour chaque groupe racial), en passant par le contrôle des mouvements des non-Européens vers les zones blanches, le fameux *influx control*.

Il forma au cours des années 1950 et 1960 un corpus législatif extrêmement dense et nécessita une bureaucratie et une police très importantes.

Constituant une véritable régression sociale pour tous les non-Européens, l'apartheid suscita une résistance populaire quasi immédiate qui prit la forme d'actions de masse (la campagne de défiance de 1952, le boycott des écoles de 1955 contre le Bantu Education Act...), auxquelles le gouvernement de Verwoerd répondit par la répression (le chef zoulou Albert Luthuli, qui était président de l'African National Congress — ANC —, fut déposé par Verwoerd, 7 000 enfants et 116 enseignants furent exclus de l'enseignement après le boycott scolaire de 1955, une manifestation fut réprimée dans le sang à Sharpeville en 1960, etc.). À partir des années 1960 et le passage de l'ANC à la lutte armée, l'histoire de l'apartheid devient l'histoire de sa résistance à la fois interne et externe : l'apartheid est condamné aux Nations unies et l'Afrique du Sud subit un isolement progressif sur la scène internationale.

Cette politique connaît ses premiers craquements et aménagements sous la présidence de P. W. Botha. La grande mobilisation syndicale de 1973 met en évidence l'impossibilité de contrôler l'exode rural et la dépendance de l'industrie vis-à-vis de la main-d'œuvre africaine. Trois ans plus tard, la manifestation des lycéens de Soweto, réprimée dans le sang, sonne le début d'une révolte des *townships* qui s'éteint aussi brutalement qu'elle était apparue, mais rejaillit au début des années 1980 pour ne plus cesser jusqu'à la capitulation volontaire du régime blanc.

Face à la montée de la résistance populaire et de l'opprobre international, le régime opte pour la réforme : au début des années 1980, P. W. Botha concède une représentation politique aux Métis et aux Indiens avec le parlement tricaméral et assouplit le « *petty* apartheid ». Loin d'éteindre la révolte, ces concessions ne font que l'accentuer et la crainte d'une probable guerre civile conduit le président De Klerk à rechercher une issue négociée au conflit. Après la libération de Nelson Mandela et la légalisation des mouvements de libération en 1990, l'apartheid en tant qu'ensemble de réglementations ségrégationnistes cesse *de facto* d'être appliqué, et son abolition coïncide formellement avec l'adoption d'une nouvelle Constitution en 1996. Depuis 2002, l'apartheid a son musée à Johannesburg afin que la mémoire de cette oppression raciale soit préservée.

Armées

À l'exception des pays du Maghreb (Maroc, Algérie, Libye) et de quelques grandes formations militaires correspondant à des pôles et à des conflits régionaux majeurs (Afrique du Sud, Nigeria, Égypte, Éthiopie), les armées africaines, le plus souvent issues des forces coloniales — c'est le cas en Afrique de l'Ouest et du Centre — ou des anciens mouvements de libération nationale (Corne de l'Afrique et Afrique australe), restent caractérisées par leur faiblesse tant en armes qu'en effectifs et en qualification.

Rares sont les pays disposant d'une panoplie interarmes complète. L'Éthiopie reste, en effectifs, un des États les plus militarisés du continent avec 350 000 hommes. L'armée sud-africaine est la seule armée moderne au sud du Sahara, avec une marine et une aviation non négligeables. La Libye, grâce au pétrole et pour servir ses ambitions régionales, est une des mieux armées, avec 2 000 chars et plusieurs centaines d'avions de combat. Au Bénin, à population comparable, l'armée ne compte que 4 500 hommes, sans aviation ni marine.

Seules les marines sud-africaine et nigériane disposent de forces maritimes capables de contrôler leurs espaces nationaux ; les flottes subsahariennes ne comprennent, au total, que 5 bâtiments majeurs (frégates), 47 navires de faible tonnage (avisos-escorteurs), une soixantaine de patrouilleurs (qui ne sont pas tous opérationnels), et 24 avions de patrouille maritime (dont 17 à court rayon d'action). Ces forces ne sont nullement en mesure d'assurer la surveillance des 18 000 kilomètres de côtes, et des 6,73 millions de kilomètres carrés des zones d'exclusivité économique (ZEE) du continent.

La question du statut des forces armées a été maintes fois posée dans ce continent en proie à une instabilité permanente, où les conflits internes ou externes ont fait plus de dix millions de victimes en quarante-cinq ans d'indépendance, avec une forte accélération à partir des années 1990 après la fin de la guerre froide. Tournées avant tout vers l'« ennemi intérieur », parfois supplantées par des gardes présidentielles recrutées au sein de l'ethnie du chef de l'État, longtemps assistées par des étrangers, ces armées ont eu tendance sur le plan politique à se substituer à des classes moyennes insuffisamment étoffées, fournissant des cadres et un programme (ou du moins une discipline) à des appareils politiques défaillants.

Après les putschs des années 1960 et l'éclosion dans les années 1970 de régimes néomilitaires dans le sillage des luttes de libération, une seconde vague kaki a surgi au milieu des années 1990, dans une Afrique francophone de l'Ouest et centrale longtemps préservée, où grossissaient les rangs des « déçus de la démocratie » : une série de mutineries au Congo, en Centrafrique, en Guinée, au Niger ont été suscitées par le blocage des institutions, le non-paiement de soldes, l'insuffisance d'équipement, ou encore la revendication de l'intégration de miliciens dans les rangs réguliers... revendications qui ont également servi de justification à des putschs dans les années 2000 (Gambie, Guinée-Bissau, République centrafricaine, Comores, Mauritanie).

En revanche, les régimes militaires au pouvoir dans la moitié des États du continent à l'orée des années 1990 ont été les principales victimes de la contestation politique : après vingt-trois ans de règne, le général Moussa Traoré, au Mali, a été destitué et condamné à mort, tout comme l'ex-empereur Bokassa, en Centrafrique. D'autres ont été battus par la voie des urnes : l'amiral Didier Ratsiraka à Madagascar, le général Mathieu Kérékou au Bénin. Au Nigeria, c'est la mort de Sani Abacha qui a mis fin au règne des militaires et à leurs exactions.

Certains des régimes d'origine militaire auront cependant connu une longévité exceptionnelle. Celui de Mobutu Sese Seko, au Zaïre, a tenu trente ans jusqu'à ce que les conséquences du génocide au Rwanda (1994) et les progrès d'une rébellion venue de l'est (1996) n'emportent, sur le tard, un maréchal déjà malade et une armée vite défaite. La reconstruction d'une armée nationale, par « brassage » des forces régulières et des milices du nord-ouest et de l'est du Congo démocratique, n'a pu être entamée qu'en 2005. Il en a été de même du régime du général Gnassingbé Eyadema, au Togo, qui avait dû comme d'autres concéder le multipartisme et accepter — à reculons — une conférence nationale en 1991. Mais ni lui ni son armée, essentiellement recrutée au sein de l'ethnie du chef de l'État — les Kabié du Nord —, n'avaient admis d'être dépouillés de leur pouvoir. En 2005, à la mort du maréchal-président après trente-sept ans de pouvoir, c'est la même armée qui a repris le pouvoir pour le transmettre d'autorité à un des fils du défunt.

Après les « militaires rédempteurs » des années 1970, devenus souvent des despotes autocrates régnant sur de vieillissantes bureaucraties galonnées, est venu le temps d'appareils militaires plus soucieux de neutralité politique et d'efficacité technique. De l'Algérie à l'Afrique du Sud, la question de la refonte des forces armées et de leur dépolitisation s'est posée dans de nombreux pays. Au Rwanda, le général Habyarimana, au pouvoir depuis 1973, s'était efforcé jusqu'au bout de retarder l'intégration au sein de son armée, à dominante hutu, des maquisards du Front patriotique rwandais (FPR), qui recrutait parmi les exilés tutsi de la seconde génération installés en Ouganda. Dix ans après le génocide

(1994), l'armée rwandaise, construite à partir du FPR du général Paul Kagame, est à dominante tutsi ; au Burundi voisin, après la signature d'un accord de paix et l'adoption d'une clé de partage des postes, une armée réellement pluriethnique a pris depuis 2005 le relais d'une force qui était un monopole de la minorité tutsi.

En Afrique du Sud, l'armée a pu être prise en main progressivement par le régime du président Mandela, puis de Thabo Mbeki : les effectifs des milices et des groupes armés de l'Africain National Congress (ANC) ont été versés au sein des forces de défense sud-africaines, dont l'encadrement est resté largement d'origine européenne. Au Mozambique, après l'accord de paix de 1992, la formation d'une nouvelle armée de 30 000 hommes, à composition paritaire — gouvernementaux et ex-rebelles de la Résistance nationale du Mozambique (Renamo) —, a pu être menée à bien. En Angola, la fusion des forces armées gouvernementales et des maquis de l'UNITA, prévue dès les accords d'Estoril (mai 1991), n'a été effective qu'après la mort de Jonas Savimbi (2002).

Dans quelques pays, la transition politique a pu « digérer » la société militaire et lui assigner une place qui corresponde mieux à ses vocations originelles : un corps républicain, représentatif de la société ; une troupe dissuasive, prête à faire usage de sa force, en cas de menaces aux frontières, contre l'intégrité nationale ou la stabilité des institutions, mais obéissant au pouvoir politique civil. Ainsi au Mali, lors des émeutes étudiantes de mars 1991, l'armée a lâché le général Moussa Traoré et a su ménager la transition sous la direction d'un jeune colonel, Amadou Toumani Touré, qui a respecté le programme de retour à un régime civil.

La communauté internationale a été appelée à financer des programmes de retour des combattants à la vie civile en Éthiopie, en Angola et au Mozambique, au Tchad, et plus récemment à Djibouti, en Sierra Leone, au Liberia, en Côte d'Ivoire. La réduction du format des armées, leur « détribalisation » (par élargissement de leur base de recrutement, le recours à la conscription et à une formation plus poussée), ainsi que la constitution d'unités spécialisées dans le maintien de l'ordre — gendarmerie mobile, forces républicaines de sécurité — ont été les nouvelles priorités des organes de coopération militaire de la France, de la Grande-Bretagne ou des États-Unis.

Les armées n'échappent pas au phénomène de « clochardisation » de leurs États : à l'exception des gardes présidentielles et autres unités d'élite, dévouées à leurs chefs et dotées en priorité, elles sont le plus souvent mal équipées, peu entraînées, plus habituées à des tâches de police et, à l'occasion, de racket qu'à une activité vraiment militaire. Utilisées couramment dans des opérations de maintien de l'ordre, ces forces armées peinent d'ailleurs à maîtriser les foules en milieu urbain, faute d'équipement et d'entraînement adéquats, au risque d'attiser les conflits qu'elles sont censées éteindre, comme on l'a constaté encore au Togo, en 2005. Les soldats, souvent impliqués dans des viols de villageoises — en particulier dans les zones de guerre civile —, sont un des vecteurs principaux de la propagation du sida (république démocratique du Congo, Côte d'Ivoire, Ouganda).

Affaiblies par des décennies d'implication dans la vie politique de leurs pays, la plupart des armées du continent avaient été détournées des tâches proprement militaires, qu'il leur faut à nouveau remplir, à mesure que le soutien stratégique étranger, notamment français, tend à s'effacer. Leur insertion croissante dans des dispositifs de sécurité régionale patronnés par l'ONU et l'Union africaine (UA) leur impose un effort de formation technique et d'armement, mais ouvre également aux militaires un nouveau champ d'action, plus conforme à leur vocation.

Une initiative résume ce nouveau défi : sous l'impulsion de la Communauté économique des États d'Afrique de l'Ouest (CEDEAO) et de l'ONG Save the children, un programme a été lancé, sous forme de bandes dessinées, pour exalter le « bon soldat ». Un Code de conduite, adopté par les chefs des armées des treize pays de la région, comporte dix points essentiels : assurer la protection des civils, surtout les femmes et les enfants, en respectant leurs besoins vitaux en eau, nourriture, abri, soins. Ne pas séparer les enfants de leurs parents. Ne pas commettre d'abus sexuels sur des enfants. Les protéger du danger des mines. Ne pas utiliser les enfants dans les forces armées et, en cas d'autodéfense, utiliser un minimum de force contre eux. Et, de manière générale, coopérer avec les ONG humanitaires et rapporter à ses supérieurs les violations des droits des enfants.

L'Union africaine, fondée en 2001, a entrepris de prendre en main les destinées du continent dans ce domaine de la sécurité : pour la première fois, elle a pris en charge une intervention massive au Darfour soudanais (7 000 hommes), mais a dû se reposer sur l'aide logistique de l'Organisation du traité de l'Atlantique Nord (OTAN) et de l'Union européenne. L'Union africaine se donne pour but de mobiliser une force de 15 000 hommes, qui sera le bras armé de l'organisation panafricaine : il s'agit, en liaison avec les grandes communautés sous-régionales du continent, de préparer des unités équivalant à cinq brigades régionales, entraînées au maintien de la paix, et qui resteraient « en attente » dans leurs pays d'origine, jusqu'à ce que le signal de l'action leur soit donné par le Conseil de sécurité de l'Union.

La mise en œuvre sur le terrain de ces brigades n'est pas envisagée avant 2010, pour des raisons surtout techniques, logistiques et financières. D'où l'intérêt, pour les promoteurs de cette future armée africaine, de bénéficier des programmes de formation et d'équipement lancés par les États-Unis (sous le vocable Acota) ; par le Portugal (programme Pampa) ou par la Grande-Bretagne (le British Support Team) ; et surtout par la France, dans le cadre du programme Recamp, déjà ancien et très adapté aux divers terrains régionaux, développé à l'échelle de l'Union européenne, en dépassement des clivages linguistiques et des anciennes zones d'influence, programme auquel l'Union africaine a décidé en 2005 de participer activement.

Bénin

Petit État francophone, entré dans l'histoire récente pour sa fameuse conférence nationale, prélude à la démocratisation de la plupart des pays d'Afrique de l'Ouest et du Centre, le Bénin (112 622 km^2), situé sur le golfe de Guinée, est enserré entre le petit Togo et l'immense Nigeria. Sa population (6 736 000 habitants), concentrée en majorité dans la partie sud du pays (la capitale économique, Cotonou, rassemble plus de 800 000 habitants), est composée d'une quarantaine d'ethnies dont les Fon, l'ethnie majoritaire (66 % de la population). Plus de la moitié de la population pratiquerait les religions traditionnelles, notamment le vaudou, loin devant les catholiques, puis les musulmans (19 % et 15 %).

C'est en 1625 que le royaume fon du Dahomey voit le jour autour de la ville d'Abomey. Il prospère grâce au commerce des esclaves puis au développement de l'agriculture. Les Anglais sont les premiers Européens à marquer fortement leur présence dans la zone ; ils construisent un fort à Ouidah en 1650. Quatorze ans plus tard, la France se signale : les premiers missionnaires — les capucins bretons — s'installent à Juda (Ouidah). En 1850, elle noue des relations avec les populations côtières. Progressivement, les Français conquièrent les territoires de Cotonou, de Grand-Popo, de Porto-Novo et, le 22 juin 1894, le Dahomey et ses dépendances deviennent une colonie française. Cette colonie est insérée dans l'Afrique occidentale française (AOF), devient une république au sein de cette communauté en décembre 1958, avant d'accéder à l'indépendance le 1er août 1960.

Le jeune État souverain bascule très rapidement dans une turbulence politique qui deviendra sa marque (quatorze régimes politiques en quarante-cinq ans d'indépendance). Au premier chef de l'État, Hubert Maga, renversé par un coup d'État militaire, succèdent à partir de 1963 plusieurs présidents éphémères, dont Émile Derlin Zinsou en 1968-1969, appelé par l'armée, comme plusieurs de ses prédécesseurs. En octobre 1972, le sergent Mathieu Kérékou prend à son tour le pouvoir par les armes et suspend la Constitution de mars 1968. C'est le début de l'ère marxiste-léniniste, le Dahomey devenant la république populaire du Bénin le 30 novembre 1975, sous un régime de parti unique.

Miné par les difficultés financières et les scandales, révélés par la presse, qui explosent à la fin des années 1980, acculé au compromis par la contestation sociale, le régime s'effondre, le 28 février 1990, avec la convocation d'une conférence nationale souveraine, grand forum réunissant les « forces vives » de la nation qui dote le pays d'institutions démocratiques et organise l'alternance à la tête de l'État : aux premières élections libres, Nicéphore Dieudonné Soglo est élu président de la République le 24 mars 1991, et le sergent Mathieu Kérékou, battu, s'incline devant le verdict des urnes.

À la faveur des difficultés économiques, accrues par la dévaluation de la monnaie en 1994, Mathieu Kérékou revient cependant aux affaires en remportant les élections présidentielles, le 18 mars 1996. Cinq ans plus tard, il est réélu largement pour un dernier mandat. Depuis 1991, la vie politique béninoise présente une grande animation, et les institutions de l'État de droit y ont connu des progrès importants, mais une corruption de grande ampleur a été constatée. Dans le cadre d'une troisième alternance — cas rare sur le continent —, Boni Yayi, ancien patron de la Banque ouest-africaine de développement, a succédé à Mathieu Kérékou en avril 2006. Il devra notamment redresser une économie en berne.

Engagé de longue date dans un programme d'ajustement structurel (PAS) rigoureux, le Bénin est doté de peu de ressources naturelles ; l'agriculture, où le coton constitue une culture d'exportation importante, occupe toujours plus de 50 % des actifs et contribue pour 36 % au produit intérieur brut (PIB), estimé à 4 milliards de dollars en 2004. Véritable État-entrepôt, le pays vit largement des trafics illicites avec le Nigeria voisin et du secteur informel, qui procurerait jusqu'à 40 % du PIB réel. La pauvreté est grande : plus de la moitié de la population vit avec moins d'un dollar par jour.

Cette situation expliquerait en partie que le Bénin soit devenu une plaque tournante du trafic d'enfants en Afrique. Malgré la mise en place d'une législation réprimant rigoureusement cette pratique, le nombre de *vidomégons* — en langue fon, enfants « vendus » par leurs parents démunis à des familles aisées béninoises ou envoyés travailler à l'étranger — augmente au fil des années. L'ampleur du phénomène a été révélée en avril 2001 par l'affaire de l'*Etireno*, navire arraisonné dans le port de Cotonou avec à son bord des dizaines d'enfants-esclaves béninois.

Botswana

Vaste pays d'Afrique australe (581 700 km²), mais peu peuplé (1,7 million d'habitants), le « pays des Tswana » avait été partagé, en 1885, entre le Transvaal sud-africain et le Bechuanaland, devenu protectorat britannique. La vie politique, au milieu du XXe siècle, fut marquée par la personnalité du prince héritier Seretse Khama, qui avait fait scandale en épousant en 1948 une jeune Anglaise, avec qui il mena la lutte pour la décolonisation du pays. Il en est devenu le premier président en 1966, lors de l'accession du Botswana à l'indépendance.

Terre aride — un tiers du pays est occupé par le désert du Kalahari —, le Bostwana s'est longtemps contenté de son bétail, dont la viande est recherchée jusqu'en Europe, tout en fournissant de la main-d'œuvre immigrée à son puissant voisin sud-africain. La découverte de gisements de cuivre et de diamant, dans les années 1970, a donné le point de départ à ce qui est une des rares *success stories* du continent : le pays a connu, durant deux décennies, un des taux de croissance les plus élevés du monde, recevant les félicitations de la Banque mondiale.

Le Botswana est ainsi devenu un favori des classements de « risques-pays », et un des rares États africains à ne pas se faire indexer par l'ONG de lutte contre la corruption Transparency International. Le revenu par habitant y est élevé : 3 440 dollars en 2004, soit le cinquième rang du continent ; les taux d'alphabétisation et de scolarisation atteignent des records (autour de 80 %). Le patron de la Bourse de New York, qui invitait fin 2005 le président Mogae à sonner la cloche dans la salle des marchés, à Wall Street, a cité lui aussi en exemple le Botswana dont « la croissance et la transparence budgétaire pourraient être enviées par bien des pays plus grands ». Un centre du commerce afro-américain a été ouvert par l'USAid à Gaborone, la capitale.

L'extraction de diamants représente un tiers du produit intérieur brut du pays, les neuf dixièmes de ses exportations, et fournit la moitié du budget de l'État. La mine de Jwaneng, première du monde, produit à elle seule 29 % des diamants de la planète. Les paysages spectaculaires ainsi que la faune du pays attirent en outre une clientèle touristique aisée.

La vie politique y apparaît paisible : après trois mandats, entre 1980 et 1999, le président Ketumile Masire a laissé la place à Festus Mogae, ancien gouverneur de la banque centrale, réélu sans problème en 2004, qui s'est engagé à laisser la place en 2008 à son actuel vice-président, Ian Khama. Leur formation — le Parti démocratique du Botswana (BDP) — est largement dominante. Quelques tensions ethniques sont toutefois apparues lors du référendum sur la création d'une chambre coutumière (House of Chiefs). Le tableau serait presque idyllique si le Botswana n'avait été aussi un des pays africains les plus touchés par la pandémie de sida, qui a obligé à revoir les perspectives de croissance à la baisse. L'espérance de vie n'y est plus, en 2005, que de 38 ans. Un quart du budget public est absorbé par les dépenses de santé, le pays n'arrivant qu'à la cent vingt-huitième place dans le classement mondial du développement humain (PNUD).

Burkina Faso

Le Burkina Faso, ou « pays des hommes intègres », est devenu l'un des pays les plus stables d'Afrique de l'Ouest, après de longues années d'agitation politique ponctuées de coups d'État militaires. Blaise Compaoré, au pouvoir depuis 1987, a instauré avec beaucoup d'habileté un système autoritaire, tout en préservant les formes du pluralisme, instauré en 1991. Pays pauvre, à la population réputée travailleuse, le Burkina a été plus encore que ses voisins ébranlé par la crise ivoirienne, qui a aussi sans doute profité politiquement au régime en place.

Pour comprendre la situation actuelle du pays, il faut évoquer sa longue histoire, marquée par la constitution de royaumes homogènes dont on trouve un prolongement jusqu'à l'époque contemporaine, tandis que la vie politique à l'indépendance ne cesse d'osciller entre régime d'exception et pluralisme. Au XIIe siècle, des descendants de Yennenga (une amazone du Nord-Ghana) fondent les quatre royaumes Mossi, dont Ouagadougou, le plus puissant, est administré par un roi (Moro Naba). Cet ensemble souple parvient jusqu'au début du XIXe siècle à établir une cohésion entre les différents groupes (Gourounsi, Gourmantché, Dioula, Peuls, etc.), à résister à ses puissants voisins (Mali, Songhaï) et à la pénétration de l'islam. Soumis en 1897, il est intégré en 1911 à l'Afrique-Occidentale française puis devient en 1919 la colonie de Haute-Volta. Déjà pourvoyeuse de main-d'œuvre pour le reste de la région, celle-ci est partagée entre la Côte d'Ivoire, le Soudan et le Niger en 1932, puis reconstituée en 1947.

Dix ans plus tard, Ouezzin Coulibaly, leader de l'Union démocratique voltaïque (UDV) (représentant en Haute-Volta le Rassemblement démocratique africain, RDA), dirige le Conseil de gouvernement. À sa mort en 1958, Maurice Yaméogo lui succède puis instaure, après l'indépendance le 5 août 1960, un régime de parti unique. Il est chassé en 1966 par le mécontentement social. Le colonel Sangoulé Lamizana, qui prend alors le pouvoir, rétablit le pluralisme (pour la première fois depuis 1959, des élections législatives concurrentielles, avec sept partis en lice, sont organisées en décembre 1970), mais celui-ci ne dure guère. La Constitution de 1977 remet le multipartisme (limité au tripartisme) à l'ordre du jour, Lamizana est réélu, avant d'être balayé en 1980 par le colonel Saye Zerbo, évincé à son tour par le commandant Jean-Baptiste Ouedraogo.

En 1983, une nouvelle génération de militaires s'installe au pouvoir : le capitaine Thomas Sankara prend la tête d'un Conseil national de la révolution (CNR), puis rebaptise la Haute-Volta *Burkina Faso*. Les jeunes dirigeants, animés par un projet de transformation radicale de la société, entreprennent de lutter contre le gaspillage et la corruption, et de confier le pouvoir au « peuple ». Pendant quelques courtes années, le pays devient une référence pour la jeunesse africaine, et Thomas Sankara un héros international. Mais les exactions des Comités populaires de la révolution (CDR), autant que les difficultés économiques et l'hostilité de la communauté internationale, suscitent un putsch, le 15 octobre 1987, où Thomas Sankara — trahi par certains de ses amis, dont Blaise Compaoré — trouve la mort.

Sous l'égide du Front populaire, le « capitaine Blaise » prône la « rectification », au plan économique (libéralisation) et politique. Le pays est pacifié, il rétablit le multipartisme, est confirmé à la tête de l'État lors de scrutins sans enjeu (1991 et 1998) qui voient s'affirmer l'emprise de son parti, le Congrès pour la démocratie et le progrès (CDP), sur la vie politique. Sans faire figure de « vieux sage », Blaise Compaoré a su se poser en médiateur dans certains conflits au niveau régional (rébellion des Touareg du Niger, en 1995). Mais ses soutiens présumés au Liberia de Charles Taylor, puis aux rebelles ivoiriens qui prenaient en 2002 le contrôle du nord de la Côte d'Ivoire, l'ont placé dans un relatif isolement. Blaise Compaoré a cependant été réélu en 2005.

Situé dans la boucle du Niger, le Burkina Faso (274 200 km^2) est un pays enclavé, constitué d'un plateau aux sols arides ou latéritiques, dont la faible déclivité gêne l'écoulement d'un réseau hydrographique dense, mais peu utilisable (Comoé, Voltas). C'est un des États les plus peuplés d'Afrique de l'Ouest (13,4 millions d'habitants en 2004), avec un taux de croissance annuel de 2,9 %. Sa population, dominée numériquement par l'ethnie mossi (48 % environ), est très composite ; les musulmans y comptent pour 43 % du total, avec un fort noyau chrétien (12,2 %), notamment catholique, ces confessions étant en nombre croissant. Elle a depuis la colonisation constitué un réservoir de main-d'œuvre pour toute la sous-région, surtout la Côte d'Ivoire où vivaient jusqu'aux événements de 2002 près de 2 millions de Burkinabés.

L'impact de la crise en Côte d'Ivoire sur la fragile économie burkinabé (4 264 millions de dollars de produit intérieur brut en 2003), marquée par la baisse des transferts financiers, l'afflux des rapatriés (au moins 350 000), a été limité par la réouverture partielle de la frontière et la réorganisation des flux vers les pays voisins (66 % des marchandises transitaient par le port d'Abidjan). Pourtant, le tassement de la croissance économique (4,8 % en 2004 contre 8 % en 2003) devrait se poursuivre. Classé parmi les plus pauvres au monde (172e sur 174, selon l'indice du PNUD), le pays vit de l'agriculture et de l'élevage et reste très sensible aux dégradations de la pluviométrie (forte baisse de la production céréalière en 2004 et 2005). Devenu l'un des plus importants producteurs africains de coton, le Burkina subit les effets de la baisse des cours mondiaux, due en partie aux subventions des pays du Nord à leurs producteurs. La hausse des hydrocarbures a contribué aussi à la forte détérioration des termes de l'échange, toutes ces dernières années. Ayant bénéficié d'une annulation de sa dette multilatérale en 2005, le Burkina a profité à partir de juin 2003 d'une Facilité pour la réduction de la pauvreté et de la croissance (FRPC) du Fonds monétaire international (FMI), pour la période 2003-2006.

Ce pays, très dépendant de l'aide internationale et où fleurissent les ONG de développement, bénéficie d'une bonne image de marque à l'étranger. Un tourisme de découverte s'y est développé, et sa capitale, Ouagadougou, draine un public nombreux à l'occasion de la principale manifestation culturelle nationale : le Festival panafricain du cinéma et de la télévision (Fespaco). Cette activité a suscité une création cinématographique parmi les plus dynamiques d'Afrique.

Burundi

Le Burundi partage avec le Rwanda voisin un même espace géographique et une longue histoire commune, marquée à l'époque contemporaine par une succession d'atrocités. Plus encore que le Rwanda, il a été en proie depuis son indépendance à une incessante guerre civile qui l'a considérablement appauvri, avant de renouer récemment avec la paix en expérimentant un mode inédit de partage du pouvoir. Situé au cœur de la région des Grands Lacs, ce pays verdoyant de montagnes et de plateaux, bordé à l'est par l'immense lac Tanganyika, est l'un des plus petits États du continent (27 830 km^2), mais compte une densité démographique parmi les plus importantes (255 hab./km^2).

Organisé jadis en différents royaumes, le Burundi a été unifié dès le XVIIe siècle, qui voit s'ouvrir le cycle dynastique des Mwami (rois) appartenant à la caste des Abaganwa. Colonisé à partir des années 1890 par l'Allemagne, il est placé sous mandat belge en 1923, devient indépendant en 1962, adoptant un système de monarchie constitutionnelle où domine l'Unité pour le progrès national (Uprona), fondé par le prince Louis Rwagasore, qui s'était efforcé de gommer dans un puissant parti national les différences entre communautés hutu et tutsi, exacerbées par le colonisateur — il est assassiné en 1961. D'abord épargné par les graves dissensions intercommunautaires surgies au Rwanda, le Burundi est alors rattrapé par le facteur ethnique qui provoque d'importantes vagues de violence dès 1965, puis en 1972, 1988 et 1992.

En 1966, le capitaine Michel Micombero s'empare du pouvoir et dépose le Mwami en proclamant la république. Il instaure un régime fort, appuyé sur l'armée à majorité tutsi, et sur l'Uprona. Quelques années plus tard, en 1972, la répression d'un soulèvement fait 100 000 morts et entraîne l'exil de centaines de milliers de Hutu, notamment vers la Tanzanie. En 1976, le colonel Jean-Baptiste Bagaza prend le pouvoir. Il est élu en 1984 avant d'être écarté, en 1987, par un nouveau coup d'État mené par le major Pierre Buyoya. Une Constitution instaurant le multipartisme est adoptée en 1992.

En juin 1993, Melchior N'Dadaye, membre du Front pour la démocratie au Burundi (Frodébu), devient le premier président élu d'origine hutu. Il est assassiné un mois plus tard lors d'une tentative de putsch menée par les militaires. Le 6 avril 1994, son successeur, Cyprien Ntaryamira, meurt avec son homologue rwandais, Juvénal Habyarimana, dans l'attentat qui vise leur avion. En 1996, Pierre Buyoya revient à la tête du pays par un coup de force.

Après deux ans de négociations menées sous la médiation de l'ancien président tanzanien Julius Nyerere, puis du président sud-africain Nelson Mandela, un premier accord de paix est signé à Arusha, en Tanzanie, en août 2000, par la plupart des protagonistes du conflit inter-burundais. En douze ans, cette guerre civile a fait plus de 300 000 morts. L'accord de paix, d'abord difficile à mettre en œuvre en raison de la poursuite des combats, prévoit le partage du pouvoir entre Tutsi et Hutu. À partir de novembre 2003, le ralliement au processus de la principale rébellion hutu, le CNDD-FDD de Pierre Nkurunziza, marque une étape importante, et un accord sur le partage du pouvoir pour la période post-transition intervient en août 2004 à Pretoria. Une Constitution est adoptée et des élections se tiennent, entre février et août 2005, les présidentielles étant remportées par Pierre Nkurunziza, pour un mandat de cinq ans.

Fin 2005, le processus de réconciliation sous égide internationale est jugé un succès, alors qu'un compromis semblait possible avec le dernier groupe rebelle encore actif (le FNL d'Agathon Rawasa). Il s'est accompagné du déploiement d'une force intérimaire africaine de maintien de la paix (2 870 Sud-Africains, Éthiopiens et Mozambicains), à laquelle succédait en juin 2004 l'opération de maintien de la paix des Nations unies (ONUB). Celle-ci devait superviser le désarmement, la démobilisation et la réintégration des ex-combattants rebelles. En avril 2006, le couvre-feu en vigueur depuis 1972 était officiellement levé.

Conséquence de la guerre civile, l'économie du Burundi n'a cessé de se dégrader au cours des dernières décennies : cet État est classé parmi les dix pays les plus pauvres au monde ; son PIB a baissé de 20 % sur la période 1993-2003 et l'espérance de vie a diminué de quinze ans en une vingtaine d'années. Près de 70 % des 7,4 millions de Burundais (2004) vivent ainsi en dessous du seuil de pauvreté. L'agriculture reste leur occupation première : elle représente plus de 40 % du PIB.

Le café, le sucre et le thé sont les principaux produits d'exportation du pays. Lourdement handicapé par le poids de sa dette extérieure et de ses arriérés, le Burundi bénéficie depuis 2005 d'un allègement de dette au titre de l'Initiative renforcée sur la dette des Pays pauvres très endettés (PPTE). La consolidation de la paix au Burundi exigera une nette amélioration de la situation économique et sociale au cours des années à venir. La gestion du retour des réfugiés — en 2005, 238 000 d'entre eux vivaient encore dans des camps en Tanzanie — est un des défis cruciaux à relever par le nouveau pouvoir.

Cacao-café

Café et surtout cacao ont illustré, plus que d'autres productions agricoles, le développement de l'économie de rente en Afrique, dont l'exemple le plus spectaculaire est la Côte d'Ivoire, aujourd'hui encore premier producteur mondial de cacao. Pétrole, minerais ou matières premières agricoles, tels le café, le cacao, le bois ou le coton, l'exploitation intensive de ces ressources destinées à l'exportation vers les pays riches a conféré pour longtemps leur physionomie aux économies africaines. Si certaines d'entre elles ont pu pendant plusieurs décennies fonder leur prospérité sur la « rente », cette dernière reste associée aux grands maux caractéristiques du sous-développement : une forte dépendance extérieure et une gestion sur le mode patrimonial étendue à la sphère politique. La crise ivoirienne montre aujourd'hui, par son ampleur, que c'est toute la question de la capacité de l'Afrique à sortir du système de l'économie de rente qui est posée.

La pénétration du café et du cacao en Afrique suit une voie parallèle. Le cacao, connu pendant plus de deux mille ans par les Aztèques avant sa découverte par les conquistadores espagnols au XVIe siècle, donne ensuite lieu à une mise en exploitation dans plusieurs pays d'Amérique latine — Mexique, Guatemala, Équateur, Venezuela —, où les plantations font travailler des esclaves importés d'Afrique. Le café, récolté pour la première fois au milieu du XIIe siècle en Éthiopie, séduit les Arabes puis les Européens au XVIIe siècle. Les colons créent de petites plantations en Afrique à partir de la fin du XIXe siècle pour répondre aux besoins de consommation en Europe : le cacao est introduit au Ghana, le café en Côte d'Ivoire. Cette économie de traite s'appuie sur de petits planteurs familiaux. À la fin des années 1930, les colonisateurs, puis les jeunes États indépendants mettent peu à peu en place des structures d'exportation : caisses de stabilisation ou *marketing boards*, comme en 1944 pour le cacao au Ghana.

Faisant l'objet d'une exploitation d'abord modeste, le cacao explose en Côte d'Ivoire au milieu du siècle dernier, avant de devenir avec le café un pilier du développement rapide du pays, où il détrône l'exploitation forestière au début des années 1970. Gérés directement par le pouvoir, les revenus du cacao-café alimentent alors une économie de redistribution qui permet, en une vingtaine d'années, à la Côte d'Ivoire de devenir la locomotive économique de sa région, drainant des centaines de milliers de travailleurs migrants qui s'installent durablement dans les zones de plantations. Infrastructures modernes et gratte-ciel surgis dans la capitale, Abidjan, donnent du pays l'image d'un modèle de développement équilibré, même si certains investissements de prestige, comme la construction de la basilique de Yamoussoukro, font s'interroger sur les dérives de ce « capitalisme africain » qui associe largement les intérêts étrangers, notamment français.

À l'indépendance, l'Afrique exporte les trois quarts du cacao mondial. Les années 1970 sont euphoriques, alors que les prix du café et du cacao flambent sur les marchés internationaux (1975-1976). Mais le retournement est brutal. Surproduction et baisse des cours mondiaux se font sentir dans la décennie 1980, coïncidant avec la montée en puissance de concurrents comme le Brésil et la Malaisie pour le cacao, l'Amérique du Sud, le Vietnam et l'Indonésie pour le café. Au cours de l'été 1989, le cacao enregistre son sixième excédent mondial consécutif, tandis que le café voit s'effondrer l'accord international.

Troisième denrée alimentaire la plus commercialisée après le café et le sucre, la production du cacao est concentrée entre quelques pays responsables de 90 % de la production mondiale, dont 70 % proviennent d'Afrique de l'Ouest. La Côte d'Ivoire, avec de 40 à 45 % du marché mondial (en 2004, sa récolte s'est élevée à 1,45 million de tonnes), reste de loin le principal producteur, devant le Ghana, l'Indonésie, le Nigeria, le Brésil, le Cameroun...

Le café n'a pas connu la même fortune sur le continent et sa production n'a cessé de décliner au profit de l'Asie et de l'Amérique latine, même si la Côte d'Ivoire (septième producteur mondial) est restée le premier producteur de robusta en Afrique, tandis que domine en Afrique de l'Est l'arabica. Devenu très volatil, notamment en raison de récoltes records au Brésil et au Vietnam, le marché du café a vu depuis le début des années 1990 ses prix chuter : en 2002-2003, les cours dégringolaient à leur plus bas niveau depuis un siècle, les efforts pour réorganiser le marché international restant vains. Matière première très prisée des consommateurs, le café fournit l'exemple flagrant d'une production des pays pauvres livrée sans compensation aux intérêts des grands trusts mondiaux : si le kilo de café payé (en 2003) 0,14 dollar au paysan ougandais peut être négocié à 0,26 dollar dans la capitale, il atteint 1,64 dollar chez le torréfacteur européen, pour être finalement vendu au détail à plus de 26 dollars...

Comme en Amérique latine, la grande dépendance de certains pays à l'économie du café entraîne des situations dramatiques. Dans un pays comme l'Éthiopie, qui dépend à 50 % des exportations de café pour ses recettes à l'exportation, la chute des cours s'est conjuguée à la sécheresse et aux guerres pour accroître la misère rurale, et l'on observe que les pertes à l'exportation anéantissent les bénéfices des annulations de dette consenties par les bailleurs de fonds. Les efforts de diversification, entrepris depuis une décennie, sont loin de porter encore leurs fruits : au Kenya, les paysans des hauts plateaux, qui produisent quelque 80 % du café kenyan, s'efforcent ces dernières années de se convertir partiellement à des productions jugées plus rentables (vanille, noix de macadamia). Mais tout effort de diversification agricole suppose des investissements dont les paysans, très démunis après des années de crise, sont souvent incapables.

Un constat identique peut être fait pour le cacao, même si cette production a bénéficié un temps d'une meilleure régulation internationale, et du poids d'un producteur central comme la Côte d'Ivoire. Mais le blocus en 1987 des exportations, voulu par le président Houphouët-Boigny dans l'espoir de faire remonter les cours, a marqué un tournant. Après dix-huit mois d'embargo, la Côte d'Ivoire avait dû jeter l'éponge, à l'issue d'un bras de fer aux conséquences dramatiques. Le prix d'achat au planteur du kilo de fèves était tombé de 400 à 150 francs CFA en 1989, les petits producteurs étaient ruinés, les circuits de commercialisation désorganisés.

C'était aussi la fin du « miracle » ivoirien, pour un État exsangue devant faire face au lourd endettement contracté durant les années fastes. Exigée par les bailleurs de fonds multilatéraux, la libéralisation de la filière cacao, effective à partir de 1998 (marquée notamment par la liquidation de la caisse de stabilisation, véritable caisse noire de l'État patrimonial), a privé le régime en place de son principal instrument d'intervention, en même temps qu'elle pénalisait les producteurs. La dégradation de la situation sociale avait débouché, dès 1990, sur d'importantes manifestations urbaines qui allaient entraîner l'adoption du multipartisme. Mais la faillite de l'économie de rente devait surtout susciter l'apparition d'un grave phénomène xénophobe qui, à partir du milieu des années 1990, a marqué de son influence toute la vie politique, en nourrissant l'instabilité institutionnelle. La guerre civile, à partir de 2002, aboutissait à la division du pays selon une configuration dont la signification est avant tout géostratégique : le Sud, resté aux mains du camp loyaliste, recouvre aussi l'essentiel des zones d'économie cacaoyère. Et de fait, malgré d'importantes perturbations, le cacao a continué d'être exploité à un niveau équivalent, la maîtrise de sa commercialisation redevenant dès lors un enjeu crucial de pouvoir.

Si l'on observe l'existence, encore aujourd'hui, dans un pays comme le Cameroun de près de 600 000 planteurs — contre quelque 700 000 en Côte d'Ivoire où les filières assurent la subsistance de plus du tiers de la population —, les filières cacao-café restent, plus que le pétrole ou les minerais, d'un poids déterminant en Afrique pour la préservation de l'équilibre économique et social. Un pays comme le Ghana, qui a enregistré de bons résultats économiques ces dernières années (avec une croissance dépassant les 5 %), le doit en grande partie à l'augmentation de sa production de cacao, qui s'est d'ailleurs moins opérée par des gains de productivité que par l'extension des cultures. On est donc loin d'entrevoir une issue à l'économie de rente.

Cameroun

Fièrement qualifié par ses habitants d'« Afrique en miniature », le Cameroun présente en effet une importante diversité géographique et humaine. Ce poids lourd de la Communauté économique et monétaire d'Afrique centrale (CEMAC[1]) assume cependant peu, en termes d'intégration régionale, le rôle moteur qui devrait être le sien et souffre de blocages politiques internes.

Situé au creux du golfe de Guinée, le pays s'étend sur 800 kilomètres d'est en ouest et 1 200 kilomètres du nord au sud. D'une superficie de 475 442 kilomètres carrés, et disposant de près de 200 kilomètres de côtes sur l'océan Atlantique, il

1. Cameroun, Congo, Gabon, Guinée-Équatoriale, République centrafricaine et Tchad.

partage notamment ses frontières avec le Nigeria (auquel l'oppose un conflit sur la presqu'île de Bakassi, attribuée au Cameroun en 2002 par la Cour internationale de justice) et le Tchad, auquel le relie désormais un oléoduc très stratégique. Il connaît, suivant les régions, différents climats et végétations : forêts denses humides, savanes, steppe, forêts et prairies de montagne. La population, évaluée à 15,7 millions d'habitants dont près de 45 % a moins de 15 ans, est une mosaïque ethnolinguistique : entre deux cents et trois cents idiomes ont été identifiés. Les principales langues véhiculaires sont le fulfuldé (peul), en usage dans tout le Nord (à l'exception du Logone-et-Chari où domine l'arabe), le béti et le bassa dans le Centre-Sud, le pidgin-english (sorte de créole d'anglais africanisé) dans l'Ouest et sur le littoral ; on utilise aussi l'ewondo dans la région de Yaoundé et le douala sur la côte. Français et anglais sont les deux langues officielles, mais la balance penche en faveur du français, d'autant que Yaoundé, capitale politique, et Douala, capitale économique, sont en zone francophone.

Fruit de l'histoire, le pays est en effet bilingue, avec deux provinces anglophones et huit francophones. Protectorat allemand dès 1884, le Cameroun est divisé à l'issue du premier conflit mondial : la Société des Nations (SDN) donne, en 1918, mandat à la France et à la Grande-Bretagne. Après la Seconde Guerre mondiale, le mandat est transformé en tutelle avec mission d'amener les territoires à l'indépendance. En 1956, l'Union des populations du Cameroun (UPC) déclenche une rébellion dans le sud et l'ouest de la partie française, qui perdurera plusieurs années après l'indépendance : celle-ci intervient le 1er janvier 1960, sous la présidence d'Ahmadou Ahidjo. L'année suivante, le Cameroun britannique, par référendum, décide de se rattacher pour sa partie nord au Nigeria, pour sa partie sud au Cameroun, qui devient alors un État fédéral, caractère qu'il conservera jusqu'en 1972.

Autocrate, Ahmadou Ahidjo, Peul de Garoua (Nord), gère son pays en homme d'État avant tout soucieux de l'unité nationale. Il fait preuve d'une grande prudence en matière d'économie. Mais si l'État agit peu, la nation produit, notamment dans le secteur agricole. En 1977, en outre, démarre la production de pétrole : lorsque Ahidjo démissionne, le compte hors budget, alimenté par une partie des recettes pétrolières, représente presque l'équivalent du budget de l'État. Fin 1982 en effet, Ahidjo laisse le pouvoir à son successeur constitutionnel, le Premier ministre Paul Biya. La succession se passe mal : l'ancien président conserve la tête du parti unique, l'Union nationale camerounaise (UNC), et compte continuer à peser sur la vie politique. L'affrontement éclate au grand jour, et Ahidjo quitte le Cameroun en juillet 1983. Condamné à mort par contumace début 1984, il ne reverra pas son pays.

Élu à la présidence de la République en janvier 1984, Paul Biya est réélu en 1988, 1992, 1997 et 2004 ; son parti, le Rassemblement démocratique du peuple camerounais (RDPC), qui a succédé à l'UNC, est resté de fait le parti unique jusqu'en 1992. Le début des années 1990 est agité. Sous le double effet des difficultés économiques — en 1987, Biya admet publiquement que « la crise est là », et la pauvreté progresse — et du vent de la démocratie, la contestation politique prend de l'ampleur, alimentée en outre par le mal-être des Camerounais anglophones. Fin 1990, une loi rend le multipartisme effectif, ce qui n'empêche pas, d'avril à octobre 1991, les opérations villes mortes, destinées — sans succès — à obtenir une conférence nationale souveraine. Lors de la première présidentielle pluraliste, en octobre 1992, Biya obtient 39,9 % des voix devant John Fru Ndi (35,9 %), candidat du Social Democratic Front. La suivante, en 1997, sera boycottée par une opposition affaiblie à la fois par la répression et par ses divisions que le pouvoir ne manque pas d'entretenir.

Si on reproche régulièrement à Paul Biya ses absences du pays, son manque de charisme et de leadership sur les scènes régionale et continentale, il faut lui reconnaître cependant une capacité à doser finement les appartenances ethniques et géographiques dans ses nominations (il s'appuie principalement sur le Centre-Sud et le Grand Nord), ce qui lui permet à la fois de durer et de diviser ses adversaires. Peu importe, semble-t-il, si par ailleurs la vie politique et la diplomatie sont atones, si parfois le Conseil des ministres ne se réunit qu'une fois par an, si l'administration semble en pilotage automatique, ce qui n'a pas empêché le chef de l'État de lancer en 2005 une campagne contre la prévarication de l'économie, et l'enrichissement illicite... de certains de ses proches.

Reste que les entrepreneurs sont actifs : il y a au Cameroun une vie des affaires, dont Douala est la capitale, et les principaux acteurs les Bamiléké originaires de l'Ouest. Avec un PNB (2004) de 14,7 milliards de dollars, l'économie est dominée par le secteur primaire (43,9 % du PIB) et le tertiaire (40,5 %). Les principales exportations sont le pétrole (40 % du total), le coton, le café, le cacao, le bois, l'aluminium, le tabac, le caoutchouc et la banane. Les relations du pays avec les institutions de Bretton Woods sont délicates, le point d'achèvement de l'initiative PPTE, initialement prévu pour septembre 2003, ayant été reporté à 2006 pour cause de dérapages budgétaires. Les entreprises restent hésitantes car le climat général des affaires est difficile : insécurité juridique, fraude, arriérés de paiement de l'État, corruption, pression accrue sur le secteur formel afin d'accroître les ressources fiscales...

Lorsqu'il a remporté, après vingt-deux ans de règne, la présidentielle du 11 octobre 2004, Paul Biya avait 71 ans. Ira-t-il au bout de son nouveau mandat de sept ans ? Comment sa succession se passera-t-elle ? Qui sera alors le dauphin désigné et comment réagiront les différentes composantes de la nation ? Autant de questions dont les réponses dessineront l'avenir d'un pays au potentiel jusqu'à présent mal exploité.

Cap-Vert

L'archipel du Cap-Vert constitue un État africain parmi les plus attachants et les plus singuliers. L'héritage portugais y transparaît à l'œil nu, ayant entraîné la constitution d'une population très métissée, majoritairement catholique et d'une grande pauvreté, et qui n'a dû sa survie qu'à une émigration massive (Europe et États-Unis). Base arrière de la lutte pour l'indépendance, menée en Guinée portugaise par l'un des héros de l'anti-impérialisme en Afrique, Amilcar Cabral, il a été un précurseur en Afrique sur la voie du multipartisme, instauré dès 1990.

Situé dans l'océan Atlantique à environ 450 kilomètres des côtes sénégalaises, le Cap-Vert est un archipel qui compte 500 000 habitants, inégalement répartis sur dix îles et huit îlots. Escale sur les routes de la marine à la voile entre l'Amérique du Nord, l'Afrique et l'Europe jusqu'à la Seconde Guerre mondiale, l'archipel se décline en deux groupes d'îles : le Barlavento (îles Au-Vent) et le Sotavento (îles Sous-le-Vent). D'origine volcanique, les îles du Cap-Vert sont des terres au relief escarpé tombant souvent à pic dans l'océan. Le volcan du Pico, toujours actif, qui se dresse dans l'île de Fogo, est le point culminant de cette petite République (2 829 m).

Probablement occupé par des populations apparentées à celles du Sénégal avant l'arrivée des Européens, le Cap-Vert est découvert en 1456 par le Vénitien Alvisa da C'a da Mosto pour le compte du Portugal. Les premiers colons s'installent en 1462 sur l'île de Santiago. Le traité de Tordesillas (1494) en fait une colonie portugaise rattachée à la Guinée portugaise. À partir du XVIIe siècle, l'archipel joue le rôle d'une plaque tournante dans la traite des Noirs vers le Brésil. La conférence de Berlin, en 1885, confirme la souveraineté du Portugal sur le Cap-Vert. Créateur avec Amilcar Cabral du

Parti africain pour l'indépendance de la Guinée et du Cap-Vert (PAIGC), Aristides Pereira prend la tête du gouvernement de transition qui est mis en place après la révolution de 1974 au Portugal. Il conserve le pouvoir à l'indépendance du pays, le 5 juillet 1975.

En dépit d'une volonté d'union avec la Guinée continentale, le Cap-Vert va accroître son autonomie, jusqu'à mettre fin au lien historique avec le PAIGC. Sa branche capverdienne devient alors Parti africain de l'indépendance du Cap-Vert (PAICV). Parti unique de fait, il organise en son sein le débat sur la libéralisation politique à la fin des années 1980, et l'adoption du multipartisme s'effectue sans traumatisme. D'opposition, le Mouvement populaire pour la démocratie (MPD) s'impose aux premières élections pluralistes, qui portent Carlos Veiga au poste de Premier ministre et voient l'élection d'Antonio Mascarenhas Monteiro à la présidence. Celui-ci est réélu le 18 février 1996 puis remplacé le 25 février 2001 par Pedro Pires, candidat du PAICV... Victorieux en 2001, le PAICV remporte aussi les élections législatives du 22 janvier 2006 (55,28 % des voix), et Pedro Pires est réélu en février, avec quelques milliers de voix face à son adversaire Carlos Veiga, lors d'un scrutin marqué par une forte abstention.

Malgré son nom de Cap-Vert, les terres de l'archipel sont peu fertiles. Le climat est de type subtropical aride avec une saison des pluies qui va de juillet à octobre. Pourtant, à l'exception des précipitations catastrophiques de 1984, depuis 1968, la pluie ne tombe pas. La sécheresse et l'aridité frappent l'archipel où seulement 10 % des terres sont cultivés, soit l'équivalent de 42 000 hectares de terres arables. Conséquence de ces conditions climatiques, les résultats agricoles sont très médiocres. Selon la Food and Agriculture Organisation (FAO), en 1999, le secteur agricole contribuait pour environ 7 % au PIB et occupait quelque 53 % des actifs de l'archipel. La production de maïs (l'aliment de base), de haricots, de patates douces et de manioc est aléatoire et souvent insuffisante pour nourrir la population ; une large part des importations est destinée à couvrir ses besoins alimentaires. En revanche, la pêche est le secteur le plus important de l'économie grâce à une zone économique maritime exclusive de 630 000 kilomètres carrés et à des ressources prometteuses en thons, homards, langoustes. Même si ce secteur est largement dominé par des compagnies étrangères (coréennes et japonaises), il contribue à près de 50 % de la valeur des exportations.

L'économie capverdienne, qui bénéficie d'une inflation maîtrisée et d'une monnaie arrimée à l'euro depuis le 1er janvier 1999, connaît en 2003 une croissance de 5 %. La même année, le PIB par habitant, le plus élevé d'Afrique de l'Ouest, est estimé à 5 200 dollars. En dépit de ces bons résultats, plus d'un tiers de la population reste pauvre et un quart de la population active est touchée par le chômage. La balance des paiements, bien que rééquilibrée par les transferts de fonds provenant de la diaspora capverdienne (environ 700 000 personnes), reste très déficitaire (24 % du PIB). Le pays est donc largement dépendant de l'aide extérieure (environ 17 % de son PIB). Ce qui n'empêchait pas Kofi Annan, le secrétaire général de l'ONU, d'estimer en 2004 que le pays représentait « un exemple à suivre en Afrique dans les domaines du développement de la démocratie et de la recherche des solutions aux problèmes de développement ». Conformément à une résolution de l'Assemblée générale de l'ONU adoptée le 20 décembre 2004, le pays devrait perdre son statut de Pays moins avancé (PMA) à partir de 2008.

Destination touristique appréciée en Europe, le Cap-Vert bénéficie donc d'une bonne image à l'extérieur. La reconnaissance internationale de la chanteuse Cesaria Evora a constitué un atout incontestable pour ce pays pleinement ancré dans l'ensemble lusophone, auquel il a donné quelques écrivains et musiciens de qualité.

Centrafricaine (République)

Enclavée au cœur de l'Afrique centrale, la République centrafricaine détient une situation stratégique longtemps illustrée par la présence militaire française. Depuis plusieurs années, le pays, secoué par des crises politico-militaires à répétition, est en proie au marasme économique.

Trait d'union entre la zone sahélo-soudanienne et le bassin du Congo, d'une superficie de 622 980 kilomètres carrés, le pays forme un vaste plateau couvert de savane dont l'altitude varie de 600 à 900 mètres. Depuis Bangui, la capitale, on gagne l'océan Atlantique par voie fluviale jusqu'à Brazzaville puis par chemin de fer jusqu'à Pointe-Noire (Congo), distante de 1 815 kilomètres. Le pays est peu peuplé (3 865 000 habitants selon les estimations des Nations unies à la mi-2003), avec un taux de croissance annuelle de 1,3 % pour la période 2000-2005. Sa population est concentrée à l'ouest, laissant de vaste zones inhabitées, alors que près de 43 % des Centrafricains vivent en milieu urbain, concentrés surtout à Bangui (525 000 habitants). Le groupe Banda et Gbaya-Mandja, au nord et à l'ouest, forme plus de la moitié de la population, tandis que les Yacoma et les Sango, les « gens du fleuve », ont longtemps dominé une vie politique et économique marquée par l'influence française.

La colonie française de l'Oubangui-Chari est créée en 1905. Intégrée en 1910 à l'Afrique-Équatoriale française (A-ÉF), elle est utilisée comme réservoir de main-d'œuvre. Travail forcé pour la cueillette du caoutchouc ou la construction du Congo-Océan, portage, épidémies, enrôlement dans les troupes coloniales font périr la moitié de sa population entre 1890 et 1940. Créée en 1958, la République centrafricaine a pour figure emblématique Barthélemy Boganda, mort dans un accident d'avion en 1959. Son successeur, David Dacko, proclame l'indépendance le 13 août 1960. Le lieutenant-colonel Jean Bedel Bokassa s'empare du pouvoir le 31 décembre 1965 : président à vie, puis maréchal, il fait de la république un empire en 1976 et organise un sacre très médiatisé. Il est déposé en septembre 1979 lors de l'opération Barracuda menée par un contingent français. Remis en selle, David Dacko est élu en mars 1981, puis renversé en septembre par le général André Kolingba. En 1992, celui-ci est contraint d'accepter le multipartisme. Le 19 septembre 1993, Ange-Félix Patassé est élu au terme d'un processus électoral pluraliste, puis réélu en 1999 au premier tour d'un scrutin contesté.

Entre-temps, le président Patassé a essuyé trois mutineries entre 1996 et 1997. Les accords de Bangui, en 1997, portent création d'une Mission interafricaine de paix, remplacée en 1998 par une Mission des Nations unies en République centrafricaine (MINURCA), réduite en 2000 à un Bureau des Nations unies en Centrafrique (BONUCA). La restructuration des forces armées (2 250 hommes) s'engage, mais plusieurs tentatives de putsch ont lieu en 2001, que Patassé déjoue dans le sang avec l'aide des troupes libyennes et du Mouvement de libération du Congo (MLC) de Jean-Pierre Bemba.

Dans les jours qui suivent le coup d'État réussi, le 15 mars 2003, du chef d'état-major de l'armée, le général François Bozizé, l'arrivée de 300 militaires français aux côtés des forces de la Communauté économique et monétaire d'Afrique centrale (CEMAC), déployées depuis 2002, marque le retour d'une présence tricolore, quatre ans après la fermeture totale de ses bases de Bangui et Bouar. Après une période de transition où le leader de l'opposition parlementaire, Abel Goumba (qui dirige le Front patriotique pour le progrès — FPP), devient Premier ministre, puis vice-président, avant d'être écarté, François Bozizé légitime sa prise de pouvoir à l'occasion de l'élection présidentielle qu'il remporte, en mai 2005, avec 64,6 % des voix. La coalition rassemblée pour le soutenir conquiert 42 sièges (sur 105) à l'Assemblée nationale. L'Union européenne a aussitôt rétabli son aide.

Pillages et insécurité ont ruiné l'économie du pays, qui ne manque pourtant pas d'atouts. En 2003, les productions de coton, de bois et de café ont chuté de moitié. Celle du coton, qui atteint 5 000 tonnes en 2004-2005, a été divisée par dix depuis 1998. Le bois industriel et le diamant, principales sources d'exportation, alimentent un trafic dont l'État n'est pas bénéficiaire. Des bandes armées sévissent dans le nord du pays, frontalier du Tchad et du Soudan. Avec un PNB estimé en 2003 à 260 dollars par habitant, le service de l'importante dette extérieure (1,325 milliard de dollars en 2003) représentait 44,7 % des ressources budgétaires. Seuls les dons ponctuels des partenaires traditionnels permettent au pays de survivre, alors que l'État se montre régulièrement incapable de payer ses fonctionnaires, dont il a initié le « contrôle physique », pour faire la chasse aux agents fantômes. Selon le Programme des Nations unies pour le développement (PNUD), 95 % des Centrafricains vivraient en 2004 en dessous du seuil de pauvreté, contre 67 % en 2000.

Cinéma

Le cinéma d'Afrique noire est le plus jeune cinéma du monde : une cinquantaine d'années se sont écoulées depuis la sortie d'*Afrique-sur-Seine*, formellement le premier film tourné par des Africains en 1955. Dans la première vague de cette cinématographie, le thème du départ vers l'Occident et de l'exil est très présent (*La Noire de...*, du Sénégalais Sembène Ousmane, en 1966 ; *Concerto pour un exil*, de l'Ivoirien Désiré Ecaré, en 1968 ; *Soleil O*, du Mauritanien Med Hondo, en 1970). Sont aussi illustrés des thèmes sociaux et politiques, ou encore historiques. Dans les années 1990 apparaît plus fréquemment une autre problématique : celle du retour en

Afrique et de ses désillusions (*Bye bye Africa* du Tchadien Mahamat Saleh Haroun, en 1999).

À côté des œuvres souvent très accomplies de l'Égyptien Youssef Chahine ou de l'Algérien Mohammed Lakhdar Hamina, quelques noms émergent parmi les cinéastes d'Afrique subsaharienne, avec des approches très diversifiées : les Sénégalais Djibril Diop Mambety (*Touki-Bouki, Hyènes*) et Sembène Ousmane (*Ceddo, Emitaï, Thiaroye*), l'Ivoirien Désiré Ecaré (*Visages de femmes*), les Burkinabés Gaston Kaboré, Idrissa Ouedraogo (*Le Choix, Yaaba, Tilaï*), les Maliens Souleymane Cissé (*Finye, Yeelen*) et Cheikh Oumar Cissokho (*La Genèse*), ou le Mauritanien Abderrahmane Sissako (*La Vie sur terre*). On citera encore Flora Gomes, cinéaste de Guinée-Bissau (*Na Fahla*), l'Algérien Merzek Allouache (*Bab el-Oued City*).

Ce cinéma se réalise dans des conditions matérielles difficiles : on ne compte guère qu'un film par an et par pays en moyenne, et il faut généralement se tourner vers des bailleurs de fonds étrangers pour produire, tandis que les circuits de distribution sont aléatoires ou inexistants et que les salles du continent, peu nombreuses, sont souvent en déshérence. Résultat : les films américains ou indiens se taillent la plus grosse part du marché. Il n'existe qu'une seule école de cinéma au Ghana, la formation des acteurs demeure un problème et leurs conditions de subsistance sont difficiles.

Le Burkina Faso, hôte depuis 1972 du Fespaco (Festival panafricain du cinéma et de la télévision de Ouagadougou), s'est imposé comme un rendez-vous incontournable du continent et propose l'exemple rare d'une implication de l'État dans le développement d'un secteur culturel. Mais seule l'Afrique du Sud offre des infrastructures à la hauteur d'une industrie cinématographique : moyens de tournage et de postproduction, professionnels correctement formés, public et salles. Pour autant, la création noire, illustrée en particulier par Ramadan Suleiman (*Fools, Zulu Love Letter*), y a toujours du mal à décoller, faute de financements publics ou privés à un niveau satisfaisant. Le Nigeria, quant à lui, a expérimenté une voie différente : les quelque six cents films officiellement produits par an sont pour l'essentiel des productions vidéo tournées dans les langues du pays, à peu de frais et en des temps records. Ce modèle du home vidéo nigérian, soutenu par des promoteurs privés pour les besoins d'un public très populaire et peu exigeant, a commencé à gagner ces dernières années l'Afrique francophone. Relativement embryonnaire jusqu'à une période récente, le documentaire connaît également un certain regain d'intérêt et quelques belles réussites, de même que le cinéma d'animation.

Colonisation

La colonisation de l'Afrique par les pays européens débute dans la seconde moitié du XIXe siècle et se clôt définitivement dans les années 1970-1980. Avant 1880, l'occupation du continent par les Européens se limitait pour l'essentiel à des implantations commerciales sur le littoral. Cependant, les Britanniques, succédant aux Hollandais, s'étaient installés en 1806 dans la région du Cap. En Afrique du Nord, la France avait engagé dès 1830 la conquête de l'Algérie, tandis qu'à partir de son établissement du Sénégal elle avait entamé avec Faidherbe, vers 1850, une progression vers l'intérieur de l'Afrique subsaharienne.

La conquête à proprement parler, qui prend la forme d'une course entre Européens pour l'exploration, puis l'occupation de territoires, est lancée en 1876 (reconnaissance par Stanley pour le compte du roi des Belges du bassin du Congo, expéditions de Savorgnan de Brazza). Elle aboutit à la conférence de Berlin en 1884-1885, qui réunit quatorze États européens. De grandes zones d'influence sont définies, ce qui ouvre la voie au partage réel de l'Afrique, lequel s'effectue les années suivantes, sur le terrain, au rythme des avancées militaires.

La Belgique conserve ainsi le Congo-Léopoldville, l'Angleterre se taille un vaste domaine en Afrique orientale en visant la liaison « du Cap au Caire » (l'Égypte est occupée en 1882), et en Afrique de l'Ouest (Côte-de-l'Or). La France consolide ses acquis au Soudan occidental et en Afrique centrale, s'empare de la Tunisie en 1881 (protectorat, comme au Maroc après 1911). L'Allemagne est présente en Afrique orientale, en Afrique australe (Sud-Ouest africain), au Togo et au Cameroun, l'Italie qui s'est installée en Abyssinie (Érythrée) et sur la côte somalienne débarque en 1911 en Tripolitaine, avant la conquête de l'Éthiopie en 1936. Quant aux possessions portugaises d'Afrique (Angola et Mozambique), elles ne connaissent d'occupation systématique qu'à la fin du XIXe siècle, et il faut attendre le régime de Salazar dans les années 1930 pour faire entrer le Portugal dans la dimension coloniale. La distribution entre Français, Anglais et Belges des dépouilles allemandes (Tanganyika, Rwanda-Burundi, Sud-Ouest africain, Togo et Cameroun) après la Grande Guerre, et italiennes après la guerre de 1939-1945, achève de figer les domaines coloniaux.

Une fois installées, les puissances européennes développent des modes de gestion très variables. On oppose classiquement la conception hiérarchisée de la colonisation française, qui organisa ses colonies en grands ensembles régionaux (Afrique occidentale française dès 1895 et Afrique équatoriale française en 1908), gouvernés de manière centralisée, à la forme d'administration plus lâche de l'Empire britannique, caractérisée par l'*indirect rule* (administration indirecte, notamment en Ouganda et au Nigeria). Dans les faits, les circonstances locales et les facteurs historiques ont commandé des attitudes très différenciées.

La politique anglaise en Afrique du Sud (formation en 1909 d'une Union sud-africaine dotée d'un parlement, regroupant des colonies ou « dominions » qui gagnent une autonomie accrue après la Grande Guerre) n'est pas la même que dans l'Est africain : le futur Kenya évolue vers une colonie de peuplement blanc dominée par les colons ; le modèle le plus « pur » d'*indirect rule* a été mis en œuvre dans une partie de l'Ouganda, le Bouganda, où l'existence d'une royauté puissante permet de concéder l'administration locale à la chefferie traditionnelle. L'organisation des possessions britanniques en grands ensembles, esquissée en Afrique orientale, n'aboutit pas. La gestion est dans l'ensemble plus libérale que dans les autres domaines européens : les gouverneurs britanniques sont assistés de conseils législatifs ou de parlements qui peuvent voter les lois.

Côté français, la centralisation s'affirme : gouverneur général dans chaque ensemble régional, gouverneurs et lieutenants-gouverneurs au niveau de chaque territoire. C'est le règne des « administrateurs » et des services (justice, douane, finances et monnaie...) créés sur le modèle de la métropole, où une École coloniale est fondée en 1885, le ministère des Colonies étant érigé en 1894. Le système est autoritaire, les rapports avec les populations locales tendent officiellement à l'assimilation (école en français, chargée de véhiculer la langue et les valeurs de civilisation françaises, formation d'auxiliaires africains de l'administration avec une volonté de promotion par étapes), mais leur représentativité est faiblement assurée. L'élection à l'Assemblée nationale française en 1914 d'un député de couleur issu de l'AOF, Blaise Diagne, est reçue avec stupeur et hostilité. L'assimilation ne prendra un sens que dans la guerre : les recrues africaines envoyées se battre en Europe le feront au nom de la « mère patrie ».

Les autres Européens suivent des politiques peu cohérentes. Si les Portugais envisagent un certain type d'assimilation, où le métissage entre Blancs et Noirs est revendiqué (les administrateurs seront souvent des métis), leur pays manque de moyens pour organiser méthodiquement les colonies, où le statut des Africains reste très inférieur. Les Belges adoptent un point de vue strictement paternaliste, distinguant les Noirs « évolués » auxquels ils n'accordent qu'un rang intermédiaire, et ne consentant qu'un faible effort éducatif, tandis que l'exploitation des ressources est largement concédée aux intérêts privés des « compagnies ».

La colonisation transforme le mode de vie des sociétés africaines. Les découpages arbitraires des frontières, le statut désormais aléatoire de la chefferie traditionnelle, les alliances passées avec certains groupes de population bénéficiaires de la modernisation au détriment d'autres, les transformations économiques et l'exploitation des ressources (mines, plantations) destinées à l'exportation, la rapide urbanisation et dans certains cas les déplacements massifs de population (au Congo belge notamment), l'éducation et l'introduction du salariat qui modifient les hiérarchies anciennes, et bien sûr l'évangélisation partout poursuivie avec constance... tout cela fait entrer l'Afrique dans une nouvelle ère. Mais, là encore, les situations sont contrastées. En Afrique occidentale, par exemple, l'islam est préservé, voire même favorisé par le colonisateur ; au Rwanda-Burundi, où plusieurs colonisateurs se succèdent, l'organisation traditionnelle d'une société culturellement très homogène est respectée jusqu'aux approches de l'indépendance.

La colonisation s'est partout heurtée à de vives et parfois longues résistances, notamment en Afrique australe et orientale, au Soudan et au Tchad. En Afrique du Nord, la France affronte Abd el-Kader et ses successeurs jusqu'en 1870 ; au Maroc, elle doit faire face à la rébellion berbère ; dans la partie occidentale, on citera la résistance des Ashantis dans la Côte-de-l'Or, celle de Béhanzin au Dahomey et les confrontations avec les combattants djiahistes dans le Soudan français. Si l'évolution générale a conduit à une extinction relative des conflits et des guerres intestines, ce fut aussi au prix d'actes de guerre sanglants, voire barbares (tel l'épisode cruel de la mission « Afrique centrale » menée en 1899 par Voulé et Chanoine, ou l'extermination dans le Sud-Ouest africain des Hereros par les Allemands).

L'exploitation coloniale passa par des phases de répression et de contrainte d'une dureté exceptionnelle, spécialement dans le cadre des « concessions » détenues par les compagnies privées : ce fut le cas au Congo du roi Léopold, et dans les plantations d'Angola. Mais il y eut aussi, côté français, le lourd tribut humain de la construction du chemin de fer Congo-Océan ou, à un degré moindre, des aménagements mis en œuvre par l'Office du Niger. Les témoignages, notamment de journalistes (Nevinson en 1904, Londres en 1927), donnèrent une version peu flatteuse des bienfaits de la colonisation au quotidien pour les populations, ce dont attestera aussi André Gide dans *Voyage au Congo*, en 1927.

La décolonisation, dont le processus est entamé au lendemain de la Seconde Guerre mondiale, connaît son lot de massacres, que les historiens ont longtemps occulté. L'émancipation de peuples qui ont contribué à l'effort de guerre est désormais dans les esprits, et la conférence de Brazzaville en 1944 a donné le ton pour la partie française : reconnaissance de la citoyenneté pour tous les Africains et droit d'élire leurs représentants à l'Assemblée nationale dans le cadre de l'Union française. La Constitution de 1946 ouvre la voie aux assemblées territoriales dotées de certaines prérogatives (vote du budget), et plusieurs députés africains, dont Senghor et Houphouët-Boigny, siègent au Parlement français.

Toutefois, les gouvernements se raidissent d'abord contre l'idée d'indépendance, désormais ouvertement réclamée par les élites. Les années de l'immédiat après-guerre sont tendues dans les colonies françaises d'Afrique où la répression est féroce : massacres du Constantinois (en Algérie) au printemps 1945 ; insurrection malgache en mars 1947, qui se solde par quelque 40 000 morts ; émeutes de Casablanca en 1947 ; répression de l'UPC au Cameroun en 1957-1958. L'insurrection algérienne, à partir de la Toussaint 1954, dégénère en guerre ouverte qui ne s'achève qu'en 1962 avec la reconnaissance de l'indépendance : le conflit aurait fait entre 300 000 et 500 000 morts côté algérien ; côté français, 28 000 victimes militaires et plus de 3 000 civils tués ou disparus ; 750 000 Français d'Algérie sont rapatriés.

Le drame algérien a eu pour conséquence d'accélérer le processus d'indépendance dans le reste de l'empire français d'Afrique. Tunisie et Maroc sont indépendants en 1956, et pour l'Afrique subsaharienne la loi-cadre de 1956, puis la Constitution de 1958 prévoient l'autonomie dans l'appartenance « librement consentie » à la Communauté franco-africaine. Mais l'indépendance finit par être proclamée partout en 1960, à l'exception notable de l'archipel des Comores, indépendant en 1975, et de Djibouti (1977).

La Grande-Bretagne, qui avait octroyé rapidement l'indépendance à l'Inde, traîne les pieds en Afrique. Le Ghana est le premier État indépendant en 1957, suivi du Nigeria et de la Sierra Leone en 1961. En Afrique orientale, la révolte des Mau Mau au Kenya fait 10 000 morts et entraîne une vague de départs des Européens (environ 200 000) lors de l'indépendance, accordée en 1963. Le Tanganyika et les territoires du Nyassaland sont indépendants en 1963-1964, la Rhodésie du Sud « blanche » se proclamant unilatéralement indépendante en 1965. L'Afrique du Sud, également dominée par les Blancs, achève son indépendance et devient république en 1961. La Belgique a suivi le mouvement, mais l'indépendance du Congo belge se produit en 1960 dans les convulsions. En Afrique lusophone, c'est la lutte armée, déclenchée simultanément dans les différents territoires, qui amène une indépendance tardive, dans le sillage de la révolution des Œillets en 1974. Mais la guerre se poursuivra en Angola et au Mozambique, aux prises avec les grands conflits post-indépendance, sur fond de guerre froide.

Ce passé colonial est souvent convoqué pour décrire le présent. En Europe survit la tendance ancienne à insister sur le rôle civilisateur, ou à tout le moins modernisateur, de la colonisation, qui apaisa les conflits anciens, construisit villes, routes, chemins de fer, assura la diffusion de l'éducation et améliora l'état sanitaire des populations, et légua un cadre administratif ainsi que des structures économiques aux États indépendants. La vigoureuse remise en cause de cette vision univoque, tant chez les intellectuels africains que chez une partie de leurs homologues européens, a conduit à diffuser l'idée d'une colonisation considérée au contraire comme un simple acte de domination : marquée par des intérêts égoïstes, accompagnée de violences, elle provoqua une déstructuration sociale et une forme d'anomie politique dont les conséquences en termes de développement (extraversion de l'économie notamment, orientée vers une exploitation, voire un pillage, de ressources à l'état primaire, sans la compensation d'une réelle industrialisation) continuent à peser sur la destinée des peuples africains.

Le débat, encore illustré en 2003 par la publication en France d'un *Livre noir du colonialisme*, ou le retour en 2005 de polémiques sur la mémoire coloniale, ne sera pas tranché de sitôt. Ainsi, alors que le silence officiel sur le traumatisme algérien commençait à se dissiper (reconnaissance de la torture en Algérie et de certains faits de répression), on s'est ému en 2005 d'un article de loi qui enjoignait aux enseignants français de souligner les aspects « positifs » de la colonisation, ce qui a conduit l'Algérie à émettre une protestation officielle et les autorités françaises à obtenir la suppression de cet article. Ce débat se double d'une réflexion sur l'identité des pays européens eux-mêmes : les historiens, particulièrement en France, s'appliquent à confronter idéaux civilisateurs et pratique coloniale, et s'interrogent sur la validité même du mythe républicain, dont l'élaboration correspond à la phase d'expansion de l'impérialisme français. Apparemment moins rétive à l'autoanalyse que son voisin, la Belgique a commencé à se livrer à un réexamen en profondeur de son passé colonial, multipliant les « excuses » solennelles et organisant en 2005 une grande exposition sur ce thème.

Comores

L'ancien « archipel aux sultans batailleurs »... l'est resté ! Pourtant, ces quatre « îles de la Lune » situées dans le canal du Mozambique partagent les mêmes culture et religion. La Grande Comore (nommée aujourd'hui Ngazidja), Moheli (Mwali), Anjouan (Ndzouani) et Mayotte (Maore), anciennes dépendances de la colonie française de Madagascar, avaient bénéficié d'une relative autonomie à partir de 1946, devenant territoire français d'outre-mer, avec un conseil local de gouvernement dont les prérogatives avaient été progressivement étendues.

La proclamation unilatérale de l'indépendance de la Fédération islamique des Comores, par le président Ahmed Abdallah en 1975, finalement confirmée par référendum, a entraîné la sécession de Mayotte (devenue « collectivité territoriale particulière » au sein de la République française), ainsi qu'une série de coups d'État et d'expéditions de mercenaires dans lesquelles s'est illustré notamment le Français Bob Denard. Tentée de demander son rattachement à la France, l'île d'Anjouan a fait sécession à son tour en 1997.

Parvenu au pouvoir à la Grande Comore en 1999 à la faveur d'un coup d'État destiné à conjurer le danger de guerre civile, le colonel Azali Assoumani a piloté un processus chaotique de transition qui a débouché en 2004 sur la fondation d'une Union des Comores, dont il a pris la tête. Les chamailleries ont continué à propos de la répartition des compétences (forces de sécurité, trésor, télécommunications, hydrocarbures, systèmes d'éducation et de santé, etc.) entre les exécutifs des trois îles, chacune se voulant désormais autonome, avec un président, un gouvernement et un parlement locaux. Les élections législatives d'avril 2004 ont donné une très large majorité à l'opposition dans le parlement de l'Union, contraignant les acteurs politiques à une cohabitation permanente.

En vertu d'une nouvelle Constitution, la présidence de l'Union, exercée jusqu'en 2006 par le colonel Azali, originaire de Grande Comore, devait revenir à un candidat de l'île d'Anjouan : Ahmed Abdallah Mohamed Sambi, un théologien musulman et homme d'affaires surnommé « Ayatollah », a été élu par ses compatriotes anjouanais, puis confirmé le 14 mai 2006 par l'électorat de l'Union, à la faveur d'un scrutin sécurisé par un contingent de l'Union africaine. Il prétendait incarner la rupture avec la classe politique traditionnelle, mais s'est défendu de vouloir instaurer un régime islamique dans l'archipel.

Une place a même été réservée symboliquement, dans ce système de présidence tournante, à l'île de Mayotte que l'Union persiste à considérer comme sienne, mais dont la majorité de la population a renouvelé par référendum, en 2000, son désir de devenir un département français d'outre-mer de plein exercice, à l'égal de la Réunion. En signe d'apaisement, le président Azali s'est dit prêt en 2005 à faire ratifier par son pays l'accord d'adhésion de la France à la Commission de l'océan Indien (COI), ce qui aurait pour effet de légitimer indirectement la participation de Mayotte et de la Réunion aux activités de cette organisation régionale déjà ancienne.

Ces sept années de crise politique et institutionnelle ont contribué à isoler un peu plus un archipel dont la majorité des 800 000 habitants vit dans la pauvreté : il ne peut compter que sur ses plantations d'ylang-ylang et de vanille, dont les prix à l'export se sont effondrés ces dernières années, et sur les mandats de l'importante communauté comorienne établie en France (16 % du PIB du pays). La lourdeur de l'actuel dispositif institutionnel — véritable « usine à gaz » — a multiplié les occasions de dérives budgétaires. L'archipel a dû compter, pour la réalisation de quelques projets, sur la sollicitude de pays de la Ligue arabe (Maroc, Libye, Arabie Saoudite).

Une conférence internationale des bailleurs de fonds, organisée à la fin de l'année 2005, a marqué la reprise d'une coopération normale avec l'Union européenne et le Fonds monétaire international : les financements promis par une vingtaine de pays et près de trente organisations internationales — 200 millions de dollars — devraient couvrir les deux tiers du plan de développement de l'archipel pour 2006-2009, si du moins le processus de normalisation politique est mené à son terme.

La France, qui reste le premier client et fournisseur de l'archipel, a accru de 60 % le montant de ses engagements. Une commission mixte de coopération franco-comorienne s'est tenue en mars 2005, après treize ans d'interruption. Bénéficiant d'unc pluie de crédits métropolitains, Mayotte exerce sur les autres îles une forte attraction : pour avoir tenté de rejoindre cet eldorado local à bord de *kwasa-kwasa* (embarcations de fortune), depuis l'instauration par la France de visas en 1995, plusieurs centaines d'Anjouanais ont péri en mer. Une éruption en avril 2005 du volcan Karthala, en Grande Comore, a provoqué par ailleurs le déplacement d'une dizaine de milliers de villageois.

Conflits[1]

Même si des régions entières n'ont jamais connu la violence, l'Afrique passe souvent pour le « continent des guerres », des

1. Texte adapté d'un dossier publié en mai 2005 dans l'encyclopédie Webencyclo.

putschs, des massacres, des exodes dramatiques de populations. Les conflits y font aujourd'hui plus de victimes que toutes les autres guerres dans le reste du monde.

Depuis les indépendances, outre des conflits sécessionnistes — Biafra (Nigeria), Katanga (Congo), Sahara-Occidental (Maroc), rébellion touareg (Mali, Niger), Mayotte et Anjouan (Comores), Casamance (Sénégal), Cabinda (Angola), Namibie (Afrique du Sud), Érythrée (Éthiopie) — ou quelques grandes guerres civiles nées d'une décolonisation ratée et de divisions ethniques attisées par la guerre froide (Angola, Mozambique, Somalie, Éthiopie), le continent a connu des litiges territoriaux, notamment sur fond de richesses pétrolières, tels ceux qui opposent Cameroun et Nigeria sur la presqu'île de Bakassi, Gabon et Guinée-Équatoriale autour de l'îlot de Mbagné, etc.).

Plus récemment ont surgi des conflits politico-ethniques, liés à des processus avortés de démocratisation, comme dans l'Afrique des Grands Lacs les affrontements Hutu-Tutsi (Rwanda, Burundi, est du Congo-Zaïre), ou au Tchad, au Liberia, en Sierra Leone ou en Côte d'Ivoire... combinés parfois avec les intérêts pétroliers internationaux et internes (Congo-Brazzaville, São Tomé), ou dans le cadre de luttes pour l'accès à des ressources locales servant à financer la guerre (ivoire en Angola, diamants en Sierra Leone, métaux rares à l'est du Congo). On recense également des affrontements entre religieux et laïcs, comme en Algérie où l'armée a tout fait dans les années 1990 pour empêcher l'accession au pouvoir du Front islamique du salut (FIS), quitte à entrer en guerre avec les Groupes islamiques armés (GIA) et ces dernières années avec le Groupe salafiste pour le combat (GSPC) ; ou entre musulmans et chrétiens (ou animistes) au Nigeria, au Tchad, au Sud-Soudan.

L'Afrique est également connue pour ses coups d'État militaires (Comores, Gambie, Togo, Mauritanie parmi les plus récents) ; ses mutineries de soldats (Centrafrique, Guinée-

Bissau, Côte d'Ivoire) ; ou pour des résultats électoraux ou des processus de succession aux pouvoirs dynastiques contestés par une partie de l'opinion publique, comme à Madagascar en 2002, au Togo en 2005. Au chapitre de l'instabilité, un bilan des décennies ayant suivi l'indépendance fait apparaître que plus de la moitié des chefs d'État africains ont été renversés par la force (coup d'État, putsch, guerre). Plus d'une centaine de présidents ont été éliminés par la violence, l'alternance politique étant souvent refusée.

En 2005, une quinzaine de « points chauds » demeuraient, du nord au sud : la question du Sahara-Occidental, annexé de fait par le Maroc, restée en suspens depuis une trentaine d'années ; celle de Casamance (Sénégal), où le mouvement indépendantiste a accepté fin 2004 de déposer les armes, mais attendait la réalisation des mesures promises par le pouvoir central ; la situation demeurait également précaire au Liberia et en Sierra Leone, qui ont connu les guerres civiles les plus cruelles de ces dernières années, et où se poursuivaient sous l'égide de l'ONU des processus de retour à la démocratie accompagnés de délicats programmes de désarmement des factions ; la Côte d'Ivoire, l'ancienne « vitrine » de l'Afrique de l'Ouest, était toujours coupée en deux (depuis 2002), où — malgré la présence de casques bleus et de soldats français, et la tenue jusque fin 2005 de six sommets — le processus de désarmement des rebelles et des milices gouvernementales ne réussissait pas à s'engager, les élections ayant dû être reportées ; le Togo demeurait également un sujet de préoccupation, l'armée ayant imposé à la tête du pays Faure Gnassingbé, un des fils du président Eyadema, finalement légitimé par les urnes.

En Afrique centrale, la République centrafricaine se remettait difficilement d'une longue suite de mutineries et de coups d'État, alors qu'une élection présidentielle confirmait à la présidence le général Bozizé, arrivé au pouvoir par la force ; au Congo-Brazzaville, la région du Pool demeurait en état de rébellion larvée ; en république démocratique du Congo — au terme d'une guerre interafricaine majeure ayant fait trois millions de victimes depuis 1996 —, un nouveau processus de transition se déroulait, en 2006, avec des institutions remodelées, et des élections générales sous la surveillance de 17 000 casques bleus et d'une force de l'Union européenne.

En Ouganda, le gouvernement du président Museveni restait en butte à la rébellion de l'Armée de résistance du Seigneur (Lord Resistance Army — LRA), qui sévit dans le Nord depuis vingt ans, tandis qu'au Burundi un nouveau mode de partage des pouvoirs était trouvé entre Hutu et Tutsi ; enfin le Rwanda, plus de dix ans après le génocide, vivait toujours sous un régime d'exception, entretenant des relations tendues avec ses voisins et avec une partie de la communauté internationale. En Afrique de l'Est, la guerre au Sud-Soudan — qui aura fait durant un demi-siècle deux millions de victimes — s'est close en janvier 2005 sur un accord de paix « final », conclu après trois ans de négociations, prévoyant un gouvernement autonome, un partage des revenus du pétrole et un référendum ultérieur sur l'indépendance ; mais une nouvelle guerre civile a surgi dans le Darfour, à l'ouest, opposant depuis 2003 des milices arabes à deux mouvements rebelles, un troisième front s'étant ouvert en 2005 au nord-est. Dans la Corne de l'Afrique, la Somalie reste une zone de « non-droit », partiellement coupée du monde, avec deux États autonomes autoproclamés (Somaliland et Puntland) et plusieurs tentatives infructueuses d'installation d'un pouvoir central au sud et à Mogadiscio ; tandis qu'entre l'Éthiopie et l'Érythrée, l'accord mettant fin à une guerre pour la délimitation de la frontière n'était toujours pas appliqué fin 2005.

La configuration géostratégique du continent a connu ces dernières années une mutation notable : alors que les grands conflits à l'est, au centre et au sud avaient tendance à s'apaiser, l'Afrique de l'Ouest longtemps préservée

— notamment sa partie francophone où l'armée française assurait un rôle de « gendarme » — a fait figure ces dernières années de nouvelle « zone des tempêtes ». L'Afrique est également le continent des armées en voie de clochardisation, avec des combattants qui se paient sur les villageois ou en multipliant les *check points* et autres procédés de rançonnage ; c'est le continent des enfants-soldats dont le nombre s'est multiplié en dix ans, des seigneurs de la guerre qui régentent des zones de « non-droit », des « coupeurs de routes », des mercenaires qui ne sont plus désormais seulement des « soldats perdus » européens. C'est encore un paradis pour la circulation hors de tout contrôle des armes légères, où prolifèrent les mines antipersonnel, toujours meurtrières bien après la fin des conflits... Autant de facteurs qui concourent à une insécurité générale.

La prévention et la résolution des conflits s'appuient sur une série d'outils. Des embargos sur les armes ont été adoptés ou confirmés par le Conseil de sécurité des Nations unies (en 2005, en Côte d'Ivoire, au Congo, au Liberia, en Somalie, au Soudan), de même qu'une réglementation sur le commerce de matières concourant au financement des guerres (diamants au Liberia et en Sierra Leone). Des menaces de sanctions ont également été brandies et parfois mises en œuvre — avec un effet variable — par l'ONU, l'Union européenne, aussi bien que par le Commonwealth ou l'Organisation internationale de la francophonie (OIF), par l'Union africaine ou des organisations régionales, pour faire pression sur des gouvernements (Libye, Zimbabwe, Côte d'Ivoire, Soudan), ou pour isoler les régimes issus de coups d'État militaires (Togo, Guinée-Bissau, Comores, République centrafricaine, Mauritanie). Certains auteurs de génocides ou crimes contre l'humanité ont été traduits devant des tribunaux spéciaux pour le Rwanda et la Sierra Leone, et la menace a été agitée contre d'anciens dirigeants du Liberia, du Tchad, ou certains responsables soudanais.

Par ailleurs, les médiations sont devenues une véritable spécialité sur le continent. Elles sont exercées le plus souvent par d'actuels ou anciens chefs d'État. Le président sud-africain, Thabo Mbeki, s'est impliqué en tant que médiateur ces dernières années dans les conflits les plus intenses sur le continent : Burundi, république démocratique du Congo, Soudan, Côte d'Ivoire. D'autres présidents ont été sollicités, comme Nelson Mandela, le Gabonais Omar Ondimba Bongo ou l'ex-président mozambicain Joachim Chissano. La Communauté catholique Sant-Egidio, dont le siège est à Rome, a acquis une réputation de « faiseuse de paix » depuis la signature d'un spectaculaire accord de paix au Mozambique, en 1992, après quatorze ans de guerre civile et deux ans de patientes tractations. L'exploit a été réédité au Liberia, ouvrant la voie à l'éviction de l'ancien chef de guerre Charles Taylor ; ainsi qu'au Burundi, où la quasi-totalité des mouvements rebelles ont fini par s'intégrer au jeu politique.

Acteurs incontournables de la « société civile », surtout depuis le dépérissement des États, les Églises chrétiennes, notamment catholique, ont joué également un rôle le plus souvent pacificateur, même si certaines Églises protestantes de tradition pentecôtiste, de plus en plus influentes, prennent le risque de transformer leurs fidèles en « combattants de Dieu » (Côte d'Ivoire, Congo). Des comportements identiques se retrouvent dans certains milieux musulmans (Nigeria, Maroc, Somalie).

En matière de maintien de la paix, l'Union africaine (UA), fondée en 2002, se veut plus ambitieuse que sa devancière, l'Organisation de l'unité africaine (OUA), dont le Mécanisme de prévention des conflits (MPC) avait buté sur un manque de moyens et de volonté politique, toute mise en cause d'un de ses membres étant assimilée à une « atteinte à sa souveraineté ». Un Conseil de paix et de sécurité a été formé, et l'UA projette la création, d'ici à 2010, d'une brigade d'interposition « en attente » dans chacune des cinq grandes régions du continent, en liaison avec les organisations sous-régionales, et avec l'appui notamment du dispositif français de Renforcement des capacités africaines de maintien de la paix (Recamp) ou de son équivalent américain.

Ce projet de l'UA cadre à la fois avec le désir des Africains de s'occuper eux-mêmes des affaires de leur continent, celui de l'ONU de se soulager du fardeau du maintien de la paix sur des forces régionales, et celui des partenaires traditionnels occidentaux de se débarrasser de crises qu'ils considèrent comme insolubles ou trop coûteuses. Mais il bute sur les réalités du terrain : en 2005, pour accélérer la mise en œuvre d'une force de paix au Darfour dans l'Ouest soudanais, dont elle a pris la responsabilité, l'Union a dû demander le concours technique de l'Organisation du traité de l'Atlantique Nord (OTAN), dont c'était la première intervention sur le continent africain.

L'ONU consacre les trois quarts de son budget militaire et les deux tiers de ses casques bleus à des opérations de paix sur ce continent africain : Sahara-Occidental, Sierra Leone, Liberia, Côte d'Ivoire, république démocratique du Congo, Éthiopie-Érythrée. Elle avait conduit des opérations dans le passé au Congo, en Angola, au Mozambique, en Somalie, en République centrafricaine, et accompagné la Namibie jusqu'à son accession à l'indépendance.

Les puissances régionales jouent également un rôle majeur en matière de sécurité, même si ce n'est pas sans arrière-pensées. Le Nigeria, géant de l'Afrique de l'Ouest, un des principaux pays producteurs de pétrole du continent et le membre le plus influent de la Communauté économique de l'Afrique de l'Ouest (CEDEAO), a mené, au nom de cette organisation régionale ou pour son propre compte, plusieurs opérations militaires de rétablissement de la paix : Liberia, Sierra Leone, Côte d'Ivoire. L'Afrique du Sud, qui représente à elle seule 40 % du PNB de toute l'Afrique subsaharienne, déploie également un activisme diplomatique et militaire et aspire à devenir membre permanent au Conseil de sécurité de l'ONU, au titre de la représentation du continent africain dans le cadre de la réforme de cette organisation, qui a échoué une première fois en septembre 2005.

Ces vingt dernières années ont été marquées, sur le plan de la sécurité, par la volonté affichée de la France de ne plus être le « gendarme de l'Afrique » et de ne plus intervenir désormais sans mandat de l'Union africaine ou de l'Organisation des Nations unies, sauf en cas d'opération d'évacuation d'urgence de citoyens européens (comme en Côte d'Ivoire). Les effectifs de ses cinq bases permanentes — Sénégal, Gabon, Côte d'Ivoire, Tchad, Djibouti — sont passés en cinq ans de 10 000 à 6 500 soldats, avec une reconversion progressive du dispositif dans le cadre du Recamp : il s'agit d'équiper et d'entraîner — dans chacune des grandes régions Ouest, Centre, Est, et à partir d'un matériel prépositionné — un bataillon africain spécialisé dans les opérations d'interposition. L'armée américaine, de son côté, s'emploie depuis 2002, avec l'accord des pays concernés, à « sécuriser » un arc stratégique allant de la Mauritanie à Djibouti, sous couvert de lutte contre le terrorisme : à l'ouest, le programme Pan Sahel — devenu Trans-Sahara Counterterrorism Initiative (TSCI) — comporte un volet équipement et formation de forces spéciales, l'échange d'informations, voire la présence d'unités américaines spécialisées ; à l'est, une force navale internationale, la TF-150, contrôle le trafic maritime, de la mer Rouge au Golfe, en liaison avec la base permanente établie par l'US Army à Djibouti.

Congo-Brazzaville

Pays pétrolier, la république du Congo, ou Congo-Brazzaville, est l'illustration type du « paradoxe de l'abondance » : les revenus de l'or noir, qui ont financé, voire provoqué plusieurs guerres civiles, ont contribué à aggraver la pauvreté de la population au lieu de l'éradiquer.

Le territoire de la république du Congo, État d'Afrique centrale qui doit son nom au fleuve Congo et à l'explorateur Savorgnan de Brazza, est délimité à l'ouest par le Gabon avec une étroite façade sur l'océan Atlantique où se trouvent la capitale économique, Pointe-Noire, et les plates-formes pétrolières off-shore, au nord par le Cameroun et la République centrafricaine ; à l'est et au sud, par la république démocratique du Congo, ex-Zaïre, dont le séparent les fleuves Congo et Oubangui. Plus de la moitié de la superficie du pays — 342 000 kilomètres carrés — est recouverte de forêts.

Le Congo ancien était constitué de plusieurs royaumes, dont l'« Empire » du Kongo jusqu'à la fin du XIXe siècle, avant le début de la colonisation française. En 1910, la région alors appelée « Moyen-Congo » devient une colonie de l'Afrique équatoriale française (AEF). C'est alors qu'est entreprise la construction du chemin de fer Congo-Océan, au prix de milliers de vies humaines. L'indépendance est acquise en 1960, dans un climat d'affrontements entre mouvements politiques à base ethnique, avec l'abbé Fulbert Youlou à la tête de l'État. En août 1963, une révolution populaire (les « Trois Glorieuses ») le pousse à démissionner. Alphonse Massemba-Débat le remplace. Il est destitué à son tour en 1968 par les militaires.

En janvier 1969, le commandant Marien Ngouabi est nommé à la tête de l'État. Avec son parti, le Parti congolais des travailleurs (PCT), il engage le pays dans une voie marxiste-léniniste. En 1977, il est assassiné et remplacé par le colonel Yhombi-Opango. En 1979, le colonel Denis Sassou-Nguesso lui succède. Il est élu en 1984. La dégradation économique du pays, accentuée par la baisse du prix du pétrole, débouche sur l'organisation d'une conférence nationale et l'adoption d'une nouvelle Constitution. En 1992, l'ancien Premier ministre (sous Massemba-Débat) Pascal Lissouba remporte l'élection présidentielle. Mais en 1993, des troubles éclatent. Ils opposent le pouvoir et l'opposition jusqu'en 1995.

En juin 1997, la guerre civile reprend, avec des combats entre l'armée et la milice de l'ancien président Denis Sassou-Nguesso. En octobre 1997, victorieux, Sassou-Nguesso se proclame président. Fin 1998, de violents accrochages opposent de nouveau l'armée congolaise aux « Ninjas », les miliciens de Bernard Kolélas, ancien Premier ministre de Lissouba et maire de Brazzaville. L'armée angolaise aide finalement Sassou-Nguesso à conserver le pouvoir. En décembre 1999, un accord de paix est conclu entre toutes les factions armées. En 2002, Denis Sassou-Nguesso est élu président de la République pour un mandat de sept ans. La normalisation des relations avec le pasteur Ntoumi, chef d'une milice dans le Pool (une région encore peu représentée au Parlement), de même que la réconciliation avec l'opposition en exil restent parmi les défis à relever pour un régime qui a laissé entrevoir une volonté de libéralisation, une fois la stabilité assurée. L'ex-Premier ministre Bernard Kolélas, rentré au pays en octobre 2005, a amorcé une réconciliation avec le régime du président Sassou-Nguesso, qui s'efforce de restaurer son image internationale, notamment à la faveur de sa désignation, en 2006, à la présidence de l'Union africaine.

Enjeu des guerres civiles qui ont déchiré le Congo, le pétrole, exploité depuis 1972, représente 50 % de son PIB et plus de 80 % de ses recettes d'exportation. En perte de vitesse à la fin des années 1990, sa production a été relancée en 2004 avec la découverte de nouveaux champs pétrolifères. Avec

81,7 millions de barils en 2003, le pays se place ainsi au cinquième rang des pays producteurs d'Afrique noire, derrière le Nigeria, l'Angola, le Gabon et la Guinée-Équatoriale. En 2004, le PIB du Congo était de 4,4 milliards de dollars. Le renchérissement du pétrole en 2005 assurera au pays des dividendes supplémentaires.

Régulièrement dénoncées pour leur gestion opaque des recettes pétrolières, les autorités congolaises ont annoncé leur adhésion, en 2004, à l'Initiative pour la transparence des industries extractives (EITI). Le bois constitue la deuxième ressource naturelle du pays : depuis 2000, un nouveau code forestier encourage le développement d'une industrialisation de la filière. La population ne profite pas cependant des revenus générés par les secteurs pétroliers et forestiers : les deux tiers des quatre millions de Congolais vivent toujours en dessous du seuil de pauvreté. Le Congo est d'autre part l'un des pays les plus endettés au monde par tête d'habitant : sa dette extérieure était équivalente, en 2003, à 243 % de son PIB.

Corruption

Le phénomène de la corruption est mondial, mais il aurait trouvé sur le continent africain une sorte de terre d'élection. Dans la revue des idées générales sur l'Afrique, la corruption — souvent qualifiée d'« endémique » pour spécifier son caractère à la fois massif et quasi substantiel — figure en très bonne place. Et l'association d'idées entre Afrique et corruption constitue une des grandes rubriques, à côté des couples Afrique et misère, Afrique et sida, ou Afrique et luttes ethniques, reçues spontanément par l'opinion. Une formule, lancée dans les années 1990 par le politologue Jean-François Bayart, a connu un grand succès : c'est la « politique du ventre », désignant à l'origine les stratégies complexes de captation des ressources par la société et l'État en Afrique. L'expression, imagée, a été reprise à l'envi, dans tous les discours sur la corruption en Afrique, où bien sûr il s'agit au final de comprendre que tout le monde « bouffe », selon ses moyens et sa position dans l'échelle sociale.

La corruption existe en Afrique, et elle est importante. Les tentatives d'évaluation et de classement faites notamment depuis 1995 par une ONG comme Transparency International ont situé nombre des pays d'Afrique subsaharienne parmi les États les plus corrompus au monde : Nigeria, Cameroun, Angola, Kenya, Libye, Côte d'Ivoire, Ouganda, Tchad, Sierra Leone, Niger, Zimbabwe, république démocratique du Congo... occupent le « bas de tableau » avec plus ou moins de constance depuis une décennie. Sans surprise, plusieurs d'entre eux sont des pays pétroliers, ou disposant de richesses minières. Le Nigeria, principal producteur de pétrole en Afrique, s'est illustré par des phénomènes de détournement des revenus du pétrole sans équivalent, allant jusqu'à orchestrer au milieu des années 1990, sous le pouvoir militaire, des restrictions à l'approvisionnement des particuliers en carburant. L'opinion française a découvert à travers l'affaire Elf l'ampleur de la corruption associée à l'exploitation des hydrocarbures au Gabon et au Congo-Brazzaville. Concernant les rapports franco-africains, les dénonciations récurrentes du maintien, après l'indépendance, de relations qualifiées d'incestueuses (la *Françafrique*) ont mis en rclief la part notable du trafic d'influence et de la corruption dans ce système.

La corruption à grande échelle, jugée la plus dommageable pour le développement économique, s'exerce de manière privilégiée dans le domaine des relations économiques internationales : soit les flux d'aide publique au développement font l'objet de détournements (en 1998, l'Union européenne avait suspendu son aide à la Côte d'Ivoire à la suite du détournement, selon les sources, de 11 à 27 millions d'euros, par plusieurs ministres sous le régime d'Henri Konan Bédié) ; soit les contrats et passations de marchés sont conditionnés au versement de commissions souvent considérables. Par ailleurs, bien des exemples de projets industriels restés lettre morte, ou partiellement, voire totalement, inopérants (les « éléphants blancs ») ont été recensés en Afrique, leur montage ayant été conçu pour permettre de vastes opérations de prévarication, lorsque ce n'est pas l'énormité des flux détournés qui a fait échouer des projets valides. Les grands aménagements (construction de barrages, développement urbain) ont souvent entraîné des phénomènes multiples de corruption : la création *ex nihilo* de la capitale du Nigeria, Abuja, au début des années 1990, a ainsi suscité de forts soupçons de détournements massifs. Toujours au Nigeria, en 2004, la société américaine Halliburton a été impliquée dans le versement de pots-de-vin, dix ans auparavant, à des officiels nigérians, pour l'obtention d'un contrat (de 12 milliards de dollars) de construction d'un terminal de gaz naturel. Si elle n'est pas classée parmi les pays les plus corrompus, l'Afrique du Sud n'a pas échappé à la vague, comme l'a montré le scandale de l'affaire Thalès (un contrat d'armement de 5 milliards de dollars), où le vice-président Jacob Zuma, désigné comme bénéficiaire de pots-de-vin, a dû démissionner en 2005.

Le Kenya s'est lui aussi illustré par de vastes phénomènes de corruption de ses élites, spécialement sous le régime de Daniel Arap Moi (1963-2002). La corruption aurait atteint un pic dans les années 1980-1990, en liaison avec les réformes économiques exigées par les bailleurs de fonds : la décentralisation, comme la restructuration et la privatisation du secteur des sociétés d'État, ont été l'occasion de détournements systématiques. En 2003 éclatait l'affaire Goldenberg, du nom de cette société qui a été au centre d'un vaste mécanisme d'exportations fictives d'or et de diamant, entremêlant fraude, contrebande, blanchiment d'argent international et financement politique, et aboutissant à la distribution de pots-de-vin à toutes sortes de destinataires (responsables et partis politiques, hommes de loi et même chefs religieux). Le préjudice subi était évalué, selon Transparency International, à 20 % du produit national brut du pays.

De telles situations de corruption font apparaître d'étroites implications entre États et entreprises tant du Nord que du Sud, et ne sont pas propres à l'Afrique. Le terrain y semble cependant favorable : gestion opaque et autoritaire garantissant l'impunité, logiques du clientélisme ethnique ont longtemps constitué des facteurs favorables, tandis que certaines considérations culturalistes sont mises à contribution. On parle ainsi d'une très ancienne pratique socioculturelle du don, ou du « cadeau », censée créer du liant dans les relations sociales. L'enrichissement des élites a pu être aussi expressément revendiqué par les régimes issus de l'indépendance, comme en Côte d'Ivoire sous le régime d'Houphouët-Boigny, avec la vision d'une forme « vertueuse » de redistribution des ressources ainsi captées. On signale aussi que la prise de conscience des ravages créés par la grande corruption est tardive, qu'elle a surtout pris forme avec la diminution des ressources nationales et l'accentuation des inégalités entraînée par la crise des économies africaines au tournant des années 1980.

Avec ce qu'il est convenu d'appeler la « corruption au quotidien » (titre d'un dossier très documenté de la revue *Politique africaine* en octobre 2001), on aborde un domaine complexe où la corruption, sous ses formes populaires et parfois dérisoires (corruption ou « gratification » de policiers, de douaniers, de magistrats, de journalistes, etc.), s'est surtout épanouie face aux carences des services de l'État. Fonctionnaires mal ou non rémunérés, contrôle inexistant, délitement de nombre de services sociaux : dans tous les cas, la petite corruption comble des défaillances, elle est de l'ordre de la survie, ou de la « débrouille », et se généralise sur le mode de l'économie informelle. Bien sûr, la petite corruption peut devenir, de proche en proche, grande, voire très grande : elle n'est jamais que la démonstration que la nature a horreur du vide, le vide étant ici la place laissée vacante par une administration inefficace.

La lutte contre la corruption fait partie du discours en Afrique depuis au moins deux décennies. Elle a généralement débouché sur des initiatives sans lendemain : mise en place de commissions gouvernementales *ad hoc*, phases plus ou moins brèves de rigueur aboutissant à des procès spectaculaires — visant souvent des dirigeants d'entreprises d'État, parfois des responsables gouvernementaux — dont la sincérité a pu inspirer le doute. Les pressions de la communauté internationale et les effets du désinvestissement en ont fait un thème de plus en plus présent chez les dirigeants : le Nouveau partenariat pour le développement de l'Afrique (Nepad), lancé en 2001 par les chefs d'État africains, a ainsi placé la lutte contre la corruption parmi ses priorités, et tente de mettre en œuvre sous la rubrique de la bonne gouvernance un mécanisme dit d'« évaluation par les pairs ». De nombreuses concertations se sont penchées sur les mécanismes nationaux de lutte contre le fléau et sur les moyens d'accroître leur efficacité. L'exemple, ces dernières années, de la Tanzanie a pu être mis en avant, en raison de son approche multiforme, qui associe également la société civile : mise en place d'une commission anticorruption, nomination d'un ministre de la Bonne Gouvernance, d'un bureau pour la prévention de la corruption, d'une commission d'éthique à l'intention des fonctionnaires, le tout accompagné d'un effort de réglementation et de l'adoption de nouveaux instruments juridiques, et du lancement d'une réforme de l'administration.

La lutte contre la corruption est aussi une affaire internationale. L'adoption, en 2003, par les Nations unies d'une convention contre la corruption (elle est entrée en application fin 2005) a été saluée comme une étape importante. L'Union africaine a élaboré la sienne en 2003, en l'assortissant toutefois de « clauses de réserves » critiquées par les spécialistes. L'Organisation de coopération et de développement économiques (OCDE) avait pour sa part érigé dès 1997 une convention anticorruption (ratifiée par la France et ses partenaires en 2000), qui semble avoir contribué à un changement tangible d'attitude de la part des entrepreneurs occidentaux. Si bien que l'on s'alarme de voir les pays émergents, telle la Chine, profiter des restrictions désormais imposées aux États signataires de l'OCDE et à leurs entreprises pour occuper le terrain.

Côte d'Ivoire

Après avoir été durant des décennies un modèle de stabilité et de prospérité en Afrique, la Côte d'Ivoire est depuis 2002 une puissance régionale déchue, qui a connu en quelques années ce qui fut longtemps inimaginable : la guerre intérieure, des massacres de civils, une mise sous tutelle internationale et la déliquescence de son économie paralysée. La fin du « miracle ivoirien » correspond en outre à la rupture du lien privilégié avec la France, dont la présence avait assuré l'expansion du pays, mais qui a dû évacuer en 2004 la majorité de ses ressortissants.

État francophone de l'Afrique occidentale situé sur le golfe de Guinée, la Côte d'Ivoire occupe un territoire (322 460 km^2) marqué par la différenciation entre une partie méridionale au climat subéquatorial et maritime, où la côte est jalonnée de vastes étendues lagunaires, et une partie septentrionale au climat de type tropical soudanien qui fait la jonction avec la zone sahélienne de l'Afrique occidentale. Cette situation géographique recoupe l'histoire humaine et a reçu ces dernières années une traduction politique, lorsque le pays s'est retrouvé scindé en deux parties Nord-Sud avec la guerre civile. La Côte d'Ivoire est encore caractérisée par sa marqueterie de populations, comportant une soixantaine d'ethnies et de langues appartenant à quelques grands groupes d'origine (Akans et Lagunaires au sud et au centre, Krou au sud-ouest, ou Mandé au nord), dont l'unification dans une entité commune a constitué la grande préoccupation des autorités à l'indépendance. L'adoption du français comme langue nationale a été, ici plus qu'ailleurs, conçue comme un facteur d'homogénéité, tandis que se diffusait la langue dioula, issue du malinké parlé par les commerçants, comme autre langue véhiculaire adoptée dans l'ensemble du pays. L'islam est dominant dans les régions septentrionales, son essor a suivi la forte croissance démographique également alimentée par l'immigration : plus de 38 % des 17 millions d'Ivoiriens (en 2005) sont musulmans, pour 36 % de chrétiens, ces derniers pratiquant en sus du catholicisme plusieurs cultes marqués par le syncrétisme.

Avant l'arrivée des Européens, la région connaît d'importants mouvements de population et des royaumes d'une certaine ampleur sont signalés (tel le royaume de Kong au XVIIIe siècle). Les Portugais, dès le XVe siècle, puis les Hollandais et les Anglais installent des comptoirs et se livrent au commerce côtier, achetant des esclaves à compter surtout du XVIIe siècle, période qui voit plusieurs grandes migrations de populations akan — notamment les Baoulé dirigés par la reine Poku —, venues de l'actuel Ghana. Français et Anglais entrent en concurrence, signent respectivement des traités d'amitié avec les populations jusqu'au partage de leurs zones d'influence en 1884, explorent l'arrière-pays et introduisent la culture du café. La Côte d'Ivoire devient colonie française en 1894, mais la conquête de tout le territoire, rattaché à l'Afrique occidentale française en 1905, aboutit très progressivement (défaite de Samory Touré en 1898). Après Grand-Bassam, puis Bingerville, Abidjan devient la capitale du territoire en 1934. La mise en valeur est l'affaire de quelques grandes compagnies, des infrastructures sont construites pour permettre l'évacuation des produits d'exportation (café, puis cacao, bois, caoutchouc, palme...), tandis que se met en place une économie de plantations détenues par les Européens et les Africains. En 1945, Félix Houphouët-Boigny, qui a fondé un syndicat des planteurs de cacao, est élu à l'Assemblée nationale française. Il contribue à la création du Rassemblement démocratique africain (RDA) et crée sa section ivoirienne, le Parti démocratique de Côte d'Ivoire (PDCI). Ministre de la IVe République française en 1955, il initie la loi qui supprime le travail forcé et joue un rôle important dans le processus de passage des colonies d'Afrique à l'indépendance, acquise en août 1960, devient enfin président de la République après les élections de novembre 1960.

Houphouët-Boigny instaure un pouvoir fort en s'appuyant sur le PDCI, parti unique, avec des poussées autoritaires qui voient se succéder plusieurs vagues d'épurations à la tête de l'État (« complots » des années 1963-1964) ; il réprime avec vigueur les contestations étudiantes (1967-1969) et met fin brutalement à l'irrédentisme bété à Gagnoa (Centre-Ouest) en 1970, l'ampleur de la répression restant sujet à contestation. Résolu à s'opposer aux « démons de la division », le président peut compter sur le soutien indéfectible de la France qui maintient une base militaire à Abidjan (Port-Bouët) et dont la présence s'exerce dans tous les secteurs de l'économie (industrie, services, aussi bien que commerce où les capitaux français comptent pour 55 % en 1976), mais aussi de l'administration, avec une pléthore de conseillers et de coopérants, la population française atteignant 40 000 personnes à son plus haut niveau, dans la décennie 1970-1980 (elle va progressivement décroître jusqu'à compter moins de 15 000 personnes au début des années 2000). Cette alliance privilégiée avec la France, qui s'élargit à des considérations géostratégiques (intervention franco-ivoirienne au Biafra), est pour Houphouët-Boigny la condition parfaitement assumée d'une prospérité qui s'épanouit jusqu'au début des années

1980, avec un envol de l'agriculture d'exportation, notamment le cacao et le café dont le pays devient l'un des premiers producteurs mondiaux. Cette prospérité génère une forte immigration venue des pays voisins, les étrangers comptant pour plus de 3 millions dans les années 1990.

Le « miracle ivoirien » se lit alors dans l'exceptionnel développement de la ville d'Abidjan (2,5 millions d'habitants en 1996, de 3 à 4 millions aujourd'hui), avec ses gratte-ciel et ses voies rapides, et permet un niveau d'équipement du pays (routes, électrification, éducation et santé) alors peu égalé en Afrique, tandis que se développe une classe moyenne nantie. Obsédé par la construction d'une nation ivoirienne, le chef de l'État entend favoriser la participation de toutes les composantes à la réussite économique, celle-ci dût-elle passer par le clientélisme et une corruption à grande échelle parmi les élites. Tout en favorisant son ethnie d'origine, les Baoulé, il se montre accueillant aux éléments étrangers, associés sans formalisme au pouvoir et à ses retombées, dans le cadre d'une définition très extensive de la « citoyenneté » ivoirienne : le droit de vote, l'accès à la propriété et aux emplois publics, y compris aux hautes fonctions administratives, leur sont ouverts. Ce système est à la fois cohérent et fragile, car il repose sur la circulation des ressources. Il devient problématique lorsque la crise économique frappe le pays, durant la décennie 1980.

La baisse durable des prix agricoles sur le marché mondial, combinée avec des accidents climatiques et les effets (notamment pour le secteur du bois) de la surexploitation, plonge la Côte d'Ivoire dans la dépression économique, qui se traduit dès la fin des années 1970 par une crise des finances publiques. Celle-ci est suffisamment aiguë pour que le pays suspende en 1987 le paiement de sa dette extérieure et surtout ses exportations de cacao, dans l'espoir de faire remonter les cours. C'est un échec, et la Côte d'Ivoire doit en passer par une cure d'austérité, qui sera surtout mise en œuvre par le Premier ministre nommé en novembre 1990, Alassane Ouattara (réduction des dépenses de l'État et de la masse salariale, et vaste programme de privatisations). La situation sociale se dégrade : montée du chômage et paupérisation urbaine, tensions autour de la propriété foncière, qui provoquent des antagonismes entre communautés et la naissance de manifestations xénophobes jusque-là inconnues. Alors que la contestation sociale et les revendications politiques ont amené une reconnaissance du multipartisme en avril 1990, Félix Houphouët-Boigny disparaît en décembre 1993 sans avoir planifié sa succession, cependant que le pays est en pleine récession.

Le président de l'Assemblée nationale, Henri Konan Bédié, lui succède dans un contexte houleux : c'est par un quasi-coup de force qu'il fait reconnaître sa légitimité face au Premier ministre, Alassane Ouattara. Voulant renouer avec l'autoritarisme du régime, il se heurte à une opposition de plus en plus active, où, aux côtés du FPI de Laurent Gbagbo, on voit s'ériger une nouvelle force comprenant d'anciens militants du PDCI, le Rassemblement des républicains (RDR), dont Alassane Ouattara prend la tête. Pour répondre au mécontentement de sa base autant que pour faire barrage aux ambitions électorales de ce dernier, Konan Bédié initie une politique dite d'« ivoirité » qui restreint l'accès des étrangers à la citoyenneté (loi du 13 décembre 1994), tandis qu'un nouveau code électoral exclut de fait Alassane Ouattara, jugé de nationalité « douteuse », de la compétition. L'élection, en 1995, de Konan Bédié n'apaise en rien les tensions et, tandis que l'économie poursuit sa décrue dans un climat de corruption effrénée, la xénophobie se donne libre cours et touche par amalgame tous les ressortissants « nordistes » (musulmans et/ou appartenant à la communauté dioula). Une mutinerie de sous-officiers ouvre la voie au coup d'État, le 24 décembre 1999, de l'ancien chef d'état-major, le général Robert Gueï. Une junte militaire s'installe, chargée d'assurer la transition vers le retour au régime civil, au terme de l'élection présidentielle d'octobre 2000.

Le scrutin se déroule dans la confusion. Il est boycotté par une partie des électeurs, les candidatures d'Alassane Ouattara et d'Henri Konan Bédié ayant été écartées. Laurent Gbagbo est élu, Robert Gueï tente un coup de force mais doit se soumettre face aux manifestations populaires, qui dégénèrent (octobre-novembre 2000) en affrontements sanglants (200 morts) entre partisans de Laurent Gbagbo et d'Alassane Ouattara. Une fois au pouvoir, Laurent Gbagbo tente une ouverture (Forum de réconciliation en octobre 2001), prélude à l'entrée du RDR au gouvernement (août 2002). Le 19 septembre 2002, une tentative de coup d'État à Abidjan, marquée par l'assassinat de personnalités politiques, dont Robert Gueï, annonce le début d'une rébellion militaire qui prend le contrôle de tout le nord de la Côte d'Ivoire. L'intervention, dès le 22 septembre, des militaires français (opération Licorne) et la conclusion d'un cessez-le-feu figent les positions des forces loyalistes et de la rébellion, cette dernière représentée par le Mouvement patriotique de la Côte d'Ivoire (MPCI), dirigé par l'ancien leader étudiant, Guillaume Soro.

La communauté internationale, notamment la Communauté économique des États de l'Afrique de l'Ouest (CEDEAO), se mobilise pour parvenir à un règlement, mais les Français sont les plus actifs : ils organisent en France une réunion des partis politiques ivoiriens qui aboutit, le 24 janvier 2003, aux accords de Marcoussis prévoyant un gouvernement de transition, ouvert à la rébellion et à l'opposition, formé en mars-avril par le Premier ministre Seydou Diarra. S'engageait alors une impossible normalisation, marquée par la sortie des « Forces Nouvelles » (ex-rebelles) du gouvernement en septembre 2003, par des tentatives répétées de médiation de la CEDEAO, de l'Union africaine et l'implication directe du président sud-africain, Thabo Mbeki, à partir de juin 2005. Sur le terrain, outre le maintien des troupes françaises (plus de 4 000 hommes), l'ONU mettait en place à partir d'avril 2004 une force de maintien de la paix de 6 000 hommes (Opération des Nations unies en Côte d'Ivoire — ONUCI).

La rupture du cessez-le-feu, en novembre 2004, et la mort de neuf militaires français entraînèrent toutefois des réactions en chaîne : destruction par les militaires français de l'aviation ivoirienne, puis manifestations antifrançaises à Abidjan, aboutissant à l'évacuation de la quasi-totalité des ressortissants français et des « binationaux » (8 000 personnes). Un an plus tard, il fallut renoncer à organiser les élections générales prévues en octobre 2005, et une nouvelle période de transition s'instaurait, avec la nomination d'un Premier ministre aux pouvoirs en principe élargis, Charles Konan Banny, proche du PDCI, mais dans un climat de défiance.

L'économie ivoirienne, déjà mal en point, a poursuivi avec la crise sa dégradation, accentuée fin 2004 par la fermeture des PME françaises (plus de 500 entreprises), qui constituaient un important gisement d'emplois. Les relations avec les bailleurs de fonds étaient devenues, fin 2005, quasi nulles. Le PIB (Produit intérieur brut) par habitant, supérieur à 900 dollars en 1990, tombé à quelque 600 dollars en 2000-2001, est toutefois remonté à 850 dollars en 2004, après plusieurs années de croissance négative. Il n'y a pas eu d'effondrement, en termes macroéconomiques, grâce aux ressources à l'exportation : l'économie de plantation a assez bien résisté dans la partie méridionale du pays, permettant la production et l'évacuation du cacao, principal générateur de devises (café et cacao assurent 40 % des recettes), tandis que le secteur pétrolier poursuivait son développement (20 000 barils/jour produits en 2004). Tous les autres indicateurs ont souffert, secteur manufacturier (10 000 emplois perdus en 2004) comme secteur agricole, tandis qu'on s'alarmait des risques de dégradation des grandes infrastructures, faute d'entretien. La population ivoirienne a vu son état sanitaire se dégrader (augmentation de la mortalité infantile, progression du sida), et l'on estimait en 2003 que 38,5 % des ménages vivaient en-dessous du seuil de pauvreté. La chute de l'économie ivoirienne a eu des conséquences graves dans toute la sous-région, où la Côte d'Ivoire constituait la « locomotive » de l'Union économique et monétaire ouest-africaine (UEMOA), offrant également un débouché pour les échanges de ses voisins enclavés, forcés de réorienter leurs flux de marchandises. Le départ de Côte d'Ivoire, volontaire ou contraint, de milliers de ressortissants, en particulier du Burkina, du Mali ou du Niger, a constitué une charge économique nouvelle pour ces pays.

Coton

Les menaces qui pèsent sur la culture du coton en Afrique, production importante de certains des pays les plus pauvres, ont donné lieu ces dernières années à des passes d'armes tout à fait significatives dans le cadre de l'Organisation mondiale du commerce (OMC). Les ONG, très actives, dénoncent l'iniquité d'un système commercial international qui voit les pays riches soutenir leurs producteurs et faire pression pour une libéralisation accrue chez les autres... l'aide au développement ne constituant alors qu'une compensation tout à fait hypocrite à cet état de choses.

Développée sur le continent pendant la période coloniale, la culture du coton occupe toujours une part importante de l'économie de plusieurs pays africains. Avec en tête le Burkina Faso et le Mali, le Bénin, le Cameroun, la Côte d'Ivoire, le Nigeria, le Tchad et le Togo en sont les plus gros producteurs. Réunis, ils constituent une part notable de la production mondiale : en 2002, l'Afrique avait ainsi produit 1,4 million de tonnes de coton fibre (dont 1,1 million de tonnes par les pays ouest-africains), ce qui représentait alors un peu plus de 7 % de la production mondiale. Après les États-Unis, l'Afrique est le deuxième exportateur mondial de ce produit, avec 18 % du marché. L'« or blanc » fait vivre directement dix millions de personnes en Afrique de l'Ouest et centrale. En 2001, la part du coton dans les exportations représentait 36,4 % pour le Tchad, 32,6 % pour le Bénin, 49,7 % pour le Burkina Faso — devenu en 2005 le premier producteur africain de coton graine, avec près de 730 000 tonnes, devant l'Égypte et le Mali.

Depuis les années 1950, cependant, le prix du coton baisse régulièrement. Entre 1997 et 2002, le cours mondial a chuté de moitié. Les améliorations technologiques, l'introduction de semences génétiquement modifiées, l'apparition de fibres synthétiques, l'arrivée de nouveaux pays producteurs et l'augmentation des surfaces cultivées ont contribué à cet effondrement des cours. Le soutien à la production dans certains pays est également en cause. Les États-Unis d'Amérique, en particulier, subventionnent leurs 25 000 cotonculteurs, dont les coûts de production sont pourtant très élevés, en leur garantissant un prix supérieur au cours mondial. On estimait en 2001 que les pays exportateurs d'Afrique subsaharienne avaient perdu plus de 300 millions de dollars, en conséquence directe de ces subventions américaines. Le Comité international consultatif du coton a calculé que si les aides à la production avaient été suspendues, les cours du coton auraient augmenté de 70 % en 2001-2002.

Les pays africains, soumis notamment aux plans d'ajustement structurel et à leur cortège de restrictions budgétaires imposés par les institutions financières internationales, n'ont pas les moyens de soutenir leurs paysans. Pour tenter de rééquilibrer les règles du jeu, les producteurs de coton du continent ont entrepris de se regrouper à partir de 2001, pour informer les décideurs et les opinions publiques des conséquences des subventions sur leur niveau de vie et demander leur annulation. Le Réseau des organisations paysannes et des producteurs d'Afrique de l'Ouest, soutenu par des ONG d'envergure internationale (Enda, Oxfam), a mené de nombreuses actions de lobbying sur le plan national, régional et international : il souligne l'incohérence des pays riches, qui demandent toujours plus de libéralisme dans les échanges à travers l'OMC, mais refusent de se soumettre aux règles de la « concurrence non faussée » qu'ils imposent aux autres producteurs. Le Réseau a également dénoncé l'hypocrisie des politiques d'aide des pays du Nord : selon l'ONG Oxfam International, le Mali a ainsi reçu, en 2001, 37 millions de dollars d'aide des États-Unis, mais en a perdu 43 millions, en raison de la baisse de ses recettes d'exportations de coton.

En 2002, certains États ont rejoint le mouvement de contestation des planteurs : le Bénin et le Tchad se sont associés à la plainte déposée contre le gouvernement américain par le Brésil auprès de l'OMC. Avec le Burkina Faso et le Mali, ils ont proposé à l'OMC, en 2003, l'« initiative sectorielle sur le coton », axée sur l'arrêt des aides à la production et à l'exportation et la mise en place d'un mécanisme de compensations aux filières cotonnières de l'Afrique de l'Ouest et du Centre. Mais, en 2004, l'OMC a finalement décidé que le dossier coton ne ferait pas l'objet d'un traitement particulier, et continuerait à faire partie du cycle ordinaire de négociations. Si les subventions américaines ont été condamnées en mars 2005 par l'OMC, grâce à une action brésilienne, les problèmes des cotonculteurs africains paraissaient donc loin d'être résolus.

S'il est de qualité, le coton africain doit aussi gagner en compétitivité pour rester dans la course. Au cours des dernières décennies, la plupart des pays producteurs africains n'ont pas suffisamment investi dans le développement de la filière et la formation des paysans. Le Brésil, par exemple, a désormais des coûts de production inférieurs à ceux des producteurs africains. Pour tenter d'être moins dépendants des cours mondiaux, certains États cherchent à créer de la valeur ajoutée en transformant une partie de leur coton localement. L'Union économique et monétaire des États d'Afrique de l'Ouest (UEMOA) s'est ainsi fixé pour objectif de valoriser de 25 % la production régionale d'ici à 2010. Mais le mauvais état des infrastructures ou le coût élevé de l'électricité limitent l'installation d'une technologie de pointe et la fabrication de produits concurrentiels. De plus, la faiblesse du pouvoir d'achat des populations empêche le développement d'une demande en textiles locaux, au profit des importations de fripes occidentales vendues à très bas prix.

Criminalité

La criminalité a explosé en Afrique depuis la fin des années 1980 : c'est le cas de la criminalité urbaine, liée à l'inflation des mégapoles et à la densification de la pauvreté, comme à Lagos (Nigeria), Johannesburg (Afrique du Sud) ou Abidjan (Côte d'Ivoire), à une période où en particulier le trafic mondial de drogue mettait en exploitation de nouveaux circuits en Afrique (Nigeria, Afrique du Sud). D'autre part, la multiplication des conflits de grande ampleur a favorisé la diffusion des armes et détruit les structures de nombreux pays livrés aux trafics à vaste échelle (diamants et produits miniers). À une autre échelle, on relève aussi que l'Afrique est devenue un royaume de la contrefaçon et des piratages d'œuvres artistiques.

Le phénomène de criminalité dans les pays africains était, jusqu'il y a quelques années, l'affaire des seuls concernés. Mais la mondialisation des activités criminelles, l'émergence d'« États voyous » et l'intensité des conflits interafricains ont donné une nouvelle dimension à la question. En juin 2005, l'Office contre la drogue et le crime (ONUDC), une institution dépendant des Nations unies, publiait un rapport où il était souligné que la progression de la criminalité tendait à saper les efforts de développement. Lorsque les pays en développement voient progresser leur PIB chaque année de 2,3 %, l'ensemble des pays africains connaîtraient une baisse de 0,8 %. L'insécurité, la précarité du cadre juridique et administratif, la corruption n'incitent pas à investir et les investissements de l'étranger sont inférieurs à 1 %.

Est-ce à dire que le sous-développement est un terreau pour la criminalité ? L'équation n'est sans doute pas si simple, considèrent les experts. Le continent se singularise toutefois par l'importance des conflits qui s'y déroulent, même s'ils sont en régression — dix conflits constatés en 2003, contre vingt-six dans les années 1960. Ils n'en sont pas moins violents, puisque la moitié des victimes des guerres dans le monde sont d'origine africaine. Mais le lien entre conflit et criminalité est ambigu, même si l'on considère que l'exposition à la violence et la perte de valeurs favorisent, dans une société, la criminalité : dans les pays ayant connu la guerre, l'ONUDC relève que les taux d'homicide augmentent de 25 % dans les cinq années suivantes.

Autre aspect : l'importance des richesses naturelles, qui peuvent être à la source du conflit, l'alimenter, tout en entretenant des réseaux de contrebandiers et de criminels nationaux et internationaux. Diamants, pétrole, cuivre, coltan et ivoire s'échangent contre des armes et se transforment en villas de luxe et hôtels haut de gamme. Le Congo-Brazzaville, la république démocratique du Congo, l'Angola et la Sierra Leone se sont illustrés dans ces activités. En Sierra Leone, les rebelles de Charles Taylor ont vendu des diamants à la mafia russe, mais aussi à l'organisation terroriste al-Qaida, tandis que, côté gouvernemental, le commandement de l'armée laissait le pays servir de plaque tournante du trafic de drogue pour les cartels sud-américains. La Côte d'Ivoire se serait procuré des armes de la même façon. Dans les pays où 25 % du revenu national provient des richesses naturelles, les Nations unies estiment qu'il existe cinq fois plus de risques de conflits.

Un autre phénomène caractéristique, lié aux conflits, est la prolifération des armes légères : entre 30 et 100 millions d'armes de petit calibre circuleraient sur le continent, dont 79 % sont entre les mains des civils, 16 % chez les militaires et 3 % chez les policiers. L'Afrique est ainsi au troisième rang des régions du monde où l'on décède — hors conflit — par les armes à feu, derrière l'Amérique latine et les Caraïbes. Celles-ci sont utilisées dans 8,7 % des cas de coups et blessures, 12,4 % des vols à main armée et 35 % des homicides.

Face à ces menaces, l'État africain montre une faible capacité en matière de sécurité. Une enquête (menée dans soixante-trois pays) indique que le policier est désigné comme le personnage public le plus corrompu dans les cinq pays africains du sondage. Dans ces conditions, la criminalité y est aussi l'une des moins bien répertoriées de la planète : 22 % des cambriolages seraient déclarés en Afrique subsaharienne contre 32 % en Europe, 30 % des vols armés contre 52 %, et 55 % des coups et blessures contre 76 %. L'enregistrement des homicides est encore plus aléatoire, et la probabilité qu'une procédure débouchant sur une condamnation atteint des taux insignifiants : sur 4 893 homicides enregistrés en Éthiopie en 2001, 224 condamnations avaient été prononcées (310 condamnations pour 8 660 homicides en 2002). Ensuite, là où un homicide mobilise en moyenne 188 agents, l'Afrique en aligne 22. Dans le pays le mieux équipé, l'Afrique du Sud, 18 % seulement des enquêtes criminelles aboutissent à une arrestation. Les dossiers sont mal gérés et les condamnations faibles. Avec trois juges pour 100 000 habitants (six en Asie, dix-huit en Europe), le tiers des détenus africains sont en attente de jugement. Face à la pénurie de moyens, la sécurité tend donc à se privatiser dans la plupart des États, ponctionnant des sommes fabuleuses au secteur privé : 30 % du PIB en Afrique du Sud.

Culture(s)

L'émiettement des nations africaines, la prolifération des communautés, des ethnies et des langues, le particularisme et la force des traditions... tout ce qui semble constituer autant de freins à la modernisation et à la formation d'ensembles sociopolitiques stables compose en revanche un paysage culturel d'une extraordinaire densité et diversité. C'est évidemment un tout autre point de vue sur les ressources de l'Afrique, et en l'espèce ses ressources humaines.

Des premiers explorateurs à aujourd'hui, ce foisonnement des « identités » a suscité étonnement et intérêt, même si les préjugés ont longtemps fait écran à un examen bienveillant : « Nos lecteurs, notent dans cet esprit les auteurs de l'*Universal History* (1760), seront probablement très surpris de découvrir [...] que ces régions et les peuples [qui y habitent] se caractérisent par une uniformité générale ; en effet, s'il existe des différences entre eux, elles ne se trouvent que dans le degré d'intensité des mêmes traits de caractère, et les plus déplorables de surcroît. » Un siècle et demi plus tard, l'administrateur et ethnographe Maurice Delafosse, en s'interrogeant sur l'infériorité supposée des Noirs, note qu'« il est impossible de ne pas reconnaître que les Noirs africains sont remarquablement doués pour les arts ».

Le point de vue a en effet évolué, et progressivement naît un « émerveillement » — parfois très suspect — pour la richesse et la variété des traditions, des modes de vie et des savoirs, et de leurs manifestations artistiques. Alors même qu'elle était encore frappée dans l'opinion commune du sceau de la « sauvagerie » ou du primitivisme, cette densité culturelle a donné lieu à partir du XXe siècle à une observation de plus en plus méticuleuse, avant que les créateurs de la négritude, Aimé Césaire ou Léopold Sédar Senghor, n'en proclament, à la fin des années 1930, la dignité et la valeur de civilisation. Des cosmologies et mythologies bambara ou dogon — étudiées à la suite de Marcel Griaule par les ethnologues qui ont raffolé de leur sophistication, quitte à en surcharger la description — aux complexes procédures d'insertion sociale et de transmission des savoirs repérées dans maintes communautés (c'est l'exemple des rites d'initiation du Poro décrits chez les Sénoufo du Soudan occidental), les sociétés africaines traditionnelles dévoilent peu à peu leur haut degré d'organisation et d'homogénéité. Les observateurs soulignent aussi la richesse de la spiritualité africaine et son développement cohérent dans la production artistique (masques, musiques et danses), où l'objet n'est jamais une création autonome. Ses pouvoirs expressifs n'en sont pas moins remarquables, et c'est bien ce qu'avaient perçu, avec Picasso, les tenants cubistes de l'art nègre.

Longtemps soumise au regard de l'« autre », cette reconnaissance de la culture africaine a été fort mélangée : domaine « exotique » par excellence pour les amateurs d'art et les touristes, la culture en Afrique est trop souvent perçue comme simple folklore. Les enjeux, notamment économiques, favorisent encore aujourd'hui cette tendance, comme on le constate dans maintes tentatives africaines de mise en valeur du patrimoine traditionnel, où des formes culturelles très dégradées sont proposées à la consommation. Mais ce processus n'a pas épuisé les ressources existantes : les grandes manifestations culturelles (même si, depuis le Festival mondial des arts nègres de 1966, à Dakar, peu d'entre elles ont atteint leur objectif) permettent ici et là d'en témoigner. Ce fut le cas de la grande réunion des « chasseurs d'Afrique de l'Ouest », organisée à Bamako en 2000, qui a remis en lumière le dynamisme artistique et l'importance au plan social de ces chasseurs qui, tout en constituant une classe à part, détiennent de vastes savoirs pratiques et mystiques.

Depuis plusieurs décennies, le travail des chercheurs, spécialement africains, en prolongeant les études coloniales, a permis d'engranger une masse considérable de connaissances sur ces cultures singulières ; toutefois, celles-ci sont peu valorisées en dehors des cercles, revues et éditions spécialisés. Le cinéma documentaire, à la suite de l'ethnologue français Jean Rouch, a offert une voie intéressante, qui reste à développer. Quant à la muséologie africaine, objet de nombreuses réflexions, elle demeure embryonnaire. L'expérience coloniale en Afrique de l'Ouest (musée de l'IFAN à Dakar), reprise à son compte par Léopold Sédar Senghor, n'a pas connu de développement significatif. L'absence de musées, leur pauvreté de moyens quand ils existent, sont des obstacles majeurs à la mise en relief du patrimoine artistique africain. Celui-ci a trouvé depuis longtemps d'autres lieux pour s'exposer, et d'abord en Europe où les grandes expositions consacrées à l'art africain jettent surtout une lumière crue sur le pillage massif, au long des siècles, des œuvres d'art du continent, et alimentent la polémique sur les conditions de leur présentation : c'est ce qu'a illustré la querelle, portée surtout par les ethnologues de l'ancien musée de l'Homme, autour de la création à Paris du musée des Arts premiers (inauguré en juin 2006).

Il reste que la vogue pour l'art africain ancien, en Europe et aux États-Unis, a permis la multiplication des expositions de grande ampleur, avec un bénéfice non négligeable pour la reconnaissance symbolique d'une culture africaine qui échappe ainsi au seul circuit des marchands d'art, pour toucher le grand public. En 1993, partie de Paris, l'exposition itinérante sur les vallées du Niger, organisée en partenariat avec six musées africains, a proposé une issue intéressante au phénomène de dépossession qui frappe le continent. Quelques États, enfin, ont produit un effort spécial. Le Mali a ainsi joliment rénové en 2003 le musée de Bamako, devenu un lieu d'accueil sans équivalent en Afrique francophone, au moins au plan architectural.

Une difficulté principale demeure : les États africains éprouvent les plus grandes difficultés à se doter de politiques culturelles assorties de moyens réels. Un Plan d'action de Dakar pour le développement des industries culturelles en

Afrique a bien été adopté en juillet 1992, sous l'égide de l'Organisation de l'unité africaine (OUA), mais ses résolutions sont restées sans effet. D'un symposium à l'autre, les conclusions sont les mêmes : celui d'Abidjan sur les stratégies culturelles et leur financement, tenu en juin 2000, a souligné encore une fois la faible place de la culture dans les politiques gouvernementales, où les ressources budgétaires affectées à ce secteur restaient partout en dessous du seuil de 1 %.

Cette carence est sensible pour tout ce qui touche à la culture contemporaine. La période post-indépendance au Sénégal, où Senghor s'est montré un protecteur actif des arts et des lettres, a été un feu d'artifice sans lendemain. Quelques actions (soutien aux institutions, organisation çà et là de manifestations assez anecdotiques) absorbent l'essentiel des ressources concédées par les États, tandis que l'encadrement législatif de la culture reste faible, de même que l'effort consenti à la formation des artistes. Peu d'États parviennent à accueillir des manifestations d'une certaine envergure : c'est le cas cependant du Festival panafricain du cinéma de Ouagadougou (Fespaco), et du Salon international de l'artisanat (SIAO) au Burkina Faso, ou des biennales des Arts et des Lettres, au Sénégal, des Rencontres de la photographie de Bamako, ou encore du Marché africain des spectacles et des arts (MASA), à Abidjan. En Afrique anglophone, il faut évoquer le festival multiculturel organisé depuis une trentaine d'années au Kenya sous l'égide d'une fondation privée, l'African Heritage. De son côté, l'Afrique du Sud n'a pas réédité sa grande biennale d'art contemporain (1995-1997).

Le plus souvent, les bailleurs de fonds extérieurs sont sollicités, s'ils ne sont pas les principaux maîtres d'œuvre : ils interviennent ainsi pour plus de 60 % dans le financement de la biennale des arts de Dakar, plus de 70 % pour celle du MASA. Leur apport a permis, en appui à des initiatives souvent privées, un rapide foisonnement depuis au moins une décennie de festivals de tous ordres, et d'intérêt fort inégal, s'agissant de musique, de théâtre ou de littérature (tel le festival Étonnants Voyageurs de Bamako, seul équivalent francophone, toutes proportions gardées, de l'importante Foire du livre de Harare, au Zimbabwe). Mais cette présence massive des partenaires étrangers induit des dynamiques discutables, en transférant sur le continent l'extraversion déjà ancienne des artistes et créateurs africains.

Car faute de marché local pour l'art contemporain, ces derniers ont depuis longtemps visé le marché de la culture européen et adapté leur production à ses attentes. C'est vrai, sans doute, de la littérature si l'on considère la faiblesse du lectorat en Afrique, avec cependant d'assez grandes disparités entre pays anglophones et francophones. La plupart des auteurs africains écrivant en français sont ainsi édités à Paris. Peu d'entre eux sortaient jusqu'à tout récemment du cénacle des collections de littérature « africaine ». Mais du moins ont-ils un public et selon les époques quelques grands noms émergent : de Léopold Sédar Senghor hier, à Amadou Kourouma dans les dernières années. Seuls les écrivains anglophones atteignent à une notoriété internationale, tels les Nigérians Wole Soyinka ou Ben Okry, J.-M. Coetze ou Nadine Gordimer en Afrique du Sud, et ces auteurs ont une audience sur le continent.

C'est vrai également du cinéma de création, qui vit essentiellement de subventions et ne bénéficie que d'une circulation restreinte. On a toutefois fêté en 2005 le « cinquantenaire » de son apparition sur le continent, en prenant pour référence le film *Afrique-sur-Seine* proposé en 1955 par un collectif de cinéastes (cela sans compter le cinéma égyptien, illustré dès les années 1950, entre autres, par Youssef Chahine). Des noms ont émergé au fil des décennies, pour quelques films de référence : *La Noire de...*, par Sembène Ousmane (Sénégal) en 1966 ; *Le Vent des Aurès*, de Mohamed Lakhdar Hamina (Algérie), en 1967 ; *Touki-Bouki* en

1973, de Djibril Diop Mambety (Sénégal) ; ou encore *Finye* en 1982, de Souleymane Cissé (Mali), *Yaaba* (1989) d'Idrissa Ouedraogo (Burkina Faso)... Dans le cinéma anglophone, davantage tourné vers le divertissement populaire comme au Nigeria, l'Afrique du Sud tarde à concrétiser les promesses de décollage de la période post-apartheid (*Zulu Love Letter*, de Ramadan Suleiman).

Assez critique est aussi l'état des lieux dans les arts du spectacle (théâtre, danse) ou en art plastique. Le phénomène d'extraversion y est très accentué dans la zone francophone, à la fois en raison de l'histoire et d'une orientation favorable au financement de la culture des bailleurs de fonds (France, Belgique, Organisation internationale de la francophonie — OIF). L'enjeu principal, pour les artistes comme pour les partenaires extérieurs, est de parvenir à faire circuler les œuvres de création en Europe ; et si des efforts (c'est le cas des Français par le biais d'une structure officielle comme l'Association française d'action artistique — AFAA) visent à une meilleure circulation de celles-ci en Afrique, elle s'opère dans le cadre des festivals ou des centres culturels étrangers, à destination d'un public élitiste, souvent composé d'expatriés. Le théâtre, et à un moindre degré la danse, sont victimes de cette situation : si bon nombre de dramaturges africains ont choisi de travailler en Europe (tels en France l'Ivoirien Koffi Kwahulé et le Togolais Kossi Efui), en Afrique même leurs conditions d'existence sont difficiles, où une dichotomie sensible s'observe entre un maigre théâtre de création et le secteur plus florissant, notamment au Burkina Faso et au Mali, du théâtre d'intervention ou théâtre-forum, qui privilégie l'improvisation et des formes dépouillées pour faire passer auprès d'un public populaire des messages didactiques. Finalement, seule la musique, en raison d'un succès populaire qui a largement dépassé les limites du continent sous le signe de la *world music*, échappe à cette distorsion, que d'aucuns jugent fatale.

Du moins les artistes africains, et spécialement les plasticiens ces dernières années, sont-ils de plus en plus nombreux à acquérir une visibilité à l'extérieur : un cap symbolique a sans doute été franchi avec la place qui leur est réservée lors de grandes manifestations d'art contemporain telles la Biennale de Venise ou la fameuse Dokumenta de Kassel en 2003, dont le directeur artistique fut le Nigérian Okui Enwesor. Ce processus nouveau correspond à la curiosité grandissante du public occidental pour une création que certains considèrent comme de nature à « régénérer » un art occidental « fatigué ». Cette vision, dénoncée par un auteur comme l'anthropologue Jean-Loup Amselle, relèverait du fantasme, et dans les faits très peu d'artistes africains atteignent à une reconnaissance équivalente à leurs homologues occidentaux, demeurant confinés dans les circuits confidentiels.

Les artistes africains les plus choyés le sont donc au prix d'une grande ambiguïté : en peinture, le succès d'un Chéri Samba, archétype du « naïf » congolais, semble surtout maintenir la création du côté du folklore. On peut faire la même observation à propos du peintre ivoirien Frédéric Bruly Brouabré, et des photographes maliens « du peuple », tel Malick Sidibé. Rien de tel cependant avec le sculpteur sénégalais Ousmane Sow, le peintre malien Seydou Keita, l'Éthiopien Mickaël Bethé Sélassié (sculpture), les Sud-Africains William Kentridge ou Kay Hassan, ou encore les brillantes individualités de l'école de sculpture du Zimbabwe. Mais on constate aussi que les Africains sont découverts le plus souvent à travers des expositions collectives : ainsi la manifestation itinérante Afrika Remix, vue en 2005 à Düsseldorf, Londres et Paris, qui proposait plus de deux cents œuvres de quatre-vingt-sept artistes, du Maghreb à l'Afrique australe.

Découverte (de l'Afrique)

« Les Troglodytes creusent des cavernes, ce sont leurs maisons ; la chair des serpents leur sert de nourriture ; ils ont un grincement, point de voix [...] on rapporte que les Blemmyes sont sans tête et qu'ils ont la bouche et les yeux fixés à la poitrine [...] les Hymantopodes ont pour pieds des espèces de courroies, avec lesquelles ils avancent en serpentant. [...] » Dans son *Histoire naturelle* (Ier siècle apr. J.-C.), l'historien latin Pline doit convenir des faibles connaissances colportées en son temps sur l'Afrique. À défaut, il peut se contenter de relater les descriptions fantastiques et les légendes, plus effrayantes les unes que les autres, qui circulent alors. Jusqu'à l'époque de l'expansion arabe, à partir du VIIe siècle, cette ignorance est universelle : les voyageurs ou conquérants antiques n'ont pu que rester aux marges d'un continent rendu impénétrable par ses étendues désertiques et sa chaleur accablante, où prospèrent des bêtes sauvages et des humains dont on ne connaît à peu près rien.

Les Arabes auront, bien que progressive et imparfaite, une tout autre approche du continent. Celui-ci est abordé par sa côte orientale, que commerçants et prédicateurs musulmans découvrent dès le VIIe siècle. « Lorsque au siècle suivant, note Catherine Coquery-Vidrovitch dans son livre *Découverte de l'Afrique*, les Portugais atteignirent ces rivages, ils devaient découvrir, étonnés, des ports actifs où l'usage était familier de la boussole et du sextant, des cartes et des routes maritimes. »

L'exploration de l'Afrique de l'Ouest par les Arabes est plus tardive. Elle démarre véritablement, au milieu du VIIIe siècle, avec la fondation au Maghreb de Sijilmassa, étape caravanière importante qui ouvre la route du Soudan et de son or. Les témoignages les plus fournis apparaîtront cependant au IXe siècle, sous le califat almoravide, époque où Al Bakry visite le puissant royaume du Ghana alors à son apogée : « Tenkamenin est maître d'un vaste empire et d'une puissance qui le rend formidable [...] tous les morceaux d'or natif trouvés dans les mines de l'empire appartiennent au souverain ; mais il abandonne au public la poudre d'or, que tout le monde connaît. Sans cette précaution, l'or deviendrait si abondant qu'il n'aurait presque plus de valeur [...] le Roi de Ghana peut mettre en campagne 200 000 guerriers dont plus de 40 000 sont armés d'arcs et de flèches. [...] »

La décadence du Ghana permet bientôt l'essor de l'empire du Mali. Mais si les traditions orales du Soudan ont gardé vivace le souvenir de son fondateur, Soundiata, les Arabes auront surtout entendu parler du roi Kankan Moussa et de son fastueux voyage à La Mecque : entouré « de 12 000 jeunes esclaves, revêtus de tuniques de brocart et de soie [...] il arriva de son pays avec 80 charges de poudre d'or, pesant chacune 3 quintaux » (Ibd Khaldun, *Histoire des Berbères*). L'éclat et la prospérité de l'empire du Mali, où l'islam a fait des progrès rapides, sont souvent évoqués, notamment dans la relation par Ibn Battuta de son *Voyage au Soudan* (XIVe siècle). Les derniers témoignages de valeur rapportés sur l'Afrique le sont, au XVIe siècle, par Léon l'Africain. Mais déjà la période faste de l'islam en Occident est révolue et ces connaissances seront pour longtemps oubliées. Une nouvelle découverte de l'Afrique se prépare, cette fois par les navigateurs portugais, qui n'auront à nouveau qu'une perception des rivages du continent noir.

La progression des Portugais le long des côtes d'Afrique de l'Ouest est lente : ils atteignent en 1445 l'embouchure du fleuve Sénégal, touchent en 1460 la côte de la Sierra Leone, observent des populations noires qu'ils jugent pauvres et affligées de mœurs bizarres. Leur intérêt s'accroît lorsqu'ils commencent à échanger de l'or, venu de contrées encore inconnues par le truchement d'intermédiaires. Première surprise de taille, lorsque les Portugais accèdent au royaume yoruba de Bénin (dans l'actuel Nigeria) qui connaît son apogée entre le XIVe et le XVIIIe siècle : la ville de Grand Bénin « est fermée d'un côté d'une muraille de dix pieds de haut faite d'une double palissade d'arbres [...] il y a plusieurs portes qui ont huit ou neuf pieds de hauteur et cinq de large [...] le palais du Roi est un assemblage de bâtiments comportant plusieurs appartements pour les ministres et de belles galeries soutenues par des piliers de bois enchâssés dans du cuivre [...] la ville est composée de trente rues fort droites et de vingt-six pieds de largeur [...] c'est un roi puissant que le roi de Bénin, il peut mettre en un jour 20 000 soldats sur pied et lever en peu de temps une armée de 80 et de 100 000 hommes » (Dapper, *Description de l'Afrique*).

L'un des épisodes mémorables de la rencontre entre Portugais et Africains reste, au XVe siècle, l'arrivée dans le royaume de Kongo et la rapide conversion de son souverain, sous le nom de Jean Ier, au catholicisme. On a abondamment décrit les péripéties de cette conversion et l'accueil exceptionnel fait aux missionnaires portugais, dès lors installés à demeure. Sous le roi Alfonso Ier, le royaume chrétien prospère. On veut alors extirper le paganisme : « En somme ils choisissaient comme dieux des couleuvres, des serpents, des animaux, des oiseaux, des herbes, des arbres, diverses figures de bois et de pierre et des portraits représentant les êtres ci-dessus énumérés, soit peints, soit sculptés [...] et non seulement ils adoraient les animaux vivants mais aussi les empaillés [...] », notent Filipo Pigafetta et Duarte Lopes (*Description du royaume de Kongo*). Les mêmes observateurs donnent une description du royaume du fameux Prêtre Jean, en fait l'Éthiopie : « L'empire de ce roi chrétien doit compter approximativement 4 000 milles de tour. La ville principale où il réside le plus souvent et où se tient la cour s'appelle Belmalechi et domine de multiples provinces qui ont chacune un roi ; l'État est riche, bien pourvu d'or, de pierres précieuses et de toutes sortes de métaux. »

À la fin du XVIe siècle, l'influence portugaise décline, les autres nations européennes débarquent en Afrique occidentale pour commercer, en s'appuyant sur la création de grandes compagnies à charte. On s'organise pour l'exploitation, on approfondit quelque peu la découverte de terres qui fournissent désormais de plus en plus d'esclaves. « Les Aradas sont les meilleurs esclaves que l'on traite au royaume de Juda [Ouidah, au Bénin] et d'Ardres. Ils sont amenés d'un pays qui est au nord-est, environ à cent ou cent cinquante lieues. Ils sont bonnes gens, dociles, fidèles, adonnés au labourage, affectionnés à leurs maîtres. » Les Nègres mallais « viennent de fort loin, il y en a qui ont été trois mois entiers en chemin [...] ces Nègres sont forts, accoutumés au travail et aux plus grandes fatigues » (P. Labat, *Voyage du chevalier des Marchais en Guinée*).

Les connaissances aux XVIIe et XVIIIe siècles restent pourtant fragmentaires, liées à l'avancée du commerce européen qui ne pénètre guère encore à l'intérieur du continent. On fréquente surtout les petits royaumes côtiers, souvent constitués à partir du trafic d'esclaves, de marchandises ou de produits comme la gomme. On visite les royaumes d'Oyo et du Dahomey qui ont supplanté le royaume de Bénin (Nigeria et Bénin). Leur puissance, qui frappe les observateurs, vient désormais de la traite et de relations commerciales intenses qui permettent d'importer, notamment, des armes.

Le XVIIIe siècle inaugure progressivement une nouvelle phase, avec des explorations beaucoup plus systématiques (c'est l'époque des grandes circumnavigations et des premières explorations terrestres) : ainsi, en 1795 a lieu la fameuse équipée de Mungo Park, citoyen britannique qui atteint le fleuve Niger, prélude à la grande redécouverte du Soudan. Ces explorations coïncident avec les débuts de la mobilisation antiesclavagiste en Europe (création en 1787, en Angleterre, du Comité pour l'abolition de la traite). Elles sont différentes de nature, puisque aux marins et missionnaires européens succèdent désormais les découvreurs, qui dans l'esprit des Lumières se montrent davantage soucieux de connaître et d'étudier les peuples africains. Mais elles annoncent aussi la colonisation, conçue par des pays européens entrés dans l'ère industrielle, et dont les agents seront militaires ou administrateurs. C'est là, bien sûr, une autre histoire, qui modifia rapidement le destin de l'Afrique. Elle qui était restée pendant des siècles pour l'extérieur « terre d'escales et terre d'esclaves ».

Démocratie

La fin de la guerre froide a correspondu, en Afrique subsaharienne, à une vague sans précédent de démocratisation des institutions. À partir de 1990, en quelques années seulement, la quasi-totalité des États s'est ralliée au multipartisme, alors que depuis les indépendances avait dominé sur l'ensemble du continent un monopartisme de droit ou de fait. C'est donc bien, pour la partie subsaharienne — et dans un contraste frappant avec la situation plus figée constatée en Afrique du Nord —, à un bouleversement institutionnel de grande ampleur que l'on a assisté, si dans la pratique le mouvement de démocratisation réelle est resté sujet à débat. Mais dans un nombre (il est vrai limité) de cas, les « transitions démocratiques » africaines, selon l'expression alors consacrée, ont débouché sur de véritables formules d'alternance et d'accession au pouvoir de nouvelles élites dirigeantes ; et, d'une manière générale, les progrès en matière de liberté d'expression et de participation du citoyen à la vie publique ont été presque partout indéniables.

Le principal acquis de la période écoulée réside toutefois dans un retour très net à la « constitutionnalisation » de la vie politique, avec l'adoption de textes fondamentaux profondément rénovés et la mise en place d'institutions diversifiées de l'État de droit ; de leur côté, les acteurs politiques africains se montraient désormais très soucieux d'inscrire leur action, fût-elle marquée par l'arbitraire ou le strict rapport de force, sous le manteau du légalisme. Tout cela est à opposer à une pratique, durant les décennies précédentes, largement dénuée de formalisme et notamment caractérisée par la succession des coups d'État, ou par l'imposition autoritaire de systèmes peu sophistiqués de gouvernement centralisé, déniant tout droit à l'expression de la société.

En Afrique francophone, si l'on excepte le Sénégal où un multipartisme « encadré » était en vigueur depuis 1974, le Bénin a joué le rôle de pionnier pour la naissance du pluralisme. L'enchaînement des causes et des événements observé dans ce petit pays sorti d'une dictature militaro-marxiste s'est reproduit partout ailleurs : des pouvoirs fragilisés par le retournement brutal, depuis le début des années 1980, de leur situation économique avaient dû sacrifier des pans entiers de leur souveraineté, notamment en matière financière, aux bailleurs de fonds multilatéraux, tandis qu'ils faisaient face à une forte poussée de revendications d'ordre avant tout social, qui débouchent sur des contestations plus radicales.

En réponse à cette vague contestataire, l'organisation de conférences nationales a constitué un phénomène spécial, propre à l'Afrique francophone. Le Bénin ouvre le bal, en organisant du 19 au 28 février 1990 une « Conférence nationale des forces vives de la nation », dont une décision importante est de se proclamer « souveraine ». Dès lors, on sort du processus souhaité par les dirigeants, la conférence béninoise aboutissant à une redistribution des pouvoirs, où est garanti toutefois le maintien au pouvoir du président Mathieu Kérékou. Cette conférence, comme celles qui vont suivre, est donc à la fois une révolution et un compromis, et elle s'est jouée au Bénin, comme dans plusieurs autres cas, sous la houlette d'un représentant de l'Église catholique, manifestation la plus éclatante du statut acquis désormais par les composantes de la « société civile ». Des autres conférences organisées (Gabon en mars-avril 1990, Congo en février-juin 1991, Niger de juillet à novembre 1991, Mali en juillet-août 1991, Togo en juillet-août 1991, Zaïre d'août 1991 à décembre 1992, et enfin Tchad de janvier à avril 1993), six se déclareront « souveraines », à l'exception de celles du Gabon et du Tchad.

On observe encore que, dans quatre cas, les conférences nationales ont ouvert la voie à une transition pacifique et à l'alternance au pouvoir : Bénin, Congo, Mali et Niger. Ailleurs, elles donnent lieu à une transition « négociée », où le multipartisme est instauré sans redistribution de pouvoir (Gabon, Tchad), ou sont suivies de troubles (Togo, Zaïre) qui en annulent en partie les dispositions : au Togo, la transition tourne bientôt court, avec l'intervention de l'armée et la reprise en main autoritaire du processus par le général Eyadema. Plus tard, le Congo basculera dans la guerre civile et le Niger connaîtra, en 1996, un coup d'État.

On a beaucoup évoqué, pour expliquer l'enchaînement des événements politiques, le « signal » donné en juin 1990 par François Mitterrand lors de la conférence franco-africaine de La Baule, où la libéralisation politique est devenue assez clairement une conditionnalité pour l'octroi de l'aide au développement. Mais il existe alors un consensus des pays occidentaux sur cette option ; et il ne faut négliger ni l'effet de contagion des événements survenus peu auparavant en Europe de l'Est, ni l'impact — souvent minoré — des mobilisations observées un peu partout, où l'on voit le « peuple » reprendre la rue après trente années marquées par la résignation et la peur.

Le résultat est spectaculaire. Même là où il n'y a pas eu de conférence nationale, le multipartisme prend ses quartiers. En Côte d'Ivoire, le président Houphouët-Boigny autorise, le 31 mai 1990, les partis d'opposition. Au Cameroun, l'Assemblée adopte, le 6 décembre 1990, un projet de loi sur le pluripartisme intégral. Le mouvement s'étend en 1991 : au Burkina Faso, la loi reconnaissant les partis politiques est adoptée en janvier. Au Mali, la résistance de Moussa Traoré à la mise en œuvre du pluralisme entraîne sa chute, en mars 1991. En Mauritanie, la Constitution de juillet 1991 ouvre la voie à la création des partis. Si le Sénégal, où le pluripartisme existe depuis 1974, évite une remise en cause trop radicale de la domination du parti socialiste au pouvoir, une formule de coalition est proposée à l'opposition en avril 1991, après plusieurs années de troubles politiques.

En République centrafricaine, André Kolingba accepte le multipartisme en avril 1991, comme le feront la Guinée, en mars 1992, ou le Tchad (conférence nationale de janvier à avril 1993). La contagion a été générale (Congo-Kinshasa, Rwanda, Burundi, en Afrique centrale ; Madagascar, dans l'océan Indien) et s'est diffusée dans les États lusophones et hispanophones : au Cap-Vert et à São Tomé-e-Príncipe, où l'opposition remporte les élections organisées simultanément dans les deux pays en janvier 1991 ; en Guinée-Bissau, où le multipartisme est instauré en mai 1991 ; en Guinée-Équatoriale (Constitution de novembre 1991).

La libéralisation suit un mouvement comparable dans l'ensemble de l'Afrique anglophone, sous la pression conjointe du mécontentement interne et de la communauté internationale. Au Kenya, à la suite des violents affrontements intercommunautaires de 1990 et de la création du Forum pour la restauration de la démocratie (FORD), le gel de l'aide financière internationale contraint Daniel Arap Moi à accepter le multipartisme en 1991. En Zambie, les émeutes sociales de 1990 conduisent Kenneth Kaunda à réformer la Constitution ; il est battu aux élections de 1992 par Frederik Chiluba, la Zambie étant l'un des rares pays à expérimenter alors l'alternance. La Tanzanie amorce son évolution en 1990, sous le signe d'une double libéralisation, économique et politique, mais les premières élections pluralistes, en octobre 1995, marquent la victoire de l'ancien parti unique.

Au Ghana, Jerry Rawlings fait adopter une nouvelle Constitution en avril 1992, instituant le pluralisme, tandis que le Malawi, où domine toujours Hastings Kamuzu Banda, se rallie sous la pression internationale au multipartisme en 1993, ce qui entraîne son départ l'année suivante... Là aussi, la contagion est remarquable, mais le changement politique suit des voies différenciées. Le signe le plus tangible qu'une nouvelle ère est née vient toutefois d'Afrique du Sud, où Nelson Mandela a été libéré en 1990. Le compromis historique entre l'African National Congress (ANC) et le Parti national aboutit aux premières élections multiraciales, avec la victoire en mai 1994 de Mandela.

Au milieu des années 1990, la quasi-totalité des États d'Afrique subsaharienne ont adopté le multipartisme et mis en place de nouvelles institutions. Parmi les dispositions nouvelles, la législation sur la presse a été profondément renouvelée et ouvre la voie à une libéralisation complète des médias, y compris radios et télévisions, tandis que des instances de régulation sont créées.

Mais, si le cadre légal est largement transformé, la démocratisation connaît bien des ratés dans la pratique. Après une période de flottement, les anciens dirigeants ont montré leur capacité à se maintenir dans un système formellement plus ouvert, mais guère plus transparent. D'Omar Bongo (Gabon) à Étienne Gnassingbé Eyadema (Togo), de Paul Biya (Cameroun) à Daniel Arap Moi (Kenya) ou Robert Mugabe

(Zimbabwe), ils passent victorieusement l'épreuve d'élections pluralistes, qui permettent aussi à un Mathieu Kérékou au Bénin, après une éclipse de plusieurs années, d'être réélu en 1996, tout comme Didier Ratsiraka à Madagascar.

Au-delà des exercices électoraux, souvent subvertis par la fraude et le clientélisme, la période a aussi été propice à une reprise en main autoritaire qui voit les opposants pourchassés, les journalistes menacés (Togo, Guinée, Niger, Cameroun, Mauritanie...). Le traumatisme des événements au Burundi et au Rwanda (à partir d'avril 1994), l'instabilité qui se généralise en Afrique centrale sont vus aussi comme une conséquence d'une démocratisation qui a favorisé l'ethnicisation de la vie politique, la généralisation de la corruption et l'accentuation de la faillite économique des États.

Un pic est atteint, dans cette phase de reflux de la démocratisation, vers les années 1997-1998 : tandis qu'au Congo-Zaïre Laurent-Désiré Kabila prend le pouvoir par la force, le Congo-Brazzaville plonge dans sa deuxième guerre civile, la République centrafricaine entre dans une instabilité chronique ; au Nigeria, le général Sani Abacha réprime sans mesure adversaires et journalistes ; le Niger, qui a connu un coup d'État en 1996, s'installe dans un état d'exception assez comparable à ce qui s'observe au même moment en Guinée, ou en Mauritanie... Un peu partout s'élèvent les critiques contre la tenue d'élections entachées par les irrégularités, les tensions s'exacerbent entre pouvoirs et oppositions, y compris dans des pays dont la transition a été jugée exemplaire, comme le Mali. En Côte d'Ivoire, la succession houleuse du président Houphouët-Boigny entraîne une dégradation sensible du climat politique, alors que la sous-région s'enflamme (recrudescence de la guerre civile en Sierra Leone et au Liberia).

Entre instabilité, guerres et misère, la démocratisation de l'Afrique semble alors n'avoir été qu'un processus vain, destiné à légitimer des pouvoirs qui retrouvent tout naturellement l'usage de la force. Pourtant, les transitions entamées au début des années 1990 ont poursuivi leur chemin, et là où la guerre n'a pas anéanti toute vie publique, un très progressif phénomène de consolidation du système pluraliste a pu s'observer, favorisé par les pressions de la communauté internationale et par les orientations de son aide, désormais de plus en plus liée à l'amélioration de la « gouvernance ».

Un signe encourageant est venu, en 2000, du Sénégal où — à l'issue des élections remportées par l'opposant Abdoulaye Wade — le président Abdou Diouf reconnaît sa défaite, permettant pour la première fois depuis l'indépendance une alternance pacifique, qui va servir désormais de modèle. Peu à peu, et même si les changements de pouvoir restent l'exception, les élections tendent à partir des années 2000 à se régulariser, avec une organisation matérielle mieux maîtrisée, et une réelle participation de l'opposition et de la société civile à leur supervision, notamment dans le cadre de commissions nationales électorales, tandis que se généralise la présence d'observateurs internationaux.

Les organes de contrôle institutionnel (cours constitutionnelles ou cours suprêmes) commencent à montrer une certaine indépendance qui renforce leur crédibilité. Les parlements, même avec une faible représentation de l'opposition, remplissent mieux leur rôle d'animation législative. Les pressions ou menaces à l'encontre des médias tendent à reculer, la voix de la société civile, notamment des associations de défense des droits de l'homme, se fait mieux entendre. Des efforts sont faits pour endiguer la corruption et améliorer le fonctionnement de l'État.

Ces avancées, surtout significatives dans un petit nombre de pays, sont toutefois précaires, et les alertes ne manquent pas, comme au Sénégal, où le pouvoir d'Abdoulaye Wade a montré des tendances autocratiques. Perçue comme spécialement néfaste, une tendance s'est fait jour ces dernières années pour proroger, par des voies légales, les mandats parvenus à terme des chefs d'État en exercice : du Togo au Gabon, en passant par le Burkina Faso et le Tchad, les « manipulations » de la Constitution ont fleuri, rendant caduque toute perspective d'alternance. Ces procédés, dénoncés au plan intérieur, sont perçus avec une certaine bienveillance par la communauté internationale, désireuse d'éviter des alternances automatiques, synonymes d'instabilité.

Tout cela renvoie à la difficulté pour la démocratie en Afrique de trouver un mode vertueux de fonctionnement, accréditant les accusations de démocratisation en « trompe l'œil ». Les critiques les plus radicales viennent souvent des intellectuels africains eux-mêmes, tel le Camerounais Achille Mbembe, qui, dans son essai *De la postcolonie*, publié en 2000, propose une vision pessimiste de l'État africain, incapable d'échapper à une reproduction sans fin du système d'assujettissement imposé par la colonisation. On retrouve ce faisant la question de fond : peut-il y avoir démocratie sans développement et modification de structure d'économies marquées par l'extraversion ? Si l'on met à part l'Afrique du Sud, partout ailleurs l'État africain, précarisé à l'excès par plusieurs décennies d'ajustement structurel, semble toujours impuissant à assurer correctement ses missions primordiales, à commencer par la justice, et à relancer des secteurs vitaux toujours sinistrés, comme l'éducation, ou la santé, dans un contexte où tous les mécanismes d'accession à l'autonomie et à la responsabilisation des citoyens sont grippés par la paupérisation.

Or l'analphabétisme, la faiblesse relative des classes moyennes, ou la tendance à l'expatriation des compétences sont des facteurs éminemment défavorables à l'épanouissement de la démocratie. La presse, nombreuse et diversifiée, manque cruellement de moyens, les journalistes sont de moins en moins formés, et ce relais du débat démocratique tombe souvent sous la coupe des intérêts privés. La vie politique garde, depuis les débuts euphoriques du multipartisme, une apparence groupusculaire, avec des partis-champignons (plus de cent cinquante partis reconnus au Bénin, quatre cents en république démocratique du Congo...) sans base militante ni capacité de mobilisation, qui pratiquent le clientélisme de proximité, souvent à base ethnique, voire religieuse. Dans ces conditions, la lutte pour le pouvoir constitue le seul fonds de commerce de partis qui, selon les cas, sont tentés par la surenchère démagogique ou l'allégeance opportuniste.

On note cependant que les forces politiques ont montré une certaine propension ces dernières années à s'intégrer dans des coalitions gouvernementales, à se rallier à des formules « consensuelles » d'association au pouvoir (le phénomène s'observe, sur des bases et à des phases différentes, de l'Afrique du Sud au Sénégal) qui ont pu stabiliser la vie politique. On signalera aussi un intense travail de réflexion des politologues, qui se sont efforcés de dégager ces dernières années une voie africaine pour la démocratie. Ces réflexions abandonnent les rengaines désormais usées sur une Afrique ancienne de la « palabre », vue comme foncièrement « démocratique », mais s'interrogent en particulier sur le concept de sociétés segmentées ou « plurales », où en particulier le facteur communautaire ou ethnique pourrait être pris en compte de manière plus imaginative. L'objectif étant de concevoir des institutions qui ne soient pas un simple décalque des modèles venus d'Occident.

Démographie

Les chiffres donnent le vertige. Le poids du continent est passé de 9 % de la population mondiale en 1950 (5 hab./km^2, 150 millions d'habitants) à 12 % en 1990. Selon l'ONU, il devrait atteindre 20 % en 2050 : l'Afrique compterait alors 1,8 milliard d'habitants — projection qui inclut la tendance baissière due à la pandémie du sida. Sa population sera alors trois fois celle de l'Europe.

La démographie africaine a longtemps été faible, mais plusieurs spécialistes considèrent que c'est la traite transatlantique qui a entravé décisivement la croissance démographique du continent, à partir du XVIe siècle, et accru les flux migratoires internes. Les échanges, orientés majoritairement vers le nord et l'océan Indien, se sont alors portés vers l'Atlantique. Et les empires, implantés au cœur du continent, se sont décomposés, avec un déficit — surtout des jeunes hommes et femmes — estimé entre 12 à 15 millions d'individus déportés en quatre siècles, sans compter les décès lors des captures. Il s'est poursuivi sous la colonisation — massacres, enrôlements, portage ou travail forcés — en dépit des progrès sanitaires introduits dans certaines régions par la médecine militaire.

Aux indépendances, les nouveaux États sont donc sous-peuplés. Mais leur croissance reprend, jugée bien vite excessive par les Occidentaux, qui sont prompts à y voir une des causes majeures du sous-développement. En 2004, l'Afrique compte 869 millions d'habitants, selon le Fonds des Nations unies pour la population (FNUAP), soit plus de 13 % de la population mondiale, pour 22 % de la surface des terres émergées. Loin derrière l'Asie (3,8 milliards), elle rejoint les Amériques (879 millions) et a récemment dépassé l'Europe (730 millions). Ses habitants sont répartis entre cinq grandes régions : Afrique du Nord (187 millions), de l'Est (276), de l'Ouest (250), centrale (103) et australe (52). Mais cinq pays pèsent à eux seuls plus de 40 % de la population : Nigeria (127), Égypte (73), Éthiopie (72), république démocratique du Congo (54) et Afrique du Sud (45). Bien qu'en recul depuis dix ans, le taux moyen de croissance de la population (2,2 % par an) est presque deux fois plus élevé que la moyenne mondiale (1,2 %).

Le taux de fécondité demeure élevé — 4,9 enfants par femme pour la période 2000-2005. En milieu rural notamment, quelles que soient les difficultés de l'existence, plus rudes qu'en ville, le nombre d'enfants est souvent considéré comme une assurance sur la vie ; aucune politique officielle de limitation des naissances n'a été entamée, en raison notamment de l'opposition des milieux religieux (catholiques comme musulmans). Mais, pour certains analystes, l'« exception africaine » n'existe plus : le processus de « transition démographique » s'est engagé — même si c'est avec retard par rapport aux autres continents, au début des années 1980 — en liaison avec l'urbanisation et l'évolution du statut des femmes.

Au Maghreb, le taux de fécondité est passé de 7 enfants par femme en 1970 à 2,5 (Égypte, 3,3). En Afrique subsaharienne, la baisse est amorcée (4 au Kenya et au Ghana, 5 au Nigeria). L'Afrique du Sud arrive en tête (2,6) ; des taux élevés persistent dans les pays à dominante rurale, comme au Niger (8), au Mali et en Ouganda (7), ou dans les zones qui ont connu de graves troubles — Angola et Somalie (7). La mortalité, en baisse sensible entre 1950 et 1990 (de 30 à 15 pour mille), grâce aux progrès de la médecine, stagne à 14 pour mille (9 au niveau mondial), avec des écarts importants entre les régions (6 au Maghreb, 18 en Afrique orientale), en raison des crises économiques, du recul des soins de santé et d'éducation, et de la recrudescence des guerres. Les enfants de moins de 5 ans y meurent encore deux fois plus que dans le reste du monde.

Mais le recul de la fécondité est masqué par le nombre des classes jeunes : 45 % de la population a moins de 15 ans, 3 % seulement plus de 60 ans. D'où un taux de natalité (23 pour mille) qui devrait rester élevé pendant un quart de siècle. Un défi pour les États endettés, qui doivent répondre aux besoins multiples, en termes d'emploi notamment, d'une jeunesse dont la formation est souvent aléatoire, et qui — même diplômée — peine à trouver du travail, ou doit vivre d'expédients : enfants des rues, « bricoleurs » du secteur informel, miliciens, enfants-soldats...

Un Africain sur six vivait dans les villes en 1960. L'Afrique n'avait que trois agglomérations de plus d'un million d'habitants. Elle en compte aujourd'hui une trentaine (Kinshasa, Abidjan, Khartoum, Le Cap, Casablanca, Alger...), et deux mégapoles de plus de dix millions d'habitants (Lagos et Le Caire). Avec environ 40 % de citadins, l'Afrique reste cependant le continent le moins urbanisé. L'exode rural est aujourd'hui moins massif. La population, concentrée dans les grands centres, a cependant tendance à se répartir dans les moyennes agglomérations (comme au Burkina).

Avec une densité de population de 25 hab./km^2, l'Afrique reste donc relativement peu peuplée, cette densité étant bien inférieure à celle de l'Asie (120), de l'Union européenne (114) et même de l'ensemble du monde (47). Mais sa répartition est très inégale en raison de situations géographiques disparates. Les déserts et les zones arides sont presque inhabités (Sahara, Namibie, Kalahari). Et de petits États très peuplés, Maurice (600 hab./km^2) ou Rwanda (300), ont peu en commun avec de grands États sous-peuplés comme le Soudan (11) ou la Namibie (2), qui figurent — avec les États forestiers d'Afrique centrale — une diagonale de très faible densité (5 hab./km^2, en moyenne) qui sépare deux fortes masses démographiques : l'Afrique occidentale (40 % de l'Afrique subsaharienne) et l'Afrique orientale (37 %).

Les régions les plus anciennement peuplées ont les densités les plus fortes, là où des royaumes structurés étaient capables de mettre en valeur l'espace, de dégager des surplus et de bâtir des villes : hautes terres de l'Est africain, zone soudano-sahélienne, vallées des grands fleuves (Sénégal, Niger), côte méditerranéenne, littoral du golfe de Guinée. La vallée du Nil (Égypte) atteint une densité maximale (700 hab./km^2). Les plus faibles se trouvent là où les sociétés sont émiettées, vulnérables aux chocs externes.

Les géographes ne voient aucun lien entre densité de population et niveau nutritionnel. Les conversions forcées et autres rezzous ont entraîné des regroupements dans des régions-refuges, souvent montagneuses, difficiles sur le plan naturel, où des systèmes agraires sophistiqués ont pu satisfaire de fortes densités de population. Le surpeuplement relatif serait dû à l'utilisation de techniques agricoles extensives. Les communautés rurales ont répondu à la densification démographique, soit par l'extension des terres cultivées, soit par la migration vers les villes ou encore vers les fronts pionniers, aux marges des anciens royaumes : ouest de la Côte d'Ivoire, sud du Burkina, Ferlo du Sénégal, Kivu... Le défrichement et la valorisation de ces nouveaux espaces ont souvent provoqué des tensions entre allogènes et autochtones, entraînant également des conflits entre éleveurs et paysans. Mais les conflits se sont aussi exacerbés dans les zones de peuplement ancien, où les densités trop fortes ont entraîné, en l'absence de progrès agricoles, un décalage insupportable entre le nombre d'hommes et la quantité de ressources que pouvait fournir le milieu. C'est le cas de la région des Grands Lacs, notamment du Burundi et du Rwanda. Certains géographes imputent d'ailleurs à ce phénomène une responsabilité indirecte dans le génocide de 1994 au Rwanda.

Dette

La dette des pays d'Afrique subsaharienne, qui s'élevait en 2004 à 218 milliards de dollars, constitue depuis les années 1980 une question majeure des relations internationales. Pour les pays pauvres de l'Afrique, de l'Asie et de l'Amérique latine, les problèmes commencent vers la fin des années 1970. Ils ont alors bénéficié d'une décennie de hausse ininterrompue — de 12 % par an en moyenne — des cours des matières premières, dont ils tiraient l'essentiel de leurs revenus d'exportation. Considérés comme solvables, les pays africains ont un large accès aux marchés de capitaux et s'endettent lourdement : entre 1972 et 1983, la dette africaine s'accroît de 20 % par an. Mais les cours des matières premières plongent à partir de 1980. En même temps, les États-Unis remontent considérablement les taux d'intérêt pour combattre l'inflation, à la suite des « chocs pétroliers » de 1974 et de 1979. L'économie de ces pays est prise « en ciseaux », et la conséquence est que les États désormais empruntent pour... amortir leurs emprunts.

Les pays africains sont tombés dans un véritable piège : vivant au-dessus de leurs moyens en raison de politiques économiques faibles et d'une gestion médiocre du secteur public, ils n'ont pas su se servir des emprunts extérieurs pour renforcer les capacités de production, et gagner ainsi des devises. Au contraire, les investissements ont chuté, la croissance s'est ralentie, et il a donc fallu emprunter pour payer les échéances de la dette antérieure. Pendant ce temps, la dette globale des quarante et un pays identifiés en 1996 sous l'étiquette « Pays pauvres très endettés » (PPTE), qui était de 60 milliards de dollars en 1980, est passée à 105 milliards en 1985 et à 190 milliards en 1990. Celle des pays africains de ce groupe aurait pu atteindre, selon les experts, les 200 milliards en 2000 si les créanciers n'étaient pas intervenus pour arrêter cette évolution.

Les créanciers publics réunis au sein du Club de Paris ont, dans un premier temps, cherché à traiter le problème en proposant des rééchelonnements — comme pour la dette latino-américaine — du service de la dette, en consultation avec le Fonds monétaire international (FMI). Mais on s'est vite rendu compte qu'il fallait aller plus loin. Sous l'impulsion notamment de la France, les sommets du Groupe des 7 (G7) de Toronto (1988), Londres (1991) et Naples (1994) ont adopté des mécanismes à des conditions de plus en plus favorables aux débiteurs. Celles de Naples prévoyaient ainsi l'annulation des deux tiers de l'encours de la dette auprès des créanciers officiels.

Mais ce remède ne suffisait pas. En 1996, le président de la Banque mondiale et le directeur général du FMI — il s'agissait alors de James Wolfensohn et de Michel Camdessus — ont lancé l'initiative PPTE, censée ramener l'endettement des pays pauvres à des niveaux « tolérables » dans la durée. La nouveauté de ce mécanisme était qu'il prévoyait la participation intégrale de tous les créanciers — bilatéraux, commerciaux et, pour la première fois, multilatéraux — dans un effort conjoint pour réduire la dette dans des proportions permettant aux pays concernés de la rembourser, sans compromettre leur développement et leurs efforts de réduction de la pauvreté. Cela grâce à des politiques « saines » soutenues par le FMI et la Banque mondiale, un allègement substantiel et de nouveaux apports d'aide. Dans la pratique, le processus était trop complexe et trop lent, et le mécanisme a été renforcé en 1999 afin d'assurer un allègement plus important à davantage de pays et plus rapidement, à condition que les ressources ainsi libérées servent à réduire la pauvreté et à augmenter les dépenses sur l'éducation et la santé.

Des résultats positifs ont enfin été obtenus. Pour les vingt-sept pays ayant obtenu un allègement avant la fin du premier trimestre 2005, le service de la dette payé entre 1998 et 2004 avait diminué en moyenne de plus de moitié par rapport aux exportations et aux recettes publiques. Alors qu'auparavant ils consacraient plus de moyens au remboursement de la dette qu'à l'éducation et à la santé, leurs dépenses pour ces services sociaux étaient en 2004 quatre fois supérieures aux montants décaissés pour la dette. L'initiative PPTE aura permis jusqu'en 2005 de réduire la dette des pays bénéficiaires de quelque 55 milliards de dollars. Mais, considèrent les experts, ces pays auraient toujours besoin d'emprunter et de recevoir une aide extérieure importante pour atteindre les Objectifs du millénaire pour le développement (OMD). Le maintien de l'encours de leur dette extérieure à un niveau viable constitue toujours pour eux un sérieux défi.

L'année 2005 a marqué une étape importante. Les grandes puissances économiques et financières du G7 ont reconnu la nécessité de faire encore un effort en faveur des pays pauvres très endettés, et leurs ministres des Finances annonçaient leur décision d'annuler toute la dette multilatérale des dix-huit pays, dont quatorze africains [1], qui avaient accompli à cette date le processus de désendettement prévu par le mécanisme PPTE. Cette nouvelle concession était solennellement entérinée par le sommet du Groupe des 8 (G8) de Gleneagles (Écosse), en juillet 2005. Les pays concernés bénéficiaient ainsi d'un effacement à 100 % — au lieu de 90 % — de leurs dettes auprès du FMI, de l'Association internationale de développement (AID-IDA), la filiale de la Banque mondiale qui accorde des crédits concessionnels aux pays à faible revenu, et de la Banque africaine de développement (BAD). Il était prévu qu'ils puissent être rejoints, jusqu'en 2007, par une dizaine d'autres pays, notamment les Comores, le Congo-Brazzaville, la Côte d'Ivoire, le Liberia, la Somalie, le Soudan et le Togo. Ces pays, ayant tous connu des troubles intérieurs ou des conflits civils, étaient considérés comme des cas « post-conflits », tout comme le Burundi, admis au mécanisme PPTE en août 2005, cinq années après la fin d'une longue guerre civile.

Le sommet du G8, à l'instigation de son hôte, le Premier ministre britannique Tony Blair, renouvelait aussi l'engagement des participants en faveur de l'Afrique subsaharienne, notamment en promettant un doublement de l'aide publique au développement pour la région. Celle-ci serait ainsi portée à 50 milliards de dollars en 2010, contre 25 milliards en 2004. Ces nouvelles ont suscité un certain soulagement dans plusieurs capitales africaines, et même les ONG militant pour un effacement total de la dette, comme la « campagne Jubilée », ont reconnu qu'elles représentaient un pas en avant ; tout en

1. Bénin, Burkina Faso, Éthiopie, Ghana, Madagascar, Mali, Mauritanie, Mozambique, Niger, Rwanda, Sénégal, Tanzanie, Ouganda et Zambie.

considérant toutefois que l'accord de 2005 portait sur des montants « très limités » et qu'il restait du chemin à faire pour arriver à une solution définitive.

Les ONG, qui ont notamment organisé en 2000, à Dakar, une Conférence internationale et panafricaine pour l'annulation de la dette de l'Afrique et des autres pays du tiers-monde, soulignent que la « dette odieuse », contractée par des États non démocratiques, n'a pas été utilisée pour renforcer l'économie africaine et a donné lieu à des détournements massifs. Elles dénoncent une situation où les transferts de capitaux des pays du tiers-monde vers les pays développés, s'élevant selon les Nations unies à une moyenne annuelle de 100 milliards de dollars depuis 1998, constituent en dépit des flux d'aide une ponction de ressources, la dette étant l'une des causes principales de ce transfert. On estime ainsi qu'entre 1980 et 2000, l'Afrique avait remboursé plus de 240 milliards de dollars au titre du service de la dette, et que dans le même temps sa dette avait été multipliée par 3,5.

ÉVOLUTION DE LA DETTE DES PAYS DE L'AFRIQUE SUBSAHARIENNE (AfSS) COMPARÉE À L'ENDETTEMENT DE L'ENSEMBLE DES PAYS EN DÉVELOPPEMENT

(Milliards de USD)

	1980	1985	1996	2000	2003	2004
Tous PVD	540,9	929,1	2 045	2 280	2 550	2 597
Pays AfSS	60,7	107	231,3	211,3	231,4	218,4
Les 41 PPTE [1]	60	105	162,6	145,9	145,8	145,3

(Source : *FMI, Banque mondiale, OCDE.)*

De leur côté, les chefs d'État de l'Union africaine, réunis à Syrte en juillet 2005, avaient formulé une position

1. Ce groupe de pays inclut plusieurs pays d'autres régions, dont Bolivie, Guyana, Honduras, Nicaragua, Laos et Myanmar.

commune, en demandant une annulation intégrale, pour tous les pays africains, de leur dette extérieure, liant cet effort à un accroissement de l'aide au développement et à la suppression par les pays riches des subventions agricoles.

Diamant

L'Afrique est le plus gros producteur mondial de diamants. Mais cette ressource, présente en Afrique australe et centrale, ainsi qu'en Afrique de l'Ouest (Liberia, Sierra Leone), a surtout servi à alimenter les trafics illégaux et les guerres continentales. En 2004, le commerce de diamants bruts (naturels) représentait environ 7 milliards d'euros, soit près de 85 millions de carats produits, la répartition de la production s'effectuant (en 2003, selon des sources officielles américaines — US Geological Survey — et australiennes — Australian Bureau of Resource and Agriculture Economics) comme suit : le Botswana avait produit 22,8 millions de carats de diamants gemmes destinés à la joaillerie ; la république démocratique du Congo, 5,4 millions ; l'Afrique du Sud, 5 millions ; l'Angola, 4,8 millions ; et la Namibie, 1,6 million. À eux seuls, ces pays d'Afrique centrale et australe assurent près de 60 % de la production mondiale.

Cette concentration exceptionnelle, souvent qualifiée de « scandale géologique », est aussi considérée comme une chance pour le développement des pays concernés : « Le diamant peut être le meilleur ami de l'Afrique, estimait un jour le président sud-africain Thabo Mbeki, si son industrie joue un rôle actif dans le développement du continent. » Mais il est aussi apparu comme une malédiction : les pierres précieuses ont donné lieu à de nombreux trafics, qui ont financé quelques-unes des guerres les plus sanglantes. En Angola, l'Union nationale pour l'indépendance totale de l'Angola (UNITA), mouvement de guérilla de Jonas Savimbi, en conflit durant plus de vingt ans avec le gouvernement central angolais, a tiré du trafic illicite des diamants (et de l'ivoire) les moyens d'entretenir son armée. Il en a été de même en Sierra Leone, où le mouvement rebelle armé de Foday Sankoh, le Front révolutionnaire uni (RUF), a vécu de la contrebande de diamants.

En raison de leur potentiel financier et de leur difficile détection — en comparaison de la drogue ou des armes —, les diamants sont très prisés des trafiquants liés à des réseaux organisés. Depuis les années 1990, plusieurs rapports émanant d'organisations internationales ou d'ONG ont dénoncé ce commerce des « diamants du sang » : ils démontent le fonctionnement du système de blanchiment de l'argent sale, *via* des trafics (comme au Congo-Kinshasa ou en Angola), en violation d'embargos (comme au Liberia ou en Sierra Leone) ou même avec la complicité d'États (notamment le Congo-Brazzaville ou la République centrafricaine). Des millions de carats de « diamants sales » ont été écoulés sur les grands marchés diamantaires d'Anvers (Belgique), de Tel-Aviv (Israël), de Bombay (Inde). Toutefois, selon le géant minier sud-africain De Beers, les « diamants sales » ne représentaient en 2003 que 4 % du commerce mondial — chiffre que les ONG estiment plus proches de 20 %.

Pour lutter contre ce trafic, la communauté internationale — influencée notamment par la campagne de l'organisation Global Witness — a fini par instaurer le principe d'une certification de l'origine des pierres, garantissant la traçabilité des gemmes. Entré en vigueur le 1er janvier 2003, après deux ans et demi de négociations, sous le nom de « processus de Kimberley » — la ville minière sud-africaine où s'est tenue la première réunion, avec la participation des représentants des gouvernements, de l'industrie et de la société civile —, le nouveau système de certification avait été formellement adopté à Interlaken (Suisse) par cinquante-six pays, représentant près de 99,8 % de la production mondiale.

En juillet 2004, le Congo-Brazzaville a été exclu du processus de Kimberley, en raison de l'immense écart constaté dans ce pays entre la production de carats officielle et les exportations (plus de cent fois). Dans une résolution, le 15 décembre 2004, l'Assemblée générale des Nations unies s'est félicitée des progrès réalisés grâce à ce système de certification. La conclusion d'accords de paix en Sierra Leone, au Liberia, ainsi qu'en Angola et en république démocratique du Congo, a contribué à réduire les possibilités d'introduire ces « diamants de la guerre » dans le circuit du commerce mondial officiel.

Djibouti

Traditionnelle « station-service » et « vigie de la mer Rouge », longtemps considéré comme un « bac à sable » de l'armée française, Djibouti cherche à faire fructifier sa rente stratégique à l'entrée de l'océan Indien, et rêve de devenir le « Dubai de l'Afrique »...

Indépendant depuis 1977, et alors que l'ensemble de la Corne de l'Afrique était en feu, le régime a été dominé par la forte personnalité du président Hassan Gouled Aptidon, qui a gouverné sur un mode autocratique l'ancien « Territoire français des Afars et des Issas » dans un contexte de parti unique. De 1991 à 1994, le petit État (700 000 habitants) a fait face à une rébellion menée par le Front pour la restauration de l'unité et de la démocratie (Frud), mouvement armé à dominante afar. Malgré l'instauration d'un multipartisme limité en 1992, puis « intégral » en 2002, la vie politique est restée atone : Ismaïl Omar Guelleh, réélu en avril 2005, était seul candidat avec le soutien de quatre formations politiques, l'opposition ayant perdu son candidat naturel après la mort, en 2004, de l'ancien Premier ministre et chef du Frud, Ahmed

Dini. Le système du scrutin de liste dans toutes les élections — pour assurer une représentation des divers clans et ethnies — a également eu pour effet d'écarter toute opposition de l'Assemblée nationale.

Les partenaires de Djibouti se satisfont de ce vernis démocratique, le pays — bien que membre de la Ligue arabe — étant un des seuls de la région à ne pas être perméable au fondamentalisme islamiste, ni hostile à des présences étrangères. Bien qu'à effectifs réduits (2 800 personnels présents en 2005, dont plusieurs centaines ne séjournent que quelques mois, contre 4 300 dans les années 1980), la base militaire française reste un acteur économique majeur assurant pour plus d'un cinquième du PIB du pays et un tiers du budget de l'État. Le loyer des emprises territoriales, portuaire et aéroportuaire des Forces françaises à Djibouti (FFD) a été réévalué à la demande du pays d'accueil, passant à 30 millions d'euros par an pour la période 2003-2015 — soit l'équivalent de ce que verse l'US Army. Celle-ci a aisément obtenu en 2002 d'installer également une base à Djibouti pour ses forces spéciales (1 200 hommes). Le secteur des services a également bénéficié de la présence de militaires allemands et espagnols, stationnés dans le pays au titre de l'opération antiterroriste Enduring Freedom. Du fait de ces stationnements de soldats, le nombre des mouvements d'avions a doublé depuis 2003 sur la plate-forme aéroportuaire.

En l'absence de toute ressource locale, l'économie du petit État repose, outre sur les loyers des bases, sur le commerce transfrontalier. Le qat (une feuille d'arbuste aux effets hallucinogènes) ainsi qu'une part des fruits et légumes sont importés d'Éthiopie. Le trafic portuaire a triplé depuis 1997, atteignant près de 6 millions de tonnes (dont 3 millions à destination de l'Éthiopie, pour laquelle Djibouti constitue l'unique débouché maritime « ouvert » depuis l'accession de l'Érythrée à l'indépendance). La gestion des installations portuaires a été confiée à l'Autorité des ports de Dubai.

Le gouvernement, qui souhaite étendre la fonction de « transit » de Djibouti, rêve de faire concurrence à Aden, le port yéménite situé de l'autre côté du détroit de Bab el-Mandeb : un « méga-projet » de port en eau profonde, à Doraleh, doublé d'un nouveau terminal pétrolier, et complété plus tard par une raffinerie, devrait faire de Djibouti le « Dubai de l'Afrique », si les financements sont réunis (350 millions de dollars). Parmi les autres projets : la construction de deux mille logements sociaux, d'une cimenterie et d'une usine de dessalement de l'eau de mer ainsi que la relance du tourisme. Un atout : le franc djiboutien, indexé sur le dollar, est une monnaie forte, sur laquelle s'appuie un secteur bancaire actif. Mais le taux de chômage reste très important (59 %).

Les relations avec la France sont en dents de scie, en raison des péripéties de l'« affaire Borrel » — du nom d'un magistrat coopérant français, retrouvé mort en 1995 —, l'enquête de la justice française sur ce « suicide » s'étant focalisée, en dépit des résistances officielles tant à Paris qu'à Djibouti, sur l'entourage de l'actuel président Ismaïl Omar Guelleh, directeur de cabinet du président Hassan Gouled Aptidon à l'époque des faits. Le gouvernement de Djibouti a manifesté son irritation en janvier 2005, interrompant les émissions de Radio France Internationale ou expulsant des coopérants. Les autorités du petit État — dont la presque totalité des 700 000 habitants sont musulmans — ont décrété en février 2006 un embargo sur les importations du Danemark, pour protester contre la parution de caricatures du prophète Mahomet dans un journal de ce pays, jugées « blasphématoires ».

Drogue

Longtemps considérée comme insignifiante, la part de l'Afrique dans le trafic international de drogue ne cesse de croître. Le continent est le deuxième plus grand producteur mondial d'herbe de cannabis (marijuana) : 12 000 tonnes en 2005, soit 28 % de la production mondiale, selon l'Office des Nations unies contre la drogue et le crime (ONUDC). Du *yamba* casamançais au *rongony* malgache, en passant par le *malawi gold* ou le *kif* marocain, le cannabis est consommé par 37 millions d'Africains.

Confrontés à la chute des prix des matières premières, ainsi qu'aux différentes sécheresses et aux mauvais rendements, des paysans se sont reconvertis dans la production de marijuana. En Côte d'Ivoire, cette culture rapporte cinquante à cent fois plus que le cacao. Elle est également pratiquée au Nigeria, ainsi qu'en Afrique australe (Lesotho, Swaziland, Tanzanie). Le Maroc est l'un des plus gros producteurs de résine de cannabis (haschisch) au monde : en 2003, l'ONUDC et le gouvernement marocain estimaient que la culture du cannabis s'y étendait sur 134 000 hectares, soit une production de 3 000 tonnes de haschisch. Dans les pays de la Corne de l'Afrique (Éthiopie, Somalie, Kenya), on cultive et on consomme principalement du qat (feuille de l'arbuste du même nom, dont la mastication provoque des effets dopants et hallucinogènes).

En raison de la faiblesse des contrôles et de sa situation géographique idéale au carrefour de grandes zones de production d'héroïne à l'est (Asie), de cocaïne à l'ouest (Amérique latine) et d'importantes régions de consommation (comme l'Europe), le continent africain est devenu également une importante zone de transit. Après avoir traversé les pays bordant l'océan Indien, l'héroïne produite en Asie rejoint l'Europe et l'Amérique du Nord, *via* le Nigeria et l'Afrique du Sud, principales plaques tournantes. La cocaïne sud-américaine transite par les pays d'Afrique australe et d'Afrique de l'Ouest. L'ONUDC relève que les trafiquants empruntent de plus en plus la région du golfe de Guinée, les côtes du Sénégal et de la Mauritanie.

Alimentée par les retombées du trafic international de transit, la consommation de stupéfiants s'est diversifiée et amplifiée au point que certains experts évoquent à présent l'existence d'une « toxicomanie de masse ». D'après l'Organe international de contrôle des stupéfiants (OICS), la cocaïne est consommée principalement en Afrique du Sud, au Nigeria et au Sénégal, ainsi que dans d'autres pays de transit comme le Cap-Vert. En 2004, son usage était en forte augmentation en Angola, et dans une moindre mesure au Cameroun, en Namibie, au Zimbabwe, au Bénin et au Togo. Le marché illégal de cette drogue se concentre sur les grandes villes, comme Johannesburg, Le Cap, Lagos et Nairobi.

En 2003, la consommation d'héroïne et d'autres opiacés s'était sensiblement accrue en Algérie, au Mozambique, en Côte d'Ivoire. L'usage de plus en plus fréquent de drogues par injection est un facteur supplémentaire de contamination par le VIH (qui touchait en 2004 près de la moitié des consommateurs d'héroïne, selon l'ONUDC). L'utilisation d'autres psychotropes, notamment des drogues de synthèse, peut également entraîner des comportements sexuels à risque. L'abus de Mandrax (dépresseur synthétique à base de méthaqualone consommé sous forme de poudre mêlée à de l'herbe), qui provient d'Inde ou de Chine et transite par le Mozambique, le Swaziland ou le Zimbabwe, est devenu un sujet de préoccupation dans les pays d'Afrique de l'Est et d'Afrique australe, en particulier en Afrique du Sud, où ce produit vient au deuxième rang des substances illicites les plus consommées.

Au-delà des enjeux de santé publique, c'est la stabilité politique du continent et son développement qui sont menacés par la violence, la corruption et le blanchiment d'argent sale qui vont de pair avec les drogues. Le trafic de stupéfiants est particulièrement aigu dans les pays en proie à des conflits armés : la vente de drogue peut faciliter l'achat d'armes et de munitions, et sa consommation aide à mobiliser et à contrôler les enfants-soldats, comme ce fut le cas en Somalie, au Liberia, au Mozambique ou en république démocratique du Congo. Pour prévenir l'instabilité et renforcer les dispositifs nationaux de contrôle et de répression, les gouvernements africains et les organisations régionales, appuyés par l'ONUDC, multiplient les expériences. Un institut régional de formation du personnel des services de détection et de répression pour l'Afrique de l'Ouest a été créé ; des équipes conjointes spécialisées de contrôle des opérations portuaires ont été installées dans plusieurs ports d'Afrique orientale et australe.

Mais en dépit de l'adoption par l'Union africaine, lors de sa session inaugurale à Durban, d'un « Plan d'action pour la lutte contre la drogue en Afrique 2002-2006 », l'Afrique reste, selon l'OICS, le « maillon faible » de la lutte internationale contre les stupéfiants, certains pays — l'Angola, le Congo, la Guinée-Équatoriale — n'ayant ainsi ratifié aucun des traités internationaux relatifs au contrôle des drogues.

Droits de l'homme

L'Afrique des coups d'État militaires, des dictateurs et des partis uniques a longtemps fourni un modèle, parfois caricatural, de déni des droits de l'homme. D'inspiration progressiste ou pro-occidentaux, les régimes issus de l'indépendance et leurs successeurs ont généralement assis leur autorité sur un étouffement systématique des libertés individuelles, pratiquant la chasse aux opposants politiques, nombre d'entre eux ayant dû choisir l'exil, tandis que la liberté d'expression était faible ou nulle face au monopole étatique de l'information. Pour autant, les contrastes pouvaient être importants d'un pays à l'autre, et selon les époques.

Les épisodes les plus sanglants ont eu pour cadre l'ex-Congo belge au début des années 1960, la Guinée de Sékou Touré (1958-1984), l'Ouganda d'Idi Amin Dada (1971-1979), la République centrafricaine sous Bokassa (1966-1979), l'Éthiopie sous Mengistu (1977-1991), le Tchad avec Hissène Habré (1982-1990), et bien sûr dans un contexte spécifique l'Afrique du Sud de la période de l'apartheid. Le Zaïre de Mobutu comme le Togo d'Eyadema ont été, parmi tant d'autres sur la longue période, des États policiers où la répression fut plus ou moins violente selon les phases. Les guerres (Biafra, Angola, Mozambique, Congo-RDC, Soudan notamment) ont été meurtrières, avec leur cortège d'exactions à l'encontre des populations civiles. Des épisodes militaires, parfois brefs mais sanglants, ont donné lieu à des violations notables des droits de l'homme (Congo-Brazzaville, Nigeria, Bénin, Burkina Faso).

Peu de pays africains, tel le Sénégal, ont échappé durant près d'un demi-siècle à une mise à l'index par la presse occidentale et les mouvements des droits de l'homme. Ces protestations étaient rarement relayées par des prises de position nettes de la communauté internationale, la question de l'apartheid exceptée, au nom d'intérêts stratégiques parfois flous. La guerre froide et les jeux d'influence (tels ceux de la France avec les pays du « champ » francophone) ont ainsi longtemps servi d'argument à la passivité des grandes puissances.

Ainsi l'évolution contemporaine de l'Afrique s'est-elle faite jusqu'aux années 1990, à un degré plus ou moins élevé, dans une culture de violence et de non-respect de l'individu et de ses droits, ce qui ne peut être sans conséquence. Si, depuis les progrès de la démocratie au début des années 1990, le continent a connu des alternances favorables à une pacification des pratiques, dans de nombreux pays les droits de l'homme ne sont toujours pas respectés. La situation a été bien sûr particulièrement alarmante dans les zones de conflits armés, comme l'Afrique des Grands Lacs, avec les massacres en chaîne au Burundi, au Rwanda, à l'est du Congo-RDC, dans les années 1990.

Dans les États pourtant en situation de paix, le respect des libertés, souvent aléatoire, est parfois en régression. Dans son rapport 2004, la Fédération internationale des droits de l'homme (FIDH) s'inquiétait ainsi de la recrudescence de législations qui restreignent les libertés des associations de la société civile, comme c'est le cas en Éthiopie, en Ouganda, au Rwanda, en Tanzanie, en Zambie. Ailleurs, l'outil législatif est de plus en plus utilisé pour, au contraire, développer des lois d'amnistie qui exemptent de jugement les auteurs de crimes. Au Sénégal, une loi d'amnistie, adoptée en janvier 2005, garantit ainsi l'impunité aux commanditaires de l'assassinat, en 1993, du vice-président du Conseil constitutionnel, Me Boubacar Seye. Autre tendance préoccupante : la multiplication des coups d'État dits « constitutionnels » utilisés pour exclure des opposants du processus démocratique, pour préparer l'accession ou la conservation du pouvoir. Exemples parmi d'autres : la tentative de révision constitutionnelle, en février 2005, pour permettre à Faure Gnassingbé de succéder à son père à la présidence du Togo, ou la suppression, en juin 2005, de la limite du nombre de mandats présidentiels pour donner la possibilité au président tchadien Idriss Déby de se faire élire une troisième fois à la tête de son pays en 2006.

Dans d'autres pays, les autorités utilisent des moyens détournés pour réduire la parole des contestataires : certains gouvernements poussent par exemple à la création d'ONG de défense des droits de l'homme progouvernementales pour contrer celles déjà existantes. En Éthiopie, les autorités ont investi l'Association des journalistes pour la liberté en plaçant, en 2004, certains de leurs partisans au conseil d'administration. La presse travaille difficilement dans de nombreux pays : en 2004, la Gambie et le Zimbabwe ont adopté des lois restrictives, tandis que le directeur d'un journal indépendant a été assassiné en Gambie et qu'au Tchad, le directeur d'une radio privée a été arrêté et torturé en détention. La liberté syndicale s'avère restreinte au Burundi, à Djibouti, au Nigeria comme au Zimbabwe où les syndicats sont soumis à de fortes pressions et leurs mouvements parfois violemment réprimés. Au Cameroun, en Éthiopie, en république démocratique du Congo, en Tunisie, au Zimbabwe, ce sont les défenseurs des droits de l'homme qui sont victimes de pressions (harcèlements, arrestations arbitraires, campagnes de diffamation).

Plus largement, les droits économiques, sociaux et culturels sont très rarement respectés sur le continent. La répartition inégale des richesses, la pauvreté ne permettent pas à la majorité de la population d'avoir un accès suffisant à la santé ou à l'éducation. Alors que l'Afrique a le taux le plus élevé au monde de séropositifs ou de malades du sida, beaucoup d'États ont ainsi failli à leurs responsabilités en ne fournissant pas à leurs citoyens médicaments et traitements antirétroviraux. L'accès à la justice est également difficile. L'organisation Amnesty International note par exemple que dans plusieurs pays, les détenus, dont les conditions de détention sont en général déplorables, se voient refuser le droit à un procès équitable, tandis que le recours à la torture contre les suspects est courant.

Quelques progrès sont cependant enregistrés : de nombreux pays ont aboli la peine de mort dans les textes ou en pratique, plusieurs ont criminalisé l'excision. Dans certains États, les droits des femmes commencent à être reconnus : au Maroc, le Code de la famille, adopté en 2003, donne par exemple plus de droits aux femmes en leur permettant notamment d'épouser l'homme de leur choix sans avoir besoin du consentement d'un tuteur. Surtout, la société civile apparaît depuis une dizaine d'années « mieux structurée, mieux outillée, plus technique », pouvait noter la FIDH, pour qui « elle a aujourd'hui les moyens de son combat ». La panoplie de ses actions dépasse ainsi le champ contestataire : elle a maintenant les capacités de déférer les cas de violation des droits de l'homme jusque devant des instances judiciaires nationales ou internationales. En Afrique du Sud, les ONG ont ainsi saisi la justice, en 2001, pour contraindre l'État à généraliser le traitement antirétroviral qui réduit la transmission, de la mère à l'enfant, du VIH.

À l'échelle du continent, alors que la défunte Organisation de l'unité africaine (OUA) s'était illustrée par sa passivité en matière de condamnation des violations des droits de l'homme, le rôle de l'Union africaine (UA) prend un peu d'ampleur : conjuguée à celle des États-Unis d'Amérique, sa condamnation du coup d'État constitutionnel qui a eu lieu au Togo, en février 2005, a contraint le pouvoir togolais à revenir en arrière. La FIDH se réjouit également de la place accordée à la société civile au sein des programmes et des mécanismes de l'UA : le Conseil de paix et de sécurité, lancé fin 2003, donne ainsi la possibilité d'intervenir à la société civile, tandis que le « Mécanisme africain d'évaluation par les pairs », mis en place en 2004 dans le cadre du Nouveau partenariat pour le développement de l'Afrique (Nepad), donne la parole aux défenseurs des droits de l'homme.

Une victoire symboliquement importante contre l'impunité a été obtenue, en mars 2006, avec l'arrestation au Nigeria de l'ancien chef d'État du Liberia, Charles Taylor, réclamé par le Tribunal spécial des Nations unies pour la Sierra Leone. Il devenait ainsi le premier chef d'État africain remis aux mains de la justice internationale tandis que le sommet des chefs d'État de l'Union africaine de Banguil (juillet 2006) confiait au Sénégal, pays-hôte de Hissen Habre, le soin de juger l'ex-président tchadien.

Eau

L'Afrique possède 9 % des ressources en eau douce de la planète pour 13 % de la population mondiale et 20,3 % des terres émergées (30 millions de kilomètres carrés). Les deux tiers de sa surface se composent de terres sèches ou arides. Les spécialistes estiment que le continent africain est de tous le plus vulnérable : vingt-cinq de ses pays devraient, dans les vingt à trente prochaines années, connaître des pénuries (moins de 1 000 m^3 d'eau disponibles par personne et par an) ou des « stress hydriques » (de 1 000 à 1 700 m^3). Or le continent possède le taux démographique le plus élevé au monde, et d'ores et déjà près d'un Africain sur deux n'a pas accès à l'eau potable, et près de deux sur trois aux services d'assainissement.

Les ressources en eau douce sont par ailleurs inégalement réparties : l'Ouest et le Centre jouissent de précipitations plus importantes que l'Afrique du Nord, la Corne et l'Afrique australe. L'Afrique équatoriale figure parmi les plus grands réservoirs d'eau de la planète, notamment la république démocratique du Congo qui bénéficie d'une disponibilité en eau par personne et par an s'élevant à 275 679 m^3, ce qui représente presque 25 % des ressources annuelles moyennes et renouvelables du continent. Au contraire, le pays le plus sec, la Mauritanie, n'affiche que 4 278 m^3 d'eau par personne et par an, soit 0,01 % du total des ressources de l'Afrique (PNUD, 2000). Dans certains pays, en l'absence de précipitations, les eaux souterraines constituent la principale source d'approvisionnement. La nappe phréatique représente ainsi plus de 60 % de l'eau douce disponible en Algérie, 95 % en Libye.

L'utilisation des ressources du continent — dix-sept grands fleuves et cent soixante lacs, couvrant au total une surface de 165 581 kilomètres carrés — demeure extrêmement faible : l'agriculture, l'usage domestique et l'industrie n'utilisent annuellement que 3 % des ressources disponibles, selon la Banque africaine de développement. Le continent compte cinquante-neuf bassins transfrontaliers : 40 % des ressources en eau sont ainsi l'objet de revendications concurrentes (par exemple, en Afrique australe, autour des fleuves Zambèze, Orange, Okavambo et Limpopo ou, en Afrique de l'Ouest, des fleuves Sénégal, Niger ou Volta).

Néanmoins, plusieurs initiatives montrent que l'eau peut être vecteur de coopération. Des institutions multinationales, outils de dialogue intergouvernemental, œuvrent en ce sens. La plus ancienne concerne le fleuve Niger : l'Autorité du bassin du Niger (ABN), créée en 1980, remplace la Commission du fleuve Niger née presque vingt ans plus tôt, en 1964. Depuis, aucun des pays concernés n'a aménagé le cours du fleuve sans avoir l'accord des autres membres. Plus récemment, la création en 2004 du Comité technique du bassin de la Volta témoigne de la volonté d'une meilleure gestion : le Burkina, le Ghana, le Bénin, la Côte d'Ivoire, le Mali et le Togo travaillent à la mise en place d'une autorité de bassin en vue d'aboutir à un plan d'action régional.

Mais en certains endroits, même si jusqu'à présent on ne peut véritablement parler de « guerre de l'eau », les tensions existent. En 1996-1997, la Namibie connut une sécheresse très dure qui mit à sec Windhoek : on envisagea de prélever les eaux du fleuve Okavango en les acheminant par aqueduc jusqu'à la capitale. En passant outre à l'Okacom, institution chargée de gérer les droits de l'Angola, du Botswana et de la

Namibie sur le fleuve, elle mit ainsi le Botswana sur le pied de guerre. Finalement, le retour de la pluie résolut naturellement le conflit.

Autre cas sensible, la répartition des eaux du Nil. En 1959, un accord entre le Soudan et l'Égypte, très avantageux pour cette dernière, l'autorise à puiser 55,5 milliards de mètres cubes par an, soit environ 66 % du débit annuel moyen. L'Éthiopie, source du Nil Bleu qui fournit 85 % des eaux du Nil, ne fut même pas invitée aux négociations... Aujourd'hui, ce pays irrigue moins de 2 % de ses terres arables (contre près de 100 % en Égypte) et souhaite réaliser un certain nombre de projets hydrauliques. L'Initiative du bassin du Nil (IBN), née en 1999, regroupe cette fois les dix pays riverains concernés : Kenya, Tanzanie, Ouganda, Burundi, Rwanda, Congo-Kinshasa, Éthiopie, Érythrée, Égypte et Soudan. L'Égypte assure être prête à renégocier et l'IBN a donc pour but de créer un cadre harmonisé pour l'exploitation des eaux.

Éducation

Classes surchargées, personnel insuffisant, enseignants démotivés et de moins en moins qualifiés, absence de matériel didactique, dans un contexte général où la progression de la scolarisation ne suit pas la croissance démographique, où filles et garçons ne sont pas sur un pied d'égalité et où l'analphabétisme reste important... Tous les rapports qui dressent un état des lieux de l'éducation en Afrique depuis un peu plus de quarante ans sont alarmants et concluent à la faillite de la plupart des systèmes éducatifs sur le continent. « De grandes faiblesses sont apparues dans les systèmes éducatifs africains, à cause de l'absence de consensus pour définir et gérer l'école dans nos pays », a reconnu l'ancien président du Mali, Alpha Oumar Konaré. Dix ans après le lancement par l'Organisation de l'unité africaine (OUA) de la Décennie de l'éducation pour l'Afrique (1997-2006), un rapport d'évaluation, adopté en avril 2005 à Alger, au cours de la deuxième conférence des ministres de l'Éducation de l'Union africaine, constate en effet que la plupart des systèmes éducatifs sur le continent restent inadaptés aux besoins sociaux, aux perspectives d'emploi et aux exigences des économies nationales.

Pour un pays francophone comme le Burkina Faso, classé au cent soixante-quinzième rang sur cent soixante-dix-sept en 2004 sur l'Indice de développement humain du Programme des Nations unies pour le développement (PNUD), on estimait en 1997 que moins d'un tiers des enfants âgés de 7 ans avaient accès à l'école primaire, que le taux de scolarisation dans l'école secondaire plafonnait à 10,67 %, avec de fortes disparités régionales et une sous-représentation des filles (36,31 % du total), tandis que 84,5 % de la population de 10 ans et plus ne savait ni lire ni écrire dans une langue quelconque. En Guinée, où le taux de scolarisation brut avait plus que doublé en dix ans, on considérait en 2002 qu'à peine plus de quatre enfants guinéens sur dix atteignaient le niveau cours moyen, que 56 % des enfants n'achevaient pas le cycle primaire et risquaient très fortement de devenir des adultes analphabètes. Les filles ne restaient scolarisées qu'à hauteur de 30 %.

Si des efforts ont été accomplis dans le secteur de l'éducation de base et du primaire, l'Afrique est restée très en deçà des objectifs de l'éducation pour tous, affichés pour la décennie 1990-2000. Entre 1990 et 2000, seuls cinq pays d'Afrique subsaharienne étaient près d'atteindre un taux de 80 % d'enfants scolarisés ou plus : Ouganda, Rwanda, Seychelles, Swaziland et Togo, suivis par le Gabon, le Botswana et l'île Maurice. Treize pays, qui étaient loin d'atteindre 80 % en 1990, s'éloignaient encore un peu plus de ce taux en 2000. Treize autres pays progressaient, mais n'avaient que peu de chances d'atteindre 80 % de taux net d'ici à 2015...

L'enseignement secondaire (qui ouvre la voie à l'emploi) reste le parent pauvre du système éducatif africain, ne recevant que 15 % des dépenses publiques d'éducation. Les systèmes d'enseignement secondaire n'ont pratiquement pas changé depuis vingt ans, le pourcentage des élèves terminant le cycle secondaire demeurant très faible. Dans l'ensemble de l'Afrique, sur les 90 millions d'enfants en âge de suivre un enseignement secondaire, seulement 23 millions (moins du tiers) seraient scolarisés. Le taux brut de scolarisation (25 %), se situe loin derrière celui des autres régions en développement (46 % pour l'Asie du Sud, 59 % pour les États arabes, 66 % pour l'Asie de l'Est et le Pacifique, 72 % pour l'Amérique latine et les Caraïbes). Les différences s'accusent d'ailleurs pour la seule Afrique subsaharienne.

L'enseignement supérieur est quant à lui confronté à la baisse sensible de la qualité de l'enseignement, à l'érosion de ses ressources alors que s'accroissent les effectifs. Les troubles sociaux, les conflits ont partout entraîné des années « blanches » et une déscolarisation généralisée, tandis que le chômage des diplômés contribue à son discrédit.

Les experts attribuent la faillite des systèmes éducatifs de la majorité des pays africains à toute une série d'obstacles. On cite en particulier l'instabilité politique, les conflits, le lourd fardeau de la dette, la crise économique et, à partir des années 1980, l'impact des programmes d'ajustement structurel. La politique d'austérité, imposée aux pays africains en crise par la Banque mondiale et le Fonds monétaire international (FMI), a eu pour principal effet de démotiver le corps enseignant. Les institutions de Bretton Woods avaient recommandé notamment la compression des effectifs du personnel enseignant et une réduction drastique des salaires des professeurs et des instituteurs. La dévaluation du franc CFA, intervenue en janvier 1994, a aggravé la situation. Dans certains pays de la zone franc, la baisse de la rémunération des enseignants s'est accentuée, les frais de scolarité et de fournitures scolaires (cahiers et livres) sont devenus trop lourds pour les familles les plus démunies.

Pour sortir les systèmes éducatifs africains de l'impasse, plusieurs solutions sont proposées. Certaines sont à forte connotation politique. Ainsi, pour Alpha Oumar Konaré, la résurrection de l'école sur le continent passe par l'affirmation de l'État de droit, le respect des libertés, le refus des conflits et des guerres. La déclaration d'Alger insiste sur la gratuité de l'école, l'obligation scolaire, l'égalité d'accès à l'école entre les filles et les garçons. La Banque mondiale, qui joue un rôle considérable dans la définition des politiques éducatives en Afrique, recommande de son côté aux pays « d'affecter environ 20 % du budget national à l'éducation primaire, de consacrer environ 33 % des dépenses du primaire aux dépenses non salariales, de rémunérer chaque enseignant autour de 3,6 % fois le PIB par tête [produit intérieur brut par habitant], d'avoir un taux d'encadrement autour de 40 élèves pour un enseignant, d'avoir un taux moyen de redoublement en dessous de 10 % ». Elle préconise aussi la mise en place de stratégies de partenariats entre les gouvernements, le secteur privé marchand et la société civile.

Autre proposition très en vogue, qui s'efforce de rapprocher l'école de son environnement : la mise en place progressive d'une éducation bilingue, notamment dans le cycle primaire. La langue maternelle de l'enfant serait utilisée dans l'école de base et les premières années du primaire. Ensuite, et progressivement, serait introduit, dès l'âge de 6 ans, le français ou l'anglais, selon que l'on est dans un pays francophone ou anglophone. Au Mali, au Burkina Faso, notamment, un modèle d'éducation bilingue a été testé et mis au point pour lequel les conclusions semblent positives, mais on reste loin d'une généralisation du système.

Églises

Un Africain sur trois ou quatre est chrétien. Même s'il est rarement majoritaire, le christianisme progresse au même rythme que l'islam, en suivant la courbe démographique. Il compte quelques places fortes, comme le Rwanda et le Burundi, la république démocratique du Congo, l'Angola, le Gabon, l'Ouganda, la Guinée-Équatoriale, le Cap-Vert, Madagascar. Dans les églises et les temples, les offices sont suivis avec ferveur. On constate la même foi vibrante dans les innombrables « maisons de prière » qui surgissent dans les faubourgs des villes.

Longtemps « terre de mission », l'Afrique est devenue une terre de prédilection pour le catholicisme : l'annuaire pontifical 2005 tablait sur 143,3 millions de fidèles, avec une progression supérieure à celle des autres continents (4,5 %). Indice de cet « éveil », le pape Jean-Paul II (1978-2005) s'est rendu à quatorze reprises sur le continent noir, visitant quarante-sept pays, dont trois fois la Côte d'Ivoire, où il avait consacré en 1990 la basilique de Yamoussoukro, directement inspirée de Saint-Pierre de Rome : un don personnel du président Félix Houphouët-Boigny au Vatican, qui n'avait été accepté qu'après beaucoup d'hésitations, tant cet édifice gigantesque et coûteux était controversé.

« Karol Wojtyla, en tant que slave, était particulièrement sensible à la démarche d'*inculturation* du message chrétien », a estimé Mgr Laurent Mossengwo, l'archevêque de Kisangani (république démocratique du Congo) : il se disait attentif à la sauvegarde des valeurs africaines. Lors d'une Assemblée spéciale du synode des évêques pour l'Afrique, en 1994 à Rome, à laquelle participaient la moitié des évêques du continent, il avait enjoint aux Africains de « rester eux-mêmes, et de garder leur esprit communautaire ». Ecclesia in Africa, parue l'année suivante, a été la première encyclique consacrée spécialement à un continent. Mais aucune des propositions les plus hardies de ce synode — journée des Ancêtres, ministère de la Consolation, mariage coutumier, etc. — n'a eu de suite concrète.

Se voulant la « voix des sans-voix », Jean-Paul II avait multiplié les exhortations sur le respect des droits de l'homme en Afrique, soutenu discrètement les transitions politiques des années 1990, lancé deux Appels de Ouagadougou en faveur du Sahel, demandé « pardon » à la Maison des esclaves de l'île de Gorée, au Sénégal, en 1992 (qualifiée de « sanctuaire de la souffrance de l'homme noir »), et appelé à la coexistence entre les religions. Le pape avait également demandé l'allègement ou l'annulation de la dette des pays les plus pauvres.

En revanche, il avait déconcerté une partie des fidèles en paraissant ne pas reconnaître l'ampleur du sida (en prônant la fidélité dans le couple : « contrôle de soi et chasteté », comme seule réponse à l'épidémie, et en bannissant toute forme de contraception artificielle), ou par la timidité de ses interventions sur le génocide de 1994 au Rwanda, dans lequel a été impliquée une partie du clergé catholique. Il laissait aussi sans solution, autre que la reconduction de la tradition, la question du célibat des prêtres, souvent contourné par des pratiques clandestines en Afrique, ou de l'ordination des femmes, une pratique courante chez les orthodoxes, et dans les Églises évangéliques protestantes.

Le rêve d'un « pape noir », pour succéder à Jean-Paul II en avril 2005, a fait long feu. Un seul pape africain a gouverné l'Église catholique : Gélase Ier, il y a quinze cents ans, originaire d'Afrique du Nord. Le nom le plus cité était celui du cardinal Francis Arinze, originaire du Nigeria, membre influent du Sacré Collège, et numéro quatre dans la hiérarchie de l'Église sous le pontificat de Jean-Paul II, où il avait la responsabilité du dialogue interreligieux. L'archevêque anglican Desmond Tutu, en Afrique du Sud, a fait état de la déception de beaucoup d'Africains, qui auraient préféré au moins le choix d'un cardinal originaire d'un pays du Sud, au lieu de l'Allemand Joseph Ratzinger, devenu en avril 2005 le pape Benoît XVI.

Dans une Afrique où l'État est en déliquescence, les Églises — acteur incontournable de la société civile — représentent une des seules forces indépendantes et organisées, qui servent de chambre d'écho, voire de force d'accompagnement aux revendications de certains secteurs de la population. Pour le cardinal Arinze, « l'Église est l'une des dernières institutions qui s'intéresse aux pauvres, aux réfugiés, aux émigrés, aux victimes d'un esclavage formel ou informel... ».

Les conférences des évêques ont régulièrement pris position dans le champ politique au Kenya, à Madagascar, au Cameroun, au Nigeria, au Zimbabwe. Même si, selon le Vatican, il n'appartient pas aux évêques d'assumer des fonctions politiques, certains ont présidé des conférences nationales, au début des années 1990, au Bénin, en république démocratique du Congo, au Gabon. Dans ce pays, un ancien prêtre est devenu chef de l'opposition, puis ministre. Et on rappellera que l'abbé Fulbert Youlou avait été le premier président du Congo-Brazzaville indépendant, tandis qu'au Sénégal l'abbé Diamacoune Senghor a dirigé pendant plus de vingt ans le mouvement indépendantiste casamançais.

En dépit de ses efforts pour « inculturer » son message, l'Église catholique souffre d'avoir été importée dans le sillage de la colonisation. Elle doit partager son influence avec celle du protestantisme, plus éclaté, mais plus à même de répondre aux aspirations de la société civile. Les Églises pentecôtistes, souvent sous influence américaine, se multiplient au Congo, au Nigeria notamment. Leurs pratiques de confession publique ou de guérison, leur goût de la transe et des « miracles » les rapprochent des cultes ancestraux. Leurs pasteurs, qui n'ont de comptes à rendre qu'à eux-mêmes ou à leurs petites communautés, s'érigent parfois en prophètes, se mêlant de politique, se prétendant à la recherche de « sauveurs » : ils donnent une échéance pour le retour d'un Messie, veulent « faire tomber les nouvelles murailles de Jéricho », engager leur peuple dans un nouveau « franchissement de la mer Rouge », se prenant pour Moïse...

Le Centre d'études stratégiques et internationales (CSIS), à Washington, reconnaît que « les guides religieux font partie intégrante de la stratégie d'implantation des États-Unis en Afrique subsaharienne ». Des pasteurs américains figurent dans l'entourage de certains chefs d'État du continent. Des agences évangéliques — Joshua Project, Aube — cherchent à convertir Marocains et Algériens, s'attirant les foudres des autorités religieuses locales. Dès les années 1960, le « révérend Daoud », venu des États-Unis, a fondé à Antananarivo l'Église pentecôtiste Jesosy Mamonjy, qui a essaimé dans tout Madagascar.

Un million et demi de fidèles rejoindraient chaque année sur le continent les Églises évangéliques et afro-chrétiennes (comme les mouvements kibanguiste au Congo, ou harriste au Liberia, Églises *africaines* avant l'heure). Le président Laurent Gbagbo, en Côte d'Ivoire, est un fidèle d'une Église méthodiste. Ancien marxiste, le président Mathieu Kérékou, au Bénin, s'était entouré de pentecôtistes. Le régime d'Étienne Gnassingbé Eyadema, au Togo, utilisait les réseaux presbytériens pour mieux contrôler la population. Les Églises chrétiennes ont ouvertement imposé un des leurs à la tête de l'État malgache, Marc Ravalomanana, qui a continué d'exercer des responsabilités au sein de la fédération protestante.

Le christianisme en Afrique a été également confronté à des pratiques syncrétiques, proches de l'animisme, qui reste la croyance la plus répandue, notamment dans les campagnes. Le recours aux amulettes et gris-gris, ou la consultation des féticheurs, devins, sorciers et guérisseurs restent de pratique courante sur le continent, ainsi que dans les îles du sud-ouest de l'océan Indien. À Madagascar, les prêtres et les pasteurs ont dû composer avec le culte des ancêtres, unanimement pratiqué par leurs fidèles, et au Bénin le vaudou pénètre toutes les couches de la société... Ces croyances demeurent profondément ancrées sur un continent où subsistent des royautés et des chefferies héritières des sociétés précoloniales, qui ont conservé une influence au moins spirituelle sur leurs territoires, par exemple au Cameroun, au Congo, en Côte d'Ivoire ou en Afrique du Sud.

Le Nigeria, pays le plus peuplé d'Afrique — 130 millions d'habitants —, compte autant de chrétiens (majoritaires dans le Sud) que de musulmans (majoritaires dans le Nord). Des affrontements meurtriers entre ces communautés religieuses déchirent le pays, notamment depuis la réintroduction de la charia (loi islamique) dans douze États du Nord. Ils auraient fait 5 000 victimes entre 2000 et 2006, essentiellement à Kaduna et à Kano.

Égypte

Si l'Égypte est le deuxième pays le plus peuplé d'Afrique (70,5 millions d'habitants), c'est aussi un État charnière, au carrefour du Maghreb et du Machrek, de l'Afrique et de l'Asie, dont l'histoire contemporaine est orientée vers le Moyen-Orient. Pourtant, l'Égypte a toujours eu un rôle continental important : dès les origines, l'histoire de l'Égypte ancienne montre une interpénétration entre les royaumes égyptiens et la région antique de Nubie, constat qui a nourri les thèses de l'égyptologue sénégalais Cheikh Anta Diop sur les origines africaines de la civilisation d'Égypte. Après la conquête arabe et l'islamisation, à partir du VIIe siècle, on voit une dynastie issue d'Afrique du Nord, les Fatimides, s'installer au Xe siècle au Caire et y fonder un califat rival de Bagdad.

Au XXᵉ siècle, la révolution nationaliste nassérienne aura une grande résonance en Afrique, et l'Égypte n'a cessé depuis les années 1960 de tenir un rôle actif dans les relations diplomatiques du continent, spécialement au sein de l'Organisation de l'unité africaine (OUA), dont le premier sommet se tient au Caire, en 1964.

Les grandes phases de l'histoire égyptienne ne peuvent être que résumées ici, des Pharaons (– 3150 avant notre ère) à la proclamation de la République, en 1953. Entre 332 avant J.-C. et 640, date de la conquête arabe, le pays passe sous la domination successive des Empires grec, romain et byzantin. Puis, de la moitié du VIIᵉ siècle jusqu'en 1250, le pays est sous l'influence de dynasties musulmanes. Du Xᵉ au XIIᵉ siècle, l'Égypte redevient un centre politique indépendant grâce aux Fatimides. Au début du XVIᵉ siècle, le pays dépend de l'Empire ottoman. Le réveil économique et la marche vers l'indépendance consécutive à l'expédition de Bonaparte (1798-1801) sont impulsés par Méhémet-Ali, nommé gouverneur (pacha) par la Sublime Porte. C'est lui qui décide du creusement du canal de Suez. Construit par le Français Ferdinand de Lesseps, le canal est inauguré en 1869. Six ans plus tard, les Britanniques en prennent le contrôle. L'occupation anglaise débute en 1882. Elle est officialisée en 1914 par l'instauration d'un protectorat qui prend fin en 1922 et qui marque la naissance d'une monarchie. Sous le roi Fouad et ses successeurs, l'occupation se poursuit cependant, Suez restant sous contrôle britannique jusqu'en 1956.

En 1952, par suite de la défaite militaire de 1948 face au jeune État israélien, un coup d'État met fin à la monarchie et porte le lieutenant-colonel Gamal Abdel Nasser à la tête de l'État. Cette période — marquée par la crise consécutive à la nationalisation du canal de Suez, la construction du barrage d'Assouan et la guerre des Six-Jours (1967) — voit le rapprochement de l'Égypte avec l'Union soviétique. C'est seulement après la mort du leader du panarabisme, en 1970, qu'Anouar el-Sadate, moins attaché aux thèses du socialisme arabe que son prédécesseur, opère un rapprochement avec les Occidentaux. Le président Sadate lance ses troupes contre l'État hébreu en octobre 1973 (guerre du Kippour). Après une visite historique à Jérusalem en 1977, il signe en septembre 1978 les accords de paix de Camp David, suivis par un traité de paix en mars 1979, ce qui entraîne l'exclusion de l'Égypte de la Ligue des États arabes. Sadate est assassiné par des islamistes en 1981, date à laquelle Hosni Moubarak lui succède.

La politique extérieure de l'Égypte est dès lors marquée par son orientation pro-occidentale et ses liens avec les États-Unis, dont l'aide est essentielle à son économie. Malgré sa réintégration dans la Ligue des États arabes et le retour de l'organisation au Caire après la participation égyptienne à la coalition contre l'Irak en 1991, l'Égypte peine à renouer avec son rôle de leader régional. La position ambiguë du régime de Moubarak lors de la guerre en Irak, son échec à relancer le processus de paix au Moyen-Orient ont entamé la confiance de ses partenaires arabes.

Au plan intérieur, le parti du président Moubarak, le Parti national démocratique (PND), règne sans partage sur le parlement et au niveau local. Âgé de 77 ans, et malgré l'exaspération manifestée par l'opposition, le Raïs a brigué un cinquième mandat présidentiel. Son élection, le 7 septembre 2005, avec 88,6 % des voix face à plusieurs candidats en course pour les présidentielles, et la tenue d'élections législatives (novembre-décembre 2005) où, pour la première fois, les Frères musulmans, officiellement interdits mais tolérés par le régime, ont pu présenter librement de nombreux candidats, ont témoigné d'une certaine ouverture politique, dans un contexte de plus grande liberté d'expression dans les médias, comme dans la rue (manifestations du mouvement Kefaya, « Ça suffit »). Si le scrutin législatif a été entaché d'irrégularités et d'incidents, de tentatives d'intimidation et d'arrestations à l'encontre des Frères musulmans, ceux-ci sont apparus comme les grands vainqueurs de l'opération, avec quatre-vingt-huit sièges à l'Assemblée nationale, multipliant leur représentation par six et devenant de fait la deuxième force politique.

Désormais à l'ordre du jour, la question de la succession de Moubarak sur fond de dissensions au sein du PND est un facteur d'inquiétude. Le Raïs a su ces dernières années se poser en garant de la stabilité, face aux menaces terroristes. Le 23 juillet 2005, le plus meurtrier des attentats survenus en Égypte coûtait la vie à soixante-sept personnes, à Charm el-Cheikh ; le 24 avril 2006, lors d'un triple attentant à Dahab, une vingtaine de personnes trouvaient la mort. En s'attaquant ainsi à des hauts lieux du tourisme égyptien, les terroristes ont une fois de plus frappé au cœur de l'économie du pays, qui avait déjà souffert dans les années 1990 des opérations menées par la Gamaa Islamiya (assassinat de soixante-deux touristes étrangers à Louxor). Avec le risque de réduire à néant la timide ouverture démocratique du régime qui envisageait de lever la loi de l'état d'urgence, en vigueur depuis l'assassinat d'Anouar el-Sadate.

L'économie de l'Égypte souffre d'un déficit chronique en produits agricoles. Malgré la fertilité des terres du delta du Nil, où poussent palmiers, agrumes, coton, luzerne, riz dans les zones plus humides, ainsi que du blé et de la canne à sucre, le pays manque de terres cultivables. Son principal atout reste donc le tourisme. Avec près de sept milliards de dollars et huit millions de visiteurs en 2004, ce secteur, qui emploie plus d'un million et demi de personnes (soit 12 % de la population active), constitue la première source de devises du pays, bien loin devant le pétrole et les revenus du canal de Suez.

La croissance, qui culminait à près de 6 % en 1999-2000, a connu par la suite un ralentissement, stagnant autour de 4 %. Elle est grevée par un important déficit public et un endettement public de l'ordre de 107 % du PIB (89,9 milliards en 2002). L'abandon du régime de change ancré au dollar, contre un taux de change flexible, puis trois dévaluations ne semblaient pas pouvoir la relancer. La pauvreté reste élevée et l'aide américaine (2 milliards de dollars en 2001-2002) est vitale.

Énergie

Malgré un potentiel « énorme » en énergies fossiles et renouvelables, l'Afrique subsaharienne présente des déficits énergétiques importants. « Les ressources du continent sont sous-exploitées, ou exportées sous forme brute, ou bien encore gaspillées lors de l'extraction ou du transport », constate un expert du Centre de développement de l'Organisation de coopération et de développement économiques (OCDE), à Paris. Selon l'Agence internationale de l'énergie (AIE), la consommation annuelle d'énergie par habitant ne dépasse pas 0,6 tonne équivalent pétrole (tep) — contre 1,2 tep en moyenne mondiale — malgré les progrès réalisés par les économies africaines depuis quelques années.

Même si la demande primaire d'énergie aura pratiquement triplé, au cours des trois dernières décennies, pour atteindre 534 millions de tep en 2002-2003, cela ne représente toujours que 5 % de la consommation mondiale, alors que les 850 millions d'habitants du continent représentent 14 % de la population mondiale. Un tiers environ des Africains ont accès à l'énergie électrique — proportion qui n'est que d'un cinquième en milieu rural.

Le recours à la biomasse traditionnelle — le bois, le charbon de bois, des résidus organiques divers — domine encore la scène énergétique africaine : 630 millions de personnes, sur une population estimée à 700 millions, en dépendent toujours, pour cuisiner et se chauffer. L'Afrique produit en moyenne 10 % du pétrole brut extrait dans le monde, mais exporte les trois quarts de sa production. La région — en fait principalement l'Afrique du Sud — assure environ 5 % de la production mondiale de charbon.

Le continent se divise en trois zones énergétiques distinctes : l'Afrique du Nord (y compris l'Égypte) produit des quantités importantes de pétrole et du gaz, son taux d'électrification dépasse les 95 % et on y consomme peu de biomasse ; en Afrique du Sud, qui a une infrastructure bien développée, la production d'électricité à base de charbon domine ; les pays du pourtour du golfe de Guinée sont des producteurs significatifs de pétrole mais en même temps aussi des gros consommateurs d'énergie à base de biomasse traditionnelle, comme les autres pays au sud du Sahara.

Selon de nombreux experts internationaux, la bataille contre la pauvreté en Afrique subsaharienne ne sera gagnée que si ses gouvernements adoptent des politiques cohérentes, pour assurer à leurs populations une offre d'énergies « modernes » : l'électricité, les produits pétroliers, le gaz naturel. L'AIE considère que, pour les vingt-cinq prochaines années, la demande primaire totale d'énergie devrait augmenter en moyenne de 2,6 % par an pour l'ensemble du continent d'ici à 2030. La consommation pétrolière devrait augmenter de près de 300 % — notamment en raison des besoins accrus d'un secteur des transports en forte expansion — et celle de gaz naturel pourrait quadrupler. Le rôle du charbon serait réduit de près du tiers.

Le taux d'électrification serait notablement amélioré, atteignant environ 58 % pour l'ensemble du continent, et 51 % pour l'Afrique subsaharienne (contre 95 % pour le monde en développement dans son ensemble) ; il y aurait également une forte hausse de la consommation dans l'industrie et dans les services. Malgré cette modernisation, la biomasse resterait la principale source d'énergie. Tenant compte de l'évolution de la démographie, le nombre d'Africains qui resteraient privés d'électricité serait de l'ordre de 585 millions, en hausse d'une cinquantaine de millions par rapport à la situation actuelle.

Les experts de l'AIE calculent qu'il faudrait investir au moins 1 200 milliards de dollars au cours des vingt-cinq prochaines années pour couvrir les besoins croissants en énergie du continent, dont la moitié pour le seul secteur d'électricité. L'Initiative énergie du Nepad prévoit l'expansion des interconnexions régionales, pour les échanges d'électricité à partir du barrage géant d'Inga en république démocratique du Congo, dont la capacité passerait de 1 800 à 3 600 mégawatts d'ici à 2010.

Les experts de la Francophonie militent, comme ceux de l'OCDE, pour une meilleure exploitation du vaste potentiel des sources d'énergie renouvelable en Afrique : seules 7 % des capacités hydrauliques sont actuellement exploitées, notamment dans les bassins des grands fleuves d'Afrique centrale ; moins de 1 % des capacités géothermiques sont utilisées dans la faille de la Rift Valley ; et très peu a été fait dans le domaine de l'énergie solaire.

Environnement

Le souci écologique ne s'est guère encore diffusé en Afrique. Et pourtant le rapport à la nature y est depuis toujours primordial, et constitue un aspect fondamental de la culture africaine. Parmi d'autres, Jean Nke Ndih, président de l'association Défense de l'environnement camerounais, rappelait ainsi que la relation des populations à la nature a toujours été très étroite sur le continent noir : « Dans l'Afrique traditionnelle, de la naissance à la mort, les différentes croyances populaires tournent autour de l'environnement. Tout individu se trouve marqué par la liaison entretenue avec la nature : soit par le biais d'une initiation, d'un interdit ou de tout autre élément mettant en valeur le caractère vital du milieu qui nous entoure. » Cette affirmation n'est pas de pure forme. Lorsque le Mali organisait, en l'an 2000, sa grande réunion des « chasseurs d'Afrique de l'Oucst », on a pu vérifier que le souci de symbiose avec la nature était enraciné dans l'activité, à la fois de subsistance, mais aussi chargée de pratiques mystiques, de ces chasseurs traditionnels qui détiennent souvent une connaissance très poussée des plantes et de leur utilisation.

Ce rapport à la nature est d'autant plus étroit qu'une majorité d'Africains vit de l'agriculture. En 2004, on estimait que l'agriculture employait 57 % de la population d'Afrique subsaharienne, assurant 17 % du PIB et 11 % des recettes d'exportation. L'Afrique dispose d'importantes ressources naturelles et elle est riche d'une grande biodiversité : le continent abrite plus de 50 000 espèces de plantes répertoriées, 1 500 espèces d'oiseaux et 1 000 espèces de mammifères. Pourtant, ce patrimoine naturel est menacé. En juillet 2002, le Programme des Nations unies pour l'environnement (PNUE) produisait pour le compte de la Conférence ministérielle africaine sur l'environnement (CMAE) un inquiétant rapport sur « l'Avenir de l'environnement en Afrique ».

L'Afrique souffre d'abord d'une importante désertification de ses sols (synonyme de perte de terres arables). Celle-ci touche environ 40 % du continent et affecte près de 485 millions d'Africains. Plus de 2 millions d'hectares des hautes terres éthiopiennes sont irrémédiablement dégradés. Les trois quarts du Kenya sont arides ou semi-arides, et la Mauritanie est à plus de 90 % hyper aride. Mais les pays les plus touchés restent sans doute, sur la frange soudano-sahélienne, le Mali, le Niger et le Soudan. Cette désertification et son corollaire, l'érosion des sols, risquent d'ailleurs de s'intensifier dans les trente années à venir du fait de la variabilité du climat.

En 2001, le Groupe intergouvernemental d'experts sur l'évolution du climat (GIEC), créé en 1988 sous l'égide du PNUE et de l'Organisation météorologique mondiale (OMM), tirait la sonnette d'alarme sur les conséquences du réchauffement climatique pour l'Afrique. Bien qu'ayant le moins contribué à l'émission de gaz à effets de serre, l'Afrique pourrait être le continent le plus atteint par le réchauffement. Le déficit pluviométrique pourrait s'accroître au point de menacer de pénurie d'eau, d'ici à 2025, l'Afrique de l'Ouest et notamment le Bénin, le Burkina Faso, le Ghana. En raison de la sécheresse, de la croissance démographique et du développement des activités agropastorales, l'eau du lac Tchad s'évapore progressivement : depuis quarante ans, sa surface s'est divisée par cinq (5 000 km^2). Les mêmes pressions s'exercent sur le Niger. Ce fleuve, troisième d'Afrique par sa longueur (4 200 km), qui traverse neuf pays, est menacé d'ensablement. À terme, ce sont les 110 millions de personnes qui vivent sur ses rives qui seront affectées. Mais le réchauffement climatique aura aussi pour conséquence l'élévation du niveau de la mer dans les régions côtières d'Afrique du Nord et dans les îles occidentales de l'océan Indien. À titre d'exemple, une augmentation d'un mètre du niveau de la mer submergerait 70 % de la surface des Seychelles.

La dégradation de l'atmosphère, encore relativement faible sur le continent, pourrait s'accroître en raison du taux d'urbanisation très élevé et de la prolifération de bidonvilles, et de l'utilisation sans contrôle des carburants sales (diesel, essence au plomb). L'air des villes d'Afrique du Nord, dotées de raffineries ou de centrales électriques fonctionnant au charbon, est particulièrement pollué, et les taux de concentration de soufre dans l'air sont, selon l'Organisation mondiale de la santé (OMS), deux fois plus importants que la normale. Au problème de la dégradation de l'air s'ajoutent des problèmes d'insalubrité et de contamination des sols. La plupart des grandes villes africaines disposent d'infrastructures sanitaires défaillantes, voire inexistantes. À Yaoundé, la capitale du Cameroun, de nombreuses collines artificielles ne sont que des stocks d'ordures non enlevées et non traitées.

Un autre souci majeur concerne la déforestation. De la savane ouverte aux forêts tropicales fermées, 22 % de la superficie de l'Afrique sont couverts de forêts. Absorbant le dioxyde de carbone (responsable du réchauffement climatique), protégeant et stabilisant les sols, recyclant les nutriments et régulant la qualité et l'écoulement des eaux, les forêts jouent un rôle primordial dans les grands équilibres écologiques mondiaux. Mais ce patrimoine naturel est menacé par la surexploitation du bois. Au cours des années 1980, l'Afrique a perdu 10,5 % de ses forêts. Dans le bassin du Congo — deuxième massif forestier tropical dans le monde, couvrant, avec 230 millions d'hectares, cinq pays —, 800 000 hectares de forêts seraient détruits chaque année. Le déboisement est lié à l'augmentation de la demande en terres agricoles, mais aussi en produits de bois, et surtout en bois de chauffe (parfois aussi à l'extraction de minerai, comme le diamant). En Afrique, en effet, le bois représente 40 % de la consommation d'énergie, et la promotion et le développement d'énergie renouvelable ne suffiront pas à freiner la déforestation, d'autant que celle-ci résulte largement des coupes illégales de bois. Tous les pays d'Afrique centrale sont spécialement concernés par ces pratiques destructrices.

Pour mettre un terme à ce véritable fléau écologique et économique, les instances internationales souhaitent instaurer un système d'écocertification capable de garantir une exploitation durable des forêts tropicales. Seule la traçabilité permet de connaître les conditions dans lesquelles du bois a été coupé, s'il vient d'une forêt bien gérée, c'est-à-dire où on replante, et sans faire de coupes « à blanc ». De même, pour protéger leurs forêts, de nombreux pays misent sur la création de parcs naturels : le Gabon en a, par exemple, créé treize. Mais ces systèmes ne peuvent être efficaces que si les populations locales s'impliquent dans ces processus. À Madagascar, une « union forestière » regroupant une centaine de comités a assuré en quelques années la plantation de 200 000 arbres. En Guinée, au cœur de la région montagneuse du Fouta-Djalon, les agriculteurs et les éleveurs ont remplacé leurs clôtures en bois par des haies vives. Au Burkina Faso, pour juguler les feux de brousse qui détruisent l'environnement végétal, des « Comités de gestion des feux » ont été créés...

La graine de l'écologie politique est ainsi semée. La protection de l'environnement a permis une mobilisation de la société civile africaine qui, dans ce domaine, est de plus en plus active, à l'image notamment du Réseau pour l'environnement et le développement durable en Afrique (ENDA) qui siège à Dakar (Sénégal). L'attribution du prix Nobel de la paix 2004 à Wangari Maathai, militante écologiste kényane de 64 ans à l'origine du Green Belt Movement (GBM, Mouvement de la ceinture verte), en témoigne également. Composée à 90 % de femmes, cette association née en 1977 a permis à cent mille femmes de planter trente millions d'arbres. Ce mouvement a ensuite essaimé dans d'autres pays de la région (Tanzanie, Ouganda, Malawi, Lesotho, Éthiopie, Zimbabwe).

Pourtant, sans un soutien des pays du Nord et des institutions financières internationales, des projets comme celui visant à élever une « muraille verte », allant de Dakar à Djibouti, pour stopper l'avancée du désert, ne pourront se réaliser. Parmi les projets à grand rayon d'action, on peut évoquer le Partenariat pour les forêts du bassin du Congo, qui depuis 2002 rassemble vingt-neuf partenaires (pays de la région, sept pays occidentaux aux côtés de l'Afrique du Sud, ainsi que des organisations internationales et des ONG). On évoquera aussi la création d'un Observatoire spécifique pour l'environnement et le développement durable destiné à l'Afrique, annoncé par la Commission européenne en 2005. Parmi les perspectives, on espère, grâce aux informations provenant de satellites d'observation, que les Africains soient davantage en mesure d'améliorer la gestion de leurs secteurs agricoles, forestiers ou hydrologiques.

Reste à rappeler que beaucoup de régions à haut risque écologique sont parmi les plus pauvres ou connaissent des conflits, et que le plus sûr instrument de préservation de l'environnement est fourni par la paix et le développement global. Comme l'affirmait l'ancien Premier ministre Indira Ghandi, « la pauvreté est la forme la plus grave de pollution ».

Érythrée

Après trente ans de guerre, l'indépendance de l'Érythrée avait suscité bien des espoirs en 1993. Mais ce pays, classé parmi les plus pauvres du monde et situé dans une zone stratégiquement sensible, peine à se reconstruire. Après la reprise des hostilités avec l'Éthiopie entre 1998 et 2000, la paix demeure fragile et le régime tarde à se libéraliser.

Au nord-est de la Corne de l'Afrique, l'Érythrée est un petit pays de 121 144 kilomètres carrés. Son littoral s'étend sur un millier de kilomètres en bordure de la mer Rouge, entre le Soudan au nord et Djibouti au sud, surplombé par de hauts plateaux prolongeant ceux de l'Éthiopie, qui fait frontière à l'ouest. Ses 4,4 millions d'habitants ont aussi des origines communes, au point que leur histoire se confond pendant près de deux mille ans. En 1890, l'Italie crée la colonie d'Érythrée, tremplin pour sa conquête de l'Éthiopie. Elle développe des infrastructures portuaires, routières, ferroviaires, industrielles. À Asmara, la capitale, nichée à 2 300 mètres d'altitude, elle érige des édifices de style mussolinien. En 1941, le territoire passe sous administration britannique, puis en 1952, au terme de longues tractations sur fond de guerre froide, l'ONU fédère l'Érythrée à l'Éthiopie. Il s'agit d'un compromis entre les prétentions historiques de l'Éthiopie, qui veut aussi un accès à la mer, et l'affirmation identitaire de l'Érythrée, qui devient alors « entité autonome », avec son parlement, son gouvernement, son drapeau. Dix ans plus tard, l'Érythrée est annexée par l'Éthiopie.

La lutte pour l'indépendance menée à partir de 1960 par le Front de libération de l'Érythrée (FLE) bénéficie de soutiens soviétiques et arabes — Soudan et Égypte, deux pays désireux de contrer l'influence de l'Éthiopie, amie d'Israël, sur la mer Rouge. Des dissensions mènent à la création en 1970 du Front populaire de libération de l'Érythrée (FPLE), un mouvement marxisant à dominante copte. L'Éthiopie de Mengistu, soutenue par l'URSS qui fait alors volte-face, lance une série d'offensives entre 1975 et 1984. Près d'un million d'Érythréens se réfugient dans les camps du Soudan, tandis que les maquisards opposent une résistance farouche, repliés dans les montagnes puis dans des grottes. En 1988, l'armée éthiopienne ne contrôle plus que les principales villes. Le FPLE s'empare de Massaoua en 1990 et d'Asmara l'année suivante, aidé par les rebelles tigréens qu'il soutient dans leur conquête d'Addis-Abeba. Au terme d'une guerre de trente ans qui a fait près de 100 000 morts, l'Érythrée accède officiellement à l'indépendance le 24 mai 1993.

Une décennie plus tard, le charisme du président Issayas Afewerki, l'ancien chef du FPLE, a fait long feu. Partageant avec l'Ougandais Museveni son hostilité pour le Soudan islamiste, le chef de l'État est loué aux États-Unis pour sa rigueur et son pragmatisme, et promet de s'ouvrir au libéralisme. Mais les annonces de démocratisation ont été sans lendemain, les violations des droits de l'homme sont fréquentes, et le régime a de mauvaises relations avec plusieurs de ses voisins. La guerre avec l'Éthiopie, entre 1998 et 2000, a été très meurtrière (au moins 80 000 morts) et l'accord de paix conclu à Alger est demeuré fragile, avec de fréquentes alertes à la frontière entre les deux pays qui n'ont pas rétabli leurs relations diplomatiques.

Ravagée par les décennies de guerre, l'Érythrée dépend de l'aide internationale pour sa reconstruction, mais les relations avec les bailleurs de fonds sont difficiles. Les infrastructures sont détruites ou obsolètes et l'agriculture, qui constitue les trois quarts de l'activité, est soumise aux aléas de la sécheresse. Alors que les investissements étrangers se limitent aux secteurs pétrolier et halieutique, les potentialités, notamment touristiques, ne manquent pas dans un pays qui détient une position géopolitique privilégiée.

Esclavage

La question de la traite des Noirs, dans le cadre du commerce atlantique (XVIe-XIXe siècle), est encore matière à de vastes polémiques entre chercheurs. Elle demeure un élément constitutif du regard porté sur l'Afrique et de la définition d'une identité « noire ». La qualification en mai 2001 par l'Assemblée nationale française de l'esclavage et de la traite négrière comme « crime contre l'humanité » a montré l'actualité de ce débat, illustré par des gestes solennels de repentance, tel celui de Jean-Paul II venu en 1992 au Sénégal demander pardon à l'Afrique pour les crimes de l'esclavage. Une autre orientation, manifestée notamment par des associations présentes à la Conférence mondiale de Durban contre le racisme, en septembre 2001, a consisté à demander des réparations financières pour l'énorme préjudice causé à l'Afrique noire.

Les historiens tendent vers un accord aujourd'hui sur une évaluation statistique des différentes traites négrières au long de l'histoire. Le trafic transatlantique orchestré par les Européens aurait déporté quelque 11 millions d'Africains en Amérique jusqu'au milieu du XIXe siècle. À cela s'ajoute une estimation, plus aléatoire, proposant le chiffre de 17 millions de personnes déplacées par les traites musulmanes durant treize siècles. Enfin, les historiens occidentaux signalent le volume important des traites « internes » à l'Afrique à l'époque précoloniale : peut-être 14 millions de personnes déplacées. Entre approximations fantaisistes et calculs plus ou moins rigoureux, il reste cette donnée peu contestable : pendant au moins dix siècles, l'Afrique a connu la mise en servitude et a livré des millions d'hommes et de femmes au négoce esclavagiste, dont un article de l'*Encyclopédie* des Lumières affirmait (à une période où le trafic battait son plein) qu'il « viole la religion, la morale, les lois naturelles, et tous les droits de la nature humaine ».

Si c'est la traite européenne et transatlantique qui retient le plus l'attention, c'est qu'elle est tout d'abord la mieux connue, qu'elle a concerné les seuls Africains, qu'elle a revêtu un caractère systématique et qu'elle serait, selon l'historien Elikia Mbokolo, « celle qui, de toute évidence, peut le mieux rendre compte de la situation actuelle de l'Afrique, dans la mesure où en sont issus la fragilisation durable du continent, sa colonisation par l'impérialisme européen du XIXe siècle, le racisme et le mépris dont les Africains sont encore accablés ».

Initiée par les Portugais et les Espagnols dans le cadre d'un commerce d'abord diversifié, la traite accompagna l'essor progressif de l'économie de plantation en Amérique (d'abord aux Caraïbes et au Brésil), avant un développement à grande échelle suscité par l'expansion de la culture sucrière, qui voit intervenir au XVIIe siècle les autres puissances européennes. La plantation nécessitant une main-d'œuvre abondante, résistante et peu onéreuse, le commerce négrier s'organise à grande échelle avec la création des grandes compagnies (Compagnie hollandaise des Indes orientales, dès 1602) qui, sur un mode « triangulaire », chargent des marchandises en Europe, vont les échanger en Afrique contre des esclaves, ensuite acheminés vers les colonies américaines d'où les navires reviennent avec des produits tropicaux. La nécessité de recourir à l'esclavage (déclaré licite par la papauté dès 1455) dans ce système d'échanges qui ne variera guère au long des siècles finit par être codifiée : la France a ainsi légué à l'histoire le fameux édit de 1685, ou Code noir, destiné à réglementer la vie des esclaves dans ses colonies. L'esclave y est défini comme un « bien meuble » pouvant être vendu, saisi, hérité. Les rapports du maître et de l'esclave, dûment détaillés, permettent au premier de battre, d'enchaîner, non de mutiler ou de torturer le second, qu'il est requis de christianiser...

Les premières vagues de la traite sont d'ampleur, si l'on peut dire, limitée : moins de 10 000 esclaves par an, en provenance du Congo et d'Angola, de Sénégambie ou du Bénin. Lorsque la Grande-Bretagne, la France et les Provinces-Unies entrent dans la danse, l'expansion est sensible : plus de 6,6 millions de captifs transportés entre 1676 et 1800, avant une dernière phase de déclin progressif (jusque vers 1867) qui voit encore 3,4 millions d'Africains déportés. À la période de plein essor du commerce, alors que le prix des esclaves augmente, les bateaux négriers, qui chargent de 400 à 600 captifs, vont s'approvisionner en priorité vers les pays riverains du golfe de Guinée, ensuite en Angola et en Sénégambie. Leurs principales destinations sont les Antilles britanniques et françaises, ainsi que le Brésil. La « troque » s'effectuait aussi bien au large que sur des îles ou sur le continent (quarante-trois fortifications recensées du Sénégal au delta du Niger). Des lieux de mémoire évoquent cette longue histoire : c'est le cas de la « Porte du non-retour » à Ouidah (Bénin), ou de la célèbre Maison des esclaves sur l'île de Gorée au Sénégal, dont on sait aujourd'hui qu'elle fut un lieu de transit secondaire.

Les conditions d'approvisionnement en esclaves constituent un sujet complexe : s'il semble clair que la « production directe » (guerre ou razzia) d'esclaves pratiquée d'abord par les Européens devint ensuite marginale, s'il est sûr que pour l'essentiel les Africains ont pris en charge l'approvisionnement en esclaves, l'interprétation de ce fait suscite d'âpres polémiques. L'Afrique ancienne a pratiqué l'esclavage, les modalités d'asservissement étant très variées (guerres, punitions, razzias aux fins commerciales, vente volontaire). Le trafic a impliqué toutes sortes d'acteurs : guerriers, royaumes, marchands, nombre d'intermédiaires. L'acheminement suivait des voies complexes, souvent sur de longues distances. De nombreuses études tentent de discerner quelle place le trafic occupa dans la structuration des sociétés africaines et leur évolution, comment il modifia les hiérarchies entre elles. D'importants débats tournent ensuite autour de la question de savoir si la traite fut responsable d'une intensification des guerres en Afrique, en particulier si l'on envisage la diffusion importante des armes à feu venues d'Europe. Mais la discussion est sans fin lorsqu'il s'agit de savoir si les sociétés africaines (ou quelles parties au sein de celles-ci) sont entrées ou non « à leur corps défendant » dans le commerce négrier, quitte à en tirer le meilleur profit ; s'il y eut des résistances — ce qui n'est pas douteux — et à quelle échelle ; la pire façon d'envisager la question étant sans doute de poser le problème de la « responsabilité » (ici des Africains, mais c'est une réponse à la tendance inverse), en des termes qui ne relèvent plus de l'histoire.

Autre débat peu aisé à trancher : celui des conséquences à long terme de la traite au plan économique. Tout d'abord, son énorme impact démographique a longtemps été considéré comme allant de soi : l'Afrique a connu, surtout aux XVIIe et XVIIIe siècles, une saignée démographique majeure (près de 28 millions de personnes déportées si l'on cumule les traites occidentale et orientale) qui aurait eu des conséquences durables sur sa destinée. La ponction n'est pas niable, c'est son appréciation qui oppose les historiens. Il y a eu sans doute des impacts relatifs selon l'époque, la région considérée, en reconnaissant que des zones naguère de traite intensive (Côte-de-l'Or, Bénin...) sont aussi celles qui offrent jusqu'à aujourd'hui de fortes densités de peuplement. L'hypothèse au moins d'un ralentissement de la croissance démographique est peu discutable. Au plan économique, les uns perçoivent comme positive l'« ouverture » de l'Afrique aux échanges mondiaux à l'époque de la traite, les autres dénoncent les bouleversements qu'elle a entraînés. Ou mettent encore l'accent sur le caractère inique des échanges (pacotille, eaux-de-vie et armes contre êtres humains), comme une anticipation caricaturale du processus de l'« échange inégal » qui caractérise au XXe siècle l'insertion de l'Afrique dans l'économie mondialisée. Tous ces débats prennent vite une tournure idéologique, tandis que les historiens africains s'alarment d'une tendance au « révisionnisme » chez les chercheurs occidentaux, alors même que la condamnation universelle de l'esclavage fait son chemin dans l'opinion internationale.

États-Unis

L'approche américaine du continent africain, essentiellement géostratégique, est restée marquée sous les mandats de George W. Bush par un soutien aux puissances régionales du continent : Égypte, Nigeria, Afrique du Sud. Il faut souligner toutefois une inflexion en faveur des États sahéliens, de l'ouest à l'est de l'Afrique, susceptibles de servir de bases arrière au terrorisme international, et le souci de « sécuriser » la zone du golfe de Guinée, appelée à devenir une zone prioritaire de ravitaillement pétrolier pour les États-Unis.

Le gouvernement américain souligne volontiers que son aide publique au développement est la première du monde en volume (19 milliards de dollars en 2004, soit 0,18 % du PNB américain, contre 0,34 % pour la Grande-Bretagne, 0,41 % pour la France...), mais cette aide reste massivement orientée vers le Proche-Orient — en particulier l'Irak et l'Afghanistan : le montant réservé à l'Afrique a été de 4,6 milliards de dollars sur dix ans. En outre, ces programmes sont réservés aux alliés et « bons élèves », le dessein du président Bush étant — selon l'ancien secrétaire d'État Herman Cohen — de « soutenir les gagnants », la « part du lion de l'aide des États-Unis au développement allant aux pays les plus à même de rugir »... les « lions » étant ici le Nigeria, la Tanzanie, le Kenya, l'Afrique du Sud et le Ghana, qui pourraient rivaliser avec les « tigres asiatiques », telle la Corée du Sud d'ici à 2015...

Washington considère le régime préférentiel d'importation adopté au titre de la Loi sur la croissance et les investissements en Afrique (AGOA), ainsi que les programmes d'aide dans le cadre du Compte du millénaire (2,5 milliards de dollars pour l'exercice 2004-2005) comme des instruments de soutien indirect à la démocratie et au respect des droits de l'homme sur le continent africain. Madagascar a été le premier pays à bénéficier d'un décaissement de ce compte financier, dont l'accès est réservé aux pays dont le revenu annuel par habitant est inférieur au seuil de pauvreté fixé par la Banque mondiale (1 450 dollars), et qui satisfont à seize critères fondés sur des normes politiques (bonne gouvernance), économiques (liberté d'entreprendre) et sociales.

Pour ce qui concerne les droits de l'homme, le gouvernement américain donne en exemple le Ghana, le Botswana, le Mozambique, la Namibie ou le Mali ; mais il s'inquiète de la situation au Zimbabwe ou en Côte d'Ivoire, ainsi que dans le Darfour soudanais. Vingt mille Africains ont pu prétendre, en 2005, au statut de réfugié aux États-Unis. La majorité des 200 000 réfugiés africains admis à titre permanent sur le territoire américain depuis 1980 sont originaires de la Corne de l'Afrique — Somalie, Éthiopie, Soudan — ainsi que de Sierra Leone et du Liberia, États fondés par d'anciens esclaves noirs américains, qui restent des partenaires privilégiés de Washington.

En 2005, un million de personnes vivant aux États-Unis sont d'origine africaine, dont un tiers provenant d'Afrique de l'Ouest. Grâce au régime de l'AGOA — dont bénéficient trente-sept pays du continent —, les échanges commerciaux entre les États-Unis et l'Afrique subsaharienne ont atteint plus de 44 milliards de dollars en 2004, les importations américaines représentant un quart de l'export de cette zone. Hors pétrole, elles ont plus que doublé entre 2001 et 2004, atteignant 3,5 milliards de dollars. Deux cents entreprises américaines sont inscrites au Corporate Council of Africa — une organisation patronale spécialisée. Au titre du plan d'aide d'urgence à la lutte contre le sida (15 milliards de dollars sur cinq ans), quinze pays africains parmi les plus touchés ont reçu 780 millions de dollars en 2004 ; quatre cent mille personnes infectées ont pu être soignées.

Le département d'État met surtout l'accent sur la coopération dans la lutte contre le terrorisme « qui protège les États africains, et par extension les États-Unis ». Ainsi, l'armée américaine a lancé des programmes de formation en direction du Tchad, du Mali, du Niger, de la Mauritanie, dans le cadre de l'Initiative Pan Sahel (PSI), avec une enveloppe de 124 millions de dollars pour 2005. Des programmes étendus au Maroc, à l'Algérie, au Sénégal, au Nigeria et à la Tunisie, à travers l'Initiative transaharienne de lutte contre le terrorisme (TSCTI) : il s'agit d'« aider les gouvernements et les peuples dans leur lutte contre l'extrémisme islamique », en contribuant à « repérer les terroristes et à les chasser de leurs sanctuaires ». Des soldats de l'US Army ont d'ailleurs participé à la « traque » d'un mouvement intégriste algérien, le GSPC d'Abdulrazak « el-Para », dans les confins algéro-maliens. Le Pentagone souhaitait également organiser en 2005 des manœuvres de l'OTAN en Mauritanie, mais avait dû y renoncer, en raison notamment de l'opposition de son partenaire français.

Les programmes de formation des gardes-frontières incluent le maniement des armes, les communications, la navigation, les patrouilles, les soins médicaux. Mais le département d'État propose également, en fonction des besoins, des cycles d'entraînement pour les groupes d'intervention de la police et les spécialistes du désamorçage d'engins explosifs, la formation au cryptage des communications ou à la lutte contre le blanchiment d'argent, la collecte et l'analyse des renseignements, etc.

Une Initiative de lutte contre le terrorisme en Afrique orientale (EACTI) prévoit le même genre d'actions en faveur des armées ou forces de sécurité de Djibouti, d'Érythrée, d'Éthiopie, de Tanzanie, d'Ouganda et du Kenya. Sur le plan géopolitique, la Corne et l'Afrique de l'Est ont été laissées, dans la pratique, aux bons soins de Washington : la plupart des régimes se sont installés avec l'agrément américain (Éthiopie, Érythrée, Égypte, république démocratique du Congo, Rwanda, Kenya), ou ont tissé par la suite des liens privilégiés avec Washington (Djibouti, Ouganda, Tanzanie), à l'exception du Zimbabwe et du Soudan.

Les États-Unis fournissent plus de la moitié des fonds appuyant la paix et la reconstruction dans ce dernier pays, qui a toujours fait partie de leurs priorités stratégiques : lors d'une conférence en avril 2005, ils se sont engagés pour des dons à hauteur de 2 milliards de dollars. Les autorités américaines ont cependant lié ces dons, destinés en particulier à l'application de l'accord sur le Sud-Soudan (décembre 2004), à une résolution rapide du conflit surgi à l'ouest du pays, dans le Darfour. Washington, qui a soutenu l'adoption par l'ONU d'un régime de sanctions (mars 2005), est cependant resté hostile à la saisine de la Cour pénale internationale pour juger les responsables des atrocités dans cette province.

La Somalie, abandonnée à elle-même après l'échec de l'opération Restore Hope (1992) — menée sous les couleurs de l'ONU, mais avec forte participation de l'US Army —, est sous surveillance stratégique et antiterroriste depuis Djibouti, qui abrite une base américaine permanente depuis septembre 2002. Cette unité — avec forces spéciales, installations d'écoute, drones — « couvre » la mer Rouge, la Corne, une partie de la péninsule arabique (Yémen). Sur le plan militaire, le programme ACOTA (African Contingency Operations Training and Assistance), qui a pris la succession de l'ACRI (African Crisis Response Initiative), ajoute à la formation classique de bataillons de paix dans sept pays du continent — à l'image du Recamp français — des cycles de formation pour forces spéciales, à caractère plus offensif. Le Pentagone a étudié l'éventuelle installation de petites bases permanentes au Sénégal, à São Tomé, voire en Algérie.

L'activisme diplomatique et militaire américain auprès de certains pays va de pair avec la prise de conscience d'une dépendance croissante des États-Unis à l'égard des matières premières africaines : les importations de pétrole d'Afrique du Nord, d'Afrique centrale et de l'Ouest couvrent actuellement 17 % des besoins américains, mais ce taux devrait être porté à 25 % d'ici à 2015, grâce à un accroissement de la production au Nigeria, en Angola et dans le golfe de Guinée, des régions déjà investies par les équipes de prospection des *majors* pétrolières américaines. Le continent africain deviendrait ainsi la seconde source de ravitaillement des États-Unis derrière le Moyen-Orient, avec deux atouts majeurs : plus de proximité et plus de sécurité.

Éthiopie

Brièvement occupée par l'Italie à la fin des années 1930, l'Éthiopie est le seul État africain à ne pas avoir connu la colonisation. Royaume mythique devenu à l'époque contemporaine un État pauvre, durement marqué par la révolution « rouge », l'Éthiopie occupe une place hautement sensible dans la région de la Corne de l'Afrique. Elle peine aujourd'hui à restaurer son économie et à mettre fin au conflit frontalier qui l'oppose depuis 1998 à l'Érythrée.

Voisine du Soudan, du Kenya, de la Somalie, de Djibouti et de l'Érythrée — l'ancienne province du Nord indépendante depuis 1993 —, l'Éthiopie est avant tout un territoire immense de 1 104 300 kilomètres carrés, constitué d'un haut plateau traversé par la Rift Valley, qui passe pour être un des berceaux de l'humanité. Son histoire, riche en fastes et en tumultes, commence avant l'ère chrétienne avec le royaume d'Axoum qui domine les rives de la mer Rouge. Son premier roi, Ménélik, serait le fils de la reine de Saba et du roi Salomon. Au VIe siècle, les Coptes égyptiens en font un royaume chrétien, aux prises les siècles suivants avec l'expansion de l'islam. Repliée à Gondar, l'Église d'Éthiopie instaure au XVe siècle une monarchie absolue dirigée par un Négus (empereur). Elle fait appel aux Portugais — contre les Turcs puis les Égyptiens — qui occupent la côte. L'empire réunifié sous Théodoros II est ensuite menacé par les puissances européennes après l'ouverture du canal de Suez. Ménélik II remporte la bataille d'Adoua contre les Italiens (1896), préservant son pays de la colonisation. Artisan de sa modernisation, il annexe aussi les provinces du Sud et de l'Est (Ogaden).

Le 18 mars 2004, le Malien Alpha Oumar Konaré salue cette Éthiopie « si peu occupée et si vite libérée », lors de l'inauguration du Parlement panafricain à Addis-Abeba, la capitale éthiopienne. Il rappelle l'adoption de la Charte de l'Organisation de l'unité africaine (OUA) en ces lieux le 25 mai 1963, grâce au prestige de Hailé Sélassié, « Roi des Rois, Lion Conquérant de la Tribu de Judas [c'était son titre]... si bien chanté par le Jamaïcain Bob Marley, chantre du Rastafari ». Le sort du Ras (roi) Tafari Makonnen, proclamé empereur en 1930, contraste avec l'image qu'il laisse en Afrique et dans la diaspora. Exilé à Londres de 1936 à 1941 après l'offensive mussolinienne, il fait face, à son retour, à des soulèvements multiples. En 1952, soutenu par les États-

Unis, il obtient de l'ONU l'administration de l'Érythrée (occupée par les Britanniques), qu'il annexe dix ans plus tard. Son régime se révèle incapable de résoudre les crises sociales, d'enrayer la sécheresse et les mutineries. Un coup d'État le dépose le 12 septembre 1974. Il est assassiné et la royauté, abolie.

Le commandant Mengistu Hailé Mariam, qui prend le pouvoir en 1977, instaure la terreur. Appuyé par les Soviétiques et Cuba, il est victorieux en 1978 en Ogaden, que la Somalie évacue. Mais il échoue à mater les rébellions du Nord (Tigré et Érythrée). Une terrible famine, qui touche 7 millions de personnes, cause la mort d'un million d'Éthiopiens (1984-1985), due à la fois à la guerre civile qui occupe la moitié du pays, à une sécheresse endémique et à la désastreuse réforme agraire de 1975 : la « villagisation » a déplacé 2 800 000 personnes du nord vers d'autres régions (1984-1986). À la fin de la guerre froide (1989), le régime se tourne vers l'Occident. Mais le Front populaire de libération du Tigré (FPLT) de Méles Zenawi prend la tête d'une coalition alliée au Front populaire de libération de l'Érythrée (FPLE). Mengistu s'enfuit au Kenya puis au Zimbabwe. Le 28 mai 1991, le FPLT entre dans Addis-Abeba. Méles Zenawi devient Premier ministre.

Le régime fédéral et parlementaire établi par la Constitution de 1994 — qui accorde une autonomie aux régions — donne le pouvoir exécutif au Premier ministre, choisi par le parti majoritaire à l'Assemblée. Depuis les élections de 2000, le Front démocratique et révolutionnaire du peuple éthiopien (FDRPE) domine la vie politique, mais les élections de mai 2005, au résultat contesté, ont vu une forte progression de l'opposition, réunie dans une coalition. Le climat politique, comme la situation des droits de l'homme demeurent précaires.

Le conflit entre l'Éthiopie et l'Érythrée oppose, à partir de mai 1998, deux anciens alliés. Il a été très meurtrier : au moins 80 000 morts, un million de personnes déplacées.

Officiellement, il se fonde sur un litige concernant le tracé frontalier, et a vu d'abord l'armée érythréenne s'opposer efficacement aux incursions adverses. Mais l'Éthiopie, s'étant engagée dans un effort considérable de rénovation de son armée (les effectifs passant en deux ans de 50 000 à 300 000 hommes), a pris le dessus en 2000 et détruit en partie l'armée érythréenne. Entamé en juin 2000, le processus de paix mené sous l'égide de la communauté internationale a conduit l'ONU à envoyer une force de maintien de la paix (Mission des Nations unies en Éthiopie et en Érythrée, MINUEE), et aboutissait en avril 2002 aux conclusions d'une commission d'arbitrage sur la délimitation de la frontière, acceptées avec beaucoup de réserves par les deux parties. Fin 2005, la question toujours non résolue — dont un point d'achoppement restait le statut de la ville de Badme, rétrocédée à l'Érythrée — a entraîné un net regain de tension à la frontière.

Les observateurs ont vu dans le conflit une tentative hégémonique de l'Éthiopie, dont un souci stratégique est de s'ouvrir l'accès à la mer, le régime d'Addis-Abeba souhaitant par ailleurs occuper un rôle leader dans la région. Mais ces visées restent celles d'un pays parmi les plus pauvres du monde, dont le PIB par tête ne dépasse pas 100 dollars, qui a sacrifié d'importantes ressources dans la guerre (l'effort militaire absorbe 40 % du budget national), tandis que sa population était frappée par la sécheresse, spécialement en 2002-2003, et des phases de famine. Celle-ci, à majorité rurale, a doublé depuis 1984 (69,9 millions en 2004). Une relance de l'économie, avec le soutien des institutions financières internationales, s'est toutefois esquissée, et la croissance a été importante en 2004 et 2005. Si les récoltes de tef, une variété de mil (base de l'alimentation), se sont améliorées, en revanche les recettes de café, dont le pays est le sixième producteur mondial, se sont effondrées. Outre l'agriculture, les nombreuses autres potentialités du pays, notamment le tourisme, n'ont guère encore été exploitées.

Ethnie

Toute présentation de l'Afrique, ou d'un pays d'Afrique, s'ouvre par le recensement de ses ethnies. Le terme, qui tendait à remplacer ceux de race ou de tribu, est utilisé depuis la fin du XIXe siècle par les anthropologues. Utilisée sur le mode neutre, la notion semble invariable et peu contestable : la Côte d'Ivoire compte une soixantaine d'ethnies qui constituent des groupes humains homogènes dotés d'une langue, mais aussi d'un mode d'organisation sociale et d'expression culturelle spécifique. La répartition ethnique est une référence constante, dès lors qu'il s'agit de classifier, et toutes les disciplines scientifiques y font référence : l'art des Lubas du Zaïre, les masques Dan en Côte d'Ivoire, la musique touareg, l'initiation chez les Bambara, les fêtes et rites des Massaï du Kenya, l'agriculture chez les Zandé de la République centrafricaine...

L'ethnie est toutefois le concept le plus discuté qui soit, concernant l'Afrique. L'importance du débat autour de l'ethnie est notamment une conséquence de l'utilisation abusive, dans les médias notamment, de la référence ethnique à propos des événements politiques des dernières décennies. La tendance à appréhender tout conflit comme étant de nature ethnique (guerres ethniques au Liberia et en Sierra Leone, génocide des Tutsi du Rwanda, guerre entre ethnies en République démocratique du Congo ou au Soudan) a entraîné de vigoureuses critiques sur l'emploi indiscriminé du terme. Il est vrai qu'il manifeste un point de vue souvent péjoratif (on parle aujourd'hui comme à l'époque coloniale de guerres « ethniques » ou « tribales », ou claniques selon les variantes, en évoquant une prolifération de querelles sanglantes entre microsociétés incapables de s'entendre dans le cadre d'ensembles politiques dignes de ce nom). Mais plus encore, la guerre qualifiée d'ethnique ignore d'autres dynamiques, qu'elles soient sociales ou politiques, voire tout l'amalgame des interventions extérieures à un pays, ou au continent.

Avant le génocide rwandais, les chercheurs avaient déjà souligné à quel point les frontières et la définition de chaque ethnie pouvaient être floues et mouvantes ; et surtout avaient signalé le caractère foncièrement historique de cette notion. C'est l'exemple de l'ouvrage collectif intitulé *Au cœur de l'ethnie*, publié en France en 1985, qui tendait à démontrer que l'ethnicité est une construction sociale de la période coloniale, mais aussi le fruit d'un processus historique continu. Ainsi les États coloniaux créèrent, pour les besoins du contrôle des populations, des entités administratives ethniquement déterminées, en popularisant l'idée de « tribus » homogènes et séparées ; les méthodes de classification et de recensement de la population, le travail des ethnologues et des missionnaires ancrèrent cette perception des choses. Effet insidieux, les populations achevèrent de s'identifier à de telles catégories, spécialement lorsqu'il s'est agi pour elles d'entrer en compétition pour recueillir les fruits du nouvel ordre imposé. Cette thèse s'est montrée très féconde, même si elle a été critiquée pour avoir exagérément nié l'existence d'une réalité « ethnique » préexistant à la colonisation.

Mais c'est le génocide au Rwanda, en 1994, qui a définitivement mis à mal l'idée d'une Afrique vouée à la guerre des ethnies. Hutu et Tutsi constituaient-ils des « ethnies », vouées à s'entre-tuer ? Les spécialistes de la région ont souligné à quel point la définition ethnique était ici inadéquate : les Hutu et les Tutsi n'étaient pas des peuples hétérogènes réunis dans des frontières artificielles, les deux communautés partageant par ailleurs une langue et des traits culturels communs. En revanche, l'intervention coloniale a « cristallisé » une séparation ethnique reprise à leur compte par les groupes au pouvoir à l'indépendance. Et le conflit hutu-tutsi, qui a dégénéré en génocide, était le fruit d'une politique ethniste parfaitement assumée par ses promoteurs.

Formation historique et politiquement orientée, l'ethnie n'en est pas moins — si elle ne l'est redevenue —, au début du XXIe siècle, un cadre d'identification pour les populations africaines : la faillite de la construction d'un État-nation y a bien sûr contribué, les « anciennes » solidarités communautaires reprenant le dessus. Elles n'avaient à vrai dire jamais disparu. Au Kenya, pays par excellence multiethnique, avec près de soixante-dix ethnies dominées par les Kikuyu (20 %), les Luyia (14 %), les Luo (12 %), les Kalenjin (11 %) et les Kamba (11 %), le président Daniel Arap Moi enracine pendant son long règne (1978-2002) la fracture ethnique. Issu d'une ethnie minoritaire, les Kalenjin, Arap Moi avantage ouvertement les membres de sa communauté et attise le ressentiment des Kikuyu, ethnie du père de l'indépendance Jomo Kenyatta. Son pouvoir, sous une apparence de stabilité, dégénère en affrontements intercommunautaires (un millier de morts et 250 000 déplacés dans la Rift Valley au début des années 1990).

On fera la même observation pour la Côte d'Ivoire, où la volonté de bâtir une unité nationale, sous le président Houphouët-Boigny, aboutit à une politique de consensus entre communautés ethniques, invitées à partager le pouvoir aux côtés des Baoulé (l'ethnie du chef de l'État) : mais cette politique et ses dosages subtils laissaient à peu près intacte la perception de l'apparentement ethnique et de ses avantages. Toutefois, dans un cas comme dans l'autre, ce n'est pas la logique ethnique qui prévaut dans l'évolution politique actuelle : en Côte d'Ivoire, le processus d'exclusion des « étrangers », qui a conduit à la crise des années 2000, renvoie à bien d'autres dynamiques, sociales et religieuses notamment, et transcende assez clairement selon les phases les limites ethniques. Et bien sûr, son moteur principal est la conquête et le maintien au pouvoir de groupes à la légitimité plus ou moins problématique. Ainsi, dans la plupart des cas de figure observés, l'ethnie constituerait une voie de repli, peut-être transitoire, instrumentalisée par les hommes politiques, quand l'État se disloque et n'assure pas une distribution équitable des pouvoirs et des avantages. C'est encore évident dans le cas de la république démocratique du Congo, où un État fantôme a été soumis aux convoitises et aux stratégies géopolitiques des pays voisins et de nombreux acteurs extérieurs au continent.

Le passage au multipartisme, à partir des années 1990, a accusé dans bien des cas la fragmentation ethnique, les partis politiques se constituant sur des bases clientélistes généralement communautaires. On note toutefois que la période coïncide avec un affaiblissement important, sous la contrainte économique, de l'État en Afrique, les options libérales des bailleurs de fonds ayant favorisé son recul. Ensuite, on observe que la référence ethnique est de peu de poids lorsque la transition démocratique s'effectue pacifiquement, à partir d'un consensus à peu près respecté entre forces en présence : le Sénégal, le Mali ou le Bénin sont en Afrique de l'Ouest des exemples significatifs. Enfin, nombre de politologues tiennent à souligner la faible inventivité institutionnelle qui a caractérisé l'Afrique depuis les indépendances. Alors que plusieurs pays reconnaissent un statut aux langues « nationales », aux côtés du français ou de l'anglais, les ethnies sont en revanche des réalités non prises en compte dans la construction de l'État. Leur influence, au lieu d'être insidieuse, pourrait être traduite dans des formes étatiques et des pratiques plus adaptées que celles observées dans le cadre de l'État centralisé, hérité de la colonisation.

Europe

Principal donateur d'aide au développement dans le monde, l'Union européenne (UE), élargie à vingt-cinq membres, est un partenaire majeur de l'Afrique, la Grande-Bretagne et la France continuant à jouer un rôle prépondérant en raison de leurs liens avec leurs anciennes colonies. En octobre 2005, la Commission européenne a élaboré une « Nouvelle stratégie pour l'Afrique » pour la décennie 2005-2015, qui définit un cadre d'action pour l'ensemble des États membres de l'UE afin d'appuyer les efforts africains en vue d'atteindre les Objectifs du millénaire pour le développement (OMD) endossés par la communauté internationale en 2000.

Dès mai 2005, le Conseil européen avait adopté un nouvel objectif collectif intermédiaire pour l'Aide publique au développement (APD), soit 0,56 % du revenu national brut (RNB) d'ici à 2010, de manière à atteindre un taux de 0,7 % d'ici à 2015. En fixant cet objectif, l'UE devrait disposer de marges supplémentaires à l'horizon 2010. Il a également été décidé qu'au moins la moitié de ces ressources supplémentaires serait consacrée à l'Afrique.

Concernant la gouvernance, l'UE appuie les réformes lancées dans le prolongement du Mécanisme africain d'évaluation par les pairs (MAEP) prévu dans le cadre du Nepad (le Nouveau partenariat pour le développement économique de l'Afrique). L'UE soutient également des projets d'infrastructures qui favorisent les échanges, l'intégration, la stabilité et le développement sur le plan régional.

Cette nouvelle stratégie renforce la coopération lancée depuis le début des années 1970 — accords de Lomé —, et depuis 2000 avec la convention de Cotonou : elle lie l'Union européenne aux pays ACP (Afrique, Caraïbes et Pacifique) dont la majorité sont africains. Ces accords ont évolué, au fil du temps, intégrant la problématique des droits de l'homme, du secteur privé et de la mondialisation.

La coopération ACP-UE remonte à la naissance du traité de Rome, qui établissait en 1957 les bases de la Communauté économique européenne (CEE). Exprimant une solidarité avec les colonies et les pays et territoires d'outre-mer, le traité s'engageait à contribuer à leur prospérité. Les régimes de Yaoundé I (1963-1969), puis Yaoundé II (1969-1975) laissaient espérer aux pays d'Afrique francophone nouvellement indépendants une part importante de l'aide financée par le Fonds européen de développement (FED). L'entrée de la Grande-Bretagne au sein de la CEE en 1973 devait mener à la signature de la première convention de Lomé (Lomé I) entre quarante-six États ACP et les neuf États membres de la CEE. Londres cherchait alors principalement à faire adopter des préférences commerciales particulières et à élargir l'aide bilatérale qu'elle apportait elle-même à certaines de ses anciennes colonies.

Les protocoles commerciaux sont d'ailleurs devenus une caractéristique des conventions successives de Lomé, les droits de l'homme devenant une clause fondamentale de la coopération sous Lomé IV, révisée à mi-parcours. Toute violation pourrait désormais mener à la suspension partielle ou totale de l'aide européenne au développement à la suite de la consultation d'autres nations ACP et de la partie incriminée : c'est toujours le cas pour le Zimbabwe qui ne bénéficie que d'aide humanitaire, et du Togo qui a entrepris en 2005 de négocier une normalisation des relations avec l'Union.

Succédant à Lomé IV, l'accord de Cotonou, signé le 23 juin 2000 pour une durée de vingt ans entre la Communauté européenne, ses États membres et les soixante-dix-neuf pays ACP, souligne l'importance de l'intégration dans le commerce mondial, conçue comme un outil de développement, à travers la mise en œuvre progressive d'accords de partenariat économique (APE) à l'échelle régionale. L'Afrique, qui a connu à la fin de la guerre froide et tout au long des années 1990 une certaine désaffection de la part des bailleurs de fonds, est revenue sur le devant de la scène internationale à partir de 2000. Elle a été au centre des agendas internationaux au long de l'année 2005, bénéficiant d'un renforcement de la coopération entre Paris, Londres et Bruxelles en matière d'aide au développement durable, jugée nécessaire pour lutter contre la pauvreté mais aussi pour contrer l'insécurité internationale et l'immigration clandestine.

La France et la Grande-Bretagne, en liaison avec le Commissaire européen chargé du développement et de l'action humanitaire, se sont mobilisées pour trouver des mécanismes de financement supplémentaires et innovants, en plus de l'augmentation de l'aide au développement. Il s'agit, pour les Britanniques qui ont présidé le sommet du G8 en juillet 2005, de la Facilité financière internationale (IFF/FFI) destinée à lever des fonds sur les marchés des capitaux à travers l'émission d'obligations basées sur des engagements à long terme des donneurs ; et, pour les Français, d'une taxe de solidarité internationale sur les billets d'avion, qui n'a été endossée que par quelques pays.

En septembre 2005, la France et la Grande-Bretagne ont lancé la Facilité financière internationale pour l'immunisation (IFFIm), qui portera dans un premier temps sur un montant de 4 milliards de dollars, afin d'aider à sauver la vie de 5 millions d'enfants d'ici à 2015. Les deux pays ont aussi décidé de mettre en application la taxe de solidarité sur les billets d'avion. Le sommet franco-britannique de Saint-Malo, fin 1998, avait donné une impulsion nouvelle à une étroite coopération en Afrique — malgré les rivalités et les divergences —, qui s'est traduite par des visites conjointes sur le terrain, des démarches communes au Conseil de sécurité de l'ONU et la recherche de nouvelles sources de financement du développement.

Les questions migratoires sont progressivement devenues un sujet majeur dans les relations Europe-Afrique, les immigrés originaires du continent constituant plus de 15 % du total des étrangers (24 millions) vivant dans l'Union européenne en 2002-2003. Depuis le traité d'Amsterdam — entré en vigueur en mai 1999 — et le Conseil européen de Tampere (Finlande) d'octobre 1999, l'Union européenne (UE) avait déjà ébauché une politique commune en matière d'asile et d'immigration. En novembre 2004, le programme de La Haye est adopté et définit de nouvelles orientations pour la période 2005-2010, en accordant notamment la priorité à la lutte contre l'immigration illégale. Dans ce cadre, il est notamment décidé de créer l'Agence Frontex (Agence européenne pour la gestion de la coopération opérationnelle aux frontières extérieures). En outre, la Commission adopte en septembre 2005 un texte proposant des orientations concrètes liant migration et développement.

Les événements de Ceuta et de Melilla d'octobre 2005 vont inciter la Commission européenne à aller plus loin. À Hampton Court (Royaume-Uni), fin octobre 2005, les chefs d'État ou de gouvernement « définissent une liste de priorités d'action afin d'améliorer les migrations au niveau mondial, en accordant une attention particulière à l'Afrique ». Trois types de mesures sont prévus : le renforcement de la coopération opérationnelle entre les États membres, le dialogue et la coopération avec l'Afrique ainsi que la coopération avec les pays voisins, plus particulièrement méditerranéens.

En matière de coopération entre États européens, un rôle central est attribué à l'Agence Frontex, qui a démarré ses activités en novembre 2005, avec un budget de 9,9 millions d'euros pour 2006. En ce qui concerne le dialogue et la coopération avec l'Afrique, une série de consultations sont organisées, en juin 2006 en Libye (conférence UE-Union africaine), tandis qu'une conférence ministérielle euro-africaine, axée sur la migration et le développement, a lieu à Rabat en juillet 2006. L'UE prévoit de réaliser des actions prioritaires dans trois pays : le Maroc, l'Algérie et la Libye, cela afin de les soutenir dans les efforts qu'ils déploient pour améliorer la gestion de leur migration.

Femmes

L'histoire des femmes africaines ne manque pas de belles figures, héroïques, résistantes, capables des plus grands sacrifices. Ainsi Anna Zingha, reine d'Angola, oppose au XVIIe siècle une résistance farouche aux Portugais. Deux siècles plus tard, les Amazones du Dahomey, ces chasseresses d'éléphants devenues gardes du corps, se transforment par la volonté de leur monarque en guerrières redoutables : quatre mille vierges noires se dressent contre la pénétration coloniale. À la même époque, la reine des Aznas, Sarraounia, la grande magicienne animiste du Sud-Niger, résiste à l'avancée de la terrible colonne Voulet-Chanoine. Sans oublier la princesse Abla Pokou, qui sacrifie son enfant pour sauver les Baoulé de Côte d'Ivoire et les conduire dans leur territoire actuel. Aline Sitoé Diatta, en Casamance, empêche encore les réquisitions de riz et de bétail des colons ainsi que le paiement de l'impôt et prône le boycott de la culture de l'arachide. Elle est déportée à Tombouctou en 1943 où elle meurt l'année suivante.

Au XXe siècle, les femmes sont nombreuses à participer aux luttes de libération nationale, à la veille des indépendances. Les résultats sont en demi-teinte. Ainsi, la Guinéenne Awa Keita, militante du Rassemblement démocratique africain (RDA), est élue députée en 1959 puis occupe une place de premier plan dans le Mali de Modibo Keita. À l'inverse, Winnie Mandela, célébrée quand Nelson croupissait dans les geôles sud-africaines et qui symbolisait le combat contre l'apartheid, est vouée aux gémonies une fois Mandela libéré. En règle générale, à l'époque des partis uniques, les femmes accèdent à des postes ministériels dits subalternes — affaires sociales, famille, handicapés... Et le statut du plus grand nombre n'évolue guère.

Les exigences d'émancipation et d'égalité clamées par les féministes occidentales trouvent un écho parmi les femmes africaines des classes moyennes. Mais lors de la première Conférence mondiale sur les femmes (Mexico, 1975), celles-ci refusent d'évoquer leur oppression, jugée secondaire et relevant de coutumes sur lesquelles serait basée leur identité. Elles insistent au contraire sur le développement économique, pour lequel elles se déclarent solidaires des hommes. Apparaît ainsi le concept d'Intégration des femmes au développement (IDF), largement relayé par les bailleurs de fonds et les structures gouvernementales. « Améliorer la situation des femmes pauvres, c'est améliorer la situation de l'ensemble des familles et de la société », explique alors la sociologue française Jeanne Bissilliat qui parle de l'« invisibilité » des femmes dans les statistiques. Pour décoloniser la recherche, la vulgariser, une Association des femmes africaines pour la recherche et le développement (AFARD) voit le jour en 1977 à Dakar.

Pendant qu'à Ouagadougou une jeune ministre, Joséphine Ouédraogo, prône le « développement à la base », le débat sur l'excision fait rage à Copenhague (1984). Les femmes africaines sont divisées. Les unes se murent dans le silence. Les autres veulent resituer la pratique dans son contexte socioculturel et évoquent les mythes fondateurs : ainsi Mousso Koroni, la « vieille chauve » bamanan, aurait semé le désordre aux quatre coins de la planète avant que les forces tutélaires ne décident de remettre de l'ordre en « coupant » le clitoris des femmes. Dans ce tohu-bohu, la Sénégalaise Awa Thiam brise le tabou et raconte dans *Parole de négresse* sa propre mutilation génitale. L'année suivante, à Nairobi, on parle de « genre », de « sexospécificité ». C'est l'époque des « petits projets féminins », ces nouveaux ghettos qui n'attirent guère les investisseurs. Il faut attendre la conférence de Beijing (Chine, 1995) pour que l'égalité des sexes passe au premier plan des préoccupations des femmes africaines. Mais les espoirs ne sont plus au rendez-vous. La libéralisation politique très partielle, l'incapacité des États à relancer le développement poussent les femmes vers des mouvements ethniques et religieux conservateurs qui renforcent le patriarcat.

« C'est à cause de l'Afrique qu'à l'heure actuelle on utilise le terme de féminisation de la pauvreté dans la communauté internationale », déplore dans un entretien (magazine *L'Autre Afrique* n° 100, octobre 1999) la sociologue sénégalaise Marie-Angélique Savané. Dans la décennie 1990, sur les 170 millions de personnes vivant en dessous du seuil de pauvreté en Afrique subsaharienne, 70 % sont des femmes, essentiellement rurales, estime la Food and Agriculture Organisation (FAO). En 1992, le nombre de réfugiés a décuplé en vingt-cinq ans et 80 % sont des femmes et des enfants. Quant aux familles monoparentales où les femmes sont chefs de ménage, elles ne cessent d'augmenter. En règle générale, les femmes ont un accès limité aux ressources, à la terre et au crédit, au commerce, à l'industrie, à la fonction publique. Et subissent de plein fouet les restrictions budgétaires sur les services de base, issues des plans d'ajustement structurels. Pourtant, elles effectuent entre 60 et 80 % du travail nécessaire à la production alimentaire destinée à la consommation des ménages et à la vente, sans que ces données soient prises en compte dans les statistiques nationales.

Dans de nombreux pays, les stratégies de réduction de la pauvreté ne tiennent pas encore compte des différences entre les hommes et les femmes, qui demeurent au bas de l'échelle sociale. La 7e Conférence régionale africaine sur les femmes (octobre 2004, Addis-Abeba) a d'ailleurs fait le point sur la mise en œuvre du Programme d'action de Beijing et des Objectifs du millénaire pour le développement (OMD). Elle rapportait qu'en matière d'éducation l'Afrique subsaharienne est encore loin d'atteindre la parité entre les sexes. En 2000, la région comptait le plus grand nombre de filles non scolarisées — en augmentation dans les dix dernières années (23 millions contre 20 millions). En matière de santé, 58 % des personnes infectées par le VIH/sida étaient des femmes sur qui repose encore l'impact de l'épidémie. Quant à la mortalité maternelle, elle est évaluée à 920 décès pour 100 000 naissances vivantes en Afrique subsaharienne, contre 20 dans les régions développées (Fonds des Nations unies pour les activités en matière de population — FNUAP, 2004). Le nombre de soins prénatals émanant de personnes qualifiées n'a augmenté que de 4 % contre 20 % en moyenne au niveau mondial. Le Sénégal, par exemple, compte un gynécologue pour 30 000 femmes en âge de procréer dans la capitale. Et en zone rurale, où la moyenne est de cinq ou six enfants par femme, les pertes de sang sont les principales causes de décès maternel, aggravées par les mariages précoces, les coupures génitales et les MST.

Les femmes ont pourtant marqué des points sur la scène politique. En 2004, le prix Nobel de la paix a été attribué à l'écologiste kényane Wangari Maathai. En novembre 2005, Ellen Johnson-Sirleaf a été la première femme africaine élue chef de l'État — non sans avoir au préalable survécu aux seigneurs de la guerre libériens. L'Union africaine (UA) a aussi encouragé dès sa création la parité entre les sexes à ses postes de décision les plus élevés. Depuis 2004, la présidente du Parlement panafricain est une femme, la Tanzanienne Gertrude Mongella, et Marie-Angélique Savané dirige le Mécanisme d'évaluation intra-africaine qui fixe des critères de bonne gouvernance. De plus, en juillet 2004, les chefs d'État africains ont adopté une Déclaration solennelle sur l'égalité entre hommes et femmes en Afrique. Reste que l'appui aux femmes, notamment en matière de lutte contre l'impunité, doit être renforcé. C'est manifeste dans le cadre des processus de sorties de conflit, où il est demandé que les chefs de guerre et les acteurs de violence contre les femmes n'accèdent pas, la paix revenue, à des postes de responsabilités. Enfin, dans les camps de réfugiés, des mécanismes fonctionnels devraient être mis en place pour protéger les femmes contre la violence et toutes les formes d'abus sexuel.

Football

Et si le football était le principal facteur d'unité de l'Afrique qui, tous les deux ans, s'enfièvre pour les compétitions de la Coupe d'Afrique des nations de football (CAN), toutes nations confondues ? Le football qui, depuis un peu plus de deux décennies, constitue l'une des rares fenêtres par lesquelles on porte un regard positif sur l'Afrique. Grâce aux performances de ses champions — expatriés ou non en Europe — et de ses équipes nationales, le continent noir cesse, l'espace d'un match ou d'une Coupe du monde, d'être pour la planète le seul berceau des guerres, des dictatures, de la famine, de la sécheresse ou du sida.

Roger Milla (Cameroun), George Weah (ballon d'or et joueur de l'année 1995, ancien attaquant de pointe du Milan AC en Italie et... candidat aux élections présidentielles dans son pays, la Sierra Leone), Samuel Eto'o Fils (troisième joueur mondial en 2005 et *goléador* du FC Barcelone depuis 2004), Dider Drogba (Chelsea, en Angleterre), Michaël Essien (Chelsea)... autant de noms qui font tressaillir de joie les férus du ballon rond, et deviennent des légendes vivantes dans leurs pays d'origine. Un tournant a sans doute été pris en 1998, lors de la Coupe du monde organisée en France, qui a vu pour la première fois cinq nations africaines en compétition.

En Afrique, le football est le sport roi. Cela fait plus de quatre décennies que son hégémonie est établie. Parmi les gloires du passé, il faut évoquer dans les années 1960 le Mozambicain Eusébio, surnommé la « panthère noire », dont une statue orne encore le club portugais qui l'avait accueilli, le Benfica de Lisbonne, ou encore en France le Malien Salif Kéita, un des rares sportifs à avoir réussi sa conversion dans la politique et les affaires. La figure de Roger Milla s'impose dans la période récente : l'avant-centre des Lions indomptables du Cameroun a effectué une carrière glorieuse en France avant d'exploser lors de la Coupe du monde de football en 1990, en Italie.

Sa suprématie et sa popularité s'expliquent, d'une part, par le nombre de ses pratiquants et surtout de ses fans, et d'autre part, par la passion et les enjeux qui l'entourent. De ce fait, le football est un refuge du nationalisme. Les prouesses mais aussi les contre-performances des équipes nationales donnent très souvent lieu à des discours à forts accents nationalistes, mais aussi xénophobes, et peuvent déclencher les passions. Au début des années 1980, des centaines de Camerounais établis depuis de nombreuses années à Libreville avaient été expulsés du Gabon à la suite de heurts entre supporters gabonais et camerounais, l'affaire jetant pendant longtemps un coup de froid dans les relations diplomatiques entre les deux pays d'Afrique centrale.

Même chose en 1996, où à la suite d'un match de la Coupe d'Afrique des clubs champions entre deux formations vedettes, l'Asec d'Abidjan (Côte d'Ivoire) et l'Ashanti Kotoko de Koumassi (Ghana), des affrontements graves s'étaient produits entre les Ivoiriens et les Ghanéens : en Côte d'Ivoire notamment, les supporters s'en étaient pris violemment aux ressortissants ghanéens vivant depuis plusieurs années dans le pays. En 2005 encore, lors d'un match disputé à Bamako, après la défaite de leur équipe nationale face au Togo, des centaines de supporters maliens ont molesté des ressortissants togolais et se sont livrés à des saccages dans la capitale. Et, en 1994, les mauvais résultats des Lions indomptables du Cameroun — dont l'entraîneur était français — à la Coupe du monde avaient suscité une vague de sentiments antifrançais dans le pays et réveillé des critiques endormies contre une France jugée responsable « de tous les déboires politiques et économiques du Cameroun depuis la fin des années 1950 ». Des supporters déçus avaient scandé les noms de Um Nyobé, Ernest Ouandié, Félix Moumié, leaders nationalistes camerounais...

Les pouvoirs publics, pour leur part, utilisent volontiers le football comme thème de mobilisation. Au Cameroun, les victoires fréquentes de l'équipe nationale — cinq participations à la phase finale de la Coupe du monde — sont exploitées par le chef de l'État, qui invite avec constance ses concitoyens à suivre l'exemple des Lions indomptables pour contribuer au développement du pays... Parmi d'autres, les Super Eagles du Nigeria, huitièmes de finaliste à la World Cup 94, ou les Lions de la Téranga au Sénégal, occupent une place de choix dans le dispositif de propagande des autorités. Lesquelles peuvent avoir la dent dure : en 2000, en Côte d'Ivoire, le général Robert Gueï envoie les joueurs de l'équipe nationale dans un camp militaire après leur contre-performance en Coupe d'Afrique, reproduisant à distance le geste du président zaïrois Mobutu, jetant en prison les vingt-deux joueurs de l'équipe nationale en 1974.

La bonne tenue dans le football mondial des Sénégalais, Camerounais ou Nigérians contraste avec la faible structuration du milieu du football sur le continent, où les instances dirigeantes sont abondamment critiquées : amateurisme, corruption, absence d'une politique de promotion des talents, dans une pénurie généralisée d'infrastructures. La situation pousse parfois la FIFA (Fédération internationale de football africain) à brandir des menaces de sanction, et parfois à passer à l'acte. Quelques pays tirent tout de même leur épingle du jeu. Au Maroc, en Tunisie, en Égypte, et dans une moindre mesure en Algérie, le milieu du football est mieux structuré et, dans ces pays, l'on tend vers le professionnalisme. Les résultats suivent : les clubs issus de ces championnats dominent les compétitions africaines depuis quelques années.

L'enjeu économique est considérable : chaque organisation par le pays hôte de la Coupe d'Afrique des nations de football est l'occasion d'investissements massifs, non seulement dans les infrastructures d'accueil des compétitions, mais aussi dans les équipements urbains (routes, télécommunications...) et permet de « doper » le secteur touristique : la CAN 2002 au Mali a été un grand chantier d'Alpha Oumar Konaré avant la fin de son mandat, qui a permis notamment de dynamiser un secteur hôtelier jusqu'alors très insuffisant. Au plan sportif, la CAN sert de test de grande ampleur pour l'équipe nationale, comme on l'a vérifié en 2004 avec la Tunisie qui, depuis, a amélioré significativement ses performances au plan international.

À un moindre degré, d'autres disciplines sportives permettent à l'Afrique d'afficher une bonne tenue. C'est le cas de l'athlétisme. On sait que les athlètes d'Afrique de l'Est ou du Nord dominent les courses de fond et de demi-fond, les Éthiopiens Haile Gebrelselassie et Kennelisa Bekeley (10 000 m et 5 000 m) ayant atteint au statut de héros nationaux, tandis que les marathoniens kényans règnent sans partage au plan mondial. Le basket a vu quant à lui l'émergence de plusieurs bonnes équipes (Angola, Sénégal...).

France

Les relations entre la France et l'Afrique, longtemps étroites et comme immuables, sont entrées depuis le début des années 1990 dans une phase de grandes turbulences. Au plan politique, le drame rwandais en 1994 et la crise en Côte d'Ivoire à partir de 2002 ont marqué un tournant, montrant une nette réduction de la capacité ancienne de Paris à contrôler l'évolution des États africains de sa sphère d'influence.

La France, de tous les pays européens, est celui qui a noué et conservé les relations les plus fortes avec un continent africain où elle se tailla à la fin du XIXe siècle le plus important des empires coloniaux. Entamée dès le XVIIe siècle, sous l'égide du mercantilisme alors en vigueur, la politique de conquête fut d'abord peu résolue, axée sur l'acquisition d'escales et de points d'appui permettant le négoce, et spécialement la traite alors en plein essor. Jusqu'au XIXe siècle, les possessions françaises d'outre-mer formaient un ensemble composite où l'Afrique n'eut qu'une part accessoire. Ce, à l'exception d'un ancrage spécifique dans la colonie du Sénégal où, à Saint-Louis, se développa au XVIIIe siècle un phénomène d'« assimilation », caractérisé par le métissage, qui conduira plus tard à l'octroi exceptionnel d'un statut de citoyenneté aux habitants des « Quatre Communes » du Sénégal, et en 1848 à l'élection d'un député créole à l'Assemblée nationale française.

Hormis l'installation en Algérie à partir de 1830, c'est à la fin de la guerre de 1870 que l'expansion française en Afrique connaît son véritable essor, avec depuis le Sénégal la progression dans le Soudan central et l'exploration de l'Afrique centrale par Savorgnan de Brazza. Peu à peu, les Français unifient leurs possessions à l'ouest et à l'est du fleuve Niger, jusqu'au Tchad. La conquête se poursuit (occupation de Djibouti en 1888, protectorat sur Madagascar en 1890), en même temps qu'il faut pacifier les territoires déjà conquis, jusqu'aux années 1907-1910, et déjà s'organisent sous forme fédérative les grands ensembles de l'Afrique-Occidentale française (A-OF) et de l'Afrique-Équatoriale française (A-ÉF). Les Français assurent encore leur mainmise sur la Tunisie (1881) et le Maroc (1911) où ils font reconnaître leur protectorat, et héritent après la guerre de 1914-1918 des possessions allemandes au Togo et au Cameroun.

La véritable prise en compte de l'empire d'Afrique, manifestée par un effort de développement plus significatif, n'interviendra qu'à partir des années 1930 (en 1931 a lieu l'Exposition coloniale), qui voient aussi le grand essor de l'ethnographie française. Et surtout après la Seconde Guerre mondiale : en reconnaissance de la fidélité des possessions africaines où s'est opérée une levée massive de combattants, et quand il est devenu évident, au lendemain de la conférence de Brazzaville (1944), qu'il faut concrétiser les promesses faites d'émancipation, on décide une série de mutations politiques, avec l'octroi aux Africains de la citoyenneté et d'une meilleure représentativité, qui permet l'entrée de députés africains au Parlement français. Un effort significatif d'investissement est fait au plan économique avec la mise en place du Fonds d'investissement et de développement économique et social (FIDES). Alors que les troubles en Algérie, dès 1945, conduisent à une guerre sanglante (1947-1962), et que l'agitation nationaliste conduit à lâcher, en 1956, la Tunisie et le Maroc, le gouvernement français lance avec l'appui des parlementaires africains le processus devant conduire à l'« autonomie » (1956) puis à la Communauté franco-africaine (1958). Mais celle-ci tourne court, et c'est la voie ouverte à l'indépendance, acquise partout en 1960.

Les conditions du passage à l'indépendance furent donc exemptes de drames en A-ÉF et A-OF, si l'on excepte la répression menée au milieu des années 1950 au Cameroun, et le « non » de la Guinée en 1958 à la Communauté. Les leaders africains les plus importants (Senghor et Houphouët-Boigny notamment), conscients de la fragilité de leurs États, peu peuplés et à l'économie extravertie, ne souhaitaient pas eux-mêmes d'une indépendance synonyme d'un brutal retrait français, et ont au contraire tout fait pour demeurer sous l'aile économique et diplomatique de Paris.

Aussi la présence française dans les pays francophones d'Afrique est-elle restée considérable après les indépendances, si elle ne s'est pas renforcée. Le « magistère » toujours exercé par Paris sur ses anciennes colonies, qui passait notamment par la mise en place de conseillers français à tous les niveaux stratégiques des jeunes États indépendants, en même temps que les signes nombreux d'attachement, voire un certain mimétisme culturel, manifestés par les élites africaines, suscitaient au plan international un sujet d'étonnement, de fascination ou de sarcasmes. Le rituel des grands Sommets des chefs d'État de France et d'Afrique, institué en 1973, a donné tous les deux ans l'image d'une chaleureuse réunion de famille, où les sujets d'importance sont discutés en coulisses.

La nouvelle alliance nouée avec ses anciennes colonies a permis de fait à la France, dans la seconde moitié du XXe siècle, de conserver un statut de grande puissance, disposant en Afrique d'alliés fidèles qu'il était loisible de mobiliser dans les enceintes internationales. En parallèle, il s'agissait, au plan économique, d'assurer le maintien de marchés préférentiels pour bon nombre d'entreprises françaises favorisées, entre autres facteurs, par la création d'une zone monétaire commune, la zone franc. Celle-ci eut l'avantage de stabiliser les monnaies africaines concernées (franc CFA) tout en ôtant une bonne part de souveraineté économique aux États, et elle constitua un élément clé pour la constitution d'ensembles sous-régionaux plus ou moins bien intégrés (Union monétaire ouest-africaine, Communauté économique des États d'Afrique centrale...) permettant la circulation des biens et des capitaux.

Le maintien d'une présence française a été soutenu par une politique d'aide au développement considérable en volume jusque dans les années 1970-1980, avec l'entretien permanent d'un assistanat technique qui mobilisa jusqu'à une quinzaine de milliers de coopérants. Ces liens renouvelés entre la France et l'Afrique ont encouragé le développement d'une forte immigration, elle-même en continuité avec les grandes ponctions de travailleurs et de militaires pratiquées durant la période coloniale. Tandis que des milliers d'étudiants africains venaient chaque année acquérir leurs diplômes dans les universités françaises, cette immigration économique a eu une influence profonde sur les mutations de la population française. Selon les chiffres disponibles au début des années 2000, sur 4,5 millions d'étrangers vivant en France, près de 40 % venaient d'Afrique, au premier chef d'Afrique du Nord (Algérie, plus de 13 %), la France étant de loin le premier pays de résidence des immigrés originaires de l'ensemble du continent africain en Union européenne, accueillant plus de 50 % des Africains présents en Europe. La crise économique des années 1980 a fait de l'immigration africaine, de son rejet, mais aussi de ses conséquences urbaines, un des sujets majeurs de politique intérieure française — jusqu'à la « crise des banlieues », en novembre 2005.

Les relations quasi fusionnelles entre la France et les pays du « champ », autrement dit le « pré carré » francophone, ont donné lieu à des lectures de plus en plus critiques, surtout lorsqu'il est devenu manifeste que la présence française valait protection, consentie en temps de guerre froide à des chefs d'État réputés garantir la stabilité de l'ensemble africain ; et qu'elle aboutissait à couvrir trafics et concussions de toutes sortes, et dans bon nombre de cas s'accordait avec un déni total des droits humains. La collusion entre affaires et politique lui donnait ici et là un parfum de scandale de moins en moins tolérable : ce fut le cas autour des questions pétrolières en Afrique centrale, où l'action d'une entreprise française comme Elf réveillait le souvenir des sociétés concessionnaires d'autrefois. Les « procès Elf » (2001-2003) ont dévoilé aux Français l'ampleur et la sophistication des mécanismes de détournement de fonds alors mis en œuvre.

Le système mis en place sous le régime du général de Gaulle d'abord, puis sous Georges Pompidou, avec un conseiller Afrique de l'Élysée tout-puissant en la personne de Jacques Foccart (qui fut aussi un homme clé du dispositif politique gaulliste), se perpétua avec Valéry Giscard d'Estaing, qui devait perdre les élections de 1981 en raison notamment du scandale des « diamants » de Centrafrique. Outre l'utilisation de réseaux d'influences multiples, passant par les hommes d'affaires, les amitiés issues de la Résistance et les connexions franc-maçonnes, et une intense activité clandestine mettant en jeu agents des services secrets, mercenaires ou « barbouzes », l'interventionnisme militaire en Afrique fut très actif.

Disposant de contingents à demeure (Sénégal, Côte d'Ivoire, Gabon, Djibouti, République centrafricaine, Tchad), Paris n'a pas hésité à multiplier les engagements de ses forces. D'abord dans les premières années de l'indépendance (une douzaine d'opérations de 1960 à 1964), puis plus ponctuellement jusqu'à la fin des années 1980. Les militaires français interviennent pour la protection des étrangers (Kolwesi, en 1978), mais aussi pour des opérations dédiées à la défense du territoire (Tchad) et à la protection des régimes en place (Togo, en 1986), enfin en s'ingérant directement dans l'installation ou la destitution de chefs d'État (opération Barracuda en Centrafrique, en 1979, pour démettre l'« empereur » Bokassa), le tout au nom d'accords de défense, ou de leurs clauses secrètes, dont l'interprétation a paru très extensive.

L'arrivée au pouvoir en 1981 des socialistes en France ne modifia guère l'ordre des choses — ce dont témoigna l'éviction en décembre 1982 du premier ministre de la Coopération de François Mitterrand, Jean-Pierre Cot, arrivé avec une optique « tiers-mondiste ». Lui succéderont plusieurs ministres-voyageurs qui ne font qu'appliquer la politique décidée à l'Élysée, où François Mitterrand intronise en 1986 son propre fils, Jean-Christophe, comme conseiller aux affaires africaines. En 1989, le rapport Hessel sur « les relations de la France avec les pays en développement » préconise un changement complet de la politique de coopération. Lors du sommet France-Afrique de La Baule (juin 1990), après que plusieurs pays ont dû consentir à libéraliser sous la poussée des revendications politiques et sociales, Mitterrand engage ses pairs africains à « organiser des élections véritablement libres et instituer le multipartisme ». La diplomatie française s'efforcera cependant de rassurer les pays concernés, qui pour la plupart réussissent à contourner l'écueil démocratique pour se maintenir.

Les interventions militaires se poursuivent par ailleurs (Tchad, Togo, Comores), mais la plus lourde implication a pour théâtre le Rwanda : au début des années 1990, la France soutient le régime de Juvénal Habyarimana, menacé par les incursions, depuis l'Ouganda, du Front patriotique rwandais (opération Noroît, suivie par un renforcement de la coopération militaire), et ne tient pas compte des signes précurseurs du génocide des Tutsi, qui se déclenche en avril 1994. L'émotion est très vive en France, où les critiques visent l'attitude jugée ambiguë des Français à l'égard de leur ancien allié avant le drame, et analysent avec suspicion le choix de monter une mission militaro-humanitaire (opération Turquoise, en juin 1994) aux frontières ouest du Rwanda, officiellement destinée à mettre un terme au génocide.

Le crédit de la France est alors fortement entamé en Afrique ; le doute s'installe sur la pertinence de l'interventionnisme pratiqué depuis des décennies, ce qui va favoriser la réorientation d'une doctrine militaire tournée désormais vers le soutien aux initiatives africaines de défense. Dans un contexte d'insécurité généralisée sur le continent, et de tarissement des ressources financières, et alors qu'une dévaluation jugée très symbolique du franc CFA a été décidée en janvier 1994, la question d'un désengagement plus radical est envisagée. C'est ce que semble illustrer la devise « ni ingérence ni indifférence » censée résumer la vision de la politique africaine sous le gouvernement (socialiste) de Lionel Jospin, de 1997 à 2002 : un changement important se produit avec, en 1998, l'absorption du ministère de la Coopération par le ministère des Affaires étrangères, accompagnée d'une réforme de la coopération désormais moins axée sur les pays du « champ ».

Dans le même temps se confirme l'érosion de l'Aide publique au développement (APD). Même si de grandes entreprises françaises conservent des positions importantes (Bouygues, Bolloré, Air France...), la part de l'Afrique dans les investissements privés à l'étranger entre 1995 et 2000 a diminué de moitié ; le nombre des ressortissants français y a baissé de 40 % en dix ans, les effectifs militaires permanents passant de 8 000 à 5 000 hommes. Pour beaucoup d'observateurs, l'heure du repli a sonné.

En quelques années, la France, puissance assumant traditionnellement un rôle stabilisateur largement admis par la communauté internationale, a beaucoup perdu de ses capacités, mais aussi de son expertise : la fusion de l'ex-Coopération avec les Affaires étrangères s'est accompagnée d'une perte de compétences (disparition notamment du Centre des hautes études sur l'Afrique et l'Asie modernes, ou de l'Institut international d'administration publique — ex-École de la France d'outre-mer), et d'une démotivation des personnels, la réduction drastique de l'assistanat technique en Afrique allant dans le même sens. Une semblable perte de « culture » est constatée chez les militaires, les journalistes, les religieux, les hommes d'affaires.

Certains dénoncent alors l'absence d'une politique africaine de rechange, à une époque où les principaux responsables politiques français montrent un sensible désintérêt pour l'Afrique, souligné par leur fascination pour l'Europe ou les autres continents. Tout cela aboutit à des réactions peu coordonnées face aux crises continentales, et à certaines erreurs lourdes de symboles — comme l'absence d'un haut représentant français aux obsèques, en décembre 2001, de Léopold Sédar Senghor, ou le retard apporté à la revalorisation des pensions des anciens combattants africains, « cristallisées » depuis les indépendances.

Dans la tradition gaulliste, le président Jacques Chirac a réaffirmé, après sa réélection en 2002, son attachement à l'Afrique et à son rôle pour le maintien de la capacité internationale de la France, se posant volontiers en défenseur des pays pauvres. La naissance de l'Union africaine (UA), le poids grandissant acquis par l'Afrique du Sud et le lancement du Nouveau partenariat pour l'Afrique (Nepad) ont semblé favorables à la définition d'un nouveau style de rapports franco-africains, débarrassé des vieilles pratiques du « foccardisme ». Au plan économique, le retour à des niveaux décents de l'Aide publique française (concentrée à plus de 70 % sur les pays africains), tombée en 2000 à 0,36 % du revenu national brut, avec un objectif à 0,5 % en 2007, et à 0,7 % en 2012, est redevenu une priorité. Une nouvelle réforme de la coopération est mise en œuvre en 2005, qui redonne au ministère de la Coopération un rôle stratégique face aux Affaires étrangères, une grande part des moyens d'intervention étant transférés à l'Agence française de développement (héritière de la Caisse centrale de la France d'outre-mer).

Officiellement, la France ne souhaite plus intervenir directement dans les affaires africaines, et préfère soutenir en cas de conflit les initiatives de paix des organisations régionales ou continentales, tout en coordonnant ses efforts avec ses partenaires dans un cadre multilatéral : en témoignent les crises au Darfour, dans l'est de la république démocratique du Congo (opération Artémis, en juin 2003, sous couvert de l'Union européenne), ou la question de la succession de Gnassingbé Eyadema, en février 2005. En revanche, Paris a été pris de court par la crise en Côte d'Ivoire, qui menaçait l'équilibre de toute l'Afrique de l'Ouest. Dès les débuts de la rébellion ivoirienne (septembre 2002), on assiste à un réengagement militaire massif, dans le cadre de l'opération Licorne, avec 4 000 hommes, dont la présence stabilise la ligne de front entre forces armées ivoiriennes et rebelles des Forces nouvelles, mais aboutit à une durable séparation du territoire en deux entités.

L'implication diplomatique française, d'abord directe avec la convocation de toutes les parties ivoiriennes à la conclusion d'un accord de paix (négociations de Linas-Marcoussis, en janvier 2003), s'oriente rapidement vers un soutien aux initiatives africaines (Communauté économique des États d'Afrique de l'Ouest — CEDEAO — et Union africaine — UA), sur fond de concertation internationale, avec le lancement, en mai 2004, de l'Opération des Nations unies en Côte d'Ivoire (ONUCI), forte de 7 000 casques bleus. La France, restée cependant en première ligne, est prise à partie : en octobre 2003, le correspondant de Radio France Internationale à Abidjan est assassiné ; en novembre 2004, l'attaque par l'aviation ivoirienne des militaires français (neuf morts) entraîne une riposte (destruction de l'aviation ivoirienne), suivie de violentes manifestations antifrançaises à Abidjan, et de l'évacuation dans l'urgence de plus de 8 000 Français et étrangers résidant en Côte d'Ivoire. Plus d'une centaine d'entreprises françaises sont fermées.

Avec la crise en Côte d'Ivoire, la France a perdu une pièce maîtresse du dispositif franco-africain « historique » et doit tirer les leçons des mutations survenues sur le continent. Ce constat n'empêche pas de vouloir conserver une présence active, liée à des intérêts économiques encore importants, et qui reste souhaitée par la communauté internationale comme par bon nombre de responsables africains, mais dans un contexte radicalement modifié.

Francophonie

Organisation inter-États constituée, comme le Commonwealth anglophone, sur la base de l'usage d'une langue commune, la Francophonie a montré depuis au moins une décennie de grandes ambitions au plan international. Conçue à l'origine comme un cadre de coopération pour les questions d'éducation et de culture entre pays francophones riches et pauvres, elle s'est progressivement dotée d'une structure institutionnelle forte, de plus en plus orientée vers la politique et la diplomatie : une étape a été franchie en 1997 avec l'élection d'un secrétaire général (il s'agit, depuis 2002, de l'ancien chef d'État du Sénégal, Abdou Diouf), puis avec la création de l'Organisation internationale de la francophonie (OIF). Celle-ci allait devenir en un peu moins de dix ans l'opérateur essentiel et le véritable « gouvernement » de la Francophonie, avec l'effacement de l'ex-Agence de coopération culturelle et technique (ACCT), érigée en 1970 à Niamey.

Regroupant en Afrique vingt-neuf États, dont vingt et un ont le français pour langue officielle (dans plusieurs cas, en partage avec une autre langue), la Francophonie y garde l'empreinte géographique de l'ancien empire français d'Afrique. Ce sont pourtant les chefs d'État africains, et parmi eux les grands initiateurs de la Francophonie que furent Léopold Sédar Senghor, le Tunisien Habib Bourguiba et le Nigérien Hamani Diori, qui ont souhaité la création avec la France d'une « communauté » d'États fondée sur des affinités linguistiques et culturelles, qui allait s'esquisser avec les premières institutions francophones : Conférence des ministres de l'Éducation nationale des pays francophones (CONFEMEN) en 1960, puis Association des universités partiellement ou entièrement de langue française (AUPELF).

Un demi-siècle plus tard, la Francophonie, dotée de nombreux instruments et opérateurs, s'était élargie à cinquante-trois États et gouvernements membres (plus une dizaine de pays observateurs), regroupant quelque 175 millions de francophones sur tous les continents. Mais le véritable horizon francophone d'avenir restait l'Afrique, seule zone où le français continue à progresser de manière notable avec, selon les chiffres 2004-2005, plus de 50 millions d'« apprenants » (du français et en français), cette notion étant jugée plus pertinente qu'un recensement aléatoire des francophones. 30 à 40 millions de francophones en Afrique ? Les chiffres sont jugés peu fiables, car ils recouvrent des situations linguistiques variées, entre le Gabon où 80 % de la population parlent couramment français, et d'autres pays, notamment marqués par l'analphabétisme mais aussi par l'existence de langues nationales très diffusées, tel le Mali où cette proportion tomberait à 10 %.

L'instauration en 1986 des sommets (tous les deux ans) des chefs d'État et de gouvernement francophones a donné une impulsion sensible à la francophonie politique, où désormais étaient discutés, à côté des questions d'ordre culturel, de multiples problèmes intéressant la communauté des francophones : outre la coopération économique ou juridique, les préoccupations en matière de politique et de diplomatie sont devenues cruciales. Une évolution qui a été rendue manifeste par la vague de transitions démocratiques survenues dans les années 1990 en Afrique aussi bien que dans les pays de l'ancienne Europe de l'Est. La Francophonie s'est dès lors souciée d'accompagner les processus de mutation politique en cours, à la fois dans une optique de coopération et dans une optique d'influence. La défense et la consolidation de la démocratie et des droits de l'homme sont ainsi entrées dans le champ des actions francophones, pour y devenir de plus en plus importantes. En 2000, la Francophonie adoptait au Mali la déclaration de Bamako, qui visait à édicter des règles communes en matière de respect des droits humains et de gouvernance, assorties d'un dispositif d'évaluation et de contrôle (Observatoire de la démocratie et des droits de l'homme) et, le cas échéant, de sanctions. Parallèlement, la Francophonie multipliait les missions d'assistance et d'observation lors des processus électoraux, spécialement en Afrique, et se lançait dans des initiatives de médiation politique, parfois avec un haut degré d'implication au côté d'institutions comme les Nations unies ou l'Union africaine, comme ce fut le cas en Côte d'Ivoire après 2002, ou encore lors des crises récentes survenues en République centrafricaine, aux Comores, en république démocratique du Congo...

Jugée souvent timide dans ses interventions, auprès de ses États membres, relatives aux violations des droits de l'homme ou aux ruptures de la vie constitutionnelle, la Francophonie s'est toutefois efforcée de rendre celles-ci plus effectives, avec l'ambition — probablement plus réaliste — d'être surtout active dans l'appui à la consolidation des institutions de l'État de droit : ce qui a été fait spécialement par le développement de réseaux spécialisés (cours constitutionnelles, médiateurs, instituts des droits de l'homme, instances de régulation de la communication, etc.) et par la multiplication des rencontres et échanges d'expérience entre experts et acteurs africains de la démocratie. Un autre axe a consisté à encourager les États et leurs institutions à un meilleur respect des normes juridiques internationales, par l'information, l'éducation, et une incitation à la ratification des textes et traités.

La Francophonie s'est aussi signalée par sa capacité de mobilisation de ses membres sur quelques grandes questions d'ordre international. En 2005, l'adoption par l'Unesco de la Convention sur la diversité culturelle a été vue comme une victoire des francophones qui avaient mené une intense campagne de lobbying ; francophones qui ont pu aussi jouer un rôle dans le cadre des négociations sur le commerce international, à l'Organisation mondiale du Commerce (OMC), en appui aux revendications des pays africains. Par ailleurs, en relation étroite avec les options diplomatiques de la France, la Francophonie appuie celle-ci dans ses efforts de promotion d'un système multilatéral de régulation de la vie internationale, face aux stratégies opposées d'États comme les États-Unis.

Que la France — qui contribue pour une part écrasante à son budget — soit le leader de l'institution francophone et considère celle-ci comme un relais diplomatique de choix ne fait guère de doute. Mais les accusations de néocolonialisme faites au maintien et au renforcement d'un champ francophone ne sont guère allées au-delà de quelques pétitions de principe, l'attitude, côté africain, consistant plutôt à réclamer une participation plus importante à la communauté et à ses prises de décision, en recommandant en outre une accentuation des actions de « solidarité ». D'autre part, des pays comme le Canada ou la Belgique se sont efforcés aux aussi d'occuper un rôle actif dans la définition de la politique francophone. La Francophonie apparaît aussi comme un forum possible de substitution à des rapports bilatéraux franco-africains devenus difficiles avec plusieurs pays, à l'heure des crises politiques. De manière significative, on peut rappeler que les grands sommets Afrique-France (vénérable institution de la *Françafrique*, tous les deux ans) se tiennent en alternance avec les sommets francophones, dans un décor qui semble offrir bien des points communs.

Frontières

Contrairement à une idée répandue, les litiges frontaliers proprement dits ont été assez rares sur le continent africain : Libye-Tchad, pour le contrôle de la bande d'Aouzou ; Maroc-Algérie, au sujet de la ville de Tindouf ; Égypte-Soudan, pour Houadi Alpha ; Somalie-Éthiopie, sur l'Ogaden ; ou, plus récemment, un différend entre l'Éthiopie et l'Érythrée, qui se disputent la zone de Badmé.

Plus graves sont les conflits de « nationalité », concernant des populations se sentant appartenir à la même communauté, qui vivent de part et d'autre d'une frontière. Mais là encore, sauf exceptions, la faiblesse des États — combinée aux formes africaines de convivialité — fait que la plupart des frontières sont poreuses, incontrôlables, et constituent d'ailleurs souvent des zones de relative prospérité, grâce à la contrebande et aux divers trafics favorisés par les régimes multiples de monnaie, de douane, de ravitaillement, etc.

Il est faux également de considérer qu'il n'existait pas de frontières avant le découpage colonial du continent. Le royaume Ashanti, du XVIIe au XIXe siècle — qui comprenait l'actuel Ghana, le Togo, la Côte d'Ivoire, et s'étendait jusqu'aux confins mauritaniens —, puis l'empire songhai ou du Bornou, les États haoussa, les royaumes mossi, du Dahomey ou du Bénin avaient bien des limites... celles que rêvaient leurs monarques, celles plus étroites où leurs taxes étaient perçues, celles encore plus restreintes où leurs ordres étaient correctement exécutés, et où pouvaient être contrôlées entrées et sorties, ou celles, les plus proches du cœur de leur pouvoir, où ils pouvaient régenter tous les aspects de la vie de leurs sujets.

On avait donc à faire « plus qu'à des frontières d'État territorial, à des formes impériales d'intégration politique », explique l'historien Elikia M'Bokolo : des limites très mouvantes, permettant de faire « coexister au sein d'un système compliqué d'alliances, d'autonomie et d'acceptation politique, et d'appartenance à un vaste ensemble, des unités politiques et culturelles très différentes : cités, villages, chefferies, tribus, etc. ». Des limites d'ailleurs réajustables au gré des rapports de force, qui visaient plus à établir une autorité sur des communautés qu'un contrôle sur l'espace — ce qui se comprend d'autant plus lorsqu'il s'agit de zones de nomadisme.

Il ne faut donc pas forcément imaginer la frontière africaine au XIXe siècle comme un tracé matérialisé par une limite naturelle (fleuve, relief) ou par des repères cartographiques, ce qui a posé problème aux envahisseurs européens. La conférence de Berlin (1884) n'a pas tant été celle d'un partage de l'Afrique qu'une négociation pour l'établissement de règles entre puissances coloniales soucieuses de ne pas entrer en conflit entre elles, à l'occasion de cette conquête d'une Afrique encore largement méconnue à l'époque.

Une de ces règles prévoyait que l'établissement d'un comptoir de commerce, se réclamant du drapeau d'une des nations parties à la conférence de Berlin, ouvrait droit à une « chasse gardée », quitte à conclure ensuite des arrangements avec les puissances riveraines — comme l'ont fait la France et la Grande-Bretagne, signataires entre 1885 et 1908 de quelque deux cents traités de délimitation aux marges de leurs empires africains respectifs. C'est d'ailleurs la rapidité inusitée de ces procédures de fixation des limites entre zones qui est la caractéristique de ce processus, bien plus que le partage souvent évoqué.

Dès 1910, près des deux tiers des frontières africaines étaient figées, selon un découpage calqué le plus souvent sur des réalités socio-historiques, dans le but d'éviter d'agiter les populations locales. Plus que les tracés « au cordeau » dans les grands espaces sahéliens, figurant sur les cartes comme des délimitations apparemment absurdes, c'est l'addition parfois contre nature de plusieurs zones pour former un État qui a été la source de conflits. C'est une des raisons pour lesquelles l'Organisation de l'unité africaine (OUA), dès sa fondation en 1962, a proclamé le principe de l'« intangibilité des frontières », évitant ainsi la multiplication des conflits inter-États.

Reste la question de la sécurité des confins, que des États affaiblis peinent à assurer, ouvrant la voie à tous les trafics, comme au Nord-Cameroun où ont sévi les « coupeurs de route », ainsi qu'aux entreprises de terrorisme transfrontière (Mauritanie-Algérie-Mali). Reste également, au moment où la démographie crée des tensions pour la répartition de l'espace et des ressources, le problème clé des lois sur la nationalité dans certains États menacés d'implosion (Congo, Côte d'Ivoire, Soudan, Congo), ou déjà éclatés (Somalie). Tout cela dans la situation d'émiettement d'un continent qui compte cinquante-trois États, même si, à l'exception notable de la zone des Grands Lacs, l'espace n'y est pas trop compté.

La multiplication et le renforcement des organisations sous-régionales, à dominante économique mais de plus en plus enclines à prendre en charge les questions de sécurité — comme c'est le cas, notamment, de la Communauté économique des États d'Afrique de l'Ouest (CEDEAO) —, conduisent d'ailleurs à un relatif dépassement des frontières, au risque de se limiter à la reconstitution de fédérations d'entités anciennes, conçues à l'époque coloniale, comme les anciennes Afrique occidentale et équatoriale françaises (AOF et AEF).

Le politologue congolais Mwahyla Tshyembe préconise de sortir de la problématique de l'État-nation forgé aux indépendances selon un modèle importé, et de retrouver le schéma de l'« État africain multinational », qui était la règle à l'époque précoloniale. Le « défi africain » serait de parvenir à fonder une république pluriethnique, où coexistent plusieurs peuples dans un ensemble politique fondé sur la reconnaissance de la diversité culturelle, religieuse, linguistique et géographique d'États où les terroirs, provinces, communes, chefferies se verraient reconnaître leur autonomie ; il s'agirait ainsi de renouer avec une démocratie de proximité, les Africains n'ayant pas de tradition de type républicain, comme l'illustre le « monarchisme » entourant les fonctions de nombreux chefs d'État au statut de présidents à vie.

De son côté, le chercheur camerounais Achille Mbembe, constatant comme d'autres la ruine des États, leur incapacité à contrôler leur territoire et le caractère mouvant de leurs frontières, plaide en faveur d'une « nouvelle géopolitique africaine », seule à même de rendre compte des effets de la démographie, de l'urbanisation massive, des ambitions économiques, militaires ou religieuses : des mouvements et conflits qui coïncident rarement avec le cadre étatique actuel et dessinent les nouvelles frontières du continent.

Il distingue notamment, à l'extrême nord (Maghreb) et à l'extrême sud (Afrique du Sud), des zones de développement tournées vers l'Europe, le Proche-Orient et le Golfe, dans un cas ; vers l'Europe, les États-Unis et l'Asie, dans l'autre. Un secteur de forte attraction de l'Afrique du Sud sur les États de la région australe. Et une guirlande de « territoires pillés », avec luttes internes pour le contrôle des richesses minières et pétrolières, autour desquels se déploient d'importants investissements étrangers (de la Guinée Équatoriale à la Namibie). Ensuite, un arc d'États qui ont été, ou sont, en implosion, vivant une situation de guerre quasi permanente, avec perte de contrôle sur des portions de leur territoire passées aux mains de groupes armés autonomes ou à la solde de pays voisins (Grands Lacs, Congo, Corne de l'Afrique). Des espaces interstitiels sous influence concurrente (comme l'essentiel de l'Afrique de l'Ouest et de l'Afrique centrale), des espaces d'itinérance où vivent des sociétés nomadiques (Sahel). Des espaces réglementés — zones touristiques, réserves de chasse, parcs naturels — dont la tutelle échappe en partie aux États (par exemple au Cameroun, au Kenya, au Botswana, aux Seychelles). Ou encore des « portes d'entrée » du continent, essentiellement des îles : lieux de métissage, carrefours de civilisations, espaces cosmopolites (Canaries, Cap-Vert, São Tomé, Madagascar, Maurice, Comores, Zanzibar, Socotra...).

Gabon

Au pouvoir depuis 1967, le président gabonais Omar Bongo « Ondimba » a affronté avec succès, lors de l'élection présidentielle du 27 novembre 2005, Zacharie Myboto, son ancien ministre d'État, un homme du sérail passé à l'opposition, ainsi que l'opposant radical Pierre Mamboundou. La longévité exceptionnelle du « Roi » Bongo s'appuie sur une grande habileté politique qui exploite la faible consistance de l'opposition intérieure. Naguère assuré de toucher les dividendes de la rente pétrolièrc, lc pays poursuit aujourd'hui la réorientation de son économie.

À cheval sur l'équateur, le Gabon est limité au nord par la Guinée-Équatoriale et le Cameroun, à l'est et au sud par le Congo, à l'ouest par une façade atlantique d'un millier de kilomètres. Le bassin du fleuve Ogooué, dominé par les monts de Cristal, s'étend à travers la forêt équatoriale qui recouvre la majeure partie du pays. Inégalement répartie sur 267 670 kilomètres carrés, la population, estimée à 1,3 million d'habitants, a une densité très faible, la plus faible d'Afrique, en relation avec un taux de fécondité spécialement bas. Près de 84 % des Gabonais vivent en zone urbaine et côtière, dont 35 % à Libreville, la capitale. Un tiers de ceux-ci sont de l'ethnie Fang. Les autres appartiennent à différents groupes : les Mpongwè, Nzabi, Bapounou, Myene, Batéké ou Pygmées, qui furent les premiers habitants. Quelque 300 000 étrangers, ressortissants d'Afrique noire et d'Europe, vivent au Gabon, dont près de 8 000 Français.

La grande vague migratoire bantoue remonte au XIe siècle tandis que l'installation des Fang au nord commence à la fin du XVIIIe siècle. En 1472, les Portugais découvrent la région de l'Estuaire. Débarqués en 1839, les Français signent un traité avec le roi Rapontchombo, et le Gabon devient colonie française en 1886, étant rattaché à l'Afrique-Équatoriale française (A-ÉF) en 1910. Les compagnies exploitent l'ivoire, le caoutchouc et surtout le bois d'okoumé. Les colons recourent au travail forcé, ce qui entraîne des révoltes.

L'opposant Léon M'Ba, un Fang nommé chef de canton en 1922, est exilé en Oubangui-Chari en 1933. Devenu maire de Libreville après 1945, il fonde le Bloc démocratique gabonais (BDG), tandis que son rival, Jean-Hilaire Aubame, est député au Parlement français. Le 17 août 1960, le Gabon est indépendant et, en 1961, Léon M'Ba est nommé président. En 1964, Aubame tente un coup d'État, déjoué par les militaires français. M'Ba gouverne jusqu'à sa mort en 1967, où le vice-président Albert-Bernard Bongo lui succède. Bongo crée en 1968 le Parti démocratique gabonais (PDG), parti unique. Converti à l'islam, il prend le nom d'El-Hadj Omar Bongo, intègre l'Organisation des pays exportateurs de pétrole (OPEP) (1974-1995) et la Conférence islamique en 1979.

La contestation, menée notamment par le père Paul M'Ba Abessole, au nom du Mouvement de redressement national (Morena), puis du Mouvement des Bûcherons, aboutit en 1990 à la tenue d'une conférence nationale. Fin 1993, des élections contestées donnent Bongo vainqueur. Dans un climat insurrectionnel, Abessole crée un Haut Conseil de la résistance (HCR). Les accords de Paris aboutissent à un compromis et un gouvernement d'union est formé. Bongo est réélu en 1998, Abessole devient vice-Premier ministre en 2002. Un processus de « refondation » du PDG, qui a dominé toutes les consultations électorales depuis 1993, se traduit par la fusion avec d'autres partis, notamment de l'opposition : le Gabon vit sous le régime d'une « démocratie conviviale », résume l'ancien opposant Mba Abessole...

La plupart des partis ont soutenu la candidature d'Omar Bongo « Ondimba » pour la présidentielle de la fin 2005, après la suppression de la limitation des mandats en 2003. Le président gabonais, personnage au verbe percutant qui allie sens tactique et « diplomatie du CFA », devenu le doyen des chefs d'État, est souvent sollicité pour la résolution des conflits africains : en République centrafricaine, au Congo-Brazzaville, aussi bien que dans le conflit de Côte d'Ivoire. Tout en restant un partenaire privilégié de la France (à laquelle il est lié par un accord de défense), le Gabon s'est ouvert en direction des États-Unis qui accordent un grand intérêt pour le pétrole du golfe de Guinée, susceptible de fournir 25 % de leurs besoins en pétrole, ou vers la Chine populaire.

Connaissant des relations en dents de scie avec ses bailleurs de fonds, le pays en est à son troisième Cadre d'assistance stratégique de la Banque mondiale (2005-2009). Il s'est engagé à mieux gérer ses finances publiques afin d'améliorer son niveau de vie et à diversifier son économie. Première ressource, la production de pétrole s'est stabilisée depuis 2003 (13 millions de tonnes), mais les prévisions tablent sur son déclin. Le Gabon exploite aussi le bois et le manganèse, mais importe les quatre cinquièmes de ses denrées alimentaires. Malgré un PIB de 6 406 dollars par habitant, 62 % de sa population vit en dessous du seuil de pauvreté.

Gambie

Pays anglophone d'Afrique de l'Ouest, semi-enclavée à l'intérieur du Sénégal, la république de Gambie est réputée pour ses activités de contrebande et de trafics. Le sort de ces deux pays, étroitement lié, le fut davantage lors de leur intégration, de février 1982 à septembre 1989, au sein d'une Fédération de la Sénégambie.

D'une superficie de 11 300 kilomètres carrés, ce petit territoire se confond — sur 320 kilomètres de long — avec la vallée du fleuve Gambie —, une région qui, sous l'empire du Mali, entre le XIVe et le XVIIe siècle, abritait de petits États autonomes mandingues. L'arrivée des premiers Européens date de 1455, avec la création par les Portugais de comptoirs le long du fleuve Gambie pour organiser la traite des esclaves. Au XVIIe siècle, les colons français et anglais investissent la région. D'abord colonie britannique, la Gambie devient un protectorat dont les frontières sont tracées en 1883.

Dans les années 1950, le pays s'oriente vers l'autonomie politique. Le Dr Dawda Jawara, à la tête du People's Progressive Party (PPP), remporte les élections de 1962. Il est nommé Premier ministre. L'État gambien devient indépendant le 18 février 1965. La monarchie constitutionnelle est abolie par référendum en 1970, et la République est proclamée ; Dawda Jawara devient le premier président. Il gouverne le pays jusqu'au coup d'État de juillet 1994 mené par le lieutenant Yayah Jammeh.

Considéré comme un recul de la démocratie, ce putsch militaire est alors vivement dénoncé par le Commonwealth et l'Union européenne. Sous la pression internationale, Yayah Jammeh finit par organiser, en septembre 1996, des élections présidentielles qu'il remporte. La stabilité politique retrouvée, les apparences démocratiques sauvées, l'économie du pays reprend son souffle grâce au retour des touristes.

Ce secteur constitue officiellement la première source de devises pour le pays, même si l'économie gambienne repose encore largement sur l'agriculture qui représente près d'un quart du PIB (2,5 milliards de dollars). L'arachide, principale culture d'exportation, couvre près de la moitié des surfaces cultivables. La contrebande de produits manufacturés, rendus au port de Banjul, la capitale, avant d'être acheminés dans tous les pays de la sous-région, irrigue toutefois l'économie informelle gambienne et celle des pays voisins. En avril 2004, le Fonds monétaire international (FMI) relevait que les critères du programme de développement de la croissance et de la réduction de la pauvreté n'étaient pas respectés et s'est inquiété du haut degré de corruption de l'administration. Facilement réélu en 2001, mais devant affronter lors du scrutin prévu en 2006 une coalition d'opposition (une tentative de coup d'État ayant eu lieu en mars 2006), toute l'attention du président Y. Jammeh est désormais retenue par la découverte de gisements pétroliers. Il estime que l'or noir va sortir le pays et ses habitants de la pauvreté. D'après le Programme des Nations unies pour le développement (PNUD) (2004), avec 27 % de la population qui souffre de malnutrition, une espérance de vie de 53,9 ans, un très faible taux d'alphabétisation (37,8 % des 15 ans et plus), la Gambie demeure parmi les quinze pays les moins développés de la planète.

Ghana

Premier pays d'Afrique noire indépendant, le Ghana a été gouverné par deux grandes figures, Kwame Nkrumah et Jerry Rawlings. Après une ère économique « noire », il a retrouvé un certain équilibre, conforté au plan politique par une transition démocratique sans heurt. L'ancienne perle de la Gold Coast britannique peut envisager ainsi de tenir un rôle important et stabilisateur en Afrique occidentale, où le Ghana est entouré de pays francophones (à l'ouest la Côte d'Ivoire, à l'est le Togo et au nord le Burkina Faso).

D'une superficie de 238 540 kilomètres carrés — pour aujourd'hui près de 21 millions d'habitants —, le Ghana est drainé par les trois Volta réunies à l'est dans un immense lac qui s'écoule vers le golfe de Guinée au sud. Ses gisements aurifères en ont fait très tôt un lieu attractif aux confins des empires soudanais de l'or. Les Portugais y créent leur premier comptoir en 1482 ; la région devient le premier fournisseur d'or de l'Europe avant la découverte des richesses de l'Amérique latine ; aux XVIIe et XVIIIe siècles, le royaume Ashanti tient un rôle central dans le commerce de l'or et des esclaves. Après la chute de sa capitale, Kumasi, en 1873, la Gold Coast devient colonie britannique, l'une des plus prospères au début du XXe siècle : les Anglais construisent des chemins de fer pour exporter l'or, le manganèse, la bauxite et le diamant, et le pays est le premier producteur de cacao dès les années 1920 en Afrique. Mais son dynamisme se traduit aussi par une agitation des milieux intellectuels et de la presse, et son administration n'est pas aisée, poussant le colonisateur à accorder toujours plus d'autonomie à ce territoire où émerge dans les années 1950 la figure de Kwame Nkrumah.

Celui-ci fonde en 1949 le Convention People's Party (CPP). Arrêté en 1950, il est libéré et devient Premier ministre. La Gold Coast, première colonie d'Afrique à accéder à l'indépendance le 6 mars 1957, est rebaptisée Ghana en mémoire du prestigieux Empire ouest-africain. Nkrumah est élu président de la république le 1er juillet 1960 ; en 1963, sa formation, le CPP, devient parti unique. Surnommé l'*Osagyefo*, il entame une politique de grands travaux dans un contexte de baisse des cours du cacao, et son « socialisme africain » tourne au culte de la personnalité. À l'extérieur, il jouit toutefois d'un grand prestige : engagé dans le mouvement non aligné, il est aussi membre du Groupe de Casablanca qui réunit les pays progressistes, mais ses thèses panafricanistes sont rejetées lors de la création de l'Organisation de l'unité africaine (OUA) en 1963. Le soutien de Nkrumah à la Guinée de Sékou Touré lui vaut l'inimitié de la Côte d'Ivoire, chef de file du Conseil de l'Entente, et du Togo voisin où les Ewés acceptent mal leur partage entre les deux États. Il est renversé par les militaires en 1966, le pays entre dans une période d'instabilité.

Le 4 juin 1979, Jerry John Rawlings, un capitaine d'aviation de 32 ans, déclenche une révolution populaire. Apprécié des jeunes, il affiche son admiration pour Nkrumah le « Rédempteur », et veut « nettoyer » le pays de la corruption et du népotisme. Le « Flight Lieutenant » fait fusiller huit généraux, dont trois anciens présidents, puis remet le pouvoir aux civils en septembre à l'issue d'élections, pour revenir en décembre 1981 renverser le président Hilla Limann. Il reste onze ans à la tête du Conseil national provisoire de défense. Symbole à l'époque, avec Thomas Sankara, de ces jeunes chefs d'État africains progressistes et honnêtes qui inquiètent fort leurs coreligionnaires, il tient son pays d'une main ferme, dénonce à l'extérieur l'iniquité des rapports Nord-Sud, mais rétablit les liens avec la communauté internationale, appelée à la rescousse pour sauver le pays de la faillite économique : dans la décennie 1970-1980, l'économie ghanéenne s'est effondrée avec une monnaie nationale, le cedi, considérablement surévaluée, une production industrielle, minière et agricole en chute libre et une explosion des trafics, de la fraude et du marché noir où le cours du cédi est supérieur au cours officiel... de 5 000 % en 1982. C'est l'année où le Ghana engage un plan d'ajustement structurel dont les résultats restaurent la confiance et seront volontiers valorisés par les bailleurs de fonds, qui font du pays un « bon élève » de l'ajustement. En 1992, Rawlings réinstaure le multipartisme, mais conserve le pouvoir. Il est réélu en 1996 pour un ultime mandat, la Constitution lui interdisant désormais de se présenter. Après dix-huit ans à la tête du Ghana, l'une des figures les plus charismatiques de l'Afrique contemporaine quitte le pouvoir le 7 décembre 2000.

À 63 ans, John Kufuor lui succède sans heurt. Cet industriel ashanti affilié à la tendance « anti-nkrumahiste » doit gouverner un pays divisé sur l'héritage laissé par Rawlings. Il met en place en 2002 une commission Vérité et Réconciliation sur le modèle sud-africain, réhabilite les chefs d'État exécutés en 1979 et accueille avec les honneurs la veuve de Nkrumah. Dans une région agitée par les conflits, son sens de la diplomatie est apprécié au sein de la Communauté économique des États d'Afrique de l'Ouest (CEDEAO), où il gagne de plus en plus d'influence. À la veille de sa réélection, en 2004, il affichait un bilan économique plutôt positif. Le pays avait profité de l'embellie des cours de l'or et du cacao — et de la crise du voisin ivoirien. Le volume de croissance du PIB, tiré par l'agriculture, était estimé à 5,8 % en 2004. Toutefois, l'économie connaît de grandes faiblesses structurelles, restant peu diversifiée (80 % des ressources viennent du cacao, de l'or et du bois). L'endettement est considérable, et son PIB de 290 dollars par habitant situe le Ghana à un niveau inférieur aux moyennes régionales.

Grands Lacs

L'Afrique des Grands Lacs, située à la charnière de l'Afrique centrale, de l'Afrique orientale et de l'Afrique australe, est depuis le milieu des années 1990 l'une des régions les plus instables du continent : la multiplication des foyers de guerres et des violations des droits de l'homme, ainsi qu'une situation humanitaire critique apparaissent comme les conséquences à long terme du génocide rwandais et de la chute, en 1997 au Zaïre (devenu la république démocratique du Congo), du régime du maréchal Mobutu.

Entre 3,5 et 4 millions de morts (70 % d'entre eux victimes de la situation sanitaire) comptabilisés entre 1998 et 2005 dans la république démocratique du Congo (RDC), 300 000 au Burundi, 800 000 au Rwanda : le bilan humain depuis une décennie est très lourd, et les droits de l'homme sont régulièrement bafoués dans la région, particulièrement à l'est de la RDC. En 2003, en dépit de la stabilisation des actes de guerre, une recrudescence des actes d'atrocité y a encore été observée : abus sexuels et viols, enlèvements, torture, détentions et exécutions arbitraires, pillages, massacres de populations civiles... La guerre a provoqué l'effondrement des systèmes de santé et d'hygiène déjà en mauvais état dans les différents pays de la région, entraînant notamment la réapparition de maladies endémiques et d'épidémies ; la multiplication des conflits et l'omniprésence de forces armées ont entravé les activités agricoles dans plusieurs régions de la RDC, entraînant une grave insécurité alimentaire. Selon une étude publiée début 2006 par la revue britannique *The Lancet*, 38 000 décès supplémentaires étaient enregistrés chaque mois en raison de cette situation.

Les conflits ont aussi provoqué de vastes déplacements de population. Au Burundi, un million de personnes ont été obligées de quitter leurs quartiers et villages depuis le début de la guerre civile. Plus de 600 000 d'entre elles s'étaient réfugiées en Tanzanie, devenu un des premiers pays au monde pour l'accueil de réfugiés (en 2004, on comptait encore 350 000 Burundais dans les camps tanzaniens). En république démocratique du Congo, la province du Sud-Kivu comptait environ 450 000 déplacés internes et 150 000 réfugiés en Tanzanie. En 2003, on estimait à 3,4 millions le nombre total de déplacés en RDC.

La crise ouverte en 1998 a impliqué le Burundi, la république démocratique du Congo (ex-Zaïre), l'Ouganda et le Rwanda — mais aussi leurs voisins immédiats (Congo-Brazzaville, Angola, Centrafrique) ainsi que l'Afrique du Sud et la communauté internationale. À la suite du génocide de 1994 au Rwanda (800 000 à un million de morts) s'est réveillé le spectre d'un éclatement de la république démocratique du Congo, pays le plus vaste et potentiellement le plus riche de cette zone. Le territoire congolais a servi de champ de bataille aux forces armées de six pays africains, sans compter les incursions burundaises, et la présence sur le terrain de miliciens *Interahamwe*, auteurs du génocide au Rwanda, d'ex-FAR (Forces armées rwandaises) et de rebelles ougandais.

L'Angola, le Zimbabwe et la Namibie, avec le bref passage d'un contingent tchadien armé par la Libye, s'étaient retrouvés aux côtés du président Laurent-Désiré Kabila, lorsque celui-ci a conquis en 1997 le pouvoir à Kinshasa, avec l'aide de Kigali et de Kampala. Le soutien angolais était une conséquence directe de la guerre froide : pour Luanda, l'objectif principal était le renversement du régime de Mobutu Sese Seko, accusé d'appuyer les rebelles angolais de l'UNITA de Jonas Savimbi.

Très vite, on a assisté à des renversements d'alliances, Rwandais et Ougandais s'étant rangés du côté de la rébellion du RCD Goma (Rassemblement congolais pour la démocratie) et du MLC (Mouvement de libération du Congo) de Jean-Pierre Bemba qui avaient pris les armes contre Kabila dans l'est et le nord du pays. En janvier 2001, Laurent-Désiré Kabila était assassiné à Kinshasa, son fils Joseph lui succédant à la tête de l'État.

Pour le Rwanda, c'était la disparition d'un allié devenu encombrant : il était reproché à Laurent-Désiré Kabila de tolérer, voire même d'aider les *Interahamwe* opérant dans les zones frontalières du Nord et du Sud-Kivu, tout en se donnant un profil de nationaliste réclamant le retrait des troupes étrangères qu'il accusait de piller les ressources du pays. Ces accusations de pillage en RDC, notamment par le Rwanda et l'Ouganda, ont été mises en évidence par les enquêtes des experts de l'ONU. Ils ont également accusé le Zimbabwe, des responsables congolais et des trafiquants internationaux de se livrer au détournement systématique de la production de diamants, d'or, de cobalt et de coltan — un minerai servant à la fabrication des téléphones portables et d'autres applications de haute technologie.

De leur côté, les autorités de Kigali montraient une préoccupation majeure : maintenir des zones de sécurité à leur frontière pour empêcher toute incursion des éléments hostiles. L'Ouganda, proche allié du Rwanda à l'époque, tenait aussi à se protéger contre sa propre rébellion interne, accusant les groupes armés concernés d'utiliser la RDC comme « sanctuaire » et base arrière.

Le facteur économique constitue un volet majeur de la crise. La république démocratique du Congo, avec ses 2,5 millions de kilomètres carrés, est un colosse au plan continental (c'est le troisième État africain), mais aussi un gisement de richesses naturelles, minières et hydrauliques. Le Katanga était naguère surnommé le « coffre-fort » du Zaïre, tant il regorge de ressources minières (cuivre, zinc, cobalt, étain, manganèse, or, argent, uranium et autres minerais rares). C'est un énorme enjeu économique et stratégique. La faible densité de population au Congo, ainsi que les difficultés de communication ont contribué à aiguiser les convoitises : sous le président Mobutu, les deux guerres du Shaba avaient déjà fait resurgir au milieu des années 1970 le spectre d'une dislocation du pays, voisin de neuf États. Mise à mal par trente années de dictature — marquées par l'inflation, la corruption et le népotisme, puis par les conflits —, l'économie congolaise est aujourd'hui exsangue, avec un revenu annuel moyen par habitant de 80 dollars...

À ses côtés, le Rwanda, l'Ouganda et le Burundi sont parmi les pays les plus pauvres du monde. Le Rwanda, avec une population estimée à 9 millions de personnes, entassées sur les collines qui constituent la plus grande partie d'un territoire national exigu, doit plus que jamais compter sur l'aide internationale pour poursuivre sa croissance et ses réformes économiques entamées en 1994, après le traumatisme du génocide. La production agricole ne couvre que les quatre cinquièmes des besoins alimentaires d'un pays qui a été durement frappé par la baisse, depuis la fin des années 1980, des cours mondiaux du café et du thé, ses principaux produits d'exportation. La pression démographique très élevée — avec une croissance moyenne de 6 % entre 1996 et 2002 — explique la recherche d'espace vital au-delà de la frontière avec l'actuelle RDC.

Le principal facteur de conflit dans la région réside sans doute dans ces contrastes démographiques : près de 300 habitants au kilomètre carré au Rwanda, contre 26 en république démocratique du Congo. Et dans la difficulté à instaurer un système de relations régionales. Les experts de l'ONU, commentant en 2003 le pillage des ressources de la RDC, ont considéré que Kinshasa devait d'abord asseoir son autorité à travers l'ensemble du pays et rompre avec les pratiques du passé marquées par la corruption : « Faute d'un gouvernement central fort et démocratiquement élu qui ait le contrôle de son territoire, l'exploitation illégale [des ressources] se poursuivra et continuera d'engendrer et d'attiser les conflits dans la région, au détriment du peuple congolais, qui endure des souffrances excessives depuis trop longtemps », avaient estimé ces experts.

Ce point de vue est partagé par de nombreuses organisations non gouvernementales, dont la britannique Global Witness, qui estimait en septembre 2004, dans un rapport intitulé *Ruée et ruine : le commerce dévastateur des minerais dans le sud du Katanga*, que des millions de dollars disparaissaient dans la ruée vers le cobalt au Katanga, au sud-est de la RDC, région où il n'y avait pas de combats. On évoque aussi l'existence de réserves pétrolières jugées « fabuleuses » dans l'extrême nord-est de la RDC, surtout dans le district de l'Ituri, près de la frontière avec l'Ouganda.

Ces différents enjeux ont constamment interféré dans les efforts de résolution de la crise. La dynamique de paix — permettant de mettre en application l'accord de cessez-le-feu de Lusaka signé en 1999 — ne s'est mise véritablement en branle qu'en 2002, après le déploiement de la Mission d'observation des Nations unies en RDC (MONUC), qui totalisait sur le terrain, fin 2005, quelque 16 700 militaires, ainsi que du personnel civil. Après avoir obtenu le retrait des troupes étrangères, les négociations entre factions — le Dialogue intercongolais — avaient débouché sur l'« accord de paix inclusif » de Sun City (Afrique du Sud) : la légitimité de ce processus avait été contestée, dans la mesure où il favorisait les ex-belligérants. Le gouvernement de transition devait ensuite préparer une nouvelle Constitution et des élections qui, initialement prévues en juillet 2005, ont été reportées d'un an.

Guinée

La Guinée, « maillon faible » de l'Afrique de l'Ouest francophone, n'en finit pas de digérer le lourd héritage politique de Sékou Touré, avec un régime politique considéré comme spécialement arriéré, tandis que l'économie demeure un modèle de non-gestion et de gaspillage, eu égard aux énormes ressources naturelles du pays.

État côtier voisin de la Guinée-Bissau, du Sénégal, du Mali, de la Côte d'Ivoire, du Liberia et de la Sierra Leone, la Guinée (245 857 km^2) compte quatre ensembles naturels dotés chacun d'atouts géographiques : la basse Guinée, plaine littorale marécageuse traversée de fleuves et découpée d'estuaires ; la moyenne Guinée, domaine du massif du Fouta-Djalon, qualifié de « château d'eau » de l'Afrique occidentale ; la haute Guinée, zone de savanes soumise au climat soudanien ; et la Guinée forestière, au sud-est, au climat subéquatorial, où s'élève un autre massif montagneux où culmine le mont Nimba (1 750 m).

La Guinée d'aujourd'hui a fait partie des grands ensembles du Ghana (XIIe siècle) et de l'empire du Mali (XIVe siècle) dont le cœur se trouvait à Niani, proche de la région de Siguiri et de ses riches gisements aurifères. D'autres royaumes lui succèdent, tel l'État théocratique peul des Alfaya et Soriya au XVIIIe siècle, et au XIXe siècle El Hadj Omar unifie à partir du Fouta Toro (région du fleuve Sénégal) un vaste domaine sous la loi islamique ; également voué au *djihad* (guerre sainte), Samory Touré forme à son tour dans les années 1880 un empire islamique, avant d'être défait par les Français. Il est arrêté en 1898 et déporté au Gabon, demeurant comme la grande figure de légende de la Guinée. Celle-ci devient l'une des plus riches colonies françaises, où l'on pratique les cultures agricoles d'exportation, et plus tardivement l'exploitation des mines (diamant, fer et bauxite).

La Guinée indépendante s'inaugure avec un coup d'éclat : le leader nationaliste Ahmed Sékou Touré, jeune syndicaliste et leader du Parti démocratique de Guinée (PDG), député au Parlement français (1956), dit « non » au projet d'intégration dans la Communauté franco-africaine, proposé par le général de Gaulle. C'est la stupéfaction côté français, où l'on accorde aussitôt une indépendance pleine de ressentiment. L'administration est démantelée, l'aide française est suspendue, et Sékou Touré a beau insuffler un volontarisme d'inspiration socialiste, l'économie du pays s'effondre dans un climat politique tendu, où le chef de l'État se laisse gagner par la hantise du complot et lance de grandes épurations. C'est le règne de la terreur qui pousse à l'exil plusieurs centaines de milliers de personnes, illustré par les sinistres geôles du Camp Boiro dont on ne connaîtra toute l'horreur qu'à la mort de Sékou Touré, en 1984.

Le colonel Lansana Conté lui succède au pouvoir. Le régime reste contrôlé par l'armée et l'arbitraire domine, même si un timide processus de démocratisation est engagé en 1990, avec l'adoption d'une Constitution restaurant le multipartisme. L'opposition, illustrée notamment par quelques leaders rentrés d'exil, comme le très actif Alpha Condé, fondateur du Rassemblement du peuple de Guinée (RPG), n'échappe pas au fort clivage ethnique qui détermine désormais la vie politique, dans un climat de contestation qui s'envenime à chaque scrutin électoral. Pourtant en très mauvaise santé, le président Conté est réélu en 2003 lors d'un scrutin boycotté par l'opposition, mais la Guinée fait dès lors figure de pays « sous assistance médicale permanente », à l'image du pouvoir. Elle a également souffert des guerres civiles en Sierra Leone (1991-2002) et au Liberia (1989-2003) qui ont conduit sur son territoire plusieurs centaines de milliers de réfugiés. Sous la menace d'une décomposition, le pays semble la proie d'une histoire « suspendue » depuis Sékou Touré, héros sanguinaire qui condamna les Guinéens à « vivre dans l'inconscient d'un fou » (Michel Galy, in *Le Monde diplomatique*, décembre 2003).

Lanterne rouge de tous les palmarès en matière de pauvreté, la Guinée est aussi un scandale économique : elle possède un sous-sol exceptionnellement riche en minerais (or, diamant, fer...), détient plus d'un tiers des réserves mondiales de bauxite, occupant le troisième rang mondial pour sa production. Le secteur minier représente 15 à 20 % du PIB et 85 % des exportations du pays. Malgré ces richesses et un fort potentiel hydroélectrique, la Guinée, qui compte près de 8 millions d'habitants, a l'un des plus faibles revenus par habitant du monde (430 dollars en 2004), avec un taux de chômage estimé entre 30 et 40 %, et une paupérisation qui s'aggrave d'année en année. Les infrastructures de base (eau, électricité, télécommunications, transports) sont insuffisantes ou en mauvais état, tandis que la monnaie est régulièrement dévaluée. Le secteur informel représenterait 65 à 85 % du PIB — qui est tout juste équivalent à celui de la Guinée-Équatoriale avec une population seize fois moindre. Les relations de la Guinée avec ses bailleurs de fonds sont difficiles, en raison de la gestion calamiteuse des finances publiques et de la mauvaise réputation du pays en matière de gouvernance. Ainsi en 2002, l'Union européenne, le Fonds monétaire international (FMI) et la Banque mondiale suspendaient leurs décaissements. En janvier 2005, le Fonds mondial contre le sida annonçait l'arrêt de ses financements, le ministère de la Santé n'ayant pas justifié l'utilisation de plus d'un million de dollars accordés depuis décembre 2003.

Guinée-Bissau

Pays lusophone rendu célèbre pour sa lutte anticoloniale menée par Amilcar Cabral, la Guinée-Bissau traverse depuis 1997 une durable crise politico-militaire. Bordé au sud et à l'est par la Guinée, au nord par le Sénégal, le pays possède une large façade atlantique face aux îles Bijagos. Sans relief et marécageux, ce petit pays de 36 120 kilomètres carrés est sillonné par des rivières aux estuaires profonds en partie navigables.

En 1446, les Portugais abordent ses côtes qui restent sous le contrôle du royaume de Gabou jusqu'au XVIIe siècle. La traite des esclaves vers l'Amérique s'effectue depuis l'archipel du Cap-Vert. Elle est ensuite relayée sur place par des trafiquants espagnols, les *grumetes*. La colonie de Guinée portugaise est créée en 1879 mais sa pénétration, lente et difficile, ne s'achève qu'en 1936 au prix de nombreuses révoltes sanglantes, menées par les Balantes et les Mandjaks, cousins des Diola de Casamance (Sénégal), et par les populations urbaines. Les villes, concentrées à l'ouest, abritent le tiers de ses 1 500 000 habitants, et Bissau, la capitale, est la principale place commerciale et industrielle.

En 1956, Amilcar Cabral, un métis capverdien, crée le Parti africain pour l'indépendance de la Guinée et du Cap-Vert (PAIGC), un mouvement nationaliste lié à ceux de l'Angola et du Mozambique. Il entame en 1963 une guérilla anticoloniale. Huit ans plus tard, la Guinée-Bissau accède à l'indépendance, reconnue par le Portugal en 1974, après la révolution des Œillets qui met fin à la dictature salazariste. Luís Cabral prend la tête du pays, après l'assassinat de son frère, l'année précédente à Conakry. En novembre 1980, il est renversé par un autre leader du PAIGC. Joao Bernardo Vieira, dit Nino, exclut les Capverdiens et les métis du parti et prend ses distances avec les Cubains et les Soviétiques.

Après quatorze ans de pouvoir sans partage, il est élu de justesse lors de la présidentielle de 1994. En 1997, le pays entre dans la zone franc. Mais tout bascule en 1998, quand Nino limoge son chef d'état-major, Ansumane Mané, coup d'envoi d'une rébellion armée qui donne lieu à l'envoi de troupes sénégalaises et guinéennes, dépêchées par l'Organisation de l'unité africaine (OUA) pour aider le président Vieira. Celui-ci s'exile au Portugal après onze mois de combats, des centaines de morts, et d'incessantes médiations régionales et internationales. Fin 1999, le général Mané accepte la tenue d'élections et l'opposant Kumba Yala est élu démocratiquement en janvier 2000. En novembre, Mané tente un coup d'État ; il est abattu par les forces loyalistes. Cette valse politico-militaire achève de mettre à genoux l'économie du pays, essentiellement rurale. Outre les rizières en friche et les ressources halieutiques pillées, la noix de cajou — 90 % des recettes d'exportation — souffre de la contrebande.

Avec une dette extérieure de 699 millions de dollars, et près de 90 % de la population qui vit avec moins de 1 dollar par jour, le régime est très critiqué, et fin 2003 Kumba Yala est renversé par le général Verissimo Seabra Correia, tué à son tour un an plus tard. Un régime de transition s'instaure, qui organise en juin et juillet 2005 de nouvelles élections avec l'appui de l'ONU. Elles sont remportées par Nino Vieira, face au candidat du PAIGC, la communauté internationale espérant que ce retour de l'ancien président instaure à nouveau la stabilité. En mars 2006, l'armée bissau-guinéenne a entrepris de démanteler dans le nord du pays les bases arrière d'un des groupes du MFDC, le mouvement indépendantiste casamançais.

Guinée-Équatoriale

Un demi-million d'habitants et un produit intérieur brut de près de... 3 milliards de dollars (en 2003) : depuis le milieu des années 1990, l'exploitation du pétrole a transformé la physionomie de la Guinée-Équatoriale. Ce petit pays hispanophone du golfe de Guinée est composé d'une zone continentale, avec Mbini ou le Río Muni, qui abritent les quatre cinquièmes de la population ainsi que Bata, le port le plus important du pays. La partie insulaire comprend l'île volcanique de Bioko (2 017 km^2), située à une soixantaine de kilomètres du port camerounais de Douala, où est installée la capitale, Malabo, ainsi que l'île d'Annobon (17 km^2).

Fréquentée d'abord par les Portugais au cours du XVe siècle, la Guinée-Équatoriale est finalement revenue à l'Espagne en 1778. En 1856 naît la Guinée espagnole. Le 12 octobre 1968, elle devient un État indépendant avec Francisco Macías Nguema à sa tête. Celui-ci instaure rapidement un régime de parti unique autoritaire et violent, multipliant arrestations et assassinats. On estime qu'environ un tiers de la population a fui le pays sous sa présidence. En 1979, un de ses neveux,

Teodoro Obiang Nguema Mbasogo, le renverse. La nature de son régime ne diffère pas cependant de celui de son prédécesseur. Une timide ouverture démocratique est observée en 1991 avec l'instauration du multipartisme. Entre-temps, le pays a été admis dans la zone franc (1985) ainsi qu'au sein de l'Organisation intergouvernementale de la francophonie (1989), manifestant une volonté de rompre son isolement diplomatique.

Candidat unique du Parti démocratique de Guinée-Équatoriale (PDGE), Obiang Nguema est élu président de la République en 1996 avec 97 % des voix. En 2002, il obtient un score tout aussi massif. Mais le climat politique reste tendu : depuis 2004, des rumeurs de tentatives de coup d'État agitent le pouvoir ; un tribunal a condamné en 2005 les responsables d'une opération montée par des mercenaires sud-africains au profit d'un opposant en exil. Des ressortissants des pays voisins font régulièrement l'objet de mesures d'expulsion.

Longtemps classé parmi les plus pauvres d'Afrique, le pays connaît depuis les années 1990 des taux de croissance annuels stupéfiants (26,6 % en 2004...), grâce au pétrole exploité depuis 1992. En l'espace de quelques années, la Guinée-Équatoriale est même devenue le troisième producteur de brut d'Afrique subsaharienne, derrière le Nigeria et l'Angola, avec 129 millions de barils en 2004. Les *majors* pétrolières américaines y opèrent : Exxon-Mobil, Halliburton, Chevron Texaco, Marathon Oil « bénéficient des dispositions fiscales et financières les plus avantageuses de la région », a pu relever le Fonds monétaire international (FMI), tandis que leur personnel vit dans des enceintes protégées. Une ambassade a été ouverte en 2003, en dépit des protestations des organisations de défense des droits de l'homme. Mais le président Nguema, qui plaçait une partie de ses revenus du pétrole à la Riggs, la banque des diplomates de Washington, a préféré fermer ses comptes en 2004, à la suite d'une enquête de sénateurs américains sur l'« argent sale ».

La forte croissance économique a peu de répercussions sur les conditions de vie de la majorité de la population. La moitié des enfants de moins de 5 ans sont sous-alimentés, et les deux tiers des Équato-Guinéens vivent toujours en dessous du seuil de pauvreté, tandis que l'industrie reste peu développée. La gestion et le partage équitable des revenus du pétrole, le respect des droits de l'homme et du jeu démocratique sont les grands défis que ce régime devra relever, s'il veut éviter que les tensions observées au sein de la population ne s'aggravent.

Houphouët-Boigny (Félix)

Lorsque Félix Houphouët-Boigny disparaît, le 7 décembre 1993, la Côte d'Ivoire est une puissance déjà très affaiblie. Au plan économique, la prospérité à laquelle le « père de l'indépendance » a voué tous ses efforts a vécu : fondée sur les exportations de matières premières (café et cacao essentiellement), la dynamique de croissance s'est brisée sur la dérégulation internationale et la chute des cours. De manière significative, le « président-planteur », selon la formule en vigueur, a perdu son ultime combat contre les forces du marché quelques années auparavant : le gel des exportations de cacao (couplé à la décision de suspendre le remboursement de la dette), décidé dans l'espoir de rehausser les prix, a été un échec complet et la Côte d'Ivoire a dû se résoudre à réduire le prix payé aux producteurs, mutation aux conséquences sociales et symboliques considérables. Le gouvernement d'Alassane Ouattara (1990-1993) a eu pour tâche de gérer la récession, marquée par une forte augmentation du déficit budgétaire (11 % en 1993). L'année qui suit est marquée par la dévaluation du franc CFA, signe évident qu'une époque est révolue, — celle où la Côte d'Ivoire faisait figure de moteur de la croissance ouest-africaine.

La scène politique a elle aussi changé, et la fin du règne d'Houphouët-Boigny est caractérisée par un processus d'effritement de la légitimité du régime. Sa force venait de la prospérité relative de l'économie et d'un système de redistribution des ressources dont toute la construction remontait au chef de l'État. La paupérisation de la population ivoirienne correspond à une montée des revendications sociales et politiques en Afrique, auxquelles la Côte d'Ivoire répond à contretemps : si les partis politiques sont reconnus en 1990, la nature du régime reste autoritaire, et les crises récurrentes (manifestations étudiantes notamment) sont réprimées sans que le système politique évolue. Sa résistance tient en grande partie à la stature symbolique du « Vieux » qui réussit à étouffer toute initiative dans son propre camp, en marginalisant une opposition politique fragile. Alors que l'ensemble de l'Afrique francophone a connu entre 1989 et 1993 des mutations politiques et institutionnelles importantes, la Côte d'Ivoire donne une image de pays bloqué.

Dès lors, rien de très étonnant à constater que la disparition de Félix Houphouët-Boigny entraîne *ipso facto* une crise de régime. La bataille pour la succession entre Henri Konan Bédié et Alassane Ouattara semble avoir été résolue en quelques heures avec l'accession du président de l'Assemblée nationale à la tête de l'État. Mais elle continue en fait à se jouer les années suivantes. Disposant d'une faible assise politique, Konan Bédié — longtemps perçu comme un prétendant secondaire face aux « barons » du PDCI, le vieux parti d'Houphouët — s'arc-boute sur la question de l'« ivoirité » pour mieux déclasser son adversaire toujours menaçant et réaliser un consensus autour de son pouvoir. Ce combat des chefs creuse des antagonismes communautaires déjà latents qui font bientôt de la construction nationale voulue par son prédécesseur un champ de ruines. Quant à l'économie, dopée artificiellement par la dévaluation, elle a poursuivi une dégradation qui soumet à des conditions de vie de plus en plus difficiles une population ivoirienne qui trouve son exutoire dans les divisions et la xénophobie.

À bien des égards, l'histoire de Félix Houphouët-Boigny a des aspects légendaires : les mystères entretenus autour de son origine qui laissent entrevoir une filiation quasi mythique, son parcours syndicaliste et politique exemplaire, le dynamisme qu'il imprime au mouvement d'émancipation ayant donné naissance au Rassemblement démocratique africain (RDA), son rôle éminent en tant que député de la IVe République française où il s'illustre avec l'adoption de la loi d'abolition du travail forcé, enfin l'habileté politique qu'il montre dès les débuts de la République ivoirienne pour éliminer toute forme de contestation et instaurer un mode de gouvernement original, entre autoritarisme et dialogue, tout cela indique assez que le fondateur de la Côte d'Ivoire moderne s'était forgé un rôle à sa mesure, qui reposait sur des fondements symboliques forts, la pérennité en étant assurée par la prospérité économique. Mais aussi par cette volonté constante d'entretenir une fusion d'intérêt entre la France et la Côte d'Ivoire.

Un rôle à sa mesure... qui à vrai dire ne pouvait guère être endossé par d'autres et a conduit pour mieux s'épanouir à vider la politique ivoirienne de ses ressources humaines, des premiers grands « complots » de la République dans les années 1960 aux autres opérations de nettoyage menées dans les allées du pouvoir. La gestion essentiellement patriarcale qui fut celle de la Côte d'Ivoire pendant les années Houphouët n'a pas permis non plus une normalisation institutionnelle qui aurait permis de construire un État de droit. La plupart des graves questions qui forment le fond de la crise ivoirienne n'ont trouvé depuis l'indépendance aucun début de réponse, qu'il s'agisse du problème foncier, du problème de la nationalité, ou même de la question économique : extravertie à l'excès, l'économie ivoirienne a été largement « régulée » sur le mode informel, par la mise à contribution de la « caisse noire » du cacao-café. Enfin, si Houphouët fut l'ardent théoricien de la nation ivoirienne et de son intégration harmonieuse, il n'a cessé d'encourager un régionalisme rampant qui est resté dans toutes les têtes.

Il ne manque pas de nostalgiques de l'époque Houphouët, qui peuvent évoquer la mystique de la construction nationale, l'équipement du pays, son consensus social, sa culture de « paix ». Mais le système était bâti autour d'un homme qui n'entendait rendre de comptes qu'à... Dieu, dans un face-à-face qu'illustre assez bien l'outrecuidance architecturale de la basilique édifiée à Yamoussoukro, village natal d'Houphouët érigé au rang de capitale politique. Même l'alchimie très spéciale dans les relations avec la France était son œuvre personnelle : si les concessions de souveraineté ont été grandes dans la Côte d'Ivoire de l'époque, il fallait toute l'autorité morale du chef de l'État pour faire passer cette alliance comme stratégie d'équilibre. Là est la cartographie historique de la Côte d'Ivoire : un homme seul a donné à ce pays friable une dimension nationale qui restera, après lui, à reconstruire.

Indépendances

La vague des indépendances africaines ne se résume pas à l'année 1960, même si à cette date dix-huit nouveaux États sont nés, dont la totalité des ex-colonies françaises d'Afrique noire, et Madagascar. Ainsi le Maroc était, après la fin du protectorat français, indépendant depuis 1956, de même que la Tunisie, cependant que se poursuivait la guerre d'indépendance en Algérie.

La Grande-Bretagne avait concédé l'indépendance au Ghana dès 1957, mais ne s'est retirée de Rhodésie qu'en 1965, lorsque le régime blanc a fait sécession — comme ce fut le cas dès 1960 pour le régime sud-africain. Le Zimbabwe n'a accédé à une véritable indépendance (reconnaissance des droits de la majorité noire) qu'en 1980, et l'Afrique du Sud en 1994, avec les premières élections multiraciales, et l'élection de Nelson Mandela à la présidence. L'indépendance de l'île Maurice n'a été acquise qu'en 1967 et celle des Seychelles en 1976, celle de Djibouti en 1977. Les colonies portugaises n'ont accédé à la leur qu'en 1974 (Guinée-Bissau) et 1975 (Angola, Mozambique), à la suite de guerres de libération.

Sur la lancée de la naissance du Mouvement des Non-Alignés, des conférences panafricaines, et du grand mouvement d'émancipation des peuples dont l'Organisation des Nations unies (ONU) se faisait l'écho, les premières indépendances, notamment celle du Ghana — avec à sa tête Kwame

Nkrumah, Premier ministre, puis président en 1960 —, ont été accueillies avec enthousiasme par un continent noir qui sentait le vent tourner.

Dans les anciennes Afrique-Occidentale et Équatoriale françaises, le passage de témoin s'est opéré sans convulsions, à l'exception du « non » de la Guinée de Sékou Touré, qui avait proclamé son indépendance dès 1958. Après un régime de large autonomie dans le cadre de la loi-cadre (1956), la proclamation de la république (1958) se voulait l'antichambre d'une indépendance (1960) considérée comme une évolution plus qu'une véritable rupture. L'encadrement institutionnel, militaire, économique et social des nouveaux États — résumé par le changement de casaque de l'administrateur colonial, devenu « coopérant » — permettait à l'ancienne métropole de se féliciter d'être ainsi « partie pour mieux rester », après la tentative avortée du général de Gaulle pour maintenir l'ensemble de ses anciennes colonies au sein d'une éphémère Communauté franco-africaine.

Si l'on distingue le plus souvent entre les indépendances « octroyées » (comme c'est le cas dans la majorité des ex-colonies françaises) et « conquises » (les ex-portugaises, une partie des ex-britanniques, et la Guinée-Conakry), certains historiens préfèrent une distinction plus fine entre indépendances négociées (comme au Sénégal) ou acquises (Ghana). Sans omettre le cas où ces processus d'indépendance ont été précédés de mouvements populaires ou de luttes armées (ex-Congo belge, Madagascar, Cameroun, Kenya).

Les lendemains d'indépendance ont été marqués par des rêves de recomposition ou de réunification, certains réussis (Tanzanie, Cameroun), ou avortés (Somalie). Par des tentatives d'union régionale, le plus souvent sans lendemain (Fédération du Mali, Conseil de l'Entente, Sénégambie). Ou par des pulsions séparatistes (Nigeria, Congo) auxquelles l'Organisation de l'unité africaine (OUA) a mis le holà en décidant en 1964 le maintien des anciennes frontières coloniales.

Tous ont dû, à des stades divers, relever le défi de la construction d'un État national : le choix des institutions (la voie parlementaire, dictée par les anciens colonisateurs, ayant vite montré ses limites) ; le partage des prérogatives entre le pouvoir central et l'administration locale ; la question de la laïcité (délicate à régler dans les pays musulmans de la bande sahélienne), etc.

L'indépendance eut ses « martyrs », comme Patrice Lumumba, Premier ministre congolais, aussitôt assassiné, ou Nelson Mandela, « le plus long prisonnier politique de l'histoire ». Elle a eu ses « pères », tranquilles ou sévères, comme Félix Houphouët-Boigny (Côte d'Ivoire), Philibert Tsiranana (Madagascar), Léopold Sédar Senghor (Sénégal), Jomo Kenyatta (Kenya) ou Julius Nyerere (Tanzanie). La plupart de ces dirigeants au statut de héros régentèrent leur pays selon un régime de parti unique de fait, sinon de droit : Cameroun, Congo, Mali, Guinée, Haute-Volta, Togo, Ghana... Au total, dix-huit pays étaient dans ce cas au début des années 1980, ou avaient dû céder les rênes aux militaires (quinze pays).

Le Tanzanien Julius Nyerere avait été un des premiers chefs d'État à regretter que la plupart des pays du continent ne disposent que de l'« indépendance du drapeau », jugée formelle ou étroitement politique, alors que les leviers de l'économique et du social continuaient à leur échapper. D'où la revendication d'une « seconde indépendance », orchestrée dans la rue ou les couloirs des instances internationales, qui reste à l'ordre du jour, plus de quarante ans plus tard : vision dont on trouve un écho dans le slogan de la « Renaissance africaine », cher au dirigeant sud-africain Thabo Mbeki.

Informel

L'« informel » est roi en Afrique. Il est un paysage familier de la vie urbaine, où petits vendeurs ambulants, boutiques « par terre » et autres systèmes de vente plus ou moins éphémères donnent son visage sans doute le plus réaliste à une économie dont on assure, autrement, qu'elle serait depuis longtemps en faillite. L'informel, c'est le marché Sandaga à Dakar, ou plutôt ses abords colorés et tonitruants, ce sont les « petits boulots » qui fleurissent à chaque coin de rue, c'est une animation permanente qui ignore les horaires régulés, l'ordre et la... taxe. Mais c'est aussi toute une économie souterraine, qui alimente de vrais trafics, entre simple « débrouille », créativité débridée et grands brassages d'affaires qui, s'ils échappent à l'État, jouissent aussi d'une influence notable sur ses représentants.

L'expression « secteur informel » a été utilisée pour la première fois, en 1972, par le Bureau international du Travail. Elle désigne toutes les petites entreprises artisanales commerciales dépourvues de statut légal, qui se caractérisent par un faible capital, une main-d'œuvre peu qualifiée, des revenus relativement bas et irréguliers, et fonctionnent sans considération de la législation du travail. En général, il s'agit de petits métiers relevant du tertiaire : l'artisanat, le commerce ambulant, les petits emplois de la rue, le travail itinérant...

Sur le continent africain, le secteur informel s'est considérablement développé depuis les années 1970 avec l'apparition des crises économiques et la croissance urbaine. Aujourd'hui, même s'il est difficile d'établir des statistiques à son sujet, on estime qu'il occupe environ deux tiers des citadins qui travaillent et 60 % de la population active. Tous ceux, notamment, qui ont dû quitter la fonction publique, en application des plans d'ajustement structurel à partir des années 1980, y ont trouvé une solution de rechange à la perte de leur emploi.

Ce secteur d'activité donne également de plus en plus la possibilité à une grande partie de la classe moyenne, confrontée à la détérioration progressive de son niveau de vie, de compléter ses revenus « officiels ». Bien souvent, il constitue aussi la seule opportunité de travail pour les jeunes non scolarisés. Mais s'il permet aux États de résorber en partie — et à peu de frais ! — leur chômage, le secteur informel représente aussi un manque à gagner fiscal important. Ce type d'activités est parfois en concurrence avec le secteur formel : c'est le cas du commerce de friperie qui prive les fabriques textiles locales d'une partie de leur clientèle.

Après avoir cherché dans un premier temps à freiner l'expansion du secteur informel, les États et les organisations internationales cherchent désormais à faciliter son intégration progressive dans l'économie et les institutions nationales, afin d'améliorer ses performances et la protection sociale de ses employés. Depuis le début des années 1990, la mise en place de programmes de micro-financements pour soutenir ces très petites entreprises est ainsi devenue courante.

Le concept de secteur informel continue cependant de donner lieu à des interprétations très diverses. Si certains voient en lui l'expression, par son absence de règles, de la concurrence parfaite, d'autres le considèrent plutôt comme le vestige peu viable d'un monde archaïque dont il faut encourager l'entrée dans la logique capitaliste. Pour d'autres, au contraire, il est le lieu où se construit une autre rationalité que celle, purement économique, des entreprises classiques : avec lui se manifestent des modes de production et de consommation qui privilégient le lien social, par rapport à l'échange marchand.

Pour les tenants de cette vision — qui soulignent par ailleurs que les deux systèmes s'imbriquent et peuvent être complémentaires —, il n'est pas souhaitable que l'informel entre dans la norme économique à l'occidentale, qui s'est révélée peu performante en termes de créativité et de cohésion sociale. L'ONG sénégalaise Enda Tiers-Monde, fondée par Jacques Bugnicourt, a été parmi les premiers à théoriser et à défendre cette « économie populaire ».

Islam

L'Afrique subsaharienne compte aujourd'hui près de 150 millions de musulmans — un Africain sur trois, soit un huitième de la communauté (*umma*) mondiale. Présent du Sénégal à la Corne de l'Afrique, l'islam s'est propagé lentement sur le continent depuis le VIIe siècle, où le long de la côte orientale, de l'Éthiopie au Mozambique, les commerçants arabes de Mascate et d'Oman installent des comptoirs. À l'ouest, la conquête du Maghreb commence dix ans après la mort du prophète Mahomet. Les armées musulmanes viennent à bout de la résistance byzantine puis soumettent les États berbères. L'Afrique du Nord, islamisée vers 950, est en majorité sunnite, de rite malékite et d'inspiration soufie. Les commerçants et chefs de guerre arabes favorisent du XIe au XVIe siècle l'avancée de l'islam dans les deux Soudan (ancienne Nubie et Soudan occidental), imprégnant lentement l'Afrique subsaharienne où les cités des grands empires sahéliens vivent du commerce transsaharien.

Une élite de lettrés, formée dans les centres érudits de Chinguetti, Tombouctou, Touat ou Ghadamès, maîtrise le Coran et les sciences islamiques. Elle est parrainée par des commerçants aisés ou de puissants chefs locaux qui ont leur propre production agricole, clé de voûte de leur survie et de leur expansion. L'islam est le ciment de cette communauté morale basée sur la confiance dans le commerce de longue distance. Au XVe siècle, bien que l'islam soit devenu familier en Afrique de l'Ouest, croyants et pratiquants y demeurent une minorité. L'écriture sainte est perçue comme une forme de magie par les populations rurales animistes, à qui des colporteurs proposent des amulettes confectionnées à partir de versets du Coran cousus dans de petits sacs de cuir.

Le rôle des confréries est primordial. La Qadiriyya s'implante à la fin du XVIe siècle dans la boucle du Niger, où la confrérie (*tariqa*) forme ses premiers étudiants (*talibé*). Puis la Tidjaniyya, née dans le Sud algérien à la fin du XVIIIe siècle, se répand en Afrique de l'Ouest tandis que la Sanussiyya, d'obédience chiite, s'implante en Libye. La tradition soufie, associée à des croyances mystiques à la limite de l'orthodoxie, véhicule plutôt le dogme sunnite sur le continent. L'enseignement se résume à la répétition de quelques phrases pieuses permettant une diffusion massive d'un islam qui s'accommode des croyances préexistantes, notamment la dévotion à des saints vivants et à leurs ancêtres.

Puis vient le temps des marabouts, ces guides religieux très respectés. Dès le début du XIXe siècle, certains d'entre eux prônent le réformisme. Au Nord-Nigeria, le Peul Ousmane dan Fodio mène un *djihad* (guerre sainte) qui renverse les chefferies haoussa corrompues. Il crée le califat de Sokoto dont les émirs appliquent la charia, la loi islamique jusqu'au Cameroun et aux limites du Bornou (Tchad). Un autre État théocratique voit le jour dans le Macina (Mali), fondé par un de ses disciples, Cheikou Amadou, qui part en guerre contre les animistes du royaume bambara de Ségou. Le conquérant toucouleur El-Hadj Omar Tall (1797-1864), un Tidjane qui séjourna longtemps à Sokoto, lance aussi un *djihad* à partir de la vallée du Sénégal. D'autres mouvements éclatent encore en réaction à la poussée européenne, comme celui du Mandingue Samori Touré ou, au Soudan oriental, du Mahdi.

Sous la colonisation, les autorités adoptent une attitude ambiguë. Elles tentent de freiner les échanges des sociétés subsahariennes avec le monde musulman et notamment avec

La Mecque. Mais intègrent aussi certaines confréries dans les cercles du pouvoir, ce qui favorise la progression de l'islam, perçu comme refuge culturel et identitaire, et fait naître de nouveaux courants. Les États indépendants cherchent à contrôler avec plus ou moins de conviction l'expression religieuse, ou pratiquent une politique de compromis : au Sénégal, le président Senghor (un catholique), puis son successeur Abdou Diouf, qui est musulman, entretiennent de bonnes relations avec les puissantes confréries mouride et tidjane qui servent de régulateur social et sont perçues comme des alliés politiques importants, auxquels sont concédés d'importants avantages économiques.

Après le boom pétrolier de 1974, qui coïncide avec les ravages des grandes sécheresses, la Libye et l'Arabie Saoudite pallient les carences des États en finançant à grands frais mosquées, écoles et centres de santé. La révolution iranienne de 1979 (d'obédience chiite) séduit aussi de petits groupes, dont on relèvera notamment l'activité au Nigeria. Un islam militant d'influence wahhabite (sunnite) déploie ses prédicateurs. Sur les campus notamment, la jeunesse affiche volontiers son identité musulmane.

En Afrique du Nord, plus sensible aux grands courants politico-religieux du monde musulman, la gestion de la question religieuse est autoritaire. En Algérie, où s'observe une crise de légitimité du Front de libération nationale (FLN) au pouvoir depuis l'indépendance, une partie des Algériens, baignés par le panarabisme et le soutien à la cause palestinienne, sont tentés de se forger une nouvelle identité nationale, musulmane et arabe. L'islam radical et politique s'affirme par le biais des urnes : clandestin puis toléré, le Front islamique du salut (FIS) obtient près de 55 % des suffrages lors des municipales de 1990, premières élections pluralistes du pays. Cette victoire est un choc politique. Après le premier tour des législatives fin 1991, où le FIS obtient près de la moitié des suffrages, la perspective d'un triomphe des islamistes conduit l'armée à intervenir en janvier 1992, ouvrant la voie à la guerre civile.

La Tunisie, sous le président Ben Ali, étouffe systématiquement toute expression intégriste, la lutte contre celui-ci servant de puissant argument au maintien d'un système autoritaire qui se révèle efficace, mais réduit toute forme de contestation politique. Le Maroc de Hassan II — « Commandeur des croyants » selon la Constitution et président du Comité al-Qods pour la restitution de Jérusalem aux Palestiniens — aura pratiqué une politique plus équilibrée, en veillant à ne pas se laisser déborder. Son successeur, Mohammed VI, doit compter avec un parti islamiste modéré, devenu la première force d'opposition.

Au sud du Sahara, la libéralisation politique des années 1990 n'aura guère ouvert la voie à l'islamisme, qui reste marginal, tandis que les partis d'obédience religieuse sont proscrits, le Soudan et à un moindre degré la Mauritanie faisant exception. Alors que les Frères musulmans sont muselés en Égypte, au Soudan le Front national islamique prend le pouvoir à la faveur du coup d'État militaire de 1989. Ailleurs, on assiste à des phénomènes de réislamisation, y compris au sein des confréries traditionnelles. Au Sénégal, le jeune leader des Moustarchidines, Moustapha Sy (issu de la Tidjaniyya), se heurte au pouvoir en 1993, mais l'agitation reste d'ampleur limitée. Au Niger, le mouvement Izala prêche un islam purifié, débarrassé des marabouts ignorants. De l'autre côté de la frontière, au Nigeria, la charia est proclamée au Zamfara et dans neuf autres États du Nord fin 1990, et les femmes sont stigmatisées. Des conflits éclatent régulièrement avec les sectes chrétiennes, aux comportements tout aussi intolérants.

L'Afrique est restée relativement préservée du phénomène de développement du terrorisme à base islamique. En Afrique du Nord, on a relevé des attentats à Djerba, en Tunisie, visant en 2002 une synagogue, et à Casablanca, au Maroc, des restaurants pour étrangers en 2003. D'autre part, les réseaux terroristes en Europe comptent nombre d'originaires du Maghreb : ainsi des islamistes marocains ont-ils été impliqués dans les attentats de la gare de Madrid en 2004. En Afrique au sud du Sahara, on sait qu'Oussama Ben Laden a séjourné au Soudan. Nairobi et Dar es-Salam ont été le théâtre, en 1998, d'attentats présageant ceux du 11 septembre 2001. Et l'infiltration des réseaux islamistes — maghrébins en Afrique de l'Ouest, et moyen-orientaux dans la Corne de l'Afrique — a été facilitée par la déliquescence des États. Il apparaît toutefois que si les musulmans africains sont reliés à l'« *umma* globale », leurs réseaux transnationaux répondent encore à des logiques locales, pacifiques dans leur immense majorité.

Jeunesse

Le thème de la jeunesse africaine, proposé par le président malien Amadou Toumani Touré, a figuré au menu du sommet Afrique-France de décembre 2005 à Bamako. Jadis évoquée — vitalité démographique oblige — comme étant l'« avenir du continent », la jeunesse formait l'horizon radieux des indépendances et de leurs grandes espérances. La perspective a radicalement évolué avec les crises, au point que la question est plutôt envisagée aujourd'hui comme un immense défi à relever. On en jugera avec cet appel « solennel, angoissant et pressant » lancé, en 2004, par les représentants des jeunes leaders du continent aux chefs d'État de l'Union africaine (UA) : « Nos États sont dépouillées de ressources et détournés de leurs prérogatives. L'éducation n'est plus considérée comme un droit pour les enfants africains mais plutôt comme un luxe. Plus de droit à l'emploi, à la santé, au logement, à un environnement sain. En somme, les jeunes sont laissés à eux-mêmes. »

Plus de la moitié de la population d'Afrique a moins de 21 ans, les deux tiers moins de 30 ans. Forces vives de pays soumis ces vingt dernières années aux conditions draconiennes des plans d'ajustement structurel, les jeunes d'aujourd'hui ont vécu la disparition de l'État providence, l'essoufflement du modèle éducatif colonial et, au final, une précarisation extrême de leurs conditions de vie. La moitié des économies africaines sont en recul par rapport aux revenus par tête d'il y a vingt ans, indique le Programme des Nations unies pour le développement (PNUD). L'Afrique subsaharienne affichait en 2004 des taux d'analphabétisme de 40 % pour les adultes (plus de 15 ans) et de 20 % pour les jeunes (selon l'OCDE en 2005). Les écoles ont de plus en plus de mal à garder la totalité de leurs élèves jusqu'à la fin du cycle primaire. Au rythme actuel, l'éducation primaire universelle ne serait pas atteinte avant... 2150. Dans la moitié des pays, la parité éducative entre sexes ne peut être envisagée avant 2015.

D'Alger au Cap, de Banjul à Djibouti, c'est le même rêve de devenir une gloire du football, alors qu'on joue sur un terrain vague ; de gagner l'Europe, ou l'Amérique, alors que les portes y sont fermées... Lors d'un sommet tenu sur l'emploi des jeunes à Ouagadougou (Burkina Faso) en 2004, la Commission de l'Union africaine recommandait aux dirigeants d'engager au plus vite la bataille contre la pauvreté en mettant l'accent sur l'éducation, l'apprentissage, la formation professionnelle, la transformation de l'économie informelle. Près de la moitié des jeunes travaillent encore dans l'agriculture où l'éducation demeure une priorité selon l'Organisation pour l'alimentation et l'agriculture (FAO). Mais, en 2003, l'Afrique subsaharienne comptait un des plus hauts taux de chômage des jeunes (21 %) alors que la région devrait connaître la plus forte augmentation de sa population active d'ici à 2015 (30 millions de jeunes supplémentaires, environ 28 %). Leur sort dépend de la croissance économique mais surtout de son contenu en termes d'emploi. Seuls « 5 à 10 % des nouveaux arrivants sur le marché du travail pourront intégrer l'économie formelle », indique le Bureau international du Travail (BIT), pour qui « l'Afrique augmenterait son PIB de 12 à 19 % » si elle créait des emplois décents et productifs pour les jeunes.

L'absence de travail crée un sentiment d'exclusion et d'inutilité qui entraîne violence, toxicomanie et extrémismes.

Lassés des « années blanches » qui ont altéré la scolarité dans bon nombre de pays du continent, les jeunes ont fait de leurs gouvernements la cible de leur frustration. Cherchant leur propre voie, ils manifestent dans les rues, s'affrontent sur les campus et constituent le gros des troupes en cas d'émeutes. Certains responsables — politiques et religieux — exploitent ces tendances et les mobilisent sur des bases militaristes, « prenant le relais de l'embrigadement des anciens partis uniques », estimait Tshikala K. Biaya, du CODESRIA, un organisme de recherche basé à Dakar. La vie des jeunes Africains est ainsi faite d'instabilité et d'incertitude. La majorité des six millions de réfugiés et déplacés du continent sont des jeunes traumatisés — en tant que victimes ou combattants. En dix ans, près de deux millions d'enfants sont morts dans les guerres d'Afrique centrale. Plus de 120 000 enfants-soldats sont recensés dans une douzaine de pays. Des millions de jeunes sont porteurs du VIH/sida ; et on estime à 12 millions le nombre d'orphelins, devenus « chefs de famille » à la suite du décès de leurs parents.

« Les gouvernements africains doivent apporter des solutions à cette majorité juvénile qui devient plus pauvre, plus mécontente et, parfois, plus militante », affirmait en 2004 la Commission économique pour l'Afrique (CEA), réclamant des politiques viables élaborées avec la collaboration des jeunes. « L'énergie, la capacité d'innovation et les aspirations de la jeunesse sont un capital qu'aucune société ne peut se permettre de dilapider », estime encore le BIT.

Kenya

L'ancienne « perle » de l'Empire britannique en Afrique de l'Est, popularisée par son tourisme et ses grands safaris, a longtemps illustré une Afrique de carte postale, paisible et exotique, à l'ombre mythique du Kilimandjaro. C'est aujourd'hui un État en difficile renaissance, après vingt ans de dictature qui ont laissé des traces profondes dans une société minée par la corruption et les tensions ethniques.

Traversé en son centre par l'équateur, le Kenya couvre une superficie de 582 646 kilomètres carrés. Véritable carrefour en Afrique orientale, bordé par le Soudan, l'Éthiopie, la Tanzanie, l'Ouganda, la Somalie, donnant sur plus de 400 kilomètres sur l'océan Indien, il se présente comme une plaine côtière s'élevant au nord-est en un vaste plateau aride. Au centre, une grande chaîne volcanique culmine au mont Kenya (5 199 m) et se poursuit à l'ouest par la Rift Valley, souvent qualifiée de « berceau de l'humanité » depuis la découverte de restes d'hominidés.

Au premier millénaire avant notre ère, les Bantous (Kikuyu, Kamba) cultivent les terres fertiles des abords du lac Victoria, rejoints vers l'an 1000 par des éleveurs nilotiques. Au XIIe siècle, des négociants arabes venus d'Oman contrôlent le commerce des esclaves et de l'ivoire depuis les comptoirs de Mombasa ou de Malindi. Après le passage de Vasco de Gama, en 1498, et jusqu'au XVIIIe siècle, les Portugais dominent ces cités où on parle le swahili, une langue véhiculaire bantoue mêlée d'arabe. Ils en sont évincés par le sultanat d'Oman qui forme un empire commercial dirigé depuis l'île de Zanzibar au siècle suivant. En 1896, les Britanniques profitent de l'affaiblissement des Massaï, ces pasteurs guerriers établis au centre et au sud depuis le XVIIe siècle et dont l'aire de pâture s'étend jusqu'en Tanzanie, et construisent une voie ferrée reliant Mombasa au lac Victoria. En 1920, le Kenya devient colonie de la Couronne.

L'Association centrale des Kikuyu (Kikuyu Central Association — KCA), fondée en 1925 par Jomo Kenyatta, cherche à reconquérir les riches terres des hauts plateaux de la région de Nairobi, la capitale, où près de 9 000 colons se sont établis. Elle est interdite en 1940. Rentré d'exil, Kenyatta est soupçonné de complicité avec les Mau-Mau, une société secrète kikuyu dont la révolte (1952-1956), violemment réprimée, fait près de 13 000 morts. Libéré en 1961, il dirige l'Union nationale africaine du Kenya (Kenya African National Union), la Kanu. Daniel Arap Moi, un Kalenjin d'origine Nandi, fait scission. Il fonde avec les « ethnies minoritaires » l'Union démocratique africaine du Kenya (Kenya African Democratic Union), la Kadu.

Un an après l'indépendance, la Kanu remporte les élections générales de 1963. Le président Kenyatta mène une politique modérée, rachetant les terres aux Européens, mais les redistribue selon des critères ethniques favorisant l'élite kikuyu. Daniel Arap Moi rejoint la Kanu. En récompense, il est nommé ministre puis vice-président en 1967. Apprécié par les Britanniques pour le soutien qu'il porte à leurs intérêts dans la Rift Valley, il est mal vu des Kikuyu, principaux alliés de Kenyatta dans le Kiambu, sa région natale. Méprisé par les cercles du pouvoir, il acquiert une grande popularité dans le pays en présidant les Harambee, ces cérémonies populaires destinées à financer les projets communautaires. L'Union du peuple kényan (Kenya Peoples'

Union — KPU) de Jaramogi Odinga, un Luo, est ensuite interdite. La Kanu devient alors l'unique parti.

En 1978, Daniel Arap Moi succède à Kenyatta. Il nomme un Kikuyu, Mwai Kibaki, vice-président et promet de poursuivre la politique de son prédécesseur. Mais il oblige la Gema, la puissante association du Kiambu, à restituer leurs fonds aux paysans qui n'ont pas reçu de terres en échange. Populiste, pragmatique, il incarne « l'amour, la paix et l'unité », maîtres mots du nyaoïsme, la doctrine officielle. À l'extérieur, il passe pour un prince de la paix. Il profite de la guerre froide pour obtenir une aide financière des États-Unis qui lui sert à consolider son pouvoir et ses polices secrètes.

En 1982, il modifie la Constitution, rendant illégale toute opposition, puis écarte Mwai Kibaki. La classe dirigeante se livre à une prédation effrénée des biens publics. Lors d'une série d'élections contestées (1988, 1992 et 1997), il doit affronter les appels à la libéralisation émanant des leaders religieux et des juristes, soutenus par la communauté internationale qui gèle à plusieurs reprises son aide financière (1991, 1995, 1997). Le multipartisme, rétabli en 1991, a pour effet de relancer les rivalités intercommunautaires, attisées par le pouvoir. Des dizaines de milliers de Kikuyu sont chassés de la Rift Valley par les Kalenjin et les Massaï et des centaines de fermiers Luo doivent quitter leurs terres. Les exactions font plusieurs centaines de morts en 1997-1998.

Daniel Arap Moi, obligé de se retirer aux termes de la Constitution, échoue à maintenir la Kanu au pouvoir : aux élections de décembre 2002, Mwai Kibaki l'emporte, avec plus de 60 % des suffrages, grâce à une vaste coalition de l'opposition, l'Alliance nationale de la coalition arc-en-ciel (Narc), qui obtient aussi la majorité absolue à l'Assemblée. Une priorité du nouveau régime va être dès lors de mener à bien l'assainissement financier réclamé par les bailleurs de fonds et de lutter contre la corruption.

Longtemps considéré comme un pays modèle en raison de sa stabilité, le Kenya a traversé plusieurs années de récession avant de renouer lentement avec la croissance (3,5 % en 2004-2005). Mais la production agricole souffre de la sécheresse depuis 2000 et le tourisme, filière de pointe, a marqué un recul depuis les attentats de Nairobi (en 1998, contre l'ambassade américaine), et en raison d'une image en dégradation. Par ailleurs, la situation sanitaire est désastreuse. Le taux de mortalité des enfants de moins de 5 ans atteint 114 ‰ tandis que la population — 32 420 000 habitants en 2004 — s'est accrue de 1,5 % entre 2000 et 2005, dans un pays où un adulte sur trois est séropositif.

La difficulté à maîtriser l'inflation, les retards dans les privatisations, le peu de résultats de la lutte anticorruption, dont le nouveau président avait fait un cheval de bataille électoral, avaient été relevés par les observateurs. La Coalition arc-en-ciel a volé en éclats le 21 novembre 2005, à l'issue du référendum sur la nouvelle Constitution : cette nouvelle loi fondamentale — qui prévoyait de créer un poste de Premier ministre, tout en renforcant les pouvoirs du chef de l'État, mais qui touchait également au domaine ultra-sensible du droit foncier — a été rejetée par 57 % des Kényans, contraignant le président Kibaki à nommer une nouvelle équipe gouvernementale. Des élections générales sont prévues fin 2007.

Konaré (Alpha Oumar)

Président du Mali de 1992 à 2002, avant d'être élu président de la Commission de l'Union africaine (UA) en juillet 2003, Alpha Oumar Konaré, né en 1946, est représentatif d'une nouvelle génération de leaders africains parvenus au pouvoir avec la vague de démocratisation des années 1990-2000, tout en demeurant un cas d'espèce, notamment dans la sphère francophone : cet intellectuel chaleureux et volontiers lyrique, apprécié sur la scène internationale pour la conviction et l'enthousiasme qui marquent ses interventions, s'est surtout illustré comme un chef d'État respectueux des institutions, dont les deux mandats présidentiels, s'ils ont fait l'objet de contestations, ont permis d'ancrer le pluralisme dans son pays.

Fils d'enseignant, né à Kayes (région occidentale du Mali) dans les années d'effervescence politique qui précèdent l'indépendance, Alpha Oumar Konaré choisit lui aussi la carrière de l'enseignement, tout en s'initiant très tôt au militantisme syndical. Après des études d'histoire à l'École normale supérieure de Bamako, et s'étant marié à une condisciple, Adame Ba, qui deviendra elle aussi une historienne réputée, il part en 1971 pour la Pologne où il reçoit une formation d'archéologue. Rentré dans son pays en 1976, il travaille dans l'administration tout en militant comme de nombreux cadres maliens dans un parti clandestin d'obédience marxiste (Parti malien du Travail). Au pouvoir depuis 1968, le général Moussa Traoré manifeste une volonté d'ouverture politique et appelle Konaré au gouvernement en 1978, comme ministre de la Jeunesse, des Sports et de la Culture.

En désaccord avec l'évolution du régime, il demande toutefois à partir en 1980. Il retourne à l'enseignement et à la recherche, est membre de plusieurs organisations d'historiens africains, effectue des missions de consultant et acquiert en peu d'années une notoriété internationale, notamment dans le domaine de la muséographie (il deviendra en 1986 président du Conseil international des musées). Outre le syndicalisme, où il est actif, il se consacre au Mali à l'animation de la coopérative Jamana, créée en 1980, qui publie une revue culturelle puis diversifie ses activités dans l'édition et l'éducation, notamment en direction des jeunes. En 1989, la coopérative lance le journal *Les Échos*, qui devient l'un des relais principaux du mouvement démocratique qui émerge alors.

Après le renversement de Moussa Traoré, Alpha Oumar Konaré quitte officiellement la direction de Jamana et prend la tête du parti de l'Adéma/PASJ (Parti africain pour la solidarité et la justice). Il en est le premier président et le délégué à la conférence nationale de 1991. En avril 1992 prend fin la transition démocratique et il est élu président de la République, avec 69,01 % des suffrages au second tour des premières élections démocratiques, contre Tiéoulé Mamadou Konaté. Il sera réélu pour un second mandat en 1997, à l'occasion d'un scrutin boycotté par l'opposition et marqué par de nombreuses irrégularités. À la fin de ce second mandat, et respectant les dispositions de la Constitution, il se retire et ouvre la voie à l'élection en mai 2002 de son successeur, Amadou Toumani Touré, ancien chef de l'État de la transition.

Président du Mali pendant dix ans, Alpha Oumar Konaré a souhaité ouvrir de grands chantiers de réforme, en accordant notamment la priorité à l'éducation nationale, à l'approfondissement de la liberté de la presse et d'expression ainsi qu'au développement des nouvelles technologies de l'information, à la décentralisation administrative et à l'intégration régionale (il fut président en exercice de la Communauté économique des États de l'Afrique de l'Ouest — CEDEAO — en 1999 et 2000). Beaucoup d'initiatives en ces domaines n'ont pu être qu'esquissées, se sont heurtées aux difficultés économiques et à l'inertie de l'appareil administratif, ainsi qu'à une constante agitation politique, en dépit des périodes qui ont vu la constitution de gouvernements élargis à l'opposition. Il a été reproché au chef de l'État, adossé à un parti majoritaire puissant, de n'avoir pu obtenir d'avancées significatives en particulier dans les secteurs sociaux (éducation, santé), et dans sa lutte contre la corruption. Il a à son actif d'avoir ouvert de nombreuses pistes pour le développement de son pays, encouragé certains chantiers urbains (notamment à Bamako à l'occasion de l'organisation de la Coupe d'Afrique des nations en 2002), appuyé ou lancé de grands événements culturels (rencontre des « chasseurs d'Afrique de l'Ouest », en 2001), et a largement contribué à accroître la notoriété du Mali à l'étranger.

Élu le 10 juillet 2003 à la présidence de la commission de l'Union africaine (organisation panafricaine), lors du sommet de Maputo, il s'est impliqué dans de nombreux conflits ou crises (république démocratique du Congo, Côte d'Ivoire, Soudan ou Togo), et a soutenu activement la position de l'Afrique dans le projet de réforme des Nations unies.

Langues

Entre six et sept mille langues sont parlées aujourd'hui dans le monde, dont 30 % se trouvent en Afrique où l'on en recense quelque deux mille. Leur statut est toutefois très contrasté : certaines n'ont que quelques centaines d'usagers, d'autres, comme l'arabe (plus de 150 millions de locuteurs) ou le swahili (60 millions), sont des langues véhiculaires parlées dans plusieurs pays. La colonisation a entraîné une vaste diffusion de l'anglais, langue officielle dans dix-neuf États, et du français (vingt-trois États), ainsi que du portugais (cinq États), souvent en concurrence avec une ou deux autres langues. Quelques langues autochtones du continent ont un statut officiel, outre l'arabe : il s'agit du swahili (Kenya et Tanzanie), de l'amharique (Éthiopie), du créole aux Seychelles, du kinyarwanda au Rwanda et du kirundi au Burundi, du tigrinia en Érythrée, du malgache à Madagascar, du sesotho au Lesotho, du somali en Somalie et du swati au Swaziland.

Reste que le multilinguisme réel est la règle : on compte 470 langues au Nigeria, 279 langues au Cameroun, 221 au Congo-Kinshasa, près de 130 au Soudan, en Tanzanie ou au Tchad... cette diversité linguistique recoupe la différenciation entre ethnies. Enfin, on note que peu des langues parlées en Afrique sont écrites : outre le français, l'anglais, l'arabe, le portugais et l'espagnol, c'est le cas notamment de l'amharique en Éthiopie, tandis que certaines langues véhiculaires ont donné lieu à une transcription en langue arabe ou latine (swahili).

Les chiffres sont parfois trompeurs : le français comme l'anglais peuvent être langues officielles, mais ne sont utilisés réellement que par un nombre réduit de locuteurs (moins de 10 % dans certains pays). Ils sont également affectés par des processus de créolisation (Nigeria, Côte d'Ivoire). D'autre part, les situations évoluent rapidement : la Francophonie fait apparaître un nombre d'« apprenants » aujourd'hui en progression du (et en) français de plus de 33 millions de personnes en Afrique subsaharienne. Le facteur politique joue enfin son rôle : depuis 1994, un pays comme le Rwanda, largement francophone, a connu une progression spectaculaire de l'anglais.

Un processus d'appauvrissement de la diversité linguistique se constate : entre cinq cents et six cents langues seraient en danger et deux cent cinquante sont susceptibles de disparaître rapidement. Deux zones d'Afrique apparaissent comme étant les plus affectées par cet appauvrissement : l'une, à l'est, regroupant cinq pays (le sud du Soudan, l'Éthiopie, l'Ouganda, le Kenya et la Tanzanie), et l'autre, à l'ouest, se composant essentiellement du Nigeria et du nord du Cameroun, un pays qui pourrait perdre dix-huit de ses langues dans les prochaines décennies selon les auteurs de l'*Atlas des langues du monde en danger de disparition*, publié par l'Unesco. Des efforts ont été entrepris pour consigner ces langues par écrit ou en encourager l'usage.

La langue est un enjeu sociopolitique autant qu'une question d'éducation : ainsi dans certains pays du Maghreb (Algérie, Mauritanie), les politiques d'arabisation à marche forcée ont été remises en question ou réévaluées. On sait par ailleurs que la maîtrise du français ou de l'anglais constitue toujours, dans la plupart des États où ils sont en usage, une condition de l'accès à l'emploi. Mais l'on considère aussi la diffusion exclusive de ces langues dans le système d'éducation aujourd'hui comme un handicap pour l'élève, surtout issu d'un milieu défavorisé, en même temps qu'elle comporte une menace d'aliénation culturelle. Les institutions internationales et les gouvernements du continent se rallient depuis quelques années à l'option d'un enseignement plurilingue, au moins dans le cycle élémentaire et primaire, qui reste cependant largement à l'état expérimental.

Lesotho

Véritable anomalie géopolitique — une zone de montagnes totalement enclavée en Afrique du Sud —, le Lesotho est l'un des plus petits pays d'Afrique, avec 30 355 kilomètres carrés, dont l'histoire s'est construite à l'ombre de l'Afrique du Sud. Délimité pour la première fois par les Britanniques en 1843, le royaume de Moshoeshoe, le roi fondateur du Lesotho (1786-1870), regroupement de tribus d'ethnie sotho, fut réduit à une peau de chagrin et les Basotho repoussés dans les montagnes du centre de l'Afrique australe à l'issue de deux guerres avec les Boers (1858, 1865-1866) et de deux guerres avec les Britanniques (1851-1852, 1880).

Les limites du Lesotho contemporain, devenu protectorat de la Grande-Bretagne en 1868, furent arrêtées à l'issue de la seconde guerre contre les Afrikaners de l'État libre d'Orange, dans le traité d'Aliwal North (1869). Ce protectorat ne fut cependant pas un territoire docile et les premières années de domination britannique connurent de nombreux conflits entre les chefs basotho et le résident britannique. Le Lesotho s'est ainsi constitué et maintenu en jouant des rivalités coloniales et la stratégie de Moshoeshoe permit finalement la préservation d'un État basotho face aux visées expansionnistes des Afrikaners, puis aux velléités d'annexion sud-africaine (manifestées par plusieurs propositions d'intégration) au XXe siècle.

Le processus d'indépendance graduelle engagé par Londres atteint son terme en 1965 avec les premières élections, remportées par le Basutoland National Party (BNP) du chef Jonathan Leabua contre le Basutoland Congress Party (BCP). L'indépendance est proclamée en 1966, en 1970 la victoire électorale du BCP donne lieu à un coup d'État de Joseph Leabua Jonathan, qui instaure une dictature personnelle jusqu'en 1986. Ses relations s'étant détériorées avec Pretoria, le gouvernement sud-africain sponsorise le putsch du major général Lekhanya et le Lesotho est soumis à un régime militaire favorable à l'Afrique du Sud jusqu'en 1993.

Le retour de la démocratie, en 1993, ne coïncide pas avec le retour de la stabilité politique. Vainqueur du scrutin de 1993, le BCP mène une politique de revanche et l'armée entre dans un état chronique d'insoumission. Après une opération militaire préventive de l'Afrique du Sud et du Botswana en 1998 (l'opération Boléas), un régime de transition est établi et organise des élections en 2002, remportées par le Lesotho Congress for Democracy (LCD). Monarchie constitutionnelle, le Lesotho a toujours comme chef de l'État un des descendants de Moshoeshoe, Letsie III, et a organisé ses premières élections municipales en avril 2005.

L'enclavement complet du Lesotho dans l'Afrique du Sud a pour contrepartie une dépendance structurelle vis-à-vis de son voisin. Quasiment dépourvu de ressources minières, le Lesotho n'a qu'une infrastructure industrielle rudimentaire et ses capacités agricoles sont limitées, les terres arables ne représentant que 11 % de la superficie du pays. L'agriculture de subsistance et l'élevage en montagne ne suffisent pas à nourrir une population de 2,1 millions d'habitants dont la grande majorité vit en dessous du seuil de pauvreté — le taux de séropositivité est de 31 % dans la population adulte, population qui ne croît plus depuis dix ans. Avec le boom minier en Afrique du Sud, l'émigration a pris un tour massif et s'est transformée en véritable tradition nationale, jusqu'à ce que l'industrie minière sud-africaine entre en crise. Dès lors, les ressources de l'État basotho doivent tout aux recettes douanières de la Southern African Customs Union, à l'aide internationale et, depuis 1996, aux recettes de la vente d'eau à l'Afrique du Sud. Le Lesotho a, en effet, été le lieu du dernier grand aménagement hydroélectrique du XXe siècle : le Highlands Water Project, qui vise à réguler les eaux de montagne pour les diriger vers le bassin hydrographique du Vaal, est devenu opérationnel en 1996, après plus de vingt ans d'études et dix ans de travaux.

Liberia

Le Liberia est un petit pays (111 370 km^2) d'Afrique occidentale enserré entre Guinée et Sierra Leone au nord, et Côte d'Ivoire à l'est — trois États qui ont subi le contrecoup d'une des guerres civiles les plus meurtrières du continent (1990-2003).

Peuplés depuis deux mille ans, les plateaux du Liberia sont couverts de forêts tropicales et culminent au mont Nimba (1 752 m), tandis que la façade atlantique forme une plaine étroite où, depuis leurs comptoirs, les Portugais exportaient l'or et les esclaves à la fin du XVe siècle. En 1822, la Société américaine de colonisation (American Colonization Society) y fonde une colonie d'esclaves affranchis venus des États-Unis et des Caraïbes. Baptisé Liberia, et sa capitale Monrovia, le pays est indépendant en 1847. Le président Joseph Jenkins Roberts écarte les autochtones et veut étendre son influence. Sous pression américaine, des accords signés avec les Européens fixent en 1911 les frontières actuelles.

Dans les concessions forestières accordées aux sociétés américaines, la production du caoutchouc repose sur le travail forcé, une pratique interdite en 1936. Élu en 1943, le président William Tubman ouvre aux étrangers l'exploitation du fer dans les Bomi Hills et le mont Nimba. Il meurt en 1971 en entamant son septième mandat. Vice-président depuis 1951, William Richard Tolbert lui succède ; il accentue le clivage entre la minorité américano-libérienne aisée (5 %) et le reste de la population — Gio, Krou, Krahn, Mandingues. En 1980, le coup d'État sanglant du sergent Samuel K. Doe, un Krahn, met fin provisoirement à cette domination. Tolbert assassiné, Doe est élu président en 1985.

Fin 1989, une rébellion éclate, menée par le NPFL (Forces nationales patriotiques) de Charles Taylor, un Américano-Libérien appuyé par les Gio, l'ethnie de sa mère. Il assiège Monrovia et contrôle une grande partie du pays. La force d'interposition de la Communauté économique des États de l'Afrique de l'Ouest (CEDEAO), l'Ecomog, échoue à imposer un cessez-le-feu. Doe est exécuté en 1990 par des dissidents de Taylor. La guerre civile oppose l'AFL (Forces armées libériennes, la garde présidentielle de Doe) au NPFL, lui-même divisé. Après plusieurs accords de paix sans lendemain, des élections ont lieu en 1997, pilotées par l'ONU et l'Ecomog. Élu, le président Taylor est encore confronté en 1999 aux rebelles du LURD (Libériens unis pour la réconciliation et la démocratie), soutenus par les États-Unis et la Guinée, et au MODEL (Mouvement pour la démocratie au Liberia), des anciens partisans de Doe. Le 11 août 2003, il est contraint de s'exiler au Nigeria (où le réclame, pour crimes de guerre, le Tribunal spécial des Nations unies pour la Sierra Leone), où il sera finalement arrêté en mars 2006 pour être remis à la justice internationale. Un gouvernement de transition nationale composé de toutes les parties au conflit est confié au président Gyude Bryant. La Mission d'intervention des Nations unies au Liberia (MINUL) se déploie à partir d'octobre 2003 en vue de la tenue des premières élections générales, qui voient en octobre 2005 la victoire d'une économiste, devenue la seule femme chef d'État en Afrique, Ellen

Johnson-Sirleaf (Parti de l'unité), avec 59,4 % des voix face au footballeur George Weah, reconverti dans la politique sous les couleurs du Congrès pour le changement démocratique (40,6 % des votes). Au-delà de ce scrutin reste posée la question de la reconstruction d'un pays totalement déstructuré, démographiquement meurtri, dont une partie notable de l'élite s'est compromise dans les atrocités de la guerre civile.

L'exploitation des richesses a été une des causes essentielles du conflit. Avant 1990, minerai de fer, caoutchouc, bois assuraient 90 % des recettes d'exportation avec le diamant, l'or, le café et le cacao. Depuis, le Liberia s'est effondré. En quatorze ans, la guerre civile a fait 250 000 morts. La population, estimée par les Nations unies à 3,6 millions d'habitants en 2005, s'accroît de 2,6 % par an, alors que la mortalité infantile s'élève à 132 ‰. En raison de l'insécurité, seul un sixième des réfugiés (350 000) étaient rentrés en 2005 des pays limitrophes, et moins de la moitié des déplacés internes (500 000) étaient réinstallés. Quelque 15 000 casques bleus devaient encadrer la démobilisation des 100 000 ex-combattants, dont 21 000 enfants-soldats.

Libye

Depuis la suspension de l'embargo imposé par l'ONU en avril 1999, officiellement levé en septembre 2003, la Libye et son chef, le colonel Kadhafi, sont entrés dans une phase de réinsertion au sein de la communauté internationale. À nouveau « fréquentable », la Libye du colonel Muammar Kadhafi est redevenue un eldorado pétrolier pour des compagnies à l'affût de nouvelles réserves de brut. Nord-Américains, Européens de l'Ouest ou de l'Est — y compris les Russes —, Chinois, Indiens et Japonais se disputent les nouvelles concessions de pétrole et de gaz libyen que Tripoli a décidé d'ouvrir à la concurrence internationale depuis janvier 2005.

Membre de l'Organisation des pays exportateurs de pétrole (OPEP), la Libye maintient sa production dans une fourchette de 1,3 à 1,4 million de barils par jour, ce qui fait de ce pays le deuxième exportateur de pétrole d'Afrique après le Nigeria. Les réserves de brut estimées à 35 milliards de barils représentent, selon les experts, soixante-cinq ans au niveau de production actuel. Les réserves de gaz sont estimées à 1 500 milliards de mètres cubes. Le brut libyen est léger, de bonne qualité et proche des marchés.

L'économie libyenne a profité à la fois de la remontée de la production de pétrole et de la hausse du cours du baril depuis 2003. Avec un PIB estimé à 28,5 milliards de dollars en 2004 et une population peu nombreuse avoisinant les 5,5 millions d'habitants, la Libye possède un des ratios par habitant les plus élevés d'Afrique (plus de 5 000 dollars par habitant), mais qui reste tributaire des fluctuations du cours du brut. La production pétrolière est exportée à 85 % et contribue aux exportations à hauteur de 95 % et aux ressources budgétaires à hauteur de 60 %.

La Libye a même rejoint le club des pays cités en exemple par les États-Unis en renonçant officiellement en 2003 à ses programmes d'armes de destruction massive et en acceptant des contrôles de l'Agence internationale de l'énergie atomique (AIEA). Elle avait auparavant décidé d'indemniser les victimes de deux attentats contre des avions et une discothèque, attribués à des Libyens.

Cette annonce a été l'aboutissement d'un long processus diplomatique marqué par la personnalité fantasque du dirigeant libyen, au pouvoir depuis 1969 dans cette ancienne colonie italienne. Devenu à partir de 1977 le « Guide de la révolution » et non pas un chef d'État classique, il détient de fait les rênes de ce pouvoir, entre rêves de grandeur (qui frisent la paranoïa) et réalisme politique.

Le cadre institutionnel libyen avait été dessiné en 1977, avec l'instauration des Comités révolutionnaires et du système de la *Jamahiriyya* (État des masses). À l'échelon local, les Congrès populaires de base (parlement local) et les Comités populaires de base (exécutif local) constituent les fondements du système politique. Ces instances transmettent les propositions et décisions prises par la base à l'échelon supérieur : le Congrès général du peuple (Parlement) qui se réunit périodiquement, et les différents Comités populaires généraux (ministères). Le 1er mars 2000, le Congrès général du peuple a annoncé une refonte des structures : resserré autour du Premier ministre, le gouvernement central a délégué une part de ses compétences aux cellules provinciales des Comités populaires.

La nomination, en juin 2003, au poste de Premier ministre du libéral Choukri Ghanem a marqué le début d'une politique de réforme économique : réduction du poids de la fonction publique, libéralisation de l'économie, développement du secteur privé, appel aux investissements étrangers, priorité donnée à la formation professionnelle. Muammar Kadhafi a aussi annoncé dès juin 2003 sa volonté de privatiser les entreprises d'État nationalisées depuis sa prise de pouvoir en 1969 et la naissance de la *Jamahiriyya* libyenne.

Sur fond de déclarations fracassantes contre l'« impérialisme américain » et la colonisation, le dirigeant libyen, fort de ses pétrodollars, n'avait pas hésité dans les années 1970-1980 à fomenter des troubles en Afrique, soutenant des mouvements de libération ainsi que des groupes terroristes de diverses tendances. Il s'est toutefois toujours opposé aux intégristes musulmans, qui ont essayé à plusieurs reprises de se débarrasser de lui, n'hésitant pas lui-même à faire éliminer des opposants politiques, y compris à l'étranger. Imputant au régime libyen l'attentat contre une discothèque à Berlin fréquentée par des militaires américains, les États-Unis avaient adopté des sanctions bilatérales entre 1982 et 1986, avant même l'embargo de l'ONU, allant jusqu'à bombarder en 1986 la caserne où il vivait à Tripoli.

Deux attentats, l'un contre un avion américain de la Pan Am qui a explosé au-dessus de Lockerbie, en Écosse, en 1988, faisant 270 victimes, et l'autre contre un appareil français d'UTA en 1989 au-dessus du Niger (170 morts), imputés à des Libyens, avaient incité le Conseil de sécurité de l'ONU à imposer un embargo, notamment aérien, contre Tripoli. Le processus de réconciliation avait débuté en 1999, le colonel Kadhafi ayant accepté de remettre à la justice écossaise deux suspects dans l'attentat contre l'avion de la Pan Am, jugés en terrain neutre aux Pays-Bas. La Libye a également offert près de 3 milliards de dollars en indemnisation pour les attentats.

Muammar Kadhafi a normalisé les relations avec la France, qui n'a jamais rompu ses relations diplomatiques avec Tripoli, malgré la condamnation (par contumace) de six Libyens, dont le propre beau-frère de Kadhafi, par un tribunal français, à la suite de l'attentat contre le DC-10 d'UTA. Un accord privé entre les familles des victimes et la Fondation Kadhafi, en janvier 2004, a mis fin au contentieux entre les deux pays. Des visites officielles se sont succédées, dont celle du président Jacques Chirac à Tripoli en novembre 2004.

Au-delà des relations bilatérales, la France se montre favorable à un approfondissement des relations entre la Libye et l'Union européenne (UE). Le colonel Kadhafi a ainsi été invité en avril 2004 à Bruxelles par le président de la Commission européenne ; l'UE a levé l'embargo militaire européen à l'encontre de Tripoli, mettant ainsi fin aux dernières sanctions qui pesaient sur ce pays depuis 1986. Mais la détention par la Libye de cinq infirmières bulgares (et d'un médecin palestinien), accusées d'avoir contaminé avec le virus du HIV/sida plusieurs centaines d'enfants libyens, a longtemps empêché la « normalisation » complète des relations avec l'UE, également préoccupée par la question migratoire, la Libye étant devenue une plaque tournante de l'émigration africaine vers l'Europe. Régulièrement dénoncée par les organismes de défense des droits de l'homme pour le traitement réservé aux clandestins ouest-africains présents sur son sol, Tripoli a utilisé sans détour l'arme de l'immigration pour presser la normalisation de ses relations avec l'Europe... n'hésitant pas à faire monter la pression sur un pays comme l'Italie (de violentes manifestations — à l'occasion de l'affaire des « caricatures de Mahomet » — ont ainsi eu lieu contre le consulat italien, à Benghazi, en février 2006). Mettant fin à ses propres sanctions, Washington a autorisé les sociétés américaines à reprendre leurs relations avec Tripoli, y compris pour l'achat de pétrole.

La Communauté des États du Sahel et du Sahara (COMESSA ou CEN-SAD), mise en place à l'initiative de Kadhafi en février 1998 et regroupant vingt-deux membres, permet à Tripoli de faire valoir ses positions sur les questions régionales. Déçu par ses « frères » arabes, Muammar Kadhafi a rêvé un moment de créer les « États-Unis d'Afrique », et se considère toujours comme le père de l'Union africaine (UA) qui a succédé en 2002 à l'Organisation de l'unité africaine (OUA), même s'il a été privé du rôle central qu'il convoitait dans son architecture. L'Afrique subsaharienne lui est restée globalement fidèle pendant sa traversée du désert, malgré ses ingérences dans des pays voisins, notamment le Tchad. La Libye reste attentive à l'évolution du continent, prête à offrir ses bons offices, comme dans le cas de la crise du Darfour au Soudan, avec ses retombées au Tchad.

Littérature

La littérature africaine francophone apparaît dans la première moitié du XXe siècle, avec l'émergence, dans les années 1930, du mouvement de la négritude, créé par Léopold Sédar Senghor, Aimé Césaire et Léon-Gontran Damas, réunis à Paris où ils faisaient leurs études. En révolte contre l'aliénation culturelle dans laquelle la colonisation les maintenait, ces jeunes intellectuels, africains et antillais, voulaient libérer leurs peuples en les sensibilisant à la dignité des valeurs culturelles du monde noir. C'est par le truchement de la poésie que le trio va mettre en pratique sa profession de foi. Damas inaugure le mouvement en publiant en 1937 son recueil de poèmes *Pigments*. En 1939 et en 1945 paraissent respectivement *Le Cahier d'un retour au pays natal* de Césaire et *Chants d'ombre* de Senghor. La publication par Senghor en 1948 d'une remarquable *Anthologie de la nouvelle poésie nègre et malgache*, préfacée par Jean-Paul Sartre, s'inscrit dans le prolongement de ce moment fondateur de l'écriture noire.

Tout au long des années 1950 et 1960, la négritude et ses thématiques basées sur l'exaltation de la race noire seront des sources d'inspiration importantes pour des poètes africains. Mais les nouvelles générations de poètes qui arrivent sur le devant de la scène après les indépendances ont progressivement abandonné cette veine. Face à une Afrique « mal partie », ils traduisent leur désenchantement dans une poésie plus intimiste et personnelle, s'attelant en même temps à une véritable entreprise de déconstruction de la prosodie classique héritée de leurs aînés. Parmi les poètes qui ont marqué la poésie africaine post-coloniale, il faut citer les Congolais Tchicaya U'Tam Si, Jean-Baptiste Tati-Loutard et Maxime N'Debeka, l'Ivoirien Jean-Marie Adiaffi et le Sénégalais Amadou Lamine Sall.

Les années 1950 voient l'entrée en force des romanciers sur la scène littéraire africaine. C'est le Guinéen Camara Laye qui ouvre le ban avec son célèbre *Enfant noir* (1953). Son évocation nostalgique et tendre d'une enfance quasi bucolique a fait de ce roman un texte emblématique de la littérature africaine contemporaine. Proches de cette thématique de l'enfance, les romans quasi autobiographiques que sont *Climbié* (1953) de Bernard Dadié, *Ville cruelle* (1954) de Mongo Béti, *Kocoumbo* (1960) d'Aké Loba et *L'Aventure ambiguë* (1961) de Cheikh Hamidou Kane traitent aussi d'autres sujets : l'aliénation qu'impose l'école des Blancs, la rupture avec le passé, les dangers de la ville, l'exil. Pour un certain nombre d'auteurs comme Ousmane Sembene, Mongo Béti ou Ferdinand Oyono, le roman est un lieu de contestation. Ceux-ci dénoncent sans ambages dans leurs romans les injustices et les exactions dont les Africains ont été victimes pendant la colonisation.

Avec la fin de la colonisation, la fiction a subi des mutations profondes, tant sur le plan thématique que sur celui de la narration. Sous la plume d'auteurs talentueux comme Ahmadou Kourouma, Sony Labou Tansi, Henri Lopes, Tierno Monenembo ou Emmanuel Dongala, le roman est devenu un outil privilégié d'exploration de l'« état honteux » de l'Afrique issue des indépendances. *Les Soleils des indépendances* (1969) de Kourouma, *Le Pleurer-rire* d'Henri Lopes et *La Vie et demie* de Sony Labou Tansi sont exemplaires de la production littéraire des années 1980. Ils illustrent l'abandon du réalisme et l'exploitation habile et efficace par ces auteurs des ressources du récit moderne, marqué par la dérision, l'allégorie, l'excès et le fantastique. Les années 1980 et 1990 sont aussi marquées par l'entrée en scène de romancières (Mariama Bâ, Aminata Sow Fall, Calixthe Beyala, Werewere Liking, Véronique Tadjo) et par le passage de relais à une nouvelle génération de romanciers (Alain Mabanckou, Abdourahman Waberi, Kossi Effoui, Kangni

Alem, Jean-Luc Raharimanana) qui refusent d'être les porte-parole d'un continent ou d'une race « noire ». Ces nouveaux romanciers africains, installés pour l'essentiel en Occident, préfèrent se définir comme « écrivains ».

La production littéraire anglophone d'Afrique a connu son véritable essor à partir des années 1950. Elle est dominée par la figure tutélaire de Wole Soyinka. À la fois homme de théâtre, poète, romancier et essayiste, ce géant des lettres mondiales s'est vu attribuer en 1986 le prix Nobel de littérature pour avoir su « façonner le drame de l'existence dans une large perspective et avec des connotations poétiques ». Les autres grands écrivains africains de langue anglaise ont pour noms Chinua Achebe, Ben Okri, Ayi Kwei Armah, Ngugi wa Thiong'o, Nuruddin Farah et Dambudzo Marechera. Considéré comme le père de la fiction africaine moderne, Chinua Achebe s'est fait connaître en publiant en 1958 *Le monde s'effondre*, qui évoque la disparition de la société traditionnelle au contact avec l'Occident. Le Somalien Nuruddin Farah raconte à travers des romans d'une grande puissance évocatrice les heurs et malheurs de son pays disparu dans les turbulences de l'Histoire. Dans le domaine anglophone, comme dans le domaine francophone, les années 1990 ont vu arriver sur le devant de la scène une nouvelle génération d'écrivains décidés à renouveler l'écriture en situant leurs œuvres plus résolument que leurs aînés au carrefour de l'oralité africaine et des traditions postmodernes occidentales.

Injustement méconnues, les littératures lusophones d'Afrique font depuis cinquante ans preuve d'une vitalité et d'une fécondité étonnantes, dont témoignent la poésie militante de révolte contre le colonialisme, sous la plume de la première génération d'écrivains (Antonio Jacinto, Viriato da Cruz, Antonio Cardoso, Agostino Neto), comme la fiction moderniste et métaphorique que pratiquent les romanciers contemporains tels Mia Couto (Mozambique), Pepetela

(Angola), Germano Almeida (Cap-Vert) et Abdulai Silai (Guinée-Bissau).

Sœur jumelle de la littérature noire d'expression française, la littérature francophone du Maghreb est sans doute une des littératures contemporaines les plus originales et vigoureuses. Elle est née aux lendemains de la Seconde Guerre mondiale. C'est en Algérie, où la francisation de l'enseignement a été la plus poussée pendant la colonisation, que la production littéraire a été la plus brillante et a d'emblée donné des textes d'une maturité littéraire étonnante, tels que *La Colline oubliée* sous la plume de Mouloud Mammeri, *Le Fils du pauvre* (1954) de Mouloud Feraoun, ou encore *Nedjma* (1956) de Kateb Yacine. Pendant la période de la résistance contre la colonisation française, la fiction francophone servira de relais entre les combattants et la population, en exaltant à travers des textes souvent poétiques les valeurs de liberté et d'héroïsme. En même temps s'est posée la question du choix de la langue française, langue du colonisateur, donc éminemment ambiguë, face à l'arabe. Interrogation qui a abouti dans quelques cas à un rejet, comme l'ont fait Kateb Yacine (spécialement dans son théâtre en arabe dialectal) ou Rachid Boudjedra.

Malgré l'arabisation de l'enseignement après l'indépendance, l'Algérie a continué de produire une littérature de langue française de qualité, en faisant entendre de nouvelles voix : Malika Mokaddem, Tahar Djaout, Leïla Sebbar, Leïla Marouane, ou encore Yasmina Khadra. Ces écrivains portent un regard dévastateur mais lucide sur la société algérienne contemporaine. Après la radicalisation de celle-ci dans les années 1990, nombre de ces écrivains ont dû se réfugier en France. Internationalement reconnue et élue en 2005 à l'Académie française, Assia Djebar est de ceux-là.

C'est Driss Chraïbi qui, avec son roman *Passé simple* publié en 1954, a placé le Maroc sur la carte de la francophonie littéraire. Les lettres francophones marocaines ont connu ensuite un nouvel apogée avec la création de la revue *Souffles* en 1966. Celle-ci a révélé notamment Tahar Ben Jelloun, l'écrivain marocain de France le plus connu (prix Goncourt 1987 pour son roman *La Nuit sacrée*), mais aussi Mohammad Khaïr-Eddine et Abdelkébir Khatibi. Plus marginale, la littérature francophone tunisienne a produit essentiellement des poètes (Tahar Bekri, Samir Mekroubi) qui vivent et écrivent à l'étranger. Ce panorama rapide de la littérature maghrébine resterait incomplet si on ne citait pas le nom d'Albert Memmi, la grande figure de la littérature francophone tunisienne, dont le *Portrait du colonisé*, paru en 1957, fut un best-seller mondial.

Madagascar

Aux marges de l'Afrique, mais proche de l'Asie par une partie de sa population, située dans une zone stratégique entre Le Cap et le Golfe, Madagascar reste une « île mystérieuse » par son peuplement, sa culture, son histoire. Monarchie durant deux siècles, puis colonie française à partir de 1895, l'île — une fois l'indépendance recouvrée en 1960 — a été tour à tour social-démocrate (Ire République), nationaliste et révolutionnariste (IIe), puis libérale, populiste et chrétienne (IIIe). Avec le retour au pouvoir de l'amiral Didier Ratsiraka, en 1997, la grande île s'est voulue « humaniste et écologique », tandis que son successeur, le président Marc Ravalomanana, homme d'affaires et homme d'Église, a placé son mandat en 2003 sous le signe du « développement rapide ».

Des crises ont marqué, de manière cyclique, ces changements de régime. La dernière en date, partie de contestations des résultats de l'élection présidentielle de décembre 2002, avait débouché sur un double pouvoir — deux présidents, deux gouvernements, deux armées... — et menacé durant quelques mois l'unité nationale, avant que la mobilisation de la population dans la capitale et quelques grandes villes ne fasse pencher la balance en faveur de Marc Ravalomanana.

En dépit de l'incompréhension manifestée par l'Organisation de l'unité africaine (OUA) et par la France, restée son principal partenaire, Madagascar a donné l'exemple d'un mouvement de protestation pacifique d'une ampleur exceptionnelle, orchestré par la Fédération des Églises chrétiennes, qui visait à débarrasser le pays de Didier Ratsiraka : cet officier de marine originaire de la côte Est, intelligent et ambitieux, avait tenté d'instaurer entre 1976 et 1991 un régime d'inspiration socialiste et tiers-mondiste, puis — après avoir été une première fois éliminé par l'opposition chrétienne — avait été accueilli à nouveau en « sauveur » en 1997, sous une casaque cette fois libérale, rejoignant ainsi le petit club des « dictateurs sortis des urnes ».

L'amorce de redressement économique qui s'en était suivie, fortement appuyée par la communauté internationale, n'était pas venue à bout du ressentiment exprimé à l'égard de l'amiral Ratsiraka par les Églises et de larges secteurs de la population, notamment sur les Hautes Terres. En quête d'un cinquième mandat, le président sortant — pour tenter de sauver son siège — n'avait pas hésité à pousser à un soulèvement des provinces contre la capitale, ou à monter sur le tard une dérisoire opération de mercenaires. Fortement déconsidéré, l'ancien président s'est exilé en France, comme une partie de son entourage.

Bien que l'île partage une langue et une culture identiques, et que la population soit issue d'un vaste métissage, les clivages régionaux ont été utilisés par l'occupant colonial, et par certains des régimes malgaches. Ils opposent surtout une élite économique et politique au sein de la population merina et betsileo des Hauts Plateaux, de lointaine origine asiatique, à des communautés plus africaines, dans les provinces côtières, qui ont eu le sentiment d'être délaissées.

L'actuel président, Marc Ravalomanana, issu de la bourgeoisie de la capitale dont il a d'ailleurs été maire, a mis en exergue son profil de *self-made-man* : ce « Berlusconi tropical », propriétaire de la société agroalimentaire Tiko ainsi que de plusieurs radios et d'une télévision, s'est proposé de gérer le pays comme une entreprise, tout en y restaurant une morale chrétienne à laquelle il est attaché en tant que vice-président de la Fédération protestante. Adepte d'un prophétisme qui le rapproche du président américain George W. Bush, il veut « faire des pasteurs des agents du développement ». Il est accusé par une partie de la classe politique de vouloir instaurer un régime théocratique, tout en favorisant l'implantation du Tiako i Madagasikara (Tim), un parti taillé sur mesure, et en continuant par ailleurs de réserver un régime privilégié à son groupe Tiko.

Dans le souci d'échapper à un partenariat trop exclusif avec la France, Marc Ravalomanana a renforcé la coopération avec les États-Unis, la Grande-Bretagne et l'Allemagne (qui gère la Jirama, la régie d'eau et d'électricité, et la compagnie Air Madagascar). À l'actif également de son régime : une relance de l'éducation et de la santé gratuites pour les familles les plus démunies, la réhabilitation en deux ans et demi de 5 000 kilomètres de routes, le lancement d'une campagne anticorruption, le libellé des pièces et billets en monnaie précoloniale (l'*Ariary*). Au passif, une dépréciation de 85 % de la monnaie nationale par rapport à l'euro en 2004, doublée d'une forte inflation (14 %) ; de fortes hausses en 2005 sur les prix du riz, de l'électricité, du pétrole ; la question de l'amnistie au titre des événements de 2002, non réglée ; l'insécurité persistante ; la prostitution et le tourisme sexuel, le travail des enfants...

La population ne ressent guère les effets de la croissance du PIB, du redémarrage de la zone franche, des remises totales de dettes, ou du régime préférentiel dont Madagascar bénéficie aux États-Unis (Agoa, Compte du millénaire). La vanille étant au plus mal, l'or rose (la crevette) a pris le relais à l'export, entre deux « ruées vers le saphir », sur la langouste ou les holoturies (concombres de mer très prisés des Chinois ou des Japonais). Le litchi de Madagascar a également conquis les marchés européens.

Mais les deux tiers de la population vivent en dessous du seuil critique calculé par les organisations internationales ; un tiers des enfants de moins de 5 ans sont victimes de malnutrition ; l'espérance de vie moyenne est de 50 ans, et de 40 ans pour la catégorie de population la plus exposée. Régulièrement félicité à Washington pour sa « bonne gouvernance », le gouvernement en a fini à Antananarivo avec son état de grâce : il doit compter désormais avec un réveil de l'opposition, rejointe par des personnalités déçues par le régime (une conférence nationale, restée sans lendemain, a été organisée en juin 2005).

Malawi

Situé entre la Tanzanie, le Mozambique et la Zambie, le Malawi est au carrefour d'un ensemble de voies de communication desservant l'ensemble de l'Afrique australe. Dans ce pays montagneux qui s'étend sur 118 480 kilomètres carrés, les lacs représentent près du quart du territoire. Le lac Malawi, frontière naturelle avec la Tanzanie et le Mozambique, se classe comme le neuvième plus grand lac de la planète et le troisième d'Afrique.

L'enclavement du pays résulte de son passé colonial. À l'origine baptisé Nyassaland par David Livingston (*nyassa* signifiant « étendue d'eau »), le pays avait été conçu à la fin du XIXe siècle par les Britanniques comme une sorte de verrou, destiné à bloquer la progression allemande et portugaise, et permettant de lutter contre les marchands d'esclaves. Protectorat britannique depuis 1891, le Nyassaland est devenu le 6 juillet 1964 l'État indépendant du Malawi. Proclamé République unitaire le 6 juillet 1966, le pays est resté sous la domination de l'autoritaire Hastings Kamuzu Banda pendant près de trente ans. En mai 1994, le président Elson Bakili Muluzi lui succède, avant d'être remplacé en mai 2004 par Bingu wa Mutharika.

Avec 12,1 millions d'habitants, le Malawi est très densément peuplé (102,2 hab./km^2). La population compte une dizaine d'ethnies, parmi lesquelles les Chewa (37 % de la population) dans la région centre, les Lomwé (14,5 %) et les Yao (10 %) au sud, les Tumbuka (6,4 %) au nord. La majorité est rurale, seuls 15,9 % des habitants vivent dans les villes. Lilongwe, la capitale depuis 1975, n'est pas la plus importante ville du pays, l'ancienne capitale Blantyre formant, avec Limbé, une agglomération de près de 400 000 habitants. C'est la principale place commerciale et industrielle du pays.

Essentiellement rurale, l'économie du Malawi repose sur la production et l'exportation de tabac, de thé et de sucre. Plus de 80 % de la population active travaille dans ces secteurs, une très large majorité étant employée dans celui du tabac. Mais l'absence de diversification des activités économiques, la dépendance vis-à-vis du cours des matières premières et les incertitudes climatiques font du Malawi l'un des dix pays les moins développés du monde (au cent soixante-cinquième rang mondial selon le rapport du Programme des Nations unis pour le développement — PNUD — de 2004). Son PIB annuel s'élève à environ 6,7 milliards de dollars, soit en moyenne 616 dollars par an et par habitant, environ 70 % de la population active se trouvant au chômage, tandis que 33 % environ de la population souffrait, selon le PNUD en 2004, de malnutrition, la sécheresse en 2002 ayant plongé le pays dans l'une des pires famines de son histoire. L'espérance de vie est l'une des plus faibles au monde, et elle a reculé de 3,5 ans en trente ans. Tendance peu susceptible de s'inverser face à la progression du sida, qui frappe près de 15 % de la population des 15-49 ans.

Mali

L'espace et l'histoire ont façonné le Mali et ont donné sa forte identité à ce vaste pays enclavé (1 240 000 km^2), en grande partie désertique, où la vie est étroitement liée à la présence, sur 1 780 kilomètres, du fleuve Niger. Son bassin et celui du fleuve Sénégal constituent un potentiel hydrologique exceptionnel et concentrent une population (11,7 millions d'habitants) qui demeure parmi les plus pauvres au monde : plus de la moitié des Maliens vivent en dessous du seuil de pauvreté, avec un produit intérieur brut (PIB) par habitant de 290 dollars en 2004.

Mais ce même espace, où l'agriculture (faisant vivre plus de 80 % des Maliens) est soumise aux aléas de pluviométrie si caractéristiques de la zone sahélienne, a vu se constituer depuis la plus haute histoire des empires prestigieux, dont la mémoire est toujours vivace. Après l'empire ancien du Ghana (IVe-VIIIe siècle) qui s'étendait sur une grande partie du Mali et de la Mauritanie actuels, l'entrée dans l'histoire se fait au XIIIe siècle avec Soundiata Keita, fondateur de l'empire du Mali, dont l'épopée est toujours contée par les traditionalistes. L'empire, où l'islam commence à se diffuser, atteint son apogée sous le règne de Kankan Moussa (1312-1337), rendu célèbre par son pèlerinage fastueux à La Mecque.

Au XVe siècle, le royaume songhaï prend la relève, avec les empereurs Sonni Ali Ber et l'Askia Mohammed : le centre de gravité politique est alors déplacé vers Tombouctou et Gao, et les villes deviennent d'importants centres économiques et religieux. On assiste plus tard (XVIe-XIXe siècle) à l'émergence des royaumes bambara ou peuls, jusqu'à l'arrivée des Européens. La progression de ces derniers suit de peu la grande épopée d'El-Hadj Oumar qui, au nom du *djihad*, reconstitue un empire qui ne lui survivra pas. La résistance au colonisateur s'incarne enfin avec Samory Touré (1880-1898), dernière grande figure de mémoire que se partagent la Guinée et le Mali actuels.

Les Français constituent en plusieurs étapes la colonie du Haut-Sénégal-Niger, puis du Soudan, intégrée en 1895 à l'Afrique occidentale française (AOF), avec Bamako pour chef-lieu en 1907, et construisent quelques grandes infrastructures (voie ferrée Dakar-Niger en 1923, lancement en 1925 des aménagements irrigués de l'Office du Niger). Une importante littérature, notamment ethnographique, prend le Soudan occidental pour étude, qui devient une des régions d'Afrique subsaharienne les mieux connues. L'administrateur Maurice Delafosse restitue l'histoire ancienne de la région, l'ethnologue Marcel Griaule rend célèbres les Dogons ; en 1927, Albert Londres passe au Soudan et publie *Terres d'ébène*, un réquisitoire grinçant contre la colonisation. Bien plus tard, avec verve et humour, Hampaté Ba transcrira ses souvenirs d'enfant, puis d'auxiliaire de la colonisation, proposant une vision à la fois critique et nuancée du système colonial.

La revendication en faveur de l'indépendance est cependant progressive. C'est à Bamako que se constitue en 1946 le Rassemblement démocratique africain, mouvement de caractère fédéral, comptant dans ses rangs Houphouët-Boigny ou Modibo Keita. Ce dernier devient président du Mali indépendant en septembre 1960, après l'échec d'une Fédération du Mali qui devait réunir Sénégal et Soudan. Modibo Keita, qui se distingue dans ces années-là comme un promoteur du mouvement des Non-Alignés, imprime une orientation socialiste très volontariste à son pays, mais échoue à développer sur un mode dirigiste l'économie. Un putsch est mené en 1968 par de jeunes officiers, parmi lesquels s'impose le lieutenant Moussa Traoré. Pour plusieurs décennies s'instaure sous sa houlette un régime arbitraire, qui tente de se donner une légitimation au début des années 1980 avec la création de l'Union démocratique du peuple malien (UDPM), parti unique. L'opposition est réduite au silence et à la clandestinité.

À la fin des années 1980, face à la montée du mécontentement, et alors que l'armée est aux prises avec la rébellion touareg, Moussa Traoré consent une timide ouverture et laisse paraître les premiers journaux indépendants. Mais il refuse le multipartisme réclamé par les forces démocratiques naissantes (des associations à caractère politique sont créées en 1990-1991). Il est emporté par la violence de la répression contre les manifestations populaires, notamment étudiantes, qui au terme des journées sanglantes de mars 1991 conduit le colonel Amadou Toumani Touré à le déposer. Celui-ci propose à la société civile et aux partis naissants une formule d'association au pouvoir (dans le cadre d'un Comité de transition pour le salut du peuple — CTSP) qui donnera son allure très originale à la « transition » malienne. Les institutions sont réformées, une conférence nationale est organisée, un compromis permet de réduire progressivement la rébellion touareg (pacte national d'avril 1992) et les premières élections multipartites portent au pouvoir Alpha Oumar Konaré et son parti, l'Adéma, en 1992.

De grands procès expiatoires contre l'ancien régime conduisent à la condamnation à mort de Moussa Traoré, mais la sentence n'est pas exécutée et celui-ci est finalement remis en liberté. Les années Konaré (il est réélu en 1997 et quitte le pouvoir en 2002) sont marquées à la fois par une assez grande instabilité — spécialement dans le milieu scolaire et estudiantin — au plan social, et par un ancrage des institutions de la démocratie, tandis que le Mali retrouve une « voix » sur la scène internationale. Au chapitre économique, un effort notable est porté sur les infrastructures, notamment le développement des routes et des télécommunications, mais les gouvernements successifs peinent à réformer les secteurs sociaux et à mettre en œuvre une véritable relance, qui se heurte à l'inertie des acteurs économiques et à la corruption.

Les élections de 2002 marquent le retour au pouvoir d'Amadou Toumani Touré dans une configuration politique nouvelle : alors que le principal parti, l'Adéma, a éclaté, des coalitions émergent, auxquelles le nouveau chef de l'État propose un consensus. Un gouvernement d'union est formé en novembre 2002, réunissant tous les groupes parlementaires. Jugée peu viable par certains observateurs, la formule réussit cependant à se pérenniser et un nouveau gouvernement peut être constitué en mai 2004 dans le même décor consensuel. Forcé de composer avec l'ensemble des composantes politiques, ATT, comme on le surnomme, peut alors faire valoir que le consensus a permis au pays de retrouver une stabilité appréciable. Celle-ci n'a pas toutefois suffi à restaurer la situation économique, toujours précaire.

L'économie malienne a été très affectée par les turbulences dans le secteur du coton, dont le pays est devenu le premier producteur d'Afrique subsaharienne. Seconde ressource d'exportation du pays, le coton emploie plus de 25 % de la population active. Les effets conjugués de la chute des cours mondiaux, de la crise ivoirienne, de la hausse des cours du pétrole, ou encore de difficultés périodiques comme les invasions acridiennes ou la baisse de pluviométrie, ont menacé une croissance, quasi nulle en 2001, qui est remontée progressivement (6 % en 2005). L'année 2005 a connu aussi un gel en matière d'aide budgétaire, décidé par les bailleurs de fonds en raison du retard pris dans la privatisation et la restructuration de la filière cotonnière.

L'or, qui a connu un développement important, est devenu la première ressource d'exportation du Mali, qui a toutefois besoin de diversifier son économie, encore dominée par l'agriculture, l'élevage et le commerce, et de développer des industries de transformation. Si le climat général est favorable aux investissements, alors qu'un ample mouvement de privatisation a été engagé depuis la fin des années 1980, des handicaps demeurent : comme la faible productivité des Maliens, l'absence de travailleurs qualifiés et l'opacité dans la gestion (un « vérificateur général » doté de larges pouvoirs d'investigation a été nommé en mai 2004). Le secteur de la santé et celui de l'éducation restent un maillon faible du développement, et le PNUD classait le Mali, dans son Indicateur du développement humain, au cent soixante-quatorzième rang sur cent soixante-dix-sept, en 2003.

Il faut évoquer un des atouts du Mali, sa grande richesse culturelle, qui pourrait constituer à terme une importante ressource économique. Mosaïque ethnique où dominent les Bambara (36,5 % de la population globale), les Peuls (13,9 %), les Sénoufo (9 %), les Soninké (8,8 %), les Dogons (8 %)..., caractérisé par l'ancienneté et la diversité de son patrimoine artistique et littéraire, le Mali est aussi l'un des seuls pays africains à avoir conservé des traces significatives d'architecture ancienne (mosquées de Djenné ou de Mopti). La production littéraire n'y fut pas seulement orale (*Épopée de Soundiata, Geste de Segou...*), et la mise en valeur des manuscrits anciens recueillis dans les centres de culture musulmans ne fait réellement que commencer, avec notamment l'appui de l'Afrique du Sud. À l'époque récente, la littérature (avec Hampaté Ba ou Massa Makan Diabaté, et plus récemment Moussa Konaté) et le cinéma (Souleymane Cissé, Cheikh Oumar Cissokho) ont connu une production significative.

Mais c'est surtout la musique qui a porté les artistes maliens vers les sommets de la reconnaissance internationale (Salif Keita, Ali Farka Touré, Rokya Traoré, Amadou et Mariam...). Des actions multiples ont été conduites, malgré la modicité des moyens, en matière de politique culturelle, notamment à l'initiative d'Alpha Oumar Konaré (« Grande rencontre des chasseurs d'Afrique de l'Ouest » en 2000, rénovation du musée de Bamako) et de ministres de la Culture à la forte personnalité, tels Aminata Traoré et Cheikh Oumar Cissokho ; ces actions conjuguées aux efforts des acteurs privés tendent à faire du Mali un lieu important de rencontres culturelles (Rencontres de la photographie de Bamako, festival littéraire des Étonnants Voyageurs).

Mandela (Nelson)

Devenu l'icône du continent africain dans ce qu'il a de meilleur, Nelson Mandela fut aussi « le plus long prisonnier politique du monde », dont la lutte a forcé le respect de tous, y compris ses adversaires. Né le 18 juillet 1918 dans le Transkei, Nelson Rolihlahla Mandela est issu de la famille royale des Thembus, un clan xhosa. Expulsé de l'université de Fort Hare en 1941 pour ses opinions politiques, il fonde le mouvement de jeunesse de l'ANC, la Ligue pour la jeunesse, en 1944, avec Oliver Tambo et Walter Sisulu. Il fait des études à Johannesburg et ouvre un cabinet d'avocat en 1951.

Il s'impose comme un leader naturel au fil des années 1950, tandis que l'apartheid était méthodiquement instauré. Président de la Ligue pour la jeunesse, il devient membre de l'instance dirigeante du parti, le National Executive Committee, et fait ses preuves lors de la campagne de « défiance » de 1952. C'est à cette occasion qu'il opte pour une solidarité interraciale contre le régime d'apartheid, préconisant l'unité d'action entre les principaux mouvements d'opposition africains, indiens et métis.

Condamné en 1956, il continue son activité politique dans la clandestinité et fait partie des premiers à s'engager dans la lutte armée au début des années 1960. Désigné commandant de la branche armée de l'African National Congress (ANC) — *Umkhonto we Sizwe* — qui lance ses premiers sabotages en décembre 1961, Nelson Mandela quitte ensuite le pays pour suivre une courte formation militaire en Algérie, mais il est arrêté par la police à son retour au Natal en 1962. Lors du procès de Rivonia où les principaux dirigeants du parti communiste et de l'ANC sont jugés, il devient le symbole de la lutte anti-apartheid en se déclarant prêt à mourir pour une Afrique du Sud multiraciale.

Condamné à perpétuité, Mandela est incarcéré à Robben Island dont il fera un autre symbole de la lutte anti-apartheid. En prison, il prolonge la lutte à sa façon : malgré des conditions de détention très dures, il organise le groupe de ceux qu'on appelait les *Robben islanders*, qui grossit au fil de la répression conduite par le régime sud-africain. Non seulement ils luttent pour améliorer leurs conditions de vie, mais ils obtiennent le droit de poursuivre des études par correspondance et réussissent à garder le contact avec l'extérieur. Nelson Mandela organise parmi les prisonniers des discussions politiques qui ont été rassemblées bien plus tard dans un recueil, *Reflections in prison*.

Tout en impressionnant l'administration pénitentiaire par sa force de caractère, le rebelle de Robben Island rejette par deux fois des propositions de compromis du gouvernement d'apartheid : en 1975, quand le ministre de la Justice, Jimmy Kruger, lui propose la liberté contre la reconnaissance du bantoustan du Transkei et, dix ans plus tard, quand le président Botha lui offre la liberté contre le renoncement à la lutte armée. Dans les deux cas, Nelson Mandela refuse catégoriquement et réitère son objectif : la fin de l'apartheid et l'instauration d'un régime multiracial.

Après avoir passé dix-huit ans à Robben Island, il est transféré dans des prisons près du Cap et libéré en 1990, à la suite de l'accession de Frederick De Klerk à la présidence. Sa libération est un événement international qui marque le début des négociations entre l'ANC et le régime d'apartheid. Oliver Tambo ayant été victime d'une attaque, Nelson Mandela est élu à la tête du parti et conduit les négociations de la transition, qui consacrent son leadership moral (attribution du prix Nobel de la paix, en 1993, en compagnie de Frederick De Klerk) et aboutissent aux élections démocratiques de 1994 : c'est à cette date que le plus célèbre prisonnier politique de la fin du XXe siècle devient le premier président de l'Afrique du Sud démocratique.

Nelson Mandela forme alors un gouvernement d'unité nationale, se consacre à la mise en place des institutions démocratiques et met l'accent sur la réconciliation de tous les Sud-Africains. Il mène une politique de gestes symboliques, afin de désamorcer les craintes des Blancs et de conforter le sentiment national : il a porté par exemple le maillot de l'équipe sud-africaine de rugby lorsque celle-ci remporte la Coupe du monde, a pris le thé avec la veuve du fondateur de l'apartheid, Mme Verwoerd, ou a pardonné publiquement au procureur qui l'avait condamné en 1964. Prenant ses distances avec l'exercice quotidien du pouvoir, qu'il confie largement à son vice-président de l'époque, Thabo Mbeki, et avec les intrigues internes du parti autour de la lutte pour sa succession, Nelson Mandela aura consacré sa présidence au *nation-building* (« construction nationale ») et à la réintégration de l'Afrique du Sud dans le concert des nations.

Symbole vivant de la tolérance raciale et de l'obstination démocratique, Mandela n'a plus exercé de fonctions officielles après 1999, se consacrant à des causes charitables : lutte contre le sida, contre l'illettrisme... Mais il reste le père de la nouvelle nation sud-africaine, qui n'a pas hésité à jouer de son autorité morale quand il l'estimait nécessaire : il a ainsi pris le contre-pied de Thabo Mbeki dans la polémique sur les causes et conséquences de la pandémie du sida. Il s'est marié trois fois — avec Evelyn Mase, Winnie Mandela et Graça Machel. Son autobiographie s'intitule *Long Walk to Freedom*.

Maroc

Le Maroc de Mohammed VI sera-t-il celui d'une nouvelle ère, celle enfin venue de « l'équité et la réconciliation » selon la formule ainsi institutionnalisée, après les presque quarante ans au pouvoir de Hassan II ? La démocratisation et le respect des droits de l'homme, ainsi que la modernisation sociale font partie des objectifs affichés du régime, sur la base toutefois d'un « bilan » de l'ancien régime dont il est probablement impossible de tirer les ultimes conséquences. La politique nationale rejoint aussi la question de la place occupée par le Maroc dans l'espace méditerranéen, entre Afrique et Europe, cette dernière ayant, pour son propre intérêt, à suivre de près l'évolution du royaume chérifien.

Le pays du soleil couchant (*Magrib al-jaqsa*) constitue en effet le point de rencontre des continents africain et européen : à 14 kilomètres de l'Espagne dont il est séparé par le détroit de Gibraltar, à la fois méditerranéen et atlantique (sa façade côtière fait à l'ouest 2 934 kilomètres), ayant aussi toujours porté son regard vers le Sud, objet d'ambitions territoriales (naguère la Mauritanie) qui demeurent un fort enjeu diplomatique, sous le signe de la question toujours non résolue du Sahara Occidental qui l'a longtemps opposé à son puissant voisin algérien, avec lequel court une frontière commune sur 1 350 kilomètres...

Outre sa très longue façade maritime, le Maroc (458 700 km^2, hors Sahara Occidental) est un pays de plaines et de plateaux, couvrant les deux tiers du territoire, occupé pour le reste par des chaînes de montagnes : le Rif au nord, la trouée de Taza, le Moyen Atlas qui s'étire du nord-est au sud-ouest, et le Haut Atlas plus au sud où se dresse le djebel Toubkal (4 165 m), point culminant de toute l'Afrique du Nord. Mais le Maroc présente aussi une division nord-sud qui, en suivant une ligne Essaouira – Moyen Atlas – Oujda, voit sa population, estimée à 31 millions d'habitants, majoritairement répartie au nord de l'Atlas où elle se concentre dans la partie littorale.

D'hier à aujourd'hui, le Maroc a constitué une zone naturelle de passage entre continent noir et Europe, qu'il s'agisse des routes anciennes du commerce ou de ces migrations humaines qui, à l'époque contemporaine, symbolisent ici plus qu'ailleurs les vagues montantes de la pauvreté africaine à l'assaut des citadelles développées. Or celles-ci se ferment, quand se poursuit l'afflux massif sur le territoire marocain de clandestins d'origine subsaharienne, dans leur tentative de rejoindre les enclaves espagnoles de Ceuta et Melilla, singulière porte d'entrée de l'Europe en terre africaine.

Le phénomène est devenu, ou redevenu, médiatique en 2005, et on s'est alors ému du traitement inhumain réservé à tous ces candidats malchanceux au départ vers l'autre continent, venus grossir les rangs des déshérités nationaux. Cela pour reconnaître que la question dépassait de loin la seule responsabilité marocaine. Les événements ont ainsi, de manière significative, remis sur le tapis la question du statut « spécial » à reconnaître au Maroc au sein de l'Union européenne, sur fond de projet de création d'une zone de libre-échange euro-méditeranéenne d'ici à 2010. Et Rabat a accueilli, en juillet 2006, une conférence sur les questions migratoires dans l'espace Europe – Méditerranée. On rappellera que le Maroc est lui-même un gros pourvoyeur de migrants : 1,4 million de ses ressortissants vivraient à l'étranger.

On esquissera un retour sur l'histoire du Maroc, caractérisée par la persistance, au fil des millénaires, d'une identité berbère, ainsi que par la continuité d'une monarchie remontant au XVIIe siècle. Elle s'ouvre par l'établissement de comptoirs phéniciens, par le règne de Carthage et par son intérêt pour l'or (et l'argent) venu du cœur du continent par le truchement des Sanhadja berbères et de la « route des chars ».

Sous influence romaine, puis byzantine, la région sera marquée de façon décisive par la conquête arabe et l'islamisation (VIIe siècle). Au XIe siècle s'ouvre, venue du sud et d'un *ribat* (couvent fortifié) élevé dans la région lointaine du fleuve Sénégal, l'épopée almoravide qui fonde Marrakech et répand sa foi jusqu'en Espagne. Lui succèdent, après le règne également brillant des Almohades aux XIIe et XIIIe siècles, plusieurs dynasties, dont celle des Saadiens qui étend sa domination au XVIIe siècle vers l'actuel Mali, où le dernier des empires ouest-africains, le royaume songhaï de Gao, est en déclin.

Au XVIIIe siècle s'imposent les Alaouites, l'ultime dynastie jusqu'à aujourd'hui au pouvoir, qui aura bientôt à faire face aux convoitises européennes, jouant habilement de leurs rivalités pour se maintenir. Le 2 avril 1906, la conférence d'Algésiras place toutefois le Maroc sous la tutelle des puissances européennes. Le 30 mars 1912, le traité de Fès proclame le Maroc protectorat français. Apparue avant la Seconde Guerre mondiale, l'émergence du nationalisme qui s'illustrera à partir de 1943 avec le parti de l'« indépendance » (Istiqlal) est un temps contenue (déposition et exil du sultan Mohammed Ben Youssef en 1953), mais l'indépendance est finalement proclamée en avril 1956, pour la plus grande gloire du souverain alaouite rétabli en son royaume.

La période d'indépendance est marquée, après la disparition de Mohammed V, par l'instauration d'un système très autoritaire, et par une lutte continue, avec des pics de violence, contre les contestations internes. Avec l'insurrection et la répression dans le Rif en 1959, l'assassinat à Paris en 1965 de l'opposant Mehdi Ben Barka, l'instauration de l'état d'urgence à la suite des insurrections de Casablanca de 1965, s'ouvrent les meurtrières « années de plomb » : le roi Hassan II, intronisé le 3 mars 1961, s'en prend à l'opposition radicale, essuie les attentats meurtriers de Skhirat en juillet 1971 et un an plus tard du complot d'août, qui aboutit au « suicide » du général Oufkir. Pour sauver son régime, en dehors de quelques réformes circonstancielles, il met en place une politique de répression systématique, notamment mise en œuvre par le redoutable Driss Basri, ministre de l'Intérieur.

Entre fastes de cour et subtiles tractations politiques s'est ainsi affermi un règne autocratique pondéré par l'entretien d'un certain formalisme démocratique, où est préservée l'existence de partis d'opposition — y figurent même les communistes — enserrés dans un jeu complexe d'allégeances et de pressions. Une étape est franchie avec la fameuse « Marche verte » de 1975, qui voit tout le pays derrière Hassan II pour défendre la souveraineté marocaine sur le Sahara-Occidental, abandonné par l'Espagne. Le « consensus national » est établi pour deux décennies, laissant au roi les mains libres pour réprimer les futures vagues de contestations, notamment parmi les intellectuels marxistes (procès des frontistes de 1977). À partir des années 1990, Hassan II, qui est devenu la cible privilégiée des mouvements de défense des droits de l'homme, opère une réorientation stratégique et libéralise progressivement son régime.

Avec l'accession au trône du roi Mohamed VI, le 30 juillet 1999, le pays connaît de profonds changements. Le retour d'un opposant historique comme Abraham Serfaty, le pèlerinage effectué au bagne de Tazmamart, la liberté accordée au dirigeant islamiste Cheikh Yassine, ou encore le limogeage de Driss Basri ont permis au pays de cicatriser certaines de ses plaies. Le roi lance également le grand chantier de la lutte contre l'« impunité » : une Instance équité et réconciliation (IER) est chargée d'enquêter sur les violations des droits de l'homme au Maroc et rend son rapport en novembre 2005 après deux ans de travail. Si elle recommande des réformes institutionnelles de fond, et si la parole a été donnée aux familles des disparus, l'absence de mise en cause de responsables suscite bien des réserves.

Alors que le mariage du roi avec une « fille du peuple », Salma Benanni, en juillet 2002, puis la naissance d'un prince héritier avaient plongé le royaume dans un « état de grâce », celui-ci s'est dissipé avec les attentats terroristes perpétrés à Casablanca en 2003. On a alors noté leur condamnation par le Parti de la justice et du développement (PJD) — principale formation islamique autorisée —, qui venait d'effectuer une percée lors des élections législatives de septembre 2002, devenant la grande force politique du pays, avec le Parti de l'Istiqlal et l'Union socialiste des forces populaires. Enfin, malgré le durcissement de ton contre la presse indépendante (emprisonnement d'Ali Lmrabet, directeur de deux quotidiens nationaux), l'effort de pacification des mœurs politiques et de modernisation semble devoir se poursuivre. Après dix ans de débats et l'abandon de différents projets était annoncée en 2003 la modification de la *Moudawana* : adoptée le 16 janvier 2004 après l'approbation du Parlement, cette réforme du Code de la famille consacrait l'égalité juridique entre hommes et femmes.

Sur le plan diplomatique, le Maroc — devenu un partenaire incontournable dans la lutte contre le terrorisme — a resserré des liens distendus avec les États-Unis depuis la guerre en Irak. Le royaume conserve par ailleurs des relations politiques et commerciales très étroites avec la France et maintient avec l'Espagne des rapports privilégiés, quoique tumultueux (en 2002, les deux pays s'opposèrent à propos de la souveraineté sur l'ilôt du Persil).

Les relations avec les voisins, en particulier l'Algérie, sont plus délicates : les frontières entre les deux pays sont toujours officiellement fermées, depuis l'affrontement lors de la guerre des Sables d'octobre 1963 (au sujet du tracé frontalier dans la région de Tindouf) et la grave discorde sur le statut du Sahara-Occidental. L'admission de la République arabe démocratique sarahouie (RASD) à l'Organisation de l'unité africaine (OUA), en 1984, avait conduit les autorités marocaines à quitter l'organisation, et Rabat continue de bouder l'Union africaine (UA). De ce fait, la dimension africaine du

Maroc a été sérieusement amoindrie, après les efforts menés dans les années 1970 pour occuper un rôle de leader modéré, allié du Zaïre (en 1977, les Marocains interviennent pour aider Mobutu) ou de la Côte d'Ivoire. Les relations avec la Libye ont toujours été problématiques, et empreintes de méfiance avec la Mauritanie, et ces difficultés nuisent au partenariat économique régional, hypothéquant l'avenir de l'Union du Maghreb arabe (UMA), dont le siège se trouve dans la capitale marocaine.

La stabilité, toute relative, de la monarchie n'a cessé de masquer une remarquable impuissance à réformer le pays en apportant des réponses au problème majeur de la pauvreté. Selon la Banque mondiale, près de 19 % des Marocains vivent sous le seuil de pauvreté, et comme ses voisins le pays est en proie à un fort taux de chômage (13 % au niveau national, 21 % en ville contre 4 % dans les campagnes). Outre les phosphates, dont il est le premier exportateur mondial, ses principaux postes d'exportation sont le textile, le cuir, l'alimentation (farines, biscuiterie, pâtes alimentaires, conserves de légumes, fruits, poissons), auxquels il faut ajouter les matériaux de construction, papiers et cartons. Le tourisme, en progression, représente 7,8 % du PIB et génère près de 600 000 emplois.

Malgré une stabilité macroéconomique retrouvée, une inflation maîtrisée (1,24 % en 2004), et des réformes comme la privatisation des entreprises publiques et le démantèlement des barrières douanières, la reprise de la croissance enregistrée depuis 2000 n'est pas suffisante pour résorber le chômage et faire face au défi démographique (en 2000, 43,5 % de la population avait moins de 20 ans). Le Maroc reste pénalisé par la fragilité de son secteur agricole, soumis aux aléas climatiques, et qui emploie encore près de la moitié de la population (17 % du PNB). La poursuite de l'assainissement des finances publiques, avec la réduction de la dette extérieure (66 % du PIB en 2004), est souhaitée par les bailleurs de fonds. Le Maroc doit encore faire des efforts pour réduire l'analphabétisme qui affecte près de 50 % de sa population : le Programme des Nations unies pour le développement (PNUD) estimait, en 2002, que 61,7 % des Marocaines étaient analphabètes contre 36,6 % pour les hommes.

Maurice

L'ancienne « isle de France », devenue Mauritius sous la colonisation britannique, avant son indépendance en 1968, reste une exception à l'échelle de l'Afrique comme de l'océan Indien : l'île est, à l'échelle de son million deux cent mille habitants, une petite nation « arc-en-ciel » où cohabitent des descendants de « laboureurs » indiens, d'esclaves africains, de colons blancs, de coolies et commercants chinois, dans un mélange inusité de cultures, de langues et de religions. C'est une démocratie pratiquant l'alternance où sont respectées les libertés essentielles. Elle détient une économie relativement florissante, basée historiquement sur le sucre et le commerce, puis sur la main-d'œuvre (zone franche) et le tourisme (700 000 visiteurs par an), plus récemment sur la pêche et les services (centres d'appel, informatique).

L'île Maurice est cependant à la recherche d'un second souffle économique : avec la fin, en janvier 2005, de l'accord mondial sur le textile et l'habillement, et la soudaine offensive des exportations chinoises, les industries de main-d'œuvre qui avaient fait le succès de sa zone franche durant ces trente dernières années sont en difficulté. La remise en cause du régime privilégié pour l'écoulement de son sucre (baisse de 37 % des subventions européennes d'ici à 2007) est également inquiétante. Maurice est le premier exportateur de sucre vers l'Union européenne (550 000 tonnes). En dépit de ses atouts (qualité, main-d'œuvre), l'île Maurice reste avant tout une destination touristique chère, en raison de son éloignement (10 000 kilomètres de l'Europe).

L'île, qui avait connu le plein-emploi dans les années 1980, compte plus de 60 000 chômeurs. Elle doit fournir du travail à une population qui a bénéficié de systèmes d'éducation et de santé performants, et développer les services : sont explorées la banque off-shore, les technologies de l'information avec la création de pôles de services informatiques, dans le but de devenir la « cyber-île » rêvée par ses dirigeants. Ce secteur, qui profite d'un bon réseau téléphonique et Internet, grâce à un raccordement par câble à fibre optique à l'Europe, l'Afrique et l'Asie, était — en 2005 — en progression de 20 % tous les quatre mois.

Un *seafood hub* se développe également pour le traitement et l'expédition du thon, pêché dans l'océan Indien par des armements asiatiques et européens. Mais il faudra également tenter de sauver ce qui peut l'être dans l'industrie sucrière par la diversification et la rationalisation de l'énergie (production d'éthanol), et dans le textile (haut de gamme, tissage), qui restent d'incontournables piliers de l'économie insulaire. Un développement d'une zone franche pharmaceutique est également envisagé, dans le but de profiter du marché potentiel de la zone SADC (Communauté de développement d'Afrique australe) et du Comesa (Marché commun pour l'Afrique de l'Est et australe).

Après une campagne axée notamment sur le chômage et les inquiétudes nées de la suppression des régimes préférentiels, le Premier ministre Paul Bérenger — un ancien leader gauchiste reconverti dans le libéralisme, qui fut le premier Blanc à accéder à un tel poste — a été battu lors des élections générales de juillet 2005 par Navin Rangoolam, chef de l'opposition travailliste et fils du « père de l'indépendance » mauricienne : son parti a obtenu 38 sièges sur 62, après un scrutin marqué par une forte participation (81 %). L'équipe gouvernementale resserrée formée alors par le Premier ministre

Ramgoolam, appartenant à la communauté hindoue majoritaire (50 % de la population), se proposait notamment de démocratiser une économie encore dominée par les minorités d'origine européenne et chinoise.

Mauritanie

Le coup d'État d'août 2005 en Mauritanie a mis fin à deux décennies de pouvoir du président Maaouya Ould Taya. Une période marquée par la très grave crise avec le Sénégal, à la fin des années 1980, et un processus de démocratisation très contrôlée, sous un régime volontiers communautariste, qui a dû faire face à la poussée de l'islamisme.

Pays de transition entre Maghreb et Afrique noire, à la population constituant une mosaïque fragile cimentée par l'islam, la Mauritanie se présente comme un vaste ensemble désertique d'un million de kilomètres carrés, bordé à l'ouest par l'océan Atlantique, au nord par le Sahara-Occidental et l'Algérie, au sud-est par le Mali et au sud-ouest par le Sénégal. Avec trois millions d'habitants (2,8 hab./km^2), sa population croît au rythme de 3 % par an et se concentre aux deux tiers à Nouakchott, la capitale, ainsi qu'au sud et dans les oasis. Elle se répartit entre Maures, Arabo-Berbères, Harratines — anciens esclaves noirs arabisés — et Négro-Africains (Peuls, Toucouleurs, Wolof ou Soninké...).

Au XIe siècle, l'empire du Ghana s'étend du delta du Sénégal à la boucle du Niger et de l'Adrar au Bambouk. Il inclut Aoudaghost et Oualata, centres caravaniers des Berbères Sanhadja qui prospèrent depuis le IIIe siècle avec le commerce transsaharien. Convertis à l'islam, ceux-ci appuient la progression almoravide pour faire tomber l'empire. La pénétration des Arabes Hassan, du XIIIe au XVIe siècle, aboutit à la formation d'émirats. Le comptoir de Saint-Louis, créé par les

Français en 1659, détourne le commerce transsaharien et celui de la gomme arabique, et Faidherbe impose la souveraineté française en 1858, depuis Saint-Louis. En 1904, Xavier Coppolani est tué alors qu'il essaie d'installer un protectorat. Rattachée à l'Afrique occidentale française (AOF), la Mauritanie devient colonie française en 1920.

Nouakchott est créée peu avant l'indépendance, proclamée le 28 novembre 1960. Le président Moktar Ould Daddah lance une politique d'arabisation qui pousse en 1966 élèves, étudiants et fonctionnaires noirs à s'élever devant ce qu'ils considèrent comme une politique discriminatoire. Le Maroc, qui a des prétentions sur le sol mauritanien, ne reconnaît le nouvel État qu'en 1970, et trois ans après la Mauritanie intègre la Ligue arabe. Elle sort de la zone franc et nationalise la société française qui exploite le minerai de fer à Zouerate. Quand l'Espagne quitte le Sahara espagnol en 1976, Maroc et Mauritanie le revendiquent. La résistance autonomiste menée par le Front Polisario fragilise le régime mauritanien, qui ne peut contrôler les actions de la rébellion et se voit soumis aux pressions du Maroc. Le 10 juillet 1978, l'armée chasse le « père de la nation » après dix-huit ans de régime civil. En 1979, la Mauritanie officiellement renonce au Sahara-Occidental.

Le colonel Maaouiya Ould Sid Ahmed Taya renverse, le 12 décembre 1984, son prédécesseur Mohamed Khouna Ould Haidallah et instaure un régime fort. Il doit cependant faire face aux violents conflits raciaux qui, après une longue période de tensions, éclatent en 1989 à la faveur du conflit avec le Sénégal : suscité par un incident entre agriculteurs et éleveurs dans la région du fleuve Sénégal, il dégénère avec les représailles exercées dans les villes du Sénégal contre la communauté maure, très présente dans le petit commerce. La Mauritanie réplique par des exactions de grande ampleur contre la communauté négro-africaine. La « guerre » Sénégal-Mauritanie se greffe sur un vieux différend frontalier et surtout traduit les convoitises autour de la mise en valeur de la région frontalière du fleuve, qui a bénéficié, après les sécheresses des années 1970, de vastes aménagements hydro-agricoles (construction de grands barrages). Des dizaines de milliers de Négro-Africains sont spoliés de leur nationalité et de leurs biens.

Emportée dans le mouvement général de revendication pour le multipartisme, la Mauritanie libéralise à partir de 1991 sa vie politique, mais contient par une politique de répression mesurée l'opposition naissante, qui oscille entre boycott et participation aux élections. Ould Taya, élu en 1992, est réélu en 1997 et 2003. Aux prises avec de nombreuses luttes d'influences entre groupes « baathistes » et « nassériens », le pays se range aux côtés de l'Irak pendant la guerre du Golfe, ce qui accentue son isolement international après la crise avec le Sénégal. Il s'efforce ensuite de renouer avec le camp occidental et rompt en 1999 avec l'idéologie baasiste avant de reconnaître Israël, et se retrouve dans le camp du soutien aux États-Unis lors de la guerre d'Irak.

Ce positionnement est la source de nouvelles tensions, en particulier avec les mouvements islamistes, visés par des vagues d'arrestations. En juin 2005, un incident meurtrier à la frontière avec le Mali oppose l'armée mauritanienne à la guérilla algérienne du Groupe salafiste pour la prédication et le combat (GSPC). Le 3 août 2005, le président Ould Taya est renversé, « à la mauritanienne », sans effusion de sang. Le coup d'État, condamné par la communauté internationale, a le soutien de la classe politique et de la population. Un Comité militaire, présidé par l'ancien chef de la sécurité, le colonel Ely Ould Mohammed Vall, annonce après la dissolution du Parlement sa volonté de favoriser le retour à un régime civil et met en place un gouvernement de transition. On constate un apaisement : plusieurs dizaines de prisonniers, dont l'ancien président Ould Haidalla, sont libérés et des opposants au régime déchu rentrent d'exil. Un référendum sur la Constitution, en 2006, devait préparer la nouvelle phase électorale, avant août 2007.

Pays pauvre, dont la population vit avec un PIB d'environ 600 dollars par habitant, confronté à l'aléa climatique (sécheresses) et à des invasions acridiennes récurrentes, la Mauritanie a dû faire face depuis 2003 à un tassement de la croissance, dû aux mauvaises performances dans les principaux secteurs — pêche, agriculture, élevage et mines —, qui se conjuguait avec une forte inflation (16 % en 2004) en raison de la hausse des prix du pétrole et des produits alimentaires. Le pays, qui a obtenu d'assez bons résultats dans l'application de ses plans d'ajustement structurel, misait toutefois sur l'exploitation, à partir de la fin 2005, de ses ressources pétrolières.

Mbeki (Thabo)

Né le 18 juin 1942 dans le Transkei, Thabo Mbeki est issu d'une des grandes familles de l'African National Congress (ANC, Congrès national africain), aujourd'hui au pouvoir en Afrique du Sud : son père, Govan Mbeki, a été un vétéran du parti communiste et un membre fondateur de la branche armée de l'ANC, ce qui lui vaudra d'être condamné avec Nelson Mandela en 1964. Né dans l'ANC, Thabo Mbeki y a gravi tous les échelons en suivant la voie de l'exil, avant de succéder à Nelson Mandela à la tête de l'Afrique du Sud.

Expulsé du Lovedale College en 1959 pour activisme politique, il participe à la création d'un syndicat étudiant africain et quitte l'Afrique du Sud en 1962 alors que la répression fait rage. En exil, il suit la voie « traditionnelle » : études en Grande-Bretagne, formation idéologique dans l'ex-URSS et séjours dans différents pays africains afin d'y établir les structures de l'ANC. Brillant, il devient en 1975 membre de l'instance dirigeante du parti et secrétaire politique d'Oliver Tambo, président de l'ANC de 1960 à 1990. Durant les années 1970 et 1980, il est aussi membre du comité central du parti communiste qu'il quitte à la fin de la décennie 1980. Ses fonctions de porte-parole de l'ANC et de chef du Department of International Affairs font de lui un excellent connaisseur du parti et un négociateur chevronné.

La légalisation de l'ANC en 1990 et la période de transition ouvrent une lutte pour la succession de Nelson Mandela à l'intérieur du parti. Thabo Mbeki est alors en compétition avec Chris Hani — le dirigeant du parti communiste qui est assassiné en 1993 —, puis avec Cyril Ramaphosa, syndicaliste très populaire et très proche de Nelson Mandela. Soutenu notamment par Winnie Mandela et Peter Mokaba (puissant président du mouvement de jeunesse de l'ANC), Thabo Mbeki est élu vice-président de l'ANC en 1994, consacrant ainsi la victoire des « exilés » sur ceux de la résistance intérieure. Il accédera à la présidence du parti en 1997, puis à la présidence du pays en 1999.

Thabo Mbeki a fait de la vice-présidence un « super ministère » qui coordonne et centralise les politiques. Fort de cette position, il impose un virage économique néolibéral en 1997 que ni le parti communiste ni les syndicats ne parviennent à contrer. Il en profite pour resserrer son emprise sur le parti en faisant élire une majorité de ses alliés au NEC (Comité exécutif national), à l'ANC Youth League et à la Women's League, et c'est donc tout naturellement qu'il succède à Nelson Mandela en 1999. Son mandat présidentiel a été renouvelé en avril 2004 pour la dernière fois.

Depuis qu'il est à la tête de l'Afrique du Sud, Thabo Mbeki a concentré son action sur l'économie et les affaires internationales. Contesté par les syndicats et le parti communiste, il maintient avec constance une politique économique néolibérale qui lui vaut le soutien des milieux d'affaires mais peine à générer une croissance suffisante pour résoudre les problèmes sociaux du pays. Le champ diplomatique lui a été beaucoup plus favorable. Décidé à réinscrire l'Afrique dans le système monde (il intitule son projet la « Renaissance africaine »), il fait preuve d'un activisme diplomatique tous azimuts. Il s'est engagé personnellement ou a engagé son gouvernement dans la résolution des conflits africains (Burundi, Lesotho, république démocratique du Congo, Côte d'Ivoire, etc.), a joué un rôle majeur dans la création de l'Union africaine (UA) et dans la formalisation du projet de développement continental (le Nepad), il se fait le porte-parole de la lutte contre le sous-développement auprès des grandes puissances politiques (G8) et économiques (Davos), relance le dialogue Sud-Sud (relations avec les autres grandes puissances régionales comme le Brésil ou l'Inde). En revanche, ses prises de position sur le sida, où il émet des doutes sur le lien entre VIH et sida, et dénonce la dangerosité des anti-rétroviraux, ont porté atteinte à l'image de « dirigeant éclairé » qu'il s'était forgée par ailleurs.

Au plan intérieur, Thabo Mbeki a gouverné « au centre », tentant d'atténuer les problèmes sociaux avec des mesures sociales (gratuité de l'eau et de l'électricité, *community works programme*, minima salariaux, gratuité de l'éducation et des soins primaires...). Sa présidence aura correspondu à une emprise personnelle très forte sur le parti qui provoque des critiques mais sans organisation déclarée d'une dissidence. En tant que président, Thabo Mbeki est parvenu à sortir de l'ombre de Nelson Mandela, en projetant une vision à la fois internationale (la Renaissance africaine) et nationale (création d'une économie compétitive et d'une bourgeoisie noire) qui a suscité l'adhésion des Sud-Africains et des puissances occidentales.

Médias

L'Afrique subsaharienne a connu depuis le début des années 1990 une spectaculaire libéralisation de ses médias, étroitement liée à la conquête du pluralisme politique. Le phénomène, surtout sensible en Afrique francophone, n'a pas fait disparaître censure et répressions, et il a essentiellement concerné la presse écrite et la radio, tandis que la télévision restait largement marquée par l'empreinte du monopole public.

La presse apparaît à la période coloniale. Longtemps peu consistante dans la partie française, elle connaît à partir du milieu du XIXe siècle un essor en Gold Coast (Afrique de l'Ouest anglophone), et surtout en Afrique du Sud. Dans cette colonie hollandaise passée dans le giron anglais, la première expansion de la presse — de langue anglaise et hollandaise — s'observe dès les années 1830, mais le secteur atteint un réel développement vers la fin du siècle dans la colonie britannique du Cap, où le Britannique Cecil John Rhodes, homme politique et magnat du diamant, crée à partir des années 1880 le puissant groupe Argus.

En Afrique de l'Ouest, le Liberia et la Sierra Leone voient la création, sous l'impulsion des Afro-Américains, de journaux à partir de 1826 (création du *Liberia Herald*), et c'est à la fin du XIXe siècle qu'au Nigeria et en Gold Coast des autochtones commencent à créer des titres : Nnamdi Azikiwe, futur président du Nigeria, fonde le *West African Pilot* en 1937 avant de développer un réseau de journaux, la *Zik'press*, jetant ainsi les bases de ce qui deviendra au Nigeria un puissant secteur privé de la presse, mêlé aux affaires et à la politique. La presse anglophone d'Afrique orientale connaît un développement plus limité, et reste à l'état embryonnaire dans les pays lusophones ou les colonies allemandes et belges.

En Afrique occidentale française, la liberté de presse instituée en métropole par la loi de 1881 n'a reçu qu'une application des plus restreintes. Hormis les publications des missionnaires, la seule presse est celle des colons, jusqu'à ce qu'apparaissent de manière sporadique, comme au Sénégal, quelques bulletins d'opinion, tel *L'AOF*, « premier journal africain » de la région. Le véritable développement d'une presse privée intervient avec *Paris-Dakar*, fondé en 1933 par Charles de Breteuil, qui à partir de Dakar essaimera à Madagascar, au Congo, en Côte d'Ivoire ou au Cameroun, pour créer surtout après la Seconde Guerre mondiale des quotidiens de rang national (*Abidjan Matin*, *La Presse du Cameroun*). La radio, qui a fait son apparition dans les années 1920 en Afrique du Sud, s'étend modestement à l'ensemble du continent, sous contrôle des autorités coloniales. La BBC développe après 1932 une politique de relais de ses émissions, et côté français le Poste colonial émet de Paris à partir de 1931, tandis que Radio Dakar est lancée en 1938 pour l'ensemble de l'AOF.

La fin de la Seconde Guerre mondiale et la montée des idées nationalistes sont favorables à l'essor d'une presse d'opinion. Les futurs leaders indépendantistes, tels Kwame Nkrumah en Gold Coast, ou Julius Nyerere en Tanzanie, sont à la tête de journaux. En AOF et en AEF, le groupe De Breteuil poursuit un développement méthodique, tandis que prolifèrent les publications d'opinion, spécialement à Madagascar et au Sénégal où cent soixante-dix titres sont édités entre 1945 et 1960. La presse catholique occupe dans ce tableau une place spéciale : en 1947 est ainsi créé à Dakar *Afrique nouvelle*, qui sera diffusé dans toute l'Afrique occidentale française et soutiendra le mouvement d'émancipation. La radio, toujours sous contrôle, ne devient un enjeu politique qu'à l'approche des indépendances. Elle passe aux mains des nationalistes (comme au Ghana dès 1957) qui vont aussitôt se servir de cet instrument populaire pour diffuser leurs thèses, avant d'en faire l'organe privilégié de la propagande officielle à l'indépendance.

Celle-ci, au tournant des années 1960, marque souvent la fin du pluralisme dans la presse, comme dans les institutions. L'instauration systématique du monopole de l'information s'observe en Afrique francophone, avec cependant des singularités : la presse catholique est épargnée et on laisse subsister plusieurs titres du groupe De Breteuil, avant leur reprise en main par les pouvoirs publics. *La Presse du Cameroun* devient *Cameroon Tribune* en 1974 ; en Côte d'Ivoire, la nationalisation d'*Abidjan-Matin* est opérée dès 1964 et donne naissance à *Fraternité Matin* ; au Sénégal, *Dakar-Matin* devient gouvernemental en 1970, sous le nom du *Soleil*.

En Afrique anglophone aussi, la tendance est à la reprise en main. Mais elle se heurte à une tradition plus libérale, soutenue par l'audience des journaux, et par leur prospérité économique. Aussi l'évolution est-elle mitigée : presque partout une presse gouvernementale se développe, parfois par le rachat de titres existants, mais les principaux quotidiens privés se maintiennent tant bien que mal, sans perdre toute liberté critique. En Tanzanie, et plus encore en Ouganda avec l'arrivée d'Idi Amin Dada en 1971, la presse n'a plus qu'une marge de manœuvre restreinte ou nulle. Mais le Kenya, où l'Aga Khan constitue un groupe privé puissant (East African Newspapers), conserve une presse diversifiée et professionnelle. Au Nigeria où une quinzaine de quotidiens existent au début des années 1960, l'espace de la presse libre se restreint avec l'arrivée au pouvoir des militaires en 1966, mais elle se maintient en dépit des procès et des intimidations, voire des attentats à l'encontre de journalistes. La presse d'Afrique du Sud, quant à elle, et en dépit de l'apartheid, reste la plus puissante du continent. L'interdiction du parti communiste et de l'African National Congress (ANC) conduit entre 1960 et 1970 à la liquidation de nombreux titres militants, mais la répression n'empêche pas la presse noire de se développer

(*World*, *Post*, ou *The Sowetan*). La liberté d'expression est globalement préservée dans le vaste secteur de la presse anglophone dirigée par des Européens d'inspiration libérale. Des titres comme *Drum, Rand Daily Mail* font l'objet de harcèlements et de menaces, mais maintiennent le cap dans les périodes les plus orageuses.

La radio et la télévision — qui apparaît peu à peu avec une diffusion encore restreinte — restent aux mains des États, qui consentent de grands efforts pour l'équipement et l'extension de la radiodiffusion, avec notamment le développement de la radio rurale et des émissions en langues nationales. Une innovation a permis de faire de la radio un grand média populaire, porteur de la propagande gouvernementale, c'est la popularisation du poste transistor, effective à la fin des années 1960. Parallèlement, on se préoccupe de la formation de journalistes nationaux, grâce aux écoles sous-régionales créées en Afrique francophone dans les années 1960-1970, et à l'octroi de bourses pour la formation à l'étranger, pays du bloc socialiste compris.

Ce paysage, d'une grande stabilité, connaît un bouleversement à la fin des années 1980 et dans la décennie suivante. En quelques mois, en quelques années, tirant parti de la montée des revendications sociales et politiques qui aboutissent à l'instauration du multipartisme dans l'ensemble de l'Afrique subsaharienne, des journaux privés s'attaquent au monopole et à la censure et arrachent de nouveaux espaces de liberté. Le Sénégal, où un périodique satirique, *Le Politicien*, existait depuis 1977, ouvre la voie avec la parution de plusieurs organes d'information générale (*Wal Fadjri* en 1984, *Sud Magazine* en 1986) animés par de jeunes journalistes soucieux de leur indépendance. Au Bénin, la presse privée profite des difficultés du régime pour lancer ses premières flèches : *La Gazette du Golfe* (bimensuel) en 1988, puis *Tam-Tam Express* (hebdomadaire) concentrent leurs critiques, au ton d'abord modéré, sur les échecs économiques et dénoncent les scandales financiers. L'organisation de la conférence nationale souveraine favorise la multiplication des titres et plus de trente journaux paraissent en 1990.

L'impulsion est donnée et la libéralisation de l'expression gagne en quelques mois d'autres pays francophones. Au Mali, les hebdomadaires *Les Échos*, *La Roue*, *L'Aurore* se lancent à partir de 1989 dans la contestation du système de parti unique, qui mène à la chute de Moussa Traoré en mars 1991. Au Niger, le premier journal indépendant, *Haské*, bientôt rejoint par *Le Républicain*, a profité en mai 1990 de la « décrispation » politique concédée par le chef de l'État, Ali Saïbou. Ailleurs, la presse se contentera d'attendre les mesures officielles d'ouverture politique : Togo, à partir de mai 1990 (*Le Courrier du Golfe*, *Forum Hebdo*, *Atopani Express...*), Gabon, Burkina Faso (*L'Observateur Paalga*, *Kibaré*, *Le Journal du Jeudi*, *Le Pays)*, Tchad (*N'Djaména Hebdo*, *Le Temps*, *Le Progrès*). En Côte d'Ivoire, c'est encore l'instauration du multipartisme qui permet en 1990 la parution de *Nouvel Horizon* (hebdomadaire), ou de *La Voie* (quotidien), plus tard du quotidien *Le Jour*, tout comme au Cameroun où le pionnier de la presse indépendante, *Le Messager* de Pius Njawé, est rejoint par de nombreux autres titres.

Partout en Afrique francophone, ce qu'on a qualifié de « printemps de la presse » révolutionne le paysage médiatique. Les titres de la presse écrite se multiplient (au Bénin à la fin de la décennie, on comptera plus de cent quatre-vingts organes enregistrés), et les quotidiens font leur apparition dans les années 1993-1994. La radio s'émancipe à son tour : à la suite de la révolution de mars 1991, le Mali libéralise totalement le secteur radiophonique. Plusieurs pays, du Burkina Faso à Madagascar, voient émerger des petites stations urbaines à vocation commerciale, et connaissent une multiplication rapide de radios communautaires qui essaiment en milieu rural : on comptera jusqu'à plus de cent cinquante radios recensées à Madagascar, presque autant au Mali. Ailleurs, l'ouverture est plus contrôlée : si le Sénégal a suivi le mouvement en 1994, la Côte d'Ivoire ne libéralise ses ondes qu'en 1998, sur la base de cahiers des charges restrictifs. Même chose au Togo, où les radios privées se développent tardivement dans un certain vide juridique, ou au Cameroun, où l'audiovisuel demeure durablement un secteur sous contrôle. La télévision, quant à elle, reste partout peu diversifiée, en dépit de mesures de libéralisation adoptées, d'ailleurs avec prudence, par les autorités.

Dans tous ces pays, l'essor des médias privés a précédé l'adoption de législations qui, progressivement, et avec de grandes restrictions là où l'État entend résister au mouvement, finissent par consacrer la liberté de la presse. Cette reconnaissance légale n'empêche pas la censure, ainsi que les pressions et intimidations à l'encontre des journalistes : en 1998 au Cameroun, le fondateur du *Messager*, Pius Njawé, est condamné à deux ans de prison pour « propagation de fausses nouvelles ». La même année, au Burkina Faso, le directeur de publication de *L'Indépendant*, Norbert Zongo, est assassiné. Mais l'excès même de la répression a soulevé de tels mouvements de réprobation, qu'à la fin de la décennie les pouvoirs hésitent désormais à s'attaquer trop ouvertement aux médias. Des instances autonomes de régulation se mettent en place, des fonds d'aide à la presse voient le jour.

Dans un paysage déjà beaucoup plus diversifié, l'Afrique anglophone connaît elle aussi durant les années 1990 une libéralisation significative, spécialement dans les pays où elle était soumise à un contrôle plus étroit : la marche vers le multipartisme permet ainsi une nouvelle autonomie de la presse en Ouganda, en Tanzanie, au Malawi ou en Zambie... La décennie enregistre aussi, cependant, une dégradation de la situation au Zimbabwe, et surtout au Nigeria, où le régime de Sani Abacha mène en quelques années (1993-1998) un combat violent contre les journalistes, victimes d'attentats, poussés à l'exil ou emprisonnés. À la mort d'Abacha, vingt et un journalistes étaient détenus, dont Christine Anyanwu, rédactrice en chef du *Sunday Magazine*, condamnée à la prison à vie.

Si la liberté d'expression a partout fait de grands progrès, journaux comme radios sont souvent en situation précaire, surtout en zone francophone où les tirages de la presse écrite ne dépassent guère quelques milliers, voire quelques centaines d'exemplaires, tandis que les radios font preuve d'un dynamisme parfois trompeur et trahissent un faible professionnalisme. Peu formés, mal payés, les journalistes dérapent fréquemment, la corruption et le clientélisme sont très répandus, le contenu des publications peut être de très faible qualité. Les médias, publics et privés, ces derniers souvent proches de partis politiques, attisent les antagonismes, au point de devenir, comme au Rwanda avec la Radio-Télévision Mille Collines — impliquée dans le génocide de 1994 —, ou comme en Côte d'Ivoire à partir de 1999, de véritables « médias de la haine ». Malgré ces graves carences, la presse d'Afrique subsaharienne assure un rôle peu contestable d'animation du débat politique et de diffusion d'une certaine dose de culture démocratique ; quelques titres ou radios par pays — qu'il s'agisse de médias privés ou d'organes de presse publics, ces derniers ayant pu connaître une évolution éditoriale positive — remplissent correctement leur fonction d'information.

La presse est en tout cas incomparablement plus libre qu'au Maghreb, où le secteur de la presse écrite est pourtant beaucoup plus nanti au plan économique : au Maroc, la diffusion quotidienne des journaux atteignait en 2004 environ 300 000 exemplaires — contre 500 000 pour la Tunisie, 1 300 000 pour l'Algérie et 2 200 000 pour l'Égypte —, et l'on y comptait près de sept cents titres, dont une vingtaine de quotidiens. Si ce pays a connu une certaine ouverture avec l'avènement en 1999 de Mohammed VI, les médias y restent, comme en Tunisie, sous contrôle : la presse de parti est dominante, l'autocensure règne chez les journalistes et les cas de répression sont fréquemment dénoncés. La libéralisation, désormais officielle, de l'audiovisuel reste peu significative. L'Algérie, qui avait connu dans les années 1990 un vent de libéralisation dans la presse écrite, a connu une évolution en dents de scie : la guerre civile a fait de nombreuses victimes (une soixantaine de journalistes tués), et a favorisé l'autocensure. Aux moyens habituels de contrôle de l'État, dominant dans les secteurs de l'impression et de la publicité, s'est ajoutée ces dernières années, sous le deuxième mandat d'Abdelaziz Bouteflika, une répression ouverte avec une multitude de procès à l'encontre des journalistes.

Mercenaires

Au début des années 1960, d'anciens militaires belges et français sont mobilisés au Congo pour soutenir la sécession de la province minière du Katanga, puis restent comme fer de lance de l'armée nationale. D'autres interviennent aux côtés des indépendantistes du Biafra, on en retrouvera au Tchad aux côtés de Hissène Habré, au Zaïre pour contrer l'offensive de Laurent-Désiré Kabila en direction de Kinshasa, plus récemment en Côte d'Ivoire ou en Guinée-Équatoriale. Les mercenaires ont littéralement collé à la peau du continent africain, souvent pour le pire. On les surnommait les « affreux », les « chiens de guerre », au mieux les « soldats perdus ». Les services de renseignements occidentaux les ont utilisés, après les indépendances, pour faire ou défaire des régimes. Aujourd'hui, une nouvelle génération est apparue, moins politique, plus professionnelle.

Un des cas les plus connus : le mercenaire français Robert (dit « Bob ») Dénard, alias « Gilbert Bourgeaud », ou encore « Colonel Maurin », qui a toujours prétendu agir en « corsaire de la République », ou comme un « soldat de l'Empire », dans l'intérêt bien compris de son pays et avec l'aval, ou du moins la tolérance, des « services » : on suit sa trace au Maroc, en Rhodésie, au Congo, en Angola, au Gabon, au Bénin — ainsi qu'au Yémen et en Iran —, et bien sûr aux Comores. Dans cet archipel de l'océan Indien, où il rêvait de s'installer, il a en l'espace de quinze ans éliminé deux présidents, créé une garde présidentielle, offert une escale aérienne aux services sud-africains ou rhodésiens, se prenant tellement au jeu que l'armée française elle-même a dû finir par exfiltrer celui qui était devenu un encombrant vice-roi de l'archipel, sous le nom de « Mustapha Mahdjou ». Paraissant en cour d'assises, dix ans après l'assassinat — sous ses yeux, sinon de sa main — du président Ahmed Abdallah qu'il était censé protéger, il a été acquitté en 1999 au bénéfice du doute, après des témoignages élogieux d'anciens responsables des services secrets sur sa carrière... dans l'ombre de son pays.

Jusqu'aux années 1980, les commanditaires de ces actions, coups de force ou coups de main étaient la plupart du temps les services secrets occidentaux (sud-africains, français, portugais), cherchant à déstabiliser des pays jugés hostiles, de la Guinée de Sékou Touré au Bénin sous Mathieu Kérékou... il s'agissait aussi de combattre les mouvements de libération estampillés comme « communistes » (Angola, Rhodésie...). Plus rarement, les mercenaires agissent pour le compte de régimes en place (Madagascar, Côte d'Ivoire) ou d'opposants politiques (Seychelles, Guinée-Équatoriale).

La législation internationale destinée à contenir le phénomène a été lente à mettre en place, et son application est aléatoire. L'Organisation de l'unité africaine (OUA) a adopté en 1977 une Convention sur l'élimination des mercenaires, mise en œuvre officiellement en 1985. L'ONU a voté en 1989 un texte contre l'utilisation, le financement et l'instruction des mercenaires, qui n'est entré en vigueur qu'en 2001. En Afrique du Sud, l'Assemblée nationale a interdit en 1998 le mercenariat (Regulation Foreign Military Assistance Act). Le Parlement français en a fait autant en 2003.

Dans un premier temps, la ressource avait été constituée par des soldats français ou britanniques démobilisés lors de la fin officielle des expéditions coloniales occidentales, dans les années 1960 : ces « soldats perdus », difficiles à reclasser, trouvaient une activité à leur mesure, souvent avec un esprit de revanche. Plus tard, c'est l'Afrique du Sud qui devient pourvoyeuse, avec les anciens du 32e bataillon Buffalo, à recrutement noir, intervenu contre les mouvements de libération en Namibie et en Angola, ou la Rhodésie avec d'anciens militaires des unités spéciales ayant combattu le mouvement de libération de la SWAPO, conduit par Robert Mugabe.

Dans les années 1990, on a pu recourir au vivier constitué par les ex-membres des unités de choc au sein des armées française, britannique, américaine (parachutistes, commandos ou forces spéciales), ou par les agents de compagnies de sécurité, de gardiennage, etc. La décomposition de l'Union soviétique et la valse des alliances en Europe de l'Est ont également mis sur le marché nombre d'anciens militaires yougoslaves, ukrainiens, biélorusses...

L'aventure a un peu changé de physionomie. La nouvelle génération de mercenaires est recrutée par des sociétés de sécurité, capables de vendre par contrat toutes formes de techniques « clés en main » de la protection et de l'action à la gestion de crise : des « mercenaires en col blanc », dont le modèle a été la Sud-Africaine Executive Outcomes. Cette compagnie, dissoute officiellement en 1998, mais reconstituée à l'étranger, a aidé le gouvernement angolais à reprendre à l'UNITA la zone pétrolière de Soyo en 1993 ; elle a largement contribué à retourner le rapport de force en Sierra Leone en 1995, en entraînant en quelques semaines une unité d'élite, en conduisant le sauvetage d'observateurs de l'ONU, ou encore en dégageant les abords de la capitale, et en réussissant à reprendre le contrôle d'une des principales zones diamantifères du pays.

Des sociétés françaises, conduites par d'anciens membres de la cellule antiterroriste de l'Élysée sous le président Mitterrand, tel le capitaine Paul Barril, ont conclu des marchés pour la protection de personnalités ou la fourniture de matériels militaires en Centrafrique, en Côte d'Ivoire, au Congo, au Togo, où elles affrontent la concurrence de compagnies israéliennes ou sud-africaines. Mais les compagnies anglo-saxonnes sont les seules à pouvoir s'engager dans des opérations de grande envergure, comprenant états-majors complets, armement lourd et logistique adéquate... et à pouvoir profiter de la tendance à privatiser le *peace keeping* (« maintien de la paix »), un champ d'action rêvé pour un mercenariat en quête de respectabilité, adepte des codes de bonne conduite et autres chartes de déontologie.

Le Département d'État américain aurait souhaité confier à certaines de ces sociétés militaires privées — nombreuses et puissantes aux États-Unis — la mise sur pied d'une force africaine de maintien de la paix, dans le cadre de son programme ACRI ; le Pentagone, de son côté, a conçu des plans pour la formation de « milices amies », susceptibles d'extraire des terroristes dans des zones « non gouvernées », comme la Somalie. On note qu'en Irak, deux mille Sud-Africains sont employés par des compagnies privées de sécurité, comme gardes du corps, surveillants des champs de pétrole, formateurs... Et faute de main-d'œuvre militaire suffisante, Sergio Vieira de Mello, secrétaire général adjoint des Nations unies (assassiné justement à Bagdad en 2003), avait envisagé de recourir à des sociétés de sécurité privées, pour des missions de protection en Afrique au profit d'organisations humanitaires.

Migrations

L'histoire du continent africain est faite de mouvements de population constants. Les peuples de langue bantoue, par exemple, se sont progressivement déplacés au rythme de changements environnementaux, démographiques, sociaux et économiques depuis leur région d'origine, le sud-est du Nigeria, vers l'Afrique de l'Est et l'Afrique du Sud à partir de 3000 av. J.-C. jusqu'au xe siècle. Dans un autre contexte, la traite des esclaves par les Arabes, puis par les Européens (entre le XVIIe et le XIXe siècle), a modifié, de façon brutale cette fois, la géographie humaine du continent, dépeuplant partiellement certaines zones. On estime qu'en tout 28 millions de personnes ont quitté l'Afrique par l'intermédiaire de ce trafic humain. Par la suite, la colonisation a encouragé ou obligé les populations à se déplacer à l'intérieur du continent afin de contribuer à la mise en valeur économique de certaines régions. La Côte d'Ivoire a ainsi accueilli un nombre important de migrants venus principalement du Burkina Faso (alors Haute-Volta) et du Mali pour travailler dans les plantations de cacao et de café développées par les colons français.

Après les indépendances, le mouvement s'est poursuivi. De telle sorte que, par exemple, la population étrangère de la Côte d'Ivoire est passée de près de 1,5 million en 1975 à 4 millions en 1996. En Afrique du Sud, le développement de l'industrie minière a attiré, au début des années 1970, de nombreux travailleurs des pays voisins, recrutant une moyenne annuelle de 308 000 employés étrangers. Avec la fin de l'apartheid, le nombre de nouveaux arrivés dans ce pays a ensuite considérablement augmenté : on en a compté 3,5 millions en 1995. Le Ghana et le Nigeria ont eux aussi constitué des pôles d'attraction au cours des années 1960 et 1970, tandis qu'au début des années 1990 le Gabon, fort notamment de ses ressources pétrolières, a accueilli plus de 100 000 migrants.

Cependant, confrontées à la dégradation de la situation économique de leur pays, les autorités de certains de ces États ont par la suite utilisé les immigrés comme boucs émissaires et ont eu recours à des expulsions massives, notamment de populations en situation irrégulière. En 1969, le Ghana a ainsi expulsé 200 000 personnes en quelques mois. En 1983, le Nigeria, en crise, a expulsé à son tour près de deux millions de personnes en l'espace de deux semaines. Même scénario en avril 1985, où 700 000 étrangers qualifiés d'immigrants illégaux ont dû quitter le pays. En 1995, le Gabon a appliqué des lois obligeant les étrangers à verser une redevance de séjour. Incapable de la payer, la moitié d'entre eux a été expulsée. À la fin des années 1990, alors que les étrangers représentaient 26 % de sa population selon les chiffres officiels, et plus de 35 %, selon d'autres estimations, la Côte d'Ivoire a elle aussi adopté des mesures visant à restreindre les droits des immigrés et à expulser ceux en situation irrégulière. Depuis, la question des populations d'origine étrangère est devenue récurrente et fait partie des facteurs qui ont conduit au déclenchement du conflit inter-ivoirien, en 2002.

Les situations de conflits que connaît le continent sont évidemment aussi à l'origine de mouvements de population très importants, que ce soit à l'intérieur d'un même État ou entre deux États. Début 2004, l'Afrique comptait 4,2 millions de réfugiés et environ 12,5 millions de « déplacés », c'est-à-dire de personnes réfugiées dans leur propre pays. En Afrique de l'Ouest, la guerre civile qui a éclaté dans la province nigériane du Biafra, en 1967, a obligé deux millions de personnes à quitter leur foyer. À la fin des années 1980, la guerre civile au Liberia en 1989 a poussé 2,4 millions de personnes à se déplacer. Dans la Corne de l'Afrique et en Afrique de l'Est, les conflits internes provoquent des flux migratoires considérables depuis plusieurs décennies : au cours des années 1960 et 1970, des centaines de milliers de personnes ont été obligées de fuir le Rwanda et le Burundi. En 1994, alors que le

Soudan comptait sur son sol plus de 700 000 réfugiés chassés par les conflits dans la Corne de l'Afrique, la Tanzanie accueillait, elle, près de 900 000 personnes fuyant les guerres au Burundi et au Rwanda. En république démocratique du Congo (RDC), on estimait en 2003 que 3,4 millions de personnes avaient été déplacées depuis 1997 à cause de la guerre.

Le continent est également producteur de flux migratoires vers l'extérieur. Selon l'Office international des migrations (OIM), l'Afrique était, après l'Asie, le continent comptant le plus grand nombre de migrants internationaux du « monde en développement » dans les années 1970-2000. En 1970, les migrants africains constituaient 12 % (soit 9,9 millions de personnes) du total des migrants internationaux dans le monde. En 2000, cependant, ils n'en représentaient plus que 9 % (soit 16,3 millions de personnes). L'Europe accueille aujourd'hui 3,5 millions d'Africains, dont 2 millions du Maghreb et 1 million d'Afrique subsaharienne. Tandis que ses États membres adoptaient des législations de plus en plus restrictives (Italie, France notamment) concernant l'accueil des immigrés, l'Union européenne a commencé au début des années 2000, puis de manière plus résolue en 2005-2006, à esquisser une politique commune sur l'immigration, en s'efforçant de concilier contrôles aux frontières et actions de développement dans les pays d'origine. Mais le souci sécuritaire, illustré par la création d'une Agence des frontières extérieures, domine.

Poussés au départ par des conditions économiques, sociales ou politiques défavorables, les migrants sont avant tout des femmes et des jeunes souvent peu qualifiés, qui font partie parfois de réseaux, comme celui des marchands sénégalais affiliés à la confrérie musulmane des Mourides. Mais de nombreux cadres africains (des informaticiens, des enseignants, des chercheurs, des ingénieurs, des médecins) figurent également parmi les expatriés. De petits pays comme l'île Maurice voient parfois jusqu'à 80 % de leurs travailleurs hautement qualifiés partir vivre à l'étranger. Selon un rapport publié en

2004 par l'Unesco, un tiers des scientifiques africains vivent et travaillent ainsi dans les pays développés, principalement en Europe, aux États-Unis, au Canada ou en Australie. En 2001, le rapport sur le développement humain du PNUD indiquait également que plus de 21 000 médecins nigérians exerçaient aux États-Unis. Il y aurait en tout plus de cadres africains qui travaillent aux États-Unis qu'en Afrique. Cette fuite des cerveaux et des compétences entrave évidemment le développement du continent et entretient un véritable cercle vicieux, même s'il arrive que certains de ces exilés investissent dans leur pays d'origine. Chaque année, selon l'Unesco, l'Afrique perdrait plus de 1,2 milliard de dollars d'investissements pour les 60 000 scientifiques qui ont émigré vers les États-Unis entre 1985 et 1990.

Mines

L'Afrique est le continent le plus touché par le fléau des mines antipersonnel (MAP). Posées au fil de conflits aujourd'hui terminés, ou parfois en cours, ces mines menacent la vie des populations d'une vingtaine de pays : Angola, Burundi, Djibouti, Érythrée, Éthiopie, Guinée-Bissau, Liberia, Malawi, Mauritanie, Mozambique, Namibie, Niger, Ouganda, république démocratique du Congo, Rwanda, Sénégal, Sierra Leone, Somalie, Soudan, Swaziland, Tchad, Zambie et Zimbabwe.

Durant leur conflit frontalier entre 1998 et 2000, l'Éthiopie et l'Érythrée ont, par exemple, disséminé des centaines de milliers de MAP. Au Mozambique, selon une enquête effectuée en 2001, la vie de plus d'un dixième de la population était directement menacée par la persistance de ces mines, restes de la guerre civile qui a déchiré le pays de 1975 à 1992. L'Angola, qui a connu, lui aussi, jusqu'en 2002, une guerre civile longue de vingt-sept ans, est le pays le plus handicapé par ce fléau : une étude, menée entre 1996 et 1998, évaluait alors à 35 % la part de territoire infestée par les mines. Entre 1999 et 2003, au moins 2 912 nouvelles victimes de mines ou de munitions non explosées ont été officiellement recensées. Selon les autorités, 80 000 personnes auraient été mutilées par des accidents dus à ces « armes aveugles ». Cette situation a également des répercussions sur le développement. Disséminées le long des routes, les mines gênent les déplacements des populations, empêchent le retour des réfugiés chez eux, limitent leurs activités, bloquent l'accès à certaines zones, aux services de santé ou aux écoles, et entravent une partie de l'activité économique du pays.

Cependant, tous les États africains — à l'exception de la Somalie — ont signé la Convention sur l'interdiction des mines antipersonnel et ont pris l'engagement de ne jamais employer, transférer, stocker, produire, ni mettre au point des mines antipersonnel. Certains de ces pays ont créé des institutions chargées de mener les programmes de destruction des stocks de mines et les opérations de déminage. Le Mozambique, qui a achevé la destruction de son stock de MAP en 2003, a décidé d'en conserver 1 470 à des fins de formation. D'après l'Institut national de déminage (IND), 35,6 kilomètres carrés de terrain ont pu être nettoyés, entre 1997 et 2003, et 29 158 mines avaient été détruites.

Djibouti, le Malawi, le Mozambique, le Niger, l'Ouganda, le Sénégal, le Swaziland, le Tchad et le Zimbabwe devraient être totalement déminés d'ici à 2009. L'échéance de 2010 a été retenue pour le Liberia et le Rwanda ; 2011 pour la Guinée-Bissau, la Mauritanie, le Congo-Brazzaville et la Zambie ; 2012 pour l'Érythrée et la république démocratique du Congo ; 2013 pour l'Angola, et 2014 pour le Burundi et le Soudan... La mise en œuvre de ces programmes est longue et coûteuse pour des États pauvres, qui doivent faire face à d'autres priorités. Les opérations de déminage sont le plus souvent menées avec l'aide internationale : ainsi l'Angola aurait reçu 84 millions de dollars à ce titre entre 1999 et 2003. L'assistance aux victimes est souvent laissée pour compte. Plusieurs pays — Burundi, Érythrée, Guinée-Bissau, Mozambique, Ouganda, république démocratique du Congo, Sénégal, Soudan, Tanzanie, Tchad, Zambie, Zimbabwe — mènent cependant des campagnes de sensibilisation et d'éducation au danger des mines. En Angola, les campagnes d'information auraient touché près de 2,5 millions d'habitants entre 1999 et 2004.

Des explosifs continuent toutefois à être disséminés dans certains pays : selon une ONG spécialisée, l'Observatoire des mines, plusieurs factions somaliennes, ainsi que les rebelles de l'Armée de résistance du Seigneur (LRA) en Ouganda, ou des groupes non étatiques en république démocratique du Congo, ont encore fait usage de mines antipersonnel entre 2003 et 2005.

Mozambique

Ancienne colonie portugaise, situé sur la côte sud-est du continent africain, le Mozambique reste sous l'influence économique de son puissant voisin sud-africain, son ancien ennemi devenu son principal partenaire. Près de 19 millions de Mozambicains vivent sur ce territoire de plus de 801 000 kilomètres carrés, voisin du Malawi, de l'Afrique du Sud, du Swaziland, de la Tanzanie, de la Zambie et du Zimbabwe.

Le peuplement ancien du Mozambique mêle populations d'origine et peuples bantous arrivés par vagues migratoires. Parmi ceux-ci, l'ethnie Shona crée en 1400 l'empire du Monomatopa, puissante dynastie (jusqu'au XVIIIe siècle) du centre-sud du pays, qui pratique l'exploitation du cuivre, du fer et de l'or. Découvert, pour l'Europe, par Vasco de Gama en 1498, le territoire devient, après l'époque des comptoirs, un espace où s'épanouissent de vastes domaines concessionnels détenus par les *prazeiros* qui font fortune grâce au commerce des esclaves et de l'ivoire. La mise en valeur date du début du XXe siècle, mais l'immigration de colons portugais y est moins importante qu'en Angola. Indépendant en 1975 en même temps que les autres colonies lusophones en Afrique, le Mozambique a longtemps souffert du rôle déstabilisateur de Pretoria dans la région à l'époque de l'apartheid, d'une longue guerre civile et d'aléas climatiques comme la sécheresse, et parfois des inondations, toujours d'actualité. Le Front de libération du Mozambique (Frelimo, fondé par Eduardo Mondlane), parti au pouvoir depuis l'indépendance, a renoncé officiellement au marxisme en 1989, se prononçant pour une économie de marché.

Mais le pays a dû faire face à la longue guérilla sanglante menée par la Résistance nationale du Mozambique (Renamo), soutenue par le régime d'apartheid sud-africain. Ce conflit a eu des connotations plus régionales qu'ethniques, la guérilla déclarant se battre contre le marxisme et pour la préservation des traditions. Déclenchée à la fin des années 1970, la guerre civile s'est achevée par les accords de paix de Rome, signés en octobre 1992, qui ont ouvert une période de stabilité et de développement économique. Les premières élections multipartites ont eu lieu en octobre 1994 et ont été gagnées par le Frelimo et le président Joaquim Chissano, opération renouvelée en décembre 1999 en suscitant une contestation de la Renamo et de son dirigeant historique, Afonso Dhlakama.

Chissano avait remplacé en 1986 Samora Machel, premier président mozambicain, mort à 53 ans dans un accident d'avion au-dessus du territoire sud-africain dans des circonstances non élucidées. En décembre 2004, le Mozambique a traversé une phase délicate avec le départ de Joaquim Chissano, après dix-huit ans à la tête de l'État. Son successeur élu, Armando Emilio Guebuza, également membre éminent du Frelimo, s'est alors engagé à poursuivre une politique économique favorable aux investissements étrangers et à lutter contre la corruption. L'Afrique du Sud reste le principal partenaire du Mozambique, le Frelimo et l'African National Congress (ANC), parti au pouvoir à Pretoria, entretenant des relations amicales de longue date ; le leader sud-africain Nelson Mandela a d'ailleurs épousé en secondes noces Graça Machel, veuve de l'ancien président mozambicain. Le Mozambique a été un des membres fondateurs de la Southern African Development Community (SADC, Communauté de développement d'Afrique australe), créée en 1979 afin de regrouper les pays de la « ligne de front » en lutte contre l'Afrique du Sud de l'apartheid.

Le pays a connu un taux de croissance élevé depuis 1995, entre 7 et 8 % en moyenne, et a réussi à maîtriser une inflation galopante. Son économie reste toutefois tributaire de l'aide internationale. Les allègements successifs de sa dette extérieure, ramenée de 8,3 milliards de dollars en 1998 à 966 millions en 2002, ont joué un rôle déterminant dans le redressement du pays, même si 50 % de la population reste pauvre. Le revenu national brut (RNB) annuel par habitant était de 210 dollars en 2003, et le sida continue de toucher 13 % de la population. Le Mozambique est toujours considéré comme un pays « en transition » ou « post-conflit », ayant à résoudre des problèmes économiques et sociaux considérables pour redresser ses infrastructures détruites par la guerre, déminer son territoire et fournir un emploi aux chômeurs qui partent travailler en nombre, légalement ou illégalement, en Afrique du Sud. L'agriculture (sucre, coprah, noix de cajou, thé, coton), avec près de 20 % des richesses produites, occupe plus de 60 % d'une population encore fortement rurale qui s'adonne également à la pêche le long des côtes.

Quelques « méga-projets » ont donné un coup de fouet à cette croissance. L'extension de la fonderie d'aluminium Mozal II en 2003 a entraîné une augmentation de 40 %

des exportations d'aluminium qui comptent maintenant pour la moitié des exportations du pays. La construction d'un gazoduc à partir du gisement de Pande, dans la province d'Inhambane, a permis à la compagnie sud-africaine Sasol d'acheminer du gaz mozambicain vers l'Afrique du Sud dès 2004, année où les exportations des « méga-projets » ont augmenté de 60 %. Le barrage géant de Cahora Bassa sur le Zambèze, construit avant l'indépendance, est doté d'une immense capacité hydroélectrique. La remise en état de ses lignes à haute tension à partir de 1997 n'a pas suffi à assurer la couverture en énergie du pays : les lignes contournent la capitale mozambicaine Maputo et vont directement en Afrique du Sud, qui revend de l'électricité au Mozambique... Des études sont en cours pour la construction d'autres centrales électriques, alors que la réhabilitation des routes et des chemins de fer se poursuit. Le Mozambique et l'Afrique du Sud ont ainsi lancé ensemble en 1996 un grand projet, le « couloir de développement Maputo », sous forme d'une route à péage destinée à faciliter le trafic de la région de Johannesburg vers le port de Maputo, plus proche que les ports sud-africains.

Musique

Myriam Makeba, Youssou N'Dour, Mory Kante, Cesaria Evora, Papa Wemba, Manu Dibango, Khaled, Alpha Blondy ou Salif Keita... Leurs noms se sont inscrits dans l'histoire musicale du XXe siècle, faisant d'eux les ambassadeurs du continent africain. Aujourd'hui présents au catalogue des grandes compagnies, dans les festivals du monde entier, mais aussi actifs dans la production et l'organisation de spectacles, les artistes africains ont contribué à imposer une palette musicale originale et à créer une véritable industrie musicale sur le continent.

Médiatisées en Europe à partir des années 1980, les musiques africaines ont suscité l'intérêt des producteurs dès le début du siècle. Installé en 1904 au Caire, le label Odéon s'enorgueillit en 1918 d'un catalogue de 450 titres. En 1952, Gallotone, en Afrique du Sud, produit déjà un million de disques par an. Au Congo belge, les studios d'enregistrement font leur apparition dès la fin des années 1930, où passent notamment Kabasele, Franco et Rochereau. À Accra, les labels Decca, EMI et Philips favorisent l'éclosion du *highlife*. La musique cubaine, le jazz et le *taarab* (musique d'Afrique de l'Est issue d'instruments arabes) s'africanisent et bercent le continent tout entier.

À partir des années 1960, la musique devient le fer de lance des nouveaux gouvernements indépendants soucieux d'unifier culturellement les jeunes nations. De nombreux style nationaux (mbalax, makossa, musique moderne mandingue, salegy, etc.) apparaissent, mais la jeunesse africaine adopte aussi le rhythm and blues, le rock, la soul et le reggae. En Afrique du Sud, le régime de l'apartheid pousse les musiciens à l'exil : Myriam Makeba, qui chante en 1959 au Madison Square pour l'anniversaire du président Kennedy, est une des premières stars continentales internationales. En Égypte, la politique de nationalisation de Nasser signe l'arrêt de mort de l'industrie musicale égyptienne, les producteurs s'installant au Liban, et favorise paradoxalement l'émancipation culturelle du Maghreb où s'impose notamment dans les années 1970 le groupe marocain Nass El Ghiwane. En 1973, le choc pétrolier fait monter considérablement le prix du vinyle et entraîne la fermeture de nombreux studios de multinationales sur le continent, la naissance de la cassette et l'exil de nombreux musiciens, surtout au Ghana.

Aux jazzmen sud-africains arrivés en Occident dans les années 1960 (Dollar Brand, Chris Mc Gregor) succèdent à la fin des années 1960 les artistes du Nigeria et du Ghana : Fela fait connaître son *afro-beat* à Londres, tandis qu'en 1969

Osibisa y lance le *highlife*. En 1979, le WAC (West Africain Cosmos) est le premier groupe à s'imposer sur la scène française. À partir de 1981, l'avènement des radios libres en France, la naissance de labels spécialisés, de festivals (Africa Fête, Musiques métisses), provoquent l'éclosion d'un phénomène qui va devenir européen puis planétaire : Toure Kunda, Mory Kanté, Papa Wemba, Khaled, Salif Keita, Johnny Clegg deviennent des stars. En Angleterre, Peter Gabriel exporte son festival Womad dans le monde entier. Dans les années 1990, les festivals européens de musiques du monde montent l'European Forum of Worldwide Music Festival (EFWMF) et des marchés professionnels se mettent en place (Womex en Europe, MASA en Côte d'Ivoire).

Avec le retour à la musique acoustique (Ali Farka Toure, Lokua Kanza), la mode salsa (Africando), le succès du raï (Khaled, Mami), l'explosion du rap, les nombreux prix couronnant des artistes africains et le succès planétaire de Cesaria Evora, l'Afrique a aujourd'hui le vent en poupe. D'autant que les artistes montent des structures et, nourris de leur expérience internationale, contribuent à professionnaliser les scènes musicales nationales (c'est le cas de Youssou N'Dour au Sénégal). L'arrivée des home studios peu coûteux et du son numérique démocratise la production. Sur le continent comme à l'étranger, un grand nombre de petites structures de production spécialisées voient le jour. En Occident, l'emprunt aux musique africaines, jusque-là l'apanage des stars (Bernard Lavilliers ou Paul Simon), devient un phénomène de masse et de nombreux jeunes Occidentaux viennent s'initier en Afrique à l'art de la kora ou du djembé, instruments issus de la musique mandingue.

Dans ce tableau euphorique, des freins demeurent. Ils sont politiques autant qu'économiques : difficulté à obtenir des visas pour l'Europe et les États-Unis, instabilité politique en Afrique, et corruption qui mine maintes initiatives, festivals ou grands projets. Depuis l'apparition de la cassette, l'Afrique est en butte à des problèmes récurrents de piraterie, un fléau qui représentait en 2000 sur le continent 15 à 25 % du marché du disque, soit 35 millions de dollars, selon la Fédération internationale de l'industrie phonographique (IFPI). La mise en place de mesures volontaristes (brigades antipiraterie en Égypte, kiosques officiels et arrestations massives au Mali, insertion d'hologrammes, mise en place d'une coordination régionale de lutte en Afrique australe, en 2002) n'arrive pas à endiguer cette pieuvre aux formes nouvelles, privilégiant les petites structures artisanales, qui bénéficie de la protection de certains chefs d'État. Du côté de la vente de disques, les artistes africains font face comme d'autres à une crise générale du secteur qui s'explique par la montée en puissance du téléchargement illégal.

Namibie

Quinze ans après sa libération officielle de la férule de l'Afrique du Sud, la Namibie a vu début 2005 le départ du père de l'indépendance, Sam Nujoma, remplacé à la tête de l'État par Hifikepunye Pohamba, un de ses anciens compagnons de lutte élu pour un mandat de cinq ans. Le vieux combattant de l'Organisation du peuple du Sud-Ouest africain (SWAPO), le mouvement de libération du Sud-Ouest africain, devenu parti majoritaire après l'indépendance (le 21 mars 1990), devait toutefois rester à la tête du mouvement jusqu'en 2007.

Situé sur la côte sud de l'Atlantique, voisine de l'Afrique du Sud, de l'Angola, du Botswana et de la Zambie, la Namibie a doublement souffert d'une colonisation allemande très dure, puis d'une longue occupation sud-africaine qui ont accentué les inégalités entre les populations africaines (majoritaires à 87 %, où le groupe Ovambo est de loin le plus important), métisses et blanches (respectivement 6,5 et 6 %). Colonisé par l'Allemagne en 1884, ce territoire a été occupé par les Sud-Africains au moment de la Première Guerre mondiale. L'Afrique du Sud ayant refusé en 1966 de remettre son mandat de tutelle réclamé par les Nations unies, la SWAPO devait lancer cette même année une longue guerre de libération, bénéficiant à partir de la moitié des années 1970 du soutien de l'Angola marxiste où se trouvaient ses principaux camps d'entraînement. Cette présence avait provoqué de fréquents bombardements et attaques sud-africains en territoire angolais contre les camps de la SWAPO, la Namibie servant de base arrière à l'armée de Pretoria. Il aura fallu une mobilisation internationale, des sanctions contre le régime d'apartheid et surtout la fin de la guerre froide entre Américains et Soviétiques, pour que l'Afrique du Sud accepte en 1988 la résolution 435 de l'ONU, liant l'indépendance de la Namibie au retrait cubain d'Angola, et fixant un calendrier devant mener à l'indépendance du territoire en 1990. Mais les séquelles du passé demeurent, même si la transition démocratique s'est passée sans heurt, peu avant la chute de l'apartheid en Afrique du Sud.

Parmi les dossiers sensibles, outre la question du rééquilibrage des relations avec l'Afrique du Sud, qui possède toujours d'importants intérêts fonciers et économiques, la lutte contre la pauvreté et le chômage (touchant un tiers de la population active), et contre la corruption, figure le problème de la redistribution des terres aux fermiers pauvres, dans un vaste pays de 824 000 kilomètres carrés peuplé d'à peine deux millions d'habitants. Contrairement au Zimbabwe, où le gouvernement a saisi des terres appartenant à des fermiers blancs, en Namibie le rachat des fermes a été basé sur des transactions volontaires entre vendeurs et acheteurs, aux prix du marché. Mais la surface redistribuée restant relativement limitée, le débat porte sur la nécessité d'une politique de réforme agraire plus dynamique.

La Namibie est parmi les rares États africains à figurer dans la catégorie inférieure des pays dits « à moyen revenu », avec un PNB par habitant de quelque 1 800 dollars. Dans ce grand pays aride, traversé par le désert de Kalahari, l'agriculture, fondée surtout sur l'élevage de bovins et d'ovins, joue un rôle relativement modeste (10 % du PIB). L'économie de la Namibie, cinquième producteur mondial d'uranium (2 750 tonnes d'oxyde d'uranium en 2003), dépend dans une large mesure de l'extraction et de la transformation de minerais (or, cuivre, plomb...) et de diamant (1,4 million de carats en 2003), ainsi que de ses riches ressources halieutiques. La transformation des produits de la pêche pour l'exportation constitue l'une des principales industries.

NEPAD

Le Nouveau partenariat pour le développement de l'Afrique, connu sous son acronyme anglais de Nepad (pour New Partnership for Africa's Development), a été lancé en 1999. Il s'agit d'une synthèse du plan Omega du président sénégalais Abdoulaye Wade et du plan du Millénaire proposé par les chefs d'État sud-africain Thabo Mbeki, nigérian Olusegun Obasanjo et algérien Abdelaziz Bouteflika, ensuite rejoints par l'Égyptien Hosni Moubarak. Le plan a été véritablement adopté en juin 2001 par le dernier sommet de l'Organisation de l'unité africaine (OUA) à Lusaka, en Zambie, puis a reçu le soutien, en juillet de la même année, du sommet des huit pays les plus industrialisés (G8) réuni à Gênes, en Italie.

La démarche générale est simple : il s'agit de substituer l'idée de partenariat à l'idée d'assistance ; les pays africains décident de renforcer collectivement la bonne gestion de leurs pays, dans ses aspects politiques et économiques, afin que cette action permette d'attirer des flux plus importants de capitaux privés et publics. Le Nepad traite des droits humains notamment à travers la Déclaration sur la gouvernance démocratique, politique, économique et des entreprises, adoptée lors du premier sommet de l'Union africaine (UA) à Durban en 2002. Ce texte définit une série de règles et de pratiques auxquelles les membres de l'Union africaine devront se conformer en matière d'État de droit, de liberté d'opinion et d'expression, de droit d'association et de réunion pacifique, de droit de vote et d'être élu.

Cette approche globale implique l'élaboration de projets par les Africains eux-mêmes et un véritable partenariat dans leurs relations avec leurs bailleurs de fonds ; des normes de contrôle sont définies, comme le contrôle par les pairs. Au 1er juillet 2005, vingt-quatre pays du continent, soit presque la moitié, ont ainsi adhéré au Mécanisme africain d'évaluation par les pairs. Les Africains se sont organisés en cinq zones régionales — Nord, Sud, Est, Ouest et Centre — afin de préparer des projets d'importance régionale ou continentale propices au développement. Comme par exemple la construction des routes (transcôtière allant de Tripoli à Lagos en passant par Rabat, Dakar et Monrovia), des infrastructures énergétiques (ligne électrique reliant Le Caire à Kinshasa par Khartoum et Kisangani, ou gazoduc Alger-Port Harcourt) et portuaires (Tanger, Conakry, San Pedro, Lüderitz ou Mombasa), mais aussi l'implantation des nouvelles technologies de l'information dans les écoles ou des programmes de lutte contre les grandes endémies.

Au total, dix secteurs prioritaires sont concernés : la bonne gouvernance publique, la bonne gouvernance de l'économie privée, les infrastructures, l'éducation, la santé, les technologies de l'information et la communication (TIC), l'agriculture, l'environnement, l'énergie et enfin l'accès aux marchés des pays développés et la diversification des produits. Quatre structures sont en charge du Nepad : le sommet de l'Union africaine (qui a succédé à l'OUA) et dont le Nepad est l'un des programmes ; le Comité des chefs d'État pour la mise en œuvre du projet (HSGIC, selon son acronyme anglais), qui doit se réunir tous les trimestres, compte quinze membres au total (trois pour chacune des cinq régions) et rend compte chaque année au sommet de l'UA ; le Comité de gestion, composé des cinq pays fondateurs, qui a vocation à établir des codes de bonne conduite et des normes ; le secrétariat, assuré par l'Afrique du Sud et établi à Pretoria.

Cependant, le Nepad se heurte à deux obstacles majeurs : les conflits qui perdurent dans plusieurs régions — empêchant le continent de mobiliser ses propres ressources et de convaincre les investisseurs privés étrangers — et la lenteur de mobilisation des financements, alors que se font attendre les effets du Plan d'action du G8 pour l'Afrique. Adopté en 2002 à Kananaskis, celui-ci affecte à l'Afrique, dans le cadre du Nepad, la moitié ou plus du total des engagements d'aide au développement supplémentaires du G8, soit 60 milliards de dollars sur dix ans à partir de 2006, conformément à l'annonce faite lors de la Conférence internationale de l'ONU sur le financement du développement à Monterrey, au Mexique.

Aussi les réalisations et les améliorations attribuables au Nepad tardent-elles à se concrétiser dans le quotidien des Africains. Ce qui suscite deux types d'attitudes sur le continent, comme le relève le chercheur sénégalais Masse Lô : « Un premier groupe de gens estime, de façon positive, qu'il s'agit d'un concept et d'un cadre de coopération pensés par les chefs d'État africains eux-mêmes, procédant de leur volonté politique ; un second groupe de personnes juge que ce plan est inspiré par le néolibéralisme qui a cours en Europe et aux États-Unis, et elles ne se reconnaissent pas en lui. »

Niger

Pays sahélien par excellence, enclavé et en partie désertique, victime de crises alimentaires de grande envergure, le vaste Niger (1 267 000 km^2), classé parmi les pays les plus pauvres du monde, est un État fragile et instable, très dépendant de l'aide extérieure. Situé en Afrique de l'Ouest, bordé par le Nigeria, le Mali, l'Algérie, la Libye, le Tchad et le Burkina Faso, le Niger est connu pour ses grandes étendues semi-désertiques ou désertiques avec, à l'est, le désert du Ténéré, dans le Centre celui de l'Aïr, tandis que la population, 11,8 millions de personnes, à la composition multiethnique, se concentre essentiellement dans le Sud.

Petit royaume vassal de l'empire du Mali, le Songhaï prend son autonomie au début du XIVe siècle. Sous le règne de Sonni Ali Ber (1464-1492), les armées songhaï conquièrent un immense territoire et constituent un vaste ensemble, qui atteint son apogée sous le règne de l'Askia Mohammed (1492 ou 1493-1528) : il étend alors sa puissance sur le Niger, le Mali et une partie de la Guinée et du Sénégal actuels, avant de se disloquer. En 1890, en concurrence avec les Britanniques, les Français affirment leur mainmise dans la zone (en 1899, la mission Voulet-Chanoine sème la terreur), et en 1921 ils en font une colonie française.

Devenu « territoire d'outre-mer » en 1946, le Niger acquiert son indépendance en août 1960. Hamani Diori, le premier président, qui eut un rôle actif dans le mouvement des Non-Alignés et fut l'un des pères fondateurs de l'organisation de la Francophonie, est renversé en 1974 par un putsh, et remplacé par le lieutenant-colonel Seyni Kountché, chef d'un Conseil supérieur militaire. Kountché, très autoritaire et rigoureux, imprime sa marque en contribuant à améliorer le fonctionnement de l'administration et à lutter contre les effets de la sécheresse. En 1987, son chef d'état-major, Ali Saïbou, lui succède avant d'être élu président en 1989.

La revendication démocratique (émeutes étudiantes en février 1990) intervient alors que le régime est affaibli par les difficultés économiques et financières, et par la rébellion touareg apparue en 1990 dans l'Aïr, et en 1991 une conférence nationale instaure le multipartisme, puis un gouvernement de transition civil est mis en place. En 1993,

Mahamane Ousmane remporte l'élection présidentielle. Il signe, en 1995, un accord de paix avec la rébellion. En 1996, l'armée reprend le pouvoir, instaurant une phase de grande instabilité : le colonel Ibrahim Baré Maïnassara fait adopter une Constitution de type présidentiel et est élu président. Il est assassiné en 1999 par des militaires dans un contexte de crise sociale et économique aiguë. L'armée rend le pouvoir en 1999 avec l'organisation d'une élection présidentielle qui donne la victoire à Mamadou Tandja, du Mouvement national pour la société de développement (MNSD), l'ex-parti unique. Il est réélu en 2004 avec 65,53 % des suffrages exprimés.

L'économie du Niger repose largement sur son agriculture et se trouve donc très dépendante de l'évolution des conditions climatiques. Le pays fait régulièrement face à des difficultés alimentaires, comme lors de la grande sécheresse de 1973. En juin 2005, plus de 3,3 millions de personnes souffraient à nouveau de la famine, à la suite d'une mauvaise saison des pluies et d'une invasion de criquets. L'uranium, dont le pays est le troisième producteur mondial, à égalité avec la Russie et derrière le Canada et l'Australie, est son principal produit d'exportation (il représentait, en 2003, 62,6 % de ses exportations), mais il est lui aussi très dépendant des cours mondiaux qui sont en baisse constante depuis plusieurs décennies.

Appartenant à la catégorie des Pays les moins avancés (PMA), le Niger, qui a un secteur privé très peu développé, est également fortement tributaire de l'aide internationale (elle finance 60 % de son budget opérationnel). En 2004, après avoir suivi les prescriptions du Fonds monétaire international (FMI), il bénéficie d'un allègement de 60 % de l'encours de sa dette extérieure. Depuis 2000, le pays a retrouvé une croissance positive. Sa situation économique et sociale, face à une croissance démographique forte, reste cependant toujours très fragile, et elle se montre très sensible aux conséquences de la crise en Côte d'Ivoire : en 2005, une augmentation de la TVA sur les produits de première nécessité a entraîné un mouvement social important à travers le pays.

Nigeria

« Géant » de l'Afrique, le Nigeria est aussi un immense champ de trafics que ses élites ont pillé sans mesure, faisant de cette plate-forme pétrolière un condensé des maux du continent, entre dictature, rapacité, antagonismes ethniques et religieux, et incurie économique... le tout avec la complicité intéressée d'une communauté internationale qui, des voisins africains où fleurissent les trafics transfrontaliers aux *majors* occidentales du pétrole, s'entend à tirer avantage du capharnaüm nigérian.

Composée de trente-six États, cette république fédérale est le pays le plus peuplé — 139,8 millions d'habitants en 2004 — et l'un des plus vastes du continent, avec 923 768 kilomètres carrés. Sa population est très hétérogène, comptant 450 langues et 250 communautés liées à quatre ethnies principales : Haoussa et Peuls (Foulanis) établis au nord, Yorouba (sud-ouest) et Ibos (sud-est). Délimité à l'ouest par le Bénin, au nord par le Niger, à l'est par le Tchad et le Cameroun, au sud par l'océan Atlantique, sur lequel sont situés les ports de Lagos, la capitale économique, et de Port Harcourt, le Nigeria anglophone évolue dans un environnement francophone (le français a été déclaré deuxième langue du pays, puis langue étrangère prioritaire) ; si ses aspirations à exercer un leadership régional n'ont guère été concrétisées en raison de l'instabilité politique, son rôle au sein de la Communauté économique des États d'Afrique de l'Ouest (CEDEAO) n'a cessé de se renforcer ces dernières années.

1 - L'AFRIQUE D'AVANT LE PARTAGE COLONIAL (1880)

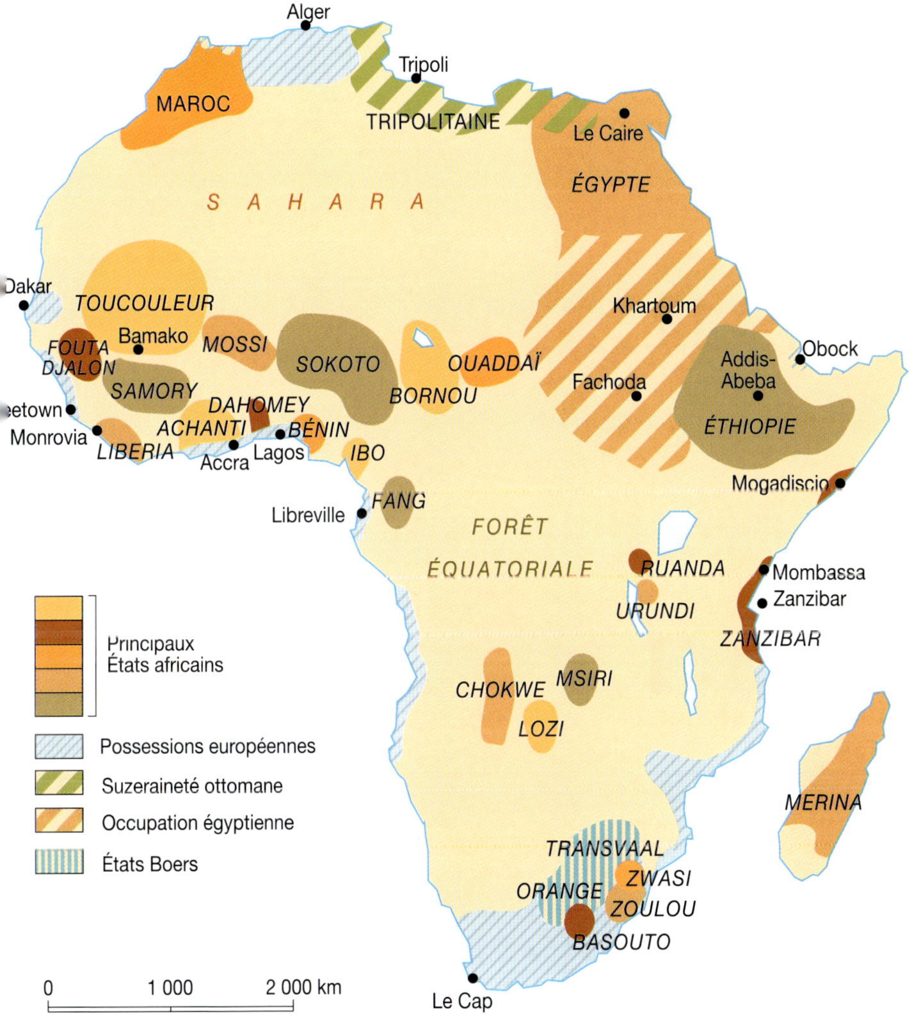

2 - GÉOGRAPHI

Source : Philippe Rekacewicz, *Atlas de poche*, Le Livre de Poche, Paris, 1996.

E L'AFRIQUE

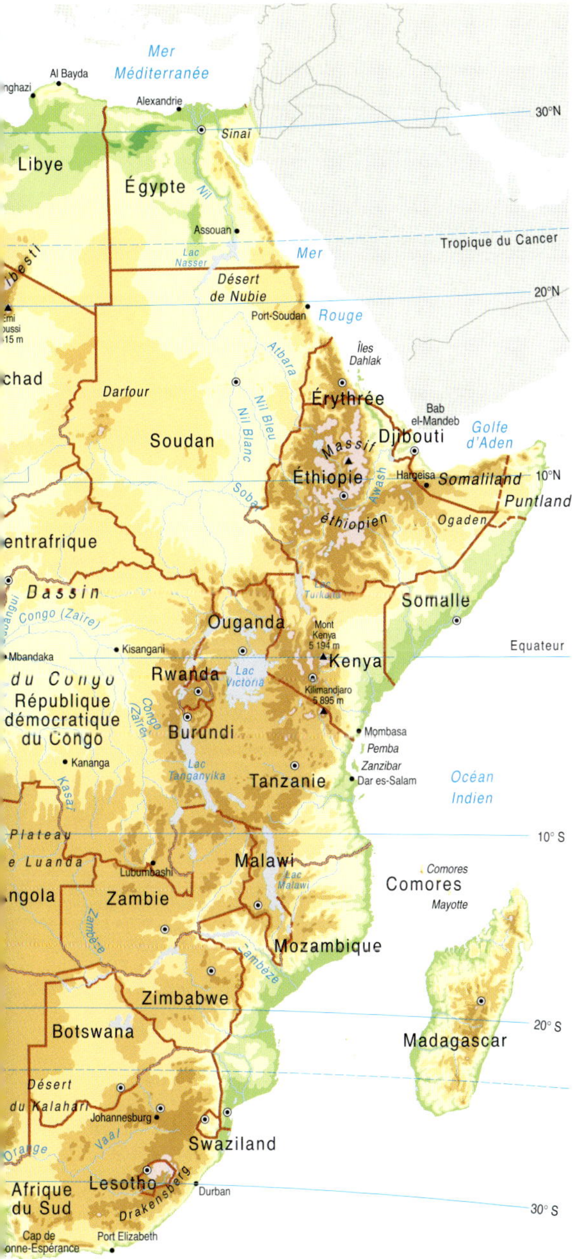
Mer Méditerranée
Al Bayda
Alexandrie
Sinaï
30°N
Libye
Égypte
Nil
Assouan
Lac Nasser
Mer Rouge
Tropique du Cancer
Désert de Nubie
20°N
Port-Soudan
Atbara
Îles Dahlak
chad
Darfour
Soudan
Nil Bleu
Nil Blanc
Érythrée
Bab el-Mandeb
Golfe d'Aden
Djibouti
Massif éthiopien
Éthiopie
Awash
Hargeisa
Somaliland
10°N
Puntland
Sobat
Ogaden
entrafrique
Bassin
Congo (Zaïre)
Somalie
Ouganda
Mont Kenya 5 194 m
Kisangani
Mbandaka
Equateur
Kenya
Rwanda
Lac Victoria
du Congo
République démocratique du Congo
Kilimandjaro 5 895 m
Congo (Zaïre)
Burundi
Mombasa
Pemba
Zanzibar
Dar es-Salam
Kananga
Kasaï
Lac Tanganyika
Tanzanie
Océan Indien
Plateau
e Luanda
10° S
Lubumbashi
Malawi
Lac Malawi
Comores
Comores
Mayotte
ngola
Zambie
Zambèze
Mozambique
Zambèze
Zimbabwe
Botswana
20° S
Madagascar
Désert du Kalahari
Johannesburg
Vaal
Orange
Swaziland
Lesotho
Drakensberg
Durban
Afrique du Sud
30° S
Cap de onne-Espérance
Port Elizabeth

3 - LA DÉCOLONISATION

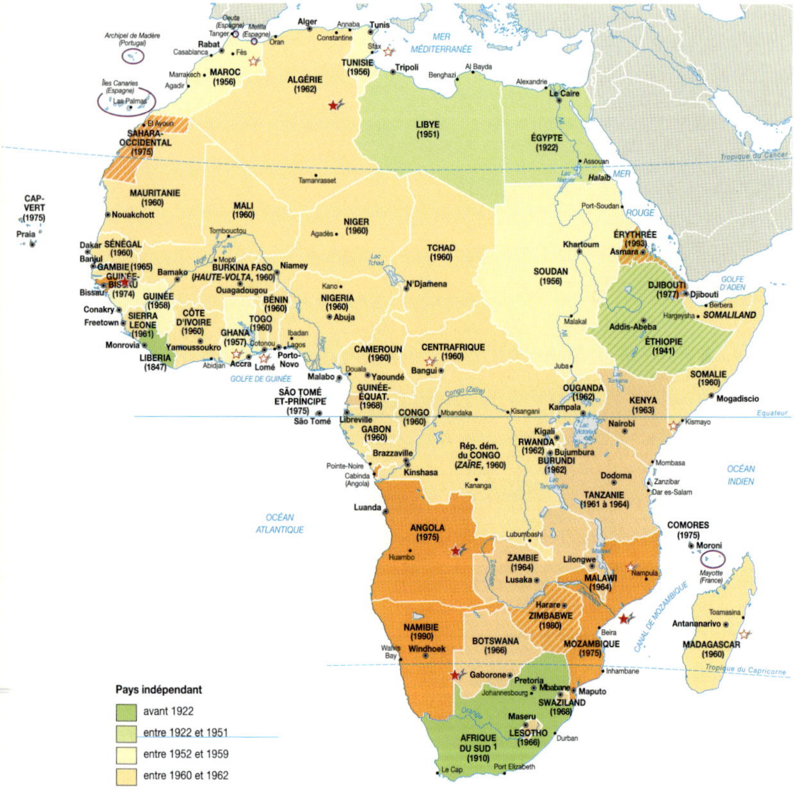

Pays indépendant

- avant 1922
- entre 1922 et 1951
- entre 1952 et 1959
- entre 1960 et 1962
- entre 1963 et 1968
- après 1973

- Pays indépendant jusqu'en 1936, occupé par l'Italie de 1936 à 1941
- Pays occupé par l'Ethiopie de 1941 à 1993
- Indépendance non reconnue (Rhodésie) en 1965
- Territoire annexé par le Maroc depuis 1975
- Territoire toujours dépendant
- Guerre d'indépendance
- Émeutes, troubles insurrectionnels précédant l'indépendance

1 : Union sud-africaine devenue dominion britannique en 1910, puis membre du Commonwealth en 1931

0 500 1 000 1 500 2 000 km

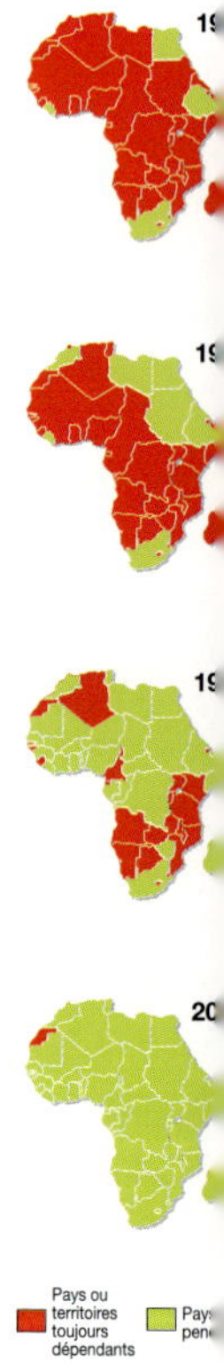

4 - POPULATIONS ET AGGLOMÉRATIONS

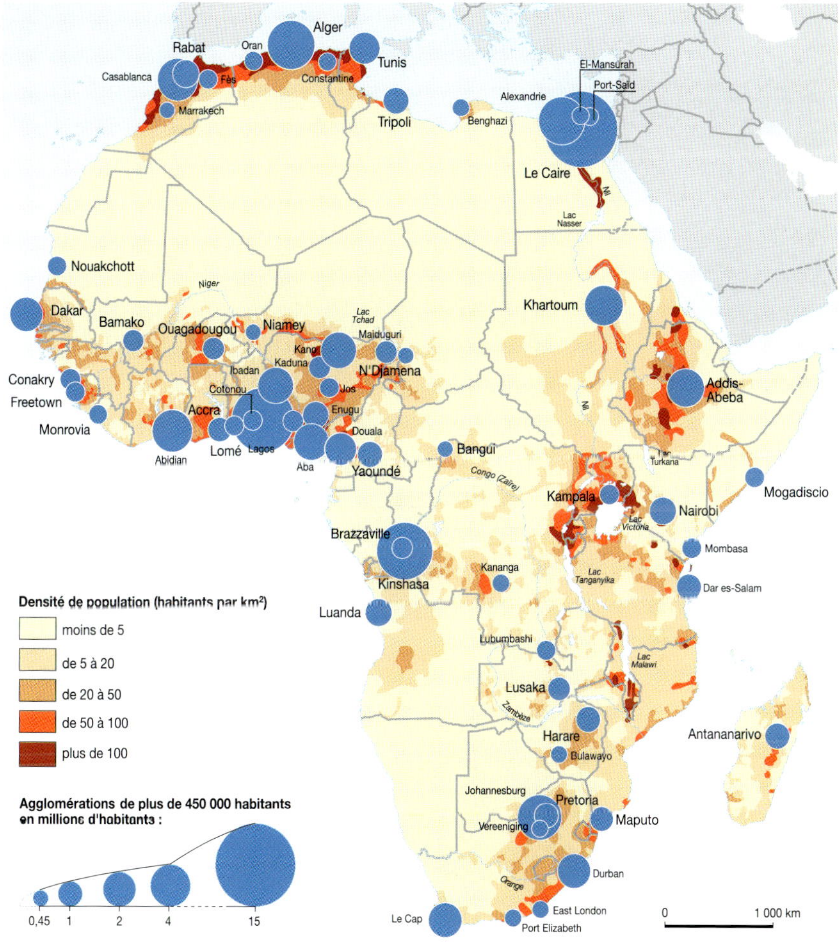

5 - L'AFRIQU

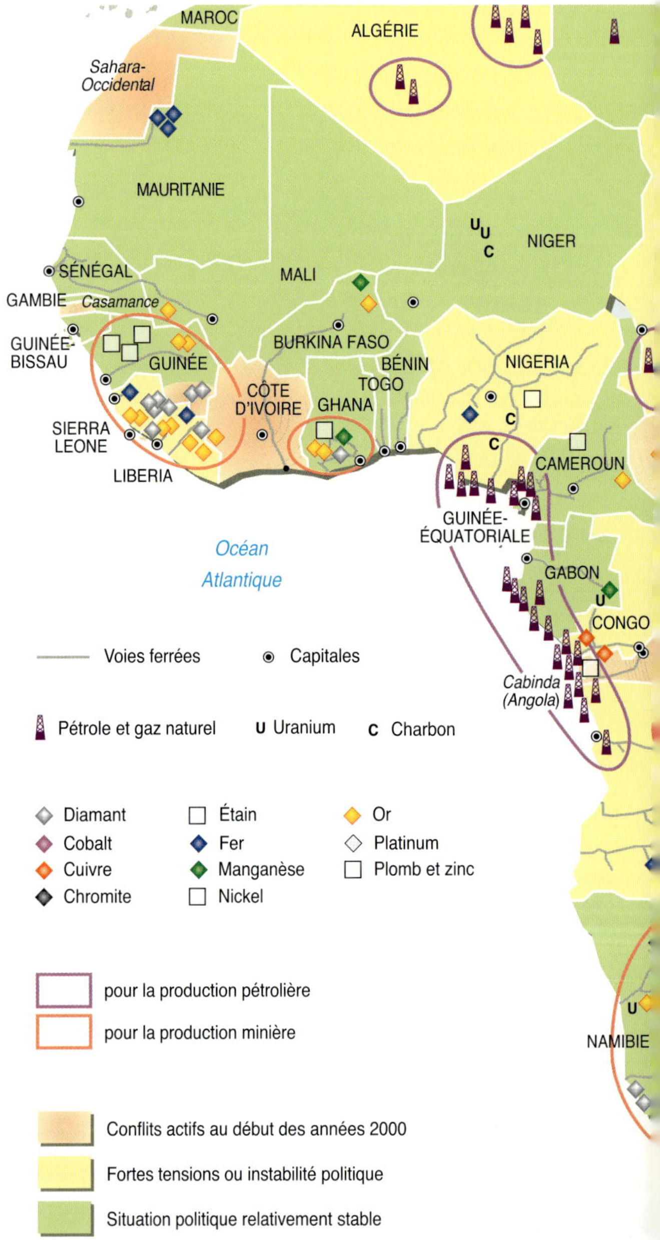

MAROC
ALGÉRIE
Sahara-Occidental
MAURITANIE
NIGER
SÉNÉGAL
MALI
GAMBIE
Casamance
GUINÉE-BISSAU
GUINÉE
BURKINA FASO
BÉNIN
NIGERIA
TOGO
CÔTE D'IVOIRE
GHANA
SIERRA LEONE
LIBERIA
CAMEROUN
GUINÉE-ÉQUATORIALE
GABON
CONGO
Cabinda (Angola)
NAMIBIE
Océan Atlantique
Voies ferrées
Capitales
Pétrole et gaz naturel
U Uranium
C Charbon
Diamant
Cobalt
Cuivre
Chromite
Étain
Fer
Manganèse
Nickel
Or
Platinum
Plomb et zinc
pour la production pétrolière
pour la production minière
Conflits actifs au début des années 2000
Fortes tensions ou instabilité politique
Situation politique relativement stable

«UTILE»

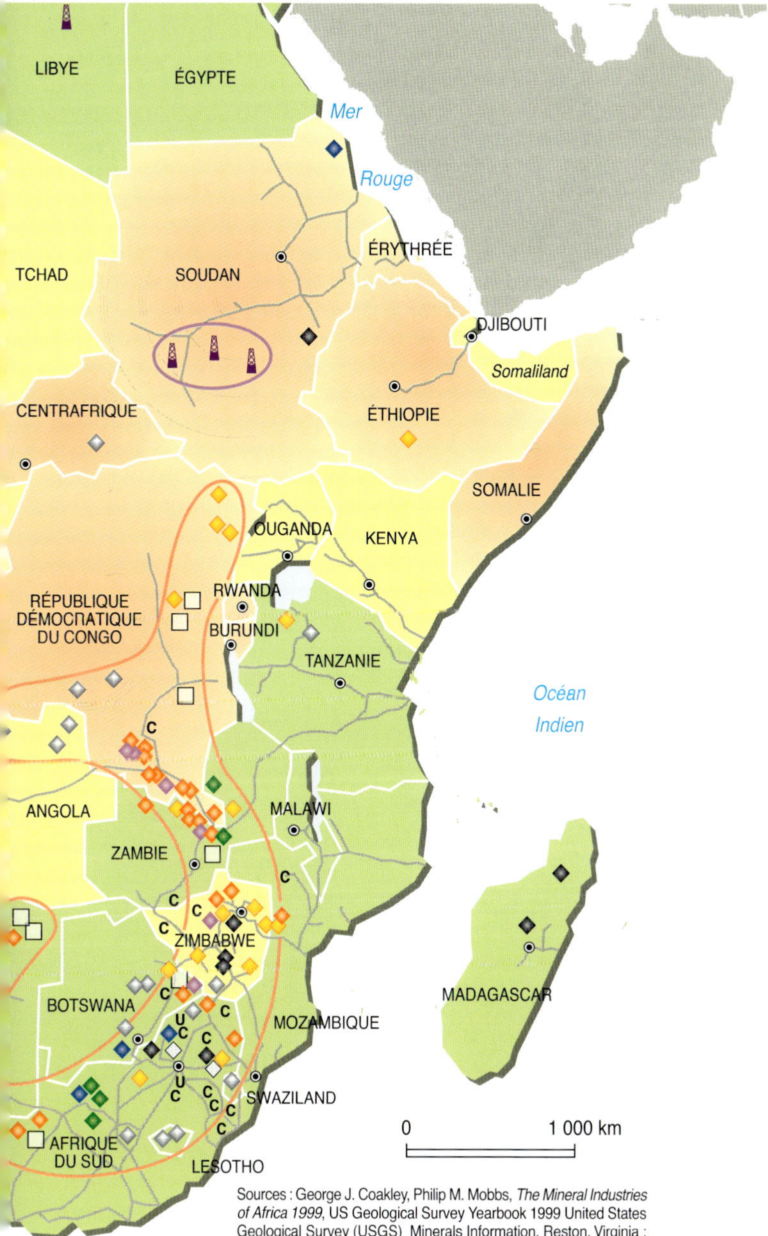

Sources : George J. Coakley, Philip M. Mobbs, *The Mineral Industries of Africa 1999*, US Geological Survey Yearbook 1999 United States Geological Survey (USGS) Minerals Information, Reston, Virginia ; Atlas de l'Afrique, Jeune Afrique et Éditions du Jaguar, Paris, 2000 ; National Mining Association, Washington DC.

6 - DISETTE

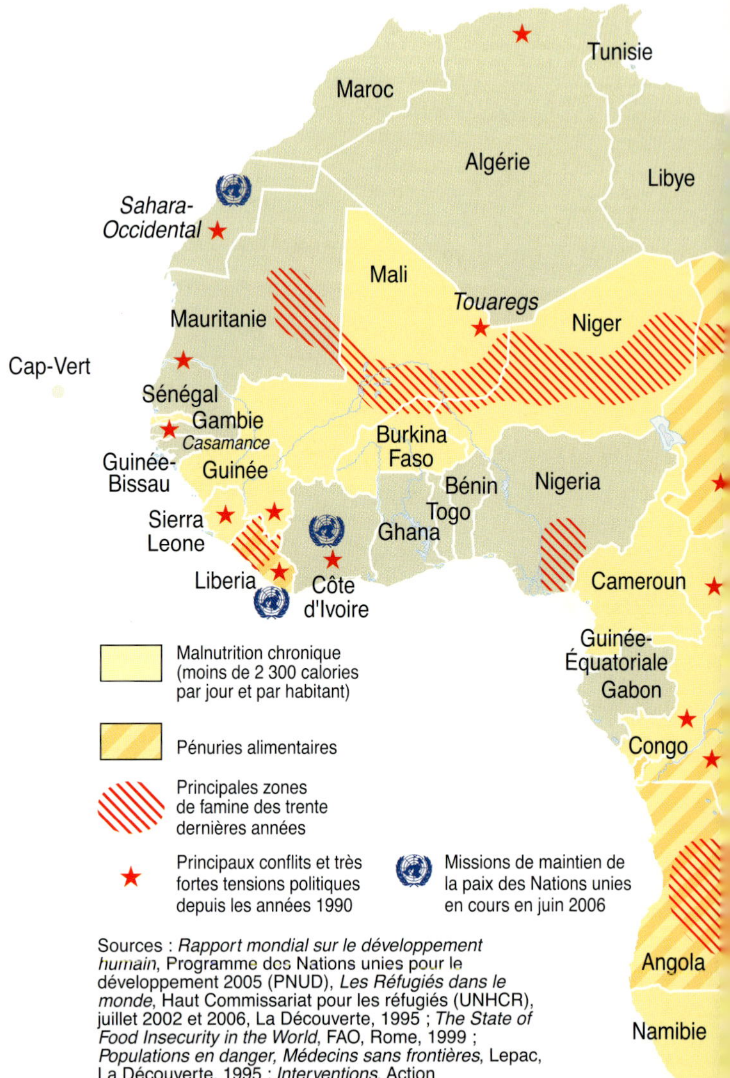

Sources : *Rapport mondial sur le développement humain*, Programme des Nations unies pour le développement 2005 (PNUD), *Les Réfugiés dans le monde*, Haut Commissariat pour les réfugiés (UNHCR), juillet 2002 et 2006, La Découverte, 1995 ; *The State of Food Insecurity in the World*, FAO, Rome, 1999 ; *Populations en danger, Médecins sans frontières*, Lepac, La Découverte, 1995 ; *Interventions*, Action internationale contre la faim, 1994 ; *Le Monde peut-il nourrir le monde ?,* Les Clés de la planète, hors série n°1, Croissance, Paris, 1998.

Cette carte a été conçue par Sylvie Brunel et Cécile Marin en 1998, adaptée et actualisée par *Le Monde diplomatique* en juillet 2006.

0 500 1 000 km

T CONFLITS

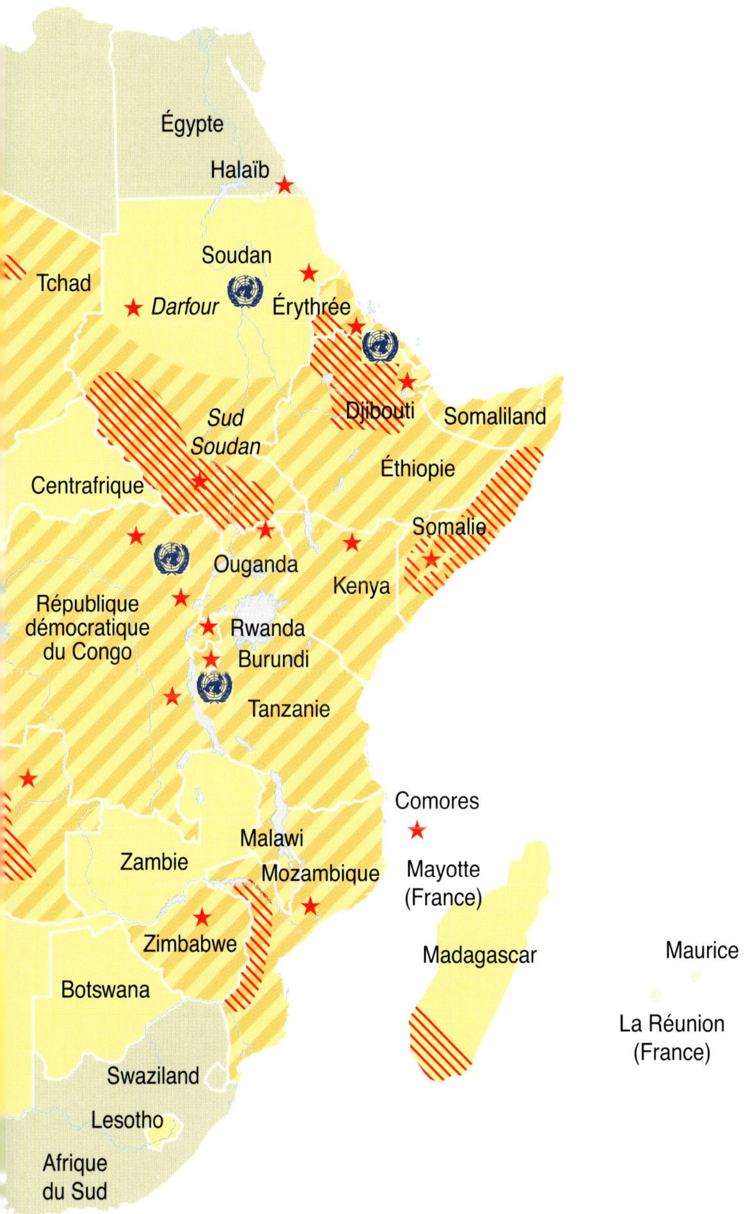

Égypte
Halaïb
Soudan
Tchad
Darfour
Érythrée
Djibouti
Somaliland
Sud Soudan
Éthiopie
Centrafrique
Somalie
Ouganda
Kenya
République démocratique du Congo
Rwanda
Burundi
Tanzanie
Comores
Malawi
Zambie
Mozambique
Mayotte (France)
Zimbabwe
Madagascar
Maurice
Botswana
La Réunion (France)
Swaziland
Lesotho
Afrique du Sud

7 - D'IMMENSE
SOUS LE PLUS GRAN

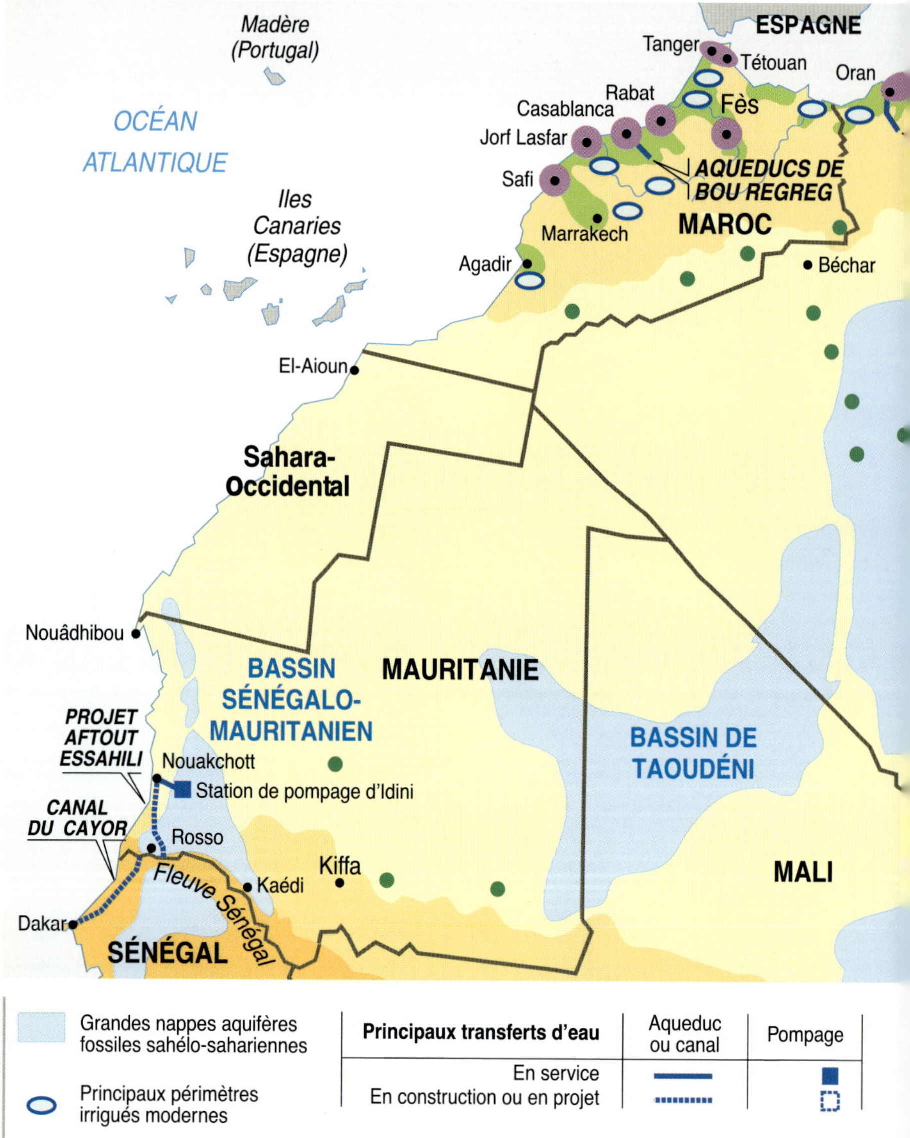

RÉSERVES D'EAU
DÉSERT DU MONDE

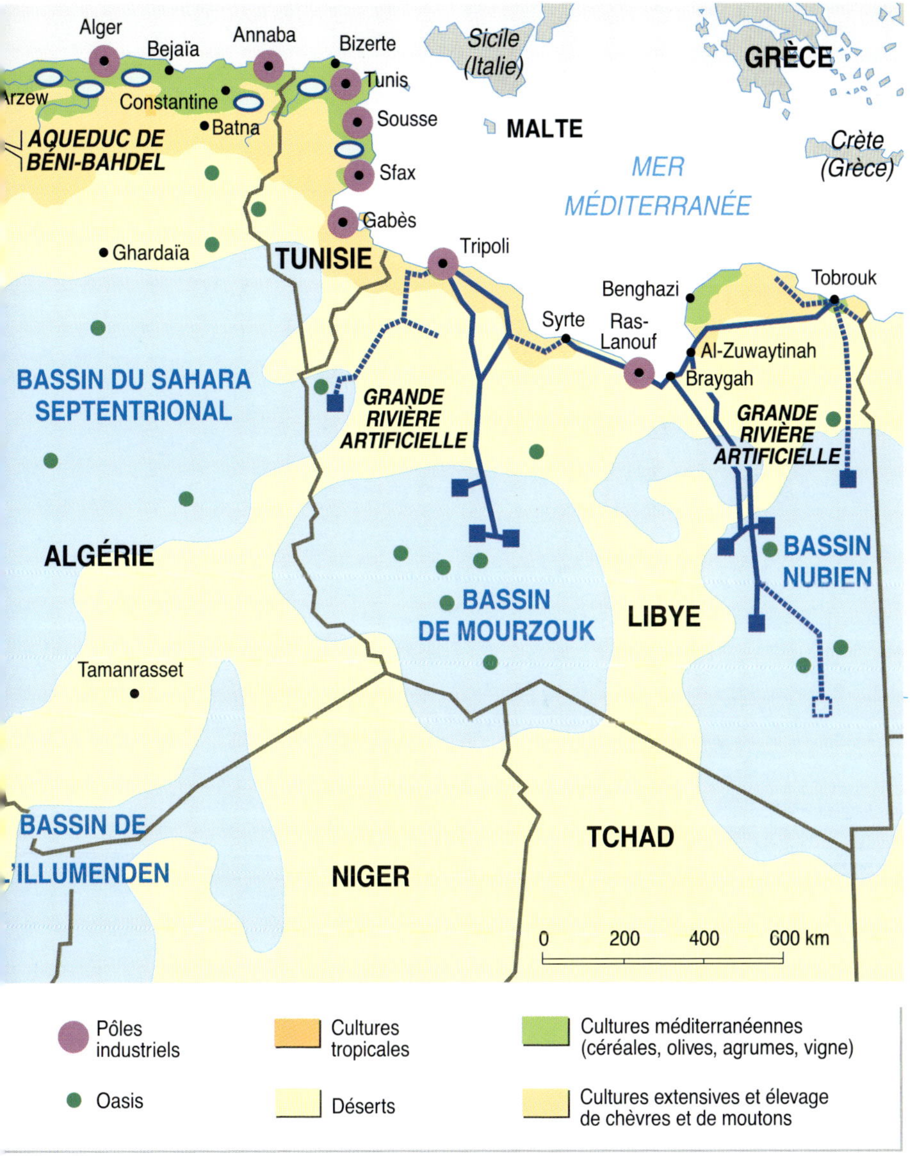

8 - POPULATION
DE LA RÉGIO

Sources : Colette Braeckman, *Le Soir* ; *Atlas du continent africain*, groupe Jeune Afrique et Éditions du Jaguar, 2000 ; Nations unies.

SACRIFIÉES
DES GRANDS LACS

Sources : ministère soudanais de l'Énergie ; Programme alimentaire mondial (PAM) ; Haut-Commissariat des Nations unies pour les réfugiés (UNHCR) ; Unicef ; Usaid ; *The Military Balance 2005-2006*, International Institute for Strategic Studies (IISS) ; United States Geological Survey (USGS).

T RÉFUGIÉS
E L'AFRIQUE

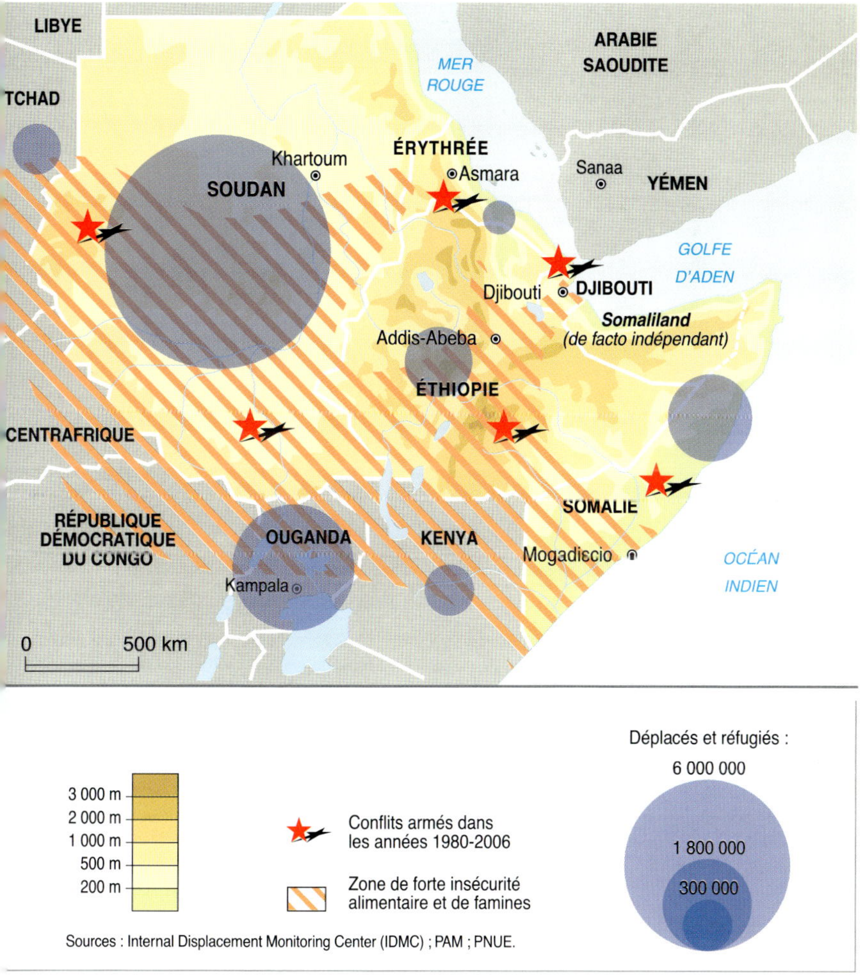

Sources : Internal Displacement Monitoring Center (IDMC) ; PAM ; PNUE.

10 - NIVEAUX DE DÉVELOPPEMENT HUMAIN

Nombre de médecins
Pour 100 000 personnes

- 1 à 20
- 10 à 20
- 20 à 50
- 50 à 130
- Données non disponibles

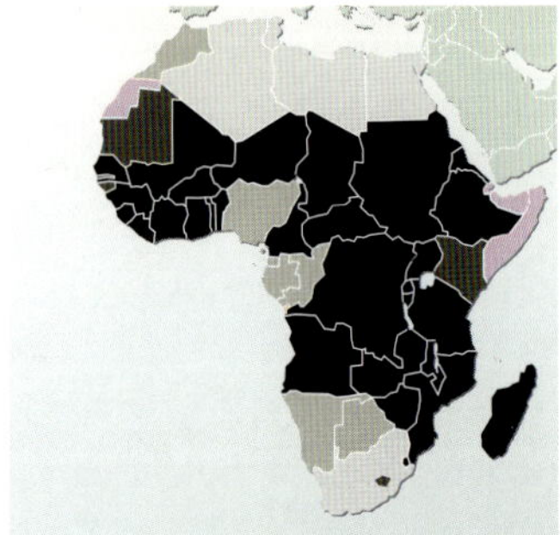

Espérance de vie à la naissance
2000-2005

- de 33 à 42 ans
- de 43 à 48 ans
- de 49 à 57 ans
- de 63 à 74 ans

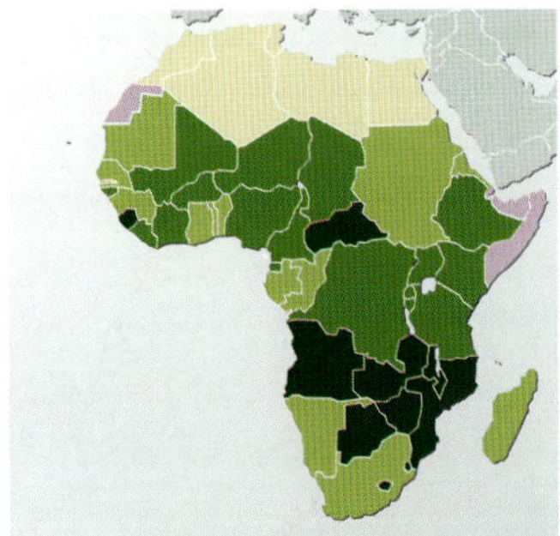

Taux de mortalité des enfants de moins de 5 ans
Pour 1 000 naissances vivantes

- 15 à 108
- 108 à 160
- 160 à 300
- Données non disponibles

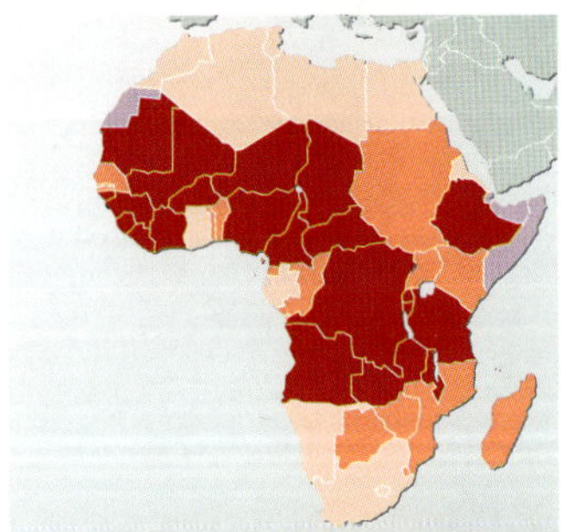

Taux de scolarisation[1] en 2002-2003
En pourcentage de la classe d'âge normalement scolarisée

- de 0 à 50
- de 50 à 60
- de 60 à 70
- de 70 à 85
- Données non disponibles

1. Primaire, secondaire et tertiaire.

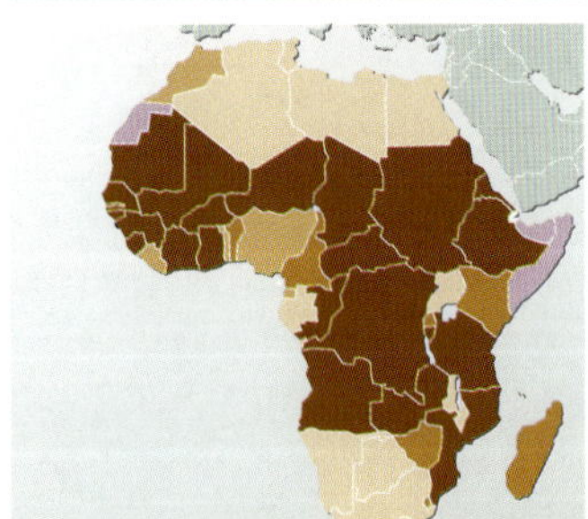

Sources : PNUD, 2005.

Avec 45 % de musulmans (les chrétiens seraient 40 %), le pays constitue un baromètre de la situation de l'islam en Afrique auquel les observateurs sont très attentifs, notamment en raison de l'activité de groupes intégristes.

Constitué à partir de grands royaumes (ceux, notamment, du Kanem au nord, d'Oyo au sud), le Nigeria est devenu, en 1900, une colonie britannique. En 1960, il accède à l'indépendance. Le nouvel État est en proie à de vives tensions interrégionales pour le contrôle du pouvoir central et des ressources pétrolières, qui vont entraîner pendant près de trois décennies une instabilité politique chronique, et une succession de régimes militaires et civils. Un premier coup d'État, en 1966, porte au pouvoir le lieutenant-colonel Yakubu Gowon. Entre 1967 et 1970, celui-ci fait face à une guerre civile consécutive à la tentative de sécession de la province orientale du Biafra, qui fait un million de morts. En 1975, un nouveau coup d'État installe au pouvoir le général Murtala Mohammed, assassiné quelques mois plus tard. Le général Olusegun Obasanjo lui succède, avant de remettre, en 1979, le pouvoir à un président démocratiquement élu, Alhaji Shehu Shagari.

Réélu en 1983, Shagari est renversé par le général Mohamed Buhari, écarté à son tour en 1985. Le général Ibrahim Babangida prend la tête de l'État, mais une crise politique l'oblige à démissionner en 1993. Un gouvernement civil intérimaire est renversé trois mois plus tard par le général Sani Abacha, qui instaure un régime dictatorial. En 1995, le pays est mis au ban du Commonwealth après la pendaison de l'écrivain Ken Saro Wiva et de huit autres membres du Mouvement pour la survie du peuple ogoni. À la mort de Sani Abacha, en 1998, le général Abdulsalami Abubakar, chef d'état-major des armées, le remplace, et rend un an plus tard les rênes du pouvoir aux civils, avec l'élection d'Olusegun Obasanjo à la présidence.

Ce retour à la démocratie n'empêche pas la persistance de tensions entre communautés, très difficilement gérées par le pouvoir fédéral. Depuis 2000, des conflits d'origine foncière, politique ou religieuse ont fait plusieurs centaines de morts à travers le pays. La situation est particulièrement tendue dans l'État pétrolifère du Delta où les populations réclament leur part des revenus pétroliers, ainsi que dans le nord du pays où douze États sur dix-neuf ont adopté la charia, la loi islamique.

Sur le plan diplomatique, le pays tente de s'imposer comme un leader à la fois régional et continental : Olusegun Obasanjo (qui a été réélu en 2003) a mené, en tant que président en exercice de l'Union africaine (UA), plusieurs médiations, notamment dans les conflits ivoirien et togolais en 2005. Mais le même Obasanjo a accordé, depuis 2003, l'asile politique à l'ancien président libérien Charles Taylor, accusé de crimes de guerre par la Cour de justice spéciale de Sierra Leone, avant de le livrer en 2006 à la justice internationale.

Le Nigeria est le premier producteur de pétrole d'Afrique subsaharienne avec 2,5 millions de barils par jour (le pays espère en produire 4 millions en 2020), et le soixante-septième exportateur mondial. Mais les heures fastes de la rente pétrolière et des investissements effrénés (telle la création *ex nihilo*, à partir de 1975, d'une nouvelle capitale à Abuja) appartiennent au passé : la longue régression depuis les années 1980 de l'économie nigériane a vu le revenu moyen par habitant dégringoler, de plus de 1 000 dollars à moins de 300 dollars aujourd'hui. Symboles de cette déchéance, la pénurie de carburant et les longues files d'attente devant les stations-service, qui témoignent de l'absence de scrupules des dirigeants successifs, enclins à exploiter les richesses pétrolières sans investir dans les secteurs sociaux.

Le niveau très élevé de la corruption a été maintes fois dénoncé : en 2004, le Nigeria a été classé deuxième pays le plus corrompu au monde par l'ONG Transparency International. Conséquence, plus des deux tiers des Nigérians vivraient aujourd'hui avec moins d'un dollar par jour. L'espérance de vie moyenne n'est que de 44,9 ans, et son indice de « développement humain » le classe au cent cinquante et unième rang mondial. Ayant tout misé sur l'exportation du brut (en 2003, l'or noir représentait 40 % des 47,5 milliards de dollars de son PIB, et 95 % des recettes d'exportation du pays), le Nigeria a peu développé son agriculture et son industrie, et reste très dépendant des cours mondiaux du pétrole. Le pays est handicapé par le poids de sa dette extérieure : 36 milliards de dollars, soit la plus élevée d'Afrique. En avril 2005, les autorités fédérales d'Abuja avaient menacé les créanciers de mettre fin aux remboursements si cette dette n'était pas allégée.

Nyerere (Julius)

Julius Nyerere reconnaîtrait-il un pays passé sous la tutelle du Fonds monétaire international (FMI), privatisé, marginalisé ? Le père de l'indépendance de l'ancien Tanganyka (1961) — devenu Tanzanie après réunion avec Zanzibar (1964) — a été aussi celui d'un socialisme personnaliste, à l'africaine, l'*Ujamaa* (la communauté). Il a allié prestige moral à l'influence géopolitique, prenant part au combat des pays d'Afrique australe — la « ligne de front » — contre l'apartheid sud-africain.

Né en 1921, fils de chef, Julius Nyerere suit des études supérieures à Édimbourg (Écosse). Devenu instituteur, il fonde en 1954 une association culturelle, ébauche de l'Union nationale africaine du Tanganyka (TANU), le parti qui remportera une majorité de sièges (70 sur 71) aux élections de 1960 et mènera le pays à l'indépendance. Une fois président, il convainc le gouvernement « révolutionnaire » de l'archipel de Zanzibar, ancien émirat islamique, de renouer les fils avec le continent, au sein d'une union fédérale, et fait du swahili la langue nationale.

Le *Mwalimu* — le maître, en référence à son premier métier — lance alors ce qui sera longtemps considéré comme la possible « voie africaine vers le socialisme », avec l'appui des Églises... « l'*Ujamaa* n'étant pas fille de Marx », selon le mot de Bernard Joinet, un missionnaire français ; et Nyerere étant lui-même bon catholique. Son discours fondateur, à Arusha en 1967, qui deviendra la charte du socialisme *Ujamaa*, se base sur des principes avant tout moraux : cœur, dignité, solidarité, égalité, démocratie, avec un projet axé sur le monde rural, l'autosuffisance, la décentralisation. Et, en perspective, le but d'acquérir une « seconde indépendance », celle d'une économie en phase avec les besoins fondamentaux de la population : Nyerere ayant conscience de ne disposer encore que de l'« indépendance du drapeau ».

Fortement aidé par les pays d'Europe du Nord, l'Allemagne (ex-puissance de tutelle), ou même la Banque mondiale, le numéro un tanzanien nationalise les compagnies étrangères, décentralise l'administration et le parti, fait de Dodoma, au centre du pays, la nouvelle capitale. La création de « villages *ujamaa* », volontaire et spontanée au début — entre kolkhoze, kibboutz, coopérative —, s'est politisée et fonctionnarisée au fil des années, jusqu'à devenir obligatoire en 1974 : elle concerne alors 9 millions de paysans, regroupés parfois de manière autoritaire dans 8 000 « villages de développement » supposés permettre le passage d'une production d'autosubsistance à l'échelle de la famille ou de la tribu, à une économie rationnelle de citoyens solidaires.

Les dérives de la « villagisation », une sécheresse, les chocs pétroliers et l'expédition militaire menée en 1979 par Nyerere contre le régime sanguinaire d'Idi Amin Dada en Ouganda ont mené l'État tanzanien à la faillite. Entré progressivement en retraite en 1980, Nyerere a renoncé définitivement au pouvoir en 1985, tout en restant président du parti jusqu'en 1990. Toujours très influent, Nyerere était sollicité pour de nombreuses médiations. Sous son égide, de délicates négociations venaient d'être entamées en 1999, pour définir un nouveau cadre institutionnel au Burundi, lorsqu'il est mort. Le flambeau a été repris aussitôt par Nelson Mandela.

OMC
(Organisation mondiale du commerce)

De plus en plus, les pays africains se montrent préoccupés par les négociations internationales sur les échanges commerciaux qui ont lieu dans le cadre de l'Organisation mondiale du commerce (OMC), où se joue une partie de leur avenir économique. Quelques années après le lancement des négociations commerciales du cycle de Doha, fin 2001, officiellement consacrées au développement, l'Afrique se bat toujours pour consolider sa place dans le commerce international. Celle-ci atteint à peine 2,2 % du total mondial, pour une population qui avoisine les 14 % de la population mondiale.

L'orientation très libérale de l'OMC inquiète au premier chef les États africains, et fait l'objet de polémiques nourries de la part des ONG et des experts militant pour davantage d'équité dans les relations commerciales internationales. Les producteurs africains critiquent par ailleurs les Européens et surtout les producteurs américains pour leur politique de subventions, en particulier dans le secteur du coton : le Bénin, le Burkina Faso, le Mali et le Tchad ont été à l'origine de la création d'un sous-comité coton au sein de l'Organisation mondiale du commerce pour défendre leur point de vue. Les experts évaluaient en 2006 à 4 milliards de dollars les aides intérieures que Washington accorde à 25 000 producteurs américains de coton. Lors de la conférence de Hong Kong de novembre 2005, les États-Unis et l'Union européenne se sont engagés à mettre progressivement fin aux subventions aux exportations agricoles d'ici à la fin de 2013, promettant de supprimer ce type d'aide dès la fin de 2006 pour le coton.

En 2005, l'Afrique s'est trouvée confrontée à un autre défi, celui de la suppression des quotas sur le commerce des textiles, qui ouvrait la voie à une déferlante asiatique, en particulier chinoise et indienne, pouvant porter un coup fatal à sa propre production textile, vitale pour plusieurs pays du continent. L'Accord multifibres (AMF) de 1974 et l'Accord sur les textiles et les vêtements (ATV) ont longtemps régi le commerce dans ce domaine par un régime de contingentement des importations adapté à chaque pays. Les quotas ont notamment profité à des pays pauvres d'Asie, comme le Bangladesh, mais aussi africains, qui risquent d'être aujourd'hui pénalisés au même titre que des États riches d'Europe ou d'Amérique du Nord.

Selon certains experts, la concurrence chinoise représente à court terme une menace pour les producteurs africains. Mais la Chine a déjà atteint un niveau de développement industriel qui implique qu'elle va se détourner peu à peu des textiles pour se concentrer sur des secteurs à valeur ajoutée plus élevée. À plus long terme, c'est donc l'Inde qui causerait les plus grands problèmes. Les Pays moins avancés (PMA) africains gardent pour l'instant un avantage non négligeable. Alors que les vêtements fabriqués en Chine ou en Inde sont frappés de droits de douanes élevés — de l'ordre de 15 % — aussi bien à l'entrée dans l'Union européenne qu'aux États-Unis, les produits africains sont exemptés de ces droits dans la plupart des cas.

En 2005, le Programme des Nations unies pour le développement (PNUD) critiquait cependant les politiques commerciales « inéquitables » menées par les pays riches. « Les barrières commerciales auxquelles sont confrontés les pays en développement exportant vers les pays riches sont, en moyenne, trois fois plus élevées que celles qui frappent les échanges entre pays riches », soulignait-il, estimant que l'Asie centrale et l'Afrique subsaharienne sont les deux régions du monde « les plus à la traîne ». Le rapport appelait à des « changements rapides et sensibles des politiques mondiales en matière d'aide, de commerce et de sécurité » pour parvenir aux Objectifs du millénaire pour le développement (OMD) définis en 2000.

Forte de cent quarante-neuf pays membres, l'Organisation mondiale du commerce a succédé en 1995 au GATT (Accord général sur les tarifs douaniers et le commerce), créé au lendemain de la Seconde Guerre mondiale. Le système a été développé dans le cadre de plusieurs séries — ou cycles — de négociations commerciales organisées sous les auspices du GATT. Les premiers cycles portaient essentiellement sur l'abaissement des droits de douane, puis les négociations se sont élargies à d'autres domaines tels que les mesures antidumping et les mesures non tarifaires. Le dernier cycle, le cycle d'Uruguay, qui a duré de 1986 à 1994, a conduit à la création de l'OMC. Des négociations sur l'agriculture et les services ont été engagées en 2000. Elles ont été intégrées dans un programme de travail élargi, le Programme de Doha pour le développement, adopté à la quatrième conférence ministérielle de l'OMC, tenue à Doha (Qatar), en novembre 2001, où se trouvaient multipliés les secteurs et les questions ouverts à la négociation.

Une des revendications des Africains, partagée par de nombreux pays d'Asie et d'Amérique latine, porte sur le droit de fabriquer des médicaments génériques à bas prix pour lutter notamment contre le HIV/sida. Au fil des ans, l'Afrique a bénéficié de traitements préférentiels en matière de commerce et d'exemptions de droits de douane, en particulier pour les PMA.

L'Union européenne a de son côté décidé d'aider ses partenaires ACP (Afrique, Caraïbes et Pacifique) à se préparer à intégrer le commerce international selon les règles définies par l'OMC, quand les dérogations obtenues à la conférence de Doha arriveront à leur fin, en 2008. De leur côté, les Américains ont accordé des préférences tarifaires à une trentaine de pays africains dans le cadre de l'AGOA (Loi sur la croissance et les opportunités en Afrique), alors que les Chinois — qui essaiment désormais à travers tout le continent — ont annoncé une série de gestes sur le plan commercial.

Mais, chaque fois, les Africains doivent s'allier avec d'autres partenaires pour mieux faire entendre leur voix, comme l'a montré le blocage intervenu en 2003 à la conférence de Cancún, du fait de la mobilisation des pays en développement. Les intérêts ne sont toutefois pas toujours identiques entre les grands producteurs latino-américains ou asiatiques et les Africains, qui réclament autant l'ouverture des frontières extérieures que la protection de leurs productions — lesquelles ne sont pas toujours concurrentielles en matière de prix et de qualité.

ONG (organisations non gouvernementales)

L'Afrique, « continent des ONG » ? Impossible de savoir combien opèrent sur le continent, tant elles y sont aujourd'hui nombreuses et variées. Les premières ont été créées dans les années 1960 par des associations occidentales, souvent d'origine chrétienne, influencées par les idées tiers-mondistes : elles mettent en œuvre, financent et gèrent des projets de développement. Également nées en Occident, les ONG dites « humanitaires » se multiplient sur le continent à partir du début des années 1970. Les premiers *French doctors* apparaissent lors de la guerre du Biafra (1967-1970), où ils interviennent pour le compte de la Croix-Rouge ou des organisations internationales ; ils créent en 1971 l'ONG Médecins sans frontières (MSF).

Les périodes de grande sécheresse dans le Sahel, puis en Éthiopie, et la multiplication des conflits internes ou inter-États sont l'occasion de multiples interventions de ces ONG spécialisées dans l'urgence, dont l'action est très médiatisée : elles sont présentes là où les agences onusiennes tardent à monter leurs opérations ou ne peuvent se rendre pour des raisons politiques. Au cours des années 1990, par exemple, MSF était présente au Soudan dans certaines zones contrôlées par la rébellion sudiste de John Garang, auxquelles les organismes de l'ONU n'avaient pas accès.

Peu à peu, certaines des ONG créées dans les années 1960 par les Occidentaux deviennent nationales. L'antenne du Service œcuménique d'entraide, lancée en 1955 dans une banlieue de Dakar par l'organisation française Cimade, est complètement « sénégalisée » en 1974, et change de nom, pour devenir l'Union pour la solidarité et l'entraide (USE). Quelques années plus tard, cette organisation est considérée comme l'une des ONG sénégalaises les plus importantes du pays — avec Enda Tiers-monde, qui rayonne à partir de Dakar.

À la fin des années 1980, les premiers Plans d'ajustement structurel (PAS) imposés par les institutions financières internationales entraînent l'abandon de larges secteurs sociaux et économiques par les États africains. C'est aussi l'époque où l'Aide publique au développement connaît une décrue sensible, et alors qu'on s'interroge sur son efficacité les grandes organisations multilatérales aussi bien que les bailleurs de fonds bilatéraux consentent de plus en plus de ressources aux associations non gouvernementales, jugées plus proches du terrain. Des ONG nationales se développent pour prendre en charge les insuffisances étatiques, la démocratisation des années 1990, avec l'accent mis sur la « société civile », encourageant également leur multiplication.

Au Kenya, par exemple, on estime à deux cent quarante le nombre de nouvelles ONG créées chaque année au cours de cette période. Au Burkina Faso, au début des années 2000, on dénombrait quatorze mille associations et ONG... soit une pour 800 habitants ! Leurs domaines d'intervention vont de l'éducation à la micro-finance, en passant par la santé, l'agroforesterie, l'agriculture ou l'hydraulique. Dans chaque pays, des organisations de défense des droits de l'homme et de l'environnement ont également vu le jour.

Certaines de ces organisations mènent des actions de plaidoyer et de lobbying, comme peuvent le faire les grandes ONG occidentales : les ONG tchadiennes et camerounaises de l'environnement ont fait pression sur la Banque mondiale, afin qu'elle mette en place des instruments pour assurer une gestion transparente du pétrole au Tchad, et limiter les impacts environnementaux et sociaux du projet de pipeline construit au début des années 2000 à travers le Cameroun. Des ONG de défense des droits de l'homme se sont illustrées dans la lutte pour la démocratisation — et souvent aux côtés de l'opposition politique — dans des pays comme le Togo, l'Algérie, le Maroc, le Congo ex-Zaïre, le Cameroun, Madagascar, etc. Certains régimes (par exemple en Tunisie) ont tenté de contenir leur influence en favorisant la création d'organisations progouvernementales.

Quelques-unes de ces ONG se révèlent extrêmement puissantes. Au Sénégal, Enda est investie dans de si nombreux secteurs (éducation, formation, agriculture, santé, nutrition, communication, transports, recherche...) qu'elle est parfois comparée à un « État dans l'État ». À Madagascar, les Églises chrétiennes et les regroupements d'associations de la « société civile » ont massivement investi le champ du développement.

La force des ONG se trouve cependant limitée par leur dépendance financière : la grande majorité d'entre elles vit uniquement des financements apportés par des ONG occidentales partenaires ou des organismes internationaux, et n'a pas toujours la latitude pour agir à sa guise. L'attrait de cette manne financière extérieure a d'ailleurs mené à la création de nombreuses ONG « opportunistes », qui chassent les subventions et fonctionnent comme un *business*. Dans certains pays victimes de pénuries chroniques, des nationaux — et leurs familles — y ont trouvé un nouveau gagne-pain.

Comme ailleurs, l'action des ONG sur le continent, qu'elles soient occidentales ou africaines, n'est pas exempte de critiques. Si elles permettent d'établir des « filets de sécurité » face aux conséquences économiques et sociales désastreuses des PAS sur les populations, elles légitiment aussi en partie le délitement des États — les employés d'ONG sont souvent mieux rémunérés que les fonctionnaires — et déchargent les élites politiques, tant internationales que nationales, de leurs responsabilités.

ONU
(Organisation des Nations unies)

Dès leur accession à l'indépendance, les cinquante-deux États du continent ont investi l'Organisation des Nations unies, qui avait servi de chambre d'écho aux combats anticoloniaux et leur fournissait une tribune plus égalitaire (un pays, une voix) que la plupart des autres instances internationales, notamment économiques. Soixante pour cent de l'activité de l'Organisation, et notamment de ses grandes agences (réfugiés, santé, agriculture, alimentation, culture, etc.), est tournée vers l'Afrique. Et c'est un Africain, le Ghanéen Kofi Annan, qui a été désigné en 1997 secrétaire général de l'ONU, avant d'être réélu pour un deuxième mandat (2001-2006).

« Si l'Afrique unie dit oui, ça passe. Si elle dit non, ça ne passe pas », résume Jean Ping, ministre gabonais des Affaires étrangères, qui présidait l'Assemblée générale en septembre 2005, transformée pour l'occasion en sommet du soixantième anniversaire, où devait être adoptée une réforme du Conseil de sécurité. « Le problème, reconnaît le diplomate gabonais, c'est qu'elle n'est pas plus unie que les autres continents. » Et l'Afrique l'a encore prouvé en ne parvenant pas à se mettre d'accord sur le choix des deux pays qui pourraient être appelés à représenter le continent, dans le cadre d'un élargissement du Conseil de sécurité, l'instance clé de l'Organisation. L'Afrique du Sud, le Nigeria, l'Égypte sont parmi les pays le plus souvent cités ; mais d'autres en ont manifesté l'ambition, comme le Cameroun, le Sénégal, le Kenya, l'Algérie. Après avoir tenté d'adopter une position commune sur la question lors d'un sommet à Syrte, en juillet 2005, le groupe africain n'a pas voulu renoncer, lors de l'assemblée de New York, à ce que les nouveaux membres du Conseil disposent d'un droit de veto, comme les cinq membres permanents actuels. Aucune des propositions en lice n'a pu prétendre à la majorité des deux tiers.

La « révolution géopolitique » annoncée — mais combattue notamment par les Américains — renvoyée à plus tard, les Africains n'obtenaient, en échange d'un ralliement à une résolution d'inspiration essentiellement américaine sur la lutte contre le terrorisme, qu'un engagement du Conseil à renforcer les capacités de prévention des conflits, notamment sur le continent africain, selon divers aspects : appui à des mécanismes régionaux d'alerte, analyse permanente des risques, soutien aux structures régionales de gestion des conflits et des programmes de désarmement, aide au développement d'une Force africaine d'intervention sous les auspices de l'Union africaine (UA).

Les trois quarts des crédits du département des Opérations de paix de l'ONU — environ 5 milliards de dollars pour l'exercice 2005-2006 — et une proportion équivalente de ses 80 000 casques bleus, policiers et agents civils, sont mobilisés par l'organisation pour des interventions en Afrique. Alors la plus importante, la Mission de l'ONU au Congo (MONUC) comptait près de 18 000 hommes en juillet 2005. D'autres opérations importantes ont été menées ces dernières années en Sierra Leone et au Liberia ; l'Onuci, en Côte d'Ivoire, a déployé jusqu'à 8 000 casques bleus en 2006.

Critiquée pour n'avoir pu empêcher l'explosion de la Somalie (1992-1995), ou pour avoir été impuissante face au génocide rwandais (1994), ou encore pour son inefficacité dans le règlement du conflit du Sahara-Occidental où elle est présente depuis 1991, l'ONU a néanmoins accompagné la Namibie jusqu'à son accession à l'indépendance, et contribué à relever l'Angola (1989-1999) et le Mozambique (1992-1994) à l'issue des longues guerres civiles affectant ces deux pays. Elle s'est impliquée dans la recherche d'une paix au Sud-Soudan, au risque de délaisser la crise, plus récente, du Darfour.

L'ONU, qui avait perdu son secrétaire général au Congo, Dag Hammarsköld, lors de sa première intervention armée dans ce pays (ONUC, en 1960-1964), a donc souvent été confrontée à de graves crises continentales. Encore accusée ces dernières années de n'avoir pu empêcher les massacres survenus, dans l'actuelle république démocratique du Congo, à Kisangani, Bukavu, Bunia, elle se voit le plus souvent reprocher de sonner l'alerte trop tard, de s'en remettre trop aisément aux organisations non gouvernementales (ONG), de ne pas être capable d'évaluer le niveau de gravité d'une crise, ou encore d'envoyer des missions avec des mandats inadaptés (comme au Rwanda). Une autre de ses faiblesses est sa lenteur de réaction et son incapacité à monter des opérations avant plusieurs mois en raison de ses pesanteurs politiques, financières et logistiques.

Les États fournisseurs de troupes sont rarement prêts à risquer la vie de leurs soldats pour protéger les civils locaux. Les contingents, prélevés sur des armées africaines ou asiatiques — dont c'est devenu une spécialité —, restent souvent mal intégrés, coupés des réalités du pays où ils interviennent, ou parfois accusés d'abus sexuels (comme au Congo, où une force de police prêtée par le Nigeria a dû être retirée). Les États africains fournissent cependant près d'un tiers des forces de casques bleus de l'ONU : l'Éthiopie, le Nigeria, le Ghana et l'Afrique du Sud sont parmi les dix pays les plus sollicités dans le monde.

Or

De l'empire du Ghana aux modernes empires industriels sud-africains, la matière précieuse a toujours joué un rôle clé dans l'économie des États d'Afrique, et dans leurs échanges avec l'extérieur. L'or demeure aujourd'hui une source de promesses : des pays comme le Mali y trouvent un nouveau facteur de croissance.

L'Égypte passe pour avoir extrait de ses mines, entre Nil et mer Rouge, puis en Nubie et en Éthiopie, près de la moitié de l'or produit dans le monde avant l'ère chrétienne (3 340 tonnes sur 7 865). Si l'or égyptien atteint son apogée vers – 2400, l'or nubien lui succède mille ans plus tard. À la même époque, l'Afrique australe extrait de l'or entre Zambèze et Limpopo. Dès l'Antiquité, les Carthaginois font aussi du cabotage sur le littoral atlantique et remontent l'or du centre de l'Afrique vers les cités marchandes du bassin méditerranéen.

C'est là que l'or est véritablement entré dans l'histoire africaine, avec l'empire du Ghana : créé vers le IVe siècle, le royaume du Ghana alimente le Moyen-Orient et l'Europe par le commerce transsaharien, qui permet d'échanger l'or et les esclaves contre du sel. En 977, Ibn Hawqal, un chroniqueur arabe, dit de son roi qu'il est « l'homme le plus riche du monde ». Capitale du Ghana, Koumbi-Saleh est édifiée près des grands centres aurifères du Bambouk et du Bouré. Encore au milieu du XIVe siècle, les deux tiers de l'or acheminé en Occident proviennent de ce qui est devenu, dans la même région, l'empire du Mali : le pèlerinage en Égypte de l'empereur Kankan Moussa a frappé les contemporains par la profusion d'or distribuée par le souverain. De leur côté, les royaumes akan produisent et commercialisent aussi le métal précieux. Dès le XVe siècle, les Européens construisent des forts sur la Côte-de-l'Or (Gold Coast) pour écouler le minerai. Le royaume Ashanti, célèbre pour ses poids à peser l'or, est fondé au XVIIe siècle autour de Kumasi pour contrôler son écoulement vers le Sahel. À la fin du XIXe siècle, après les expéditions militaires britanniques, Kumasi est en partie détruite et le trésor pillé.

En Afrique du Sud, la découverte de mines d'or dans le Witwatersrand, autour de Johannesburg, va opposer Néerlandais et Anglais. À lui seul, le Rand donne plus au XIXe siècle que tous les gisements des siècles écoulés. Le métal, mêlé à l'uranium, nécessite de nouvelles techniques d'exploration et d'énormes investissements pour creuser des puits profonds. Trusts et sociétés minières succèdent aux artisans. Ils relèvent de la Chambre des Mines, créée en 1889 pour coordonner la politique de l'or. La Banque de réserve sud-africaine en expédie une partie à la Banque d'Angleterre et sur le marché de Londres. La guerre des Boers provoque une chute brutale puis la production reprend son cours. Dès 1905, l'Afrique du Sud se hisse au premier rang mondial devant l'Australie, et en 1913 l'or représente 45 % du revenu de l'Union sud-africaine, 80 % de ses exportations et 40 % de la production mondiale. De

349 000 onces (31 g l'once) en 1900, elle passe à 14,4 millions en 1941 et atteint son niveau record en 1969 avec 31,3 millions — soit 80 % de la production mondiale. La main-d'œuvre, abondante et très bon marché, est recrutée jusqu'en Rhodésie. Depuis, les compagnies ont engagé des restructurations, invoquant le coût d'exploitation des mines, et notamment la hausse des salaires. En 2004, la production d'or sud-africain atteint 342 tonnes, en recul de 9 % par rapport à l'année précédente.

À coups de fusions et d'acquisitions, les cinq plus grands groupes aurifères du monde se développent depuis quelques années dans d'autres pays d'Afrique. Le numéro un mondial, l'Américain New-Mont Mining, et les Sud-Africains Goldfields et Anglo-Gold — lequel a racheté le Ghanéen Ashanti Goldfields en 2003 — se partagent l'essentiel de la production du Ghana. Anglo-Gold s'est aussi implanté en Tanzanie, tout comme les deux géants canadiens, Barrick Gold et Placer Dome, qui sont aussi sur les rangs en république démocratique du Congo et en République centrafricaine. Fin 2004, l'or jaune est à ses plus hauts niveaux depuis seize ans (440 dollars l'once), avec la dépréciation du dollar il joue son rôle de valeur refuge. L'exploration minière est relancée : 16 % est consacrée à l'Afrique où se trouvent la majeure partie des nouvelles réserves décelées, estimées à 67 millions d'onces.

Six nouvelles mines sont entrées en exploitation depuis 1997, deux au Mali, trois en Tanzanie et une en Afrique du Sud. En 2001, le Mali est ainsi devenu le troisième producteur africain, derrière l'Afrique du Sud et le Ghana. Les cent trente-six mines d'or que compte le continent sont exploitées par quarante-sept compagnies, dont une minorité est contrôlée par des investisseurs locaux. Au Ghana, des *joint-ventures* existent entre privés étrangers et nationaux. Au Mali, l'État détient une participation au capital des mines. Dans les deux cas, l'État recouvre plus de

30 % du chiffre d'affaires des sociétés minières (taxes, impôts et royalties). Les populations, qui n'en perçoivent guère les retombées, continuent à pratiquer l'orpaillage artisanal, activité complémentaire en période de soudure ou de sécheresse.

Ouganda

L'Ouganda — l'ancienne « perle » de l'Afrique de l'Est britannique — est redevenu, après un long chaos, un État fréquentable depuis que Yoweri Museveni est arrivé au pouvoir, pour rapidement redonner une stature internationale à ce pays jouant un rôle stratégiquement important dans la crise des Grands Lacs.

Composé d'un plateau central en bordure de la Rift Valley, entouré du massif du Ruwenzori à l'ouest, et du mont Elgon (4 321 m) à l'est, le pays compte de nombreux lacs et bénéficie d'un climat tropical tempéré par l'altitude. À l'origine, plusieurs grands royaumes occupaient le territoire actuel. En 1894, le plus puissant d'entre eux, le Buganda, situé au centre du pays, est le premier à être placé sous protectorat britannique. En 1962, le pays accède à l'indépendance et le roi du Buganda, Mutesa II, en devient le président à vie ; Milton Obote, originaire du Nord, est son Premier ministre. Mais en 1966, il s'empare du pouvoir et instaure un régime présidentiel à parti unique, nationalisant plus de la moitié des entreprises privées. Ce panafricaniste a joué un rôle actif dans la naissance, en 1967, de la Communauté est-africaine.

En 1971, le chef de l'armée, le général Idi Amin Dada, ancien soldat de l'armée britannique qui fut aussi champion de boxe, originaire du West Nile, le chasse et prend sa place. D'abord favorablement accueilli, il instaure un régime nationaliste qui finira sous le signe de la terreur ; il défraye la chronique en expulsant, en 1972, plus de 40 000 Indo-Pakistanais qui contrôlaient l'économie du pays. Sept ans plus tard, après s'être livré à des massacres indiscriminés, le dictateur est contraint à l'exil par une intervention de l'armée tanzanienne. Milton Obote, qui avait été accueilli durant son exil par Julius Nyerere, revient alors au pouvoir. Mais la violence continue de déchirer l'Ouganda, visant particulièrement les populations du sud du pays. En 1985, le général Tito Okello, un nordiste, renverse Obote. Quelques mois plus tard, la National Resistance Army (NRA), mouvement de guérilla qui comporte de nombreux combattants exilés du Rwanda, dirigée par Yoweri Museveni, originaire du Sud, porte son leader au pouvoir.

Le pays est alors en pleine faillite économique après quinze années de guerre civile. Au cours des années 1990, Museveni souhaite que son pays devienne une puissance régionale : jouissant du soutien des États-Unis, qui ne cachent pas leur admiration pour le « Bismarck » des Grands Lacs, Museveni soutient la rébellion au Sud-Soudan, appuie Paul Kagame, ancien chef des services de renseignements de la NRA, dans sa reconquête du Rwanda en 1994, et avec celui-ci aide Laurent-Désiré Kabila à renverser le maréchal Mobutu au Zaïre en 1997. Cependant, à partir de 1999, les armées ougandaise et rwandaise s'affrontent en république démocratique du Congo. La pression internationale oblige les anciens alliés à en retirer leurs troupes, toutefois Museveni continue à soutenir des mouvements armés à base ethnique à l'est du Congo — encore en 2005 —, permettant aux chefs de son armée d'organiser l'exploitation illégale des ressources congolaises. L'Ouganda est par ailleurs toujours sous la menace d'une rébellion active, menée depuis dix-neuf ans par l'Armée de résistance du Seigneur (LRA), qui a entraîné le déplacement dans les zones de conflit de 1,6 million de personnes. En 2006, la mortalité quotidienne moyenne du fait des violences politiques était le triple de celle de l'Irak, selon *The Independent* (Londres, 30 mars 2006).

En mars 2001, Yoweri Museveni remporte l'élection présidentielle, mais maintient un régime sans parti, au nom de la lutte contre le « divisionnisme » politique, religieux et régional : tout Ougandais est réputé membre du Mouvement, qui n'est pas officiellement une formation politique. En 2005, une modification constitutionnelle, adoptée par référendum, permet cependant l'instauration du multipartisme. Une concession rendue nécessaire pour amadouer les bailleurs de fonds, alors que le Parlement venait de supprimer la limitation à deux mandats présidentiels, ouvrant ainsi la voie à un maintien de Yoweri Museveni à la tête de l'État : le président sortant a été réélu, dès le premier tour, en février 2006, par 60 % de votants. Le pays a réservé en octobre 2005 des obsèques nationales à Milton Obote, quatrième président ougandais à mourir en exil.

Depuis l'arrivée au pouvoir de Yoweri Museveni, le pays a réussi à redresser son économie, avec une croissance régulière de 5 à 6 % par an, et un produit intérieur brut (PIB) qui retrouve le niveau qu'il avait au début des années 1970. Les biens des Indo-Pakistanais leur ont été restitués. Grâce à sa bonne réputation en matière de gouvernance économique, le pays a reçu très tôt un traitement de faveur de la part des institutions financières internationales : il a été le premier pays bénéficiaire de l'initiative de réduction de la dette PPTE (pour un total de près d'un milliard de dollars), mais le budget du pays dépend pour 60 % de l'aide extérieure.

L'agriculture reste le socle de l'économie ougandaise. Elle a assuré 38 % du PIB en 2004. Le café, le coton et le thé — ainsi qu'un poisson du lac Victoria, la perche du Nil — sont ses principaux produits d'exportation ; le gouvernement souhaite en assurer de plus en plus la transformation sur place. Si le niveau de pauvreté a baissé — de 56 % en 1992 à 35 % en 2000 —, l'économie du nord du pays est déstabilisée par la rébellion de la LRA, qui opère depuis 1986 : il y aurait près de deux millions de personnes déplacées dans le pays.

La Communauté est-africaine, où l'Ouganda prétend à un rôle leader désintégrée de fait en 1977, est en voie de reconstitution ; elle doit être rejointe par le Rwanda et le Burundi, et devrait déboucher d'ici à une dizaine d'années sur la création d'une fédération. Pour l'heure, l'Ouganda, un des pays africains les plus touchés par le sida, est au cent quarante-quatrième rang mondial pour l'Indice de développement humain.

Panafricanisme

Dans les instances internationales, dans les médias, le continent africain se rêve souvent comme un ensemble uni, à l'échelle d'un continent, ou du moins de sa population noire. L'Union africaine (UA), qui a succédé à l'Organisation de l'unité africaine (OUA), en est la manifestation la plus tangible. La culture dite « panafricaine » — qui s'est forgée dans la douleur de l'esclavage, des résistances aux conquêtes et à la colonisation, de la participation aux grandes guerres mondiales et des luttes pour l'indépendance — se répand surtout aujourd'hui grâce aux progrès de la vidéo, de l'Internet, voire de la téléphonie mobile.

L'idée panafricaine a été formulée au début du XXe siècle, par l'Américain noir William Edward Burghardt Du Bois, créateur d'une des premières associations de défense des droits civiques, et par le Jamaïcain Marcus Moziah Garvey, qui prônait un « retour en Afrique ». Organisé par le Dr Du Bois, le premier congrès panafricain avait réuni en 1919 à Paris une cinquantaine de délégués noirs des colonies françaises et britanniques, ainsi que des Antilles et des États-Unis. Le second, à Londres en 1921, avait réclamé l'égalité entre Blancs et Noirs.

Ce premier mouvement du panafricanisme, initié paradoxalement par des Noirs de la diaspora, est traversé par plusieurs courants. Une tendance « culturaliste » se fait jour autour de la négritude, élaborée dans les années 1930 par

Aimé Césaire, Léon-Gontran Damas ou Léopold Sédar Senghor, à quoi il faut rattacher la naissance de la revue *Présence africaine* d'Alioune Diop et des manifestations comme les grandes rencontres des Écrivains et Artistes nègres de Paris, en 1947, et de Rome en 1958, ou encore le Festival des arts nègres que Senghor organise à Dakar en 1966. Cette tendance propose une réhabilitation de l'Homme noir et de ses civilisations, ainsi qu'une relecture de l'histoire, notamment celle de l'Afrique précoloniale. Démarche que rejoint l'intellectuel sénégalais Cheikh Anta Diop, avec sa réinterprétation de l'histoire égyptienne, en mettant l'accent sur ses sources noires.

Une autre tendance cependant se situe plus ouvertement sur le terrain politique, social ou économique, spécialement dans la seconde moitié du siècle, attisée par les désillusions des anciens combattants noirs des deux grandes guerres, symbolisées par la mutinerie des tirailleurs sénégalais du camp de Thiaroye (1944), par le retentissement des mouvements nationalistes (insurrection à Madagascar en 1947), tandis que se développaient les luttes syndicales, ou que naissait l'« afro-asiatisme ». Ce courant s'illustre lors du 5e congrès panafricain, à Manchester en 1945, organisé notamment par l'Antillais George Padmore, directeur du *Negro Worker*, où des représentants des Antilles et des colonies anglophones d'Afrique dénoncent l'exploitation économique du continent et réclament son indépendance : le Ghanéen Kwame N'Krumah (qui forge le concept d'*African personality*), le Nigérian Namdi Azikiwe, le Martiniquais Frantz Fanon, le Kényan Jomo Kenyatta ou Hastings Banda, futur président du Malawi, sont présents.

On assiste ainsi à la naissance, en 1950, de la Fédération des étudiants d'Afrique noire en France (FEANF) hostile au « pan-négrisme », à l'organisation du 1er congrès panafricain des étudiants (1951), ou à la création par les parlementaires ouest-africains francophones du parti du Rassemblement démocratique africain (RDA) — qui transcendait les découpages coloniaux. Toutes ces initiatives, ainsi bien sûr que la conférence des Non-Alignés à Bandoeng en 1955, avaient préparé le terrain aux conférences des États africains indépendants (Accra, 1958 ; Monrovia, 1959 ; Addis-Abeba, 1960), et à plusieurs rassemblements des Syndicats et des Peuples africains (Accra, 1958 ; Tunis, 1960), qui ont abouti à la création en 1963 de l'Organisation de l'unité africaine (OUA), lors du congrès panafricain d'Addis-Abeba, en présence des dirigeants d'une trentaine d'États indépendants.

Premier président du Ghana, Kwame Nkrumah, un des principaux architectes du panafricanisme moderne, rêvait d'une unité continentale, condition d'une véritable indépendance. Plusieurs projets d'unions régionales, à l'orée des années 1960, restées souvent sans lendemain, attestent de cette volonté de recomposition. La toute jeune OUA, devant la multiplication des conflits, avait toutefois choisi comme plus petit dénominateur commun le principe de l'« intangibilité » des frontières héritées de la colonisation — évitant ainsi le démembrement des grands États (Nigeria, Congo, Éthiopie, Soudan) mais rendant plus malaisée l'intégration régionale.

Quarante ans plus tard, c'est ce défi qu'a relevé l'Union africaine (UA) (2002), forgée à l'image de l'Union européenne. Cette institution s'appuie notamment sur cinq grands ensembles sous-régionaux : la Communauté économique des États d'Afrique de l'Ouest (CEDEAO), la Communauté économique des États d'Afrique centrale (CEEAC), la Communauté de développement de l'Afrique australe (SADC), le Marché commun de l'Afrique orientale et australe (COMESA), l'Union du Maghreb arabe (UMA).

De nombreux États préfèrent cependant la parenté de proximité qu'assurent des organisations moins ambitieuses, comme la Communauté est-africaine, la Communauté des États sahélo-sahariens, les unions monétaires d'Afrique de l'Ouest et d'Afrique centrale, l'Autorité inter-États de lutte contre la sécheresse... Enfin, renouant avec l'esprit du « plan de Lagos » adopté en 1980 par l'OUA, mais resté sans lendemain, le New Partnership for Africa's Development (Nepad), lancé en 2002, se veut le volet économique de l'Union africaine. Il vise à faire financer par la communauté internationale, et notamment par le secteur privé — en échange d'engagements au respect de la « bonne gouvernance » —, une série de grands projets à l'échelle panafricaine (routes, chemins de fer, gazoducs...).

Si le grand souffle du panafricanisme des « pères fondateurs » n'est plus d'actualité, on en retrouve toutefois maints échos aujourd'hui, comme dans le concept de « Renaissance africaine », porté par le Sud-Africain Thabo Mbeki. Ou encore, dans un souci évident de renouer avec les heures fastes du courant « culturaliste », avec l'organisation à Dakar en octobre 2004, sous l'égide de l'Union africaine, de la première conférence des intellectuels d'Afrique et de la diaspora.

Pauvreté

Les pays africains, les médias le disent assez, comptent parmi les plus pauvres du monde : l'Afrique subsaharienne représente 10 % de la population mondiale, mais ne participe que pour 1 % du PIB mondial. La pauvreté absolue (moins d'un dollar de revenu par jour et par habitant) touche près de la moitié des habitants du continent. À deux exceptions près, les trente-sept pays les plus mal classés sur l'Indice de développement humain (IDH) du Programme des Nations unies pour le développement (PNUD), en 2005, sont tous africains. L'Afrique est, par exemple, le seul continent où la proportion d'enfants souffrant de malnutrition n'a pas diminué ces dernières années. Les jeunes en Afrique connaissent le taux de chômage le plus élevé du monde.

De nombreux États du continent sont riches en matières premières — pétrole, gaz, diamants, or, coton, etc. Mais ces ressources, exportées brutes, semblent profiter surtout aux multinationales qui les importent. Les revenus que les États en tirent sont souvent accaparés par des proches des gouvernants, gérés à travers des réseaux clientélistes, et peu réinvestis dans l'économie nationale. Certains pays échappent, cependant, à ce schéma : le Botswana, par exemple, a su utiliser ses ressources diamantifères pour le développement d'infrastructures et de services sociaux.

Parmi les facteurs aggravants de la pauvreté, les conflits internes ou régionaux se sont multipliés depuis plus d'une décennie ; mais l'on recense aussi les choix économiques en faveur du maintien ou de l'extension des cultures de rente héritées de la colonisation ; le manque de capitaux nécessaires à la diversification de l'économie ; l'absence d'industries de transformation, qui pourraient valoriser les produits à l'export et réduire le volume de marchandises importées ; l'étroitesse, dans bien des cas, des marchés ; l'enclavement de beaucoup d'États ; des systèmes d'éducation et de santé déficients ; l'inégalité entre les sexes, etc.

Le contexte économique mondial a également joué un rôle négatif : dégradation des termes de l'échange, chocs céréalier et pétrolier des années 1970 ; dévaluation du franc CFA, en 1994, qui, s'il a dopé en certains cas les exportations, a contribué à précariser les conditions de vie des populations d'Afrique francophone, en doublant le coût des intrants importés.

Les politiques libérales de développement imposées dans les années 1980 par les institutions financières internationales, au nom de l'« ajustement structurel », en échange d'un accès limité au marché des devises, n'ont pas été plus efficaces. Si certains estiment que leur échec pouvait être dû à des « archaïsmes » culturels des sociétés africaines, d'autres jugent que ces « potions » du Fonds monétaire international

(FMI) et de la Banque mondiale ont reposé sur des systèmes de gestion inadaptés aux contextes nationaux.

Ces politiques, qui visent à rendre l'économie flexible, ont conduit finalement à la détérioration des indicateurs de santé et d'éducation, même si elles ont permis une stabilisation de certains paramètres économiques (l'inflation, notamment, a été maîtrisée dans certains États). En 2002, des experts de la Conférence des Nations unies sur le commerce et le développement (CNUCED) ont ainsi estimé qu'après deux décennies de programmes d'ajustement structurel la pauvreté avait augmenté ; la croissance était le plus souvent lente et erratique ; les crises rurales s'étaient aggravées, et la désindustrialisation avait mis à mal les perspectives de croissance ; de nouveaux courants de migration clandestine se sont ouverts ou étendus vers l'Europe, *via* le Maroc et la Libye, donnant lieu à une série de drames très médiatisés ces dernières années, à Melilla (Espagne), ou Lampedusa (Italie).

D'autre part, le service de leur dette, contractée à partir des années 1970 auprès des institutions financières internationales et des pays développés, a empêché l'affectation des ressources nationales aux secteurs prioritaires, et continué d'être un fardeau important pour l'économie de l'ensemble des pays. Le continent a ainsi reçu environ 540 milliards de dollars en prêts entre 1970 et 2002, mais a dû rembourser 550 milliards de dollars de capital et d'intérêts.

Fin 2002, la dette du continent se montait encore à 295 milliards de dollars. En 2005, dix-huit pays — dont quatorze africains — bénéficiant de l'initiative PPTE (Initiative en faveur des pays pauvres très endettés [1]) ont pu obtenir l'effacement de 40 milliards de dollars de leur dette multilatérale, après une décision jugée historique du G7. Les vingt-deux

1. L'initiative en faveur des PPTE est, depuis 1996, un dispositif global de réduction de la dette des pays pauvres très endettés, qui appliquent des programmes d'ajustement et de réforme appuyés par le Fonds monétaire international (FMI) et la Banque mondiale. Ce processus de réduction ou de « remise » de la dette des pays concernés permet notamment d'utiliser les fonds ainsi dégagés à des programmes de lutte contre la pauvreté.

pays les plus riches du monde s'étaient engagés dès 1970 à consacrer 0,7 % de leur PNB à l'aide au développement — promesse renouvelée en 2002 à la Conférence internationale sur le financement du développement tenue à Monterey (Mexique), en se donnant 2015 comme objectif. Mais en 2003 la moyenne des ressources consenties à l'aide au développement par ces pays était de 0,25 %. L'Union européenne a promis d'atteindre le taux de 0,56 % du PNB en 2010, et de « s'attaquer aux causes structurelles du sous-développement », toutes ces bonnes résolutions ayant sans doute été prises en raison de soucis sécuritaires, et de la menace que fait peser le flot d'immigration clandestine sur les pays du Nord.

En plus de tous ces handicaps, la politique de libéralisation prônée par l'Organisation mondiale du commerce (OMC) empêche les pays africains de protéger leurs marchés, sans pour autant leur donner accès à ceux des pays développés... tandis que les pratiques de *dumping* des pays riches (dans les secteurs du coton, de l'élevage, notamment) faussent les règles du jeu. Selon le PNUD, si les tendances actuelles se confirmaient sur les prochaines décennies, l'Afrique subsaharienne n'atteindrait les Objectifs du millénaire pour le développement (OMD[1]) qu'en... 2115, soit avec un siècle de retard.

1. Les Objectifs du millénaire pour le développement sont une initiative des Nations unies, décidée en septembre 2000 à l'occasion du Sommet du millénaire. Les dirigeants du monde entier ont ainsi fixé un ensemble d'objectifs mesurables et assortis de délais pour lutter, d'ici à l'horizon 2015, contre la pauvreté (réduction de moitié de l'extrême pauvreté et de la faim), la maladie (réduire de deux tiers la mortalité des enfants de moins de 5 ans), l'analphabétisme (assurer l'éducation primaire pour tous), la dégradation de l'environnement ou encore la discrimination à l'égard des femmes.

Pétrole

La petite dizaine de pays africains producteurs de pétrole est entrée, avec le millénaire, dans une nouvelle ère économique. L'envolée depuis 2003 des cours du pétrole, poussés surtout par la demande galopante de la Chine mais aussi par celle de l'Inde, l'autre géant asiatique, ainsi que d'autres pays considérés comme émergents, tel le Brésil, de même que la nouvelle politique d'approvisionnement des pays occidentaux leur assurent en effet — pour une période indéterminée — des revenus dépassant largement les niveaux escomptés quelques années plus tôt.

Car la donne géopolitique a changé, et le monde va plus que jamais avoir besoin de chaque goutte de brut sortie du sous-sol africain. Les attaques terroristes de septembre 2001 aux États-Unis, puis la guerre en Irak, jointes aux incertitudes autour de l'issue du conflit israélo-palestinien ont incité les États-Unis à tenter de réduire leur dépendance du pétrole importé du Moyen-Orient, où se trouvent les deux tiers des réserves mondiales. Dès 2002, des responsables américains ont ainsi reconnu la valeur stratégique des réserves d'hydrocarbures du continent africain, où les *majors* pétrolières américaines et européennes étaient déjà bien implantées, comme en Angola ou au Nigeria.

L'émergence de la Chine en tant que puissance économique sur le plan mondial, avec un taux de croissance avoisinant les 9 % par an, a créé par ailleurs un contexte de forte concurrence en matière d'approvisionnements pétroliers. Si les *majors* occidentales s'accrochent farouchement à leurs positions acquises, elles laissent aussi des niches libres pour une multitude de petites compagnies, dites « indépendantes », qui explorent fiévreusement le continent et ses côtes à la recherche de la moindre indication de pétrole ou de gaz, partout où elles peuvent obtenir le feux vert des autorités.

La carte pétrolière du continent a ainsi été notablement modifiée. Les producteurs africains étaient, hier encore, outre l'Algérie et la Libye, le Soudan, le Nigeria et l'Angola, suivis de petits pays comme le Gabon et le Congo. Depuis les années 1980, et surtout depuis la fin des années 1990, le pourtour du golfe de Guinée est devenu l'un des point chauds de l'exploration pétrolière mondiale, avec une série de découvertes majeures au large des côtes de pays comme l'Angola, la Guinée-Équatoriale et le Nigeria, et le développement de ressources significatives à l'intérieur du continent, au Soudan et au Tchad. La Mauritanie s'apprêtait à rejoindre le peloton des pays producteurs, avec la mise en opération d'un premier gisement off-shore au premier semestre de 2006, un deuxième champ pouvant être opérationnel dès 2007. São Tomé-e-Príncipe, voisine de la Guinée-Équatoriale, devrait aussi devenir un producteur significatif.

Malgré sa production en forte hausse, l'Afrique subsaharienne ne peut rivaliser en importance avec les principales provinces pétrolières du monde. Ses réserves prouvées, estimées par certains experts à environ 57 milliards de barils, contre 55 milliards pour les pays de l'Afrique du Nord (Algérie, Libye, Égypte — dont les deux premiers font partie de l'Organisation des pays exportateurs de pétrole-OPEP), ne pèsent pas lourd par rapport aux réserves mondiales, estimées en 2005 à 1 188 milliards de barils. Et la production de la région, estimée par le groupe British Petroleum (BP) à 5 millions de barils par jour (mbj) en 2004, restait assez limitée par rapport à un total mondial de 80,2 mbj.

Tout indique cependant que l'Afrique — et notamment sa partie subsaharienne — sera dans les années à venir un acteur significatif sur la scène pétrolière mondiale. Elle dispose pour cela de plusieurs atouts. Les bruts de la région sont de bonne qualité, en général légers et peu sulfureux, et conviennent ainsi particulièrement aux raffineries européennes. En outre, grâce aux progrès technologiques, les gisements au large des côtes de l'Afrique de l'Ouest sont relativement faciles à exploiter. Ils sont en outre bien situés par rapport aux pays consommateurs de l'Europe et des États-Unis, en raccourcissant des voies de transport plus aisées à sécuriser.

La production de pétrole en Afrique subsaharienne a commencé plus tard que dans d'autres régions du monde — dans les années 1950 au Gabon, au Congo-Brazzaville et en Angola, et dans les années 1960 au Nigeria, le seul membre de l'OPEP dans la région et de loin le principal producteur, avec environ 2,5 mbj, un niveau dépassé pour la première fois en 2004. L'Angola, deuxième producteur de la région, a dépassé pour la première fois le million de barils en 2005 (à 1,24 mbj), et devait atteindre 1,5 mbj en 2006, avec la mise en œuvre de nouveaux champs. Nouveau producteur, la Guinée-Équatoriale produit depuis 2004 environ 350 000 à 360 000 b/j, devançant ainsi le Soudan, à 337 000 b/j en 2005, ainsi que le Congo-Brazzaville et le Gabon, à 241 000 b/j et 235 000 b/j respectivement en 2005. Le Soudan pourrait quant à lui dépasser 530 000 b/j en 2006, devenant ainsi le troisième producteur de la sous-région.

Les Africains ont créé l'Association des pays producteurs africains (APPA) — qui couvre aussi l'Afrique du Nord — pour défendre leurs intérêts communs. Sept pays riverains ont aussi établi en 1999, à l'initiative du Nigeria, la Commission du golfe de Guinée (CGG) pour « préserver la paix, la sécurité et la stabilité » dans la région. Des litiges sur la démarcation des zones d'exploitation du brut ont été résolus dans ce cadre.

Certains de ces pays, comme l'Angola et le Soudan, sortent à peine de conflits prolongés et doivent reconstruire leurs économies. Leurs régimes, comme on l'a vu au Tchad, acceptent mal les pressions du Fonds monétaire international (FMI) et de la Banque mondiale pour plus de transparence dans la gestion de leurs pétrodollars. Chinois et Indiens, de leur côté, ne se sentent pas liés par les considérations occidentales concernant le respect des droits de l'homme, ni par les efforts internationaux pour combattre la corruption, et offrent ainsi un recours intéressant pour les États africains.

La montée en puissance de la Chine en Afrique a été spectaculaire : les Chinois sont désormais présents partout dans le secteur pétrolier, au Nigeria comme en Mauritanie ou au Soudan, au Gabon ou en Angola. Cet activisme va d'ailleurs bien au-delà du pétrole, et ils multiplient les interventions dans tous les secteurs (mines, transports, communication...) en Afrique du Sud aussi bien qu'au Zimbabwe, en République centrafricaine comme au Rwanda ou en Éthiopie, mêlant avec efficacité dons financiers et coopération, prises d'intérêts et investissements, n'hésitant pas à octroyer des prêts gagés sur la production pétrolière à venir. À tous égards, l'Afrique, où se déversent déjà les biens de consommation à bas prix, est vue de Pékin comme un marché d'avenir, et l'on estime que le commerce sino-africain (à partir d'un niveau il est vrai très bas) a augmenté de 50 à 60 % en 2002-2003. Bien sûr, le facteur pétrolier et ses considérations stratégiques restent à la base de cette implantation.

AFRIQUE SUBSAHARIENNE : RÉSERVES « PROUVÉES » DE PÉTROLE BRUT, PRODUCTION ESTIMÉE POUR 2005 ET PRÉVISIONS POUR 2006

(Production en millions de barils par jour)

	Réserves fin 2004 (milliards de barils)	Production 2005 est. (mbj)	Production 2006 prév. (mbj)	Revenu national brut (RNB) par habitant ($ US)
Afrique du Sud	-	0,203	0,195	2 500
Angola	8,8	1,244	1,489	710
Cameroun	-	0,058	0,054	550
Congo	1,8	0,241	0,245	610
Côte d'Ivoire	-	0,051	0,098	620
Gabon	2,3	0,234	0,235	3 060
Guinée-Équatoriale	1,3	0,358	0,360	-
Mauritanie	-	0	0,052	280
Nigeria	35,3	2,500	2,500	300
Soudan	6,3	0,337	0,532	370
Tchad	0,9	0,180	0,210	210

(*Sources :* Réserves et production — *revue statistique 2005 de BP, et estimations d'experts ; Banque mondiale pour RNB/habitant.*)

Reconstruction

L'aide « post-conflit » est devenue partie intégrante des programmes de développement dans le monde et en Afrique, la Banque mondiale jouant un rôle clé, en liaison avec les organisations de l'ONU et les bailleurs de fonds bilatéraux. Cette nouvelle forme d'aide répond à la multiplication des conflits locaux ou régionaux après la fin de la guerre froide, notamment en Afrique. Le génocide au Rwanda, l'implosion de la Somalie, la tragédie au Sud-Soudan, en Angola, au Liberia, en république démocratique du Congo ou en Sierra Leone avaient mis en évidence la nécessité d'agir rapidement « en amont et en aval ».

À la fin de l'année 2000, le Haut-Commissariat de l'ONU pour les réfugiés (HCR) avait lancé un cri d'alarme : la communauté internationale avait dépensé trois fois moins pour les réfugiés de l'Afrique de l'Ouest que pour ceux de l'ex-Yougoslavie. Le HCR avait alors reproché aux bailleurs de fonds de négliger la reconstruction des pays longtemps ravagés par la guerre, au risque — faute d'engagements suffisants — d'une reprise des conflits. Il mettait ainsi l'accent sur le déminage, qui seul permet la remise en ordre du réseau routier, le retour des réfugiés, et finalement la relance de l'agriculture.

Des études récentes de la Banque mondiale ont démontré que les guerres civiles ont contribué aux trafics d'armes, de drogue et de matières premières, et dans certains cas à la prolifération des organisations terroristes. Reconnaissant que la guerre constitue un échec du processus de développement, l'organisme international de financement considère la prévention des conflits et la reconstruction comme des objectifs centraux de sa mission de réduction de la pauvreté.

Dès 1997, la Banque mondiale avait créé un Fonds post-conflit (Post Conflict Fund — PCF). Parmi les projets plus récents figure le financement d'un programme de 454 millions de dollars en république démocratique du Congo pour améliorer la sécurité alimentaire, rétablir les services sociaux de base et les infrastructures, et renforcer la capacité du gouvernement à formuler et à mettre en place son programme de développement. Un programme régional supplémentaire de 500 millions de dollars appuie les actions de démobilisation et de réintégration des ex-combattants dans les neuf pays de la sous-région des Grands Lacs.

Au Rwanda, la Banque mondiale a fourni un appui au retour des populations déplacées et, en Éthiopie, un soutien aux programmes de destruction des mines antipersonnel. En Sierra Leone, où un tiers de la population avait été déplacé, la Banque mondiale et la communauté internationale ont fourni une aide pour la démobilisation des combattants et pour une reprise graduelle des activités économiques. Le Liberia a bénéficié de programmes d'assistance technique, durant la période de transition jusqu'à l'élection présidentielle de novembre et décembre 2005. Des fonds post-conflit ont été réservés à l'Angola, à l'issue de la guerre civile, en 2002 ; faute de transparence dans la gestion des ressources en pétrole et en diamants, ce pays n'a pu obtenir la reprise de l'aide au développement, au contraire du Soudan, en dépit de la poursuite du conflit du Darfour : les bailleurs de fonds réunis en avril 2005 à Oslo ont promis 4,5 milliards de dollars pour aider à consolider l'accord de paix entre Khartoum et le Sud-Soudan et le processus de réconciliation nationale.

Réfugiés

Après l'Asie, l'Afrique est le continent qui compte le plus grand nombre de réfugiés : 4,2 millions de personnes en janvier 2004 (Haut-Commissariat des Nations unies aux réfugiés — HCR), sur un total mondial de 17 millions. Et la moitié des 25 millions de personnes déplacées à l'intérieur de leur pays d'origine sont des Africains.

Les conflits armés internes ou régionaux sont à l'origine de ces déplacements de population. Les premiers grands mouvements de réfugiés de l'Afrique contemporaine remontent aux années qui ont précédé et suivi la vague des indépendances. Ils sont d'une telle ampleur qu'à la fin des années 1960 les deux tiers du budget du HCR sont consacrés aux pays africains. Ainsi, dès janvier 1961, 120 000 personnes ont dû fuir le Rwanda vers les pays voisins. Au Burundi, des centaines de milliers de personnes se sont installées en Tanzanie, chassées par les massacres organisés en 1972 par le pouvoir. Au Nigeria, la guerre du Biafra, entre 1967 et 1970, a fait 2 millions de déplacés.

À partir des années 1970, des milliers de personnes quittent les colonies portugaises — Angola, Mozambique, Guinée-Bissau — pour échapper aux violences des guerres de libération. Au cours des années 1980, les Mozambicains constituent, selon le HCR, la troisième population de réfugiés au monde (1,7 million en 1992), après les Palestiniens et les Afghans. D'autres quittent l'Afrique du Sud et la Rhodésie pour fuir des pays marqués par l'apartheid et la politique d'exclusion des Noirs : en 1979, on dénombre plus de 200 000 réfugiés rhodésiens.

La guerre entre la Somalie, l'Éthiopie et l'Érythrée (alors province éthiopienne) entraîne également des mouvements de grande ampleur : en 1984, le Soudan compte plus de

500 000 réfugiés érythréens. Et la guerre civile dans le sud de ce pays déplace 4 millions de personnes.

À chaque nouveau conflit, les chiffres évoluent rapidement. La guerre civile au Liberia, à partir de 1989, a ainsi conduit plus des deux tiers des habitants de ce pays à se déplacer, soit 2,4 millions de personnes, Parfois, les mouvements se font dans les deux sens : en 2002, des dizaines de milliers de Sierra-Léonais rentraient chez eux, en provenance du Liberia, après la signature d'un accord de paix ; tandis que des Libériens passaient en Sierra Leone, pour fuir la reprise de la guerre civile. Plus récemment, c'est la région des Grands Lacs, très instable depuis le milieu des années 1990, qui connaît les déplacements de population les plus massifs : en 2003, on estimait à 3,4 millions le nombre de personnes déplacées depuis 1997 à l'intérieur de la république démocratique du Congo (RDC). Des combats entre groupes rebelles et forces armées gouvernementales, entre mai et septembre 2004, ont obligé 150 000 personnes à fuir leurs habitations dans l'est de la RDC.

La Convention sur les réfugiés adoptée en 1969 par l'Organisation de l'unité africaine (OUA) contient des dispositions supplémentaires à la Convention des Nations unies de 1951 : elle élargit par exemple la garantie de non-refoulement. L'état de réfugié peut donc durer plusieurs années. En 1991, à la suite d'un coup d'État, 900 000 Somaliens avaient dû quitter leur pays ; au 1er janvier 2003, ils étaient encore 375 000, selon le HCR. Beaucoup des Rwandais partis en 1961 ont dû attendre trois décennies pour pouvoir rentrer chez eux. Les conditions de vie de tous ces exilés restent souvent très difficiles. Les aides alimentaires fournies par les États ou les organismes humanitaires internationaux ne suffisent pas, et ne peuvent atteindre tout le monde, la majorité des réfugiés ayant déserté les camps. Un quart seulement des réfugiés installés en Tanzanie « habitent » ainsi dans des camps.

Les déplacés sont également difficiles à secourir : les deux millions de déplacés dans le nord de l'Ouganda, aux prises à partir de 1988 avec les rebelles de la Lord Resistance Army (LRA, Armée de résistance du Seigneur), ne peuvent souvent compter que sur eux-mêmes, les mauvaises conditions de sécurité de la région réduisant la mobilité des organismes humanitaires. Ces déplacements de population de grande ampleur entraînent également la réapparition de maladies endémiques et d'épidémies. Pour les pays d'accueil, la présence des réfugiés est lourde à gérer. Au cours des années 1980, le Malawi a particulièrement souffert de l'installation sur son territoire de plus d'un million de Mozambicains (soit 10 % de la population). Le choléra apparu dans les camps a gagné la population locale, tandis que l'environnement a été bouleversé : de nombreux réfugiés n'ont pas eu d'autre choix pour survivre que de couper des arbres pour en faire du bois de chauffage, provoquant un déboisement quasi total.

Les réfugiés déstabilisent parfois l'équilibre politique du pays d'accueil ou deviennent des cibles potentielles pour les groupes qui se disputent le pouvoir. En 1963, le HCR a dû demander au Premier ministre congolais l'intervention du gouvernement central afin de protéger les réfugiés de la province du Kivu, devenus les boucs émissaires des autorités locales. En Tanzanie, pays africain qui accueille le plus de réfugiés (650 000 en 2003), la perception de ces migrants, bien accueillis à leur arrivée, a changé : le coût de l'aide aux réfugiés est peu à peu apparu démesuré aux yeux d'une population locale elle-même démunie. Les conséquences de l'installation à long terme de réfugiés peuvent s'avérer dramatiques : l'absence de solution aux problèmes des exilés rwandais dans les années 1960 fait partie des facteurs qui ont contribué à installer la violence, depuis les années 1990, dans la région des Grands Lacs.

Les opérations de retour organisées par le HCR sont donc primordiales. Avec son aide, plus de 300 000 personnes ont ainsi regagné, en 2004, leur pays d'origine. L'organisme onusien espérait ramener au Liberia 150 000 réfugiés en 2005. Plus de 300 000 personnes ont pu également rentrer en Angola depuis la signature d'un accord de paix, en 2002, après vingt-sept ans de guerre civile. Pour permettre ces retours, certaines conditions doivent être réunies : la remise en état des services de base et des infrastructures est aussi indispensable que l'instauration d'une paix durable. En 2005, trois ans après le début de la négociation mettant fin à une guerre civile entamée en 1956, les réfugiés et déplacés du Sud-Soudan étaient peu nombreux à être rentrés chez eux, leur région natale n'ayant pu être déminée. Le retour au pays des réfugiés burundais, entamé depuis la normalisation politique dans ce pays, se heurte au manque de terres cultivables.

République démocratique du Congo (ex-Zaïre)

L'ex-Congo belge devenu le Zaïre, puis la république démocratique du Congo (RDC), qui connaît depuis son indépendance en 1960 des phases de grande violence, largement attisée par les convoitises extérieures, est entré depuis le milieu des années 1990 dans un nouveau cycle destructeur. À partir de juin 2003, la RDC se trouve en situation de « ni guerre ni paix », marquée par la présence sur son sol des casques bleus de la Mission d'observation des Nations unies pour le Congo (MONUC) et la mise en œuvre d'un processus de transition démocratique étroitement surveillé par la communauté internationale. Vaste pays d'Afrique centrale de plus de 2 345 millions de kilomètres carrés, comptant quelque 54 millions d'habitants, à la lisière de l'Afrique de l'Est et de l'Afrique australe, c'est aussi une terre regorgeant de matières premières, un « scandale géologique » selon la formule usitée. La RDC n'en est pas moins un pays d'extrême pauvreté. En 2002, le revenu national brut par habitant était de 100 dollars par an, alors qu'il s'établissait à 450 dollars en moyenne pour l'ensemble de l'Afrique subsaharienne.

Dès la décolonisation, hâtive et mal préparée, menée par la Belgique (l'indépendance survient le 30 juin 1960), le Congo-Léopoldville traverse une crise violente : les attaques sanglantes contre les Européens et les affrontements intercongolais font les titres de la presse occidentale. On assiste à la sécession de la province minière du Katanga, emmenée par Moïse Tshombé avec le soutien actif d'intérêts étrangers engagés dans l'exploitation du cuivre, et avec l'appui de mercenaires européens. Mais c'est surtout l'assassinat de Patrice Lumumba, en janvier 1961 au Katanga, qui marque ce premier cycle de violences. Nommé Premier ministre du Congo au moment de l'indépendance, Lumumba est une figure progressiste restée légendaire ; flirtant avec Moscou en pleine guerre froide, Lumumba, qui partage le pouvoir avec le président Joseph Kasavubu, dérange trop d'intérêts et il est révoqué par Kasavubu, qui le fait ensuite arrêter pour le livrer à Tshombé. Son exécution est sordide.

Kasavubu avait fait appel au colonel Joseph-Désiré Mobutu et à l'armée pour mettre fin aux désordres, et il est lui-même écarté du pouvoir. Le 24 novembre 1965, Mobutu prend la tête du pays dont le nom est ensuite changé en celui de Zaïre. C'est la fin de la première guerre civile et le début d'une longue dictature qui durera jusqu'en 1997. Mobutu doit sa longévité au soutien des Occidentaux, et notamment des Américains qui utilisent le Zaïre pour acheminer l'armement destiné à l'opposition armée angolaise de l'UNITA. En mai 1978, la France intervient militairement dans la ville minière de Kolwezi, au Katanga, alors connu sous le nom de Shaba. Des ex-gendarmes katangais, réfugiés en Angola à l'époque marxiste, avaient attaqué une première fois cette ville en avril 1977 mais avaient échoué à cause de l'arrivée de troupes marocaines acheminées par la France. En 1978, plusieurs milliers d'entre eux sont arrivés depuis la Zambie, s'emparant de Kolwezi où se trouvent près de 2 300 Européens (belges et français). Face à l'échec d'une intervention aéroportée de ses troupes, Mobutu sollicite l'aide de Paris, de Bruxelles et de Washington. L'opération Bonite ou Léopard est alors déclenchée avec le parachutage de deux compagnies de la Légion étrangère française, renforcées par la suite par des parachutistes belges.

Le règne de Mobutu Sese Seko (autoproclamé Maréchal, il change de nom à l'occasion de la politique de « retour à l'authenticité », dite « zaïrianisation »), long de trente-deux ans, s'il a assuré la stabilité relative d'un État difficilement administré, est caractérisé par le népotisme et une corruption endémique. Sa chute correspond à la fin de la guerre froide et à l'effondrement de l'économie zaïroise. Après la chute du mur de Berlin, Mobutu annonce le 24 avril 1990 l'avènement du multipartisme au Zaïre. Il accepte la tenue d'une conférence nationale qui élit en août 1992 Étienne Tshisekedi, leader de l'Union pour la démocratie et le progrès social (UDPS), comme Premier ministre. Mais la cohabitation au sommet de l'État échoue, en 1992, Mobutu révoque son Premier ministre et le pays replonge dans la crise. La « Conférence nationale souveraine » se transforme en Haut Conseil de la République (HCR) afin de mener le pays vers la transition. Après de nombreuses violences, le pouvoir et l'opposition finissent par se mettre d'accord sur la création d'une structure composée de 738 membres, le Haut Conseil de la République-Parlement de Transition, regroupant l'Assemblée nationale et le HCR, dominé par les mobutistes. L'Acte constitutionnel de la transition est adopté en avril 1994 dans un climat toujours instable. En juillet 1995, le Parlement prolonge de deux ans le processus de transition.

La rébellion, en octobre 1996 dans le Sud-Kivu (à l'est du Zaïre), des Tutsi Banyamulenge (Congolais tutsi d'origine rwandaise), marque le commencement de la fin pour Mobutu. Soutenue militairement par le Rwanda, l'Ouganda et le Burundi ainsi que par l'Angola, cette rébellion devait regrouper par la suite d'autres opposants au régime dans le cadre de l'Alliance des forces démocratiques pour la libération du Zaïre (AFDL), dirigée par Laurent-Désiré Kabila. Ce dernier entre à Kinshasa et s'empare du pouvoir en mai 1997, entraînant la fuite du maréchal Mobutu, qui décède en septembre 1997 au Maroc, mais l'instabilité demeure. Ses alliés rwandais, ougandais et burundais, accusés de piller les ressources du pays, lâchent Kabila un an plus tard, lui reprochant d'utiliser à son profit les anciens miliciens *Interahamwe*, responsables du génocide de 1994 au Rwanda et réfugiés en RDC.

Une nouvelle rébellion entraîne l'intervention des troupes de sept pays africains dans ce qui va devenir, à partir d'août 1998, le « conflit des Grands Lacs ». Les anciens alliés de Kabila sont alors rangés du côté de la rébellion du RCD Goma (Rassemblement congolais pour la démocratie) et du MLC (Mouvement de libération du Congo) de Jean-Pierre Bemba, deux mouvements qui prennent les armes dans l'est et le nord du pays. Kabila est de son côté soutenu par l'Angola, la Namibie et le Zimbabwe, des forces tchadiennes faisant également une rapide incursion à ses côtés. La situation est rendue encore plus confuse par la présence sur le territoire congolais des *Interahamwe*, d'ex-FAR (Forces armées rwandaises), de rebelles ougandais et d'autres groupes armés.

Après l'assassinat de Laurent-Désiré Kabila, en janvier 2001, son fils Joseph lui a succédé à la tête de l'État. Il s'engage dans un difficile processus de retour à la paix et de retrait des troupes étrangères, avec le soutien de la communauté internationale et l'engagement actif de l'Afrique du Sud, intéressée par le potentiel économique du pays. Les différents accords signés, depuis Lusaka en 1999, finissent par aboutir à la formation d'un gouvernement de transition d'unité nationale en juin 2003, un an après le déploiement de la Mission d'observation des Nations unies pour le Congo (MONUC). À la suite de troubles violents dans l'Ituri (nord-est du pays) entre milices antagonistes soutenues respectivement par Kampala et Kigali, l'Union européenne dépêche entre juin et septembre 2003, à la demande de l'ONU, les troupes de l'opération Artemis, placée sous commandement français. La MONUC va ensuite en reprendre le relais, son mandat étant reconduit à plusieurs reprises, et ses effectifs portés à 18 000 hommes : elle devient ainsi la plus importante opération de maintien de la paix jamais lancée par l'ONU ; en avril 2006, le Conseil de sécurité des Nations unies autorise le déploiement d'une force de l'Union européenne, « Eufor R. D. Congo », d'un effectif de 1 500 hommes, destinée à soutenir la MONUC durant la période électorale. Le président Joseph Kabila et ses quatre vice-présidents, dont deux appartiennent aux principaux mouvements ex-rebelles, sont chargés de préparer la transition démocratique devant aboutir à des élections nationales : celles-ci, prévues à l'origine en juin 2005, avaient été repoussées d'un an, après l'adoption de la nouvelle Constitution, le référendum de décembre 2005 ayant constitué un premier test électoral réussi.

Parallèlement à la transition politique, qui a vu une implication sans précédent de la communauté internationale — le budget électoral, de 430 millions de dollars, aura été presque entièrement financé par l'extérieur —, celle-ci se mobilise pour aider au redressement économique de la RDC. Kinshasa a ainsi bénéficié du soutien du Fonds monétaire international (allègement de la dette extérieure) et de la Banque mondiale qui gère près de 4 milliards de dollars promis sur une période de trois ans par les bailleurs de fonds en décembre 2003. La réhabilitation des routes, des transports fluviaux, des chemins de fer, des ports et des aéroports de la RDC est considérée comme vitale et contribuerait au désenclavement des autres pays de la région des Grands Lacs. Plusieurs grands projets sont à l'étude. Le plus important porte sur l'exportation d'électricité à partir du barrage d'Inga, dont la capacité serait doublée de 1 800 à 3 500 mégawatts d'ici à 2010. D'autres projets portent sur la relance des mines de cuivre et de cobalt et la reprise en main par l'État congolais de l'ensemble des activités minières y compris le diamant, sans oublier la poursuite de l'exploration pétrolière.

Réunion (La)

Département et région d'outre-mer français (DROM), située ainsi que Mayotte dans le sud-ouest de l'océan Indien où elle participe de ce fait à la géopolitique du continent, l'île de la Réunion est une curiosité sociologique et politique. Sa population « arc-en-ciel », à l'image de celle de sa « sœur » mauricienne, se répartit par tiers : les Créoles (majoritairement des petits Blancs), premiers occupants de l'île ; les Cafres (descendants d'esclaves mozambicains et malgaches) ; les Tamouls (issus d'« engagés » indiens), ainsi que des minorités de *Z'oreils* (Français de France), de Chinois et *Z'arabs* (principaux acteurs du commerce). Au total, plus de 700 000 habitants.

L'île est une des plus anciennes colonies françaises avec la Guadeloupe et la Martinique ; elle est devenue en 1946, alors que s'annonçaient les convulsions de l'Empire, un département d'outre-mer. Considéré par la gauche comme un progrès pour les peuples de couleur, l'accès à ce statut était vu par la droite comme une mise à l'abri, et la certitude que l'avenir de l'île serait scellé au sein de la République française.

Longtemps, l'histoire réunionnaise a paru inavouable, et ses habitants « fils de nulle part » : sous prétexte de confirmer l'ancrage à la métropole, le silence était fait sur l'esclavage, l'engagisme, le colonialisme, l'assimilation — alors que l'économie traditionnelle de l'île (sucre, vanille) se vidait de sa substance, et que la société paraissait anesthésiée par la manne des transferts publics, conquise par la course à la consommation.

Sous la pression d'une partie des cadres réunionnais, notamment enseignants — et malgré le rouleau compresseur du système d'éducation et de médias essentiellement métropolitains —, un mouvement s'est dessiné contre la « perte de mémoire » : il a exalté le rôle des esclaves marrons, rebelles à leurs maîtres, fêté chaque année l'abolition de l'esclavage (qui n'a longtemps donné lieu à aucune célébration officielle), défendu la musique populaire (le *maloya*), ainsi que les religions ou cultures hindoues, islamiques et chinoises, voire le culte des ancêtres importé de Madagascar. Ce mouvement a pris également la défense de la langue créole, qui n'a jamais eu droit de cité à l'école ; ou encore d'un calendrier scolaire plus adapté au climat de l'île australe...

La question du réchauffement climatique, et de ses conséquences pour le niveau des océans, pour la pêche et l'agriculture, constitue une inquiétude majeure à la Réunion : Paul Vergès, le président de région, anime à Paris un observatoire national, l'ONERC. Son premier rapport au Premier ministre — *Un climat à la dérive : comment s'adapter ?* — a préconisé de « revisiter l'ensemble des politiques publiques, nationales et locales, à la lumière de changements climatiques dont on subit les premiers effets ». Une épidémie de chikungunya, à partir de décembre 2005, a touché un tiers de la population, et affecté les secteurs du tourisme et des transports.

Le Parti communiste réunionnais, que dirigeait Paul Vergès, est la principale formation politique de l'île : après s'être battu pour l'autonomie (années 1970), pour la décentralisation (années 1980), puis pour l'égalité (années 1990), il a mis l'accent sur le développement régional et la défense de la spécificité insulaire au sein de l'Union européenne. Le courant socialiste est minoritaire et plus « métropolitain ». La droite locale, triomphante dans les années 1960 et 1970 sous la direction de l'ex-Premier ministre Michel Debré, élu député de Saint-Denis, peine à définir une politique collant aux réalités insulaires.

L'île connaît également une vie syndicale active, pour la défense des travailleurs municipaux, des fonctionnaires, des jeunes sans emploi et des petits planteurs. Alors que deux sucreries seulement sont en activité, la filière réunionnaise de la canne — 2 millions de tonnes produites — est à nouveau menacée par la réforme du régime de l'Union européenne sur le sucre (diminution du prix, fin des quotas), qui doit progressivement s'imposer à partir de 2006. Le transport aérien, les énergies renouvelables, les nouvelles technologies de l'information et de la communication constituent de nouveaux gisements d'emploi, dans une île où un « traitement social » du chômage reste nécessaire.

Par l'entremise de la Réunion, la France fait partie de la Commission de l'océan Indien (COI). Le président Jacques Chirac a participé, en juillet 2005, à un sommet des chefs d'État des îles du sud-ouest de l'océan Indien, qui a semblé donner un second souffle à la COI. Une latitude de plus en plus grande est laissée, dans ce domaine, aux élus réunionnais, dont beaucoup souhaitent un meilleur enracinement régional de leur île. Mais les frontières de la Réunion demeurent fermées à l'immigration comorienne ou malgache, alors que le niveau de vie moyen y est... soixante fois plus élevé qu'à Madagascar.

Rwanda

Qui connaissait le Rwanda avant 1994 ? Un pays minuscule (26 338 km^2), enclavé dans l'Afrique orientale, sans ressources stratégiques, dont on pouvait à la rigueur savoir qu'il exportait un peu de café, qu'une population dense y vivait pauvrement dans un décor grandiose de montagnes — le pays des « mille collines » et des lacs —, et qu'il semblait épargné depuis les années 1970 par les turbulences politiques, sous un régime fort et discret. Mais en quelques journées, quelques semaines sanglantes, d'avril à juillet 1994, l'ancienne colonie belge est devenue le lieu du premier génocide d'Afrique, un drame majeur du XXe siècle, qui n'allait plus cesser de hanter les consciences et de nourrir les polémiques : *L'Inavouable... Les Blessures du silence... Une saison de machettes... La Main du diable...* ou *Le Livre des ossements...* sont quelques-uns des titres d'innombrables ouvrages ou de films témoignant de l'émotion qui a saisi le monde, au fur et à mesure de la découverte de l'ampleur du drame.

Le cadre naturel et historique a ici toute son importance : à l'ouest, la chaîne volcanique des monts Virunga, flanquée au sud d'un vaste lac d'altitude, le lac Kivu, constitue la limite naturelle avec la république démocratique du Congo (ex-Zaïre) ; puis c'est un plateau central qui se décompose en ces mille collines proverbiales, conduisant au nord vers l'Ouganda, au sud au Burundi, en Tanzanie à l'est où ce plan incliné donne sur la cuvette du lac Victoria. C'est un pays au relief tourmenté, situé le plus souvent à plus de 1 500 mètres d'altitude, dont la population à 95 % rurale se masse dans les hautes terres, surtout à l'est et au sud, pour atteindre après des décennies de forte croissance démographique la plus forte densité du continent : plus de 300 hab./km^2, selon les chiffres de 1998.

La densité démographique a ainsi souvent été évoquée comme un facteur des antagonismes surgis à l'époque contemporaine, quand on l'oppose au peu de ressources d'une économie vouée traditionnellement à une activité pastorale surtout symbolique, et à l'agriculture de subsistance (banane, patate douce, maïs ou sorgho), relayée sur le plateau par des plantations de café et de thé qui fournissent une production d'exportation.

L'histoire rwandaise enseigne que les limites du pays préexistent à la colonisation, que des brassages anciens ont donné à sa population une grande homogénéité sociale et culturelle, manifestée par une langue commune, le kinyarwanda. Outre les 1 % de Twa (chasseurs pygmoïdes), la répartition socio-ethnique distingue Hutu (90 %) et Tutsi (10 %). Caractérisées sous la colonisation comme des ethnies d'origine différente, les deux catégories correspondraient en fait selon les historiens actuels à une différenciation sociale, qui voit les Tutsi constitués en aristocratie (fondée sur l'élevage et la possession des terres), détentrice du pouvoir royal, et les Hutu en situation de vassaux ou de « clients » de l'aristocratie, s'adonnant à l'agriculture. Mais ces catégories, très variables selon les régions, ne sont pas étanches tandis que le statut est susceptible d'évolution.

Très tôt, dès le XVIe siècle, le Rwanda s'est constitué en royaume, atteignant à une forte centralisation aux XVIIIe-XIXe siècles, sous l'égide du clan des Banyiginya. La pénétration européenne est tardive à partir des années 1890, les Allemands obtenant en 1899 de s'y installer avec le traité d'Héligoland-Zanzibar. Après la Première Guerre mondiale, le protectorat est concédé à la Belgique (1922). On considère que celle-ci a renforcé le système de castes en faveur des Tutsi, également élus comme entité privilégiée par les missions catholiques qui accueillent les enfants de l'aristocratie dans leurs écoles.

L'émergence du nationalisme parmi les élites tutsi porte les Belges à favoriser la promotion politique des Hutu à l'approche des indépendances — en 1957 est rédigé le manifeste des Bahutu —, marquée par la création du Parti du mouvement pour l'émancipation hutu (PARMEHUTU), avec à sa tête Grégoire Kayibanda. Des tueries éclatent qui provoquent la première vague d'exil tutsi à l'extérieur du royaume ; Kayibanda devient président de la République et le Rwanda accède à l'indépendance (1er juillet 1962).

La « révolution sociale » hutu conduit à de nouveaux affrontements et de nouveaux départs en exil dans les pays limitrophes, ainsi qu'à des raids montés par les exilés pour reprendre le pouvoir, et les massacres se répètent en 1963-1964 (20 000 Tutsi tués). Une autre vague d'affrontements survient en 1973, année où le chef d'état-major de l'armée, Juvénal Habyarimana, un Hutu originaire du nord du pays qui a dirigé la « pacification » en 1963, s'empare du pouvoir et installe un régime de parti unique, sous l'égide du Mouvement révolutionnaire national pour le développement (MRND). En 1975 est conclu un accord d'assistance militaire entre la France et le Rwanda, qui annonce le passage progressif du pays sous influence française.

La présidence Habyarimana correspond à une certaine stabilité et à l'ouverture à l'assistance internationale ; un effort d'équipement du pays est mené. Si la différenciation ethnique est reprise à son compte par le pouvoir, voire renforcée (quotas dans les écoles ou les emplois), l'antagonisme ethnique resté « dormant » semble alors éteint aux yeux des observateurs, mais va resurgir à la fin des années 1980, alors que le climat politique et économique se détériore. Plusieurs centaines de milliers de Tutsi (600 000 selon certaines sources) vivent toujours en dehors des frontières, au Burundi, au Zaïre, en Tanzanie et en Ouganda, sans compter les migrants de longue date, antérieurs aux années 1960. La question du retour des réfugiés a été un sujet hautement sensible sous Habyarimana, sans connaître d'avancée notable. La diaspora s'organise au début des années 1980, en particulier dans le cadre du Front patriotique rwandais (FPR), fondé en 1987 ; ce qui va devenir l'Armée patriotique rwandaise (APR) est constitué à partir d'un noyau de combattants qui ont accompagné en Ouganda Yuweri Museveni dans sa conquête du pouvoir.

Alors que sous la pression internationale, Habyarimana s'engage en 1990 dans un « dialogue national » et l'instauration du multipartisme, le 1er octobre 1990, le FPR lance une offensive qui inaugure jusqu'en 1993 une période de guerre larvée, marquée par des exactions graves contre la communauté tutsi, et au cours de laquelle la France apporte au régime de Kigali une assistance militaire de plus en plus importante en matériel et en formation (opération Noroit). En 1998, une mission parlementaire d'information sur le Rwanda estimera, au terme d'une longue enquête, que les militaires français sont intervenus « à la limite de l'engagement direct ».

Le président Habyarimana est poussé à négocier : les accords d'Arusha, en août 1993, instaurent un partage du pouvoir avec l'opposition, élargie au FPR. Paris évacue ses troupes. Mais la tension, avec une montée de l'extrémisme hutu, continue de grandir, jusqu'à l'attentat contre l'avion du président Habyarimana le 6 avril 1994, qui déclenche le génocide — attentat dont les commanditaires n'avaient toujours pas été identifiés, dix ans après les massacres.

Dirigés contre l'opposition et la communauté tutsi, perpétrés de façon planifiée par des miliciens de la mouvance extrémiste hutu, les *Interahamwe*, ces massacres auraient fait en quelques semaines près de 800 000 morts, n'entraînant aucune réaction notable de la communauté internationale, qui s'est contentée d'évacuer les étrangers, et de réduire au plus fort des combats le dispositif de la Mission des Nations unies pour l'assistance au Rwanda (MINUAR), installé depuis octobre 1993. Le 21 juin, la France lance une opération militaro-humanitaire (Turquoise) destinée à permettre, à partir du

Zaïre, la sécurisation et l'évacuation des personnes déplacées. Le FPR, dirigé par Paul Kagame, s'empare de Kigali et achève la conquête du territoire en juillet 1994. Des centaines de milliers de réfugiés hutu ont fui, notamment vers le Zaïre, l'avancée de la rébellion tutsi.

En novembre 1994, l'ONU institue le Tribunal pénal international pour le Rwanda (TPIR), afin de juger les responsables du génocide, dont la plupart se sont réfugiés à l'extérieur du Rwanda. Les premiers procès interviennent en 1997. Dix ans après le génocide (en avril 1994), le TPIR avait inculpé 83 personnes, 67 d'entre elles avaient été arrêtées et 21 jugées. La justice rwandaise avait de son côté jugé environ 8 000 personnes à cette date, sur une centaine de milliers de détenus ; pour désengorger les prisons, le système des *Gacaca* a été institué pour certains accusés, en 2002 : c'est une forme de justice participative, à l'échelle des villages, avec des « juges » élus parmi la population.

L'installation au pouvoir du FPR a marqué le début d'une période de transition, avec un exécutif ouvert aux représentants des partis politiques, le premier président de la République étant un Hutu, Pasteur Bizimungu. Après sa démission, le leader du FPR, Paul Kagame, lui a succédé à la présidence, avant de se faire élire par les Rwandais, en août 2003, avec 95 % des voix, les élections législatives donnant une large victoire à son parti, le FPR. La « saignée » dont a été victime une partie de la population a été en partie compensée par le retour au pays d'une fraction des exilés. En revanche, ceux des ex-militaires et miliciens rwandais réfugiés à l'est du Congo qui ont survécu aux raids de l'APR sont restés dans ce pays.

Le régime rwandais est demeuré stable depuis 1994, mais dans le cadre d'une vie politique bloquée, où toute critique peut être assimilée à du « divisionnisme ». La libéralisation du régime est donc restée conditionnée à l'impératif de sécurité qui en a limité la portée. Le Rwanda a dû faire face à de nombreuses critiques pour les exactions commises, sur son territoire et à l'extérieur, à l'encontre des Hutu, dont l'ampleur demeure sujet à polémiques ; mais aussi pour son implication dans le conflit en république démocratique du Congo, où il a fortement soutenu la prise de pouvoir de Laurent-Désiré Kabila, en 1997. Au nom de la lutte contre les miliciens *interahamwe* et les ex-officiers de l'armée rwandaise réfugiés en RDC, le Rwanda est intervenu sur le sol congolais en 1998, avant de céder aux pressions internationales en retirant ses troupes après septembre 2002. Il sera toutefois accusé les années suivantes de poursuivre ses incursions en RDC, et d'avoir favorisé l'exploitation illégale des ressources minières de l'Est congolais.

Plusieurs observateurs considèrent qu'au-delà de l'impératif de sécurité à ses frontières, le Rwanda se trouve, pour des raisons démographiques et économiques, tenté d'élargir son emprise territoriale. S'il a bénéficié d'un fort appui de la communauté financière internationale (plus de 3 millions de dollars du Fonds monétaire international entre 2002 et 2005), il reste difficile de faire évoluer une économie peu diversifiée, toujours basée sur l'agriculture, employant 92 % de la population, marquée par une rapide croissance urbaine et un chômage qui touche 50 % des 8 millions de Rwandais, lesquels vivent avec un revenu de 300 dollars par tête (2004).

Sahara-Occidental

Le Sahara-Occidental est l'un des « trous noirs » du continent africain, car s'il existe physiquement — et diplomatiquement — il n'est doté d'aucun statut, ni État. Le droit à l'autodétermination que les institutions internationales ont reconnu au peuple saharaoui, regroupé sous la bannière du Front Polisario, est rejeté par le Maroc qui occupe le terrain depuis plusieurs décennies.

Sahara-Occidental pour les uns, République arabe démocratique sahraouie (RADS) pour les autres... Le nom résonne tantôt comme une entité politique, tantôt comme une sorte de point cardinal de l'immense désert saharien, un « lieu-dit » qui s'étendrait sur quelque 266 000 kilomètres carrés, bordé par le Maroc au nord, l'Algérie à l'est sur quelques dizaines de kilomètres, et la Mauritanie à l'est et au sud : une immense plage — le pays ne possède que 0,02 % de terres arables — face à l'océan Atlantique, où la température diurne oscille entre 40 et 50 °C et où les pluies sont rares. Les Sahraouis, d'ascendance arabe et berbère, sont avant tout des éleveurs nomades. L'absence d'une administration indépendante, ajoutée au caractère fluctuant de l'occupation, empêche de cerner avec précision une démographie estimée (en 2005) à 273 000 personnes, auxquelles s'ajoutent 165 000 exilés dans les camps de Tindouf, en Algérie.

À l'heure où les puissances européennes se partagent l'Afrique, à la fin du XIXe siècle, l'Espagne redécouvre sa colonie saharienne, perçue jusque-là comme une extension commerciale des îles Canaries. Dès 1923, elle fait face à une rébellion armée qui ne sera matée qu'en 1958 par les Français, venus de Mauritanie. Dans l'intervalle, un géologue espagnol fait une découverte essentielle pour le pays : des mines de phosphates, au minerai parmi les plus purs au monde (70 à 80 %). En 1968, le mouvement de résistance sahraoui renaît sous la houlette du jeune Mohamed Sidi Brahim Bassiri. Il deviendra le Front Polisario en mai 1973.

Sous l'impulsion de la décolonisation entreprise dans les années 1970 par le Portugal, Madrid, qui a conservé sous le protectorat français sa possession saharienne — ainsi que les enclaves de Ceuta et Melilla —, propose un référendum. Le roi du Maroc, qui soutenait la revendication d'indépendance sahraouie contre l'Espagne, tombe le masque et organise en octobre 1975 la « Marche verte » pour faire valoir ses droits territoriaux : 350 000 volontaires marocains y participent. L'Organisation des Nations unies (ONU) décide alors de créer une administration tripartite entre Espagne, Maroc et Mauritanie. L'installation des troupes marocaines et mauritaniennes lance le Front Polisario dans une bataille qui le conduit jusqu'aux portes de Nouakchott et le président mauritanien appelle à la rescousse le Maroc et la France. Après la chute de Ould Daddah, en juillet 1978, la Mauritanie renonce à ses prétentions sur le Sahara-Occidental. Le Maroc, lui, construit un mur fortifié de 3 mètres de hauteur sur 2 720 kilomètres pour protéger ses zones d'occupation.

Soutenu activement par l'Algérie, le Front Polisario entame une bataille diplomatique pour sa reconnaissance qui aboutira à l'entrée, en 1984, de la République arabe démocratique sahraouie (RASD) à l'Organisation de l'unité africaine (OUA), entraînant immédiatement le retrait du Maroc de l'organisation panafricaine. En 1988, un plan des Nations unies reprenant l'idée de référendum d'autodétermination est accepté par les deux parties. En prévision de celui-ci, Rabat envoie quelque

170 000 colons s'installer au Sahara-Occidental. Après bien des difficultés, la Mission des Nations unies pour le Référendum dans le Sahara-Occidental (MINURSO), chargée de l'organiser, parviendra à établir une liste de 86 000 électeurs. Mais le nouveau souverain marocain, Mohammed VI, refuse la consultation. Le Sahara-Occidental est devenu le sixième exportateur de phosphates du monde et son sous-sol recélerait d'autres richesses en pétrole et en gaz. Le Maroc, qui compte de nombreux soutiens sur la question parmi les pays européens, impose aujourd'hui la reconnaissance de ses droits en préambule à toute négociation. En 2005, des émeutes et des manifestations dans plusieurs villes du Sahara-Occidental et dans les universités de Rabat et Marrakech ont fait craindre une reprise du conflit, plusieurs dizaines de manifestants et de militants des droits de l'homme ayant été emprisonnés.

Sankara (Thomas)

Personnage charismatique, disparu en 1987, Thomas Sankara a appartenu à la génération nouvelle apparue en Afrique dans les années 1980 de jeunes militaires révolutionnaires épris d'intégrité et de liberté. « Sans formation politique, un militaire n'est qu'un criminel en puissance », disait-il, marquant ainsi sa différence avec tant de putschistes en kaki, dénués d'idéaux, dont l'Afrique avait connu la triste succession depuis les indépendances. Ses déclarations fracassantes ont fait trembler les pouvoirs et inquiété les chancelleries, au nord comme au sud. Et sa mort aux accents tragiques a contribué à faire de lui une des figures mythiques de l'histoire contemporaine africaine, adulée par les jeunes Africains.

Né en 1949 d'une famille modeste du nord-ouest de la Haute-Volta, Thomas Sankara entre en 1966 au prytanée de Kadiogo. Cette année-là, les syndicats voltaïques protestent contre leurs élites et le président Yaméogo est renversé. Le jeune Thomas intègre l'Académie militaire d'Antsirabe (Madagascar) en 1969, puis les centres de formation parachutistes de Pau (France) et de Rabat (Maroc). Pieux, studieux, rigoureux jusqu'à l'ascétisme, il lit tous les classiques et affectionne les débats politiques. Il y évoque les héros des indépendances africaines — Amilcar Cabral, Patrice Lumumba —, les rêves déçus (ceux des Kwame Nkrumah ou Julius Nyerere), ou encore les révolutions trahies (Madagascar, Guinée, Bénin, Congo-Brazzaville)... Il analyse la situation en Afrique de l'Ouest, où la misère semble sans issue, minée par l'effondrement des cours des matières premières, les sécheresses successives et les dictatures corrompues, au service de puissances extérieures.

Thomas Sankara passe pour un héros lors de la « guerre des pauvres », qui oppose en 1975 la Haute-Volta au Mali. Instructeur au centre de formation des para-commandos de Pô, le bouillant capitaine est un patriote épris de justice — à l'instar de son aîné, le Ghanéen Jerry Rawlings, qui, en 1979, fait exécuter plusieurs anciens dirigeants jugés corrompus. Un an après, en Haute-Volta, le président Lamizana est destitué, accusé d'avoir laissé des fortunes se bâtir grâce au détournement de l'aide alimentaire. Secrétaire d'État à l'Information sous le colonel Saye Zerbo, en 1981, Sankara se rend au ministère à bicyclette. Son charisme inquiète. Premier ministre en 1983, il prononce cinquante-neuf fois le mot « peuple » dans son discours d'investiture. Le président Ouédraogo l'assigne à résidence. Blaise Compaoré, son ami et frère d'armes, le libère et prend la direction d'un putsch. Le 4 août 1983, placé à la tête du Conseil national de la révolution (CNR), Sankara devient chef de l'État.

« La patrie ou la mort, nous vaincrons ! »... Frêle dans son treillis vert olive ou léopard, flanqué de deux pistolets sur les hanches, Thomas transforme son pays en laboratoire. Inspirés par les révolutions cubaine ou libyenne, ses Comités de défense de la révolution (CDR) ont en charge le développement à la base et l'autosuffisance alimentaire. « Ainsi le peuple se met à la tâche, comptant sur ses propres forces », disait Franz Fanon, l'un de ses inspirateurs. Sankara lance une réforme foncière, des vaccinations commandos, une « bataille du rail » pour désenclaver le Sahel. Il construit des retenues d'eau, des écoles... Les slogans fleurissent : « Les maris pourris, à bas ! », et l'excision est interdite. Ouagadougou vit survoltée, les journalistes étrangers raffolent du nouveau régime qui multiplie les actes symboliques. Parfois, Thomas s'empare de la guitare, Blaise du micro... Le sport de masse n'épargne pas les ministres qui circulent en Renault 5 et portent le *Faso Dan Fani*, cotonnade *made in* Burkina. Les artistes sont invités à se mettre au service du peuple.

« Je parle au nom de ces millions d'êtres qui sont dans les ghettos parce qu'ils ont la peau noire », clame Thomas Sankara à la tribune des Nations unies en 1984. Il rebaptise la Haute-Volta « Burkina Faso », « Pays des hommes intègres », pour effacer la blessure coloniale et reconquérir la dignité. L'aide n'est que « calvaire et supplice pour les peuples », lance-t-il en 1986 face au président Mitterrand. Le PF (président du Faso) invite les Africains à faire front commun contre la dette. Et ses mesures d'austérité sont plus amères que celles du Fonds monétaire international.

Mais « Tom Sank' » se met à dos bourgeois, intellectuels, fonctionnaires, chefs traditionnels. La situation interne du pays est loin d'être rose : les jeunes des CDR multiplient les abus et les exactions, on murmure contre l'arbitraire des Tribunaux populaires (TPR), on s'émeut des licenciements pour fait syndical, mais aussi des querelles pour le leadership au sommet de l'État, tandis que s'attisent les inquiétudes des pays voisins et des Occidentaux. Le 15 octobre, Thomas Sankara meurt lors d'échanges de coups de feu au palais du Conseil de l'entente, à Ouagadougou, entre ses partisans et ceux de Blaise Compaoré, qui s'empare du pouvoir.

Santé

L'explosion du sida en Afrique a contribué à une prise de conscience globale de la situation critique du continent dans le domaine de la santé. Celle-ci, après des progrès encourageants au lendemain des indépendances, connaît une dégradation qui n'inquiète plus seulement les spécialistes. Outre l'apparition du sida, la résurgence d'anciennes maladies contagieuses telles que la tuberculose et le paludisme, conjuguée au développement de nouvelles maladies liées aux changements de mode de vie, exerce une pression sur des systèmes de santé en nette dégradation. À l'heure où la lutte contre la pauvreté fait à nouveau partie des objectifs majeurs de la communauté internationale, tout le monde admet que l'état de la santé est en Afrique un obstacle majeur au développement.

Les données épidémiologiques sont parlantes, d'autant qu'elles restent la plupart du temps bien en deçà de la vérité. Sur les 40 millions de personnes frappées par le virus du sida dans le monde, plus de 25 millions vivent en Afrique subsaharienne. Le sida a tué plus de 3 millions de personnes en 2004, dont plus de 500 000 enfants de moins de 15 ans. Avec « seulement » 250 000 personnes officiellement touchées par le virus du sida, et une mortalité maternelle et infantile en général de deux à cinq fois inférieure, l'Afrique du Nord restait quant à elle une exception sur le continent, sa situation à part s'expliquant largement par un bien meilleur niveau d'équipements en santé.

Toutes les données de l'Organisation mondiale de la santé (OMS) ou du Fonds des Nations unies de secours d'urgence à l'enfance (UNICEF) sont concordantes pour situer aujourd'hui l'Afrique subsaharienne dans le bas des tableaux de la mortalité infantile et maternelle, et de l'espérance de vie. La mortalité maternelle est un terrible indicateur de pauvreté.

Selon les chiffres officiels, une femme meurt chaque minute dans les pays en développement des suites d'une grossesse ou d'un accouchement. Une épidémie invisible qui fait 500 000 mortes chaque année, chiffre qui n'est souvent même pas pris en compte dans les statistiques officielles. L'audit lancé fin 2004 par l'OMS sur ces décès dans huit pays d'Afrique centrale et de l'Est devrait clarifier l'état des lieux. On estime pour l'heure qu'en Afrique subsaharienne une femme enceinte sur seize risque de perdre la vie à cause de sa grossesse, contre une sur 2 800 dans les pays riches.

La colonisation, c'est son aspect le moins contesté, s'était accompagnée de la mise en place de toute une infrastructure de la santé. Au moment des indépendances, le bilan réalisé par les services de santé des armées françaises pour leur zone d'administration recensait 3 écoles de médecine, 21 écoles d'infirmières, 41 hôpitaux centraux et 593 hôpitaux secondaires, 2 000 dispensaires et 600 maternités, 350 léproseries et quelque 14 instituts Pasteur... Les années 1960 et 1970 furent ensuite une période d'expansion généralisée dans le secteur de la santé, avec notamment de gros investissements dans la formation du personnel de santé. Quelques décennies plus tard, la poussée démographique faisant son œuvre, tout le système semble s'être effondré. Au tournant des années 1980, les politiques d'ajustement structurel ont considérablement affaibli les capacités des États, entraînant une détérioration des infrastructures et des équipements des structures de santé publiques, et un tarissement général des dépenses sociales. Par ailleurs, il ne manque pas d'observateurs pour souligner le manque d'intérêt des pouvoirs publics pour ce qui devrait constituer une priorité gouvernementale, et le creusement des inégalités sociales face à la santé, tandis que les élites africaines se soignent le plus souvent à l'étranger. Enfin, corruption et laxisme des agents contribuent à miner les structures publiques de santé.

Les guerres et les conflits ont un impact destructeur sur les services vitaux comme ceux de la santé. La guerre qui a déchiré la république démocratique du Congo (RDC) a achevé d'anéantir le système de soins de santé de cet immense pays. L'est du Congo, contrôlé ces dernières années par les rebelles, devait ainsi faire face à une grave pénurie de médicaments essentiels. Le conflit a également ruiné l'économie du pays, plongeant les familles dans la misère. Environ 70 % des habitants n'avaient plus accès à des soins de santé, soit parce qu'ils étaient trop pauvres, soit parce qu'ils n'étaient pas en mesure d'accéder aux installations.

Le viol est devenu un instrument de guerre dans de nombreux conflits. On estime qu'entre 250 000 et 500 000 femmes ont été violées au cours du génocide au Rwanda en 1994. Au Soudan, le viol et la violence sexuelle ont amené des milliers de femmes et d'enfants à recourir aux seuls services disponibles, dispensés par les ONG. Conséquence prévisible, une épidémie de sida s'est développée au Sud-Soudan. L'absence de soins de santé a fait bondir les taux de mortalité maternelle et infantile : selon le rapport 2004 de l'UNICEF sur la *Situation des enfants dans le monde*, le nombre annuel de décès d'enfants de moins d'un an, pour 1 000 naissances vivantes, était de 64 au Soudan, contre 16 en Libye et 35 en Égypte.

D'une manière générale, la médecine africaine — qui s'est construite sur des modèles importés de l'extérieur — ne peut que constater son incapacité à répondre ne serait-ce qu'à l'essentiel des besoins en matière de santé. L'absence quasi généralisée de sécurité sociale a favorisé le marché parallèle de la santé. Un personnel de santé qualifié dramatiquement insuffisant — il manque un million de personnes selon l'OMS — suffirait en soi à expliquer les failles des systèmes nationaux. Sans oublier toutefois que les politiques nationales trop souvent se contentent de suivre les directives internationales et les flux financiers qui les accompagnent, sans vraiment prendre à brasle-corps les réorganisations radicales indispensables. Un virage récent a été observé vers l'intégration et la validation des médecines traditionnelles : seule véritable médecine de proximité pour 80 % des Africains, elle offre de plus en plus de médicaments évalués scientifiquement tout aussi efficaces et beaucoup moins chers. On peut ainsi trouver des préparations capables de traiter les pathologies les plus courantes et même certaines maladies graves, de la diarrhée aux hépatites en passant par la drépanocytose et certaines affections opportunistes du sida.

Maladie des pauvres, la tuberculose a pris ces dernières années une ampleur sans précédent (on recense dans le monde 9 millions de cas de tuberculose évolutive et 2 millions de décès). Bien que l'Afrique ne compte que 11 % de la population mondiale, elle concentre plus du quart de la charge de cette maladie, avec 2,4 millions de cas et 540 000 décès, et a été déclarée en 2005 par l'OMS en situation d'urgence pour la tuberculose ; dans dix-huit pays du continent, ceux où le sida fait le plus de ravages, le nombre annuel de nouveaux cas a quadruplé depuis 1990. Malgré des efforts considérables pour venir à bout de cette marée de cas, ils continuent d'être dépassés par la vitesse de propagation de l'épidémie. Quant au paludisme, alors que le programme Faire reculer le paludisme veut réduire de moitié le million de morts d'ici à 2010, les fonds restent insuffisants pour y parvenir. Le paludisme représente à lui seul pour l'Afrique une perte de 12 milliards de dollars, alors qu'il suffirait de 3 milliards de dollars pour contrôler la maladie dans le monde.

São Tomé-e-Príncipe

Ancienne colonie portugaise, ce micro-État d'Afrique équatoriale, composé de deux îles principales, est indépendant depuis 1975. Découverte par les Portugais en 1471 (le jour de la Saint-Thomas), l'île inhabitée de São Tomé est peuplée d'esclaves venus du continent, pour la culture de la canne à sucre. Province d'outre-mer du Portugal, l'État accède à l'indépendance le 12 juillet 1975. Au régime marxisant, né dans la foulée d'une mini-guerre de libération, du président Manuel Pinto da Costa, celui-ci ayant à la tête du Mouvement de libération de São Tomé-e-Príncipe (MLSTP) nationalisé les anciennes plantations coloniales, a succédé en 1990 un système politique pluraliste. Le président Miguel Trovoada, réélu en 1996, a été remplacé en 2001 par un homme d'affaires, Fradique de Menezes.

Après plusieurs années de cohabitation houleuse du président de Menezes avec le MLSTP, vainqueur des élections législatives en 2002, son propre parti, le Mouvement démocratique des forces du changement (MDFM), l'emporte à la majorité relative en avril 2006, laissant espérer un retour à la stabilité. Celle-ci reste toutefois conditionnée à l'attitude de l'armée, qui a toujours joué un rôle politique central ponctué de putschs en 1978, 1995, et à nouveau en 2003 : cette fois à l'instigation d'ex-mercenaires du bataillon sud-africain Buffalo, constitué sous le régime de l'apartheid, se disent inquiets de la répartition des dividendes du pétrole, dont les réserves seraient équivalentes à celles du Nigeria ou du Gabon.

Un accord conclu en 2000 avec le Nigeria prévoit l'exploitation commune du pétrole off-shore dans la zone mitoyenne entre les deux pays, selon une clé de répartition de 40 % pour São Tomé et 60 % pour le Nigeria. La Zone économique exclusive a été délimitée en liaison également avec le Gabon et la Guinée-Équatoriale. La mise aux enchères des premiers blocs d'exploration, remportée par des compagnies américaines, a permis de quadrupler d'un coup en 2005-2006 le produit intérieur brut du pays. Une deuxième vente aux enchères de blocs pétroliers, en 2005, a fait l'objet de contestations. La production effective ne devrait pas commencer avant 2010. Les réserves font espérer à terme un niveau de 250 000 barils par jour. Une loi-cadre a été adoptée, avec le soutien de la Banque mondiale, pour établir un maximum de transparence dans les transactions autour de cette manne pétrolière. Les dividendes seraient réservés aux projets de développement prioritaires, une partie étant versée sur un fonds « pour les générations futures ». Les principales retombées financières pour l'archipel ne sont pas attendues avant 2015, une fois les investissements remboursés. São Tomé, avec ses 200 000 habitants, pourrait alors devenir un des pays les plus riches d'Afrique. En 2003, une enquête a établi que 54 % de la population vivait encore dans une extrême pauvreté.

Un accord militaire a été conclu en 2005 avec la Guinée-Équatoriale, pour « contrôler l'immigration clandestine, le trafic de drogue, et garantir la sécurité aérienne et maritime », avec un appui logistique américain. Jusqu'alors, les gardes-côtes de l'archipel ne disposaient d'aucune vedette de surveillance... Les États-Unis, qui s'intéressent de plus en plus au pétrole du golfe de Guinée, envisagent de faire de São Tomé-e-Príncipe leur tête de pont dans la région. Le gouvernement américain va appuyer l'extension de l'aéroport et la construction d'un port en eau profonde. Un doublement de l'aide militaire US est intervenu en 2005, et le Pentagone prévoyait d'établir une base militaire au nord de l'île de São Tomé.

Sénégal

Sa « longue histoire » a fait du Sénégal un pays de bien des paradoxes : l'ancienne tête de pont de l'Afrique occidentale française, une fois entrée dans ses frontières nationales (196 722 km^2), a gardé des ambitions et des attitudes sans commune mesure avec les faibles ressources économiques d'un pays sahélien, qui conserve cependant une renommée internationale appréciable. Patrie du président-poète Léopold Sédar Senghor, dont les élites ont montré un grand raffinement intellectuel et une notable ouverture d'esprit, mais aussi terre d'un conservatisme qui s'exprime notamment par le poids des confréries musulmanes, le Sénégal a connu une évolution politique en dents de scie. S'il était célébré comme la « vitrine démocratique » de l'Afrique dans les années 1980, le pays faisait figure, une décennie plus tard, de mauvais élève de la démocratie. Ce avant de connaître, en 2000, une alternance au pouvoir jugée exemplaire, mais qui n'a pas empêché le retour, avec le président Abdoulaye Wade, à de vieux réflexes autocratiques.

Pointe extrême de l'Afrique occidentale, qui s'avance comme un promontoire dans l'océan Atlantique, le Sénégal connaît, du nord au sud, plusieurs régimes climatiques, et présente au moins deux singularités : son principal cours d'eau, le fleuve Sénégal, marque la limite nord du pays, et a constitué pendant longtemps le centre de gravité du Sénégal historique ; d'autre part, l'inclusion de la minuscule Gambie (ex-colonie anglophone) dans le territoire sénégalais matérialise une frontière avec la province sud de Casamance qui a contribué à l'isolement de cette région, entrée en rébellion dans les années 1980.

Soumis plus ou moins étroitement, du VIIIe au XVIIe siècle, à l'influence des empires (Ghana, Mali et Songhaï) constitués au Soudan occidental, le Sénégal ancien a connu plusieurs royaumes, dont celui du Tekrour et du Djolof, et un processus d'islamisation très ancien (dès le Xe siècle), avant l'arrivée sur les côtes au XVe siècle des Portugais, puis des Britanniques et des Hollandais, lesquels s'installent sur l'île de Gorée, y construisant le premier fort. Au XVIIe siècle, les Français fondent Saint-Louis sur le fleuve Sénégal, implantent plusieurs comptoirs, entrant en concurrence avec les autres Européens jusqu'en 1814, où le traité de Paris rend le Sénégal à la France.

Dès le milieu du XIXe siècle, cas de figure exceptionnel dans les colonies françaises, la citoyenneté est reconnue aux habitants « libres » du Sénégal, qui envoient en 1848 un député créole à l'Assemblée française. À partir de 1852, le gouverneur de Saint-Louis, Louis Faidherbe, qui fonde Dakar en 1857, entreprend une conquête méthodique de l'ensemble du Sénégal, avant de s'ouvrir la route du Soudan occidental. En 1895 est créée l'AOF (Afrique occidentale française), dont le chef-lieu est Saint-Louis, puis en 1902 Dakar. En 1916, la citoyenneté française est élargie aux habitants des « Quatre Communes » (Dakar, Saint-Louis, Gorée et Rufisque), leur permettant d'élire des conseils municipaux et, en 1914, d'envoyer le premier député noir, Blaise Diagne, au Parlement français. Celui-ci joue un grand rôle (il devient ministre en 1931) non seulement pour atténuer les abus de la colonisation, mais encore dans la mobilisation de combattants sénégalais et africains (les « tirailleurs ») lors de la Première Guerre mondiale. Avant et après 1945, la vie syndicale et politique, avec des leaders comme Galandou Diouf, Lamine Gueye, connaît une grande animation au Sénégal qui envoie ses élites étudier en France : c'est là que Léopold Sédar Senghor crée, avec Aimé Césaire au début des années 1930, le courant de la « négritude ». Élu député à l'Assemblée nationale française, il contribue à l'évolution progressive et pacifique des colonies d'Afrique noire vers l'indépendance, acquise le 20 août 1960 après une éphémère tentative de constituer, avec le Soudan, la Fédération du Mali.

De 1960 à 1980, la vie politique sénégalaise s'identifie avec l'action de Léopold Sédar Senghor, qui après son conflit en 1960 avec le président du Parlement, Mamadou Dia, règne seul à la tête de l'Union progressiste sénégalaise, devenue Parti socialiste en 1976. Le régime pratique une forme d'autoritarisme tempéré (l'agitation des étudiants en 1968 est réprimée avec vigueur), avec un Parti socialiste dominant qui laisse peu de place aux autres expressions politiques. Senghor, grand protecteur des arts et des lettres, fait de Dakar une capitale culturelle de l'Afrique et développe une diplomatie active. L'annonce de son retrait volontaire de la politique en 1980 est perçu comme un coup d'éclat sur le continent. Il cède la place à son Premier ministre, Abdou Diouf, à partir de janvier 1981. Celui-ci instaure immédiatement le multipartisme intégral (trois, puis quatre formations seulement avaient été reconnues depuis 1974), permet à une presse libre d'émerger progressivement, entreprend de lutter, mais sans grand succès, contre la corruption.

L'ère Abdou Diouf (il est régulièrement réélu, de 1983 à 1993) est marquée par de grandes difficultés à partir de la fin des années 1980. L'économie, touchée par les perturbations climatiques et les fluctuations des cours mondiaux, est en panne, l'agitation sociale grandit et se traduit, spécialement dans les périodes électorales, par des troubles. C'est le cas déjà en 1988 où, avec Abdoulaye Wade, du Parti démocratique sénégalais (PDS), les principaux leaders de l'opposition sont arrêtés. Les affrontements, parfois violents, avec l'opposition seront récurrents pendant la décennie, qui connaît aussi en 1989 le déclenchement du conflit Sénégal-Mauritanie : mettant aux prises dans les deux pays leurs communautés respectives, les affrontements entraînent des rapatriements massifs de population de part et d'autre et la fixation de réfugiés negro-mauritaniens dans des camps de la région du fleuve Sénégal. Les années 1990 connaissent aussi une grave recrudescence de la rébellion en Casamance, surgie en 1982, conflit de nature économique autant que culturelle et qui restera permanent, avec des alternances de compromis et de brusques explosions, jusqu'au début des années 2000, nécessitant une forte mobilisation militaire.

Les différentes crises (auxquelles il faudrait ajouter les frictions avec la Gambie et la Guinée-Bissau voisines) ont pu être un facteur d'immobilisme au plan politique. De fait, l'opposition et les intellectuels ne cesseront de dénoncer la « faillite » d'un régime socialiste peu disposé à l'ouverture — mais un gouvernement d'union nationale associe l'opposition en 1995 —, à une époque où la démocratisation fait des progrès partout en Afrique. Le vent tourne à partir des élections législatives de 1998, et aux élections de 2000 Abdou Diouf reconnaît sa défaite face à son vieil opposant, Abdoulaye Wade. En avril 2001, le parti de Wade, le PDS, remporte les trois quarts des sièges à l'Assemblée nationale.

En parfait contraste avec Abdou Diouf, prototype de l'administrateur au tempérament réservé, le président Abdoulaye Wade est un personnage qui a le verbe haut, impulsif et imaginatif, volontiers populiste. Attentif au prestige international du Sénégal, il est un des plus ardents défenseurs du Nepad (Nouveau partenariat pour l'Afrique) qu'il contribue à populariser, mais il se révèle aussi ombrageux et autoritaire : il se heurte aux journalistes (expulsion de la correspondante de Radio France Internationale en octobre 2003, mise en détention, en juillet 2004, du directeur de publication du journal *Le Quotidien,* ou encore suspension de la radio Sud FM en 2005), renvoie brutalement son Premier ministre, Idrissa Seck, au risque de créer des tensions dans son parti.

Le Sénégal, qui compte un peu plus de 10 millions d'habitants, est progressivement sorti de l'économie arachidière naguère dominante, mais la diversification reste faible, la plupart des ressources étant générées par le tourisme, la pêche ou encore l'exploitation minière. L'augmentation souhaitée de l'investissement étranger n'est guère au rendez-vous, mais on a pu noter ces dernières années une sensible dynamisation des investissements locaux, notamment dans le secteur des services. L'amélioration des finances publiques reste précaire pour ce pays qui fut l'un des premiers du continent à passer, dès 1979, sous le régime de l'ajustement structurel, et le Sénégal demeure dans la catégorie des Pays pauvres très endettés (PPTE), avec un PIB par habitant de 550 dollars (en 2003).

Chômage et précarisation des populations pauvres représentent une menace permanente, dans un pays où les explosions sociales ont été récurrentes depuis deux décennies, parfois exploitées par une mouvance islamiste dont l'influence reste difficile à cerner. La singularité religieuse du Sénégal, où la population est musulmane à 94 %, tient à la forte organisation des confréries traditionnelles (mourides, tidjanes en particulier) : si elles constituent un facteur de cohérence et de contrôle, leur influence politique et économique est notoire, face à un État bâti sur le modèle centralisateur, qui a perdu beaucoup de ses capacités d'intervention. C'est ce qu'illustre notamment la persistance de l'irrédentisme diola dans la région de Casamance, auquel on avait cru apporter une réponse dans les années 1990 par une politique ambitieuse de décentralisation, restée largement lettre morte.

Un des atouts du Sénégal reste enfin son grand dynamisme culturel, qui s'exprime dans le cinéma, la musique, la littérature ou les arts plastiques, et se traduit par une multiplicité de festivals et manifestations, comme la grande biennale d'art contemporain.

Senghor (Léopold Sédar)

De tous les « pères » des indépendances africaines, Léopold Sédar Senghor (1906-2001) est sans doute celui qui a joui du plus grand prestige international. À l'extérieur de l'Afrique, on a surtout salué en Senghor le « président-poète » et sa double trajectoire d'intellectuel et d'homme d'État qui réalisait une synthèse rare dans l'histoire : président du Sénégal de 1960 à 1980, Senghor quitte volontairement le pouvoir pour se voir intronisé, en 1984, à l'Académie française en couronnement d'une œuvre littéraire importante. Il a ensuite écrit, avec ceux de sa génération, une page essentielle pour l'Afrique, en accompagnant le passage des pays de l'ancien Empire français à la souveraineté, exerçant son influence sur les modalités de ce processus.

Léopold Sédar Senghor naît en 1906 à Joal, dans la région du Sine Saloum. Élève brillant, il poursuit ses études en France à partir de 1928, prépare le concours d'entrée à l'École normale supérieure au lycée Louis-le-Grand (où il rencontre Georges Pompidou), se lie avec les intellectuels noirs, Aimé Césaire et Léon-Gontran Damas. Il fonde en 1934 avec Césaire le journal *L'Étudiant noir*, où apparaît le concept de négritude, forgé par ce dernier. La « négritude » vise à la promotion et à l'illustration de la culture noire, ce qui conduira par exemple Senghor à défendre la « raison intuitive » contre la « raison discursive ». Agrégé de grammaire en 1935 (et premier agrégé africain), il enseigne en France, commence à militer à la SFIO. À la Seconde Guerre mondiale, il est mobilisé, fait prisonnier puis libéré en 1942. Ses poèmes, notamment influencés par Saint-John Perse, seront publiés en 1945 dans un premier recueil, *Chants d'ombre*.

Senghor suit avec passion les événements politiques. Après la conférence de Brazzaville (30 janvier-8 février 1944), il publie en 1945 un texte sur « La Communauté impériale française », où il précise ses options politiques pour l'Afrique. Il participe en 1945 à la commission Monnerville chargée d'étudier la représentation des colonies à la future Assemblée constituante française, puis, à l'occasion d'un séjour au Sénégal, décide de se présenter aux législatives et fait campagne dans le milieu rural. Il est élu aux côtés de Lamine Gueye. Il crée en 1948 en compagnie de Mamadou Dia le Bloc démocratique sénégalais, qui ravit les deux sièges de députés aux élections législatives de juin 1951. S'ensuit une bataille d'influence en France entre le Rassemblement démocratique africain (RDA), d'abord apparenté au parti communiste, et les Indépendants d'outre-mer réunis autour de Senghor. Après 1956, Félix Houphouët-Boigny pour le RDA est nommé ministre dans le gouvernement Defferre et combat le projet de Senghor d'une Fédération d'A-OF, liée à la France. La loi-cadre de 1956 institue les conseils de gouvernement séparés, qui préfigurent un cheminement isolé vers l'indépendance des ex-colonies, et donc un éclatement des grands ensembles régionaux. Senghor a perdu là l'un des grands combats de sa carrière politique.

S'il a vu s'envoler ses rêves d'une grande fédération de l'A-OF, Senghor espère en revanche dans le projet de Fédération du Mali qui devait réunir le Sénégal, le Soudan (actuel Mali), la Haute-Volta (Burkina Faso), le Dahomey (Bénin). Elle est finalement créée en avril 1959 avec seulement les deux premiers cités, et à sa tête Modibo Keita. L'entreprise tourne court, alors que la France vient d'accorder son indépendance à la Fédération. Le 5 septembre 1959, Léopold Sédar Senghor devient président du Sénégal après un vote des assemblées nationale et régionales. Après la crise institutionnelle l'opposant à Mamadou Dia (arrêté le 18 décembre 1962), Senghor règne en solitaire et instaure un régime présidentiel fort, sous l'égide de son parti, l'Union progressiste sénégalaise (UPS), et réduit l'opposition au silence.

Après avoir essuyé et réprimé en 1968 une vive contestation étudiante, il est réélu sans difficulté en 1973 et 1978, ayant nommé en 1970 un Premier ministre, Abdou Diouf, et donné à partir de 1974 le feu vert à un régime de multipartisme limité (à trois, puis quatre partis). Le Sénégal est vu alors comme une démocratie « apaisée » qui connaît un remarquable essor culturel, notamment dans les arts plastiques. Il est aussi l'un des promoteurs du mouvement de la francophonie, qui a vu la naissance en 1970 de l'Agence de coopération culturelle et technique (ACCT). Il n'a cessé durant toutes ces années au pouvoir de poursuivre une œuvre littéraire, jalonnée par des recueils de poèmes et des essais (recueillis dans la série des cinq volumes des *Libertés*). Il se retire volontairement du pouvoir en décembre 1980, en intronisant son second, Abdou Diouf. Reçu en 1984 à l'Académie française (premier Africain à siéger sous la Coupole), il passe ses dernières années en Normandie, à Verson, où il décède le 20 décembre 2001.

La figure de Léopold Sédar Senghor reste associée à un combat perdu : celui d'une Afrique indépendante composée en grands ensembles régionaux. Au plan intérieur, Senghor s'est attaché à poser les fondations d'un État moderne : on aura beaucoup légiféré sous son règne, les grands corps de l'État ont bénéficié d'une profonde sollicitude, et la formation des administrateurs fut assurée par plusieurs écoles spécialisées. On n'oubliera pas de signaler, dans ce pays majoritairement musulman, l'adoption d'un Code de la famille très libéral en faveur des femmes.

Au plan diplomatique, Senghor a donné au Sénégal son ancrage occidental, surtout sensible à l'égard de la France dont il épouse les principales initiatives sur la scène mondiale. Mais il s'est efforcé de ne pas s'enfermer dans la politique des « blocs », en tissant des liens avec les pays progressistes du Sud, comme la Chine. S'il refuse de reconnaître le Mouvement populaire de libération de l'Angola (MPLA) marxiste, il soutient le combat anti-apartheid en Afrique du Sud. Sa principale réussite tient à un grand activisme diplomatique, qui a posé le Sénégal comme un interlocuteur très présent sur la scène internationale.

Sierra Leone

Riveraine de l'océan Atlantique, la Sierra Leone partage sa frontière terrestre — longue de 958 kilomètres — avec le Liberia (au sud-est) et la Guinée (au nord). Elle a une superficie de 71 740 kilomètres carrés. Sa population, estimée à 5 millions de personnes, est à majorité musulmane (60 %). Ce petit pays anglophone d'Afrique de l'Ouest porte encore les stigmates de la guerre civile des années 1990, même si les derniers casques bleus de l'ONU ont plié bagage en décembre 2005.

Refuge à l'origine de plusieurs ethnies (Kissi, Sherbro et Krim) ayant fui les conflits politiques de la région de savane, le territoire avait accueilli au XVe siècle d'autres populations qui ont refoulé les premiers occupants et donné sa diversité ethnique au pays. Les Portugais débarquèrent sur la presqu'île, où sera édifiée plus tard la ville de Freetown, l'actuelle capitale. En 1787, les Britanniques s'emparaient du site de Freetown, y fondant une colonie où étaient installés d'anciens esclaves noirs venus des États-Unis et des Antilles. En 1896, l'arrière-pays de Freetown était devenu protectorat britannique.

Le pays a accédé à l'indépendance le 27 avril 1961, avec à sa tête le Premier ministre Milton Margai, chef du Parti du peuple de Sierra Leone (SLPP). S'ouvre alors une période d'instabilité politique, caractérisée par des rivalités entre les tribus. À l'issue des élections législatives de 1967, le Congrès de tout le peuple — All People's Congress, le parti de Siaka

Stevens — est proclamé vainqueur. Le 19 avril 1971, la Sierra Leone est proclamée république. Sept ans plus tard, le président Siaka Stevens fait adopter une nouvelle Constitution, qui instaure un régime de parti unique. En janvier 1986, Joseph Saidu Momoh lui succède.

En mars 1991, c'est le début de la guérilla animée par le Front révolutionnaire uni (RUF) de Foday Sankoh, allié au rebelle libérien Charles Taylor. En 1992, une junte militaire renverse Joseph Saidu Momoh : Valentine Strasser, un jeune officier de 27 ans, prend le pouvoir et connaît une brève popularité internationale. À la faveur d'élections multipartites, en 1996, Ahmed Tejan Kabbah est élu président de la République, puis renversé quelques mois plus tard. En 1998, la Force ouest-africaine d'interposition (Ecomog) le rétablit au pouvoir. Mais les rebelles mettent la capitale à sac en janvier 1999. Les « casques blancs » sont remplacés, l'année suivante, par la Mission d'intervention des Nations unies en Sierra Leone (MINUSIL), créée sur décision du Conseil de sécurité de l'ONU, qui s'appuie sur un contingent britannique et recourt aux services de la compagnie privée de sécurité Executive Outcomes, alors que des combats ont repris en 2000.

En 2002, après la fin officielle de la guerre civile, un tribunal international spécial est mis en place, pour juger les auteurs de crimes de guerre. La MINUSIL veille à l'application de l'accord de paix de Lomé, qui comporte un plan de désarmement, de démobilisation et de réintégration des combattants — dont les 10 000 anciens « enfants-soldats ». Le conflit, qui opposait le gouvernement et les rebelles du RUF — notamment pour le contrôle des zones diamantifères —, a fait en onze ans 150 000 morts, des milliers de mutilés, 2 millions de déplacés, 600 000 exilés.

Un cyclone semble être passé sur ce pays où, en 2004, le produit intérieur brut par habitant était de 150 dollars, près de 70 % de la population vivant en dessous du seuil de pauvreté.

L'économie de la Sierra Leone repose, en grande partie, sur l'agriculture (52,5 % du PIB). Le pays exporte du cacao, du café, des ressources halieutiques et le diamant, qui est la principale source de devises. Mais la balance commerciale reste largement déficitaire et, pour boucler son budget, la Sierra Leone compte exclusivement sur l'aide extérieure : en 2003, la contribution des institutions financières internationales était de 600 millions de dollars. La réactivation des mines de rutile, ainsi que l'attribution de permis d'exploitation dans les zones diamantifères devraient permettre de renflouer à terme les caisses de l'État.

Le pays reste dirigé, jusqu'aux élections générales de 2007, par le président Ahmed Tejan Kabbah, fragilisé par le repli du contingent de l'ONU et la grogne de l'opposition. Avec l'appui de la communauté internationale, des mesures ont été prises pour lutter contre le trafic de diamants. Un tribunal *ad hoc*, le Tribunal spécial pour la Sierra Leone (TSSL), de juridiction et de composition mixtes (internationales et nationales), a inculpé l'ex-président libérien Charles Taylor pour son aide aux acteurs de la guerre civile sierra-léonaise. Une commission Vérité et Réconciliation a formulé des recommandations, qui paraissent peu applicables.

Sida

Près de vingt ans après l'apparition du sida, l'épidémie conserve une large avance sur la riposte. Plus de 40 millions de personnes dans le monde vivent aujourd'hui avec le virus (10 millions en 1990), chaque jour 8 000 personnes meurent dans le monde à cause du sida. Pourtant, dans certaines régions, et c'est vrai notamment en Afrique subsaharienne, l'épidémie apparaît, selon Onusida, l'organisme spécialisé des Nations unies, en voie de stabilisation. La région reste malgré tout la plus touchée au monde. Bien qu'elle compte à peine 10 % de la population mondiale, on y dénombrait 25,4 millions de personnes vivant avec le VIH fin 2004, soit plus de 60 % des cas mondiaux. Le rapport publié par Onusida fin 2004 mettait en lumière le fait que les femmes étaient de plus en plus touchées par la pandémie. Près de 57 % des adultes contaminés étaient des femmes et globalement trois quarts des femmes vivant avec le VIH se trouvaient dans cette région. Plus saisissant encore, 76 % des jeunes infectés de 15 à 24 ans étaient des jeunes femmes.

La prévalence (nombre total de personnes vivant avec le virus du sida, quel que soit le moment où l'infection a eu lieu) du VIH en Afrique subsaharienne est restée à peu près stable, à 7,4 %, ces dernières années. Cette stabilisation globale ne signifie pas nécessairement que l'épidémie ralentit, en particulier en Afrique australe où se produit un tiers des décès liés au sida dans le monde, alors que cette zone ne regroupe que 2 % de la population mondiale. Pour les experts d'Onusida, les taux de prévalence élevés actuellement observés, notamment au Cameroun, en Côte d'Ivoire ou en Afrique australe, signifient que même les pays qui parviendraient à inverser le cours de l'épidémie (c'est l'exemple de l'Ouganda) devront encore faire face à de sérieuses épidémies de sida pendant de longues années à venir. Les ravages causés par la maladie marqueront l'existence de plusieurs générations d'Africains.

Les disparités entre pays africains, et à l'intérieur d'un même pays, font qu'on est plus près de la réalité en parlant de plusieurs épidémies plutôt que d'une seule. Malgré toutes ces diversités, une constante subsiste : les femmes sont toujours plus infectées que les hommes. Au Ghana, on compte neuf femmes contaminées pour un homme et plus largement en Afrique subsaharienne, on dénombre en moyenne trente-six jeunes femmes vivant avec le VIH pour dix jeunes hommes. Cette disproportion est la conséquence des violences et des abus liés au sexe que subissent presque exclusivement les femmes. Ces mauvais traitements transcendent les disparités économiques, sociales, ethniques et géographiques, constate Onusida à travers des études menées en Ouganda, au Kenya ou en Zambie où entre 40 et 46 % des femmes ont déclaré subir régulièrement des violences physiques. Des situations de contrainte sexuelle qui sont souvent liées à un risque accru de transmission du virus du sida.

Les conséquences socio-économiques induites par le sida sont particulièrement graves sur des familles déjà économiquement fragiles. En Afrique du Sud, dans 40 % des ménages frappés par la maladie, la femme qui en général s'occupe du malade — souvent le mari — a dû interrompre aussi son travail. L'arrivée de la maladie dans ces foyers parfois extrêmement pauvres entraîne une chute de deux tiers des revenus. Quand c'est une femme adulte qui meurt, d'autres femmes souvent plus âgées s'occupent des enfants orphelins. Les systèmes sociaux de la plupart des pays les plus touchés ne sont pas assez solides pour amortir cet impact de l'épidémie. Le sida représente ainsi des coûts insupportables pour les femmes et leur famille mais aussi pour les économies dans leur ensemble.

Au-delà des effets dévastateurs sur les familles, la mort d'adultes jeunes représente une catastrophe pour l'économic. Ainsi, dans ncuf pays d'Afrique australe gravement atteints par le sida, l'espérance de vie est passée au-dessous de 40 ans. Entre 1990 et 2003, cette espérance de vie est passée de 53 ans à 34 ans au Zimbabwe. Chez les femmes sud-africaines de 20 à 49 ans, on relève un accroissement de la mortalité due au sida de 150 %, en à peine six ans. La Banque mondiale estime qu'une prévalence du VIH/sida de 8 % coûte chaque année 1 % de croissance économique. Selon l'Organisation mondiale de la santé (OMS), la valeur économique des années de vie perdues à cause du sida depuis 1999 est estimée à plus de 12 % du PNB de l'Afrique subsaharienne.

L'offensive organisée contre le virus a connu depuis 2004 un tournant décisif en mettant, enfin, au centre de la lutte l'accès aux traitements pour les plus démunis. Toutefois, l'Initiative mondiale « 3 millions d'ici 2005 » s'était fixé pour objectif de traiter 3 millions de malades des pays pauvres. En mai 2005, on n'en était qu'à 1 million de personnes sous antirétroviraux (500 000 en Afrique subsaharienne), et 70 % des malades africains qui ont besoin de traitement étaient encore en attente. Le Sénégal, signalé en l'espèce comme le bon élève de l'Afrique de l'Ouest, est parvenu en 2004-2005 à prendre en charge gratuitement 2 800 malades, le budget du gouvernement sénégalais étant passé de 500 000 dollars à 3,5 millions en 2004, au moment du passage à la gratuité. Avec un taux de prévalence de 1,5 %, contre une moyenne de 5 % dans l'ensemble de l'Afrique de l'Ouest, le Sénégal illustre ainsi les effets d'une politique conjointe de prévention et de prise en charge des malades. Mais dans plusieurs pays de la région, la gratuité n'est accordée qu'à une certaine catégorie de patients.

Négocier les prix des médicaments pour faire baisser le coût des traitements est essentiel pour les pays pauvres, mais n'est pas suffisant. Reste la question lancinante du manque de personnel de santé : en Afrique subsaharienne, on ne dispose que de 600 000 agents de santé pour 682 millions d'habitants, alors qu'il serait nécessaire d'en avoir de trois à quatre fois plus pour prévenir et traiter convenablement la pandémie. Ensuite, les fonds n'arrivent toujours pas au rythme où se développe le sida. Sur près de 4 milliards de dollars, estimés nécessaires pour atteindre l'objectif des « 3 millions d'ici 2005 », à peine la moitié avait été collectée en 2005. De leur côté, les États africains doivent aussi accroître leur effort, car les dépenses pour la santé, même si elles sont en augmentation, restent dérisoires au regard des besoins.

Somalie

La Somalie retrouvera-t-elle un jour un État ? La guerre civile qui frappe ce pays de la Corne de l'Afrique depuis les années 1980 a fait au moins 300 000 victimes et un Somalien sur six (la population compterait 8 millions d'habitants) a quitté l'ancienne colonie britannique, désormais livrée aux factions et aux chefs de guerre. D'une superficie totale de 638 000 kilomètres carrés, le territoire somalien est divisé en quatre entités : la Somalie (région située autour de la capitale, Mogadiscio) ; le Somaliland au nord-ouest, qui s'est déclaré indépendant en 1991 ; le Puntland au nord, autonome depuis 1998 ; et au sud le Jubaland.

La situation économique est désastreuse. Hormis l'élevage et l'agriculture, qui représentent en 2000 40 % du PNB et 65 % des revenus d'exportation (les deux premiers produits d'exportation sont le bétail et les bananes), les autres secteurs d'activités sont quasiment inexistants : peu d'exploitation des ressources minérales — alors que le sous-sol contient de l'uranium, du minerai de fer, de la bauxite et du cuivre —, destruction des secteurs manufacturier et financier pendant la guerre, tourisme inexistant. Cette situation s'est aggravée depuis fin 2001 avec la sécheresse et l'inflation, mais aussi en raison des sanctions imposées par les États-Unis contre la banque Barakat pour ses liens supposés avec l'organisation terroriste al-Qaida, ce qui a ralenti les flux financiers en provenance de l'importante diaspora. Début 2006, les Nations unies estimaient que 1,7 millions de Somaliens (sur 8,6 millions d'habitants) étaient menacés par la famine.

L'histoire du territoire actuel de la Somalie remonte à la haute antiquité. Entre les IIe et VIIe siècles, le territoire est rattaché au royaume éthiopien d'Aksoum. Ensuite les premières tribus arabes s'installent le long du golfe d'Aden, mais la conquête arabe n'intervient qu'au IXe siècle, islamisant la population sans parvenir à l'arabiser. La colonisation européenne débute en 1839. Après une brève occupation turco-égyptienne, un protectorat britannique est proclamé sur le Somaliland en 1887. Jusqu'en 1921, la domination britannique est contestée par la révolte du mouvement religieux nationaliste des derviches, conduit par Mohamed Abdullah Hassan. L'Italie commence à s'installer également, à partir de la fin du XIXe siècle, dans la région bordant la côte de l'océan Indien, au sud du pays. Par suite du traité de Londres de 1915, elle étend son contrôle sur l'intérieur du pays et réunit en 1936 ses territoires de la Somalia, de l'Érythrée et de l'Éthiopie nouvellement conquise, pour constituer l'empire colonial de l'*Africa Orientale Italiana*.

En 1940, les troupes italiennes envahissent le Somaliland britannique. L'occupation tourne court, un an après les Anglais retrouvent leur protectorat. Aux termes du traité de paix de 1947, l'Italie renonce à ses possessions coloniales. Le 1er juillet 1960, après dix années sous tutelle onusienne, la Somalie accède à l'indépendance et fusionne peu après avec le Somaliland, indépendant depuis quelques jours. La même année, le premier président, Aden Abdullah Osman Daar, est élu. Il est battu en 1967 par son ancien Premier ministre Ali Shermake, lui-même assassiné le 15 octobre 1969. Des militaires, dirigés par le général Mohamed Siyad Barre, prennent le pouvoir et proclament la république démocratique de Somalie. Jusqu'en 1991, date à laquelle Siyad Barre s'enfuit pour échapper à la guerre civile qui connaît son paroxysme, la période est marquée par la famine (consécutive aux sécheresses), une guerre civile contre les Somali vivant dans l'Ogaden, et la guerre contre l'Éthiopie (signature d'un accord de paix en 1988).

Après la chute de Siad Barre, le pays bascule dans le chaos. Les grands clans, les chefs de guerre et la mouvance islamiste radicale se disputent le pouvoir. Pour faire face à la catastrophe humanitaire, les Nations unies envoient une mission en 1992. Elle est renforcée en 1993 par l'opération américaine Restore Hope, au cours de laquelle dix-huit marines sont lynchés. Cet événement précipite le retrait des forces américaines, puis des casques bleus en 1995, plongeant le pays dans un statu quo de violence et de divisions. Depuis 1993, le processus de paix tourne en rond. En 2004, une quatorzième Conférence de réconciliation nationale s'est tenue au Kenya. Placés sous l'égide de l'organisation sous-régionale, l'Autorité intergouvernementale pour le développement (IGAD), qui regroupe Djibouti, l'Érythrée, l'Éthiopie, le Kenya, la Somalie, le Soudan et l'Ouganda, les pourparlers aboutissaient en août 2004 à l'élection d'un Parlement de transition. Réunis à Nairobi (Kenya) le 10 octobre 2004, les parlementaires somaliens élisaient à la présidence Abdullahi Yusuf Ahmed, un ancien militaire âgé de 70 ans. Le 3 novembre suivant, il nommait comme Premier ministre Ali Mohamed Gedi, avec pour mission de former un gouvernement de coalition avec les différents chefs de guerre du pays.

Malgré ces progrès, la violence a persisté alimentée depuis septembre 2001 par la montée du terrorisme islamiste international qui a trouvé ancrage parmi certains chefs de factions. Sans emprise sur le pays, le gouvernement intérimaire a assisté, impuissant, à la montée en puissance des milices formées par les tribunaux islamiques — seul embryon d'administration à s'être constitué au fil des années —. Celles-ci s'emparaient en juin 2006 de Mogadiscio, face à une alliance composite de chefs de guerre, l'Alliance pour la Restauration de la Paix et contre le Terrorisme (ARPCT), soutenue par les États-Unis.

Dans ce chaos, seul le Somaliland sécessionniste, toujours non reconnu par la communauté internationale, a montré une certaine stabilité, lui ayant permis d'organiser à plusieurs reprises des élections multipartites (législatives, en septembre 2005). En 2005, un navire affrété par le Programme alimentaire mondial (PAM), destiné à acheminer des secours aux victimes du tsunami, était détourné ; une journaliste britannique de la BBC était assassinée (en février) ; à Mogadiscio, Abdulkadir Tahya Ali, un militant de la paix, était lui aussi assassiné...

Soudan

Avec une superficie de 2 505 810 kilomètres carrés, le Soudan est le plus grand État d'Afrique (8,3 % du continent). Il est aussi, en raison de son voisinage (au sud le Kenya, l'Ouganda et la république démocratique du Congo, au nord l'Égypte, à l'ouest la République centrafricaine, le Tchad et la Libye, et à l'est l'Érythrée et l'Éthiopie), une pièce hautement sensible de la géostratégie régionale, entre Afrique centrale et région de la Corne. Cet État de 34 millions d'habitants, malgré ses ressources l'un des plus démunis de la planète, a longtemps traîné une réputation d'oasis de tous les terrorismes dans le monde, et n'a connu que récemment un apaisement de la longue et meurtrière guerre civile entre le Nord et le Sud.

Pays charnière entre Afrique noire et monde arabe, entre l'aire musulmane et la chrétienté la plus ancienne, le Soudan a de profondes racines historiques. Pays du haut Nil, autrefois identifié comme le « pays de Koush », pendant des siècles son histoire fut mêlée à celle de l'Égypte et de ses dynasties. Ainsi le Royaume soudanais de Napata étendit-il au VIIIe siècle son emprise sur l'Égypte pour constituer la XXVe dynastie pharaonique, avant l'émergence, plus au sud, du royaume de Méroé, puis du royaume d'Aksoum (Soudan-Éthiopie) qui restent tous deux mal connus. L'identité religieuse passe d'abord par la création, dans ce qui est alors la Nubie, des royaumes christianisés de Dongola (ou Makuria) et d'Aloa, au VIe siècle. L'influence arabo-musulmane est tardive, ne s'étend réellement qu'au XVIe siècle, avec le « sultanat noir » des Funj, dans la région du Centre-Nord, tandis que le Sud reste chrétien.

En 1821, l'Égypte envahit le Soudan et procède à une première unification de ce pays qui passe, après l'épisode (1881-1898) de la grande révolte mahdiste, dans l'Empire britannique. Britanniques et Égyptiens signent un traité établissant un condominium sur le vaste territoire qui, en suivant le cours du Nil, s'étale du lac Nasser et des grands déserts de Nubie et de Libye aux immenses zones marécageuses du Sud, avec au Nord-Est une ouverture sur la mer Rouge où sera construit, au début du XXe siècle, Port-Soudan. La Grande-Bretagne, qui administre en réalité le pays, montre de grandes ambitions dans son effort de développement du Nord-Soudan arabo-musulman, étroitement lié à l'Égypte, tandis que le Sud est laissé à lui-même, sous un système d'administration indirecte qui favorise le rôle des missions, catholiques et protestantes. Un effort d'unification linguistique, par l'arabe, est toutefois mené après la Seconde Guerre mondiale.

Dès avant l'indépendance, acquise le 1er janvier 1956, la division Nord-Sud est dans les esprits et des troubles éclatent. Le pouvoir, passé aux mains des Nordistes, utilise la manière forte pour diffuser l'arabe et l'islam, mais le conflit dégénère et ouvre une longue période de guerre civile. Le 25 mai 1969, le général Jaafar al-Nimeiry s'empare du pouvoir à la suite d'un coup d'État militaire. En 1972, la rébellion sudiste et le gouvernement de Khartoum signent à Addis-Abeba des accords qui mettent provisoirement fin à la guerre civile en instaurant un État fédéral, au sein duquel un statut d'autonomie est conféré au Sud. Au bout de quelques années, le Nord en revient à ses tendances centralisatrices (abrogation des accords de 1972, instauration de la charia en septembre 1983) et provoque la reprise de la guerre civile, sur fond d'enjeux économiques : découverte de gisements de pétrole dans le Sud et percement du canal des eaux du Nil. En 1989, le général Omar Hassan al-Bachir s'empare du pouvoir, et s'appuyant sur le Front national islamique (FNI), dirigé par Hassan al-Tourabi, réintroduit en 1991 les lois islamiques — suspendues sous le gouvernement de Sadeq al-Madhi (1986-1989).

La deuxième guerre civile au Soudan, opposant après 1983 les forces de Khartoum à la SPLA (Armée populaire de libération du Soudan) de John Garang, a été l'un des plus longs conflits du continent, et l'un des plus meurtriers (2 millions de morts, plus de 4 millions de déplacés à l'intérieur du pays et 600 000 réfugiés dans les États limitrophes). Elle prend fin officiellement le 9 janvier 2005, après deux ans de négociations, avec la signature d'un accord de paix au Kenya. Cet accord prévoit qu'à l'issue d'une période transitoire de six ans — période entamée le 9 juillet 2005 —, les peuples du Sud seront appelés à se prononcer, par référendum, sur leur maintien au sein d'un Soudan uni. Il stipule aussi un partage de pouvoir entre les ex-belligérants. Le Congrès national, au pouvoir, détient les postes de président (Omar Hassan al-Bachir) et de deuxième vice-président (Ali Osmane Taha) de la République. Le poste de premier vice-président de la République revient au SPLM (Mouvement populaire de libération du Soudan) ; il est occupé par le général Salva Kiir, le successeur de John Garang — mort en juillet 2005 dans un accident d'hélicoptère —, à la tête de l'ancien mouvement rebelle sudiste. En septembre 2005, le Soudan se dote d'un gouvernement d'union nationale. Les portefeuilles stratégiques de l'Intérieur, de la Défense, de l'Énergie et des Finances reviennent au Conseil national, tandis que le SPLM se contente d'un seul ministère de souveraineté, celui des Affaires étrangères. L'International Crisis Group s'inquiétait, début 2006, de « l'effort systématique de la part du Congrès national pour retarder l'application du traité », avec pour but de reculer le plus possible les élections, et d'éviter un vrai partage équitable de la ressource pétrolière dans le Sud.

La fin de la guerre entre le Nord et le Sud, que les spécialistes jugent alors précaire, est intervenue dans un contexte géopolitique profondément bouleversé après les événements du 11 septembre 2001. Les retournements d'alliances n'ont pas manqué, Washington soutenant en son temps le pouvoir de Khartoum, mais l'orientation intégriste du régime et son appui à la nébuleuse terroriste al-Qaida l'ont mis en position difficile, l'obligeant à consentir d'importantes concessions à Washington. D'autre part, la guerre civile a été relayée par le conflit au Darfour, dès 2003. Province de l'ouest du pays où d'importantes réserves pétrolières ont été découvertes, sa révolte menée par deux mouvements rebelles contre le régime de Khartoum montre que « le problème principal du Soudan [aura été] celui du monopole du pouvoir par une petite élite composée d'Arabes de la vallée du Nil, et non pas un problème religieux » (Gérard Prunier, in *Le Monde diplomatique*, février 2005), le Darfour, peuplé de Négro-Africains et d'Arabes, étant intégralement musulman.

Le conflit du Darfour a provoqué l'une des plus importantes crises humanitaires dans le monde, causant quelque 300 000 morts, près de 2 millions de déplacés, et menace la paix dans toute la région, en fragilisant notamment le Tchad voisin où se retrouvent plus de 200 000 réfugiés. Des accusations de « crimes contre l'humanité » ont été formulées à l'encontre des milices *janjawid* pro-Khartoum. Un cessez-le-feu, conclu en avril 2004, bien que fragile, a été prolongé par des négociations de paix, sous l'égide de la communauté internationale et de l'Union africaine, qui a mobilisé une force de maintien de la paix. En dépit d'un embargo décrété en 2004, les rebelles en lutte contre le régime soudanais au Darfour continuaient, selon un rapport de l'ONU de janvier 2006, de recevoir d'importantes quantités d'armes en provenance du Tchad, de l'Érythrée et de la Libye, la poursuite du conflit, ponctuée d'exactions à l'encontre des civils, ayant entraîné une implication plus résolue des États-Unis, pourtant soucieux de ménager les autorités de Khartoum : un premier accord partiel a été signé, en mai 2006, à Abuja, qui devait ouvrir la voie à la mise en place d'une opération de maintien de la paix des Nations unies.

Dans ce pays autrefois présenté comme le « grenier de l'Afrique », le secteur agricole représente 37 % d'un produit intérieur brut évalué, en 2004, à 19 milliards de dollars, et elle contribue pour 80 % aux exportations (gomme arabique, coton, sorgho, millet). Le Soudan dispose aussi d'importants gisements de minerais (or, amiante, manganèse, uranium...), mais ce sont ses ressources en pétrole qui attisent les convoitises (500 000 barils par jour fin 2005, pour des réserves estimées à 900 millions de barils). Malgré ces richesses, l'économie du Soudan demeure exsangue. Le pays, qui avait connu en 1988 une famine ayant fait plus de 250 000 morts, est incapable de nourrir sa population, l'une des plus pauvres du globe (410 dollars/hab.). Son énorme dette extérieure (24 milliards de dollars) et les promesses d'allègement ont pesé pour amener Khartoum à normaliser ses relations avec la communauté internationale.

Swaziland

Le Swaziland est un des plus petits pays du monde enclavé entre l'Afrique du Sud et le Mozambique. Les Swazi sont issus du clan Dlamini qui était un des clans zoulous. Conduits vers le nord par leur roi Ngwane, ils se sont installés dans cette région au XVIIIe siècle et leur territoire a été stabilisé par le roi Sobhuza Ier, considéré de ce fait comme le fondateur de la nation swazi.

Au XIXe siècle, la monarchie swazi a dû faire face à la poussée — et à la rivalité — des colonisateurs boers et anglais. Le roi swazi mena d'abord une politique d'accueil à l'égard des Boers qui cherchaient un accès à la mer et voulaient s'étendre vers l'actuel Mozambique. La découverte de gisements d'or en 1882 produisit un afflux d'Européens et conduisit à l'établissement d'un régime de concessions qui était une dépossession à peine déguisée. À l'instar du Lesotho, le royaume swazi préféra la domination indirecte britannique à la mainmise afrikaner et il devint une colonie de la reine, ce qui lui permit de préserver son intégrité territoriale face aux velléités sud-africaines d'intégration. En 1968, le Swaziland, alors sous le règne de Sobhuza II, accéda à l'indépendance à l'issue d'un processus graduel négocié avec Londres.

Peuplé de 1,1 million d'habitants et avec un PNB de 1,9 milliard de dollars, le Swaziland fait partie — comme le Lesotho — des États faibles et ultra-dépendants de l'Afrique du Sud. Son économie était essentiellement agricole jusqu'aux sanctions économiques contre l'apartheid, qui ont provoqué une délocalisation industrielle partielle de sociétés sud-africaines dans les années 1980. Le mini-boom économique des années 1980 n'a cependant pas duré longtemps : la crise de l'industrie minière sud-africaine s'est traduite par le retour au pays des travailleurs swazi et le chômage atteint un niveau élevé (34 % en 2004). Comme le reste de l'Afrique australe, le Swaziland est aussi durement affecté par la pandémie de sida. La dépendance économique du Swaziland à l'égard de son puissant voisin sud-africain est telle que ses demandes répétées de renégociations frontalières depuis les années 1960 n'ont jamais abouti. En outre, les relations entre les clans monarchiques « cousins » des Swazi et des Zoulous sont intenses.

Anachronisme politique total, le Swaziland est, encore de nos jours, une monarchie absolue dont les règles de fonctionnement et de succession sont établies par le droit coutumier swazi. La seule concession à la modernité politique réside dans l'existence d'un parlement que le roi Sobhuza II avait un moment dissous, mais que son fils et successeur Mswati III a restauré. Ce dernier est parvenu au pouvoir après une longue période de régence dans les années 1980 (il avait 14 ans quand son père est décédé). Éduqué en Grande-Bretagne, Mswati III doit faire face à la montée d'une contestation interne, entretenue par les syndicats, qui réclame la libéralisation et la modernisation du régime swazi, sur fond de graves problèmes économiques. Ces dernières années, des heurts ont eu lieu à plusieurs reprises entre les forces de l'ordre et des manifestants dans la capitale, Mbabane, et le train de vie du jeune roi (il est né en 1968) alimente le mécontentement populaire. La principale revendication d'une opposition qui trouve des soutiens en Afrique du Sud est la transformation du régime en monarchie constitutionnelle, et la fin de l'absolutisme coutumier.

Tanzanie

Considérée comme l'un des États les plus stables en Afrique de l'Est, la Tanzanie — qui accueille sur son sol un grand nombre de réfugiés des pays voisins — développe une diplomatie active, en particulier dans la résolution des conflits des Grands Lacs. Le pays du *Mwalimu* (« maître d'école »), Julius Nyerere, l'un des pères des indépendances africaines qui fut au pouvoir de 1963 à 1985, a tourné le dos dans les années 1980 à une double décennie de dirigisme économique et de monopartisme politique.

Membre du Commonwealth, entourée de huit pays et bordée par l'océan Indien, la république unie de Tanzanie s'étend sur 945 090 kilomètres carrés et compte environ 36 millions d'habitants. Mais la Tanzanie n'est « une » que depuis l'indépendance (acquise en 1961 pour l'ancien Tanganyika), qui a vu la réunion en 1964 de la république du Tanganyika et de l'archipel de Zanzibar, lequel dispose depuis lors, grâce à un statut de semi-autonomie, de son propre exécutif. À partir de 1990, Dodoma est devenue la nouvelle capitale, au détriment de Dar es-Salam, la ville portuaire, qui reste le principal pôle administratif et économique du pays. La Tanzanie est enfin connue pour ses grands atouts touristiques : les lacs Victoria, Tanganyika et Malawi, qui comptent parmi les plus grands d'Afrique, et sa partie montagneuse, avec au nord le pic Uhuru (anciennement Kilimandjaro), point culminant, à 5 895 mètres, du continent africain.

C'est au xe siècle que la région entre dans la sphère d'influence de la civilisation musulmane. Puis les Portugais, attirés par les richesses (or, ivoire et esclaves) qui s'échangent à partir des comptoirs zanzibarites, s'imposent de 1498 à 1698. Cette période est marquée par une résistance des cités-États qui, à partir de 1660, font appel au sultanat d'Oman afin de lutter contre l'envahisseur. Le sultan Sayyid Saïd s'installe définitivement en 1840 sur l'île de Zanzibar. En 1890, le traité d'Héligoland, conclu entre la Grande-Bretagne et l'Allemagne, reconnaît la souveraineté britannique sur Zanzibar et celle de l'Allemagne sur la partie continentale du pays. Après la Première Guerre mondiale, l'Allemagne est contrainte de céder ses possessions aux Britanniques. En 1947, le Tanganyika est placé sous la tutelle de l'ONU.

Julius Nyerere, leader de la Tanganyika African Nationalist Union (TANU), mouvement nationaliste créé en 1954, conduit le pays vers l'indépendance, proclamée le 9 décembre 1961. Il devient président de la République du Tanganyika en 1962. Sous l'égide de cet ancien enseignant, le pays s'engage sur une voie socialiste originale, où l'accent est mis sur le développement rural (création, sous forme coopérative, des villages *ujamaa*), l'autosuffisance alimentaire et l'éducation. Si, au plan économique, sa politique aboutit à une impasse, le chef de l'État tanzanien, figure respectée de sage en Afrique, est loué pour son œuvre d'unification nationale et pour l'ampleur de ses vues.

Nyerere abandonne ses fonctions en novembre 1985 et remet le pouvoir à Ali Hassan Mwinyi. Benjamin Mkapa lui succède en remportant les premières élections démocratiques organisées en 1995, puis les élections générales en octobre 2000, marquées par des irrégularités à Zanzibar, qui entraînent des manifestations durement réprimées à Pemba (34 morts, 400 arrestations). La tension est progressivement apaisée par le compromis signé en octobre 2001 entre le Chama Cha Mapinduzi (CCM, parti de la révolution) et le

Front civique uni (CUF, principal parti d'opposition). Mais la désignation du président de l'État semi-autonome de Zanzibar et Pemba a donné lieu en octobre 2005 à de nouveaux affrontements, même si la victoire d'Amani Karume, fils du premier président de Zanzibar, a fini par être reconnue.

L'élection comme président, en décembre 2005, de Jakaya Kikwete, un côtier musulman élevé dans une école catholique, devrait faire pencher l'économie du pays dans un sens encore plus libéral. Il est le plus jeune (55 ans) et le mieux élu (80 % des voix) des présidents tanzaniens. Le gouvernement formé en janvier 2006 comprenait dix-sept femmes (sur soixante ministres et secrétaires d'État). L'autorité de son parti — l'omniprésent CCM — reste toutefois contestée dans l'archipel de Zanzibar.

L'économie de la Tanzanie est essentiellement rurale (45 % du PIB), ses principaux postes d'exportations étant le café, le coton, le thé et le tabac. Soutenue par la bonne santé du secteur minier (la Tanzanie est le troisième producteur africain d'or) et du secteur touristique (16 % du PIB), le pays connaît une croissance notable (6,3 % en 2004). Celle-ci s'explique aussi par les réformes macroéconomiques (privatisations et libéralisation des échanges) impulsées par le président Mkapa, le Fonds monétaire international (FMI) jugeant qu'elles ont conduit à diminuer l'inflation et favorisé l'investissement étranger. Toutefois, ces bonnes performances sont atténuées par le poids de la bureaucratie et de la corruption, et ne profitent pas au plus grand nombre. De grandes inégalités demeurent entre les zones urbaines et rurales, et dans son rapport 2004 sur le développement, le Programme des Nations unies pour le développement (PNUD) estimait que près de 59,7 % de la population vivait avec moins de 2 dollars par jour. Conformément aux décisions du G8 en juillet 2005, la Tanzanie, déjà éligible à l'initiative Pays pauvres très endettés (PPTE) renforcée, faisait partie des dix-huit pays devant bénéficier d'une annulation totale du stock de leur dette auprès du FMI, de la Banque mondiale et de la Banque africaine de développement.

Au plan extérieur, la Tanzanie a contribué à la renaissance de la Communauté d'Afrique de l'Est (EAC) : une union douanière a été instaurée le 1er janvier 2005. Mais la Tanzanie ne se limite pas à jouer un rôle moteur en matière d'intégration économique régionale. Elle est un acteur politique majeur dans le conflit de la région des Grands Lacs depuis 1990 (accord d'Arusha en août 1993), et elle est à l'origine de plusieurs médiations visant à résoudre les conflits au Burundi et au Rwanda, ses deux voisins. Il est vrai qu'elle accueille sur son sol nombre de réfugiés chassés par les conflits régionaux : en 2005, 500 000 réfugiés se trouvaient dans des camps frontaliers, dont 348 000 Burundais et 116 000 Congolais, pour lesquels un processus de retour volontaire s'amorçait. Autre signe de son implication régionale : c'est à Arusha qu'a été érigé le Tribunal pénal international pour le Rwanda (TPIR). Et c'est à Dar es-Salam que fut organisée, en novembre 2004, la grande Conférence internationale des Nations unies sur les Grands Lacs.

Tchad

Toujours en quête d'unité nationale, le Tchad a connu depuis son indépendance en 1960 quelque vingt ans de guerre civile, ponctués de plusieurs interventions militaires françaises. Son entrée en 2003 dans le cercle très fermé des pays africains producteurs de pétrole avive de nouveaux appétits, sans apaiser un climat social troublé, tandis que le contexte régional est alourdi par la crise du Darfour.

Reliant Afrique noire et Afrique blanche, le Tchad est un immense pays (1 284 000 km^2) occupant en partie le bassin du lac Tchad dont il partage les eaux avec le Niger, le Nigeria et le Cameroun. Cette vaste cuvette est alimentée par les fleuves Logone et Chari qui inondent les plaines méridionales fertiles situées en bordure de la République centrafricaine. Elle s'élève au centre dans le massif de la Guera (1 800 m), propice aux pâturages, à l'est dans l'Ennedi et le Ouaddaï (910 m), avoisinant le Soudan, et au nord dans le spectaculaire massif du Tibesti (3 350 m). Au-delà, la bande d'Aouzou borde la Libye. Le contraste est net entre une partie septentrionale largement désertique, domaine des Toubou, pasteurs nomades, et un Sud « utile » qui s'est surtout humanisé entre les fleuves Logone et Chari, où l'on trouve les Sara, groupe majoritaire d'agriculteurs composé de chrétiens et d'animistes ; l'est du pays jusqu'à Abéché est, en zone sahélienne, un carrefour de populations composites converties à l'islam.

Le royaume du Kanem, fondé au IXe siècle par les Toubou, contrôle le commerce transsaharien et le trafic d'esclaves vers Tripoli. Islamisé au XIe siècle, il intègre le royaume du Bornou (Nord-Nigeria). À partir du XVIe siècle, le déclin du Kanem-Bornou favorise l'émergence des sultanats du Baguirmi, d'Ouaddaï et de Darfour. Le Soudanais Rabah se heurte à la conquête française et meurt en 1900 à la bataille de Kousséri. Le Tchad est érigé en colonie en 1920, avec pour capitale Fort-Lamy.

Après l'indépendance en 1960, le régime de parti unique de François Tombalbaye favorise le Sud christianisé. Les élites musulmanes du Nord créent le Front de libération nationale du Tchad (Frolinat) en 1966. Une guerre civile s'engage, attisée par les appétits des pays voisins et les surenchères occidentales. Tombalbaye, qui a fait appel à plusieurs reprises aux troupes françaises, tente une normalisation sans lendemain, et il est victime d'un putsch militaire en 1975, qui place le général Malloum à la tête de l'État, tandis que Kadhafi annexe la bande d'Aouzou. Les rebelles, qui se sont divisés entre Forces armées du Nord (FAN d'Hissène Habré, appuyé par le Soudan) et Forces armées populaires (FAP de Goukouni Oueddei, soutenu par la Libye), restent menaçants. Au terme d'un compromis, Hissène Habré devient Premier ministre, mais la cohabitation s'avère impossible : Habré engage le combat avec les Forces armées tchadiennes (FAT) lors de la bataille de N'Djamena.

Une table ronde entre les factions (mars 1979) ouvre la voie à un Gouvernement d'union nationale de transition (GUNT). Mais Goukouni prône la fusion du Tchad et de la Libye en 1981. Partisan de l'intégrité territoriale, Habré reprend le combat depuis le Soudan, avec l'aide des États-Unis et de la France. En 1982, Goukouni tient le Nord, Habré le Centre et le Sud. Celui-ci écrase toute contestation, au prix de nombreuses victimes, tandis que la France lance les opérations Manta (1983) et Épervier (1986) pour obtenir le retrait libyen, effectif fin 1988. En 1990, nouveau bouleversement : l'ancien chef d'état-major, Idriss Déby, renverse Habré et crée une commission d'enquête sur les crimes de son prédécesseur — on évoque alors le chiffre de 40 000 victimes. Leurs familles n'ont pu obtenir le jugement de l'ancien dictateur, réfugié à Dakar, en novembre 2005, un tribunal d'appel s'étant déclaré incompétent pour statuer sur une demande d'extradition formulée par la justice belge. En juillet 2006, le président sénégalais accepte toutefois, devant ses pairs de l'Union africaine, de faire juger Hissène Habré.

À la tête du Mouvement patriotique du salut (MPS), le président Idriss Déby autorise le multipartisme et pratique une libéralisation à intensité variable, s'en prenant maintes fois à la presse qui s'est développée depuis le début de la décennie. Il est élu en 1996 puis réélu en 2001 ; une modification constitutionnelle, approuvée lors d'un référendum boycotté par la Coordination pour la défense de la constitution (CPDC, une vingtaine de partis), l'autorise à se représenter pour un nouveau mandat lors des élections de 2006. Celles-ci ont lieu, en mai 2006, dans un contexte désastreux, le président Déby faisant face à la fois à une coalition de l'opposition qui boycotte le scrutin, et à une résurgence de la rébellion armée, illustrée en particulier par le Socle pour le changement, l'unité nationale et la démocratie (Scud). Celle-ci, composée d'anciens militaires qui ont déserté l'armée nationale, ainsi que de gens de la propre tribu de Déby, les Zaghawas, est impliquée dans une tentative de coup d'État, en mars 2006, et dans les combats qui conduisent début avril 2006 les combattants du Front uni pour le changement (FUC) — soutenus par le Soudan — aux abords de la capitale, N'Djamena. La contre-offensive du pouvoir est menée avec l'appui logistique de la France, inquiète des risques de déstabilisation régionale.

Le Tchad est en effet en première ligne face au conflit, au Soudan voisin, du Darfour, qui entraîne la présence sur son territoire de plus de 200 000 réfugiés soudanais. La question aboutit à une grave dégradation des relations avec Khartoum, les troubles au Tchad (et les menaces sur l'exploitation du pétrole tchadien) ayant pour effet d'accélérer l'implication de la communauté internationale dans le Darfour (lancement d'une opération de maintien de la paix des Nations unies pour le Darfour).

Si la paix s'installait, le Tchad pourrait être autosuffisant grâce à l'élevage, aux cultures traditionnelles (mil, sorgho) et au coton, premier poste d'exportation. La filière, qui concerne 2 millions de personnes, subit cependant les effets conjugués de la chute des cours et des difficultés de gestion de la société nationale, la Cotontchad. La mise en exploitation en 2003 des champs pétrolifères de Doba (sud du pays), dont les réserves sont estimées à 900 000 millions de barils et les revenus à 150 millions d'euros par an pendant vingt-cinq ans, laissait espérer un doublement rapide des recettes budgétaires. La loi portant gestion des revenus pétroliers obtenue par la Banque mondiale en contrepartie du financement de l'oléoduc Tchad-Cameroun, unique en son genre, impose en effet de réserver une partie de la manne pétrolière à la lutte contre la pauvreté

(80 %), à un fonds pour les générations futures (10 %) et aux populations de la région productrice (5 %). Mais le gouvernement décidait fin 2005 de rapatrier le fonds des générations futures (environ 31,7 millions d'euros) pour faire face à ses problèmes de trésorerie et renforcer la sécurité du pays. En représailles, la Banque mondiale bloquait le compte des revenus pétroliers tchadiens, un compromis étant toutefois négocié, en mai 2006, avec un Idriss Déby au pouvoir branlant. Pauvre parmi les pauvres, avec une population de 8,8 millions d'habitants dont le PIB par tête n'est que de 307 dollars (2003), le Tchad, où les fonctionnaires cumulent plusieurs mois d'arriérés de salaires, a été étiqueté en 2004 comme le pays le plus corrompu de la planète par l'ONG Transparency International.

Technologies de l'information et de la communication (TIC)

Après la formidable poussée du mobile vécue en moins de dix ans, qui suscite une multitude d'applications pratiques, véritable *success story* en Afrique selon l'Union internationale des télécommunications (UIT [1]), les réseaux — du téléphone 3G à la fibre optique — sont en pleine mutation sur le continent. Au-delà du téléphone, l'Afrique reste en effet quasiment vierge en termes de connexion Internet, et particulièrement de connexion à haute vitesse.

Entre 1998 et 2003, l'Afrique a eu la plus forte progression au monde en nombre d'abonnés aux réseaux mobiles : + 65 % (contre 33 % en moyenne ailleurs). Ce nombre a dépassé celui des abonnés aux lignes fixes en 2001, pour atteindre 52 millions fin 2003, ce qui équivaut à un taux de pénétration de

1. Indicateurs des télécommunications pour l'Afrique 2004, UIT.

6,2 % au sein de la population, deux fois plus élevé que celui du fixe. Pour bien des Africains, le mobile est le seul combiné qu'ils auront jamais entre les mains, 81 % (record mondial) des utilisateurs prépayant leur consommation.

Depuis 2004, tous les pays du continent ont au moins un réseau mobile. Mais certains sont en avance : ceux d'Afrique du Nord, l'Afrique du Sud et le Nigeria, les îles-États (Maurice, Seychelles, São Tomé) et, dans une moindre mesure, le Kenya ou l'Ouganda ; facteur primordial de cette avance, le caractère très concurrentiel du marché où la marge de progression reste importante : à 6,2 %, le taux de pénétration est le plus bas du monde, loin derrière l'Asie (12,4 %) ou l'Europe (51,3 %). Peu de pays d'Afrique ont atteint une couverture globale de leur territoire : si 96 % des Sud-Africains sont couverts par un signal, le taux passe à 55 % en Ouganda, 40 % en Côte d'Ivoire ou 38 % au Nigeria. Malgré le développement de mégapoles, l'Afrique reste en effet majoritairement rurale et sa population dispersée.

Les services s'adaptent donc : au-delà de la voix, les abonnés découvrent l'échange de données. Sur les actuels réseaux 2e génération (2G), il s'agit principalement de SMS et parfois de WAP, avec des applications astucieuses : consultation des prix agricoles (Ouganda, Sénégal), ordres de paiement bancaires (Zambie), SMS rappelant au tuberculeux qu'il doit prendre ses médicaments (Afrique du Sud)... Dans quelques pays, la 3e génération existe déjà : en Tunisie, qui avait fait appel aux sociétés chinoises (ZTE et Huawei), et française (Alcatel) pour développer de tels réseaux avant la seconde phase, à Tunis, du Sommet mondial pour la société de l'information (novembre 2005), ou à Maurice où l'opérateur Emtel est le premier à avoir commercialisé, le 30 novembre 2004, une offre 3G, devançant ainsi de trois semaines le Sud-Africain Vodacom.

Cet engouement s'explique avant tout par les insuffisances des réseaux fixes, longtemps opérés par des monopoles publics, incapables de couvrir un continent immense et sous-peuplé par rapport à sa superficie (830 millions d'habitants sur 30,3 millions de kilomètres carrés). La carence des réseaux actuels ne condamne cependant pas définitivement la téléphonie fixe, qui pourrait bénéficier de l'engouement pour Internet : les réseaux numériques pariant sur la fibre optique se développent, à partir du câble sous-marin SAT3 passant le long des côtes, câble qui relie le Portugal à la Malaisie *via* l'Afrique du Sud. Les villes côtières sont facilement raccordables, les interconnexions vers l'intérieur prennent davantage de temps. Des connexions haut débit par ADSL commencent à être proposées — par exemple, au Sénégal dans toutes les grandes villes et agglomérations secondaires, ou en Côte d'Ivoire depuis fin 2003 —, mais les performances de ces réseaux en termes de capacité restent médiocres, y compris en Afrique du Sud.

Fin 2003, à l'échelle planétaire, 10,1 % de la population dispose d'un ordinateur personnel et 11,1 % utilise Internet. Mais derrière ces moyennes globales, le fossé qui sépare les « inforiches » des « infopauvres » est flagrant : ainsi, ces chiffres sont respectivement de 44,9 et 44,8 % pour la population des pays développés, de 2 et 3,4 % en Afrique du Nord, et de 1,2 et 1,1 % en Afrique subsaharienne... Ainsi, quand près de la moitié des habitants des pays développés utilise Internet, seulement une personne sur cent en Afrique subsaharienne est en ligne. Sans parler de l'accès haut débit, dont bénéficient 15 % des internautes de la planète : il est proportionnellement inexistant en Afrique[1].

1. *De la fracture numérique aux perspectives numériques*, Observatoire des info-états au service du développement, UIT/Orbicom, 2005.

Terrorisme

Conséquence des attentats du 11 septembre 2001 et de la guerre en Irak, et bien qu'il ne soit pas le plus touché, le continent africain n'a pas échappé au terrorisme de type « islamiste », incarné par Oussama Ben Laden et le mouvement al-Qaida au nom d'une vision ultra-orthodoxe de l'islam.

Il peut s'agir d'un terrorisme surtout « interne », comme en Algérie dans un contexte de guerre civile, où l'on a compté quelque 150 000 morts entre 1992 et 2003 (dont au moins 6 150 disparitions de civils imputables aux forces de l'ordre). Le terrorisme a ici pour origine la confiscation par l'armée d'un processus électoral qui avait donné la victoire au Front islamique du salut (FIS). Même chose en Égypte, avec notamment les attentats de Louxor (en 1997) et du Caire (avril 2005), dirigés contre des symboles du tourisme étranger.

On rappellera qu'un terrorisme étatique avait surgi dès les années 1980, du fait de la Libye : des membres des services secrets de ce pays ont été impliqués dans les attentats de Lockerbie (Boeing 747 de la Pan Am, 1988), Niger (DC-10 d'UTA, 1989), qui avaient fait plus de 500 victimes, et motivé l'adoption par l'ONU d'un régime de sanctions contre ce pays. Dans un cadre plus « internationaliste », une vague d'attentats a touché les ambassades américaines à Nairobi et Dar es-Salam (267 morts, 5 000 blessés, en août 1998), une synagogue en Tunisie (Djerba, en 2002), un hôtel israélien au Kenya (Mombasa, en 2002), ou des cafés au Maroc (Casablanca, en 2003). En 2001, l'attentat contre un destroyer américain, l'USS *Cole*, à Aden, au Yémen, avait fait une quinzaine de victimes parmi l'équipage. En 2002, le pétrolier français *Limburg* avait été attaqué dans la même rade d'Aden, ramenant la hantise d'un « *djihad* maritime » de nature à menacer les approvisionnements pétroliers des pays occidentaux.

Des Égyptiens, Tunisiens et Marocains ont été impliqués dans les attentats contre le Pentagone à Washington et les tours du World Trade Center à New York (3 547 morts, en septembre 2001), et dans celui de la gare de Madrid (août 2004), mené avec l'appui du Groupe islamique pour le combat marocain (GICM), qui — avant sa dissolution — était établi dans des bidonvilles où la population est « en rupture de lien national ». Les immigrés, clandestins ou non, d'Afrique du Nord, les jeunes de troisième ou quatrième génération des cités abandonnées au quart-monde étranger — par exemple dans les banlieues de villes françaises —, voire les prisons, ont constitué des viviers de recrutement pour les réseaux islamistes radicaux.

En Algérie, le Groupe salafiste pour la prédication et le combat (GSPC) a pratiqué — à l'exemple de l'ancien Groupe islamiste armé (GIA) — le « banditisme djidahiste », en enlevant en 2003 un groupe de touristes allemands, et en les libérant contre rançon, vraisemblablement pour financer l'achat d'armes. Son chef, Abdelrazzak « el-Para », ancien officier de l'armée algérienne, qualifié un peu vite de « Ben Laden du désert » par les autorités d'Alger et de Washington, et arrêté en 2004, a fourni le prétexte à une présence croissante des forces spéciales américaines dans la zone sahélienne.

Certaines écoles coraniques de tendance salafiste sont très réputées en Mauritanie, où elles dépendent de tribus que le régimc du président Ould Taya cherchait à ménager : de jeunes musulmans étrangers viennent y étudier. Des associations islamiques wahhabites (financées par l'Arabie Saoudite) sont également influentes au Nigeria, où la charia (loi islamique) a été inscrite comme seule source de la loi dans plusieurs États de la fédération. Mais l'islam africain, d'essence soufie, appuyé sur des confréries comme au Sénégal, apparaît plus difficile à pénétrer par les militants islamistes radicaux.

L'ex-seigneur de guerre, puis président du Liberia, Charles Taylor, destitué et réfugié au Nigeria, aurait contribué à

« blanchir » des fonds d'origine terroriste, à travers des opérations sur le diamant menées avec la complicité du Front révolutionnaire uni (RUF). Dans les années 1990, le régime islamiste du Soudan — qui avait offert l'asile au terroriste « Carlos » ainsi qu'à Oussama Ben Laden — constituait un point d'appui, notamment financier, pour ce qui allait devenir le mouvement al-Qaida. Même s'il figure toujours en 2005 sur la liste américaine des États soutenant le terrorisme, il a donné depuis l'année 2003 des gages à Washington, et semble surtout préoccupé par la résolution de ses conflits internes, dans le Sud (où un accord « historique » a été conclu en 2005 avec les rebelles) et à l'Ouest (Darfour). Ce pays est — avec la Somalie — un de ceux où circulent le plus d'armes de tous types.

Une organisation intégriste, al-Ittihad al-Islamiya (Unité de l'Islam), serait hébergée au Puntland, une région autonome au nord-est de la Somalie : elle est accusée notamment d'avoir fourni un appui logistique dans les attentats de Mombasa. En Somalie même, Washington s'inquiète de la montée en puissance des Tribunaux islamistes et de leurs milices. La création d'une *Naval joint task force* (force navale combinée) à dominante américaine, mais avec participations française, allemande, espagnole, britannique, italienne, pakistanaise..., basée à Djibouti, en synergie avec une base terrestre US, vise depuis 2002 à empêcher les groupes terroristes — éclatés depuis les invasions d'Afghanistan et d'Irak — de trouver de possibles sanctuaires dans des zones de « non-droit » de la Corne de l'Afrique, notamment au Yémen, en Somalie, aux confins de l'Éthiopie et du Soudan.

La « TF 150 », déployée dans le cadre de l'opération Enduring Freedom (Liberté immuable), a eu un effet surtout dissuasif, contrôlant plusieurs milliers de navires de tous tonnages : outre la recherche de terroristes, elle tente de contrer les trafics de drogue et d'armes, ainsi que la piraterie maritime, de la mer Rouge au Golfe, et jusque dans le sud de l'océan Indien. Outre les forces spéciales américaines, la France — dont la base à Djibouti est le principal casernement outre-mer, avec 2 800 hommes — maintient dans cet État une escadrille de Mirage 2000, un centre d'écoutes, et plusieurs unités du Commandement des forces spéciales (COS), qui ont un œil sur le Yémen en face.

Des prescriptions internationales en matière de sûreté ont été édictées, dans le cadre du Code ISPS — adopté, en 2002, par l'Organisation maritime internationale et, en 2004, par l'Union européenne — et de l'Initiative américaine de sûreté des conteneurs (CIS), lancée en 2002, ainsi que de l'Initiative multinationale contre la prolifération (PSI), à partir de 2003, visant l'interception de trafic d'armes nucléaires, chimiques et biologiques : elles concernent notamment la Méditerranée, la Corne de l'Afrique, et certains grands ports du continent, comme Lagos. Les conditions juridiques des arraisonnements en pleine mer de navires suspects, ainsi que les suites judiciaires éventuelles ont été révisées, dans le cadre de négociations internationales ou d'accords régionaux, permettant même — en cas de flagrant délit — la pénétration dans les eaux territoriales et l'espace aérien national, notamment en Méditerranée, avec la collaboration des pays d'Afrique du Nord.

Un Centre antiterroriste a été créé au Kenya, en 2004, avec l'appui américain. Le Centre africain d'études et de recherches sur le terrorisme (CAERT), financé par l'Union africaine, a été établi à Alger en 2004 ; mais le gouvernement algérien, tout en multipliant les initiatives de coopération avec Washington en matière de sécurité, ne souhaite pas que la lutte pour l'autodétermination (par exemple, en Palestine) et la résistance (par exemple, en Irak) soit assimilable à du terrorisme. Par ailleurs, la dotation du programme américain PSI (Pan Sahel Initiative) — qui vise depuis 2003 à aider le Mali, le Tchad, le Niger et la Mauritanie à combattre « la contrebande, les criminels internationaux et les mouvements terroristes » — est passée de 6,5 millions de dollars en 2004 à 125 millions en 2005. Des côtes atlantiques jusqu'à celles de l'océan Indien, c'est donc toute une bande stratégique Sahel-Corne de l'Afrique que l'armée américaine s'emploie à « sécuriser ». Dans un rapport (mars 2005), l'ONG spécialisée International Crisis Group s'inquiétait d'une démarche avant tout militaire des États-Unis, jugée périlleuse si elle ne s'accompagne pas de mesures destinées à améliorer l'existence des populations des pays concernés.

Me Sidiki Kaba, l'avocat sénégalais qui a présidé à partir de 2001 la Fédération internationale des Ligues des droits de l'homme, juge « légitime la lutte contre le terrorisme, si elle se fait dans le cadre de la légalité », mais considère qu'elle « ne sera efficace que si elle s'attaque aux racines du mal : la pauvreté, les inégalités et les frustrations dont souffrent les populations du Sud ».

Tirailleurs

Des décennies après, le sort réservé par la France à ses anciens combattants d'Afrique fait encore débat. Les « tirailleurs africains » ont été plusieurs centaines de milliers à venir combattre aux côtés des soldats français dans les deux grands conflits du XXe siècle. Les effectifs des contingents (Algériens, Marocains, Tunisiens, Malgaches et tirailleurs africains confondus) s'élevaient à quelque 416 000 hommes pendant la Grande Guerre et à près de 500 000 en 1939-1945. Tirailleurs sénégalais, Marocains et Algériens participèrent également à la guerre d'Indochine (1946-1954), et, si l'on totalise le bilan des deux guerres mondiales, 300 000 Maghrébins et Africains y sont morts ou ont été portés disparus. Malgré les rigueurs climatiques, les maladies et l'attitude des états-majors qui les assignaient systématiquement à des corvées subalternes, ces soldats ont joué un rôle décisif dans la victoire de la France en 1918 et ont contribué à la libération en 1944-1945. Comme le rappellent les historiens, la France n'aurait probablement pas pu l'emporter avec ses seules forces, ni en 1914-1918 ni en 1939-1945.

Mais au préalable l'empire colonial français n'aurait sans doute pas existé non plus sans les troupes noires qui ont participé à toutes les opérations de conquête de territoires menées par la République, tout au long du XIXe siècle, en Afrique et à Madagascar. Elles ont remplacé progressivement les soldats européens de base qui résistaient mal aux conditions climatiques tropicales. Dès 1820, les recruteurs militaires engagèrent des Africains comme « laptots » (marins) et soldats. Il s'agissait pour la plupart de captifs que les autorités françaises avaient rachetés à leurs maîtres et dont le temps de service était considéré comme un remboursement. Le décret créant formellement « au Sénégal un corps d'infanterie indigène sous la dénomination de tirailleurs sénégalais » date du 21 juillet 1857 et fut signé par Napoléon III. Ces soldats qui venaient de toute l'Afrique noire étaient souvent des « volontaires forcés », désignés par les chefs de village qui se débarrassaient ainsi des gêneurs de toute nature. Leurs effectifs n'ont cessé d'augmenter ; ils sont passés de 1 000 hommes en 1867 à 15 000 hommes en 1913.

Cette dépendance croissante à l'égard des bataillons d'Afrique n'a pas pour autant conduit le gouvernement français à inclure l'Afrique dans l'appel à la mobilisation à la veille de la guerre en 1914. À l'époque, l'état-major était profondément divisé sur l'utilisation des troupes noires pour la défense ou la reconquête du territoire métropolitain. Certains pensaient, comme le colonel Mangin, l'inventeur du concept de la « Force noire », que l'Afrique était un formidable réservoir de soldats pour la métropole. Par ailleurs, l'Afrique n'avait-elle pas une dette de sang envers la France, comme on pouvait le lire en 1909 sous la plume du ministre des Colonies de l'époque, Adolphe Massimy : « L'Afrique nous a coûté des monceaux d'or, des milliers de soldats et des flots de sang. Mais les hommes et le sang, elle doit nous les rendre avec usure » ?

Les cadres coloniaux comme Mangin avaient en face d'eux des spécialistes militaires plutôt sceptiques quant à l'efficacité de l'emploi de troupes coloniales sur les fronts européens. Mais ces réserves furent balayées par les énormes besoins en hommes de ce qui était devenu une guerre totale. Dès 1916, une véritable chasse aux recrues est mise en place pour combler les rangs vides. La direction des territoires coloniaux fit pression sur les chefs de village, organisant de véritables rafles. Des révoltes éclatèrent ici et là. La France de Clemenceau envoya le Sénégalais Blaise Diagne en 1917 pour convaincre la jeunesse de l'Afrique noire de s'enrôler massivement pour sauver la métropole en danger. Cette dernière intervention fut un succès.

La France établit la conscription obligatoire dans les colonies dès 1919 et appelle de nouveau l'Afrique à la rescousse dès l'imminence d'une nouvelle guerre avec l'Allemagne. Au cours de la décisive bataille de France, en mai et juin 1940, 10 000 soldats noirs furent tués et 7 500 sur 11 000 moururent dans les camps de prisonniers de guerre. Les prisonniers africains, gradés et simples soldats, étaient sommairement exécutés par les Allemands. Est-ce pour affirmer que la France restait essentiellement une nation européenne et qu'elle était libérée d'abord par les Français que de Gaulle décidera en 1944, au lendemain du débarquement de l'armée française en Provence et à la surprise générale, de démobiliser 20 000 tirailleurs ? 1944 fut aussi l'année du camp de Thiaroye : parmi le millier de tirailleurs rentrés d'Europe qui avaient été installés au Sénégal dans ce camp de transit, éclate une mutinerie à propos notamment du pécule qui leur est consenti. Une répression brutale fait de très nombreux morts dans la nuit du 1er décembre 1944.

Depuis la démobilisation, la question des pensions versées par l'État français aux tirailleurs d'Afrique et du Maghreb revient sans cesse sur le tapis. Le 26 décembre 1959, à l'aube des indépendances, la loi dite de « cristallisation » gelait les pensions des militaires des anciennes colonies françaises. Depuis cette date, l'écart n'a cessé de se creuser entre eux et leurs frères d'armes français. En 2004, alors que la retraite annuelle du combattant s'élevait en France à 417 euros, elle était divisée par deux pour un ancien combattant de Djibouti, par quatre pour un Sénégalais et par douze pour un Marocain...

De longue date, des associations luttent aux côtés des intéressés pour qu'ils recouvrent leurs droits, apportant aussi des aides immédiates aux plus démunis. Les autorités françaises ont longtemps fait la sourde oreille. Jusqu'à ce que, en novembre 2000, le Conseil d'État français rende l'arrêt Diop, du nom d'un ancien sergent-chef sénégalais qui avait déposé plainte. La plus haute juridiction administrative française qualifiait alors l'inégalité de traitement entre anciens soldats français et étrangers de « discrimination fondée sur la nationalité ». Au printemps 2004, Paris consentait à débloquer 150 millions d'euros pour revaloriser les pensions et les retraites des tirailleurs, tabors, spahis et autres goumiers, sans toutefois arriver à combler les toujours fortes inégalités. En guise de compensation peut-être, la France rendait à l'été 2004 un hommage national aux vétérans d'Afrique, en commémorant le débarquement en Provence.

Togo

C'était l'une des dernières dictatures à l'ancienne du continent. Disparu en février 2005, après trente-sept ans au pouvoir, Étienne Gnassingbé Eyadema était l'un des plus purs produits de ce qu'on a appelé la *Françafrique*.

Ouvertement soutenu par les Français, Eyadema avait été durant des décennies un gage de stabilité pour un pays aux ressources modestes dont on vantait encore dans les années 1980 la bonne gestion. Mais le « modèle » togolais était depuis 1993 dans une impasse politique dont le coût économique a été considérable.

Petit pays allongé (56 790 km^2) avec une étroite ouverture sur l'Atlantique, sans grandes ressources, le Togo souffre depuis 1995 de la diminution de l'aide extérieure. Bien qu'ayant l'un des ports — le port autonome de Lomé, inauguré en 1968, véritable poumon économique du pays — les plus dynamiques d'Afrique de l'Ouest, il a une économie très fragile. Sa population, estimée à 5 millions de personnes environ, est, à près de 80 %, rurale ; elle est composée de plusieurs groupes ethniques dont aucun n'est majoritaire.

Avant l'arrivée des Européens, quelques royaumes, comme l'Atakpamé et le Notsé, existaient sur le territoire de l'actuel Togo, partagé à partir du XVIIe siècle entre les zones d'influence du royaume d'Abomey et de l'Ashanti. Portugais, Danois (au XVIIIe siècle) ou encore Hollandais s'installent dans la partie côtière pour commercer, avant l'arrivée des Français au Dahomey (l'actuel Bénin), et des Britanniques qui occupent la Gold Coast (l'actuel Ghana). Le pays prend sa physionomie avec la colonisation allemande. En 1884, l'explorateur allemand Gustav Nachtigal signe avec M'lapa III de Togoville, le chef du lac Togo, un traité qui fait de la côte togolaise un protectorat de l'Allemagne. Avant le déclenchement du conflit de 1914-1918, le Togoland — la côte togolaise et l'arrière-pays conquis par l'Allemagne — a une superficie de 90 500 kilomètres carrés. Après sa défaite, l'Allemagne perd ce territoire que la Société des Nations (SDN) répartit entre la France et le Royaume-Uni.

Les Français donnent son unité, d'abord linguistique avec l'enseignement obligatoire du français, à un pays conçu artificiellement. À l'issue du référendum de 1956, le Togo britannique est rattaché à la Gold Coast et, deux ans plus tard, un nouveau référendum fait de la partie française un territoire autonome. Le premier gouvernement de la nouvelle république est dirigé par Sylvanus Olympio, leader de l'Union des forces du changement (UFC), une formation politique favorable à l'indépendance totale du pays, acquise le 27 avril 1960. Trois ans plus tard, Sylvanus Olympio est tué lors du putsch militaire qui porte Nicolas Grunitzky à la tête de l'État. En 1967, Étienne Gnassingbé Eyadema, ancien sous-officier dans l'armée française, originaire du nord du pays, prend le pouvoir. Confronté à de fréquentes tentatives de déstabilisation, et en butte à l'hostilité des populations de l'ethnie Ewe, majoritaire dans la région côtière, il instaure un régime dictatorial, sous contrôle étroit d'une armée dominée par les éléments originaires, comme lui, du Nord-Togo, en particulier de l'ethnie Kabiye. En 1986, un attentat manqué contre Eyadema, perpétré par un commando venu du Ghana, déclenche de violentes manifestations à Lomé et entraîne une intervention militaire de la France.

Face aux mouvements de contestation qui débouchent sur des émeutes à Lomé en octobre 1990, et malgré une répression féroce (massacres de Bé en avril 1991), le régime concède l'organisation en juillet 1991 d'une conférence nationale, qui ôte une partie de son pouvoir au chef de l'État, au profit d'un Premier ministre de transition. L'intervention des militaires rétablit Eyadema dans ses prérogatives et ouvre une longue période d'instabilité, ponctuée de troubles qui entraînent un exode massif de population en 1993.

À l'exception des élections de 1994, remportées par l'opposition, les exercices électoraux sont marqués par la fraude et permettent la réélection d'Eyadema en 1998 et 2003, en l'absence de son principal adversaire, Gilchrist Olympio, fils de l'ancien président, leader de l'UFC, dont la candidature est invalidée. Plusieurs séries de pourparlers entre pouvoir et opposition, jusqu'à l'« accord-cadre » de Lomé en 1999, n'ont pas permis une normalisation durable.

Jusqu'à sa disparition, la France a toutefois maintenu son appui à un Eyadema qui proposait volontiers ses bons offices dans les crises sous-régionales (Côte d'Ivoire, Sierra Leone), et dont le maintien paraissait moins aventureux que les risques d'atomisation du pays, avec une opposition divisée et peu consistante. L'Union européenne, qui a suspendu sa coopération en 1993, puis à nouveau en 1998, n'a cessé de conditionner la reprise de l'aide à un catalogue de mesures permettant de réinstaurer l'État de droit. Après les élections de 2003, des consultations aboutissent finalement, en novembre 2004, à une décision de reprise partielle de la coopération.

Mais la disparition du chef de l'État, en février 2005, donne lieu à un coup de force des militaires qui intronisent son fils, Faure Gnassingbé. Les pressions internationales et la médiation de la Communauté économique des États d'Afrique de l'Ouest (CEDEAO) amènent un recul du régime, qui consent à organiser en avril des élections présidentielles remportées par Faure Gnassingbé (avec 60,2 % des voix). Des manifestations de protestation de l'opposition sont violemment réprimées : selon les estimations, 400 à 500 personnes auraient trouvé la mort et plusieurs dizaines de milliers d'autres ont pris le chemin de l'exil. Soucieux d'apaiser les tensions, le jeune président a nommé Premier ministre le leader de l'opposition modérée, Edem Kodjo. Sous son égide, le dialogue avec les principales composantes politiques a été relancé, permettant d'espérer à terme une normalisation des relations avec les bailleurs de fonds.

L'économie togolaise, naguère équilibrée, a été très fragilisée par l'instabilité des dernières années et par la suspension de l'aide extérieure. Depuis juin 2001, cette aide ne représente plus que 5 % du produit intérieur brut (PIB). En 2004, le PIB était estimé à 1,9 milliard de dollars (310 dollars/hab.). Le pays compte presque exclusivement sur ses richesses minières (phosphates), accessoirement ses industries textiles, et surtout sur le port autonome de Lomé, carrefour des échanges sous-régionaux où ont notamment été réorientés les flux de marchandises des pays enclavés (Mali, Burkina Faso, Niger) depuis la crise en Côte d'Ivoire.

Tourisme

L'avenir de l'Afrique passera-t-il un jour par le tourisme ? Les atouts ne manquent pas, mais la stabilité et la sécurité, autant que l'absence d'infrastructures, découragent encore trop souvent les professionnels du secteur. Difficile toutefois de généraliser : s'il stagne ailleurs, le secteur touristique progresse au nord et au sud du continent.

La part de l'Afrique dans le marché mondial du tourisme est en constante augmentation. Évalué à 15 millions en 1990, le nombre de visiteurs étrangers s'est accru de 10 % par an entre 2000 et 2003, année record où le continent a accueilli plus de 30 millions de touristes. Les entrées ont encore augmenté de 7 % en 2004, une progression qui touche davantage l'Afrique du Nord que l'Afrique subsaharienne. Selon l'Organisation mondiale du tourisme (OMT), ce mouvement devrait se poursuivre pour atteindre les 47 millions d'ici à 2010.

L'Afrique reste pourtant une destination marginale. Ainsi, avec 39,8 millions de touristes, l'Italie à elle seule fait mieux que l'ensemble du continent. D'autant que les chiffres annoncés sont à moduler : seules 4,4 % des entrées de visiteurs étrangers sont des touristes. Des entrées qui n'engendrent que 2,5 % des recettes mondiales. La répartition des arrivées par région place l'Afrique du Nord en tête (32 %), suivie de l'Afrique australe (30 %), orientale (22 %) occidentale (10 %) et centrale (2 %). L'Afrique du Sud a vu le nombre de ses touristes multiplié par dix depuis l'élection de

Nelson Mandela, en 1994. En 2003, elle occupait la première place au classement africain avec 6,5 millions de touristes. Elle est suivie de près par l'Égypte (5,7 millions, contre 4,9 millions en 2002) et la Tunisie (5,2 millions), puis le Maroc (2,2 millions, résidents marocains à l'étranger exclus) et le Botswana (plus d'un million). Après l'île Maurice (700 000), les autres destinations passent sous la barre des 500 000 visiteurs : Tanzanie, Zambie, Swaziland, Seychelles, Ghana, ainsi que le Sénégal (400 000), qui reste la première destination d'Afrique noire francophone, en bonne place parmi les stations balnéaires d'hiver.

Dans l'ensemble, la part du tourisme dans l'économie reste donc faible. Près de la moitié des États accueillent moins de 100 000 visiteurs étrangers par an, et les recettes de cette activité ne dépassent guère 1 % du produit intérieur brut (PIB). Les pays qui enregistrent les meilleures performances se sont dotés d'infrastructures hôtelières et de moyens de communication, ainsi que des instruments commerciaux nécessaires, comme les offices du tourisme. En 2004, l'industrie touristique du Maghreb a représenté 6,1 % du PIB et créé 3 millions d'emplois ; en Afrique subsaharienne, cette industrie « pèse » 2,7 % du PIB et plus de 3 millions d'emplois, estime le Conseil mondial du voyage et du tourisme (CMVT).

Il faut compter avec les effets induits par les dépenses sur place des visiteurs, en plus de l'hébergement, qui porteraient ces chiffres — pour le Maghreb — à 13,2 % du PIB et 5,5 millions d'emplois ; et pour l'Afrique au sud du Sahara, à 7,4 % du PIB et 9,5 millions d'emplois. Le tourisme représente encore 13 % du PIB de l'île Maurice et 24 % de celui des Seychelles. En Afrique du Sud, qui allie atouts naturels et stabilité économique ou politique, il pèse pour 11 % dans le PIB du pays, auquel il a rapporté 7 milliards d'euros, soit davantage que ses exportations nettes d'or.

L'Afrique possède un capital touristique exceptionnel : déserts grandioses, plages magnifiques, forêts denses, réserves naturelles uniques au monde et quelques-uns des plus beaux sites historiques (quatre-vingt-quatre des six cent trente sites inscrits sur la liste du patrimoine mondial de l'Unesco en 1999 sont en Afrique). Plusieurs modèles cohabitent : tourisme de masse au Maghreb ou au Sénégal, balnéaire haut de gamme à Maurice ou au Seychelles, écotourisme dans les réserves protégées du Kenya, du Botswana, de Namibie ou de Tanzanie. The Great Limpopo Transfrontier Park, le plus grand parc naturel du monde, ouvert en 2002, a déjà un franc succès.

Mais le continent souffre d'une image médiocre en termes de stabilité et de sécurité. Or les tour-opérateurs cherchent avant tout des pays sûrs. En Côte d'Ivoire, la crise a laminé le secteur, comme au Zimbabwe. Les énormes capacités hôtelières de pays comme la Tunisie ou l'Égypte sont à la merci de crises dans le secteur aérien ou d'attentats terroristes. L'Afrique devra ainsi apprendre à communiquer davantage et à supprimer ou à réduire les obstacles qui nuisent au développement de son tourisme si elle veut développer ce secteur : en améliorant ses infrastructures d'accueil qui découragent voyagistes et clients, ses réseaux routiers défaillants, ses dessertes aériennes coûteuses. La réalisation de grands projets régionaux comme la route transsaharienne qui reliera le Maroc au Sénégal en longeant l'Atlantique, ou le réseau transnational routier entre l'Afrique du Sud, le Mozambique, le Botswana et la Namibie, contribuera sans doute en partie à cet essor.

Transports

Routes, voies ferrées, lignes maritimes et aériennes : la pauvreté des infrastructures de transport de l'Afrique, si l'on excepte l'Afrique du Sud, demeure un des obstacles majeurs à son développement. Les réseaux de transport avaient été conçus pour l'essentiel à l'époque coloniale afin d'évacuer les matières premières vers les ports. Conséquence, aujourd'hui encore les communications sont plus faciles avec les autres continents qu'entre les différents pays d'Afrique. Depuis plus de vingt ans, des plans successifs émanant des Nations unies ou de la Banque mondiale — dont le récent Plan de développement à long terme 2004-2007 — ont en vain cherché des solutions. À l'heure de l'intégration continentale, le Nepad (Nouveau partenariat pour le développement de l'Afrique) a cependant adopté en juin 2002 un Plan d'action à court terme (PACT), un des programmes phare de ce projet panafricain de développement, qui fait la part belle aux projets routiers et ferroviaires transfrontaliers. Six projets routiers d'envergure sont à l'étude, parmi lesquels la construction d'un axe reliant le Ghana au Burkina et au Mali, et d'une autoroute Nouakchott-Lagos. Par ailleurs, l'autoroute transmaghrébine, partiellement construite, reliera Agadir (Maroc) à Gabès (Tunisie) en passant par Rabat, Alger et Tunis d'ici à 2015.

Pour l'heure, le continent compte 1 500 000 kilomètres de routes, dont 15 % sont asphaltées. Elles assurent les neuf dixièmes des transports interurbains. L'engorgement et le délabrement de ces axes nuisent à la productivité des échanges, également entravés par le mauvais état des véhicules, leur surcharge et leur entretien sommaire, sans oublier l'excès des contrôles et taxes. Dans la plupart des pays de la zone franc, le parc automobile n'a pu être renouvelé depuis la dévaluation en 1994. Les accords passés entre les pays enclavés (une quinzaine) et ceux disposant d'un littoral restent aussi à harmoniser.

Avec ses voies vétustes, le réseau ferroviaire s'étend sur 85 000 kilomètres, essentiellement en Afrique australe (40 000 km, dont la moitié en Afrique du Sud), ainsi que dans le Maghreb (12 000 km). La vitesse moyenne des trains n'excède pas 40 kilomètres-heure. Hormis la liaison Marrakech-Tunis, il s'agit surtout de petits tronçons qui relient la côte aux mines et aux plantations. Une dizaine de pays (Niger, Tchad, République centrafricaine, Somalie...) ne disposent d'aucune voie ferrée. Le Nepad soutient les projets ferroviaires à caractère régional. Ainsi, l'Union du Maghreb arabe (UMA) rêve d'une voie transmaghrébine à grande vitesse, et la Communauté économique des États de l'Afrique de l'Ouest (CEDEAO) voudrait connecter le Sénégal au Nigeria. Une ligne pourrait relier le Tchad à l'Afrique du Sud, et une autre le Rwanda au réseau ferré tanzanien, réalisant la jonction entre Kigali et Dar es-Salam. En attendant, la Banque mondiale ne recommande plus la privatisation, autrefois préconisée pour doper un secteur des transports largement sous la coupe des États, mais la mise en concession de l'exploitation des chemins de fer existants, censée favoriser leur entretien : de nombreux pays sont engagés dans cette voie, avec des résultats palpables, mais aussi bien des critiques.

C'est par voie maritime que transitent plus des neuf dixièmes des échanges commerciaux de l'Afrique vers l'extérieur. Le volume du trafic progresse régulièrement et se situe à près de 800 millions de tonnes annuelles, l'essentiel de l'activité étant contrôlé par des compagnies de navigation européennes. Mais l'Asie occupe une part de plus en plus grande dans les échanges avec l'Afrique. L'activité est entravée par le manque d'infrastructures modernes (portique de levage de conteneurs) et l'insécurité.

Parmi les quatre-vingts ports principaux du continent, deux sont dédiés au trafic des hydrocarbures, Arzew (Algérie) et

Warri (Nigeria). Trois des plus gros tonnages traités se trouvent en Afrique du Sud : Richard's Bay (69 millions de tonnes), Durban (25) et Saldhana Bay (20) ; deux autres en Afrique du Nord : Alexandrie (20) et Casablanca (16) ; un en Afrique de l'Ouest, à Abidjan (14). Les transports fluviaux sont handicapés par les débits irréguliers des cours d'eau : importants sur le Nil, ils sont modestes sur le Congo et le Niger.

Le continent africain ne représente que 4,5 % du trafic aérien mondial. Plusieurs facteurs peuvent expliquer cette faible performance. Le continent est victime des conséquences du 11 septembre 2001, de la disparition de la compagnie multinationale Air Afrique en février 2002, de la mauvaise gestion des compagnies nationales et plus récemment de la flambée des prix du pétrole. En 2004, les quarante-deux compagnies membres de l'AFRAA (Association des compagnies aériennes africaines) n'ont assuré que le tiers du trafic global sur le continent, ne parvenant pas à s'imposer sur leur propre marché. Les *majors* occidentales, qui assurent 70 % du trafic aérien africain, ont transporté, en 2003, 72 millions de passagers.

Si l'industrie aérienne génère près de 500 000 emplois en Afrique et contribue à hauteur de 12 millions de dollars au PIB du continent, elle reste très peu développée et souffre d'un manque d'investissement, plus particulièrement dans la desserte du réseau domestique. Au sein du continent africain, la situation est contrastée. Le nord, le sud et l'est de l'Afrique connaissent des situations meilleures (plus de 5 millions de passagers par an par pays en moyenne) que les régions de l'Ouest et du Centre ; South African Airways est la première compagnie continentale avec 6 millions de passagers (sa suprématie repose sur le marché domestique, dont elle tire 70 % des parts), suivie par les compagnies du Maghreb (Royal Air Maroc, Air Algérie, Tunisair) et Air Mauritius. En Afrique de l'Ouest, seuls le Nigeria et le Sénégal dépassent le million de passagers par an. La RAM est partie prenante dans le succès d'Air Sénégal International, dont elle détient 51 % du capital. Elle en a fait la première compagnie de l'Afrique de l'Ouest avec 500 000 passagers transportés en 2005.

Les régions australe et orientale de l'Afrique se portent plutôt bien, grâce à la mise en place par les compagnies aériennes de *hubs*, des bases servant à regrouper des passagers en provenance de divers pays. On peut ainsi citer les réussites d'Ethiopian Airlines, qui a bénéficié de la présence du siège de l'Union africaine à Addis-Abeba, ou de la Kenyan Airways, qui a su tirer profit de son partenariat avec la KLM, ainsi que de son *hub* de Nairobi.

Les aéroports sont sous-équipés dans la plupart des pays et ne répondent pas toujours aux normes internationales. Beaucoup se caractérisent par leur vétusté. Autre impératif de taille pour les compagnies africaines : se mettre aux normes de l'Organisation de l'aviation civile internationale (OACI) — dont le siège est à Montréal (Canada) —, qui sont de plus en plus contraignantes, notamment en ce qui concerne la qualification des personnels et la certification des aéroports. Beaucoup de pays accusent du retard pour intégrer les nouvelles exigences en matière de sécurité.

Pour l'heure, l'Afrique compte 25 % des accidents aériens qui se sont produits dans le monde, ce qui donne une moyenne de plus de 6,6 fois supérieure à la moyenne mondiale. En mars 2006, l'Union européenne a interdit de vol sur son territoire, en adoptant une première liste noire commune, 95 compagnies aériennes : elles sont en majorité africaines, notamment de la république démocratique du Congo, de Sierra Leone ou de Guinée-Équatoriale.

Remarquable exemple d'intégration et de rationalisation de la gestion de l'espace aérien, l'Agence pour la sécurité de la navigation aérienne en Afrique et à Madagascar (ASECNA) a été créée en décembre 1959 pour la sécurité de la navigation aérienne en Afrique. Elle rassemble dix-sept États africains (Afrique de l'Ouest et Madagascar), ainsi que la France, a la charge d'un espace aérien de quelque 16,1 millions de kilomètres carrés, et supervise les activités de vingt-cinq aéroports internationaux et soixante-seize aéroports nationaux et régionaux.

Tunisie

D'une superficie de 163 610 kilomètres carrés, bordée par la Méditerranée sur 1 300 kilomètres, avec une population de 9 728 000 habitants, la Tunisie est un petit pays, comparée à ses deux immenses voisins, l'Algérie et la Libye. Héritière de la puissante Carthage, elle aura connu pendant près de treize siècles l'influence arabo-musulmane, devenant province ottomane à la fin du XVIe siècle. La proclamation de la République le 25 juillet 1957, qui abolit la monarchie beylicale, met un terme à la domination de la dynastie husseïnite, au pouvoir depuis 1705. Habib ibn Ali Bourguiba, leader de la lutte pour l'indépendance et fondateur du Parti socialiste destourien, devient le premier président de la nouvelle République. Il sera déposé pour cause de « sénilité » par son Premier ministre, Zine el-Abidine Ben Ali, le 7 novembre 1987. Celui-ci instaure un régime autoritaire qui se renforce après les troubles du début des années 1990, lesquels entraînent une répression méthodique des militants islamistes, 279 d'entre eux étant jugés pour complot en juin-juillet 1992. Au nom de la lutte contre la menace islamiste, les activités de l'opposition sont étroitement contrôlées, la liberté d'expression réduite, les associations de défense des droits de l'homme régulièrement combattues, dans un environnement policier rigoureux. L'argument de la lutte contre l'activisme islamiste et le terrorisme s'est vu renforcé après le 11 septembre 2001 et l'attentat contre la synagogue de Djerba, en avril 2002.

Après avoir révisé en 2002 la Constitution, qui limitait à trois mandats l'exercice de la magistrature suprême, le président Ben Ali est réélu le 24 octobre 2004 pour un quatrième mandat, avec près de 95 % des voix, sans véritable ouverture au plan politique. Les nombreuses restrictions à la liberté de la presse se sont doublées d'un renforcement du contrôle sur les médias. Amnesty International, dans son rapport 2005, relevait que lors de la dernière campagne électorale, le pouvoir en place avait fortement limité l'accès des adversaires politiques aux médias nationaux. Le musellement de l'opposition s'est, selon l'association, accompagné d'actes d'intimidation et d'agression. Les organisations de défense des droits de l'homme (en particulier la Ligue tunisienne des droits de l'homme) restent également dans le collimateur du régime. À plusieurs reprises, les autorités ont refusé sans motiver leur décision d'enregistrer des associations. Ce fut notamment le cas, en juin 2003, pour l'Association de lutte contre la torture en Tunisie, fondée par Nadia Nasraoui. L'avocate rappelle que, depuis l'adoption d'une loi antiterroriste en décembre 2003, la situation des droits et libertés individuelles a encore empiré.

La bonne santé de l'économie tunisienne est souvent mise en regard de la crispation politique. L'important développement de ces quinze dernières années se structure principalement autour de trois secteurs : l'agriculture, l'industrie et le tourisme. Après quelques années difficiles en raison de la sécheresse et des actes de terrorisme, la Tunisie a retrouvé un fort taux de croissance (5,6 % en 2004), renouant ainsi avec son image de « petit dragon » du Maghreb. Le retour de conditions climatiques plus favorables a permis au pays de produire d'importantes quantités d'huile olive, de céréales et d'agrumes. Ayant surmonté les effets des attentats de Djerba du 11 avril 2002, le secteur du tourisme, poids lourd de l'économie tunisienne, connaît aussi une reprise avec l'arrivée de 6 millions de touristes en 2004. En revanche, des incertitudes pèsent sur l'avenir des activités liées au textile. Ce secteur clé de l'économie tunisienne pourrait subir les conséquences du démantèlement des Accords multifibres (entrés en vigueur en 1974, ces accords limitaient les volumes d'exportation des pays en développement vers les pays industrialisés) et d'une concurrence accrue des pays d'Asie. Malgré une bonne conduite de la politique monétaire et de la flexibilité des taux de change, le Fonds monétaire international (FMI) estime que sans une réforme du système fiscal et bancaire, les performances économiques tunisiennes ne suffiront pas à réduire de façon significative le chômage, qui affecte près de 15 % de la population active.

Union africaine

Lancée au sommet de Durban (Afrique du Sud) en 2002, l'Union africaine (UA) a pris la place, en tant qu'instance politique panafricaine regroupant l'ensemble des pays du continent (cinquante-trois États membres, à l'exception du Maroc), de la défunte Organisation de l'unité africaine (OUA). Celle-ci avait été créée le 25 mai 1963 à Addis-Abeba, dans un contexte de lutte contre le colonialisme et de volonté d'unité du continent, à une époque où l'idéal du panafricanisme était dominant. La nouvelle organisation s'appuyait sur une charte constitutive, avec pour principales instances les sommets ordinaires (tous les ans), ou extraordinaires, des chefs d'État et de gouvernement, un secrétariat général et des commissions spécialisées. Les objectifs initiaux avaient été l'élimination du fait colonial et la lutte contre la discrimination raciale. L'OUA a ainsi soutenu tous les mouvements de libération nationale, un Comité de coordination pour la libération de l'Afrique étant érigé pour aider à l'émancipation totale des derniers territoires africains non encore indépendants, notamment d'Afrique lusophone : des résolutions lors des conférences des chefs d'État et de gouvernement condamnèrent régulièrement le Portugal, la Rhodésie, l'Afrique du Sud pour sa politique d'apartheid, ou Israël, sous la pression des États arabes.

En 1989, l'Afrique se libère des derniers vestiges du colonialisme après la victoire historique de la SWAPO en Namibie.

Elle a vu aussi couronner le combat contre l'apartheid avec la libération de Nelson Mandela et son élection au poste de président de l'Afrique du Sud en 1994. Mis à part ces sujets de réjouissance, l'Organisation s'est le plus souvent révélée impuissante face aux problèmes du continent, et en particulier son action en matière de règlement pacifique des différends interafricains s'est avérée globalement inefficace.

L'affaire du Sahara-Occidental, première grave crise de l'OUA, provoqua le départ d'un membre fondateur, le Maroc, en 1984, en protestation de l'admission en son sein de la République arabe sahraouie démocratique (RASD) en 1981. Par ailleurs, l'OUA a tenté de trouver une solution à certains conflits, comme ce fut le cas au Tchad, entre 1981 et 1992. À l'occasion du sommet de Monrovia, en 1979, l'idée d'élaborer un instrument juridique visant à protéger « les droits fondamentaux de l'homme et les libertés démocratiques » était lancée, la Charte africaine des droits de l'homme et des peuples étant adoptée à l'issue de la conférence des chefs d'État de 1981, à Nairobi, pour entrer en vigueur en 1986. Après la fin de la bipolarité mondiale, causée par l'effondrement du bloc communiste au début des années 1990, l'OUA avait dû redéfinir sa politique de gestion des conflits, alors que la prolifération des conflits infra-étatiques en Afrique modifiait la géopolitique continentale. Le 30 juin 1993, à l'issue du sommet du Caire, les États membres de l'Organisation entérinaient la création d'un mécanisme *ad hoc* de prévention, de gestion et de résolution des conflits qui n'a jamais été réellement fonctionnel. Impuissante face aux grands conflits des années 1990 (Rwanda, Burundi, ex-Zaïre, Angola, Somalie...), l'OUA se montrait plus active lors des crises plus limitées de la décennie, tels la guerre Érythrée-Éthiopie, la crise des Comores et le conflit entre la République centrafricaine et le Tchad.

Au chapitre économique, l'Organisation avait orienté ses efforts à partir de 1980 vers les questions liées au développement et à la coopération économique. Au mois d'avril 1980, lors du sommet de Lagos, les chefs d'État et de gouvernement adoptaient un plan d'action en faveur du développement économique de l'Afrique qui prévoyait notamment la promotion du développement économique et social et l'intégration des économies nationales. Du 30 novembre au 1er décembre 1987, à Addis-Abeba, un sommet extraordinaire fut uniquement consacré au problème de la dette extérieure du continent, évaluée à cette date à près de 200 milliards de dollars. À cette occasion, un assouplissement des conditions de remboursement de la dette et une amélioration des prix des matières premières furent demandés. Le 5 juin 1991, à l'issue du sommet d'Abuja, un traité instituant la Communauté économique africaine était signé, prévoyant, après un délai de trente ans, la création d'un marché commun africain, d'un fonds monétaire africain et d'une banque centrale.

Le bilan de toutes ces initiatives fut maigre. On a souvent accusé l'OUA de n'avoir été qu'un forum de discussion, un « syndicats de chefs d'État », sans grande capacité logistique, sans guère de volonté politique des États membres, surtout soucieux de la préservation de leur souveraineté. L'idée de remplacer l'OUA par une véritable union politique et économique, à l'image notamment de l'Union européenne, avait cependant fait son chemin, avec la prise de conscience des Africains de la nécessité de mieux coordonner leurs efforts afin de faire entendre leur voix sur le plan international, en mettant l'accent sur l'intégration régionale. Le projet d'Union africaine proprement dit a été lancé par le dirigeant libyen Muammar Kadhafi, l'homme qui avait l'ambition de voir un jour la naissance des « États-Unis d'Afrique », sorte de grande fédération regroupant tous les pays africains. L'acte constitutif de l'UA était signé par les chefs d'État et de gouvernement réunis à Lomé, au Togo, en 2000, avant que la nouvelle union ne soit solennellement proclamée, lors d'un sommet extraordinaire à Syrte, en Libye. Son acte constitutif est officiellement entré en vigueur le 25 mai 2001, une naissance célébrée au dernier sommet de l'OUA, à Lusaka (Zambie), en juillet 2001. Lors du premier sommet de l'Organisation, à Durban, le président Thabo Mbeki déclarait : « Il est temps que l'Afrique occupe sur la scène internationale la place qui lui revient... Il est temps de mettre fin à la marginalisation de l'Afrique. »

Dotée de pas moins de dix-sept organes nouveaux, l'Union africaine n'a pas perdu de temps dans leur mise en place. Outre la Conférence des chefs d'État et le Conseil exécutif (réunissant les ministres des Affaires étrangères), l'UA s'est inspirée de l'Union européenne avec la création d'une Commission de l'Union africaine, véritable exécutif de dix membres, placée sous le seul contrôle de la Conférence des chefs d'État et de gouvernement, avec notamment un commissaire en charge de la prévention, de la gestion et du règlement des conflits ainsi que de la lutte contre le terrorisme. La nouvelle Union africaine s'est en effet montrée soucieuse de mener une politique de sécurité plus ambitieuse et plus active, qui s'appuie en particulier sur un Conseil de paix et de sécurité élu par la Conférence des chefs d'État. Organe permanent, le Conseil de paix se réunit au moins deux fois par mois — une fois par an au niveau des ministres ou des chefs d'État. Il est appuyé par un Groupe des sages et par un mécanisme d'alerte rapide, avec une Force africaine articulée sur des forces militaires prépositionnées (15 000 hommes), à mettre en place d'ici à 2010. Le 31 janvier 2005, les chefs d'État ont par ailleurs adopté un Pacte de non-agression et de défense commune qui prévoit de nouveaux engagements des États et la création d'organismes spécialisés : Centre africain d'études sur le terrorisme (ouvert à Alger en 2004), Académie africaine pour la paix, ou Commission du droit international.

Dès les premiers pas de l'Union africaine, le dynamisme du président de la Commission (l'ancien chef d'État du Mali, Alpha Oumar Konaré, occupe la fonction à sa création) et l'engagement du Conseil de paix et de sécurité ont donné une tonalité nouvelle par rapport à l'OUA, avec des interventions soutenues dans les conflits survenus au Burundi, aux Comores, en Côte d'Ivoire, entre l'Érythrée et l'Éthiopie, en Guinée-Bissau, en Guinée-Équatoriale, au Liberia, en République centrafricaine, en république démocratique du Congo, à São Tomé, en Somalie ou encore au Soudan (Darfour, notamment)...

Les autres organes de l'UA comportent le Parlement panafricain (lancé en mars 2004), une Cour de justice, un Conseil économique, social et culturel, divers comités spécialisés. L'UA envisage la création d'institutions financières propres : Banque centrale africaine, Fonds monétaire africain et Banque africaine d'investissement.

Villes

Elles sont les héritières de la colonisation : établies pour des raisons stratégiques ou techniques, longtemps réservées aux fonctionnaires et aux maisons de négoce et conçues comme des outils de prise de contrôle politique et de pénétration commerciale, les villes africaines ont longtemps été peu peuplées. Elles ont été aménagées autour d'un port (Dakar, Abidjan, Port-Louis, Maputo, Dar es-Salam) ou sur le bord d'un fleuve (Niamey, N'Djamena, Khartoum), d'une gare (Nairobi). Les urbanistes coloniaux les ont tracées parfois « au cordeau », avec de larges avenues plantées de manguiers ou de jacarandas, comme à Bangui ou à Antananarivo, une zone réservée aux administrations et aux sociétés de commerce, un quartier résidentiel étranger (libanais, indien, européen), souvent situé sur les hauteurs ou le bord de mer, et le quartier « africain », sorte de no man's land confus et sans cesse évolutif... dont la croissance a donné naissance aux métropoles d'aujourd'hui.

Entamé à partir de 1930, l'exode rural s'est accéléré après les indépendances, en partie du fait de la baisse des cours des cultures de rente, des sécheresses... Abidjan, simple village de pêcheurs à la fin du XIXe siècle, et grosse bourgade sous la colonisation, comptait 125 000 habitants en 1955 : cinquante ans plus tard, elle en compte vingt-huit fois plus. L'Afrique réelle n'est plus, majoritairement, celle des cases et des villages, mais celle des quartiers et souvent des bidonvilles qui prolifèrent à la lisière des villes, notamment des capitales, outrageusement gonflées.

Dans aucun continent, l'explosion urbaine n'a été aussi spectaculaire qu'en Afrique, dont la moitié de la population vit aujourd'hui dans ou autour des villes (contre un dixième au début du XXe siècle). Ces vingt dernières années, la croissance urbaine a été de 5 % par an en moyenne. Alors qu'en 1960 quelques villes seulement dépassaient les 100 000 habitants, cent vingt villes ont franchi ce seuil pour la seule Afrique de l'Ouest, où la croissance démographique est sans égal : 45 % de la population a moins de 15 ans (contre 35 % en Algérie, 33 % en Inde, 28 % au Brésil, 15 % dans les pays industrialisés). Des gratte-ciel ont surgi au Cap, à Harare ou à Abidjan, qui est aujourd'hui — avec Lagos — la ville la plus moderne d'Afrique de l'Ouest, en dépit de la crise politique de ces dernières années. À l'image de Harare, de Pretoria ou du Cap, en Afrique australe.

Ces métropoles semblent devenues ingouvernables. Aujourd'hui, la ville de Lagos compte plus de 6 millions d'habitants (mais l'agglomération plus de 15 millions), Kinshasa, 5 millions, Abidjan, 3,5 millions... Dakar, avec 2 millions d'habitants, abrite un cinquième de la population sénégalaise, plus de la moitié des urbains, et les deux tiers de l'activité du pays. Les quatre cinquièmes des citadins de Guinée habitent à Conakry ; les deux tiers des citadins congolais résident à Brazzaville... Les taux d'urbanisation sont les plus forts en Afrique centrale, une zone de type forestier où la ville était inexistante avant la colonisation : 50 % au Congo-Brazzaville, et plus de 75 % au Gabon ! En revanche, ils restent faibles dans les pays du Sahel, qui ont pourtant connu des formes d'urbanisation ancienne, des cités haoussa, comme Sokoto, aux capitales du Soudan occidental : Ségou, Djenné, Mopti, Tombouctou ou Gao.

Ces concentrations posent des problèmes souvent insurmontables en matière de logement (sur fond de litiges fonciers), de ravitaillement (bois, eau), en matière sanitaire (évacuation des eaux usées, élimination des déchets), en termes de ressources énergétiques (électricité, pétrole, gaz), de circulation (envahissement des chaussées par les marchands ou artisans ambulants), de sécurité... Au fur et à mesure qu'on s'éloigne du centre, les trottoirs et les arbres disparaissent, la rue devient piste, l'éclairage se raréfie, les poubelles sont laissées à l'abandon, ghettos et bidonvilles s'étendent.

Selon l'enquête 2005 de l'institut Mercer Hrc, qui combine deux cents critères, la ville la plus chère d'Afrique (vingt-deuxième au monde) est Douala, capitale économique du Cameroun : y trouver un logement relève de la gageure, parcourir la ville d'un bout à l'autre est un chemin de croix, et se ravitailler constitue parfois un exploit... Les autorités paraissent impuissantes, et réduites à piloter à vue, sans pouvoir définir, et encore moins faire appliquer une politique d'aménagement urbain. Quand elles ne profitent pas de la situation, comme dans la banlieue d'Alger où une « mafia du foncier » s'est formée : des cités entières se sont établies progressivement sur d'anciennes terres agricoles, sur la base de « vraies-fausses » décisions d'attribution de terrains à bâtir, et de faux permis de construire.

La pollution est un nouveau fléau. L'air est devenu irrespirable dans la plupart des grandes villes, en raison des émissions des camions et bus Diesel. Il n'existe plus guère de « ville propre » — on parlait naguère de Bangui-la-coquette, d'Abidjan, la perle de la lagune. Aujourd'hui, dans la capitale économique de la Côte d'Ivoire, des balayeuses mendient aux carrefours. À Kinshasa, le service d'hygiène, qui collectait les poubelles, n'existe plus.

La rue est, en Afrique, un lieu de vie. Avec ses gargotes, étals, petits ateliers souvent forains — tous les « petits métiers » d'une véritable économie des trottoirs —, la rue est vivante et habitée en permanence. Lieu de sociabilité, elle recrée l'ambiance du village. Des immigrés sans logements, des enfants orphelins y dorment : les « enfants des rues » seraient 5 000 à Kinshasa, 2 000 à Brazzaville et Pointe-Noire, 1 500 à Douala, 15 000 dans l'ensemble du Kenya, 7 000 au Tchad, des dizaines de milliers à Lagos... Exposés aux pires conditions de travail (et de trafics), ils sont — au mieux — mendiants et laveurs de pare-brise aux feux rouges, marchandes de fruits, d'eau, de cigarettes ou de produits de contrebande. Beaucoup sont des « orphelins du sida ».

Le moindre quartier dispose de son marché ; les principaux, au centre des grandes villes (le Mercato d'Addis-Abeba, le marché Sandaga de Dakar, le Zoma d'Antanarivo...), débordent souvent sur les rues avoisinantes, créant d'inextricables encombrements. Certaines rues, proches des centres, sont spécialisées par métiers (garages, brocante, fripe, tissage, métallurgie, bijoutiers, récupération). D'autres, dans les quartiers éloignés, sont des lieux de « débrouille » : commerces et artisanat non déclarés ; branchements sauvages (eau, électricité), trafics (bijoux, médicaments, viandes interdites), prostitution... La rue peut être en effet un espace de criminalité et de violence : des gangs des rues sont nés à Nairobi ; des citoyens lynchent eux-mêmes les voleurs à Douala et à Antananarivo. Ou un espace d'opposition politique, notamment dans les capitales où ont eu lieu les grandes démonstrations populaires des années 1990, avec son corollaire, la répression, les charges de police et le jet de grenades lacrymogènes. Mais c'est aussi un lieu de recomposition sociale (brassage des ethnies, même si leur cohabitation devient difficile comme à Abidjan), de nouvelles solidarités (multiplication des associations de quartier, comme au Bénin, ou d'Églises locales qui sèment partout leurs lieux de culte, du Nigeria au Congo).

Les tentatives de remise en ordre sont périodiques, et souvent vaines. Des municipalités tentent d'intervenir dans les quartiers précaires, de chasser les squatters et d'entamer de brutales opérations de « déguerpissement » (ce fut le cas ces dernières années au Caire, à Dakar, à Abidjan, à Yaoundé ou à Nairobi), ou de détruire les étals installés hors des marchés, comme à Kinshasa ou à Antananarivo. Cela au risque de grossir la population des « 4-mi » (les Quatre Misères), privés de moyens légaux de subsistance.

Le gouvernement du Zimbabwe a entamé en juin 2005 une vaste opération, dite de restauration de l'ordre, avec l'aide de l'armée, interpellant des dizaines de milliers de marchands ambulants et rasant plusieurs bidonvilles à la lisière de Harare, la capitale. Au Maroc, deux ans après les attentats de Casablanca, un plan d'urgence vise à réhabiliter deux cent cinquante quartiers en détresse (bidonvilles, médinas délabrées), soupçonnés de faire le lit du terrorisme.

Les transports publics constituent un goulet d'étranglement : dévolus, sauf exception, au secteur privé, ils sont souvent pris d'assaut, insuffisants et peu sûrs. La réorganisation du secteur des taxis collectifs donne lieu à des affrontements entre clans, comme pour les *matutu* du Kenya ou les taxis de Johannesburg. Les entreprises, les cadres, les étrangers se barricadent et circulent en véhicules fermés ; les sociétés de gardiennage et de sécurité se multiplient, y compris dans les villes de province.

Dans le souci de désengorger ces métropoles et de rééquilibrer le pays en faveur de régions délaissées, des capitales *bis* ont été créées, avec des bonheurs divers, à Abuja (Nigeria), Yamoussoukro (Côte d'Ivoire), Dodoma (Tanzanie), Lilongwe (Malawi). Le président sénégalais a lancé en 2004 l'idée d'une nouvelle ville, pour suppléer Dakar, qui étouffe : les seuls embouteillages occasionneraient chaque année la perte d'une centaine de milliards de francs CFA.

Zambie

Pourtant riche en ressources minérales, la Zambie occupe le bas du tableau en matière de performances économiques et le sida y constitue aujourd'hui un problème crucial de développement. Enclavée en Afrique australe, bordée par huit États, elle est constituée essentiellement par un plateau d'une altitude moyenne de 1 000 à 1 600 mètres. D'une superficie de 752 610 kilomètres carrés, ce pays est peuplé de 10,5 millions d'habitants.

Jusqu'à l'arrivée des premiers explorateurs européens, vers la fin du XVIIIe siècle, la Zambie était divisée en plusieurs petits États. En 1924, elle devient colonie britannique sous le nom de Rhodésie du Nord. Après la découverte d'importants gisements, l'exploitation du cuivre prend peu à peu de l'ampleur. La Rhodésie du Nord alimente alors ses voisins en ressources minières et reçoit en échange les produits manufacturés de Rhodésie du Sud. En 1964, la Rhodésie du Nord devient indépendante. Kenneth Kaunda, chef du Parti uni de l'indépendance nationale, devient son chef de l'État. Malgré l'adoption d'un système parlementaire, il concentre très vite tous les pouvoirs. Profitant des cours élevés du cuivre, il nationalise les entreprises étrangères, développe quelques industries et infrastructures, met en œuvre des politiques sociales et sanitaires ambitieuses. Mais ces projets conduisent le pays à s'endetter lourdement.

La chute des cours du cuivre dans les années 1970 et la baisse de la production aggravent la situation. Au début des années 1980, le régime Kaunda est de plus en plus contesté, notamment pour ses pratiques de corruption. En 1990, des émeutes, des manifestations, une tentative de coup d'État le poussent à ouvrir le pays au multipartisme. Le syndicaliste Frédéric Chiluba, du Mouvement pour la démocratie multipartite (MMD), remporte l'élection présidentielle de 1991. Il est réélu en 1996 au cours d'un scrutin contesté. Levy P. Mwanawasa, pour lequel il avait appelé à voter, le remplace, en janvier 2002, après avoir remporté l'élection présidentielle.

Malgré un produit intérieur brut respectable (5,4 milliards de dollars en 2005, en croissance de 4,6 %), et avec un produit national brut par habitant de 340 dollars (en 2003), la Zambie est classée parmi les pays les moins avancés depuis 1991 : la pauvreté touche toujours plus des deux tiers de la population. Le pays reste à la fois très dépendant des prêts des bailleurs de fonds et de ses ressources en cuivre, dont il est le deuxième producteur mondial, et en cobalt (deuxième rang mondial), qui assurent 85 % des recettes d'exportation. Les cours élevés du cuivre depuis quelques années ont permis de réaliser des investissements devant permettre la diversification de l'économie, par la modernisation de l'agriculture, et le développement d'un secteur manufacturier et du tourisme. Cependant, le pays reste handicapé par la contrebande de produits venus du Zimbabwe.

Classée au cent soixante-sixième rang mondial selon l'Indice pour le développement humain (PNUD, 2005), la Zambie est particulièrement affectée par la pandémie du sida : 16 % de ses citoyens âgés de 15 à 49 ans sont séropositifs (la moitié des citadines âgées de 15 à 49 ans seraient infectées). Les programmes pour enrayer la progression de la maladie ont pris du retard, en raison notamment du manque de personnel de santé, affaibli par l'exode des cerveaux : en 2004, le pays ne comptait plus que 700 médecins, et 2 000 infirmières sont parties travailler au Royaume-Uni en 2003.

La Zambie fait donc partie des pays qui vont devoir faire face, au cours des années à venir, aux conséquences économiques et sociales du sida. Début 2005, un rapport d'une société d'audit indiquait par exemple que le pays pourrait perdre 50 millions de dollars par an, si rien n'était fait pour maîtriser la pandémie. L'espérance moyenne de vie des Zambiens n'est que de 36,5 ans.

Zimbabwe

Il a été le dernier pays du continent à gagner son indépendance. L'ancienne Rhodésie du Sud, soumise à une colonisation blanche fondée sur des préceptes ouvertement racistes, devenait en 1980 le symbole de la volonté d'émancipation de l'Afrique. Un quart de siècle plus tard, l'ancien héros de l'indépendance, Robert Mugabe, est devenu un problème pour l'ensemble de la communauté internationale, dans un pays dont l'économie est en déliquescence.

Pour cet homme de 81 ans élevé chez les jésuites, considéré par les Occidentaux et par son opposition comme un dictateur démagogue, les dernières années ont été un défi permanent couronné en 2002 par sa réélection contestée à la tête de l'État, et en mars 2005 par la victoire éclatante de son parti, l'Union nationale africaine du Zimbabwe-Front patriotique (ZANU-PF), sur le principal mouvement d'opposition, le Mouvement pour le changement démocratique (MDC), illustré par la figure de Morgan Tsvangirai. Celui-ci, soumis à d'incessantes pressions du pouvoir, doit aussi gérer de graves divisions au sein de sa formation, dont un putsch interne tentait de l'exclure, en décembre 2005. Mugabe garde par ailleurs des soutiens en Afrique où le président sud-africain

Thabo Mbeki, confronté lui aussi à l'accaparement des terres fertiles par une minorité de fermiers blancs, a montré sa préférence pour une pression diplomatique discrète.

État enclavé d'Afrique australe, voisin notamment du Mozambique et de l'Afrique du Sud, le Zimbabwe a acquis son indépendance le 18 avril 1980 après les accords de Lancaster House signés avec la Grande-Bretagne. Ceux-ci avaient mis fin à un conflit armé déclenché quinze ans auparavant, à la suite de la Déclaration unilatérale d'indépendance (UDI) proclamée par la minorité blanche en Rhodésie du Sud. Depuis cette date, Robert Mugabe a occupé le pouvoir, d'abord comme Premier ministre, puis à la présidence de l'État à partir de 1987.

Dans ce pays (390 000 km^2) dont la population dépasse les 13 millions d'habitants (2003), les Noirs forment l'écrasante majorité : on compte 98 % de Noirs (Shona 82 %, Ndebele 14 %, autres 2 %), 1 % de métis et d'Asiatiques et moins de 1 % de Blancs. La majorité des terres productives était toutefois restée aux mains de fermiers blancs. Dans ces conditions, le programme de réforme agraire déclenché en 1999-2000, qui a mobilisé les vétérans de la guerre de libération, a vite tourné à la violence.

L'exode de fermiers blancs, la répression politique et des mesures économiques inefficaces accompagnées d'aléas climatiques ont porté, surtout depuis 1997, un coup dur à la production agricole et aux revenus provenant du tourisme. Le Zimbabwe produit notamment du tabac, du blé, du coton, du café, de la canne à sucre, du maïs ainsi que des produits miniers comme le cuivre ou l'or, mais aussi des produits manufacturés (textiles ou sucre). Son économie a connu des années de croissance négative : en 2006, le phénomène d'hyperinflation a porté celle-ci au-delà des 1000 %, tandis que le produit national brut par habitant passait sous les 500 dollars, Harare refusant toutefois la proposition de la CNUCED (conférence des Nations unies pour le commerce et le développement) de faire entrer le Zimbabwe dans la catégorie des Pays les moins avancés. Le chômage touche officiellement 70 % de la population, et dans les régions rurales les plus pauvres la survie est assurée par les distributions de rations alimentaires des Nations unies ou des ONG. C'est dans ce contexte qu'une opération d'assainissement urbain décidée par le régime a conduit à la destruction de bidonvilles et de commerces illégaux en 2005, jetant près de 700 000 personnes dans les rues ; elle devait aboutir à des relogements décents, ce qui était loin d'être le cas plus d'un an après, la situation économique ayant pu être jugée par certains observateurs comparable à celle d'un pays en guerre.

Un grand nombre de bailleurs de fonds ont diminué ou suspendu leurs aides. Soumis depuis 2002 à des sanctions de l'Union européenne incluant le gel des avoirs et l'interdiction d'entrer sur le territoire de l'Union, le Zimbabwe a quitté le Commonwealth en 2003, après l'interdiction faite de participer au sommet de cette organisation. Ses relations avec la Grande Bretagne, détestables depuis le début de la réforme agraire, ont conduit en 2006 à la désignation sous l'égide de la SACD (communauté économique de l'Afrique australe) d'un médiateur, l'ancien président tanzanien Benjamin Mkapa. Le conseil des églises du Zimbabwe a soumis à l'été 2006 de son côté un plan global de sortie de crise prônant notamment une réforme constitutionnelle.

Postface

Un XXIe siècle « africain » ?

Par Elikia Mbokolo
directeur d'études à l'École des hautes études en sciences sociales (EHESS, Paris)

Les mots couramment utilisés jusqu'ici pour parler de l'Afrique, les concepts mis en œuvre pour penser ses problèmes et imaginer son devenir, les formules saisissantes proclamant espoir ou effroi à son sujet, presque toutes ces notions exprimant les visions successives de l'Afrique, essentiellement forgées depuis l'Occident, se sont révélées décevantes. Elles n'ont pas aidé à comprendre l'Afrique, ni permis à ses partenaires de contribuer efficacement à sa marche en avant. Une autre vision de l'Afrique n'est donc pas seulement possible, elle est nécessaire. À condition de regarder l'Afrique en face et de faire preuve d'un minimum d'imagination et d'audace, mais aussi de modestie, à son égard.

L'Afrique actuelle, Afrique réelle, se donne à voir d'abord comme une immensité forcément diverse, dont les multiples composantes interdisent de tirer, trop rapidement, de ce qui survient à un endroit des conclusions qui seraient valables pour l'ensemble du continent. Une telle précaution n'est pas excessive, dans un continent traversé à tous égards par des dynamiques souvent contradictoires, dans lesquelles semblent se mêler en désordre les acquis réconfortants, les dérives inquiétantes, les promesses fécondes et les incertitudes aussi stimulantes que dérangeantes. Il n'est que d'observer le champ politique, où la dernière décennie a vu s'accumuler de formidables avancées dans la consolidation de l'État de droit et dans la constitution d'une citoyenneté agissante, en même temps que la cristallisation d'espaces voués au travail de la mort et à toutes les figures de l'oppression. Que retenir d'un tel tableau ?

La métaphore du verre à moitié plein ou à moitié vide ne saurait convenir ici. Au plan des représentations collectives, le ponce-pilatisme de certains, qui passaient pour les connaisseurs de l'Afrique, a produit trop d'effets néfastes en laissant le monopole du jugement aux observateurs de passage, pressés de conclure. S'il faut rompre avec cette posture, c'est parce que l'Afrique est aussi un gigantesque vivier de jeunesse, le continent le plus jeune, où la majorité des effectifs humains, née après 1990, ne connaît que pour en avoir entendu parler des repères aussi lourds de significations que l'apartheid, les « pères fondateurs » des indépendances, l'étatisme économique ou les régimes despotiques des « partis-États »... C'est dire une jeunesse peut-être en délicatesse avec le capital mémoriel des États africains, mais sans aucun doute une jeunesse psychologiquement libérée et disponible, largement ouverte aux innovations et dont l'impatience brouillonne, si elle est canalisée, peut devenir l'un des levains de cette fameuse « renaissance africaine », ramenée à juste titre au premier plan des attentes et des rêves des Africains.

En effet, si l'on admet que « gouverner, c'est prévoir », c'est-à-dire travailler dans la durée, alors le rapport structurel des Africains avec leur temps, le temps social et le temps politique des actions et engagements collectifs, apparaît comme un gage solide des possibles transformations de l'Afrique dans les décennies à venir. Car l'on a évidemment tort d'inscrire la tâche gigantesque de la (re)construction de l'Afrique — à la triple échelle des États, des ensembles régionaux et du continent — dans le temps très court d'équipes gouvernementales soumises à la sanction régulière des urnes.

En réalité, si l'on se retourne sur le passé récent, c'est sur des durées sensiblement plus longues que l'Afrique a réalisé au cours du XXe siècle ses avancées les plus significatives : de 1944 (conférence de Brazzaville) à 1975 (indépendance des colonies portugaises), une trentaine d'années pour obtenir ce que personne n'imaginait au lendemain de la Seconde Guerre mondiale : l'émancipation politique du continent. Des années 1970 (prolifération du modèle despotique) aux années 1990 (vague de libéralisation et de démocratisation), une vingtaine d'années pour que les citoyens, longtemps privés de leurs droits, recouvrent attributs et symboles de la souveraineté... L'Afrique recèle donc une sorte d'énergie sourde à laquelle, en définitive, aucun obstacle posé sur son chemin n'a durablement résisté et dans laquelle elle se doit de puiser pour affronter efficacement les défis d'aujourd'hui et de demain.

Or le début du troisième millénaire a vu se créer, pour l'Afrique, une situation — inédite de mémoire d'homme — caractérisée par la convergence d'urgences incontournables et de quotidiennetés apparentes, reposant en réalité sur des temporalités multiples. Cette situation impose aux Africains la prise en charge collective, en termes d'acteurs, et globale, en termes de tâches, d'un avenir proche dont chacun sent confusément que, s'il n'amorce pas le relèvement du continent, il entraînera une déconnexion durable de la plupart des États par rapport aux dynamiques qui façonnent le monde d'aujourd'hui.

Participent de cette convergence des événements et des processus très divers : la peur des dérives identitaires, dont le Rwanda hier et la Côte d'Ivoire aujourd'hui sont les illustrations les plus spectaculaires ; la lancinante question des frontières et du télescopage des identités qu'elles abritent ; la récurrence des drames individuels et collectifs et des violations des droits élémentaires auxquels sont exposés les plus fragiles (enfants, femmes, vieillards) ; la conscience vive, au spectacle des conflits sierra-léonais et libérien et de la guerre en république démocratique du Congo, que l'Afrique pourrait voir se répéter sur son sol les violences meurtrières qui, en leur temps, ont ravagé par exemple l'Europe et l'Amérique latine ; le gaspillage répété de ressources non renouvelables et le gâchis des chances de développement ; l'exemple positif d'autres zones du monde qui, parties en même temps ou plus tard que l'Afrique dans la dynamique unitaire (les premières manifestations du panafricanisme ne remontent-elles pas à la fin du XIXe siècle ?), ont largement dépassé celle-ci dans la voie de l'intégration...

Cependant, il suffit de voir la vitalité et d'entendre la voix des créateurs et médiateurs artistiques, culturels et scientifiques, dont l'audience s'insinue sensiblement dans les rangs de la jeunesse africaine, pour sentir à quel point les forces vives des sociétés africaines sont conscientes de ces défis et impatientes de leur trouver des réponses. Ces avancées ne sont pas marginales aux sociétés africaines : elles informent sur le feu intérieur qui couve en elles. N'oublions pas que de semblables avancées culturelles et intellectuelles ont précédé ou accompagné les ruptures majeures par lesquelles l'Afrique a mis en branle le processus de son émancipation.

Ce continent possède donc une indiscutable capacité de surprendre dont il pourrait administrer les preuves dans un avenir proche. Il faut par conséquent cesser de croire qu'il a besoin d'être « aidé » ou qu'il faudrait lui tenir la main dans la voie du « progrès », comme on le ferait à un enfant qu'il n'est pas et qu'il n'a jamais été. Ni d'« aide », ni de compassion, ni encore moins de mépris l'Afrique n'a besoin. Elle a besoin qu'on la laisse, en intelligence et en confiance, accomplir son historicité.

ANNEXES

Éphémérides 1960-2005 [1]

1er janvier 1960 : indépendance du Cameroun sous domination française

Sous domination allemande jusqu'en1919, le territoire du Cameroun est pour partie confié à la France (les trois quarts du territoire) et à la Grande-Bretagne (un quart) après la Première Guerre mondiale. La partie française est autonome depuis février 1957 et proclame son indépendance le 1er janvier 1960. Amadou Ahidjo, Premier ministre depuis le 18 février 1958, fait adopter le 1er mars par référendum la nouvelle Constitution, comparable à celle de la Ve République française ; il est élu président de la République le 5 mai. Entre-temps, le 11 février, la partie anglaise s'est prononcée pour le rattachement au Nigeria au nord et pour l'union avec la république du Cameroun au sud. Le 1er octobre 1961, les deux Cameroun sont officiellement rattachés avec l'adoption d'une Constitution fédérale par les deux assemblées, la république du Cameroun et le Cameroun occidental gardant chacun leur Constitution propre. Cette situation perdurera jusqu'à l'adoption par référendum, le 20 mai 1972, de la troisième Constitution du Cameroun, qui devient alors un État unitaire, bilingue et centralisé.

13 février 1960 : premier essai atomique français à Reggane, dans le Sahara algérien

En 1957, lorsqu'il est apparu qu'il était désormais indispensable de procéder à des expérimentations en vraie grandeur, le Commandement interarmées des armes spéciales décida de créer un champ

1. Source : Éphémérides RFI. Service de documentation de Radio France Internationale.

de tir à Reggane, au centre du Sahara et à 700 kilomètres au sud de Colomb-Béchar. Les premiers essais sont aériens. Le rapport annuel du Commissariat à l'énergie atomique (CEA) de 1960 montre l'existence d'une zone contaminée de 150 kilomètres de long environ. Les responsables des essais décidèrent donc de s'orienter vers des tirs souterrains qui devaient permettre de « piéger » dans la roche la plus grande partie des éléments radioactifs produits par les explosions. De novembre 1961 à février 1966, treize tirs en galerie ont été effectués. Ce système semblait donner toute satisfaction mais, les accords d'Évian ayant prévu que la France devait abandonner ses expériences au Sahara, la France a dû se mettre à la recherche d'un autre site.

21 mars 1960 : massacre de Sharpeville en Afrique du Sud

À 7 heures du matin à Orlando (Afrique du Sud), quelques hommes déchirent leur laissez-passer devant un poste de police. Le même jour, à Sharpeville, dans le Transvaal, quatre mille Noirs en font autant. C'est l'origine du grand rassemblement qui va tourner au drame. Les policiers tirent sept cents coups de feu sur la foule. Soixante-quinze Noirs sont tués, cent quatre-vingts grièvement blessés. L'état d'urgence est déclaré, l'African National Congress (ANC) et le Pan-African Congress (PAC) sont interdits. En cette année 1960, qui marque l'indépendance de nombreux Africains, le nom de Sharpeville s'inscrit sur la liste des drames de l'apartheid.

20 juin 1960 : indépendance de la Fédération du Mali

Le projet de Fédération du Mali regroupait à l'origine le Dahomey (actuel Bénin), la Haute-Volta (actuel Burkina Faso), le Sénégal et le Soudan (actuel Mali) alors sous le régime de la Communauté française. Il répondait à la volonté exprimée par la Conférence panafricaine des peuples d'Afrique, réunie à Accra en décembre 1958, de gommer les frontières tracées par les anciennes puissances coloniales et de réajuster les déséquilibres démographiques et économiques. Lorsqu'elle naît officiellement le 4 avril 1959, la Fédération ne regroupe plus que le Sénégal et le Soudan. Au début de l'année 1960 sont signés des accords de transferts de compétence de la France à la Fédération, qui accède à l'indépendance le 20 juin 1960.

26 juin 1960 : indépendance de Madagascar

La France a pris possession de Madagascar au cours du XIXe siècle. Après la Seconde Guerre mondiale, en 1947, une révolte de la population malgache est durement matée. Mais la décolonisation est en marche. Elle sera finalement proclamée le 26 juin 1960 par son premier président, Philibert Tsiranana.

30 juin 1960 : indépendance du Congo (ex-Congo belge)

Le 30 juin 1960, l'ex-Congo belge proclame son indépendance. Cependant, le Katanga, région riche située loin de sa capitale, est prêt à faire sécession. La veille, l'Union minière a transféré son siège d'Elisabethville à Bruxelles. Patrice Lumumba, chef du premier gouvernement formé le 23 juin, déclare : « Cette indépendance du Congo, si elle est proclamée aujourd'hui dans l'entente avec la Belgique, pays ami avec lequel nous traitons d'égal à égal, nul Congolais digne de ce nom ne pourra oublier cependant que c'est par la lutte qu'elle a été conquise... »

11 juillet 1960 : sécession katangaise, guerre civile au Congo

Après son indépendance, le 30 juin 1960, l'ex-Congo belge connaît bien des remous. Il affronte en particulier la sécession de sa province la plus riche, le Katanga (Shaba), à partir du 11 juillet 1960. C'est là, dans cette immense région située au sud-est du pays, que se trouvent les fameuses mines de cuivre de Kolwezi. Moïse Tschombé a pris la tête de la sécession, avec le soutien de mercenaires blancs et de la Belge Union minière. Pour mettre un terme à la guerre civile, le Premier ministre Patrice Lumumba demande l'aide de l'ONU, qui envoie une force de maintien de la paix. Soutenu par les États-Unis et la Belgique, le colonel Mobutu Sese Seko réussit son premier coup d'État le 16 septembre 1960, écartant du pouvoir Lumumba (qui sera assassiné le 17 janvier 1961). Ce même mois de septembre 1960, des affrontements éclatent entre les troupes katangaises et les soldats de l'ONU. Le 18, le secrétaire général de l'ONU, Dag Hammarskjöld, trouve la mort dans un accident d'avion, alors qu'il se rendait au Congo pour rencontrer Moïse Tshombé et tenter de renforcer le cessez-le-feu... Le 15 janvier 1963, Moïse Tschombé se déclare prêt à mettre fin à la sécession.

Août 1960 : indépendance du Dahomey, du Niger, de la Haute-Volta, de la Côte d'Ivoire

Le Bénin portait encore le nom de Dahomey lorsqu'il devint indépendant le 1er août 1960. Le premier jour d'août 1960 inaugurait toute une série d'indépendances pour les pays de l'Afrique francophone. C'est le 3 août 1960 que le Niger est devenu indépendant, avec pour premier président Boubou Hamani Diori, après que l'Assemblée constituante fut devenue l'Assemblée nationale le 29 juillet 1960. La Haute-Volta, aujourd'hui Burkina Faso, avait été annexée par la France en 1896, coupée et répartie en 1932 entre les pays voisins : après avoir retrouvé son territoire par la loi du 4 septembre 1947, et être devenue République autonome en 1959, la Haute-Volta adhère au Conseil de l'Entente avant de devenir indépendante en 1960. Le 7 août 1960, la Côte d'Ivoire fête son indépendance : élu premier président le 27 novembre 1960, Félix Houphouët-Boigny sera par la suite constamment réélu et son parti, le Parti démocratique de Côte d'Ivoire (PDCI), restera jusqu'en 1990 le seul autorisé.

11 août 1960 : indépendance du Tchad, de la République centrafricaine, du Congo-Brazzaville

Le 11 août 1960 est proclamée l'indépendance du Tchad. Avec émotion, l'envoyé du général de Gaulle, André Malraux, rappelle lors du discours officiel d'indépendance que le Tchad fut la première colonie à se rallier à la France libre pendant la Seconde Guerre mondiale. André Malraux qui représente le général de Gaulle lors des cérémonies de l'indépendance des anciens pays de l'Afrique équatoriale française, est à Bangui le 13 août 1960 aux côtés du président David Dacko alors que le drapeau de la République centrafricaine monte au mât le jour de la proclamation de l'indépendance. Dans la série des indépendances africaines, celle du Congo est déclarée le 15 août 1960. Les cérémonies officielles se déroulent dans la ville même où le général de Gaulle a prononcé son fameux discours du 24 août 1958 (surnommé depuis le « discours de Brazza »). L'abbé Fulbert Youlou devient le premier chef de l'État.

17 août 1960 : indépendance du Gabon

Le 17 août 1960, le Gabon proclame son indépendance. Rappelons que la côte gabonaise a été découverte au XVe siècle par les Portugais et que c'est au XIXe siècle que le Gabon a été rattaché au Congo français. En 1910, il devint colonie de l'A-ÉF jusqu'à l'indépendance proclamée par le premier président, Léon M'Ba.

20 août 1960 : éclatement de la Fédération du Mali

Le 20 août 1960, l'Assemblée législative du Sénégal vote pour le retrait et l'indépendance en solo du Sénégal, faisant éclater la Fédération du Mali. Les ministres soudanais sont arrêtés. Les raisons sont politiques, car les liens entre deux territoires aux économies complémentaires avaient bien des avantages. Mais le Sénégalais Senghor et le Malien Modibo Keita n'avaient pas la même vision du socialisme africain : le premier voulait garder un lien fort avec la France, le second souhaitait une fédération très centralisée, d'inspiration marxiste-léniniste. Le 22 septembre 1960, Modibo Keita proclamera l'indépendance de la république du Mali.

28 novembre 1960 : indépendance de la Mauritanie

En août 1960, la plupart des pays de la communauté française d'Afrique de l'Ouest et d'Afrique centrale ont accédé à l'indépendance. Le 28 novembre de cette même année, la Mauritanie clôt la liste en accédant à la souveraineté internationale. Moktar Ould Daddah devient le premier président de la république islamique de Mauritanie.

4 janvier 1961 : le groupe de Casablanca

Une conférence, dans laquelle les participants placent les plus grands espoirs, se tient, du 4 au 7 janvier 1961, à Casablanca. Elle réunit, sous la présidence de Mohammed V, roi du Maroc, les chefs d'État de la République arabe unie (Égypte et Syrie), du Ghana, de la Guinée et du Mali. La Libye a délégué son ministre des Affaires étrangères et l'Algérie insurgée, le chef du gouvernement, Ferhat

Abbas. À l'issue de trois jours de débats, une charte est adoptée, à laquelle tous les États indépendants de l'Afrique sont invités à se joindre. Elle vise, selon Nkrumah, à « poser les fondations de l'unité politique du continent africain ». Mais sera sans lendemain.

17 janvier 1961 : mort de Patrice Lumumba, ancien Premier ministre congolais

Né le 2 juillet 1925, le leader nationaliste du Congo belge a été de tous les combats pour l'indépendance. En octobre 1958, il a fondé le Mouvement national congolais (MNC). À Accra, invité à la conférence organisée par Nkrumah, il découvre que l'Afrique peut devenir puissante et s'unir. Au retour, on commence, avec lui, à scander le mot « indépendance ». Lumumba connaît la prison. Il en sort pour continuer la lutte jusqu'au moment où, le 30 juin 1960, il prononce solennellement, devant le roi Baudoin, le discours historique de l'indépendance. Dès lors, en tant que Premier ministre, il va se trouver projeté dans les méandres de la politique congolaise et devant la sécession du Katanga de Moïse Tschombé. Entré en conflit avec le chef de l'État Kasavubu puis écarté du pouvoir à la suite du premier coup d'État de Mobutu Sese Seko le 16 septembre 1960, Lumumba est mis en résidence surveillée. Après une tentative d'évasion qui échoue, il est enfermé dans une cellule. Il en sortira pour un dernier voyage qui le conduira de la torture à la mort et à l'auréole des martyrs. « Je préfère mourir la tête haute plutôt que de vivre dans le mépris des principes sacrés... »

4 février 1961 : guérilla indépendantiste en Angola

Ce jour-là, le Mouvement populaire de libération de l'Angola (MPLA) donne le coup d'envoi de la guérilla en lançant ses militants à l'assaut de la prison de Luanda, où sont enfermés des prisonniers politiques. Le MPLA est encouragé par l'exemple du capitaine Henrique Galvao qui, le mois précédent, a arraisonné dans l'Atlantique un navire marchand portugais, donnant ainsi le signal de la révolte anti-Salazar. Malgré un échec provisoire, c'est un pas décisif qui a été franchi par les nationalistes. L'insurrection armée est devenue une méthode de combat qui ne s'éteindra pas avec l'indépendance de l'Angola, le 11 novembre 1975.

18 mars 1962 : les accords d'Évian

Après huit années d'une guerre impitoyable, les accords d'Évian mettent fin à la colonisation française en Algérie. Les négociations, qui duraient depuis plusieurs mois — la délégation française était conduite par Louis Joxe, la délégation algérienne par Krim Belkacem —, furent rapidement menées à terme à partir du moment où le général de Gaulle accepta de considérer le Sahara comme partie intégrante de l'Algérie. Les accords d'Évian admettent le principe de l'indépendance qui doit cependant être soumis à référendum, en France puis en Algérie. À l'annonce des accords conclus à Évian, de jeunes musulmans déploient le drapeau de l'Algérie indépendante dans la Casbah d'Alger. Le cessez-le-feu intervient le lendemain, le 19 mars 1962.

12 mai 1962 : naissance de l'Union monétaire ouest-africaine

L'Union monétaire ouest-africaine (UMOA) est créée ce jour-là par un traité signé de six États : Bénin, Côte d'Ivoire, Haute-Volta, Niger, Sénégal, Togo. Pour exécuter ses directives, l'UMOA dispose de deux institutions : la Banque centrale des États de l'Afrique de l'Ouest (BCEAO) et la Banque ouest-africaine de développement (BOAD). La Banque centrale joue un rôle financier important, elle a le privilège d'émettre la monnaie, elle veille à l'application de la politique monétaire décidée par les États.

1er juillet 1962 : indépendance du Rwanda et du Burundi

Après quarante-trois ans de tutelle belge, le Rwanda et le Burundi accèdent à l'indépendance. Les Allemands s'étaient installés dans la région du lac Tanganyika à la fin du XIXe siècle, mais, à la suite de leur défaite de 1918, la Belgique reçut mandat sur le Rwanda-Urundi proche de ses possessions du Congo. Le Rwanda-Urundi connut donc le régime de la colonisation belge avec ses particularismes. Deux ans après la proclamation des indépendances des pays francophones voisins, le Rwanda et le Burundi, chacun séparément, retrouvent donc leur souveraineté nationale, ce qui n'atténue pas pour autant les tensions internes des peuples hutu et tutsi qui forment le fond de leurs populations.

3 juillet 1962 : l'Algérie indépendante

Le 1er juillet, la population algérienne s'est massivement prononcée pour un « État indépendant coopérant avec la France dans les conditions définies par la déclaration du 18 mars 1962 » (accords d'Évian). Ce 3 juillet, la France reconnaît solennellement l'indépendance du pays. Pour les Algériens, c'est la joie qui efface sept ans de conflit meurtrier et cent trente ans de colonisation ; une indépendance qu'ils fêtent le 5 juillet, symboliquement à la même date que la capitulation de l'armée turque d'Alger devant les troupes françaises, le 5 juillet 1830.

25 mai 1963 : signature de la charte fondatrice de l'Organisation de l'unité africaine (OUA)

Dans la capitale de l'Empire éthiopien, trente drapeaux flottent au vent. Ce sont les emblèmes des États africains invités par le Négus à la conférence d'Addis-Abeba. Jusqu'au 23 mai, les ministres des Affaires étrangères vont se réunir. Ensuite interviendront les chefs d'État et de gouvernement. À la tribune, Julius Nyerere rappelle que l'histoire du continent n'est pas celle que l'on enseigne dans les livres coloniaux. L'Éthiopie n'a-t-elle pas montré à Adoua que l'Afrique n'avait pas toujours été humiliée ? Aujourd'hui, les États, dans leur majeure partie, ont conquis leur indépendance. Mais cette indépendance doit conduire à l'unité. Il ne doit plus y avoir désormais de groupe de Casablanca et de groupe de Monrovia qui s'opposent. L'unité africaine doit être scellée à Addis-Abeba. Kwamé Nkrumah soutient pour sa part un projet fédéraliste. D'autres chefs d'État préfèrent l'Afrique des patries. La charte proposée sera finalement un compromis.

12 janvier 1964 : révolution à Zanzibar

Indépendante de la tutelle britannique depuis le 10 décembre 1963, l'île de Zanzibar est toujours dirigée par un sultan et connaît un développement très inégalitaire selon l'appartenance ethnique : elle est dominée par la population arabe, originaire d'Oman, qui possède les terres et les plantations ; les Asiatiques, principalement des Indiens, contrôlent le commerce ; et la population originaire du continent africain, paysanne, est reléguée au bas de l'échelle. Soutenus par le Tanganyika continental voisin, des insurgés membres de l'Afro-Shirazi Party (ASP, de *shirazi*, « indigène ») déclenchent la révolution à Zanzibar le 12 janvier 1964 : ils occupent les postes de police, la radio, les centraux téléphoniques, s'emparent des réserves d'armes et parviennent dès 8 heures du matin à s'assurer le contrôle de l'île. Le sultan est renversé et fait en vain appel à l'aide britannique. Des milliers de propriétaires arabes sont assassinés. Le gouvernement insurrectionnel dirigé par Abeid Karume, chef de l'ASP, demande à toutes les puissances étrangères de ne pas s'immiscer dans les affaires intérieures de l'île et proclame la république de Zanzibar le 18 janvier.

24 avril 1964 : Zanzibar et le Tanganyika unis dans la république de Tanzanie

Inquiet des violences et des dérives politiques sur l'île, à quelques kilomètres de ses côtes, le président du Tanganyika Julius Nyerere propose l'union au président de Zanzibar Abeid Karume. Le Traité d'union signé le 24 avril 1964 donne ainsi naissance à la république unie de Tanzanie, constituée du Tanganyika, de Zanzibar et de l'île de Pemba, dans un cadre constitutionnel un peu flou, ni fédéraliste ni unitaire. Le nom de Tanzanie fait référence à un peuple, les Zendjs, et à un ancien royaume, l'Azanie. Les Zendjs, qui sont une des composantes de l'Afrique orientale, auraient déjà donné leur nom à Zanzibar : le pays des Zendjs.

13 mai 1964 : mise en eau du barrage d'Assouan

À 10 h 45 ce jour-là, le colonel Nasser et Nikita Khrouchtchev appuient sur le bouton qui met en eau le barrage d'Assouan, sous les applaudissements des cinq mille invités. Cette réalisation spectaculaire doit régulariser le cours du Nil et permettre d'irriguer les zones agricoles. Le fleuve est dévié de son lit par un canal de 1,6 kilomètre. La construction de cet ensemble a employé 34 000 Égyptiens et les travaux ont été supervisés par 300 ingénieurs et techniciens soviétiques. Mais si l'économie égyptienne a besoin de ce barrage, l'histoire et le passé du pays se trouvent gravement menacés par l'immense nappe d'eau entretenue artificiellement en amont d'Assouan. Il s'agit notamment des temples de Nubie que l'on va déplacer pour qu'ils ne soient pas engloutis. Une campagne internationale de l'Unesco et un prêt de 30 millions de dollars permettront ce fabuleux démontage.

6 juillet 1964 : indépendance du Malawi

Dans la nuit du 5 au 6 juillet 1964, à Blantyre, capitale du Nyassaland, le drapeau noir, rouge et vert du nouvel État indépendant du Malawi remplace celui du protectorat britannique. L'année précédente, le Nyassaland avait quitté la fédération de Rhodésie créée par les colons britanniques en 1953 et contre laquelle les leaders nationalistes n'ont cessé de lutter en Afrique australe. Le Malawi va se doter d'une Constitution qui proclame le multipartisme mais c'est un régime à parti unique, dominé par Kamuzu Banda, qui va s'instaurer.

10 septembre 1964 : naissance officielle de la Banque africaine de développement (BAD)

À Khartoum (Soudan), lors d'une conférence des ministres des Finances qui s'ouvre le 4 août 1963, est signé l'accord portant création de la Banque africaine de développement (BAD). Le 10 septembre 1964, l'institution entre en vigueur avec la souscription par vingt pays membres de 65 % du capital autorisé.

24 octobre 1964 : indépendance de la Zambie

Le 24 octobre 1964, la Rhodésie du Nord accède à l'indépendance sous le nom de Zambie. Kenneth Kaunda, le leader qui a animé le principal mouvement nationaliste, prend la tête du pays pour y établir un régime présidentiel. Colonie de la couronne britannique en 1924, le pays a fait partie entre 1953 et 1963 d'une fédération qui réunissait les deux Rhodésie et le Nyassaland.

18 février 1965 : indépendance de la Gambie

Le 18 février 1965, la Gambie fête son indépendance. Colonie britannique enclavée dans le territoire sénégalais, la Gambie est née du partage colonial. Sir Dawda Jawara, chef du Parti populaire progressiste vainqueur des élections de 1962, devient le premier président du pays qui se transformera en république en 1970.

10 septembre 1965 : début de la rébellion contre le pouvoir central au Tchad

En janvier 1965, cinq ans après l'indépendance du Tchad (11 août 1960) et l'accession de François Tombalbaye, un homme du Sud, à la présidence, la moitié nord du pays (Borkou-Ennedi-Tibesti), jusqu'ici sous le contrôle de l'armée française, passe sous administration tchadienne. En juin 1965, les vexations des soldats contre les Toubou provoquent des troubles à Bardaï, dans le Tibesti. Le 2 septembre 1965, à la suite d'un incident à Mangalmé, la rébellion contre le pouvoir central de N'Djamena éclate dans les provinces de Batha et Ouaddaï (nord-est, à la frontière soudanaise). Le gouvernement du président Tombalbaye accuse le Soudan d'ingérence dans les affaires tchadiennes. Le 22 juin 1966, au Soudan, tous les mouvements de rébellion tchadiens, représentant surtout les nordistes musulmans, fusionneront au sein du Front révolutionnaire armé pour la libération au Tchad (Frolinat). L'armée française viendra au secours du président Tombalbaye en intervenant au Tibesti le 28 août 1968.

1er janvier 1966 : l'Union douanière et économique de l'Afrique centrale (UDEAC) entre en vigueur

Au lendemain de leur indépendance, le Cameroun, le Congo (-Brazzaville), le Gabon et le Tchad réalisent le besoin de créer une organisation de coopération régionale. Le 8 décembre 1964 est signé le traité instituant l'Union douanière et économique de l'Afrique centrale (UDEAC) dans le but de développer les échanges et d'intégrer les économies de la sous-région. Le traité de l'UDEAC entre en vigueur le 1er janvier 1966. La Guinée-Équatoriale entre dans l'organisation en janvier 1985. Trente ans plus tard, le bilan est bon en matière de coopération monétaire mais la coopération économique reste modeste. D'où la signature, le 16 mars 1994 à N'Djamena, du traité instituant une nouvelle organisation avec un rôle renforcé, la Communauté économique et monétaire de l'Afrique centrale (CEMAC).

24 février 1966 : un coup d'État renverse Kwamé Nkrumah au Ghana

« Citoyens du Ghana, je viens vous informer que les militaires, avec la coopération de la police, se sont emparés du gouvernement du Ghana. Le mythe entourant Kwamé Nkrumah a été brisé. Le Parlement a été dissous. Kwamé Nkrumah a été démis de ses fonctions... » Ces mots, lancés sur les antennes de la radiodiffusion ghanéenne, annoncent la destitution du père de l'indépendance, chantre du panafricanisme. La nouvelle provoque un grand émoi dans toutes les capitales. Le président Kwamé Nkrumah se trouve alors en route pour Pékin. Renversé par le général Ankrah, il s'exilera en Guinée.

30 septembre 1966 : indépendance du Botswana

Colonie britannique pendant plus de quatre-vingts ans, au territoire en grande partie occupé par le désert du Kalahari, le Betchuanaland est proclamé indépendant le 30 septembre 1966 sous le nom de Botswana. Le nouvel État demeure associé à Londres dans le cadre du Commonwealth. Il est fortement dépendant économiquement de ses voisins, l'Afrique du Sud et le Zimbabwe. Seretse Khama en devient le président. Né le 1er juillet 1921, Seretse Khama s'affranchit des coutumes — il épouse une Anglaise — mais réussit à promouvoir l'entente entre les communautés. Il sera constamment réélu jusqu'à sa mort, le 13 juillet 1980.

14 avril 1967 : Eyadema se proclame président de la République au Togo

Depuis son coup d'État du 13 janvier 1967, le lieutenant-colonel et chef d'état-major des armées Gnassingbé Eyadema est devenu l'homme fort du Togo. Il a déposé le président Nicolas Grunitzky, qu'il avait pourtant installé à la tête de l'État après l'assassinat du premier président du Togo indépendant, Sylvanius Olympio, le 13 janvier 1963. Puis il a dissout l'Assemblée nationale, abolit la Constitution et créé un Comité de réconciliation nationale (CRN) groupant des civils et des militaires, pour gouverner le pays. Le 14 avril 1967, il prend officiellement les rênes du pouvoir en se proclamant président de la République. Il cumule désormais les pouvoirs exécutif et législatif et s'empresse de dissoudre les partis politiques.

30 mai 1967 : sécession du Biafra

Le 30 mai 1967, le lieutenant-colonel Ojukwu, gouverneur du Nigeria oriental, à majorité ethnique Ibo, proclame l'indépendance de cet État sous le nom de république du Biafra. C'est le début d'une guerre civile qui va déchirer trois années le Nigeria, faisant un million de victimes, en grande partie des civils affamés. Le 12 janvier 1970, la rébellion séparatiste est défaite par les troupes fédérales nigérianes. Le général Effiong remplace Ojukwu et demande la paix.

6 juin 1967 : naissance de la Communauté est-africaine

À Kampala, en Ouganda, trois pays signent le 6 juin 1967 un traité de coopération : le Kenya, l'Ouganda et la Tanzanie, respectivement représentés par les présidents Kenyatta, Obote et Nyerere. Dans une région homogène par la langue — le swahili est la langue véhiculaire locale et l'anglais celle de l'ancien colonisateur —, ils instituent ainsi la Communauté économique d'Afrique orientale, encore appelée Communauté (économique) de l'Afrique de l'Est ou Communauté est-africaine (CEA ou CAE), qui doit encourager les projets de développement communs aux trois États. Moribonde en 1977 du fait des dissensions économiques et idéologiques après la chute d'Obote et l'avènement d'Idi Amin Dada en Ouganda, officiellement dissoute le 14 mai 1984, cette organisation a été relancée le 26 novembre 1994 par une nouvelle réunion tripartite des chefs d'État membres. Son secrétariat est toujours basé à Arusha, en Tanzanie.

12 mars 1968 : indépendance de l'île Maurice

L'île a vu successivement passer les Portugais (en 1500), les Hollandais (jusqu'en 1710) et les Français qui, en 1715, lui donnent le nom d'île de France. Au siècle suivant, les Anglais s'en emparent et lui redonnent le nom de Maurice. La langue officielle deviendra l'anglais et l'île exploitera la canne à sucre. En 1959, l'île a connu les premières élections au suffrage universel et, en 1968, l'indépendance.

6 septembre 1968 : indépendance du Swaziland

Enclavé dans l'Afrique du Sud et limité à l'est par le Mozambique, cet ancien protectorat britannique est l'un des plus riches pays du continent africain. La population est swazi, la capitale est Mbabane, les langues sont le siswati et l'anglais. Lorsque l'indépendance est proclamée, le 6 septembre 1968, il est décidé que le régime politique sera une monarchie constitutionnelle prévoyant le multipartisme.

12 octobre 1968 : indépendance de la Guinée-Équatoriale

Situées entre Cameroun et Gabon, la province du Río Muni (sur le continent) et la province des îles (dont Fernando Poo), sont administrées depuis 1778 par l'Espagne qui y a construit une économie basée sur la culture du cacao. À partir du 1er janvier 1964, Madrid lâche du lest à sa colonie, la seule en Afrique, en lui accordant un statut d'autonomie. Lors du référendum du 11 août 1968, 63 % des électeurs guinéens acceptent le projet de Constitution élaboré à Madrid : une république unitaire et indivisible de Guinée-Équatoriale. Le 29 septembre 1968, F. Macías Nguema est élu au deuxième tour de l'élection présidentielle, après défection de Ndongo Miyone. Le jour de l'indépendance officielle, le 12 octobre 1968, F. Macías Nguema entre en fonction. Dès l'année suivante, les colons espagnols et les travailleurs nigérians des plantations sont chassés du territoire.

19 novembre 1968 : au Mali, Moussa Traoré renverse Modibo Keita

Né à Bamako dans une famille malinké musulmane en 1915, Modibo Keita avait mené son pays à l'indépendance en 1960. Très attentif à la souveraineté nationale, il avait aussi mis en place une politique économique d'inspiration marxiste-léniniste. C'est à ce régime que met fin, le 19 novembre 1968, le coup d'État du lieutenant Moussa Traoré. Une partie de Bamako, la capitale du Mali, est coupée du reste du monde. Le président, qui se trouve alors entre Mopti et Koulikoro, est arrêté. « M. le président Modibo Keita est prié de se mettre à la disposition de l'armée. » Les militaires putschistes constituent un comité militaire de libération présidé par Moussa Traoré. Modibo Keita mourra dans le secret au camp Para, le 17 mai 1977.

1er février 1969 : naissance du Fespaco

À Ouagadougou, la capitale de la Haute-Volta (Burkina Faso), une foule nombreuse envahit les hôtels et les lieux publics. On rencontre les grands noms du cinéma africain. Ousmane Sembène, Paulin Vieyra, Blaise Senghor, Ababacar Samb et bien d'autres. Ils présentent leurs œuvres au public qui doit les juger. Des projections gratuites en plein air permettent aux spectateurs de manifester enthousiasme ou déception. Le premier Festival du cinéma africain se déroule comme une immense fête.

1er septembre 1969 : Muammar Kadhafi prend le pouvoir en Libye

Le matin du 1er septembre 1969, un groupe de jeunes officiers dirigé par Muammar Kadhafi prend le pouvoir en Libye. Ils déposent le roi Idriss Ier, alors en villégiature en Turquie. Le monarque avait lutté contre l'occupation italienne, fédéré les trois provinces (Cyrénaïque, Fezzan, Tripolitaine) et proclamé l'indépendance de la Libye le 24 décembre 1951. Mais son régime était miné par la pauvreté malgré la découverte du pétrole, aux mains des compagnies anglo-saxonnes. Désormais, le pays est dirigé par un Conseil de commandement de la révolution (CCR) qui se réclame du socialisme islamique et de l'unité arabe. Les dernières troupes britanniques et américaines évacuent le territoire en 1970 et la British Petroleum est nationalisée en 1973. La même année, les troupes libyennes occupent la bande d'Aouzou, en territoire tchadien. Kadhafi tentera sans succès d'unir la Libye à ses voisins arabes à maintes reprises. Rejetant à la fois le marxisme et le capitalisme, Kadhafi instaurera en mars 1977 la *Jamahiriyya* ou « État des masses », dont le but officiel est l'exercice direct du pouvoir par le peuple.

12 janvier 1970 : fin de la sécession biafraise au Nigeria

Le 30 mai 1967, le lieutenant-colonel Ojukwu, gouverneur du Nigeria oriental, à majorité ethnique Ibo, proclame l'indépendance de cet État sous le nom de république du Biafra. C'est le début d'une guerre civile qui va déchirer trois années le Nigeria, faisant un million de victimes, en grande partie des civils affamés. Le 12 janvier 1970, la rébellion séparatiste est défaite par les troupes fédérales nigérianes. Le général Effiong remplace Ojukwu et demande la paix.

17 juin 1970 : soulèvement nationaliste sahraoui à Zemla (Laayoune)

Laminé par l'opération militaire conjointe franco-espagnole Ouragan qui met un terme à l'insurrection armée de 1957-1958, l'irrédentisme sahraoui renaît sous la forme de mouvements pacifiques clandestins. Le Mouvement de libération du Sahara, créé par le journaliste Mohamed Sidi Brahim Bassir, dit Bassiri, réclame ainsi à l'Espagne l'autonomie interne et le respect de la personnalité sahraouie alors que Madrid, qui occupe le Sahara Occidental depuis 1884, a décrété le couvre-feu sur tout le territoire en 1969 et néglige les injonctions de l'ONU à décoloniser le territoire (résolution 1514, décembre 1960). Le 17 juin 1970, jour où Madrid souhaite célébrer l'« union hispano-sahraouie » et démontrer au monde l'« adhésion à la Mère Patrie » des Sahraouis, le Mouvement de libération du Sahara organise une contre manifestation à Zemla, quartier de Laayoune (El-Aioun), près de la frontière marocaine. Première expression d'un nationalisme sahraoui à part entière, durement réprimée par la Légion étrangère espagnole (el Tercio), l'« intifada de Zemla » demeure une date fondatrice.

24 février 1971 : l'Algérie décide de nationaliser son pétrole

Le 24 février 1971, Houari Boumediene annonce que l'Algérie va nationaliser les sociétés pétrolières, ce qui provoque le lendemain un fort mécontentement du gouvernement français. La décision algérienne s'est traduite dans les faits par la signature d'une ordonnance, le 11 avril de la même année, promulguant la loi fondamentale sur les hydrocarbures.

18 avril 1971 : colloque sur la négritude à Dakar, à l'invitation de Léopold Sédar Senghor

À Dakar se termine le colloque sur la négritude inauguré par le président Léopold Sédar Senghor et tenu sous les auspices de l'Union progressiste sénégalaise (12-18 avril 1971). Durant toute la semaine, la « négritude » est au centre des débats. Des hommes de plusieurs continents, anglophones et francophones, échangent leurs idées sur son apport à la civilisation. Littérature, musique, religion, droit, science et mathématiques, toutes ces disciplines sont passées en revue, chacune ayant hérité d'un apport nègre. On se souviendra du discours de clôture du poète Léon-Gontran Damas, qui rappelle que le terme a été inventé par Césaire dans un éditorial de *L'Étudiant noir*, et que Senghor et lui-même se sont chargés de projeter sur la scène internationale le mot et le concept. Que la négritude ait été ensuite contestée par les jeunes, rien de plus naturel. « Qu'elle soit dépassée ou non, la négritude demeure, comme l'a dit Sartre, un moment de la conscience humaine. »

21 octobre 1971 : le Congo-Kinshasa est rebaptisé Zaïre, naissance du mouvement de l'« authenticité »

Le 21 octobre 1971, la république du Congo prend le nom de Zaïre et adopte un nouveau drapeau et un nouvel hymne national. C'est aussi le « retour à l'authenticité », avec le lancement d'un nouveau vêtement : l'*abacost* (« à bas le costume »).

7 avril 1972 : création des Nouvelles Éditions africaines

Une petite rue calme de Dakar. Une maison blanche discrètement alignée dans une file d'immeubles bas. Les Nouvelles Éditions africaines (NEA) ont choisi le style sérieux qui signale les bonnes maisons littéraires. Nées à l'initiative du gouvernement sénégalais présidé par Léopold Sédar Senghor, répondant également au vœu de l'Unesco et de l'Agence de coopération culturelle et technique (ACCT), les NEA ont constitué un catalogue impressionnant : scolaire, littérature, histoire, documents et témoignages, sans oublier les ouvrages pour les jeunes. Les publications s'étendent à tous les domaines et même au domaine juridique. Les NEA se sont ensuite implantées en Côte d'Ivoire et au Togo. Au même moment naissent, en France, les éditions L'Harmattan, puis Karthala.

27 avril 1972 : mort de Kwamé Nkrumah

Dans un hôpital de Bucarest, un homme vient de mourir loin de sa patrie. Dans la presse, pas de grand titre, à peine quelques lignes sur le disparu. Et pourtant, son nom est l'un des plus illustres du continent africain : Kwamé Nkrumah. Le leader du Ghana, l'homme qui a présidé aux destinées de son pays jusqu'en 1966 après l'avoir conduit à l'indépendance en 1957, le chef tout-puissant, adulé par le petit peuple, a fini sa vie en exil.

20 mai 1972 : réunification du Cameroun

Le Cameroun fête sa réunification. À la suite d'un référendum populaire, le Cameroun, État fédéral, devient État unitaire. Les populations camerounaises, coupées en deux par les hasards de la colonisation, sont appelées à vivre ensemble dans le dialogue, l'entente et la fraternité. Le bilinguisme est reconnu officiellement. Les jeunes ont alors à leur disposition, outre leur langue maternelle, le français et l'anglais dans les écoles. Les provinces « anglophones » resteront un fief d'irrédentisme politique.

20 janvier 1973 : assassinat d'Amilcar Cabral, nationaliste au Cap-Vert et en Guinée-Bissau

Après de brillantes études d'agronomie à Lisbonne, Amilcar Cabral, né de parents capverdiens le 12 septembre 1924 à Bafata (Guinée-Bissau), sillonne la Guinée-Bissau en tant que directeur du Centre expérimental agricole de Bissau. Il a ainsi l'opportunité d'étudier la société villageoise de son pays. Le 19 septembre 1956, il fonde avec cinq compagnons de lutte, dont son frère Luiz Cabral et Aristides Pereira, le futur Parti africain pour l'indépendance de la Guinée-Bissau et du Cap-Vert (PAIGC), dénommé alors Parti africain de l'indépendance-Union des peuples de Guinée et du Cap-Vert. L'armée portugaise écrase dans le sang la grève des dockers de Pidjiguiti d'août 1959. Les dirigeants du PAIGC décident, le 23 janvier 1963, de passer à la lutte armée. Cabral, auteur de *Culture et libération* (1970), base l'action révolutionnaire sur l'éveil culturel et développe les écoles en pleine brousse, tandis que le PAIGC mène une guérilla dans la clandestinité, de 1963 à 1973.

20 mai 1973 : le Front Polisario déclenche la lutte armée

Le Frente popular para la liberacion de Saguia el-Hamra y Rio de Oro (Front Polisario) est créé le 10 mai 1973. Les militants doivent faire la propagande du mouvement et recruter des combattants. Il s'agit d'obtenir de l'Espagne l'indépendance de la province. Le congrès constitutif du Front Polisario se réunit à Zouérate. Il est soutenu par la Mauritanie et aidé par la Libye. Plus tard, l'Algérie apportera son soutien. Le 20 mai 1973, dix jours après sa naissance, le Front Polisario déclenche la lutte armée et prend Khanga, un poste espagnol.

24 septembre 1973 : la Guinée-Bissau proclame son indépendance

Animée par le Parti africain pour l'indépendance de la Guinée-Bissau et du Cap-Vert (PAIGC), la lutte contre la colonisation portugaise en Guinée-Bissau et dans l'archipel du Cap-Vert porte ses fruits, malgré l'assassinat, le 20 janvier 1973 à Conakry, de son principal artisan, le Capverdien Amilcar Cabral. Le 24 septembre 1973, c'est dans la zone libérée de Madina de Boé qu'est proclamé l'État de Guinée-Bissau et que Luís Cabral, frère du précédent, est élu chef d'État (président du Conseil d'État). Le processus vers l'indépendance totale s'accélère avec la révolution des Œillets à Lisbonne, qui renverse le 25 avril 1974 le régime salazariste. En juin 1974, les maquisards du PAIGC entrent dans Bissau, la capitale, et, les 24 et 26 août, le gouvernement portugais signe les accords de Londres et d'Alger par lesquels il reconnaît l'indépendance bissau-guinéenne (le 10 septembre 1974) et le droit du peuple capverdien à la souveraineté. Les deux États finiront cependant par se séparer, à l'initiative de Bissau qui reçoit très mal la réforme constitutionnelle du 10 novembre 1980 instituant un régime présidentiel au profit de Luís Cabral. Ce dernier est renversé par l'armée à Bissau le 14 novembre 1980 et remplacé par Bernardo « Nino » Vieira.

4 octobre 1973 : ruptures diplomatiques en chaîne entre l'Afrique et Israël

Les relations entre l'Afrique et Israël, fructueuses depuis les indépendances (assistance économique, technique, agricole et militaire de l'État hébreu aux jeunes États africains), ont commencé à se dégrader à partir de la guerre des Six-Jours (5 juin 1967), quand Israël envahit le Sinaï égyptien. L'Afrique commence alors à tourner les yeux vers les États arabes. L'intransigeance israélienne au Proche-Orient et l'échec de la mission de médiation de l'Organisation de l'unité africaine (OUA), en novembre 1971, sous l'égide des présidents Senghor (Sénégal), Gowon (Nigeria), Mobutu (Zaïre) et Ahidjo (Cameroun), aggravent les dissensions. La Guinée a déjà rompu ses relations avec Israël le 5 juin 1967, puis c'est au tour du Congo, du Tchad, du Niger, du Mali, de l'Ouganda et du Burundi au cours de l'année 1972 ou au début de l'année 1973. En octobre, les présidents égyptien Anouar el-Sadate et libyen Kadhafi appellent le reste des États africains à faire de même. Le 4 octobre, deux jours avant l'offensive arabe du Kippour, le président zaïrois Mobutu annonce de manière fracassante sa décision du haut de la tribune des Nations unies. Suivront en quelques semaines la quasi-totalité des pays d'Afrique, à l'exception de l'allié traditionnel d'Israël, l'Afrique du Sud, et de ses satellites le Swaziland et le Lesotho. Mais la lune de miel tournera à la déception, les promesses de coopération économique des États arabes tardant à se concrétiser. Après le rétablissement des relations israélo-égyptiennes en 1980, les États africains renoueront les uns après les autres des liens officiels avec Israël, qui n'aura cessé sa coopération pendant toute cette période...

1er janvier 1974 : naissance officielle de la Communauté économique de l'Afrique de l'Ouest (CEAO)

À Abidjan, les représentants de la Mauritanie, du Sénégal, du Mali, du Niger, de la Haute-Volta (futur Burkina Faso) et de la Côte d'Ivoire signent le 17 avril 1973 un traité instituant la Communauté économique de l'Afrique de l'Ouest (CEAO). Basée à Ouagadougou, capitale burkinabé, l'organisation a été lancée le 3 juin 1972 par les chefs d'État d'Afrique de l'Ouest francophone avec pour mission de développer la région, par le commerce et la coopération régionale : créer des programmes agricoles, améliorer les transports, encourager l'industrie des États membres, réduire la fiscalité sur les échanges... Elle prenait le relais, avec des objectifs plus ambitieux, de l'Union douanière des États de l'Afrique de l'Ouest (UDEAO) instituée lors des indépendances sur le territoire de l'ancienne Afrique-Occidentale française (A-OF). L'organisation entre en vigueur le 1er janvier 1974 lorsque cinq États l'ont ratifiée. Le Bénin rejoint la CEAO en 1984. L'organisation a toujours eu un problème de positionnement vis-à-vis de la Communauté économique des États de l'Afrique de l'Ouest (CEDEAO), qui rassemble tous les pays de la région, y compris les États anglophones. La CEAO a aussi traversé un gros scandale de corruption : fin 1984 éclate l'affaire Mohamed Diawara, du nom de directeur ivoirien du Fonds de solidarité et d'intervention pour le développement de la Communauté (FOSIDEC), dont il a détourné 6,5 millions de francs CFA. La Communauté a finalement été dissoute le 15 mars 1994, c'est l'Union économique et monétaire ouest-africaine (UEMOA), créée en janvier 1994, qui a pris le relais.

25 avril 1974 : la révolution des Œillets au Portugal

Pour se débarrasser d'une dictature, les militaires portugais ont choisi le moment opportun : le monde entier a les yeux fixés sur les trois colonies portugaises (Guinée-Bissau, Angola et Mozambique), dont les luttes indépendantistes minent l'État colonial et son armée. Avec le soutien de l'opposition de gauche, la révolution menée par le « Mouvement des capitaines » hâtera la marche des colonies vers l'indépendance.

30 novembre 1974 : découverte de Lucy

En 1974, les anthropologues Tom Gray, Donald Johanson et Yves Coppens, et le géologue Maurice Taïeb écoutent les Beatles pour se reposer de leurs journées de fouilles dans l'Afar, au nord-est de l'Éthiopie. Le 30 novembre, ils découvrent le squelette le plus complet jamais exhumé d'une *Australopithecus afarensis*. Âgée de 3,2 millions d'années, elle mesure 1,10 mètre. Apte à la vie arboricole mais aussi à la locomotion bipède, elle se serait noyée à l'âge de 20 ans. Fallait-il se contenter de nommer ce squelette de cinquante-deux os « AL 288-1 » ? Les scientifiques préfèrent la surnommer « Lucy », d'après la chanson des Beatles « Lucy in the Sky With Diamonds », la rendant d'emblée accessible au grand public. Depuis, la question a été posée de savoir s'il s'agit vraiment d'une femelle ou d'un mâle, mais Lucy est entrée dans la légende comme notre plus fameuse ancêtre.

5 décembre 1974 : mise en eau du barrage de Cahora Bassa, au Mozambique

Voulu par le colonisateur portugais, le barrage de Cahora Bassa est mis en chantier sur le fleuve Zambèze à partir du 19 septembre 1969. La construction est assurée par un consortium européen et sud-africain. Cahora Bassa est mis en eau le 5 décembre 1974, quelques mois avant l'indépendance du Mozambique (25 juin 1975). Par leurs actions de sabotage, la guérilla indépendantiste d'abord, puis celle de la Résistance nationale du Mozambique (Renamo) en lutte contre le Front de libération du Mozambique (Frelimo) au pouvoir empêcheront le barrage de produire à plein l'électricité promise à l'Afrique du Sud (les trois quarts de la production). Et ce, jusqu'en 1997. Fin 2000, les parts au sein de la compagnie hydroélectrique de Cahora Bassa étaient encore à 80 % portugaises, les 20 % restant appartenant à l'État mozambicain.

22 mars 1975 : l'Éthiopie devient une république

Après la déposition du Négus Hailé Sélassié le 12 septembre 1974, le Conseil militaire suprême déclare, le 22 mars 1975, la fin de la monarchie vieille de trois mille ans. C'est l'avènement de la république qui sera dirigée par Mengistu Hailé Mariam, surnommé le « Négus rouge »... Hailé Sélassié, déchu, mourra en prison le 27 août 1975.

25 juin 1975 : indépendance du Mozambique

Treize ans après la création du Front de libération du Mozambique (Frelimo) (25 juin 1962), et un an après la révolution des Œillets au Portugal, le Mozambique proclame son indépendance le 25 juin 1975, selon les termes de l'accord de Lusaka conclu le 6 septembre 1974. Samora Machel, ancien chef militaire du Frelimo, devient le premier président de la République.

6 juillet 1975 : indépendance des Comores, sans Mayotte

Le 6 juillet 1975, trente-trois députés comoriens réunis à Moroni, la capitale, proclament unilatéralement l'indépendance de l'archipel occupé par la France depuis le XIXe siècle. Douze ans plus tôt, en 1963, le Mouvement de libération nationale des Comores (Molinaco), basé à Dar es-Salam, avait déjà revendiqué l'indépendance de l'archipel. Le 22 décembre 1974, un référendum organisé par la France plébiscitait les aspirations comoriennes mais un conflit devait éclater à propos de l'île de Mayotte désireuse de rester française. Devant la décision du Parlement français d'élaborer une Constitution qui devait être approuvée île par île et donc aboutir à une partition, les Comores choisissent de prendre les devants et de proclamer cette indépendance dont le principe a été accepté par la France. Mayotte se sépare de l'archipel.

12 juillet 1975 : indépendance de São Tomé-e-Príncipe

Colonie portugaise exploitée pour son cacao, l'archipel de São Tomé-e-Príncipe connaît une série de révoltes durement réprimées des travailleurs forcés des plantations dans les années 1950. C'est l'époque de la fondation du Mouvement de libération de São Tomé-e-Príncipe (MLSTP) qui, vingt ans plus tard, après la révolution des Œillets à Lisbonne (25 avril 1974), signe un accord prévoyant l'indépendance, proclamée le 12 juillet 1975. Pinto da Costa et Trovoada deviennent respectivement président et Premier ministre du nouvel État, qui s'oriente vers la planification de l'économie.

3 août 1975 : premier coup d'État aux Comores

Le président comorien Ahmed Abdallah, au pouvoir depuis l'indépendance le 6 juillet 1975, est renversé par un coup d'État du Front uni des partis comoriens d'opposition, dirigé par Ali Soilih, le 3 août. L'organisateur réel du putsch est le prince Saïd Mohamed Jaffar, qui préside le Conseil exécutif national mis en place le 5 août. Élu chef de l'État le 2 janvier 1976, Ali Soilih sera la cible de plusieurs complots jusqu'au coup d'État du 13 mai 1978, où, prenant le contrôle de la capitale, Moroni, le mercenaire français Bob Denard renversera Ali Soilih et réinstallera Ahmed Abdallah à la présidence.

6 novembre 1975 : la « Marche verte » des Marocains au Sahara-Occidental

Le 16 octobre 1975, la Cour internationale de justice (CIJ) se prononce pour l'autodétermination du Sahara-Occidental, alors espagnol, jugeant que les liens sont insuffisants avec les deux pays voisins, Maroc et Mauritanie, pour leur attribuer une quelconque souveraineté sur le territoire. Le 5 novembre, dans un consensus politique total entre les partis sur cette « cause sacrée » qu'est le Sahara-Occidental, le roi Hassan II appelle ses compatriotes à une « Marche verte » (de la couleur de l'islam) jusqu'en territoire sahraoui : « Demain tu fouleras de tes pieds une partie du sol de la patrie [...], tu franchiras la frontière par la volonté de Dieu. » L'opération a été minutieusement préparée : près de 8 000 autocars et camions ont conduit les marcheurs à Tarfaya, près de la frontière. C'est ainsi que, le 6 novembre, 350 000 Marocains entament leur marche vers El-Aïoune. L'ONU se contente d'un appel au Maroc pour qu'il cesse la marche, sans voter de résolution. Redoutant l'affontement armé avec l'Espagne, Hassan II annonce le soir du 9 novembre la fin de la « Marche verte », dont l'impact est cependant décisif puisque les négociations s'engagent avec Madrid, sans l'ONU.

11 novembre 1975 : indépendance de l'Angola

Après la révolution des Œillets qui met fin au régime militaire au Portugal, le nouveau gouvernement portugais reconnaît aux colonies le droit à l'indépendance. L'Angola, après cinq siècles de colonisation portugaise, accède à l'indépendance en pleine guerre civile. Trois mouvements de libération rivaux s'affrontent pour le contrôle du pays : le Mouvement populaire de libération de l'Angola (MPLA), soutenu par les Cubains, alliés des Soviétiques, est opposé au Front national de libération de l'Angola (FNLA) et à l'Union nationale pour l'indépendance totale de l'Angola (UNITA), soutenus par l'Afrique du Sud et le Zaïre, alliés des États-Unis. Le 10 novembre 1975, les dernières troupes portugaises quittent l'Angola. Le lendemain 11 novembre, date fixée pour l'indépendance par les accords d'Alvor du 15 janvier 1975, le MPLA proclame à Luanda la « république populaire d'Angola », tandis que l'UNITA et le FNLA proclament conjointement à Huambo la « république populaire et démocratique d'Angola ».

21 décembre 1975 : Didier Ratsiraka, président de la République démocratique malgache

Nommé Premier ministre par le premier président malgache Philibert Tsiranana le 18 mai 1972, lors de la révolution malgache, puis doté des pleins pouvoirs le 5 juin 1972, le général Ramanantsoa a conduit une politique de « malgachisation » et de rapprochement avec l'URSS et la Chine, aux dépens de la France (évacuation des bases militaires et sortie de la zone franc). Le début de l'année 1975 est agité par plusieurs tentatives de coup d'État et Ramanantsoa délègue tous ses pouvoirs au général Ratsimandrava, qui est assassiné le 11 février. Le général Gilles Andriamahazo forme un directoire militaire de dix-huit membres, dont le capitaine de frégate Didier Ratsiraka fait partie. Le 14 juin, Ratsiraka est nommé président du Conseil suprême de la révolution et, le 21 décembre, il est plébiscité à la présidence de la République lors du référendum qui approuve aussi la Charte de la révolution socialiste malagasy (le « Livre rouge ») de la IIe Constitution malgache. La politique d'inspiration marxiste entamée lors de la révolution de 1972 est poursuivie, avec la nationalisation des secteurs clés de l'économie et la transformation des entreprises publiques en entreprises « socialistes ». Une grave crise économique mettra fin au premier régime Ratsiraka : à la fin des années 1980, l'agriculture est tellement désorganisée que d'exportateur, Madagascar devient importateur de riz alors que l'État est surendetté. En 1991, les manifestations de mécontement se succèdent et, malgré les violences, l'opposant Albert Zafy est élu président de la République au second tour le 10 février 1993.

8 février 1976 : Mayotte choisit de rester française

Protectorat puis colonie française, l'archipel des Comores, situé dans l'océan Indien, devient territoire d'outre-mer en 1958. En 1974, à l'issue d'un référendum, les îles de la Grande Comore, d'Anjouan et de Mohéli optent pour l'indépendance à 95 %, tandis que les habitants de Mayotte choisissent à plus de 60 % de rester citoyens français. Le 6 juillet 1975, le président Ahmed Abdallah proclame unilatéralement à Moroni (Grande Comore) l'indépendance des Comores « dans ses frontières coloniales », incluant les quatre îles. Le 8 février 1976, lors d'un référendum local, la population de Mayotte se prononce à très large majorité pour son maintien dans la République française avec le statut de collectivité spéciale, ce qui lui sera accordé. Une nouvelle loi, adoptée le 22 décembre 1979, stipule que « l'île de Mayotte fait partie de la République française et ne peut cesser d'y appartenir sans le consentement de sa population ».

27 février 1976 : le Front Polisario proclame la République arabe sahraouie démocratique

Conformément à l'accord conclu le 14 novembre 1975 avec le Maroc et la Mauritanie sur le Sahara-Occidental, après la « Marche verte » organisée par Hassan II, l'Espagne évacue le « Rio del Oro », qu'elle avait colonisé depuis 1884. Après les civils, rapatriés en novembre et décembre 1975, l'armée espagnole évacue ses derniers soldats le 26 février 1976. Le lendemain, 27 février, le Front Polisario, mouvement indépendantiste soutenu par l'Algérie, proclame la République arabe sahraouie démocratique (RASD), alors que le Maroc et la Mauritanie se partagent le territoire. Le 6 mars, la RASD est reconnue par Alger. Le Maroc décide alors de rompre ses relations avec l'Algérie.

16 juin 1976 : émeutes à Soweto

Soweto, un *township* (ghetto) de la périphérie de Johannesburg, la communauté noire la plus nombreuse d'Afrique du Sud, le 16 juin 1976, la police ouvre le feu contre de jeunes manifestants, essentiellement des lycéens et des étudiants. Ces émeutes, qui provoquent la mort de 176 Noirs et en blessent 1 139 autres, ont pour cause le refus des écoliers noirs de suivre des cours en afrikaans. « La langue du conquérant dans la bouche du conquis est la langue des esclaves », déclarait alors une enseignante de Soweto. Et un quotidien sud-africain confirmait : « Qu'on ne s'y trompe pas, ces incidents n'ont pas tourné à l'émeute raciale, dès le début ils étaient raciaux... Le début réel de ce mouvement était de protester contre la domination blanche et l'injustice raciale... »

29 juin 1976 : indépendance des Seychelles

Cette poussière d'îles — il y en a plus de quatre-vingts, dont la principale, Mahé, regroupe 80 % de la population — a une histoire liée à celle de l'océan Indien. Son environnement, c'est l'océan ; son peuplement d'origine : les tortues de mer. Refuge des navigateurs, les Seychelles ont servi d'escale à toutes les voiles qui circulent sur l'océan. Les Français y débarquent en 1742. Hérault de Seychelles, contrôleur des finances de Louis XV, et Mahé de la Bourdonnais, gouverneur de l'île de France (Maurice), marquent ce passage de leur nom. Peu après, des colons viennent y cultiver le poivre et la cannelle. En 1814, les Seychelles passent sous administration britannique après la prise de l'île de France, son ancien nom, par les Anglais. En 1970, l'Angleterre accorde l'autonomie à l'archipel et, le 29 juin 1976, l'indépendance.

27 juin 1977 : indépendance de Djibouti

Le 8 mai 1977, à Djibouti, 98 % des votants se sont prononcés pour l'indépendance du Territoire français des Afars et des Issas, lors du référendum d'autodétermination. Le 27 juin, l'indépendance est proclamée et Hassan Gouled Aptidon, un Issa, devient président de la République. Il a pour Premier ministre un Afar, figure de la lutte anticoloniale, Ahmed Dini Ahmed.

20 décembre 1978 : réconciliation franco-guinéenne

Du 20 au 22 décembre 1978, le président guinéen Sékou Touré reçoit son homologue français Valéry Giscard d'Estaing. Ce voyage consacre une réconciliation souhaitée depuis plusieurs années. La rupture diplomatique remontait au 28 septembre 1958, lorsque les Guinéens avaient refusé le projet de Communauté franco-africaine proposé par le général de Gaulle et avaient donc opté pour l'indépendance. Les expatriés français avaient alors quitté le territoire guinéen. Après vingt ans de brouille, Ahmed Sékou Touré tente de normaliser ses relations avec la France, mais aussi ses voisins d'Afrique dénoncés jusqu'alors comme des valets de l'impérialisme. Cette même année 1978, il reprendra place au sein de l'Organisation de l'unité africaine (OUA) après treize ans d'absence.

27 décembre 1978 : mort du président algérien Houari Boumediene

Né en 1932 à Guelma, dans l'est de l'Algérie, Houari Boumediene a joué un rôle historique en tant que chef d'état-major de l'Armée de libération nationale lors des combats pour l'indépendance de l'Algérie. En 1965, il prend la tête de l'État algérien après en avoir chassé Ahmed Ben Bella, premier président de la République algérienne (1962). Nationaliste convaincu, Houari Boumediene a mené une politique active d'industrialisation et de nationalisations. Il meurt le 27 décembre 1978, à 46 ans. Chadli Bendjedid lui succède.

5 février 1979 : Denis Sassou-Nguesso, chef de l'État au Congo

Depuis le 15 août 1963 et la chute de Fulbert Youlou, premier président du Congo indépendant, le pays est aux mains d'un Conseil national de la révolution de plus en plus contrôlé par l'armée. L'instabilité gouvernementale est permanente et culmine avec l'assassinat, le 18 mars 1977, du capitaine Marien Ngouabi, chef d'État depuis septembre 1968. Le comité militaire du parti unique, le Parti congolais du travail (PCT), abroge alors la Constitution et rédige un « Acte fondamental ». Il dirige le pays et reconnaît comme président le général Yhombi Opango. Deux ans plus tard, le 5 février 1979, ce dernier est obligé de démissionner. Il reconnaît alors qu'il n'est pas souhaitable que les militaires dirigent un pays... Le colonel Denis Sassou-Nguesso est aussitôt nommé chef de l'État et confirmé par le congrès du PCT le 31 mars 1979.

11 avril 1979 : chute d'Idi Amin Dada en Ouganda

Depuis cinq mois, l'Ouganda et la Tanzanie sont en conflit. Malgré la présence à leur côté de spécialistes libyens, les Ougandais vont connaître la déroute. Le 11 avril 1979, le chef de l'État, Idi Amin Dada, est obligé de fuir, abandonnant sa capitale, Kampala, aux forces tanzaniennes. Il va solliciter l'asile du colonel Kadhafi. Le Front national de libération de l'Ouganda (FNLO) forme alors un gouvernement provisoire avec le nouveau président du Conseil, Yussef Lulé, un ami du président tanzanien Nyerere.

20 juillet 1979 : naissance de la PANA

Le 20 juillet 1979 à Addis-Abeba (Éthiopie), les ministres de l'Information de l'Organisation de l'unité africaine (OUA) adoptent une convention qui crée l'Agence d'information panafricaine. La PANA est censée rétablir un peu l'équilibre avec les sources d'information provenant des pays occidentaux. Elle remplace l'Union des agences d'informations africaines mise en place en avril 1963 à Tunis. La PANA commence ses activités le 25 mai 1983 en tant qu'agence spécialisée de l'OUA. Elle prend ses quartiers à Dakar (Sénégal) et dispose de bureaux régionaux à Khartoum (Soudan), Lusaka (Zambie), Kinshasa (république démocratique du Congo), Lagos (Nigeria) et Tripoli (Libye).

1er avril 1980 : « printemps kabyle » en Algérie

En mars 1980, une conférence du romancier Mouloud Mammeri sur la poésie kabyle est interdite par les autorités algériennes à l'université de Tizi-Ouzou, ce qui déclenche le mois suivant un mouvement de protestation dans la région, le « printemps kabyle ». L'armée clôt le soulèvement en donnant l'assaut à l'université de Tizi-Ouzou en avril.

18 avril 1980 : indépendance du Zimbabwe, ex-Rhodésie

En 1890, Cecil Rhodes, propriétaire de mines en Afrique du Sud, obtient de Londres les territoires situés au nord et à l'ouest du Transvaal. Il donne son nom à la Rhodésie. La richesse du pays attire de nombreux colons blancs qui créent une minorité riche et agissante. Face à elle, des mouvements nationalistes s'organisent au sein de l'African National Congress (ANC). En 1956, le Premier ministre blanc Ian Smith proclame une indépendance unilatérale, sans l'accord de la Grande-Bretagne. Il se trouve alors soumis à une pression accrue et doit négocier. En 1980, le leader noir Robert Mugabe remporte les élections et constitue un gouvernement, cette fois reconnu par Londres. L'indépendance prend effet le 18 avril 1980. Deux ans plus tard, la capitale, Salisbury, devient Harare.

2 mai 1980 : premier voyage de Jean-Paul II en Afrique

Jean-Paul II effectue son premier voyage apostolique en Afrique du 2 au 13 mai 1980. Après le Zaïre (future république démocratique du Congo), où il célèbre dans son premier discours le centenaire de l'évangélisation de ce pays, le pape visite le Congo, le Kenya, le Ghana, la Haute-Volta (futur Burkina Faso) et la Côte d'Ivoire. Jean-Paul II fera treize voyages pastoraux sur le continent, entre 1980 et 1998.

5 juillet 1980 : l'esclavage aboli en Mauritanie

Depuis des siècles, les nomades maures pratiquent l'esclavage des populations noires sédentaires, majoritaires dans le sud du pays. Le 5 juillet 1980, Khouna Ould Haidallah abolit officiellement l'esclavage par décret. Plusieurs centaines de milliers de « captifs », les Harattines, seront affranchis.

16 décembre 1980 : le canal de Suez à nouveau navigable

Nationalisé par Nasser le 26 juillet 1956, le canal de Suez représente une part très importante et croissante des revenus égyptiens dans les années 1950 et 1960. Le trafic, principalement sud-nord et de plus en plus voué au pétrole, s'interrompt après la guerre des Six-Jours (5-10 juin 1967), à l'issue de laquelle Israël occupe le Sinaï. Rendu impraticable, lieu d'enfermement pour les navires qui s'y trouvent bloqués, le canal sera fermé à la circulation. Il est déminé en 1974, après de longues négociations israélo-égyptiennes. Promise par Anouar el-Sadate le 29 mars 1975 lors d'un discours au Caire, dans lequel il avait aussi dit son intention de proroger de trois mois le mandat des observateurs de l'ONU, la réouverture du canal au trafic maritime a effectivement lieu le 5 juin 1975 et est célébrée par une grande fête. Le blocus aura duré huit ans. Après d'importants travaux, la moitié de la flotte pétrolière mondiale pourra à nouveau emprunter le canal à partir du 16 décembre 1980.

31 décembre 1980 : départ du président Senghor

Le 31 décembre 1980, le président Léopold Sédar Senghor quitte volontairement le pouvoir après vingt ans passés à la tête du Sénégal. En fin de matinée, il se rend à la Cour suprême de Dakar pour lui remettre sa lettre de démission, cédant ainsi la place à son Premier ministre, Abdou Diouf, qui devient, de plein droit, le chef de l'État selon les termes de la Constitution. Aucune pression, ni intérieure ni extérieure, n'a poussé le président à quitter ses fonctions. C'est une décision mûrement réfléchie. Senghor avait au préalable rétabli le multipartisme, et sa dernière réélection, le 26 février 1978, avec 82 % des suffrages s'était déroulée dans des conditions démocratiques, faisant du Sénégal le pays le plus libéral d'Afrique à l'époque. L'ancien président se consacrera désormais entièrement à la poésie, dans sa demeure normande de Verson.

19 janvier 1981 : le Cap-Vert s'émancipe du pouvoir bissau-guinéen

Le 19 janvier 1981, la branche cap-verdienne du Parti africain pour l'indépendance de la Guinée-Bissau et du Cap-Vert (PAIGC) tire les conclusions de l'élimination politique de Luís Cabral et des Cap-Verdiens en Guinée-Bissau, et se rebaptise Partido africano da independência de Cabo Verde (PAICV), sans plus de référence à la Guinée-Bissau, qui avait tiré le plus d'avantages de cette union artificielle entre les deux États. Le secrétaire général du PAICV d'Aristides Pereira est réélu président de la République et une nouvelle Constitution est adoptée.

6 février 1981 : Yoweri Museveni déclenche la lutte armée en Ouganda

Le président Obote doit faire face à une lutte armée déclenchée le 6 février 1981 par l'Armée nationale de résistance (NRA) dirigée par Yoweri Museveni, ancien ministre de la Défense, qui l'accuse d'avoir massacré des centaines de milliers d'Ougandais. Obote est finalement renversé par le coup d'État du général Tito Okello, commandant des forces armées, le 27 juillet 1985. Le 26 janvier 1986, Yoweri Museveni prend le pouvoir après cinq ans de guérilla contre les régimes Obote et Okello. Museveni sera à son tour en butte aux rébellions du Nord et de l'Est ougandais.

6 octobre 1981 : assassinat d'Anouar el-Sadate

Les troupes égyptiennes sont venues au Caire pour un grand défilé militaire. Le président Anouar el-Sadate prend place dans la tribune officielle. À ses côtés, les membres du gouvernement, dont le vice-président Hosni Moubarak. Les troupes présentent leurs nouvelles armes achetées récemment aux États-Unis. Soudain, un camion arrive en face de la tribune officielle, tandis qu'un commando-suicide lance une grenade. Le chef du commando vise Sadate. Le chaos est tel qu'il faut un moment pour retrouver le président agonisant sous un amas de chaises. Le soir à la télévision, Moubarak, blessé, annonce la mort d'Anouar el-Sadate.

22 février 1982 : la République sahraouie admise à siéger à l'Organisation de l'unité africaine (OUA)

Contre les vœux du Maroc, qui occupe une partie du Sahara-Occidental depuis la décolonisation espagnole, la République arabe sahraouie démocratique (RASD) réclame de rentrer dans l'Organisation de l'unité africaine (OUA) depuis le 9 juin 1980. Le 22 février 1982, la RASD est invitée par le secrétaire général de l'OUA, Edem Kodjo, à la 38e session du Conseil des ministres de l'organisation, à Addis-Abeba. Elle en devient membre à part entière le jour de l'ouverture du 20e sommet de l'OUA, à Addis-Abeba, le 12 novembre 1984. Immédiatement, le roi Hassan II fait parvenir un message annonçant que le Maroc se retire de l'organisation panafricaine, fait sans précédent dans l'histoire de l'OUA.

7 juin 1982 : Hissène Habré prend le pouvoir au Tchad

Le 7 juin 1982, les Forces armées du Nord (FAN), dirigées par Hissène Habré, s'emparent de la capitale N'Djamena, après avoir conquis progressivement le nord du pays. Il devient *de facto* le chef de l'État du Tchad. Goukouni Weddeye, qui présidait le Gouvernement d'union nationale de transition (GUNT) depuis 1979, se réfugie au Cameroun. Soutenu par la Libye, ce dernier poursuivra la guerre civile.

16 mai 1983 : début de la rébellion au Sud-Soudan

Le 16 mai 1983, un bataillon d'infanterie entré en rébellion est attaqué par l'armée soudanaise, à Bor. De cette ville part la campagne militaire de l'Armée de libération des peuples du Soudan (SPLA). Dirigé par John Garang, c'est le mouvement de rébellion le plus important du Sud-Soudan, dont la population, majoritairement chrétienne ou animiste, est opprimée par le régime islamiste de Khartoum. Plus de vingt ans plus tard, gouvernement et SPLA finiront par signer un accord de paix le 9 janvier 2005, au Kenya, organisant une transition vers un partage plus équitable du pouvoir et des ressources économiques.

9 août 1983 : début de l'opération française Manta au Tchad

À la tête des Forces armées du Nord (FAN), Hissène Habré a pris N'Djamena, la capitale du Tchad, le 7 juin 1982. Il est nommé chef de l'État en octobre 1982. D'abord réfugié au Cameroun, son rival du Gouvernement d'union nationale de transition (GUNT) Goukouni Weddeye lance l'année suivante une offensive dans le nord du pays, avec le soutien de la Libye qui bombarde massivement la région. En août 1983, Faya-Largeau est aux mains des rebelles. Le 9, le gouvernement français envoie une force militaire de 3 000 hommes le long du 15e parallèle pour soutenir le régime tchadien. Cette opération Manta s'achève par l'accord franco-libyen du 17 septembre 1984 où les deux parties s'engagent à retirer leurs troupes. Mais, le 10 novembre, seuls les Français s'exécutent et le Tchad demeure coupé en deux.

18 octobre 1983 : création de la Communauté économique des États d'Afrique centrale (CEEAC)

La Communauté économique des États d'Afrique centrale (CEEAC) a été créée le 18 octobre 1983 par les membres de l'Union douanière des États d'Afrique centrale (UDEAC) (Cameroun, Centrafrique, Gabon, Congo-Brazzaville, Guinée-Équatoriale et Tchad) et les membres de la Communauté économique des pays des Grands Lacs (CEPGL) (Burundi, Rwanda et le Zaïre, à l'époque), ainsi que São Tomé-e-Príncipe. L'Angola a conservé un rôle d'observateur jusqu'en 1999, époque à laquelle le pays est devenu membre. En fonction depuis 1985, la CEEAC, qui a son siège à Libreville, au Gabon, est restée inactive une grande partie des années 1990. Relancée au début des années 2000, elle s'est surtout forgé un rôle politique en créant un Réseau des parlementaires de l'Afrique centrale (REPAC), un Conseil de paix et de sécurité de l'Afrique centrale (COPAX), une Commission pour la défense et la sécurité (CDS), une Force multinationale de l'Afrique centrale (FOMAC) et un Système d'alerte avancée pour l'Afrique centrale (MARAC). Certains membres de la CEEAC sont également membres de la CEMAC.

18 décembre 1983 : début de la guérilla en Casamance

Un an après la première marche indépendantiste en Casamance, violemment réprimée le 26 décembre 1982, les rebelles du Mouvement des forces démocratiques de Casamance (MFDC), armés de machettes, d'arcs et de flèches empoisonnées, affrontent pour la première fois l'armée sénégalaise dans le chef-lieu de province Ziguinchor, le 18 décembre 1983. Cette première offensive de la guérilla, qui se solde par 25 morts et 260 arrestations, marque le début du conflit armé casamançais.

26 mars 1984 : mort d'Ahmed Sékou Touré, président guinéen

Tyran ou héros, l'Histoire jugera celui qui vient de mourir subitement des suites d'une opération cardiaque à Cleveland, aux États-Unis. Il était à la fois celui qui avait dit « non » à de Gaulle en 1958, donnant le premier l'indépendance à un pays d'Afrique occidentale, la Guinée, par le référendum du 28 septembre. « Il n'y a pas de dignité sans liberté. Nous préférons la liberté dans la pauvreté à la richesse dans l'esclavage », avait-il affirmé au Général. Il était aussi le dictateur qui avait fait du camp de Boiro le mouroir de ses opposants... Autodidacte, Ahmed Sékou Touré avait peu à peu grimpé les échelons de l'administration coloniale française avant d'en être exclu pour activisme politique. Il participa à la création du Rassemblement démocratique africain (RDA) et gagna sa popularité en Guinée à la tête du mouvement syndical lors de la grève générale de 1953. Élu maire de Conakry et député à l'Assemblée nationale française en 1956, nommé en 1957 vice-président du Conseil de gouvernement dans le cadre de l'autonomie accordée par la France, il devint tout naturellement chef du nouvel État guinéen indépendant en 1958. « Responsable suprême de la Révolution », il favorisa les liens avec les pays communistes, encouraga le non-alignement et les mouvements de libération africains. Après les espoirs du début, la population sera confrontée à des difficultés économiques et à une répression croissante au cours de ses vingt-six années de pouvoir absolu.

15 octobre 1984 : Desmond Tutu, prix Nobel de la paix

Le 15 octobre 1984, le prix Nobel de la paix récompense Desmond Tutu, l'évêque noir anglican d'Afrique du Sud, secrétaire du Conseil sud-africain des Églises, pour sa lutte contre l'apartheid.

12 novembre 1984 : le Maroc quitte l'Organisation de l'unité africaine (OUA)

Contre les vœux du Maroc, qui occupe une partie du Sahara-Occidental depuis la décolonisation espagnole, la République arabe sahraouie démocratique (RASD) réclame de rentrer dans l'Organisation de l'unité africaine (OUA) depuis le 9 juin 1980. Le 22 février 1982, la RASD est invitée par le secrétaire général de l'OUA, Edem Kodjo, à la 38e session du Conseil des ministres de l'organisation, à Addis-Abeba. Elle en devient membre à part entière le jour de l'ouverture du 20e sommet de l'OUA, à Addis-Abeba, le 12 novembre 1984. Immédiatement, le roi Hassan II fait parvenir un message annonçant que le Maroc se retire de l'organisation panafricaine, fait sans précédent dans l'histoire de l'OUA.

12 novembre 1984 : Javier Pérez de Cuéllar appelle à la mobilisation contre la famine en Afrique

Depuis la diffusion, en octobre 1984, des premières images télévisées de populations affamées en Éthiopie, la communauté internationale et les ONG se mobilisent contre la famine en Afrique. Une sécheresse prolongée a détruit les récoltes en Éthiopie et aggravé la pénurie alimentaire, entretenue par le régime éthiopien de Mengistu Hailé Mariam dans les régions insurrectionnelles du Nord (Tigré et Érythrée). Sept millions d'Éthiopiens sont menacés de mort. Le Sahel est également touché (Tchad, Mali, Burkina Faso, Soudan), dix ans après la famine de 1973-1974, ainsi que le Mozambique. En Éthiopie depuis le 8 novembre 1984 pour constater la tragédie et organiser les secours internationaux, le secrétaire général de l'ONU, Javier Pérez de Cuéllar, lance le 12 un appel à la communauté internationale pour venir en aide aux 150 millions d'Africains menacés par la sécheresse et s'invite au 20e sommet de l'Organisation de l'unité africaine (OUA), réuni à Addis-Abeba. Naît alors une mobilisation humanitaire mondiale sans précédent, *via* les ONG, qui n'aura cependant pas l'impact escompté sur le terrain.

3 janvier 1985 : Israël reconnaît le transfert des Falashas

Organisé dans la clandestinité par Israël depuis 1981, un pont aérien permet à 12 000 juifs éthiopiens de s'installer en Terre sainte, *via* le Soudan. Appelés « Falashas » (vagabonds en guèze, l'éthiopien ancien), ils préfèrent l'appellation de « Beta Israël » (membres de la maison Israël) et se considèrent comme les descendants des Hébreux qui auraient accompagné la reine de Saba en Éthiopie au retour de sa visite au roi Salomon. Le 3 janvier 1985, Jérusalem confirme l'existence de l'opération Moïse après une fuite de la presse israélienne et la suspend. Du 24 au 25 mai 1991, un pont aérien similaire baptisé opération Salomon permettra à 15 000 autres Falashas de s'installer en Israël, mettant fin à trois millénaires de présence juive en Éthiopie.

25 décembre 1985 : conflit entre la Haute-Volta et le Mali pour la bande d'Agacher

Depuis 1974, le Burkina Faso, alors Haute-Volta, et le Mali sont en conflit au sujet de leur frontière, les deux États revendiquant la bande d'Agacher. Le 25 décembre 1985, une guerre de six jours les oppose. Le litige est tranché le 22 décembre 1986 par la Cour internationale de justice de La Haye (CIJ) qui modifie la frontière, attribuant la partie ouest de la bande d'Agacher au Mali et la partie nord au Burkina Faso.

16 janvier 1986 : création de l'Autorité intergouvernementale sur la sécheresse et le développement (IGADD)

L'Autorité intergouvernementale sur la sécheresse et le développement (Intergovernmental Authority on Drought and Development, IGADD) est créée le 16 janvier 1986 par les six pays d'Afrique orientale (Djibouti, Éthiopie, Kenya, Somalie, Soudan et Ouganda). L'Érythrée a été admise en tant que septième membre de l'Autorité en septembre 1993. L'organisme est devenu l'Autorité intergouvernementale pour le développement (IGAD) le 21 mars 1996.

27 mars 1987 : les troupes tchadiennes reprennent Faya-Largeau à la Libye

À Faya, les Tchadiens ont retrouvé la palmeraie qu'ils avaient dû abandonner aux Libyens en juillet 1983. La reconquête a commencé par la prise de Fada, le 19 du mois. Les troupes d'Hissène Habré ont marché durant sept jours sur la piste de la victoire. Les Libyens ont fait retraite en abandonnant blindés et munitions. Pour Hissène Habré, la reprise de Faya, sa ville natale, est un succès considérable qui assoit son prestige dans son pays... Un pays qu'il sera obligé de quitter en 1990, cédant la place à son chef d'armée, Idriss Deby.

15 octobre 1987 : Thomas Sankara est assassiné, coup d'État de Blaise Compaoré au Burkina Faso

Né le 21 décembre 1949 à Yako, village du Yatenga, de père peul et de mère mossi, Thomas Sankara avait quitté le gouvernement en avril 1981, en en dénonçant la corruption et l'incompétence. À la faveur de grèves et de luttes, il prend le pouvoir le 4 août 1983 et forme le Conseil national de la révolution (CNR) qui s'engage sur la voie de la « révolution démocratique et populaire » afin de faire passer le pouvoir « des mains de la bourgeoisie à celles du peuple ». Il restera aussi dans l'histoire comme l'homme qui, le 4 août 1984, rebaptise la Haute-Volta « Burkina Faso », le « Pays des hommes intègres ». Thomas Sankara est assassiné le 15 octobre 1987, lors du coup d'État du capitaine Blaise Compaoré, numéro deux du régime.

7 novembre 1987 : déposition de H. Bourguiba, Z. A. Ben Ali au pouvoir en Tunisie

Depuis le 25 juillet 1957, Habib Bourguiba était le président respecté de la Tunisie. Mais le « Combattant suprême » était âgé de 84 ans et souffrait de troubles de la vieillesse. Le 7 novembre 1987, il est destitué en douceur par son Premier ministre, le général Zine Abidine Ben Ali. La nouvelle de cette mise à l'écart est accueillie avec soulagement par la population.

17 février 1989 : création de l'Union du Maghreb arabe (UMA)

Le 17 février 1989, à Marrakech, est créée l'Union du Maghreb arabe (UMA) qui réunit le Maroc, l'Algérie, la Tunisie, la Libye et la Mauritanie.

9 avril 1989 : le conflit sénégalo-mauritanien éclate

Sur fond de revendications foncières dans la vallée du fleuve Sénégal, un incident entre éleveurs mauritaniens et agriculteurs sénégalais, dû à la divagation d'un troupeau, dégénère en conflit grave entre les deux pays frontaliers. Le 9 avril 1989, deux Sénégalais sont tués, dix-huit autres enlevés et trois blessés. En riposte, les 19 et 20 avril, des bagarres éclatent dans une autre ville sénégalaise frontalière, Matam, et du 20 au 23 avril à Dakar, où les boutiques mauritaniennes puis l'ambassade mauritanienne sont mises à sac. Le 25 avril 1989, c'est le « mardi noir » en Mauritanie : de 38 à 200 Sénégalais sont tués selon les sources, ce qui provoque un exode massif des Négro-Africains, sénégalais ou mauritaniens, vers le Sénégal. Le 28 avril, une « chasse aux Mauritaniens » s'engage à Dakar : 38 morts. Un pont aérien est mis en place avec l'aide internationale pour le rapatriement des réfugiés, 100 000 en tout. Le 21 août 1989, c'est la rupture des relations diplomatiques entre le Sénégal et la Mauritanie.

30 juin 1989 : coup d'État militaire d'Omar el-Bechir au Soudan

Soutenue par les islamistes, une junte dirigée par le général Omar el-Bechir renverse le gouvernement civil du Premier ministre Sadek el-Mahdi à Khartoum, le 30 juin 1989. Les partis sont dissous, y compris le Front national islamique (NIF) d'Hassan el-Tourabi, qui demeure cependant l'éminence grise du nouveau pouvoir.

19 septembre 1989 : attentat contre un DC-10 d'UTA

Le 19 septembre 1989, au-dessus du désert du Ténéré (Niger), un DC-10 d'UTA se désintègre en plein vol avec ses cent soixante-dix passagers. Il parcourait la ligne Brazzaville-N'Djamena-Paris. On apprendra par la suite qu'une bombe était cachée dans une valise embarquée au décollage de Brazzaville et qu'un opposant congolais membre d'un réseau prolibyen se trouvait à bord de l'appareil. En France, le juge Bruguière va s'orienter vers la piste libyenne et lancer des mandats d'arrêt internationaux. Dix ans après l'attentat, en mars 1999, la cour d'assises de Paris condamne par contumace six fonctionnaires libyens, agents secrets et diplomates, à la réclusion criminelle à perpétuité. Le 11 septembre 2003, un accord est trouvé entre la France et la Libye sur l'indemnisation des victimes. Le lendemain, l'ONU n'étant plus menacée par un veto français, le Conseil de sécurité lève les sanctions contre Tripoli.

26 novembre 1989 : assassinat du président comorien Ahmed Abdallah

Artisan de l'indépendance des Comores en 1975, mais n'ayant pas réussi à conserver Mayotte qui a choisi la France, le président Ahmed Abdallah dirige l'archipel en prince féodal. Entouré d'une garde présidentielle menée par le mercenaire français Bob Denard, le « sultan des Comores » commence un troisième mandat préoccupé par le tarissement de l'aide économique étrangère : l'Afrique du Sud et la France ne veulent plus financer les mercenaires. Ahmed Abdallah doit se séparer de Bob Denard, mais il craint le chef des Forces armées comoriennes, Ahmed Mohamed. Le 26 novembre 1989, le président comorien est assassiné d'une rafale de mitraillette, dans des conditions mystérieuses. Ahmed Mohamed et Bob Denard sont tour à tour accusés. Le mercenaire français se réfugie en Afrique du Sud. Jugé en cour d'assises à Paris, il sera acquitté faute de preuves le 19 mai 1999.

11 février 1990 : libération de Nelson Mandela

Il est 16 h 15, heure sud-africaine, lorsque Nelson Mandela, le dirigeant historique de l'African National Congress (ANC), sort de la prison de Pollsmoor, dans la banlieue du Cap, après vingt-sept ans de détention. Cet homme de 71 ans, prince du sang chez les Xhosa, avocat de métier, homme politique, tribun remarquable et d'une force de caractère hors du commun, a résisté pendant près de trente ans au régime que lui a infligé le gouvernement de l'apartheid. Mandela est devenu le plus célèbre prisonnier politique du monde. Sa libération est saluée avec enthousiasme dans de nombreux pays. Il se montrera par la suite favorable à la négociation et entreprendra avec le président sud-africain Frederick De Klerk un long cheminement pour faire entrer le pays dans une ère de calme et de justice. Cette libération intervient quelques jours après la légalisation, par Frederick De Klerk, de l'ANC (2 février 1990).

28 février 1990 : le Bénin inaugure les conférences nationales en Afrique

En décembre 1989, le régime du général Mathieu Kérékou, au Bénin, a abondonné le marxisme-léninisme. Le 28 février 1990 s'achève la conférence nationale de Porto-Novo, première d'une longue série en Afrique. Mettant fin au régime du parti unique, elle organise la transition vers un régime démocratique. Un projet de Constitution est adopté, qui prévoit l'élection du chef de l'État au suffrage universel pour cinq ans et la nomination par ce dernier d'un chef de gouvernement responsable devant l'Assemblée. En attendant les élections qu'elle fixe en janvier 1991, la conférence nationale nomme un Premier ministre : Nicéphore Soglo, ancien responsable à la Banque mondiale.

21 mars 1990 : indépendance de la Namibie

L'ancienne colonie allemande, autrefois nommée Sud-Ouest africain, était depuis 1915 un territoire administré par l'Afrique du Sud. Mais vingt-trois ans de guérillas organisées par les nationalistes de la SWAPO mettent fin à cette situation. En mars 1989, l'Organisation des Nations unies donne son feu vert à l'indépendance définitive de la Namibie, réclamée depuis quarante ans. En novembre, les dernières troupes sud-africaines quittaient le pays.

Le 16 février 1990, l'Assemblée constituante élit à l'unanimité le chef de la SWAPO Sam Nujoma président du nouvel état, qui célèbre son indépendance le 21 mars.

7 mai 1990 : début de la rébellion touareg au Niger et au Mali

Les Touareg constituent 10 % de la population malienne et 20 % de la population nigérienne. Ayant fui le régime de Modibo Keita à Bamako et les sécheresses des années 1970 et 1980, les Touareg réfugiés en Algérie principalement, mais aussi en Libye, sont rapatriés au Niger à la suite d'un accord nigéro-algérien, dans des camps de fortune. Les Touareg contestent la gestion de l'aide internationale par les autorités nigériennes. De jeunes Touareg s'opposent aux forces de l'ordre nigériennes le 7 mai 1990 dans la ville de Tchin Tabaraden, au nord-ouest de Tahoua. L'incident met le feu aux poudres et le mouvement de rébellion touareg s'étend jusqu'au Mali. En deux mois, les forces de répression nigériennes massacrent des civils — on parle de 1 700 personnes, y compris les femmes, les enfants et les vieillards — dans la région de l'Azawagh.

12 mai 1990 : massacre d'étudiants à Lubumbashi, au Zaïre

L'effervescence grandit au Zaïre. La population presse Mobutu Sese Seko à libéraliser le régime, ce qu'il accepte du bout des lèvres le 24 avril 1990 en annonçant un multipartisme réduit à trois organisations. Dans la nuit du 11 au 12 mai 1990, un commando masqué débarque sur le campus de Lubumbashi, la capitale universitaire du Shaba, riche province minière du Zaïre. La garde présidentielle est impliquée dans cette opération, qui va faire plusieurs dizaines de morts et une trentaine de blessés. Émue, l'opinion internationale fait pression pour connaître la vérité, la Belgique interrompt sa coopération... Devant les grèves et une impopularité croissante, Mobutu accorde le multipartisme intégral le 6 octobre 1990 et accepte que s'ouvre, le 7 août 1991, la Conférence nationale tant réclamée.

12 juin 1990 : le Front islamique du salut (FIS) remporte les municipales en Algérie

Le premier scrutin libre de l'Algérie indépendante aboutit à une victoire du Front islamique du salut (FIS). Il s'agit d'élections locales. Aux municipales, selon les résultats officiels, le FIS obtient plus de 54 % des suffrages, tandis que le parti au pouvoir, le FLN, n'en obtient qu'un peu plus de 28 %. Cette victoire va donner au FIS le contrôle de la plupart des villes. Ahmed Ben Bella, ancien et premier président de l'Algérie indépendante, de même que Hocine Aït Ahmed, l'un des premiers militants de l'indépendance, avaient pour leur part recommandé l'abstention aux élections. Ils ont été suivis par 40 % des inscrits.

20 juin 1990 : discours de François Mitterrand à La Baule

Dans un contexte international défini ainsi par le ministre français des Affaires étrangères de l'époque, Roland Dumas : « Le vent de liberté qui a soufflé à l'Est devra inévitablement souffler un jour en direction du Sud », François Mitterrand prononce à La Baule, le 20 juin 1990, lors de la seizième Conférence des chefs d'État de France et d'Afrique (19-21 juin), un discours par lequel il entend renouveler le cadre des relations franco-africaines. À la conférence de presse suivant le sommet, François Mitterrand fait la distinction entre « une aide tiède » destinée aux régimes autoritaires refusant toute évolution démocratique et « une aide enthousiaste » réservée à « ceux qui franchiront le pas avec courage ». Le discours de La Baule constitue un encouragement au multipartisme, qui s'installera avec plus ou moins de bonheur dans les États africains *via* l'organisation de « conférences nationales ».

6 août 1990 : l'African National Congress (ANC) annonce la suspension de la lutte armée en Afrique du Sud mais affronte l'Inkatha

Libéré le 11 février 1990, Nelson Mandela accepte le 6 août, en tant que vice-président de l'Africain National Congress (ANC), de suspendre « avec effet immédiat » la lutte armée menée par son mouvement depuis 1961. En échange, le président sud-africain Frederik De Klerk promet de libérer les prisonniers politiques et d'autoriser les militants en exil à regagner le pays. La préparation d'une nouvelle Constitution est aussi prévue. Le 20 août, les Zoulous partisans du parti Inkatha, dirigé par Mongosuthu Buthelezi, manifesteront dans la violence leur volonté d'être associés aux négociations au même titre que l'ANC. Les affrontements avec les Xhosa, partisans de l'ANC, feront plus de 500 morts jusqu'au 24, où des mesures d'exception sont mises en place dans les zones d'émeutes. Elles n'empêcheront pas le massacre dans le ghetto noir de Sebokeng, au sud de Johannesburg, entre partisans de l'Inkatha et de l'ANC le 4 septembre.

7 novembre 1990 : Alassane Ouattara, Premier ministre de Côte d'Ivoire

Chef du gouvernement de fait depuis le 18 avril 1990, lorsque le président ivoirien lui a confié le comité interministériel chargé de stabiliser et de relancer l'économie, Alassane Ouattara est officiellement nommé Premier ministre le 7 novembre 1990. Il est le premier à occuper cette fonction en Côte d'Ivoire. Né en 1941 à Dimbokro, dans la boucle du cacao à quelque 250 kilomètres au nord d'Abidjan, de père burkinabé et de mère ivoirienne, Alassane Ouattara a effectué une brillante carrière d'économiste et de financier au Fonds monétaire international (FMI) (1968-1973) puis à la Banque centrale des États d'Afrique de l'Ouest (BCEAO), dont il est devenu le gouverneur fin 1988.

30 novembre 1990 : le Kenya inaugure la normalisation du continent avec l'Afrique du Sud

Le 30 novembre 1990, le ministre sud-africain des Affaires étrangères Pik Botha se rend en visite au Kenya. Cette rencontre constitue le premier contact diplomatique officiel entre les deux pays depuis trente ans, et, au-delà, le début de la normalisation du continent avec Pretoria. Le président kényan Daniel Arap Moi avait déclaré en prélude à cette visite : « L'Afrique du Sud bouge vite. Bientôt l'Afrique du Sud fera partie de l'Afrique. » La normalisation des relations se traduit par l'établissement d'une liaison aérienne hebdomadaire entre Johannesburg et Nairobi, assurée par South Africain Airways. L'année suivante, les efforts du président sud-africain Frederick De Klerk à démanteler l'apartheid (le 5 juin, deux des trois derniers piliers du système raciste sont abolis) sont suivis d'une invitation à Nairobi. Daniel Arap Moi sera le premier chef d'État du continent à fouler le sol sud-africain depuis 1971, date de la visite du président du Malawi, Kamuzu Banda.

1er décembre 1990 : Idriss Déby s'empare du pouvoir au Tchad

Avec le soutien des services secrets français, Idriss Déby, ancien chef de l'armée tchadienne évincé en avril 1989, lance le 10 novembre 1990 une offensive depuis la province soudanaise du Darfour contre le régime d'Hissène Habré, qui se rapproche alors des États-Unis. Les troupes du Mouvement patriotique du salut de Déby entrent sans combat à N'Djaména le dimanche 1er décembre, poussant le président Hissène Habré à s'exiler au Sénégal. Idriss Déby est proclamé chef de l'État le 4 décembre. La Constitution est suspendue et l'Assemblée nationale, dissoute.

26 décembre 1990 : adoption de la loi d'arabisation en Algérie

Le 26 décembre 1990, l'Assemblée populaire nationale (APN) adopte une loi qui favorise la langue arabe aux dépens de la langue française et du berbère. Elle va dresser contre elle une partie des intellectuels, notamment ceux qui ont fait leurs études en France, et surtout la population berbère. Leur porte-parole, Hocine Aït Ahmed, un leader historique de l'indépendance algérienne, va réunir à Alger plus de 500 000 personnes dans une manifestation contre l'intolérance politique et religieuse et contre la loi sur l'arabisation. Le Front des forces socialistes (FFS) de Aït Ahmed demande que le tamazight, la langue berbère parlée par quelque 30 millions d'Algériens, soit aussi reconnu. Cette revendication aboutira le 8 avril 2002, après une période de violences en Kabylie, lorsque le Parlement algérien vote un amendement à la Constitution qui institue le tamazight langue nationale — mais non langue officielle, statut réservé à l'arabe. Mais les partis kabyles (FFS et Rassemblement pour la culture et la démocratie ou RCD de Saïd Sadi) ont boycotté le vote de cette loi, dénonçant une manœuvre.

30 décembre 1990 : soulèvement de Mogadiscio contre le président Siyad Barre

Le 30 décembre 1990, la capitale somalienne Mogadiscio se soulève contre le régime du président Siyad Barre, qui se calfeutre dans son palais, alors que la ville est livrée au pillage et aux massacres. Au pouvoir depuis le coup d'État du 21 octobre 1969, Siyad Barre a dirigé son pays en l'orientant d'abord sur la voie du marxisme, puis en se plaçant dans le camp américain, mais sans donner à son peuple les structures démocratiques qu'il réclamait. Le 27 janvier 1991, après quatre semaines de combats, les rebelles du Congrès de la Somalie unifiée (USC) annoncent, par un communiqué laconique, que le palais présidentiel est investi et que le président Siyad Barre est en fuite. Un chef de l'État est nommé le 29 par un des trois mouvements rebelles, mais les deux autres mouvements refusent de le reconnaître.

23 mars 1991 : déclenchement de la rébellion en Sierra Leone

Le 23 mars 1991, les rebelles du Front révolutionnaire uni (RUF) du caporal Foday Sankoh déclenchent la guerre civile dans l'est de la Sierra Leone. Le président Joseph Saidu Momoh accuse Charles Taylor, alors chef du Front national patriotique du Liberia (NPLF) voisin, d'en être à l'origine. Sur fond de lutte pour les richesses du sous-sol, en particulier les diamants, la rebellion va multiplier les exactions contre les civils, recruter des enfants en guise de soldats et provoquer le déracinement de la moitié de la population. Dix ans après le début du conflit, deux ans après un accord de paix entre le président Kabbah et le chef de la rébellion Foday Sankoh, la Mission d'intervention des Nations unies en Sierra Leone (MINUSIL) déclare, le 12 janvier 2002 : « La guerre est finie. Nous sommes arrivés à la fin symbolique d'une des missions de la MINUSIL qui est le désarmement. » Le 15 mars 2003, Foday Sankoh comparaît devant le tribunal spécial de l'ONU pour crimes de guerre, mais il décède le 30 juillet, avant d'être jugé.

24 mars 1991 : alternance exemplaire au Bénin, Mathieu Kérékou est battu par Nicéphore Soglo

Un an après avoir inauguré la série de conférences nationales sur le continent, un mois après les législatives, le Bénin organise des élections présidentielles qui se déroulent démocratiquement et sont suivies par la presse internationale. Deux candidats en présence : l'ancien président Mathieu Kérékou, arrivé au pouvoir grâce à un putsch militaire en 1972, et Nicéphore Soglo, Premier ministre depuis un an. Le 24 mars 1991, au deuxième tour de cette élection, les électeurs votent en faveur de Nicéphore Soglo, un haut fonctionnaire international qui recueille leur confiance. L'ancien président accepte de s'effacer, donnant ainsi à l'Afrique un exemple qui ne sera guère suivi.

26 mars 1991 : chute de Moussa Traoré au Mali

Au Mali, les revendications démocratiques et la mobilisation contre le régime de Moussa Traoré, au pouvoir depuis le coup d'État de 1968, apparaissent au grand jour à la fin de l'année 1990. L'Alliance pour la démocratie au Mali (Adéma), le Comité national d'initiative démocratique (CNID) ainsi que l'Association des élèves et étudiants du Mali (AEEM) y jouent un rôle essentiel. Le 21 janvier 1991, une manifestation organisée par l'AEEM contre l'arrestation de son secrétaire général est brutalement réprimée par les forces de l'ordre. Malgré sa libération le 30 janvier, le mécontentement s'amplifie. Meetings et marches pour le multipartisme se multiplient dans tout le pays en février et mars. Le 22 mars, de violentes émeutes opposent manifestants et forces de l'ordre. L'état d'urgence et le couvre-feu sont instaurés. Le 24 mars, l'opposition à nouveau rassemblée à Bamako demande la démission de Moussa Traoré et lance une grève générale illimitée. Dans la nuit du 25 au 26 mars 1991, après quatre jours d'émeutes violemment réprimées, le président Traoré est arrêté à Bamako par un groupe de parachutistes, à l'instigation du lieutenant-colonel Amadou Toumani Touré. Celui-ci, à la tête d'un Conseil national de réconciliation, suspend la Constitution, dissout le gouvernement et le parti unique.

21 mai 1991 : en Éthiopie, fuite du président Mengistu

Mardi 21 mai 1991 : la radio nationale éthiopienne annonce le départ du chef de l'État, le président Mengistu Hailé Mariam. Celui-ci va se réfugier au Zimbabwe tandis que les rebelles sont aux portes de la capitale, Addis-Abeba. Le « Negus rouge » n'a pas su donner la paix à son pays. La situation de l'économie est catastrophique, les rébellions de l'Érythrée et du Tigré restent toujours actives, les opposants au régime augmentent sans cesse. De plus, avec la fin de la guerre froide, le désengagement des Soviétiques en Afrique a privé le colonel Mengistu de ses soutiens. L'Amérique, avec laquelle il a renoué des liens, n'a pu sauver le président en sursis. Le 21 mai 1991, l'homme qui a succédé au « roi des rois » Hailé Sélassié prend à son tour le chemin de l'ombre. Le général Tesfaye Gabre Kidare, jusqu'à présent vice-président de la République, le remplace.

17 juin 1991 : abolition de l'apartheid

Au lendemain du quinzième anniversaire des émeutes de Soweto (16 juin 1976), le Parlement sud-africain vote l'abolition de la loi sur la classification de la population (Population Registration Act), dernier des quatre piliers juridiques de l'apartheid à tomber, mais pas le moindre. Depuis 1950, en effet, il définissait les Sud-Africains selon des critères de couleur de peau, dits raciaux, qui devaient être inscrits sur les papiers d'identité. L'abolition de la clé de voûte de l'apartheid, qui entrera en vigueur le 30 juin 1991, vient après la suppression du Land Act, du Group Areas Act et du Separate Amenities Act, régissant respectivement la propriété foncière, l'habitat et les conditions d'accès aux lieux publics des Sud-Africains. Pourtant, Frederik De Klerk est conscient que le droit de vote pour tous est désormais la question prioritaire à régler et qu'une nouvelle Constitution doit être créée. Nelson Mandela et l'African National Congress (ANC) réclament de leur côté l'élection au suffrage universel d'une Assemblée constituante.

26 décembre 1991 : le Front islamique du salut (FIS) remporte les législatives en Algérie

Les résultats arrivent comme un coup de tonnerre : au premier tour des élections législatives algériennes, le Front islamique du salut (FIS) obtient 188 sièges avec plus de 47 % des suffrages. Le FLN se retrouve avec 15 sièges, le Front des forces socialistes en obtient 25, et les indépendants 3. Il apparaît dès lors que les islamistes vont remporter la victoire au second tour. Le second tour n'aura pas lieu, et l'Algérie va vivre à partir du début 1992 des heures graves.

11 avril 1992 : « Pacte national » avec les Touareg au Mali

« Le peuple touareg a beaucoup souffert et le moment est venu pour qu'il connaisse la tranquillité et une vie digne et libre sur la terre »... C'est ainsi que le chef touareg ag Ghali a salué l'accord signé le 6 janvier 1991 à Tamanrasset, en Algérie, entre les autorités maliennes et les Touareg du nord du pays. Entre ces populations nomades, habituées à faire pâturer leurs troupeaux sans se soucier des frontières, et les gouvernements du Sud longtemps considéré comme terre d'esclaves, les rébellions ont toujours couvé. Depuis 1960, toutes les grandes périodes de sécheresse ont développé les tensions : aide internationale mal distribuée, camps de regroupement des populations sinistrées, toutes les mesures prises par les gouvernements paraissaient discriminatoires. Au Mali, comme au Niger, les Touareg, peuple fier, se clochardisaient dans les villes. Le colonel Kadhafi s'en servait pour déstabiliser ses voisins. En juin 1990, le conflit engagé contre le pouvoir central s'était soldé par une répression violente et des centaines de morts. L'accord de Tamanrasset, conclu grâce à la médiation de l'Algérie le 6 janvier 1991 entre le gouvernement de Bamako et deux organisations touareg, le Mouvement populaire de l'Azawad (MPA) et le Front islamo-arabe d'Azawad (FIAA), apporte un espoir, mais reste lettre morte. Après la chute du dictateur malien Moussa Traoré, un « Pacte national » est signé le 11 avril 1992, qui prévoit l'intégration graduelle des combattants touareg dans l'armée nationale.

26 avril 1992 : élections démocratiques au Mali. Konaré élu président

Au Mali, les élections se sont déroulées dans la légalité. Le parti d'Alpha Oumar Konaré en sort grand vainqueur avec près de 70 % des suffrages exprimés. Après quatorze mois passés à la tête du pays, Amadou Toumani Touré, président intérimaire depuis la chute de Moussa Traoré, s'efface, donnant ainsi l'exemple d'un militaire capable de pratiquer la démocratie. Le Mali, qui a été doté d'une nouvelle Constitution et d'un code électoral élaborés par la Conférence nationale, va pouvoir affronter au mieux les problèmes économiques qui l'attendent. En tant qu'historien, Alpha Oumar Konaré, premier président du Mali élu au suffrage universel direct, tentera de retrouver pour le Mali la grandeur du passé. Il prend ses fonctions le 8 juin 1992.

29 juin 1992 : assassinat du président algérien Mohamed Boudiaf

À Annaba, ville située à l'est d'Alger, le président Mohamed Boudiaf, alors en tournée dans cette région, est invité à prononcer un discours à la maison de la culture. Alors qu'il est en train de parler, une explosion se fait entendre à côté de la tribune et une grenade est lancée sous la chaise du président. Dans la confusion qui s'ensuit, le meurtrier, surgi de la foule, atteint Mohamed Boudiaf dans le dos et à la tête, avec deux rafales de pistolet-mitrailleur. Il s'agit d'un policier vêtu de l'uniforme des brigades d'intervention chargées de lutter contre les terroristes islamistes. L'Algérie se trouve plongée dans le drame. Mohamed Boudiaf, l'un des chefs historiques de la révolution algérienne, vivait en exil au Maroc avant que la situation algérienne ne vienne le solliciter. La victoire du Front islamique du salut (FIS), la démission de Chadli Bendjedid, la création d'un Haut Comité d'État nécessitaient que l'Algérie trouve un homme nouveau. Boudiaf semblait pouvoir rétablir l'autorité de l'État.

4 octobre 1992 : accords de paix au Mozambique

Seize années d'une guerre dévastatrice se terminent ce dimanche 4 octobre 1992 lorsque le gouvernement de Maputo et son opposition armée signent un accord de paix. Cela fait deux années que le

Mozambique a tenté de réussir ces difficiles négociations, avec l'aide des pays voisins et la médiation de l'Italie, dans le cadre de la Communauté Sant Egidio. La guerre a commencé dès l'indépendance lorsque les troupes de la Renamo, soutenues et armées par l'Afrique du Sud et la Rhodésie voisines, ont affronté le régime marxiste du Frelimo à Maputo. La guerre n'a réussi qu'à mener le pays à la famine et à la misère. On compte un million de Mozambicains morts durant le conflit, et deux autres millions errant sur les routes de l'exil.

10 février 1993 : Albert Zafy élu président de Madagascar

À Madagascar, plongé dans une grave crise économique, le président Ratsiraka au pouvoir depuis juin 1975 se trouve confronté au désir de la population de voir évoluer le régime. Comme il ne donne pas suite à un projet de démocratisation du pays, le 10 août 1991, une « marche de la liberté » est organisée. Elle se dirige vers le palais présidentiel, avec de nombreux jeunes dans ses rangs. La répression est brutale. Le pouvoir parle de douze morts, l'opposition en annonce près de deux cents, et demande le départ du président. La France fait pression pour une consultation rapide du peuple. Un Premier ministre sera nommé qui formera un gouvernement auquel l'opposition refusera majoritairement de participer. Ce n'est qu'en janvier 1993 que des élections présidentielles sont organisées. Le 10 février 1993, lors du second tour, le leader de l'opposition Albert Zafy, cardiologue, ex-ministre de la Santé (1972-1975), est élu par près de 67 % des suffrages. Mais c'est peut-être moins sa victoire qui est consacrée alors que la défaite de son prédécesseur Didier Ratsiraka... lequel reviendra au pouvoir, grâce à sa très courte victoire (50,71 %) sur Albert Zafy le 29 janvier 1996, lors d'un scrutin présidentiel anticipé.

27 avril 1993 : naissance de l'Érythrée

Depuis la prise d'Asmara, la capitale, en mai 1991, par les maquisards du Front patriotique de libération de l'Érythrée (FPLE), la victoire était acquise. Mais ce n'est qu'après l'organisation d'un référendum deux ans plus tard que le président Issayas Afeworki proclame officiellement, le 27 avril 1993, l'indépendance de l'Érythrée. Il aura fallu trente années de guerre contre l'Éthiopie et des dizaines de milliers de morts pour que le cinquante-deuxième État d'Afrique voie enfin le jour. Un État qui aura bien besoin de l'aide internationale pour sa reconstruction. Mais, pour l'heure, on chante et on danse jusque dans le plus petit village. Pour les 3,5 millions d'habitants (dont un tiers à l'étranger), c'est le temps de la joie.

15 octobre 1993 : prix Nobel de la paix à Nelson Mandela et à Frederik De Klerk

Le 15 octobre 1993, Nelson Mandela et Frederik De Klerk sont récompensés de leurs efforts pour mettre un terme pacifique au régime d'apartheid par les jurés du prix Nobel de la paix. Le leader de l'African National Congress (ANC) et le président sud-africain se sont souvent affrontés, même s'ils se sont mutuellement loués pour leur sincérité. Mais, unis par une poignée de main historique, ils symbolisent la nouvelle Afrique du Sud en marche vers la démocratie, avec les premières élections multiraciales prévues en avril 1994. Le prix Nobel leur est remis à Oslo lors de la cérémonie officielle le 10 décembre. Les deux lauréats y promettent de conclure avec succès la transformation de l'Afrique du Sud. De Klerk y souligne le « changement fondamental des deux parties », tandis que Mandela fait l'éloge de « l'humanité commune qui lie Noirs et Blancs » et félicite De Klerk pour son « courage ».

17 novembre 1993 : coup d'État du général Sani Abacha au Nigeria

Le 17 novembre 1993, le général Sani Abacha, ministre de la Défense sous la présidence intérimaire d'Ernest Shonekan, renverse le régime civil de transition mis en place par l'administration militaire du général Ibrahim Babangida. Né le 2 septembre 1943 à Kano dans le nord musulman du pays, Abacha a servi dans l'infanterie lors de la guerre du Biafra et en a tiré une obsession de l'unité et de la stabilité nationales. Jusqu'à sa mort d'une crise cardiaque le 8 juin 1998, ce militaire, reconnaissable à ses scarifications au visage, va se rendre célèbre par ses violations des droits de l'homme et ses détournements de fonds.

7 décembre 1993 : mort du président ivoirien Félix Houphouët-Boigny

Né le 18 octobre 1905 à Yamoussoukro, d'une mère qui fait de lui un futur chef baoulé, Houphouët Dia descend des Akan, puisque les Baoulé et les Akan sont affiliés. C'est à son ascendance qu'il fait allusion, les Akan ayant bâti leur puissance sur le commerce et la thésaurisation de l'or, lorsqu'il déclare en 1983 : « Les gens s'étonnent que j'aime l'or. C'est parce que je suis né dedans. » Il sera député à l'Assemblée constituante française et ministre dans six gouvernements français. Il a été président de la République de Côte d'Ivoire pendant trente-trois ans.

12 janvier 1994 : dévaluation du franc CFA

Les chefs d'État de la zone franc (Bénin, Burkina Faso, Cameroun, République centrafricaine, Comores, Congo, Côte d'Ivoire, Gabon, Guinée-Bissau, Guinée-Équatoriale, Mali, Niger, Sénégal, Tchad et Togo) sont réunis à Dakar en présence du ministre français de la Coopération, Michel Roussin, et du directeur général du Fonds monétaire international (FMI), Michel Campdessus. À l'issue de négociations serrées, ils s'accordent à dévaluer de 50 % le franc CFA. La mesure prend effet à 0 heure le 12 janvier : désormais le franc CFA vaut 1 centime français et le franc comorien 1,33 centime, contre 2 centimes auparavant pour les deux monnaies. Prévue de longue date, la dévaluation a pour but de permettre la transformation des économies de la zone franc : en augmentant théoriquement le volume des exportations agricoles, elle est censée, d'une part, favoriser l'augmentation des revenus du secteur rural et des prélèvements de l'État sur ces mêmes revenus ; d'autre part, décourager les importations de biens d'équipement, désormais deux fois plus chères, et la fraude sur les recettes douanières à l'import. On en attend un développement des entreprises locales et régionales qui se substitueraient aux importations. En revanche, le prix de la dette des pays de la zone franc est doublé. Dans un premier temps, c'est le consommateur urbain qui souffre le plus. La presse africaine se fait le relais d'un sentiment d'abandon : « Paris lâche le franc CFA », titre un quotidien ivoirien.

3 février 1994 : règlement du conflit de la bande d'Aouzou

Le 3 février 1994, la Cour internationale de justice (CIJ) met un point final à un conflit coûteux en vies humaines entre le Tchad et la Libye : le régime de Muammar Kadhafi est débouté de sa demande concernant la bande d'Aouzou. Ce territoire désertique de 114 000 kilomètres carrés était occupé depuis 1973 par Tripoli, qui le revendiquait en vertu d'un traité franco-italien signé dans les années 1930 par Pierre Laval et Benito Mussolini et selon lequel la France cédait Aouzou à l'Italie si Rome abandonnait ses revendications sur la Tunisie. Ce traité n'avait jamais été ratifié... La bande d'Aouzou avait servi de base aux incursions libyennes dans le nord du Tchad, en soutien aux rebelles d'Hissène Habré, puis à ceux de Goukouni Weddeye. La France s'était directement impliquée en déclenchant l'opération Manta en 1983, puis Épervier en 1986, avant la reconquête par le gouvernement tchadien du nord du pays sur les troupes libyennes. Celles-ci achèveront leur retrait de la bande d'Aouzou le 30 mai 1994.

6 avril 1994 : déclenchement du génocide au Rwanda

De retour de négociations à Arusha (Tanzanie) avec la rébellion rwandaise du Front patriotique rwandais (FPR), à majorité tutsi, le président rwandais Juvénal Habyarimana et son homologue burundais Cyprien Ntaryamira — tous deux hutu — sont tués lorsque leur avion, sur le point d'atterrir, explose au-dessus de l'aéroport de Kigali. Le gouvernement burundais parle d'« accident » et appelle au calme ; mais, selon le ministère de la Défense du Rwanda, l'appareil a été « abattu ». Invoquant l'attentat, la garde présidentielle rwandaise tue, le 7 avril à Kigali, dix casques bleus belges ainsi que le Premier ministre modéré, Agathe Uwilingiyimana. Du 7 avril au 19 juillet 1994, près d'un million de Tutsi (l'ethnie minoritaire) et de Hutu modérés (l'ethnie du président Habyarimana, majoritaire) seront tués, principalement à l'arme blanche, par les soldats des ex-Forces armées rwandaises (FAR) et par les miliciens appelés *Interahamwe* (« ceux qui tuent ensemble »). La population sera aussi mobilisée pour participer aux massacres. Des listes de personnes à tuer avaient été établies par l'administration à tous les niveaux.

6 mai 1994 : en Afrique du Sud, victoire de l'African National Congress (ANC)

Le 6 mai 1994, on annonce les résultats définitifs des premières élections multiraciales en Afrique du Sud (26-29 avril 1994) : sans faire un raz-de-marée, l'African National Congress (ANC) de Nelson Mandela obtient 62,65 % des voix, 252 sièges sur 400 dans la nouvelle Assemblée et la majorité dans sept des neuf provinces. En deuxième position, le Parti national de Frederik De Klerk obtient 20,39 %, devant l'Inkhata (10,54 % des voix). C'est tout de même une belle victoire : « Libres, enfin ! » lancera Nelson Mandela qui, le 10 mai suivant, deviendra le premier président noir de l'ex-pays de l'apartheid. Une grande page d'histoire est vraiment tournée.

10 mai 1994 : Nelson Mandela président

Ce jour-là, à Pretoria, en présence des délégations venues de cent quatre-vingts pays, Nelson Mandela devient officiellement le premier président noir de l'Afrique du Sud. Il a été élu la veille par le Parlement, mais n'avait aucun concurrent après la victoire de l'African National Congress (ANC) lors des premières élections multiraciales en Afrique du Sud, du 26 au 29 avril. Il formera un gouvernement d'unité nationale et nommera deux vice-présidents, Frederik De Klerk et Thabo Mbeki, qui fera aussi office de chef du gouvernement. Pour l'heure, en ce 10 mai 1994, Mandela est tout à sa joie : « Jamais, déclare-t-il, plus jamais, ce magnifique pays ne connaîtra l'oppression et ne souffrira de l'indigne mise à l'écart du monde. »

23 juin 1994 : opération Turquoise au Rwanda

Le 22 juin 1994, le Conseil de sécurité de l'ONU adopte une résolution autorisant la France à mettre en place une opération multinationale humanitaire au Rwanda, en attendant le déploiement de la Mission d'intervention des Nations unies au Rwanda 2 (MINUAR 2), et pour une durée de deux mois, jusqu'au 21 août 1994. Le lendemain, les Français envoient 2 500 hommes et le dispositif se déploie à partir de Goma, au Zaïre (actuelle république démocratique du Congo), dans le but de créer une zone sûre dans le sud-ouest du Rwanda. Cette zone correspond aux régions encore contrôlées par les forces gouvernementales rwandaises où affluent par centaines de milliers les réfugiés hutu qui fuient l'avancée du Front patriotique rwandais (FPR), à majorité tutsi. L'opération Turquoise est critiquée aussi bien par le FPR — qui accuse la France de permettre la fuite des génocidaires — que par l'Organisation de l'unité africaine (OUA) — dont on remarque par ailleurs l'inaction — et la MINUAR. On ne peut oublier que la France avait été militairement présente au Rwanda de 1990 à 1993, dans le but de « stabiliser la situation », mais en contribuant de fait à renforcer le régime de l'ex-président Habyarimana, lequel encouragea le génocide anti-tutsi.

4 juillet 1994 : les rebelles du Front patriotique rwandais (FPR) s'emparent de la capitale rwandaise

Le 4 juillet 1994, le Front patriotique rwandais (FPR) dirigé par Paul Kagame s'empare de Kigali, la capitale du Rwanda. Composé d'anciens réfugiés tutsi dans les pays limitrophes, le FPR conquiert peu à peu les villes stratégiques d'un pays décimé et meurtri par le génocide : Butare, deuxième ville du pays, le 4 juillet, Ruhengeri le 13, Gisenyi le 17. Le FPR nomme les Hutu modérés Faustin Twagiramungu et Pasteur Bizimungu respectivement Premier ministre (le 6) et président de la République (le 17). Paul Kagame proclame le 18 juillet sa victoire totale dans la guerre. Entre 500 000 et 1 million de personnes ont été massacrées, principalement des Tutsi mais aussi des opposants hutu. Ce même 4 juillet, la France crée une « zone de sécurité humanitaire sûre » dans le sud-ouest du pays, où elle a déployé la mission Turquoise depuis le Zaïre voisin à partir du 23 juin, pour accueillir les nouveaux réfugiés hutu. Parmi ces derniers se cachent des *Interhamwe* qui ont pris part au génocide, affirment les nouveaux maîtres du pays. On évalue les réfugiés à 2,3 millions.

27 octobre 1994 : au Mozambique, premières élections générales libres

Après seize années de guerre civile (1976-1992), les anciens ennemis, le Front de libération du Mozambique (Frelimo), marxiste, et la Résistance nationale mozambicaine (Renamo) s'affrontent dans les urnes les 27 et 28 octobre 1994, lors des premières élections présidentielles et législatives libres. Le président sortant

Joachim Chissano (Frelimo) est élu avec 53,7 % des voix, devant son rival de la Renamo Afonso Dhlakama. Le Frelimo remporte aussi les législatives avec 44 % des voix (contre 38 % à la Renamo). Depuis deux ans, à la suite de l'accord de paix de Rome du 4 octobre 1992, les armes se sont tues et l'ONU est présente au Mozambique, remplissant une mission militaire — la démobilisation de quelque 100 000 combattants — et humanitaire — permettre le retour des millions de réfugiés. Reste la plus lourde tâche : reconstruire un pays dévasté, que les belligérants ont truffé de mines antipersonnel.

8 novembre 1994 : création du Tribunal pénal international pour le Rwanda (TPIR)

Contre le gré du gouvernement de Kigali, le Conseil de sécurité de l'ONU adopte le 8 novembre 1994 la résolution 955 qui institue le Tribunal pénal international chargé de poursuivre, juger et condamner les responsables du génocide au Rwanda (un million de morts). Après le Tribunal pénal international pour l'ex-Yougoslavie (TPIY, créé par la résolution du 22 février 1993), le TPIR (ou TPR) est le deuxième tribunal pénal international *ad hoc* créé depuis les procès de Nuremberg et de Tokyo, à l'issue de la Seconde Guerre mondiale. Le Conseil de sécurité décide le 22 février 1995 d'installer le TPIR à Arusha, en Tanzanie. Les procès s'ouvrent le 6 avril 1995, un an jour pour jour après la mort du président rwandais Juvenal Habyarimana.

3 mars 1995 : l'ONU quitte la Somalie sur un échec

Alors que la présidence de George Bush touche à sa fin, quelques dizaines de commandos de marines débarquent sur les plages de Mogadiscio, sous l'œil des télévisions, le 9 décembre 1992. C'est le début de l'opération Restore Hope (Rendre l'espoir) destinée à venir en aide aux victimes de la famine et à rétablir la paix dans le pays, en proie à la guerre civile depuis la chute du président Siyad Barre en janvier 1991. Autorisée par la résolution 794 du Conseil de sécurité des Nations unies, l'opération, sous commandement américain, mobilise 40 000 soldats d'une vingtaine de pays, dont 30 000 Américains. Elle relaie la mission des Nations unies ONUSOM I, qui a échoué, et est relayée par une nouvelle mission des

Nations unies, UNUSOM II, le 4 mai 1993. Le 3 octobre 1993, dix-huit soldats américains sont tués dans les affrontements avec les partisans du général Aïdid et traînés dans les rues de Mogadiscio. Les États-Unis décident leur retrait. L'ONU quitte la Somalie sur un échec, après la mort de 136 casques bleus.

15 avril 1995 : accords de paix entre gouvernement nigérien et rébellion touareg

Au début des années 1990, le rapatriement des réfugiés touareg d'Algérie et de Libye accentue la paupérisation de ces populations nomades et une rébellion éclate après la répression des émeutes du 7 mai 1990 à Tchin Tchabaraden. Mano Dayak mène l'un des mouvements de guérilla, le Front de libération du Tamoust, avant de parvenir à les unifier au sein d'une Coordination de la résistance armée. Ses amitiés françaises lui permettront de négocier les accords de Ouagadougou (15 avril 1995) pour la réinsertion des Touareg au Niger. Mano Dayak meurt le 15 décembre 1995 dans un mystérieux accident d'avion, au-dessus du désert du Ténéré, alors que plusieurs mouvements touareg menacent de reprendre leur guérilla, les accords tardant à se matérialiser dans les faits.

10 mai 1995 : résurgence du virus Ebola au Zaïre

Devant la progression d'une mystérieuse épidémie mortelle, la « diarrhée rouge », des chercheurs américains, belges et suisses sont dépêchés le 10 mai 1995 à Kikwitt, à 300 kilomètres au sud-ouest de Kinshasa. La ville est mise en quarantaine et le virus identifié : il s'agit d'une variante du virus Ebola, apparu en 1976 dans ce même pays mais qui n'avait pas sévi depuis l'épidémie de 1979 au Soudan. Celle de 1995 fait 245 morts mais est rapidement circonscrite. Le virus refera une apparition un an plus tard, au Gabon.

16 décembre 1995 : première réunion de la commission Vérité et Réconciliation en Afrique du Sud

Adopté par le Parlement sud-africain le 28 juin 1995 et ratifié par le président Nelson Mandela le 19 juillet, l'Acte sur la promotion de l'unité nationale et de la réconciliation crée la commission Vérité et Réconciliation (Truth and Reconciliation Commission).

Composée de dix-sept membres (personnalités du monde judiciaire ou des droits de l'homme principalement) et présidée par Desmond Tutu, prix Nobel de la paix, elle est chargée d'établir les violations des droits de l'homme commis sous le régime d'apartheid entre le 1er mars 1960 et le 10 mai 1994 — au lendemain des premières élections multiraciales —, d'amnistier éventuellement les repentis et d'aider les victimes. Sa première réunion a lieu symboliquement le 16 décembre 1995, qui vient d'être décrété « Journée de la réconciliation nationale ». Après trois ans d'auditions et d'enquêtes, au cours desquels elle a recueilli des dizaines de milliers de récits, la commission Vérité et Réconciliation remet un rapport général de 3 000 pages le 29 octobre 1998 sur l'histoire de l'apartheid, les victimes déjà recensées et les méthodes préconisées pour réconcilier la nation, dont des poursuites judiciaires. Après avoir accordé 1 312 amnisties sur les 7 116 cas examinés, la commission cesse d'exister le 20 décembre 2001, six ans après sa création. Elle a remis un rapport final le 21 mars 2003 au président Thabo Mbeki, avec compte rendu des audiences d'amnistie et recommandations de réparations envers les victimes.

11 avril 1996 : l'Afrique bannit les armes atomiques

Les cinquante-trois États africains signent le 11 avril 1996 au Caire le traité de dénucléarisation de l'Afrique, dit traité de Pelindaba. La ville sud-africaine qui porte ce nom hébergera la Commission africaine pour l'énergie atomique, chargée de superviser la mise en place et l'application de ce traité. Ainsi le continent noir devient, après l'Amérique latine et le Pacifique-Sud, la troisième région du globe où les armes atomiques sont bannies. L'utilisation pacifique de l'énergie atomique est par ailleurs encouragée. Même si les États africains sont peu concernés par la question nucléaire, la signature de ce traité constitue une avancée notable au niveau mondial.

17 décembre 1996 : Kofi Annan à la tête de l'ONU

Le Ghanéen Kofi Annan devient ce jour-là le septième secrétaire général de l'Organisation des Nations unies. Chef des opérations de la paix sous le dernier mandat de son prédécesseur, Boutros Boutros-Ghali, Kofi Annan a assumé publiquement ses échecs au Rwanda et en Bosnie, qui auraient pu être fatals à sa carrière onusienne. Sa bonne volonté et sa courtoisie ont payé, y compris auprès des États-Unis puisqu'il est devenu le candidat de la secrétaire d'État américaine Madeleine Albright. Les secrétaires généraux ayant précédé Kofi Annan : Trygve Lie (Norvège), Dag Hammarskjöld (Suède), U Thant (Birmanie), Kurt Waldheim (Autriche), Javier Pérez de Cúellar (Pérou), Boutros Boutros-Ghali (Égypte). Le 27 juin 2001, Kofi Annan est réélu par acclamation des cinq membres du Conseil de sécurité, avant le terme de son mandat en décembre, pour une durée de cinq ans.

29 décembre 1996 : réélection de Didier Ratsiraka à Madagascar

Le 29 décembre 1996, lors d'un scrutin présidentiel anticipé, Didier Ratsiraka est élu au second tour par 50,71 % des suffrages. Il bat de justesse Albert Zafy, le « docteur », à qui on reprochait une grande instabilité politique (cinq gouvernements et trois Premiers ministres en trois ans) et l'augmentation des prix du riz, du fait de la suppression — exigée par la Banque mondiale — des subventions. C'est le retour du « roi Didier », capitaine de frégate arrivé au pouvoir le 14 juin 1975 et balayé par l'opposant Albert Zafy au second tour du premier scrutin présidentiel démocratique, le 10 février 1993, après un mouvement de contestation réprimé dans le sang en août 1991. Didier Ratsiraka quittera définitivement le pouvoir en 2002, non sans avoir refusé pendant plusieurs mois de reconnaître la victoire au premier tour présidentiel, le 16 décembre 2001, de son opposant Marc Ravalomanana, grand patron et maire d'Antananarivo, la capitale.

17 mai 1997 : la rébellion de Laurent-Désiré Kabila s'empare de Kinshasa

Le 16 mai 1997, le maréchal Mobutu a quitté la capitale du Zaïre après trente et un ans de pouvoir. Gravement malade, c'est surtout en Europe qu'il avait passé les derniers mois de son règne tandis que, depuis octobre 1996, les rebelles de l'Alliance des forces démocratiques pour la libération du Congo (AFDL) progressaient depuis l'est du pays. Les hommes de Laurent-Désiré Kabila s'emparent de Lubumbashi, deuxième ville du Zaïre, avant de poursuivre leur avancée sur plusieurs fronts, affirmant vouloir mener la guerre jusqu'à la « libération » de Kinshasa. En ce 17 mai, ils s'emparent de la capitale presque sans combattre. Le Zaïre est rebaptisé république démocratique du Congo.

3 août 1997 : Anjouan fait sécession de l'archipel comorien

Le 3 août 1997, Abdallah Ibrahim, le chef du mouvement indépendantiste d'Anjouan, île des Comores, proclame l'indépendance du territoire. Les Anjouanais envient le sort de Mayotte, qui est restée française en 1974 et connaît une situation économique meilleure. Ils demandent à être rattachés à nouveau à la France.

14 juin 1999 : Thabo Mbeki élu président, Nelson Mandela prend sa retraite

L'opposition, morcelée en douze partis et ne représentant qu'un tiers des quatre cents députés, n'avait pas opposé de candidat à Thabo Mbeki. C'est donc le président de l'African National Congress (ANC) et dauphin désigné de longue date de Nelson Mandela, qui, à 57 ans, est élu le 14 juin 1999 président de l'Afrique du Sud par l'Assemblée nationale. Thabo Mbeki était vice-président du pays depuis 1994. Calme et sobre à son habitude, il s'engage dans son discours à « avancer plus vite vers le but d'une meilleure vie pour tous », et à « rapprocher la politique des gens ». À 80 ans, Nelson Mandela prend sa retraite.

25 juin 1999 : lancement officiel de la Communauté économique et monétaire de l'Afrique centrale (CEMAC)

Au lendemain de leur indépendance le Cameroun, le Congo (-Brazzaville), le Gabon et le Tchad comprennent le besoin de créer une organisation de coopération régionale. Le 8 décembre 1964 est signé le traité instituant l'Union douanière et économique de l'Afrique centrale (UDEAC) dans le but de développer les échanges et d'intégrer les économies de la sous-région. La Guinée-Équatoriale entre dans l'organisation en janvier 1985. Trente ans plus tard, le bilan est bon en matière de coopération monétaire mais la coopération économique reste modeste. D'où la signature, le 16 mars 1994 à N'Djamena, du traité instituant une nouvelle organisation avec un rôle renforcé, la Communauté économique et monétaire de l'Afrique centrale (CEMAC), qui se propose de réaliser à terme un marché commun en Afrique centrale.

13 juillet 1999 : loi de « concorde civile » votée en Algérie

Élu le 15 avril 1999, le nouveau président Abdelaziz Bouteflika souhaite mettre un terme à huit ans de guerre civile, qui ont fait entre 100 000 et un million de morts en Algérie. En juin, l'Armée islamique du salut (AIS) annonce qu'elle abandonne la lutte armée et plusieurs centaines de ses combattants se rendent. Bouteflika y répond par un geste de clémence en graciant 5 000 islamistes non impliqués dans des crimes de sang. Le président algérien fait ensuite voter au Parlement, le 13 juillet 1999, la loi de « concorde civile » qui sera plébiscitée par référendum le 16 septembre (98,6 % de oui). Cette loi prévoit l'amnistie ou des réductions de peines pour les terroristes islamistes qui se livreront aux autorités d'ici au 13 janvier 2000, selon la gravité de leurs crimes, pour leur permettre de « reprendre leur place dans la société ».

23 juillet 1999 : mort du roi du Maroc Hassan II

Âgé de 70 ans, Hassan II meurt le 23 juillet 1999 à Rabat, après trente-huit ans de règne. Né le 9 juillet 1929, l'héritier de la dynastie alaouite Moulay Hassan monte sur le trône à la mort de son père Mohammed V le 26 février 1961, mais il a déjà l'armée en main. Proche de l'Occident du fait de sa formation universitaire en France, Hassan II sut aussi incarner la tradition comme le lui enjoignait son titre de « Commandeur des croyants ». Dès les années 1960 et surtout après les deux tentatives de coup d'État de 1971 et 1972, il imposa un pouvoir absolu et pourchassa ses opposants. Le souverain, qui avait lancé la « Marche verte » (novembre 1975) pour annexer le Sahara-Occidental, n'aura cependant pas réussi à anéantir la résistance du Front Polisario, malgré l'alliance avec la Mauritanie et le rapprochement tardif avec l'Algérie. Il laisse à son fils Mohammed VI la charge de sortir la population marocaine de la pauvreté et de maintenir le pays à l'abri des violences islamistes.

28 octobre 1999 : Israël et la Mauritanie établissent des relations diplomatiques complètes

Amorcée depuis 1995, avec l'ouverture de sections d'intérêts entre Tel-Aviv et Nouakchott le 27 novembre de cette année-là, la normalisation entre la Mauritanie et Israël aboutit à l'établissement de relations diplomatiques complètes le 28 octobre 1999. Très critiqué par l'opinion mauritanienne et par la Ligue arabe, ce rapprochement s'inscrit dans le mouvement plus global de normalisation entre l'État hébreu et les États arabes (l'Égypte et la Jordanie ont déjà fait le pas).

24 décembre 1999 : Henri Konan Bédié est renversé en Côte d'Ivoire

Une mutinerie pour l'amélioration des conditions de vie des soldats se transforme en coup d'État. La radio et la télévision, puis l'aéroport, sont occupés le 23. Le 24 décembre, l'ancien chef d'état-major Robert Gueï est porté au pouvoir et destitue le président ivoirien Henri Konan Bedié, qui avait succédé à Félix Houphouët-Boigny.

17 avril 2000 : L'ancien rebelle du Front patriotique rwandais (FPR) Paul Kagame est élu président du Rwanda

Le 17 avril 2000, entérinant une situation de fait depuis la démission du Hutu Pasteur Bizimungu à la tête de l'État le 23 mars, l'Assemblée transitoire élit Paul Kagame président de la République du Rwanda, le premier Tutsi à ce poste depuis l'indépendance. Le général major Kagame, président du Front patriotique rwandais (FPR), était en coulisses aux commandes du Rwanda depuis juillet 1994 et la victoire de la rébellion du FPR, devenu depuis un parti politique. La réconciliation nationale semble avoir échoué, les ministres hutu ayant aussi quitté le gouvernement. Un rapport de l'ONU concomitant de cette élection met en cause le nouveau président dans l'assassinat le 6 avril 1994 du président Habyarimana, qui avait contribué à préparer le génocide et après la mort duquel ce dernier s'était déclenché. La thèse la plus généralement admise est que la responsabilité de cet attentat incombe à des extrémistes hutu opposés à un partage du pouvoir entre Juvenal Habyarimana et le FPR.

28 août 2000 : accord d'Arusha pour le Burundi

Un accord de paix pour le Burundi, en guerre civile depuis 1993, est signé le 28 août 2000 à Arusha, en Tanzanie, entre le gouvernement et dix-sept partis politiques. Cependant, les principaux mouvements rebelles refusent de le parapher : les Forces pour la défense de la démocratie (FDD), hutu, les Forces nationales de libération (FNL), hutu, et la Puissance d'autodéfense (PA), tutsi. L'accord prévoit de partager équitablement le pouvoir entre Tutsi et Hutu, *via* l'installation d'institutions transitoires et une réorganisation de l'armée jusqu'alors dominée par les Tutsi.

22 octobre 2000 : Laurent Gbagbo au pouvoir en Côte d'Ivoire

Le leader du Front populaire ivoirien (FPI) Laurent Gbagbo et ses partisans revendiquent le 22 octobre 2000 la victoire à l'élection présidentielle ivoirienne. Le 6 octobre, la Cour constitutionnelle avait invalidé la candidature de l'ancien Premier ministre Alassane Ouattara. Le 24, c'est le chef de la junte au pouvoir depuis le coup d'État du 24 décembre 1999, Robert Gueï, qui se proclame président. Le 25, des dizaines de milliers de manifestants chassent du pouvoir Robert Gueï, Alassane Ouattara dénonce un second « hold-up » électoral.

12 décembre 2000 : l'accord d'Alger met fin à la guerre Érythrée-Éthiopie

Conclu sous l'égide de l'Organisation de l'unité africaine (OUA) et de l'Algérie, l'accord du 12 décembre 2000 met fin à quatre ans de guerre entre l'Érythrée et l'Éthiopie, un conflit qui a fait des dizaines de milliers de morts et provoqué le déplacement de plus d'un million de réfugiés. L'accord d'Alger prévoit notamment qu'une commission indépendante fixe définitivement la frontière entre les deux pays. Le 25 novembre 2004, le Premier ministre éthiopien Meles Zenawi annonce que son pays accepte le « principe » de la décision de cette commission quant à la frontière avec l'Érythrée, mais demande des « ajustements », qu'Asmara refuse.

16 janvier 2001 : assassinat de Laurent-Désiré Kabila

Laurent-Désiré Kabila, le tombeur de Mobutu Sese Seko le 17 mai 1997, est assassiné à Kinshasa le 16 janvier 2001. Ancien maquisard lumumbiste dans les années 1960, devenu homme d'affaires, il fut propulsé à la tête de l'Alliance des forces démocratiques pour la libération du Congo-Zaïre par le Rwanda et l'Ouganda. Imprévisible, autocrate, désinvolte avec la communauté internationale, lâché par ses anciens alliés, Kabila n'a pu remettre sur pied une république démocratique du Congo exsangue et plongée dans la guerre civile. Son fils, Joseph, se voit confier les rênes du pouvoir.

15 février 2001 : accord de Lusaka pour la paix en république démocratique du Congo

Le processus de paix est relancé en république démocratique du Congo : le 15 février 2001, à Lusaka (Zambie), le président Joseph Kabila accepte la médiation du Botswanais Masire. Un accord est trouvé avec le Rwanda, l'Ouganda, le Zimbabwe, l'Angola et la Namibie, protagonistes du conflit qui a éclaté en 1998 après la chute de Mobutu, sur le déploiement d'observateurs de l'ONU et le retrait des troupes étrangères. Dès le 28 février, le Rwanda veut marquer sa bonne volonté en redéployant trois bataillons du Katanga.

2 mars 2001 : création de l'Union africaine (UA)

Au sommet extraordinaire de Syrte, réuni sur l'invitation du président libyen Muammar Kadhafi pour qui c'est un succès diplomatique, les quarante présidents et chefs de gouvernement présents (sur les cinquante-trois que compte l'Organisation de l'unité africaine — OUA) proclament à l'unanimité, le 2 mars 2001, la naissance de l'Union africaine (UA). Celle-ci doit remplacer l'OUA quand tous les États auront ratifié son acte constitutif, en préparation. Les institutions de la future organisation ressemblent à celles de l'Union européenne.

23 octobre 2001 : lancement officiel du Nouveau partenariat pour le développement africain (Nepad)

Adoptée à Lusaka (Zambie) le dernier jour du 37e sommet de l'Organisation de l'unité africaine (OUA) le 11 juillet 2001, la « Nouvelle initiative africaine » (NIA) devient le « Nouveau partenariat pour le développement africain » (Nepad) lors de son lancement officiel le 23 octobre 2001 par une quinzaine de chefs d'État et de gouvernement africains réunis à Abuja. Le Nepad est né de la conviction des présidents sénégalais et sud-africain, Abdoulaye Wade et Thabo Mbeki, que l'Afrique pouvait elle-même s'extirper de la pauvreté. Il constitue une synthèse de leurs plans économiques respectifs, avec le soutien des présidents algérien, nigérian et égyptien, Abdelaziz Bouteflika, Olusegun Obasanjo et Hosni Moubarak. Le Nepad a pour priorités la bonne gouvernance des États africains — entre autres pour encourager les investissements —, les infrastructures, l'éducation, l'approvisionnement en énergie, la préservation de l'environnement, les nouvelles technologies et l'accès aux marchés du Nord.

20 décembre 2001 : mort du poète et président sénégalais Léopold Sédar Senghor

Secrétaire d'État sous la IVe République puis ministre de De Gaulle, il est élu président de la République sénégalaise le 5 septembre 1960, après l'indépendance et l'échec de la Fédération du Mali, qu'il déplorera. Impitoyable avec son opposant Mamadou Dia emprisonné douze ans, candidat unique à trois reprises, Senghor introduira cependant une dose de multipartisme à l'élection présidentielle de 1978, une première en Afrique, et passera la main à Abdou Diouf le 31 décembre 1980, de son propre gré. L'ancien président s'installe alors définitivement en France, à Verson, dans le Calvados, la région de son épouse Colette, et se consacre à l'écriture. Premier Africain élu à l'Académie française (1984), il meurt le 20 décembre 2001, très loin de Dakar... Cette distance vis-à-vis de son pays lui sera reprochée, de même que son dédain de la chose économique.

12 janvier 2002 : fin de la guerre civile en Sierra Leone

Le 23 mars 1991, les rebelles du Front révolutionnaire uni (RUF) du caporal Foday Sankoh déclenchent la guerre civile dans l'est de la Sierra Leone. Le président Joseph Saidu Momoh accuse Charles Taylor, alors chef du Front national patriotique du Liberia (NPLF) voisin, d'en être à l'origine. Sur fond de lutte pour les richesses du sous-sol, en particulier les diamants, la rebellion va multiplier les exactions contre les civils, recruter des enfants en guise de soldats et provoquer le déracinement de la moitié de la population. Dix ans après le début du conflit, un accord de désarmement entre les rebelles du RUF et les milices progouvernementales kamajors est signé le 16 mai 2001. Pour la Mission d'intervention des Nations unies en Sierra Leone (MINUSIL), qui supervise l'accord, le désarmement est achevé le 12 janvier 2002 et « la guerre est finie ».

4 avril 2002 : avec le cessez-le-feu, fin de la guerre civile en Angola

Après vingt-sept ans de guerre civile, les chefs de l'armée angolaise et de l'Union nationale pour l'indépendance totale de l'Angola (UNITA), la rébellion, signent un accord de cessez-le-feu le 4 avril 2002. La mort sous les balles gouvernementales de Jonas Savimbi, le leader historique de l'UNITA le 22 février, a précipité les choses. Le président angolais Eduardo Dos Santos rencontre le nouveau dirigeant par intérim de l'ex-rebellion Paulo Lukumba dit « Gato » pour aborder la transition politique, amorcée en août sous le contrôle de l'ONU.

29 avril 2002 : Marc Ravalomanana proclamé vainqueur de la présidentielle malgache

Le 16 décembre 2001, Marc Ravalomanana, grand patron et maire d'Antananarivo, la capitale, se présente à l'élection présidentielle contre le président sortant Didier Ratsiraka. Soutenu par les milieux d'affaires et les Églises, Ravalomanana est aussi très populaire. Ratsiraka (en place de 1975 à 1993, et depuis 1997) peut compter sur l'armée, légaliste. La polémique sur les résultats électoraux de ce premier tour va tourner à l'épreuve de force entre les deux hommes : Ravalomanana estime avoir remporté la majorité absolue, alors que Ratsiraka réclame un deuxième tour, soutenu par les chiffres de la Haute Cour constitutionnelle. Le 22 février 2002, Marc Ravalomanana s'autoproclame président et constitue un gouvernement rival de celui de Ratsiraka. Déjà ébranlé par la grève générale suivie par les fidèles de Ravalomanana et le blocus de la capitale organisé par ses adversaires, le pays frôle la guerre civile avec la lutte pour le gouvernorat de Fianarantsoa, où des militaires des deux camps s'affrontent à partir du 12 avril. Mais l'Organisation de l'unité africaine (OUA) s'en mêle et, le 18 avril 2002, un accord entre les deux protagonistes est finalement signé à Dakar, en marge du sommet du Nouveau partenariat pour le développement africain (Nepad), pour un nouveau décompte contradictoire des résultats et un référendum en cas de ballottage. Le 29 avril, la Haute Cour constitutionnelle déclare cette fois Ravalomanana vainqueur, avec 51,46 % des voix.

9 juillet 2002 : à Durban, naissance officielle de l'Union africaine (UA)

Par un discours au stade Absa de Durban, le 9 juillet 2002, le président sud-africain Thabo Mbeki, hôte du 38ᵉ et dernier sommet de l'Organisation de l'unité africaine (OUA), proclame la naissance de l'Union africaine (UA), créée le 2 mars 2001 lors du sommet de l'OUA à Syrte et entrée en vigueur le 27 mai. L'Union africaine remplace ainsi l'OUA, qui appartient désormais à l'histoire. Il reste à l'Ivoirien Amara Essy, élu pour un an président par intérim de la Commission de l'Union, à mettre en place les nouvelles institutions de l'Union.

19 septembre 2002 : guerre civile en Côte d'Ivoire

Depuis la mort du père de l'indépendance, Félix Houphouët-Boigny, la Côte d'ivoire est fragilisée par des crises politiques qui s'ajoutent aux difficultés économiques. La politique d'ivoirité défendue par les chefs d'État successifs — dont le général Robert Gueï, qui accède au pouvoir par un putsch, le premier dans ce pays — exacerbe les tensions politiques, religieuses et ethniques. Le 19 septembre 2002, une frange de l'armée dirigée notamment par le sergent Ibrahim Coulibaly, déjà impliqué dans le premier coup d'État, se soulève contre le régime du président Laurent Gbagbo.

17 décembre 2002 : accord de paix de Pretoria pour la république démocratique du Congo

Après quatre ans d'un conflit qui a fait près de 3 millions de morts, les négociations menées sous l'égide de l'ONU et de l'Afrique du Sud aboutissent à la signature, à Pretoria, la capitale sud-africaine, d'un accord de paix entre les belligérants de la république démocratique du Congo. Il prévoit un partage du pouvoir entre le chef de l'État, Joseph Kabila, et quatre vice-présidents reflétant les quatre composantes de la négociation : le gouvernement, les deux principaux mouvements rebelles (Mouvement de libération du Congo ou MLC, proche de l'Ouganda ; et Rassemblement congolais pour la démocratie ou RCD, proche du Rwanda), l'opposition non armée et la société civile. Un gouvernement d'union nationale — trente-six ministères et vingt-cinq postes de vice-ministres ! — doit conduire le pays à des élections libres au bout de deux ans.

24 janvier 2003 : les accords inter-ivoiriens de Marcoussis

Après trois mois de guerre et de massacres, les protagonistes du conflit ivoirien (qui a éclaté le 19 septembre 2002) sont réunis sur l'invitation du gouvernement français dans les locaux du Centre national de rugby à Linas-Marcoussis, dans la banlieue sud de Paris. Le 15 janvier, le ministre des Affaires étrangères français Dominique de Villepin ouvre la « Table ronde des forces politiques ivoiriennes ». Au bout de neuf jours de discussions, le 24 janvier à 2 heures du matin, ils signent l'accord dit de Linas-Marcoussis qui est entériné le 26 à Paris par les chefs d'État africains, rejoints par Laurent Gbagbo, en présence du secrétaire général des Nations unies Kofi Annan. L'accord prévoit la constitution dès le 27 d'un « gouvernement de réconciliation nationale » qui, avec l'entrée des rebelles, ôte au président Gbagbo, maintenu dans ses fonctions, une grande partie de ses prérogatives ; le cantonnement de toutes les forces armées en présence ; une amnistie des crimes d'atteinte à la sûreté de l'État — mais non des violations des droits de l'homme.

Dès le 25 janvier, de nombreuses manifestations hostiles à l'accord et contre la France, soupçonnée de vouloir « livrer la Côte d'Ivoire aux rebelles », se succèdent à Abidjan.

26 février 2003 : déclenchement de la guerre au Darfour, à l'ouest du Soudan

Le 26 février 2003, le gouvernement soudanais annonce qu'un mouvement rebelle, le Front de libération du Darfour, a pris le contrôle du chef-lieu de Gulu, dans le nord du Darfour, région occidentale du pays. Se réclamant du Mouvement/Armée de libération du Soudan (SLM/SLA), les rebelles demandent le 14 mars 2003 une meilleure répartition des richesses. L'armée soudanaise mène alors une répression *via* des milices arabes progouvernementales, les *djandjawids*, qui déplacent et massacrent des populations entières, détruisant villages et cheptel. Le 8 avril 2004, un accord entre le gouvernement et les deux mouvements rebelles SLM et Mouvement pour la justice et l'égalité (JEM) prévoit un cessez-le-feu, l'accès à l'aide humanitaire et le désarmement des milices armées. Mais les atrocités continuent. Elles sont qualifiée de « génocide » par le secrétaire d'État américain Colin Powell le 9 septembre 2004, et de « crimes contre l'humanité » par l'ONU le 30 septembre. Le conflit menace aussi la stabilité du pays frontalier, le Tchad. Le 8 juillet 2004, l'Union africaine (UA) décide d'envoyer des soldats pour protéger ses observateurs.

16 mai 2003 : attentats islamistes à Casablanca

Le 16 mai 2003, les attentats dans la ville marocaine de Casablanca font 45 morts, dont les 12 kamikazes. Ces derniers sont supposés appartenir à un mouvement terroriste islamiste, le Groupe islamique combattant marocain (GICM).

10 juin 2003 : la plainte des producteurs africains de coton devant l'Organisation mondiale du commerce (OMC)

Annoncée le 2 mai 2003, la plainte des pays africains producteurs de coton se concrétise officiellement le 10 juin à Genève, au siège de l'Organisation mondiale du commerce (OMC). S'exprimant au nom de son pays, mais aussi du Bénin, du Mali, du Tchad et du Sénégal, le président burkinabé Blaise Compaoré dénonce comme une concurrence déloyale les subventions que les pays occidentaux, principalement l'Europe et les États-Unis, accordent à leurs propres producteurs. « Le coton est un produit essentiel dans nos pays : plus de 10 millions de paysans en dépendent pour leur survie (en Afrique de l'Ouest et centrale). Il est de loin le produit le plus important parmi nos exportations et, pour un grand nombre de pays, c'est même le seul produit qui est concurrentiel. » Or les revenus des exportations africaines de coton ont chuté de 31 % au cours des deux dernières années alors que leur production a augmenté de 14 %.

11 août 2003 : Charles Taylor abandonne le pouvoir au Liberia

Le 2 août 2003, le président libérien Charles Taylor accepte de se retirer du pouvoir, sous la pression de l'ONU et des États-Unis. Il passe le 11 août la présidence par intérim à son vice-président Moses Blah avant de s'exiler au Nigeria. Le 18 août, un accord de paix est signé à Accra, qui met fin à treize années de guerre civile quasi ininterrompue. Gyude Bryant, homme d'affaires protestant de 51 ans, est désigné comme nouveau chef d'État. À la tête du Front national patriotique du Liberia (NPLF), Charles Taylor avait déclenché la guerre civile en 1989 et fait assassiner le président Samuel Doe en 1990. Malgré l'envoi d'une force de maintien de la paix africaine sous l'égide de la Communauté économique des États de l'Afrique de l'Ouest (CEDEAO) en 1992, des accords de paix en 1995, des élections en 1997 — qui avaient porté Taylor à la présidence —, le conflit avait repris en 2000 avec les rebelles du LURD, opposés à Charles Taylor. Ce dernier a indirectement participé aux autres conflits de la région (Sierra Leone, Côte d'Ivoire) en armant les mouvements rebelles.

7 décembre 2003 : le Zimbabwe quitte le Commonwealth

Le 7 décembre 2003, les autorités d'Harare annoncent qu'elles se retirent du Commonwealth à la suite de la décision de l'organisme, rassemblant les anciennes possessions britanniques, de prolonger indéfiniment la suspension du Zimbabwe. La réélection de Robert Mugabe en mars 2002 est contestée et la communauté internationale condamne la politique violente d'expropriation des fermiers blancs menée par le président zimbabwéen.

26 décembre 2003 : naissance officielle du Conseil de paix et de sécurité de l'Union africaine (UA)

Le protocole créant un des organismes les plus audacieux de la nouvelle Union africaine (UA), le Conseil de paix et de sécurité, entre en vigueur le 26 décembre 2003. Son rôle sera de prévenir les conflits, de déployer des troupes pour le maintien de la paix sur le continent, mais aussi de demander l'intervention des chefs d'État en cas de crimes de guerre, de génocide ou de crimes contre l'humanité. C'est un droit d'ingérence qui était contraire à la charte de l'Organisation de l'unité africaine (OUA) et n'existait donc pas dans l'ancien « mécanisme pour la prévention, la gestion et la résolution des conflits ». La séance inaugurale du Conseil de paix et de sécurité a eu lieu le 25 mai 2004.

14 février 2004 : le Nepad lance son Mécanisme africain d'évaluation par les pairs (MAEP)

Réunis les 13 et 14 février 2004, les chefs d'État et de gouvernement du Nouveau partenariat pour le développement de l'Afrique (Nepad) lancent un Mécanisme africain d'évaluation par les pairs (MAEP) destiné à évaluer la « bonne gouvernance ».

10 mars 2004 : inauguration du Tribunal spécial pour la Sierra Leone

Le 10 mars 2004 est inauguré à Freetown le Tribunal spécial pour la Sierra Leone. Créé en janvier 2002 à la suite d'un accord entre le gouvernement sierra-léonais et l'ONU, ce tribunal est mis en place en vue de l'instruction du procès de neuf inculpés, détenus pour les atrocités commises durant la guerre civile (1991-2001), qui a fait jusqu'à 200 000 morts et dont les principaux responsables sont morts (notamment les dirigeants du Front révolutionnaire uni — RUF : Sam Bockarie le 6 mai 2003, Foday Sankoh le 30 juillet 2003) ou en fuite.

18 mars 2004 : lancement du Parlement panafricain

Principale innovation des institutions de l'Union africaine (UA), le Parlement panafricain est officiellement ouvert le 18 mars 2004 lors d'une cérémonie à Addis-Abeba, siège de l'UA. Les cent quatre-vingts parlementaires élisent alors leur premier président, la diplomate tanzanienne Gertrude Mongella, qui était seule candidate. C'est en Afrique du Sud, au centre de conférences du Gallagher Estate situé entre Johannesburg et Pretoria, que le Parlement panafricain ouvre ensuite sa séance inaugurale le 16 septembre 2004. N'ayant qu'un rôle consultatif, cette assemblée, qui doit siéger deux mois par an pendant une période transitoire de cinq ans, comptera 265 députés (cinq par pays, dont une femme) lorsque les cinquante-trois pays membres de l'UA auront signé son acte constitutif.

3 mai 2004 : la frontière est définitivement tracée entre Burkina et Mali

Depuis 1974, le Burkina Faso, alors Haute-Volta, et le Mali sont en conflit au sujet de leur frontière. Le litige entre le Burkina Faso, alors Haute-Volta, et le Mali, qui dure depuis 1974, est tranché le 22 décembre 1986. La Cour internationale de justice de La Haye (CIJ) modifie la frontière, attribuant la partie ouest de la bande d'Agacher au Mali et la partie nord au Burkina Faso. En 1989, les deux pays décident de matérialiser le nouveau tracé, long de 280 kilomètres, ce qu'ils achèvent définitivement le 3 mai 2004, mettant un terme à trente années de conflit

12 juin 2004 : inauguration du terminal pétrolier offshore de Kribi

Le 8 octobre 2003, le président tchadien Idriss Déby inaugure le complexe pétrolier de Doba (sud du pays), dont l'exploitation par un consortium américano-malaisien a débuté à la mi-juillet 2003. Le 1er octobre 2003, les premiers barils de brut quittent le terminal pétrolier de Kribi, au Cameroun. C'est là, sur la côte atlantique, à 300 kilomètres au sud de Yaoundé, que s'achève l'oléoduc de 1 070 kilomètres transportant le brut tchadien. Il traverse 890 kilomètres de territoire camerounais en échange de droits de transit.

L'ouvrage est inauguré à Kribi le 12 juin 2004 par Idriss Déby et son homologue camerounais Paul Biya.

23 juin 2004 : la Cour pénale internationale (CPI) instruit son premier dossier d'accusation en République démocratique du Congo

Après l'entrée en vigueur du traité de Rome le 1er juillet 2002, la Cour pénale internationale (CPI) est entrée en fonction le 16 juin 2003, avec l'investiture de son procureur, l'Argentin Luis Moreno Ocampo. Un peu plus d'un an plus tard, le 23 juin 2004, la CPI annonce que sa première enquête sera consacrée aux violations massives des droits de l'homme perpétrées en république démocratique du Congo, qui se sont poursuivies après la fin officielle de la guerre de pillage menée par les pays voisins (1998-2002). Après l'enquête déjà ouverte en juillet 2003 sur les massacres en Ituri, la province du Nord-Est, c'est désormais à tout le pays qu'est élargie l'instruction.

27 juillet 2004 : plan d'urgence contre les criquets en Afrique

Le 27 juillet 2004 à Alger, neuf pays d'Afrique de l'Ouest et du Maghreb lancent un plan d'urgence de lutte anti-acridienne. Les criquets pèlerins ont envahi depuis le printemps l'Afrique du Nord puis plusieurs pays du Sahel, menaçant les récoltes.

6 août 2004 : accord de partage du pouvoir entre Hutu et Tutsi au Burundi

L'accord inter-burundais conclu le 6 août 2004 est une date importante dans le processus de transition entamé le 1er novembre 2001. Il prévoit un équilibre entre Hutu (85 % de la population) et Tutsi (14 %, au pouvoir depuis 1962) dans les futures institutions de l'État. Grâce à la médiation du vice-président sud-africain Jacob Zuma, il est signé par la majorité des partis burundais à l'exception de plusieurs partis tutsi, dont le principal d'entre eux, l'Union pour le progrès national (UPRONA), qui considèrent les Hutu trop avantagés par cet accord. Le 18 août, au sommet régional de Dar es-Salam, en Tanzanie, il est approuvé par six chefs d'État africains

(Afrique du Sud, Burundi, Mozambique, république démocratique du Congo, Tanzanie, Zambie). Le 2 décembre 2004 commence la démobilisation des ex-rebelles. Lors du référendum constitutionnel du 28 février 2005, 90,10 % des votants approuveront les nouvelles institutions burundaises.

16 septembre 2004 : séance inaugurale du Parlement panafricain

Principale innovation des institutions de l'Union africaine (UA), le Parlement panafricain est officiellement ouvert le 18 mars 2004 lors d'une cérémonie à Addis-Abeba, siège de l'UA. Les cent quatre-vingts parlementaires élisent alors leur premier président, la diplomate tanzanienne Gertrude Mongella, qui était seule candidate.

21 décembre 2004 : auditions des victimes des « années de plomb » au Maroc

Organisées par l'Instance équité et réconciliation (IER), les auditions publiques des victimes de la répression politique de l'indépendance (1956) à 1999 débutent à Rabat le 21 décembre 2004 et sont diffusées à la télévision. Les violations des droits de l'homme visaient surtout des militants de gauche. Les victimes ou leurs proches devraient recevoir de fortes indemnisations. L'IER est présidée par Driss Benzekri qui fut lui-même détenu à Kenitra pendant dix-sept ans.

30 décembre 2004 : accord de paix en Casamance

Le 30 décembre 2004, le gouvernement de Dakar et le dirigeant historique de la rébellion casamançaise, l'abbé Augustin Diamacoune Senghor, signent un accord destiné à ramener la paix dans la région sud du Sénégal, où la guérilla a débuté le 18 décembre 1983.

5 février 2005 : mort du président togolais Gnassingbé Eyadema

Né en 1935 dans le nord du Togo, Gnassingbé Eyadema s'engage dans l'armée française et devient sergent-chef. En 1962, il rentre au pays et, le 13 janvier 1963, il participe à un coup d'État au cours duquel le premier président togolais Sylvanus Olympio est assassiné et remplacé par Nicolas Grunitsky. Le 13 janvier 1967, il prend le pouvoir et se déclare président. Il tient les rênes du pays pendant trente-huit ans jusqu'à sa mort d'une crise cardiaque le 5 février 2005. En l'absence du président de l'Assemblée nationale, à qui revient d'assurer l'intérim avant une élection présidentielle, l'armée confie le pouvoir au fils du président défunt, Faure Gnassingbé.

23 février 2005 : loi controversée sur la colonisation française et les rapatriés d'Algérie

Adoptée par l'Assemblée nationale le 10 février 2005, la loi n° 2005-158 du 23 février 2005 « portant reconnaissance de la Nation et contribution nationale en faveur des Français rapatriés » suscite la polémique en France et provoque une crise diplomatique avec Alger. Le texte reconnaît officiellement « le rôle positif de la présence française outre-mer, notamment en Afrique du Nord », rendant hommage aux forces armées françaises et aux forces supplétives issues des populations colonisées, en particulier les harkis d'Algérie. Le texte prévoit en outre des mesures de réparation et d'indemnisation pour les Français rapatriés et les harkis. L'article 4 de cette loi heurte particulièrement les historiens : il stipule que les programmes scolaires et de recherche universitaire doivent également reconnaître « le rôle positif de la présence française outremer » et accorder à son histoire « la place qu'elle mérite ».

11 mars 2005 : rapport de la Commission sur l'Afrique créée par le Premier ministre britannique Tony Blair

La Commission pour l'Afrique a été lancée en février 2004 par le Premier ministre britannique Tony Blair et compte dix-sept membres dont neuf Africains. Elle a pour tâche d'établir des recommandations, notamment pour le G8 et l'Union européenne. Son rapport, publié le 11 mars 2005, appelle la communauté internationale à doubler immédiatement l'aide internationale à l'Afrique jusqu'à 37 milliards d'euros et à faire de la lutte contre le sida une priorité. L'annulation totale de la dette des pays africains est préconisée, ainsi que la suppression par les pays riches des barrières commerciales qui pénalisent les pays pauvres.

6 avril 2005 : accord de paix en Côte d'Ivoire signé à Pretoria

Réunis à Pretoria à l'initiative du président sud-africain Thabo Mbeki, le président Laurent Gbagbo, le chef de la rébellion Guillaume Soro, l'ancien Premier ministre Alassane Ouattara, l'ancien président Henri Konan Bédié et le Premier ministre de transition Seydou Diarra sont parvenus à un accord de cessation « immédiate et définitive des combats » qui restera lettre morte.

24 avril 2005 : Faure Gnassingbé élu président du Togo

Faure Gnassingbé est déclaré vainqueur avec 60,22 % des suffrages, devant Emmanuel Bob Akitani Bob (38,19 %) et Gilchrist Olympio (0,55 %). À l'annonce des résultats par la Commission électorale nationale, le 26 avril, les opposants mettent Lomé à feu et à sang.

15 mai 2005 : les législatives en Éthiopie sont suivies de violences

Les législatives du 15 mai 2005 organisées en Éthiopie vont provoquer les violences les plus graves depuis avril 2001. Devant la lenteur des autorités à proclamer les résultats, la contestation menée par les étudiants grandit et dégénère en affrontements entre manifestants et forces de l'ordre à Addis-Abeba le 8 juin, se soldant par 26 morts. Un accord est trouvé le 10 juin entre le pouvoir du Premier ministre Meles Zenawi et l'opposition sur les modalités de recevabilité des plaintes électorales. Le 9 août, enfin, le Front révolutionnaire démocratique éthiopien (EPRDF) du Premier ministre est proclamé vainqueur des élections législatives, avec 296 sièges contre 174 pour l'opposition.

4 juillet 2005 : les ex-rebelles hutu vainqueurs des législatives au Burundi

Le 4 juillet 2005, les ex-rebelles hutu des Forces pour la défense de la démocratie (FDD), reconvertis en parti politique (le Conseil national pour la défense de la démocratie — CNDD) depuis le début de la transition politique, triomphent aux législatives au Burundi. Ils remportent 58,23 % des voix contre 22,33 % pour le parti présidentiel sortant, également hutu, le Front pour la démocratie au Burundi (Frodebu) et 7,3 % pour l'Union pour le progrès national (Uprona) représentant les Tutsi. Le CNDD confirme son succès le 29 juillet en remportant 30 des 34 sièges du Sénat.

4 juillet 2005 : pas d'accord au sommet de l'Unité africaine (UA) sur les candidats africains au Conseil de sécurité

Au 5e sommet de l'Union africaine (UA), les dirigeants réunis les 4 et 5 juillet 2005 à Syrte (Libye) ne parviennent pas à se mettre d'accord sur deux pays parmi les trois candidats africains qui convoitent le statut de membre permanent du Conseil de sécurité de l'ONU (Afrique du Sud, Égypte et Nigeria).

12 juillet 2005 : la frontière entre le Bénin et le Niger définie par la Cour internationale de justice (CIJ)

Le 12 juillet 2005, la Cour internationale de justice (CIJ), basée à La Haye, définit de façon irrévocable la frontière entre le Bénin et le Niger. Optant pour une ligne qui rejoint les points les plus profonds du lit des fleuves Niger et Mekrou séparant les deux pays, la Cour attribue neuf îles au Bénin et seize au Niger, dont l'île fertile de Lété.

23 juillet 2005 : attentats meurtriers à Charm el-Cheikh, station balnéaire égyptienne

Le 23 juillet 2005, plusieurs attentats quasi simultanés, dont deux suicides à la voiture piégée, frappent la station balnéaire égyptienne de Charm el-Cheikh, au bord de la mer Rouge. Ils visent trois lieux fréquentés par les touristes : un hôtel, un parking et le souk de la vieille ville. Quatre-vingt-huit personnes sont tuées, dont neuf étrangers, et 200 blessées. Revendiqués par un groupe lié au réseau d'al-Qaida, ces attentats sont un revers pour les services de renseignements égyptiens et déstabilisent le pays à la veille de sa première élection présidentielle à candidats multiples, prévue en septembre.

30 juillet 2005 : mort de John Garang, ancien chef de la rébellion sudiste au Soudan

Chef chrétien de la rébellion sudiste au Soudan depuis 1983, l'ancien guérillero John Garang était devenu vice-président du gouvernement de coalition nationale au Soudan le 9 juillet 2005, conformément à l'accord de paix inter-soudanais du 9 janvier, qui avait mis fin à plus de vingt ans de conflit entre le gouvernement islamiste et la région sud, à majorité chrétienne et animiste. Accueilli triomphalement à Khartoum par un million de personnes, John Garang meurt quelques jours plus tard, le 30 juillet 2005, dans un accident d'hélicoptère survenu entre le Soudan et l'Ouganda. Des émeutes éclatent alors à Khartoum. Salva Kiir, numéro deux de l'ex-rébellion, succède à John Garang à la tête du Mouvement populaire de libération du Soudan (MPLS) le 1er août et prête serment au poste de vice-président le 11 août.

3 août 2005 : un coup d'État renverse Maaouya Ould Taya en Mauritanie

Le 3 août 2005, à 5 heures du matin, un groupe de militaires, membres de la garde présidentielle pour la plupart, prend le contrôle du siège de l'état-major ainsi que de la radio et de la télévision nationales. Le président Maaouya Ould Taya est alors à Riyad (Arabie Saoudite) pour assister aux funérailles du roi Fahd. La junte s'érige en Conseil militaire pour la justice et la démocratie (CMJD) avec à sa tête le colonel Ely Ould Mohammed Vall, ancien directeur de la sûreté nationale. Le 6 août, Le CMJD adopte une charte constitutionnelle définissant l'organisation et le fonctionnement des pouvoirs pendant une période de transition et, le 7, un nouveau Premier ministre est nommé.

26 août 2005 : investiture de Pierre Nkurunziza, ex-rebelle hutu et nouveau président du Burundi

Le 26 août 2005, le nouveau président du Burundi, Pierre Nkurunziza, prête serment. Cette investiture met fin à quatre ans de transition politique, entamée après douze ans de guerre civile. Pierre Nkurunziza, ancien rebelle hutu, dirigeait les Forces pour la défense de la démocratie (FDD) avant de signer la paix avec le gouvernement et d'y entrer en 2003. À 40 ans, il est l'un des plus jeunes chefs d'État africains. Orphelin de père à la suite des massacres interethniques de 1972, Pierre Nkurunziza s'était engagé dans la rébellion après les tueries de 1995 à l'université de Bujumbura. Rescapé d'une grave blessure cette année-là, il est depuis lors devenu un chrétien fervent. Le 4 juillet 2005, l'ancien mouvement rebelle transformé en parti, le Conseil national pour la défense de la démocratie (CNDD), triomphe aux législatives. L'élection de Pierre Nkurunziza, seul candidat, par le Parlement le 19 août 2005 n'est dès lors qu'une formalité.

24 septembre 2005 : le Fonds monétaire international (FMI) et la Banque mondiale effacent la dette de dix-huit États

Lors de leur assemblée annuelle des 24-25 septembre 2005, le Fonds monétaire international (FMI) et la Banque mondiale acceptent d'annuler 100 % des dettes qu'ont contractées auprès d'eux quatre États latino-américains (Bolivie, Guyana, Honduras et Nicaragua) et quatorze africains (Bénin, Burkina Faso, Éthiopie, Ghana, Madagascar, Mali, Mauritanie, Mozambique, Niger, Rwanda, Sénégal, Tanzanie, Ouganda et Zambie), soit dix-huit pays parmi les plus pauvres de la planète. Les pays du G8 réunis à Gleneagles s'étaient engagés à prendre cette mesure lors du sommet de juillet. Vingt autres pays bénéficieront d'une remise de dette quand ils auront satisfait aux critères des Pays pauvres très endettés (PPTE), qui imposent que les sommes épargnées aillent à l'éducation, à la santé, à la réduction de la pauvreté et aux réformes en faveur des investissements. Quarante milliards de dollars effacés, c'est la plus importante annulation de dette en soixante ans d'existence des institutions de Bretton Woods.

24 novembre 2005 : accord sur la réforme du sucre à Bruxelles

Le 22 juin 2005, la Commission européenne propose une réforme de la politique sucrière européenne qui inquiète les dix-huit pays ACP (Afrique, Caraïbes, Pacifique) producteurs. Jusqu'ici, l'Europe achetait chaque année à ces États 1,3 million de tonnes de sucre à prix fixe. Elle envisage désormais de faire chuter ce prix garanti de 40 % à partir de 2007, conformément aux exigences de l'Organisation mondiale du commerce (OMC) devant lequel l'Australie, le Brésil et la Thaïlande ont porté plainte pour protester contre ce qu'ils considéraient comme un régime de faveur. Le 24 novembre 2005, les vingt-cinq ministres de l'Agriculture de l'Union européenne (UE) aboutissent laborieusement à un accord qui prévoit que la baisse du prix garanti aux producteurs ACP sera moins importante (36 %) et progressive. Le texte doit encore être voté par le Parlement.

De l'Organisation de l'unité africaine à l'Union africaine, quarante ans d'histoire [1]

Chronologie des étapes clés qui ont marqué l'histoire de l'Organisation de l'unité africaine (OUA), depuis sa création en 1963.

22 au 25 mai 1963, Addis-Abeba — 30 pays sont représentés, dont 27 par leurs chefs d'État, à la conférence constitutive où est adoptée la Charte de l'Organisation de l'unité africaine. Fruit d'un compromis et de longs conciliabules entre les « modérés », attachés à l'unité progressive du continent, et les « révolutionnaircs », partisans d'une fédération immédiate, elle marque l'avènement de la première organisation panafricaine. La Charte de l'OUA comporte un préambule et 33 articles qui définissent les objectifs poursuivis, les principes et les institutions de l'OUA. Les premières résolutions adoptées concernent la lutte contre l'apartheid et celle des mouvements de libération dans les colonies portugaises.

17 au 21 juillet 1964, Le Caire — 33 délégations sont présentes, parmi lesquelles 29 chefs d'État. L'usage a prévalu de considérer ce sommet comme le premier de l'OUA. Le premier secrétaire général, le Guinéen Diallo Telli, est élu. La commission de médiation, de conciliation et d'arbitrage et les commissions spécialisées, telles que la commission de la défense créée en remplacement du Haut Commissariat africain, sont mises en place. Le principe de l'intangibilité des frontières, hérité de la période coloniale, est réaffirmé. Une résolution condamnant l'apartheid est adoptée, réclamant

1. Synthèse réalisée par Fayçal Bouzennout (MFI).

la libération de leaders anti-apartheid, parmi lesquels Nelson Mandela. Les premiers conflits frontaliers sont examinés, opposant ainsi le Ghana à la Haute-Volta et le Togo au Ghana.

21 au 25 octobre 1965, Accra — 36 pays sont représentés dont 19 par leurs chefs d'État. La Gambie est venue rejoindre l'Organisation. Le projet de mise en place d'un exécutif panafricain a échoué. Une résolution est adoptée, demandant aux principaux partenaires économiques de l'Afrique du Sud de faire pression contre le régime d'apartheid. De plus, un appel est lancé à la Grande-Bretagne à propos de l'indépendance unilatérale décrétée en Rhodésie. Des tensions entre le Ghana et la Côte d'Ivoire, le Ghana et le Niger — ces pays s'accusant mutuellement de subversion — ont marqué la conférence de l'OUA.

5 au 9 novembre 1966, Addis-Abeba — 16 chefs d'État seulement ont participé à ce sommet marqué par la chute de Kwame Nkrumah, au Ghana. Dans une atmosphère déjà surchauffée, le ton monte entre la Guinée et les nouveaux dirigeants d'Accra. Sékou Touré décide de boycotter le sommet. La question du soutien aux mouvements de libération permet néanmoins de retrouver un certain consensus. La Haute-Volta est chargée d'une médiation entre le Rwanda et le Burundi et des pressions sur la Grande-Bretagne pour le règlement du problème rhodésien sont recommandées.

11 septembre 1967, Kinshasa — 36 pays sont représentés et 15 chefs d'État ont fait le déplacement. Les tentatives de sécession au Congo-Kinshasa et au Nigeria sont condamnées. Au sujet de la guerre du Biafra, le sommet désigne une commission de conciliation composée de six chefs d'État. Les conflits opposant le Kenya et la Somalie, le Rwanda et le Burundi, et la situation interne au Congo-Léopoldville sont également abordés. Enfin, des résolutions condamnant Israël sont adoptées.

13 au 16 septembre 1968, Alger — 14 chefs d'État participent et un nouveau membre est reçu : l'île Maurice. Diallo Telli est reconduit dans ses fonctions de secrétaire général. Les travaux sont dominés par la guerre civile au Nigeria et le conflit israélo-arabe.

La nécessité de l'unité nigériane est réaffirmée. Enfin, une recommandation sur la conservation de la nature et des ressources naturelles du continent est adoptée.

6 au 9 novembre 1969, Addis-Abeba — 12 chefs d'État sont présents. Des inquiétudes sont exprimées à propos du prolongement du conflit du Biafra et devant le flux croissant des réfugiés en Afrique. Le raid israélien sur le canal de Suez est condamné. Le manifeste de Lusaka, décidant de lutter plus fermement contre l'Afrique du Sud, est adopté.

1er au 3 septembre 1970, Addis-Abeba — 23 chefs d'État participent au sommet. Le conflit du Biafra a été résolu par les armes et l'OUA scelle la réconciliation du Nigeria avec les pays qui avaient reconnu le Biafra. La conférence condamne les pays occidentaux fournisseurs d'armes à l'Afrique du Sud et demande le retrait d'Israël des territoires occupés.

21 au 24 juin 1971, Addis-Abeba — Les chefs d'État ont convenu d'envoyer une mission de conciliation en Angola afin de tenter de mettre un terme à l'opposition fratricide entre le MPLA et le FNLA. Une résolution relative à la souveraineté des pays africains sur leurs ressources naturelles est adoptée.

12 au 15 juin 1972, Rabat — 22 chefs d'État sont présents. Le Camerounais Nzu Ekangaki est élu secrétaire général. Le Portugal, l'Afrique du Sud et ses principaux partenaires et Israël sont condamnés.

25 au 29 mai 1973, Addis-Abeba — 22 chefs d'État participent à la conférence. Des comités de bons offices sont constitués pour tenter de trouver une solution aux conflits Rwanda-Burundi, Ouganda-Tanzanie et au différend somalo-éthiopien. Des résolutions condamnant l'Afrique du Sud, le Portugal, l'Espagne, la Grande-Bretagne et la France pour leur maintien de colonies sur le continent africains sont adoptées.

12 au 16 juin 1974, Mogadiscio — 20 chefs d'État sont présents lors de cette conférence de l'Organisation qui compte un nouveau venu : la Guinée-Bissau. Le secrétaire général de l'OUA, éclaboussé par le scandale de la firme sud-africaine Lonrho, est contraint de démissionner. Il est remplacé par le Camerounais William Etéki Mboumoua. Plusieurs résolutions relatives au droit des peuples palestiniens et sud-africains sont adoptées. La Rhodésie est également condamnée. Le problème de la sécheresse est abordé pour la première fois.

28 juillet au 2 août 1975, Kampala — 19 chefs d'État prennent part aux travaux. Qui voient l'admission des anciennes colonies portugaises ayant acquis leur indépendance.

10 au 13 janvier 1976, Addis-Abeba — 46 pays sont représentés, dont 15 par leurs chefs d'État. Il s'agit du premier sommet extraordinaire de l'Organisation, justifié par le drame qui se joue en Angola. Les tentatives pour trouver une solution débouchent sur un échec, vingt-deux pays soutenant le MPLA, vingt-deux autres s'alignant derrière l'UNITA et le FNLA, et deux restant neutres. L'étude du dossier est confiée au bureau de l'Organisation.

2 au 5 juillet 1976, Port-Louis — 10 chefs d'État sont présents. La conférence a accueilli un nouveau membre : les Seychelles. Lors de ce sommet, Israël, après son raid sur Entebbe, est sévèrement condamné, ainsi que l'Afrique du Sud pour les massacres de Soweto. Parmi les autres thèmes abordés figurent l'affaire du Sahara-Occidental, la guerre Somalie-Éthiopie et le différend frontalier entre la Somalie et Djibouti.

2 au 5 juillet 1977, Libreville — Plusieurs résolutions condamnant les *home lands* sud-africains et appelant à la résolution des conflits inter-africains (Tchad-Libye, Kenya-Somalie et Zambie-Rhodésie) sont adoptées.

18 au 22 juillet 1978, Khartoum — 34 chefs d'État et 25 ministres participent aux travaux. Un nouveau secrétaire général est élu : le Togolais Edem Kodjo.

17 au 20 juillet 1979, Monrovia — 25 chefs d'État sont présents. Lors de ce sommet, une réunion d'experts est constituée afin d'élaborer un avant-projet de la Charte africaine des droits de l'homme et des peuples. La question du Sahara-Occidental est abordée, pour sortir de la crise les chefs d'État ayant recommandé un cessez-le-feu et un référendum d'autodétermination. Proposition rejetée par le Maroc.

28 au 29 avril 1980, Lagos — 49 pays sont représentés, dont 25 par leurs chefs d'État. Il s'agit du second sommet extraordinaire de l'Organisation, entièrement consacré à la stratégie globale de développement du continent (plus connue sous le nom de « plan de Lagos »). Ce plan recommande une harmonisation des programmes de développement, les regroupements sous-régionaux et l'autosuffisance alimentaire. Enfin, après l'exécution du président en exercice de l'OUA, le Libérien William Tolbert, le président du Sénégal, Léopold Senghor, est désigné par ses pairs pour présider l'organisation jusqu'au prochain sommet.

Du 1er au 4 juillet 1980, Freetown — 14 chefs d'État et 8 chefs de gouvernement participent à ce sommet ordinaire. L'affaire du Sahara-Occidental est à l'ordre du jour. Un Comité des sages est constitué pour se pencher sur la question de l'admission de la République arabe sahraouie démocratique (RASD) dans l'Organisation. La conférence est marquée par l'opposition entre les pro-Marocains et les pro-Polisario. Au final, le point de vue marocain s'impose.

24 au 27 juin 1981, Nairobi — 35 chefs d'État sont présents, un record. Le sommet institue un « Comité de mise en œuvre » du référendum au Sahara-Occidental. Par ailleurs, il reconnaît que l'Ogaden est partie intégrante de l'Éthiopie, et appuie le GUNT de Goukouni Weddeye (Tchad). Enfin, l'Afrique du Sud est condamnée pour la politique qu'elle mène en Namibie. La Charte africaine des droits de l'homme et des peuples a été adoptée. Elle entrera en vigueur en 1986.

5 au 8 août et 26 novembre 1982. Tripoli — Deux sommets avortés : seuls 30 pays sont représentés en août alors qu'il faut un quorum de deux tiers des 50 États membres de l'OUA. Ce boycottage massif s'explique par l'admission de la (RASD) (République saharaouie démocratique) comme 51e membre de l'Organisation. Le sommet est reporté au mois de novembre, mais seuls 31 pays sont présents malgré l'abstention volontaire du représentant de la RASD. Le motif officiel du boycottage, est, cette fois, le refus de laisser siéger Hissène Habré au nom du Tchad.

8 au 12 juin 1983, Addis-Abeba — 39 pays participent et 29 chefs d'État se sont déplacés. Hissène Habré est admis à la conférence. Le représentant sahraoui, quant à lui, s'est « volontairement abstenu » de participer aux travaux. Faute d'avoir pu départager les deux postulants au poste de secrétaire général, en l'occurrence le Gabonais Paul Okumba d'Okwatségué et le Malien Alioune Blondin Bèye, l'Organisation a désigné le secrétaire général adjoint, le Nigérien Peter Onu, afin qu'il assure cette fonction jusqu'au prochain sommet.

12 au 15 novembre 1984, Addis-Abeba — 26 chefs d'État participent au sommet. Le Maroc, face à la présence du président de la RASD, venu siéger pour la première fois, décide de se retirer de l'Organisation. Cette rupture est sans précédent dans l'histoire de l'OUA. Les deux postulants au poste de secrétaire général n'étant toujours pas départagés, Peter Onu voit son intérim prorogé.

18 au 20 juillet 1985, Addis-Abeba — 49 délégations sont présentes, parmi lesquelles 20 chefs d'État. Un nouveau secrétaire général est élu en la personne du Nigérien Idé Oumarou. La Conférence réaffirme la nécessité de trouver une issue pacifique au problème du Sahara-Occidental.

28 au 20 juillet 1986, Addis-Abeba — Une vingtaine de chefs d'État participent. Un « état-major de lutte contre la politique d'apartheid » est créé. Les problèmes économiques du continent ont dominé les débats.

27 au 29 juillet 1987, Addis-Abeba — 16 chefs d'État seulement sont présents. Les discussions ont gravité principalement autour de deux thèmes : l'affaire Tchad-Libye et la dette extérieure du continent. L'OUA a constitué un comité *ad hoc* présidé par Kenneth Kaunda et chargé de trouver une solution à l'affaire de la bande d'Aouzou. Une « déclaration solennelle » sur la situation du continent est adoptée et l'on convient de la tenue d'un sommet extraordinaire sur la question de la dette.

30 novembre au 1er décembre 1987, Addis-Abeba — Ce troisième sommet extraordinaire est uniquement consacré au problème épineux de la dette extérieure du continent, évaluée à 200 milliards de dollars. La réunion a adopté une « déclaration commune » en sept points, demandant notamment un assouplissement des conditions de remboursement des rééchelonnements et une augmentation des prix des matières premières.

26 au 28 mai 1988, Addis-Abeba — 29 chefs d'État sont présents. Les principaux thèmes abordés sont relatifs au problème de la dette et à celui de l'environnement, ainsi qu'à la politique d'apartheid de l'Afrique du Sud.

24 au 27 juillet 1989, Addis-Abeba — 14 chefs d'État et un Premier ministre sont présents. Le Tanzanien Salim Ahmed Salim est élu secrétaire général. Les discussions ont surtout concerné le processus d'indépendance de la Namibie.

9 au 11 juillet 1990, Addis-Abeba — 20 chefs d'État sont présents. Le thème principal du sommet concerne les transformations socio-économiques et politiques des pays d'Europe de l'Est et les conséquences en Afrique de cette nouvelle donne internationale. Une importante déclaration par laquelle l'Organisation reconnaît la nécessité d'impliquer effectivement les populations dans la gestion des affaires publiques a été adoptée.

3 au 5 juin 1991, Abuja — 31 chefs d'État ont fait le déplacement. Le sommet s'ouvre en présence de quelque 25 chefs d'État et de gouvernement, ainsi que celle du secrétaire général de l'ONU et de Nelson Mandela. Il est principalement marqué par la signature du traité instituant la Communauté économique africaine. Ce traité prévoit notamment la création, dans un délai de trente ans, d'un marché commun africain, un parlement, une banque centrale, un fonds monétaire africain et une cour fédérale. Par ailleurs, une résolution prônant le maintien provisoire des sanctions contre l'Afrique du Sud — jusqu'au démantèlement total du système de l'apartheid — est adoptée. Enfin, des préoccupations sont exprimées quant à la situation en Somalie et en Éthiopie.

29 juin au 1er juillet 1992, Dakar — 30 chefs d'État participent aux travaux. La proposition de la mise sur pied d'un mécanisme de prévention des conflits a été acceptée dans son principe. Les autres thèmes principalement abordés durant le sommet sont relatifs au problème du sida et de la dette du continent.

28 au 30 juin 1993, Le Caire — 32 chefs d'État sont présents. L'Érythrée devient le 52e membre de l'OUA. L'Organisation condamne la tentative de coup d'État au Burundi. Elle exprime sa préoccupation au sujet des conséquences internes des conflits et entérine la création d'un mécanisme de prévention, de gestion et de résolution des conflits, dont l'organe principal est composé des chefs d'États des pays membres du bureau en exercice de la Conférence. Un appel pour la levée des sanctions contre la Libye a été lancé. Salim Ahmed Salim est réélu au poste de secrétaire général.

13 au 15 juin 1994, Tunis — L'Afrique du Sud est admise en tant que 53e membre de l'Organisation. Des résolutions ont été adoptées sur le Rwanda et sur la coopération Sud-Sud.

26 au 28 juin 1995, Addis-Abeba — La Conférence a été surtout axée sur la question du budget de l'OUA et sur celle du règlement des conflits.

8 au 10 juillet 1996, Yaoundé — Il est surtout question du dispositif de règlement des conflits de l'OUA, de la situation au Rwanda et de celle des enfants durant les conflits.

2 au 4 juin 1997, Harare — Salim Ahmed Salim est réélu. Les thèmes abordés sont relatifs à l'application du traité d'Abuja, au maintien de la paix et au problème de la sécheresse.

8 au 10 juin 1998, Ouagadougou — 29 chefs d'État sont présents. Le programme du sommet, à savoir l'intégration économique et la prévention des conflits, a été bousculé par la guerre entre l'Éthiopie et l'Érythrée, le décès du président nigérian Sani Abacha et la tentative de putsch en Guinée-Bissau. Les chefs d'État décident de lever unilatéralement — mais partiellement — l'embargo aérien contre la Libye décidé par le Conseil de sécurité de l'ONU.

12 au 16 juillet 1999, Alger — Ce sommet, qui signe le retour en grâce de l'Algérie sur la scène internationale, connaît une participation record avec 38 chefs d'État, un vice-président et six Premiers ministres. Avant sa tenue, des accords de paix ont été conclu en Sierra Leone et en république démocratique du Congo. Des efforts intenses ont été déployés pour tenter de régler d'autres conflits, notamment celui qui oppose l'Éthiopie et l'Érythrée. Le 35e sommet condamne les prises de pouvoir par la force en menaçant d'exclusion les auteurs de coups d'État.

6 au 9 septembre 1999, Syrte — C'est le 4e sommet extraordinaire de l'histoire de l'Organisation. Les 43 chefs d'État et de gouvernement venus participer ont décidé d'établir une Union africaine conforme à la charte de l'OUA et s'appuyant également sur le traité d'Abuja signé en 1991.

10 au 12 juillet 2000, Lomé — 33 chefs d'État et de gouvernement ont fait le déplacement. Ce sommet est marqué par le boycottage de l'Angola, de la république démocratique du Congo et de la Namibie. Les débats portent sur la lutte contre le sida, la dette extérieure et les conflits.

Mais le 36e sommet s'est surtout concentré sur le projet d'Union africaine défendu par le Libyen Muammar Kadhafi. L'Acte constitutif de l'UA est finalement adopté par 27 chefs d'État. Ce texte, cependant, est bien éloigné du projet initial du dirigeant libyen puisqu'il est sans dispositions contraignantes et n'impose pas de calendrier.

1er au 2 mars 2001, Syrte — Une quarantaine de chefs d'État et de gouvernement ont assisté au 5e sommet extraordinaire de l'OUA. Ils sont réunis pour faire le point sur l'état d'avancement de l'Union africaine et de sa ratification par les parlements nationaux pour sa mise en œuvre effective.

9 au 11 juillet 2001, Lusaka — Une quarantaine de chefs d'État et de gouvernement ont pris part au 37e — et théoriquement le dernier — sommet de l'OUA. Ce sommet est marqué par la naissance de l'Union africaine, les participants ayant ratifié la transformation de l'Organisation. L'Ivoirien Amara Essy a été élu au poste de secrétaire général.

Côte d'Ivoire : chronologie d'une crise (1958-2005) [1]

1958 : territoire français d'outre-mer depuis 1956, la Côte d'Ivoire devient république autonome de Côte d'Ivoire. Félix Houphouët-Boigny accède à la présidence en 1959.

Août 1983 : Félix Houphouët-Boigny fait de Yamoussoukro, sa ville natale, la capitale du pays.

Mars 1990 : instauration du multipartisme, sous la pression de la rue. Chute des cours du cacao et du café, fondement de l'économie ivoirienne.

Octobre 1990 : à 85 ans, Félix Houphouët-Boigny entame un septième mandat. Il a remporté les élections aux dépens du candidat socialiste Laurent Gabgbo.

Novembre 1990 : Alassane Ouattara, ancien gouverneur de la Banque centrale des États de l'Afrique de l'Ouest (BCEAO), est imposé comme Premier ministre par le Fonds monétaire international (FMI).

Mai 1991 : agitation étudiante et répression.

Février 1992 : plusieurs dirigeants de l'opposition, dont Laurent Gbagbo, sont emprisonnés.

1993 : à la mort de Félix Houphouët-Boigny, son successeur désigné, Henri Konan Bédié, assume la présidence.

1995 : Bédié est élu président lors d'un scrutin boycotté par l'opposition. Le code électoral utilise le concept d'« ivoirité » pour invalider la candidature d'Alassane Ouattara.

---

1. Source : Catherine Grouëset (lexpress.fr).

1998 : la modification de la Constitution renforce considérablement le pouvoir présidentiel.

Décembre 1999 : une mutinerie de soldats se transforme en coup d'État. Le général Robert Gueï, ancien chef d'état-major, annonce la mise en place d'un Comité national de salut public (CNSP).

2000

Janvier : la junte forme un gouvernement de transition avec, notamment, le Rassemblement des républicains (RDR) d'Alassane Ouattara et le Front populaire ivoirien (FPI, socialiste) de Laurent Gbagbo.

Juillet : une nouvelle Constitution est adoptée par référendum, avec 86 % des suffrages. Elle exclut de fait une candidature Ouattara.

Août : le général Gueï se déclare « candidat du peuple ».

Septembre : la résidence privée du général Gueï est attaquée par des soldats de sa propre garde.

Octobre : le ministère de l'Intérieur annonce la victoire du général Gueï qui décrète un couvre-feu et l'état d'urgence. Laurent Gbagbo se déclare « chef de l'État » et appelle ses militants à descendre dans la rue. La présidence tombe aux mains de forces de sécurité favorables à Laurent Gbagbo. De violents affrontements éclatent entre militants nordistes musulmans partisans du RDR et militants sudistes du FPI. Ils font plus d'une centaine de tués. La Commission nationale électorale proclame la victoire de Laurent Gbagbo, élu président de la République au premier tour avec 59 % des suffrages.

Un charnier contenant 57 corps est découvert à Yopougon dans la banlieue d'Abidjan.

Décembre : la candidature aux élections législatives de décembre d'Alassane Ouattara est rejetée par la chambre constitutionnelle de la Cour suprême. Laurent Gbagbo décrète l'état d'urgence et impose un couvre-feu. Le meeting du RDR dégénère, entraînant quarante-huit heures de troubles violemment réprimés. Le FPI remporte les élections législatives avec 96 élus, contre 77 au Parti démocratique de Côte d'Ivoire, l'ex-parti unique. Le RDR a boycotté le suffrage.

2001

Janvier : selon un rapport officiel, les violences de l'hiver 2000 ont fait 303 morts, 65 disparus et 1 546 blessés.

Mars : les élections municipales constituent une revanche pour le RDR qui conquiert 64 communes.

2002

Août : formation d'un gouvernement réunissant toutes les formations politiques significatives du pays, dont le RDR.

Septembre : un soulèvement militaire fait plusieurs centaines de victimes à Abidjan et à Bouaké. Le général Robert Gueï, qui avait dirigé le coup d'État de 1999, et le ministre de l'Intérieur du gouvernement Gbagbo sont tués à Abidjan. Les mutins, originaires du nord du pays pour la plupart, prennent le contrôle de Bouaké et de Korhogo (nord). Alassane Ouattara se réfugie à l'ambassade de France. Les quartiers pauvres de la capitale ivoirienne, peuplés majoritairement d'immigrés d'Afrique de l'Ouest, sont incendiés. Un contingent militaire français intervient à Bouaké et à Yamoussoukro pour évacuer les ressortissants étrangers. La Communauté économique des États d'Afrique de l'Ouest (CEDEAO) décide l'envoi d'une force de paix pour s'interposer entre rebelles et forces gouvernementales.

Octobre : le Mouvement patriotique de Côte d'Ivoire (MPCI, branche politique de la rébellion) annonce vouloir renverser le régime et demande la réintégration des militaires forcés à l'exil, en 2000 et 2001, après des tentatives de coup d'État. Laurent Gbagbo refuse de signer un accord de cessez-le-feu avec les rebelles, à l'issue d'une semaine de médiation de la CEDEAO. Les rebelles signent à Bouaké un accord de cessation des hostilités. Le président Gbagbo demande à la France de contrôler le cessez-le-feu. Les militaires français se déploient sur une ligne traversant le pays d'est en ouest dans le cadre de l'opération Licorne.

Novembre : le gouvernement accepte le principe d'une amnistie et d'une réintégration des mutins dans l'armée. Le président Gbagbo propose un référendum sur une éventuelle modification de la Constitution. Le RDR retire ses ministres du gouvernement. Le Mouvement populaire ivoirien du Grand Ouest (MPIGO) et le

Mouvement pour la justice et la paix (MJP), deux nouveaux groupes, revendiquent la prise de Man et Danané (extrême Ouest).

Décembre : évacuation de 160 étrangers depuis l'aéroport de Man. Premiers affrontements meurtriers entre militaires français et rebelles.

2003

Janvier : les premiers éléments de la force ouest-africaine débarquent à Abidjan. Des négociations débutent à Marcoussis (France). Les principaux partis ivoiriens et les mouvements rebelles signent un accord prévoyant le maintien au pouvoir du président Gbagbo et un gouvernement ouvert à toutes les parties, y compris les rebelles. Un nouveau Premier ministre, Seydou Diarra, est nommé. Manifestations anti-françaises à Abidjan, orchestrées par des organisations proches du président, pour dénoncer les accords.

Février : à la suite d'une mission d'enquête, un rapport des Nations unies dénonce des « escadrons de la mort » proches du pouvoir sévissant dans la capitale économique. Paris annonce l'envoi de renforts qui portent les effectifs de l'opération Licorne à 4 000 hommes. Le Conseil de sécurité de l'ONU autorise pour six mois renouvelables le déploiement des militaires français et de la Cedeao. Le président Gbagbo accepte l'« esprit » des accords de Marcoussis, mais souligne qu'ils sont en contradiction avec certains points de la Constitution. Amnesty International publie un rapport qui dénonce une suite de crimes impunis, du massacre des gendarmes de Bouaké aux charniers de Daloa, Monoko-Zohi et Man.

Avril : Seydou Diarra réunit un premier Conseil des ministres à Abidjan, présidé par Laurent Gbagbo. Neuf ministres issus de la rébellion sont présents.

Mai : les Forces armées nationales de Côte d'Ivoire (Fanci) et les mouvements rebelles, rebaptisés « Forces nouvelles », signent un accord de cessez-le-feu.

Juin : projet de loi portant sur l'amnistie générale et sur les programmes de cantonnement, de désarmement, démobilisation et réinsertion (DDR). Le ministre d'État chargé de la Communication, Guillaume Soro, est agressé dans les locaux de la télévision nationale (RTI) à Abidjan.

Juillet : Fanci et Forces nouvelles annoncent la fin de la guerre, créent un comité mixte d'état-major pour contrôler l'application du cessez-le-feu.

Août : vote de la loi d'amnistie, victoire pour le gouvernement de réconciliation qui va pouvoir démarrer son programme DDR. Le sergent-chef Ibrahim Coulibaly, alias IB, coauteur du coup d'État de Noël 1999, présenté par certains comme chef de la rébellion débutée le 19 septembre 2002, annonce son retour au pays, mais est arrêté en France.

Septembre : réouverture de la frontière terrestre avec le Burkina Faso. Le Premier ministre installe le « Comité pour la réunification de la Côte d'Ivoire ». Les ex-rebelles décident de boycotter le Conseil des ministres. Le correspondant de Radio France Internationale (RFI), Jean Hélène, est assassiné à Abidjan devant la direction générale de la police nationale.

Heurts entre forces françaises et éléments des Fanci qui tentaient de franchir la « zone de confiance » démilitarisée dans le centre du pays. Des militaires interrompent les émissions de la télévision pour réclamer la démission de leurs chefs et le retrait des militaires français.

Décembre : plusieurs centaines de « jeunes patriotes » manifestent violemment devant la base militaire française d'Abidjan. Forces loyalistes et ex-rebelles commencent à lever les barrages et à regrouper les armes, un processus de « pré-désarmement » qui doit théoriquement s'achever le 25 décembre. M. Gbagbo annonce qu'il se rendra avant la fin de l'année à Bouaké (centre), quartier général des FN. Il demande aux « jeunes patriotes » de « ne pas gêner » les efforts pour instaurer la paix. Le Conseil des ministres adopte deux projets de loi, l'un modifiant les conditions d'éligibilité à la présidence de la République, l'autre pour amender le code foncier rural. Les ex-rebelles décident de reprendre leur participation au Conseil des ministres.

2004

Janvier : l'opération DDR des belligérants ivoiriens est officiellement lancée. Visite de réconciliation en France de M. Gbagbo.

Mars : répression meurtrière — plus de 120 morts selon l'ONU, 37 selon les autorités — d'une manifestation interdite de l'opposition à Abidjan. Des ministres issus des Forces nouvelles et de partis d'opposition se retirent du gouvernement.

Avril : l'Opération des Nations unies en Côte d'Ivoire (ONUCI) débute avec le passage sous casque bleu des 1 300 soldats ouest-africains.

Avril : le journaliste franco-canadien Guy-André Kieffer est porté disparu. Les députés adoptent la première réforme législative prévue par Marcoussis sur l'identification des personnes et le séjour des étrangers.

Juillet : alors que le processus semble à nouveau bloqué, signature à Accra d'un accord pour relancer le mécanisme des accords de Marcoussis.

Octobre : échec du lancement du processus de désarmement, les Forces nouvelles exigeant d'abord l'adoption des réformes politiques. Les Forces nouvelles instaurent un « couvre-feu » et décrètent l'« alerte maximale » dans le Nord. L'armée ferme les deux axes routiers principaux reliant le Nord au Sud.

Novembre : des avions des forces armées bombardent les positions des ex-rebelles à Bouaké et Korhogo. L'ex-rébellion estime que ces bombardements rendent « caducs les accords de paix ». Neuf soldats français sont tués et une trentaine blessés dans un cantonnement militaire français à Bouaké lors d'une attaque aérienne gouvernementale. Paris ordonne la destruction des « moyens aériens militaires ivoiriens ». La riposte des forces françaises est suivie d'accrochages avec l'armée ivoirienne et de violences antifrançaises. Paris renforce son dispositif militaire, portant ses forces à plus de 5 000 hommes. Huit-mille ressortissants sont évacués. Le Sud-Africain Thabo Mbeki est mandaté comme médiateur par l'Union africaine. L'ONU décrète un embargo sur les armes.

Décembre : Thabo Mbeki annonce un accord visant à accélérer l'application de Marcoussis. Les députés adoptent les trois plus importants projets de loi dans le cadre de Marcoussis, dont la révision de l'article 35 de la Constitution sur les conditions d'éligibilité à la présidence.

2005

Janvier : Simone Gbagbo et le chef des rebelles Guillaume Soro sont soupçonnés, avec 93 autres personnes, de crimes graves par des enquêteurs de l'ONU, qui recommandent de saisir la Cour pénale internationale.

Mars : Thabo Mbeki convoque « toutes les parties » à Pretoria de façon « urgente ». Dans un rapport au Conseil de sécurité, Kofi Annan dénonce la mobilisation des milices dans tout le pays.

Avril : accord à Pretoria sur la fin des hostilités, le désarmement et le retour des rebelles au gouvernement. Thabo Mbeki demande que tous les responsables politiques ivoiriens signataires d'un accord de paix puissent se présenter à la présidentielle d'octobre. Laurent Gbagbo annonce qu'il accepte la candidature d'Alassane Ouattara.

Mai : l'armée et la rébellion signent à Yamoussoukro un accord fixant les modalités du désarmement des belligérants. Les principaux opposants ivoiriens, Alassane Ouattara et Henri Konan Bédié, concluent à Paris une alliance.

Juin : accord de Pretoria II, qui fixe un calendrier pour le désarmement et la création d'une Commission électorale indépendante.

Juillet : promulgation par le président ivoirien des lois sur le processus électoral. Échec des chefs de l'armée et de la rébellion à trouver un accord sur le pré-regroupement des combattants, préalable au désarmement.

Août : les Forces nouvelles (FN) refusent de cautionner l'élection présidentielle du 30 octobre. La rébellion « récuse » la médiation de Thabo Mbeki qu'elle estime trop favorable au pouvoir en place.

Septembre : nouvelle version des lois sur la commission électorale, la nationalité et la naturalisation. Le numéro un ivoirien déclare que l'élection présidentielle ne pourra se tenir le 30 octobre faute d'un désarmement de la rébellion, et qu'il se maintiendra à son poste après cette date.

Octobre : le Conseil de paix et de sécurité de l'Union africaine réuni à Addis-Abeba se prononce pour le maintien à la présidence de Laurent Gbagbo après le 30 octobre, et la nomination d'un nouveau Premier ministre de transition, acceptable pour tous. La ministre française de la Défense, Michèle Alliot-Marie, suspend le général Poncet, patron de la force Licorne en Côte d'Ivoire, soupçonné d'avoir « couvert le décès d'un Ivoirien appréhendé par des militaires français », Firmin Mahé, le 13 mai.

Le Conseil de sécurité de l'ONU adopte la résolution 1633 qui maintient Laurent Gbagbo pour douze mois à la tête de l'État, et demande la nomination d'un Premier ministre doté de pouvoirs élargis.

Décembre : Charles Konan Banny, gouverneur de la Banque centrale des États de l'Afrique de l'Ouest (BCEAO), est désigné comme Premier ministre. Le général français Henri Poncet est inculpé à Paris pour « complicité d'homicide volontaire ».

L'Afrique des Grands Lacs

Chronologie république démocratique du Congo-Burundi, 2001-2005

En république démocratique du Congo, Laurent-Désiré Kabila, leader de l'Alliance des forces démocratiques pour la libération du Congo (AFDL), appuyé par ses alliés rwandais et ougandais, prend le contrôle de Kinshasa en mai 1997, forçant le président Mobutu à l'exil. Une fois installé à la tête de l'État, Laurent-Désiré Kabila s'éloigne de ses anciens soutiens. Kigali l'accuse alors de soutenir les génocidaires rwandais de 1994, en l'espèce les ex-FAR (ancienne armée rwandaise) et les milices *interahamwe*, ce qui conduit le Rwanda à apporter son aide, avec l'Ouganda, à la rébellion interne congolaise. Son avancée ne sera stoppée que par l'intervention militaire de l'Angola et du Zimbabwe. Namibie et Tchad apporteront par la suite leur soutien à la RDC. Ce conflit, considéré comme la première guerre continentale africaine, fera 3,5 millions de victimes. Six armées étrangères et une vingtaine de mouvements armés vont s'opposer, principalement dans l'est de la RDC. Le 16 janvier 2001, Laurent-Désiré Kabila est assassiné. Son fils, Joseph Kabila, prend sa succession.

Au Burundi, la guerre civile dure depuis 1993. Elle a fait plus de 300 000 victimes, essentiellement civiles. Elle oppose la majorité hutu (85 % de la population) aux Tutsi, qui détiennent le pouvoir. Les premières négociations de paix ont lieu en 1998. En 2000, les principaux protagonistes, à l'exception notable des deux principaux mouvements rebelles — les Forces pour la défense de la démocratie (FDD) et les Forces nationales de libération (FNL) —, signent à Arusha un accord de paix qui prévoit un partage du pouvoir entre Hutu et Tutsi. Cependant, la guerre continue.

2001 : l'arrivée au pouvoir de Joseph Kabila et la mise en œuvre des premiers accords de paix.

26 janvier : Joseph Kabila est investi à la tête de la RDC. Il affirme vouloir appliquer l'accord de cessez-le-feu de Lusaka signé en 1999 entre Kinshasa et ses alliés (Zimbabwe, Angola et Namibie) et l'Ouganda et le Rwanda. Cet accord a été ratifié par la suite par les principaux mouvements rebelles, le Mouvement de libération du Congo (MLC) et les deux tendances du Rassemblement congolais pour la démocratie (RCD).

29 mars : la Mission d'observation des Nations unies en RDC (MONUC), créée fin 1999, déploie son premier contingent dans l'Est. En fin d'année, ses effectifs seront renforcés et passeront de 5 500 à 8 700 hommes. Cinq cent cinquante observateurs militaires, protégés par les militaires, ont pour tâche principale le désarmement (volontaire) des ex-FAR et des miliciens *interahamwe* rwandais présents en RDC.

1er novembre : au Burundi, Pierre Buyoya, un Tutsi, devient officiellement le président des dix-huit premiers mois de la transition, prévue pour trois ans dans l'accord de paix d'Arusha du 28 août 2000. Son vice-président est Domitien Ndayizeye, secrétaire général du principal parti d'opposition hutu, le Frodebu. Pour les dix-huit mois suivants, le président devra être un Hutu et le vice-président un Tutsi. Les Forces nationales de libération (FNL), l'un des deux mouvements d'opposition, annoncent qu'elles continuent le combat.

2002 : retrait de RDC des troupes étrangères et accords de paix intercongolais de Sun City. Les combats, comme au Burundi, continuent.

30 juillet : RDC et Rwanda signent un accord de paix prévoyant le désarmement des extrémistes *interahamwe* et des ex-FAR, puis leur rapatriement au Rwanda, en échange d'un retrait des troupes rwandaises. Le rapatriement officiel du dernier soldat aura lieu le 5 octobre.

6 septembre : Kinshasa et Kampala ratifient un protocole pour le retrait des troupes ougandaises du nord-est de la RDC. Fin octobre, les troupes angolaises, namibiennes et zimbabwéennes se retirent à leur tour.

Toutefois, le Rwanda et l'Ouganda continuent à soutenir respectivement le RCD-Goma et le MLC, des mouvements rebelles de l'Est-congolais.

3 décembre : signature d'un accord de cessez-le-feu entre le président burundais Buyoya et le chef des rebelles Force pour la défense de la démocratie (FDD), Pierre Nkurunziza. Cet accord n'est pas mis en application, les combats continuent. Deux autres mouvements minoritaires ont signé des accords de cessez-le-feu avec le gouvernement en 2002.

17 décembre : accords de paix de Sun City (Afrique du Sud), entre le gouvernement de la RDC, la rébellion, la société civile et la classe politique. Cependant, l'un des trois belligérants, Jean-Pierre Bemba, le leader du MLC, qui contrôle encore le tiers du territoire, avec l'appui de l'Ouganda, est absent. Cet accord doit mener la RDC, sous la supervision d'un gouvernement de transition, en deux ans, aux premières élections générales depuis 1960. Les affrontements entre factions armées se poursuivent, notamment en Ituri (Nord-Est).

2003 : intensification des massacres en Ituri (RDC) et création d'une force multinationale. Nouvel accord de paix interburundais.

30 avril 2003 : l'ancien vice-président burundais, Domitien Ndayizeye, un Hutu, succède au président Buyoya pour les dix-huit derniers mois de la transition.

30 mai : depuis 1999, des massacres interethniques (populations Lendu et Hema) ont lieu régulièrement dans la région de l'Ituri (nord-est de la RDC). Les exactions se sont intensifiés fin 2002 et début 2003. Début mai 2003, des centaines de civils sont massacrés dans la ville de Bunia et des dizaines de milliers d'autres ont été forcés de fuir. En cinq ans, 500 000 personnes ont fui la zone, alors qu'on dénombre 50 000 victimes, dont 1 500 au cours des deux derniers mois. Le Conseil de sécurité de l'ONU crée une force multinationale chargée d'assurer la sécurité à Bunia. En attendant sa mise en place, une force multinationale intérimaire d'urgence de 1 500 hommes, sous commandement français, intervient dès juin.

30 juin : en RDC, nomination du gouvernement de transition. Comme le prévoyaient les accords de Sun City, le président Joseph Kabila est assisté de quatre vice-présidents, représentant les principales composantes du dialogue intercongolais : gouvernement, opposition politique, RCD (Rassemblement congolais pour la démocratie) et MLC (Mouvement de libération du Congo).

25 août : élection présidentielle au Rwanda. Paul Kagame, président depuis 2000, obtient 95 % des suffrages exprimés.

1er septembre : à Bunia, dans l'est de la RDC, la Force Artémis cède la place aux 4 000 casques bleus de la MONUC. Leur mandat, renforcé, autorise le recours à la force.

16 novembre : accord de paix global au Burundi, signé en Tanzanie entre le président Ndayizeye et le chef des FDD, principal mouvement rebelle. Cet accord fait suite à l'accord de cessez-le-feu du 3 décembre 2002 et aux pourparlers de paix de juin en Tanzanie. Quelques jours plus tard, les FDD entrent dans le gouvernement de transition, et en janvier dans l'état-major de l'armée.

2004 : tenue de la Conférence internationale sur les Grands Lacs.

18-21 janvier : le président burundais rencontre pour la première fois des représentants des Forces nationales de libération (FNL) aux Pays-Bas.

mars 2004 : au Kivu, dans la partie est de la république démocratique du Congo, installation de 3 500 casques bleus, pour sécuriser les provinces Nord-Kivu et Sud-Kivu.

20 avril 2004 : le président Joseph Kabila publie la « feuille de route » de la période de transition.

14 mai 2004 : six des sept groupes armés opérant en Ituri signent l'« Acte d'engagement de Kinshasa » par lequel ils s'engagent à déposer les armes.

mai-juin 2004 : dans la région de Bukavu, au Sud-Kivu, violents affrontements entre les Forces armées de la république du Congo (FARDC) et deux groupes de soldats dissidents issus de la communauté banyamulenge. Quelque 30 000 habitants de la région de Bukavu fuient vers le Burundi et le Rwanda.

11 juin 2004 : échec d'une deuxième tentative de coup d'État contre le président Joseph Kabila.

25 juin 2004 : un sommet réunit au Nigeria le président Joseph Kabila et son homologue rwandais Paul Kagame pour tenter d'apaiser les tensions entre les deux pays.

5 août 2004 : un accord sur le partage du pouvoir pour la période posttransition au Burundi est adopté par toutes les parties, à Pretoria. Il sera entériné par référendum le 22 février 2005.

13 août 2004 : au Burundi, dans le camp de réfugiés de Gatumba, près de la frontière avec la république démocratique du Congo, massacre de 159 Banyamulenge par des rebelles hutu burundais des Forces nationales de libération (FNL), venus de leurs bases arrière situées en RDC.

1er octobre 2004 : la résolution 1565 du Conseil de sécurité de l'ONU proroge le mandat de la MONUC en RDC et autorise l'augmentation des effectifs de 5 900 personnes.

26 octobre 2004 : accord signé à Kigali sous l'égide des États-Unis, entre la RDC, le Rwanda et l'Ouganda, les trois pays s'engageant à coopérer au sein d'une commission de défense et sécurité en vue de neutraliser les groupes armés opérant dans la région.

19-20 novembre 2004 : tenue à Dar es-Salam (Tanzanie) de la Conférence internationale pour la paix, la sécurité, la démocratie et le développement dans la région des Grands Lacs, réunie à l'initiative de Kofi Annan, secrétaire général de l'ONU.

décembre 2004 : de violents combats ont lieu à Kanyabayonga, au Nord-Kivu, entre des soldats mutins tutsi issus du Rassemblement congolais pour la démocratie (RCD, ex-rébellion soutenue par le Rwanda) et l'armée régulière.

2005 : élections au Burundi, référendum en RDC.

25 février 2005 : mort de neuf casques bleus bangladais de la MONUC tués par des miliciens du FNI (Front des nationalistes intégrationnistes, ethnie lendu majoritaire).

18 avril 2005 : embargo sur les armes étendu à l'ensemble de la république démocratique du Congo (résolution 1596 du Conseil de sécurité).

13 mai 2005 : adoption par l'Assemblée nationale congolaise du projet de Constitution de la république démocratique du Congo :

elle institue un régime semi-présidentiel dans un État unitaire fortement décentralisé, comprenant vingt-six provinces (au lieu de onze).

4 juillet 2005 : élections législatives au Burundi, marquées par une victoire du CNDD-FDD ; elles sont suivies, le 19 août, par les présidentielles : Pierre Nkurunziza est élu à la présidence de la République.

27 novembre 2005 : la Constitution est largement entérinée par référendum (c'est le premier scrutin libre organisé en RDC). Son adoption ouvre la voie à l'organisation des élections générales, prévues en juin 2006.

Évolution de l'Aide publique au développement (APD) des membres du CAD[1] (1950-2004) et APD rapportée au PNB des donateurs[2]

(en milliards de dollars US et en pourcentage)

1. *CAD : Comité d'aide au développement (OCDE).*
2. *Pour 1950-1991, les montants sont calculés en dollars de 1992 ; pour 1995-2004, en dollars de 2004.*

	1950-1955	1960-1961	1970-1971	1980-1981	1990-1991	1995	1997	2000	2002	2003	2004
États-Unis	2,523	11,071	8,977	9,508	11,127	7,367	6,878	9,955	13,290	16,254	18,999
Japon	60	995	2,794	5,704	9,526	14,489	10,640	13,508	9,283	8,880	8,859
CEE/UE	3,454	12,005	12,089	19,251	25,862	31,358	27,462	25,289	29,969	37,139	42,966
France	2,162	5,258	3,435	4,493	7,311	8,443	5,742	4,105	5,486	7,253	8,475
Allemagne	180	2,263	3,141	5,513	6,549	7,524	5,581	5,030	5,324	6,784	7,534
Royaume-Uni	795	2,872	2,727	3,027	2,849	3,202	3,864	4,501	4,924	6,282	7,836
Total CAD	6,124	25,278	24,434	40,557	53,829	58,926	51,888	53,749	58,292	69,029	78,780
APD/PNB											
États-Unis	0,32	0,56	0,30	0,23	0,20	0,10	0,09	0,10	0,13	0,15	0,16
Japon	0,04	0,22	0,22	0,30	0,32	0,28	0,22	0,28	0,23	0,20	0,19
CEE/UE	0,51	0,64	0,38	0,41	0,43	0,38	0,33	0,32	0,35	0,35	0,35
France	1,24	1,35	0,51	0,48	0,61	0,55	0,45	0,32	0,38	0,41	0,42
Allemagne	0,11	0,38	0,33	0,45	0,41	0,31	0,28	0,27	0,27	0,28	0,28
Royaume-Uni	0,42	0,58	0,42	0,39	0,30	0,29	0,26	0,32	0,31	0,34	0,36
Total CAD	0,34	0,52	0,33	0,33	0,34	0,27	0,22	0,22	0,23	0,25	0,25

(Source : OCDE/CAD)

De la colonisation chez les peuples modernes

Introduction par Paul Leroy-Beaulieu
Paris, le 8 mai 1882

« Chaque jour qui s'écoule nous convainc de plus en plus de l'importance de la colonisation en général, de son importance surtout pour la France. Aussi chaque occasion qui s'offre à nous pour faire comprendre à notre pays sa grande mission colonisatrice, nous la saisissons avec empressement, par la parole et par la plume. Articles de journaux et de livres de doctrine, allocutions ou cours publics, nous employons tous les moyens pour rappeler à la France qu'elle a été une grande puissance coloniale, qu'elle peut et doit redevenir.

« Depuis deux siècles, à notre sens, la politique française a perdu sa voie. Après avoir, vers la fin du XVIIe siècle, conquis en Europe des frontières solides, la tâche qui lui incombait, c'était de mettre en valeur les immenses territoires que nous occupions dans les deux mondes, le Canada, les rives du Mississippi, la Louisiane, les Indes.

« La politique continentale a prévalu : elle a duré deux cents ans, a laissé notre pays diminué en prestige, rapetissé en territoire. Nos colonies ont été la rançon de nos échecs continentaux ; nous les avons abandonnées avec une insouciance de prodigue. Rien de frivole comme le mot de Voltaire sur la perte des « quelques arpents de neige du Canada ». La Louisiane vendue pour quelques millions ; Saint-Domingue, la perte des Antilles, nous échappant pour retomber dans une demi-barbarie ; notre immense empire des Indes se réduisant à cinq comptoirs, ce sont de ces catastrophes que la plupart de nos historiens mentionnent à peine ; il semble que pour eux ce soient des faits secondaires et de médiocre portée.

« La conscience nationale paraît aujourd'hui être plus éclairée ; elle commence à concevoir l'importance des colonies. À l'immense domaine colonial que le XVIIIe siècle a perdu, le XIXe peut en substituer un nouveau, moins grand sans doute, moins varié, mais considérable encore.

« Les événement imprévus nous ont valu l'Algérie et, malgré des hésitations singulièrement maladroites, nous donnent aujourd'hui la Tunisie. En Asie, la Cochinchine peut être le noyau d'un empire qui, pour ne pas atteindre à l'importance des Indes, sera une des plus belles dépendances qu'une puissance européenne possède sur le vieux continent asiatique. En Océanie, la Nouvelle-Calédonie est plus qu'un îlot, et des archipels vacants peuvent encore, si nous nous pressons, être joints à cette possession lointaine.

« Saurons-nous exploiter et développer ce domaine colonial qui vient de nous échoir ? Ou bien, au contraire, sommes-nous voués à une irrémédiable incapacité colonisatrice ? Recommencerons-nous au XIXe siècle ou au XXe les fautes du XVIIIe siècle ?

« Nous croyons, quant à nous, à la vocation civilisatrice de la France et ses facultés colonisatrices. Les dernières années en donnent la preuve : la France ne manque pas d'esprits entreprenants. Les plus grandes œuvres de ce temps, en fait de travaux publiques extra-européens, ce sont des Français qui les ont accomplies ou qui les accomplissent. Nous avons de nos jours, en Cochinchine notamment, des explorateurs aussi hardis que l'était autrefois Cavelier de La Salle. Notre pays fournit à l'heure actuelle des aventuriers aussi originaux et audacieux qu'il y a un siècle.

« La France, dit-on, n'a pas d'exubérance de population, et ce serait un obstacle insurmontable à la fondation de colonies. L'objection n'est pas décisive ; les naissances présentent encore sur les décès un excédant annuel de 100 000 âmes environ. Il en faut beaucoup moins pour fonder des empires. On ne trouve pas 100 000 Anglais aux Indes et il n'y a pas plus de 35 000 Hollandais aux ondes de la Sonde. Les colonies sont de trois sortes : les colonies d'exploitation, comme les Indes et la Cochinchine ; les colonies de peuplements, comme l'Australie ; les colonies mixtes, telles que l'Algérie. Les secondes seulement exigent une immigration considérable. Les colonies d'exploitation n'en ont que faire, et les colonies mixtes peuvent se contenter d'un afflux modéré d'Européens. Si la France envoyait tous les ans 15 000 à 20 000 colons en Afrique, ce serait assez pour servir de cadre à une immigration d'Européens étrangers d'égale importance et à la considérable population indigène. L'arrivée régulière en Afrique de 15 000 ou 20 000 émigrants français chaque année constituerait, au bout d'un siècle, de l'autre côté de la Méditerranée, une société de dix ou douze millions d'hommes de langue française et d'esprit français.

« Le véritable nerf de la colonisation, ce sont plus encore les capitaux que les émigrants. La France possède des capitaux à foison ; elle les fait volontiers voyager ; sa main confiante les dissémine aux quatre coins de l'univers. Elle en a déjà pour 20 ou 25 milliards de par le monde, et chaque année ce chiffre s'accroît d'un milliard au moins. Si le tiers ou la moitié de cette somme, si même le quart se portait vers l'Algérie, la Tunisie, le Sénégal, le Soudan, où nous finirons bien, j'espère, par assurer notre prédominance, quels splendides résultats nous obtiendrons en vingt-cinq ou trente ans !

« Ce qui a manqué jusqu'ici à la France, c'est de l'esprit de suite dans sa politique coloniale. La colonisation a été reléguée au second plan dans la conscience nationale ; elle doit aujourd'hui se placer au premier. Notre politique continentale, sous peine de nous valoir que des déboires, doit être désormais essentiellement défensive ; c'est en dehors de l'Europe, que nous pouvons satisfaire nos légitimes instincts d'expansion. Nous devons travailler à la fondation d'un grand empire africain et d'un moindre asiatique.

« C'est la seule grande entreprise que la destinée nous permette. Au commencement du XIXe siècle, la Russie comptera 120 millions d'habitants prolifiques, occupant des espaces énormes ; près de 60 millions d'Allemands, appuyés sur 30 millions d'Autrichiens, domineront l'Europe centrale. Cent vingt millions d'Anglo-Saxons occuperont les plus belles contrées du globe et imposeront presque au monde civilisé leur langue qui domine déjà aujourd'hui sur des territoires habités par plus de trois cents millions d'hommes. Joignez à ces grands peuples l'Empire chinois qui, alors sans doute, recouvrera une vie nouvelle. À côté de ces géants, que sera la France ? Du grand rôle qu'elle a joué dans le passé, de l'influence, souvent décisive, qu'elle a exercée sur la direction des peuples civilisés, que lui restera-t-il ? Un souvenir, s'éteignant de jour en jour.

« Notre pays a un moyen d'échapper à cette irrémédiable déchéance, c'est de coloniser. Si nous ne colonisons pas, dans deux ou trois siècles nous tomberons au-dessous des Espagnols et des Portugais, qui ont eu le rare bonheur d'implanter leur race et leur langue dans les immenses espaces de l'Amérique du Sud, destinés à nourrir des populations de plusieurs centaines de millions d'âmes.

« La colonisation est pour la France une question de vie ou de mort : ou la France deviendra une grande puissance africaine, ou elle ne sera dans un siècle ou deux qu'une puissance européenne secondaire ; elle comptera dans le monde, à peu près comme la Grèce ou la Roumanie compte en Europe.

« Nous ambitionnons pour notre patrie des destinées plus hautes : que la France devienne résolument une nation colonisatrice, alors se rouvrent devant elle les longs espoirs et les vastes pensées. »

Discours de Brazzaville

30 janvier 1944

Le 30 janvier 1944, le général de Gaulle ouvre à Brazzaville une conférence qui groupe les représentants des territoires français d'Afrique autour de M. Pleven, commissaire aux Colonies, première étape vers l'Union française.

« Si l'on voulait juger des entreprises de notre temps suivant les errements anciens, on pourrait s'étonner que le Gouvernement français ait décidé de réunir cette Conférence africaine. "Attendez !", nous conseillerait, sans doute, la fausse prudence d'autrefois. "La guerre n'est pas à son terme. Encore moins peut-on savoir ce que sera demain la paix. La France, d'ailleurs, n'a-t-elle pas, hélas ! des soucis plus immédiats que l'avenir de ses territoires d'outre-mer ?"

« Mais il a paru au gouvernement que rien ne serait, en réalité, moins justifié que cet effacement, ni plus imprudent que cette prudence. C'est qu'en effet, loin que la situation présente, pour cruelle et compliquée qu'elle soit, doive nous conseiller l'abstention, c'est, au contraire, l'esprit d'entreprise qu'elle nous commande. Cela est vrai dans tous les domaines, en particulier dans celui que va parcourir la conférence de Brazzaville. Car, sans vouloir exagérer l'urgence des raisons qui nous pressent d'aborder l'étude d'ensemble des problèmes africains français, nous croyons que les immenses événements qui bouleversent le monde nous engagent à ne pas tarder ; que la terrible épreuve que constitue l'occupation provisoire de la Métropole par l'ennemi ne retire rien à la France en guerre de ses devoirs et de ses droits, enfin, que le rassemblement, maintenant accompli, de toutes nos possessions d'Afrique nous offre une occasion excellente de réunir, à l'initiative et sous la direction de M. le Commissaire aux Colonies, pour travailler ensemble, confronter leurs idées et leur expérience, les hommes qui ont l'honneur et la charge de gouverner, au nom de la France, ses territoires africains. Où donc une telle réunion devait-elle se tenir, sinon à Brazzaville, qui, pendant de terribles années, fut le refuge de notre honneur et de notre indépendance et qui restera l'exemple du plus méritoire effort français ?

« Depuis un demi-siècle, à l'appel d'une vocation civilisatrice vieille de beaucoup de centaines d'années, sous l'impulsion des gouvernements de la République et sous la conduite d'hommes tels que : Gallieni, Brazza, Dodds, Joffre, Binger, Marchand, Gentil, Foureau, Lamy, Borgnis-Desbordes, Archinard, Lyautey, Gouraud, Mangin, Largeau, les Français ont pénétré, pacifié, ouvert au monde, une grande partie de cette Afrique noire, que son étendue, les rigueurs du climat, la puissance des obstacles naturels, la misère et la diversité de ses populations avaient maintenue, depuis l'aurore de l'Histoire, douloureuse et imperméable.

« Ce qui a été fait par nous pour le développement des richesses et pour le bien des hommes, à mesure de cette marche en avant, il n'est, pour le discerner, que de parcourir nos territoires et, pour le reconnaître, que d'avoir du cœur. Mais, de même qu'un rocher lancé sur la pente roule plus vite à chaque instant, ainsi l'œuvre que nous avons entreprise ici nous impose sans cesse de plus larges tâches. Au moment où commençait la présente guerre mondiale, apparaissait déjà la nécessité d'établir sur des bases nouvelles les conditions de la mise en valeur de notre Afrique, du progrès humain de ses habitants et de l'exercice de la souveraineté française.

« Comme toujours, la guerre elle-même précipite l'évolution. D'abord, par le fait qu'elle fut, jusqu'à ce jour, pour une bonne part, une guerre africaine et que, du même coup, l'importance absolue et relative des ressources, des communications, des contingents d'Afrique, est apparue dans la lumière crue des théâtres d'opérations. Mais ensuite et surtout parce que cette guerre a pour enjeu ni plus ni moins que la condition de l'homme et que, sous l'action des forces psychiques qu'elle a partout déclenchées, chaque individu lève la tête, regarde au-delà du jour et s'interroge sur son destin.

« S'il est une puissance impériale que les événements conduisent à s'inspirer de leurs leçons et à choisir noblement, libéralement, la route des temps nouveaux où elle entend diriger les soixante millions d'hommes qui se trouvent associés au sort de ses quarante-deux millions d'enfants, cette puissance, c'est la France.

« En premier lieu et tout simplement parce qu'elle est la France, c'est-à-dire la nation dont l'immortel génie est désigné pour les initiatives qui, par degrés, élèvent les hommes vers les sommets de dignité et de fraternité où, quelque jour, tous pourront s'unir. Ensuite parce que, dans l'extrémité où une défaite provisoire l'avait refoulée, c'est dans ses terres d'outre-mer, dont toutes les populations, dans toutes les parties du monde, n'ont pas, une seule minute, altéré leur fidélité, qu'elle a trouvé son recours et la base de départ pour sa libération et qu'il y a désormais, de ce fait, entre la Métropole et l'Empire, un lien définitif. Enfin, pour cette raison que, tirant à mesure du drame les conclusions qu'il comporte, la France est aujourd'hui animée, pour ce qui la concerne elle-même et pour ce qui concerne tous ceux qui dépendent d'elle, d'une volonté ardente et pratique de renouveau.

« Est-ce à dire que la France veuille poursuivre sa tâche d'outremer en enfermant ses territoires dans des barrières qui les isoleraient du monde et, d'abord, de l'ensemble des contrées africaines ? Non, certes ! et, pour le prouver, il n'est que d'évoquer comment, dans cette guerre, l'Afrique-Équatoriale et le Cameroun français n'ont cessé de collaborer de la façon la plus étroite avec les territoires voisins, Congo belge, Nigeria britannique, Soudan anglo-égyptien, et comment, à l'heure qu'il est, l'Empire français tout entier, à l'exception momentanée de l'Indochine, contribue dans d'importantes proportions, par ses positions stratégiques, ses voies de communications, sa production, ses bases aériennes, sans préjudice de ses effectifs militaires, à l'effort commun des Alliés.

« Nous croyons que, pour ce qui concerne la vie du monde de demain, l'autarcie ne serait, pour personne, ni souhaitable, ni même possible. Nous croyons, en particulier, qu'au point de vue du développement des ressources et des grandes communications, le continent africain doit constituer, dans une large mesure, un tout. Mais, en Afrique française, comme dans tous les autres territoires où des hommes vivent sous notre drapeau, il n'y aurait aucun progrès qui soit un progrès, si les hommes, sur leur terre natale, n'en profitaient pas moralement et matériellement, s'ils ne pouvaient s'élever peu a peu jusqu'au niveau où ils seront capables de participer chez eux à la gestion de leurs propres affaires. C'est le devoir de la France de faire en sorte qu'il en soit ainsi.

« Tel est le but vers lequel nous avons à nous diriger. Nous ne nous dissimulons pas la longueur des étapes. Vous avez, Messieurs les Gouverneurs généraux et Gouverneurs, les pieds assez bien enfoncés dans la terre d'Afrique pour ne jamais perdre le sens de ce qui y est réalisable et, par conséquent, pratique. Au demeurant, il appartient à la nation française et il n'appartient qu'à elle, de procéder, le moment venu, aux réformes impériales de structure qu'elle décidera dans sa souveraineté. Mais, en attendant, il faut vivre, et vivre chaque jour, c'est entamer l'avenir.

« Vous étudierez ici, pour les soumettre au gouvernement, quelles conditions morales, sociales, politiques, économiques et autres vous paraissent pouvoir être progressivement appliquées dans chacun de nos territoires, afin que, par leur développement même et le progrès de leur population, ils s'intègrent dans la communauté française avec leur personnalité, leurs intérêts, leurs aspirations, leur avenir.

« Messieurs, la Conférence africaine française de Brazzaville est ouverte. »

Discours de Patrice Lumumba

Premier ministre et ministre de la Défense nationale de la république du Congo, à la cérémonie de l'Indépendance [1] Léopoldville, le 30 juin 1960

« (...) Congolais, Congolaises,

« Combattants de l'indépendance, aujourd'hui victorieux.

« Je vous salue au nom du gouvernement congolais.

« À vous tous, mes amis qui avez lutté sans relâche à nos côtés, je vous demande de faire de ce 30 juin 1960 une date illustre que vous garderez ineffaçablement gravée dans vos cœurs, une date dont vous enseignerez avec fierté la signification à vos enfants, pour que ceux-ci à leur tour fassent connaître à leurs fils et à leurs petits-fils l'histoire glorieuse de notre lutte pour la liberté.

« Car cette indépendance du Congo, si elle est proclamée aujourd'hui dans l'entente avec la Belgique, pays ami avec qui nous traitons d'égal à égal, nul Congolais digne de ce nom ne pourra jamais oublier cependant que c'est par la lutte qu'elle a été conquise, une lutte de tous les jours, une lutte ardente et idéaliste, une lutte dans laquelle nous n'avons ménagé ni nos forces, ni nos privations, ni nos souffrances, ni notre sang. C'est une lutte qui fut de larmes, de feu et de sang, nous en sommes fiers jusqu'au plus profond de nous-mêmes, car ce fut une lutte noble et juste, une lutte indispen-

---

1. Dans « Textes et Documents », n° 123, ministère des Affaires étrangères, Bruxelles.

sable pour mettre fin à l'humiliant esclavage, qui nous était imposé par la force.

« Ce que fut notre sort en quatre-vingts ans de régime colonialiste, nos blessures sont trop fraîches et trop douloureuses encore pour que nous puissions les chasser de notre mémoire.

« Nous avons connu le travail harassant exigé en échange de salaires qui ne nous permettaient ni de manger à notre faim, ni de nous vêtir ou de nous loger décemment, ni d'élever nos enfants comme des êtres chers. Nous avons connu les ironies, les insultes, les coups que nous devions subir matin, midi et soir, parce que nous étions des nègres. Qui oubliera qu'à un Noir on disait “Tu”, non certes comme à un ami, mais parce que le “Vous” honorable était réservé aux seuls Blancs ?

« Nous avons connu nos terres spoliées au nom de textes prétendument légaux, qui ne faisaient que reconnaître le droit du plus fort, nous avons connu que la loi n'était jamais la même, selon qu'il s'agissait d'un Blanc ou d'un Noir, accommodante pour les uns, cruelle et inhumaine pour les autres. Nous avons connu les souffrances atroces des relégués pour opinions politiques ou croyances religieuses : exilés dans leur propre patrie, leur sort était vraiment pire que la mort même. Nous avons connu qu'il y avait dans les villes des maisons magnifiques pour les Blancs et des paillotes croulantes pour les Noirs : qu'un Noir n'était admis ni dans les cinémas, ni dans les restaurants, ni dans les magasins dits européens, qu'un Noir voyageait à même la coque des péniches au pied du Blanc dans sa cabine de luxe.

« Qui oubliera, enfin, les fusillades où périrent tant de nos frères, ou les cachots où furent brutalement jetés ceux qui ne voulaient pas se soumettre à un régime d'injustice ?

« Tout cela, mes frères, nous en avons profondément souffert, mais tout cela aussi, nous, que le vote de vos représentants élus a agréés pour diriger notre cher pays, nous qui avons souffert dans notre corps et dans notre cœur de l'oppression colonialiste, nous vous le disons, tout cela est désormais fini.

« La République du Congo a été proclamée et notre cher pays est maintenant entre les mains de ses propres enfants [...]. »

Allocution de François Mitterrand

Séance d'ouverture de la 16e Conférence des chefs d'État de France et d'Afrique La Baule, 20 juin 1990

(extraits)

« [...]

« Il nous faut parler de démocratie. C'est un principe universel qui vient d'apparaître aux peuples de l'Europe centrale et orientale comme une évidence absolue au point qu'en l'espace de quelques semaines, les régimes, considérés comme les plus forts, ont été bouleversés. Le peuple était dans les rues, sur les places et le pouvoir ancien sentant sa fragilité, cessait toute résistance comme s'il était déjà, et depuis longtemps, vidé de substance et qu'il le savait. Et cette révolution des peuples, la plus importante que l'on eût connue depuis la Révolution française de 1789, va continuer. Je le disais récemment à propos de l'Union soviétique, cette révolution est partie de là et elle reviendra là. Celui qui la dirige le sait bien, qui conduit avec courage et intelligence une réforme qui, déjà, voit se dresser devant elle toutes les formes d'opposition : celles qui s'y refusent, attachées au système ancien et celles qui veulent aller plus vite. Si bien que l'histoire reste encore en jeu. Il faut bien se dire que ce souffle fera le tour de la planète. Désormais on le sait bien : que survienne une glaciation ou un réchauffement sur l'un des deux pôles et voilà que le globe tout entier en ressent les effets.

« Cette réflexion ne doit pas rester climatique, elle s'applique à la société des hommes !... Enfin, on respire, enfin on espère, parce que la démocratie est un principe universel. Mais il ne faut pas oublier les différences de structures, de civilisations, de traditions, de mœurs. Il est impossible de proposer un système tout fait. La France n'a pas à dicter je ne sais quelle loi constitutionnelle qui s'imposerait de facto à l'ensemble de peuples qui ont leur propre conscience et leur propre histoire et qui doivent savoir comment se diriger vers le principe universel qu'est la démocratie. Et il n'y a pas trente-six chemins vers la démocratie. Comme le rappelait Monsieur le Président du Sénégal, il faut un État, il faut le développement et il faut l'apprentissage des libertés. Comment voulez-vous engendrer la démocratie, un principe de représentation nationale avec la participation de nombreux partis, organiser le choc des idées, les moyens de la presse, tandis que les deux tiers d'un peuple vivraient dans la misère.

« Je le répète, la France n'entend pas intervenir dans les affaires intérieures des États africains amis. Elle dit son mot, elle entend poursuivre son œuvre d'aide, d'amitié et de solidarité. Elle n'entend pas soumettre à la question, elle n'entend pas abandonner quelque pays d'Afrique que ce soit. Ce plus de liberté, ce ne sont pas simplement les États qui peuvent le faire, ce sont les citoyens : il faut donc prendre leur avis ; et ce ne sont pas simplement les puissances publiques qui peuvent agir, ce sont aussi les organisations non gouvernementales qui souvent connaissent mieux le terrain, qui en épousent les difficultés, qui savent comment panser les plaies.

« Nous ne voulons pas intervenir dans les affaires intérieures. Pour nous, cette forme subtile de colonialisme qui consisterait à faire la leçon en permanence aux États africains et à ceux qui les dirigent, c'est une forme de colonialisme aussi perverse que toute autre. Ce serait considérer qu'il y a des peuples supérieurs, qui disposent de la vérité, et d'autres qui n'en seraient pas capables, alors que je connais les efforts de tant de dirigeants qui aiment leur peuple et qui entendent le servir même si ce n'est pas de la même façon que sur les rives de la Seine ou de la Tamise.

« Voilà pourquoi il faut procéder à une étude méthodique de tout ce qui touche à la vie économique. Il faut mettre en place des dispositifs douaniers qui empêcheront des évasions de capitaux qui viennent souvent justifier les critiques entendues. De ce point de vue encore, la France, si vous le souhaitez, est prête à vous apporter l'aide humaine et technique, à former des fonctionnaires, à se trouver auprès d'eux. J'ai vu naître la plupart de vos États, j'ai connu vos luttes pour en finir avec l'état colonial. Ces luttes vous opposaient souvent à la France, et seule la sagesse des dirigeants français et africains a évité, en fin de compte, le drame d'une guerre coloniale en Afrique noire. Il fallait bâtir un État, une souveraineté, avec des frontières garanties internationalement, telles que les avaient dessinées les compas et les règles des pays coloniaux, dans les salons dorés des chancelleries occidentales, déchirant les ethnies sans tenir compte de la nature du terrain. Et voilà que ces États nouveaux doivent gérer les anciennes contradictions héritées de l'histoire, doivent bâtir une administration centrale, nommer des fonctionnaires après les avoir formés, gérer des finances publiques, entrer dans le grand circuit international, souvent sans avoir reçu des anciens pays coloniaux la formation nécessaire...

« Et on aurait à raisonner avec ces États, comme on le ferait à l'égard de nations organisées depuis mille ans comme c'est le cas de la France, de la Grande-Bretagne, de l'Espagne ou du Portugal ! Les mœurs, les traditions aussi respectables que les vôtres, l'histoire et la nature de ces peuples, leur propre culture, leur propre façon de penser, tout cela pourrait se réduire à une équation décidée dans une capitale du Nord ? Vraiment, je fais appel à votre raison, et je pense que nous nous connaissons assez pour savoir que rien ne sera fait entre nous en dehors du respect et de la considération que nous nous devons. S'il y a contestation dans tel État particulier, eh bien ! que les dirigeants de ces pays en débattent avec leurs citoyens. Lorsque je dis démocratie, lorsque je trace un chemin, lorsque je dis que c'est la seule façon de parvenir à un état d'équilibre au moment où apparaît la nécessité d'une plus grande liberté, j'ai naturellement un schéma tout prêt.

« Système représentatif, élections libres, multipartisme, liberté de la presse, indépendance de la magistrature, refus de la censure : voilà le schéma dont nous disposons. Nous en avons discuté plusieurs fois et hier soir encore en particulier. Je sais combien certains défendent scrupuleusement leur peuple et cherchent le progrès y compris dans les institutions. Plusieurs d'entre vous disaient : “Transposer d'un seul coup le parti unique et décider arbitrairement le multipartisme, certains de nos peuples s'y refuseront ou bien en connaîtront tout aussitôt les effets délétères.”

« D'autres disaient : “Nous l'avons déjà fait et nous en connaissons les inconvénients.” Mais les inconvénients sont quand même moins importants que les avantages de se sentir dans une société civiquement organisée.

« D'autres disaient : “Nous avons commencé, le système n'est pas encore au point, mais nous allons dans ce sens.”

« Je vous écoutais. Et si je me sentais plus facilement d'accord avec ceux d'entre vous qui définissaient un statut politique proche de celui auquel je suis habitué, je comprenais bien les raisons de ceux qui estimaient que leurs pays ou que leurs peuples n'étaient pas prêts. Alors qui tranchera ? Je crois qu'on pourra trancher en disant que de toute façon, c'est la direction qu'il faut prendre.

« Certains ont pris des bottes de sept lieues, soit dans la paix civique, soit dans le désordre, mais ils ont fait vite. D'autres marcheront pas à pas. Puis-je me permettre de vous dire que c'est la direction qu'il faut suivre ? Je vous parle comme un citoyen du monde à d'autres citoyens du monde : c'est le chemin de la liberté sur lequel vous avancerez en même temps que vous avancerez sur le chemin du développement. On pourrait, d'ailleurs, inverser la formule : c'est en prenant la route du développement que vous serez engagés sur la route de la démocratie.

« À vous peuples libres, à vous États souverains que je respecte, de choisir votre voie, d'en déterminer les étapes et l'allure. La France continuera d'être votre amie et, si vous le souhaitez, votre soutien, sur le plan international comme sur le plan intérieur.

« Vous lui apportez beaucoup. Quand je constate, par exemple, que le flux de capitaux qui va du Sud pauvre vers le Nord riche est plus important que le flux de capitaux qui va du Nord riche au Sud pauvre, je dis qu'il y a quelque chose qui ne va pas. Le colonialisme n'est pas mort. Ce n'est plus le colonialisme des États, c'est le colonialisme des affaires et des circuits parallèles.

« Nous parlons entre États souverains, égaux en dignité, même si nous ne le sommes pas toujours en moyens. Il existe entre nous des conventions de toutes sortes. Il existe des conventions de caractère militaire. Je répète le principe qui s'impose à la politique française : chaque fois qu'une menace extérieure poindra, qui pourrait attenter à votre indépendance, la France sera présente à vos côtés. Elle l'a déjà démontré, plusieurs fois et parfois dans des circonstances très difficiles. Mais notre rôle à nous, pays étranger, fût-il ami, n'est pas d'intervenir dans des conflits intérieurs. Dans ce cas-là, la France, en accord avec les dirigeants, veillera à protéger ses concitoyens, ses ressortissants, mais elle n'entend pas arbitrer les conflits.

« C'est ce que je fais dans le cadre de ma responsabilité depuis neuf ans. De la même manière, j'interdirai toujours une pratique qui a existé parfois dans le passé et qui consistait pour la France à tenter d'organiser des changements politiques intérieurs par le complot ou la conjuration. Vous le savez bien, depuis neuf ans, cela ne s'est pas produit et cela ne se produira pas.

« Je respecte trop vos peuples et je respecte trop les personnes dès lors qu'elles se comportent conformément à ce que l'on peut attendre de chefs d'État soucieux du bonheur de leur peuple et soucieux de rester fidèles au comportement de tout citoyen digne de ce nom.

« Que ce soit sur le plan économique, technique ou militaire — ce cas est quand même minoritaire —, j'ai défini les voies choisies par mon pays : économiquement et techniquement, nous resterons à vos côtés, dans un cadre de gestion contrôlée honnêtement et mutuellement, par des contrats eux-mêmes passés au crible des spécialistes, comme cela se fait déjà depuis des années et des années.

« S'il faut améliorer les moyens d'empêcher des évasions de capitaux illicites, il reste à mettre en place, dans un certain nombre de cas, les systèmes correspondants.

« Je conclurai, Mesdames et Messieurs, en disant que la France liera tout son effort de contribution aux efforts qui seront accomplis pour aller vers plus de liberté. Il faut pour cela que l'on vous fasse confiance. Il faut avoir confiance dans le temps. Pour investir, il faut du temps. Il faut du temps pour accroître la productivité, pour améliorer la qualité, pour installer des industries de transformation qui vous permettront de ne plus assister impuissants à l'évasion, parfois au vol de vos matières premières, sans que vous ayez la possibilité de tirer profit de la valeur ajoutée qui est ajoutée ailleurs que chez vous.

« Il faut des codes, des règles claires et stables pour faciliter les investissements étrangers. Pourquoi pas des zones franches par exemple ? Certains d'entre vous l'ont fait.

« Voilà pourquoi je vous parlais avec insistance d'une taille minimum à acquérir entre vous pour regrouper et harmoniser les marchés. Nous l'avons fait nous-mêmes avec la Communauté européenne. Nous nous sommes dotés de structures contraignantes, nous avons accepté certains renoncements à notre souveraineté dont nous étions, croyez-moi, aussi orgueilleux que vous. Je le répète : confiance dans la liberté. La démocratie, nous l'avons vécue, c'est une belle aventure mais elle est longue, difficile, hérissée de périls et de contradictions. Moi, j'ai confiance dans votre sol et dans les vertus de vos peuples. Voilà pourquoi je ne crois pas l'Afrique perdue. Et j'espère que l'on m'entendra à Dublin et à Houston. La voix de la France clamera une fois de plus que là est le salut de l'espèce humaine sur la terre et que, si l'on abandonne en chemin tel ou tel peuple, c'est une amputation pour le monde entier. Souvenez-vous de ce titre de l'ouvrage d'Hemingway : *Pour qui sonne le glas* : on croit qu'il sonne pour l'autre, il sonne toujours pour soi. Un peuple d'Afrique laissé en perdition sur le bord du chemin de l'histoire, c'est l'humanité tout entière pour qui le glas viendrait à sonner.

« Eh bien, nous, Français, nous le comprenons. Nous croyons dans les vertus de votre sol et de vos peuples nourris de ce sol. Nous croyons dans la nécessité de compter sur le temps. Il faut avoir confiance dans votre capacité de bâtir un espace conforme à vos intérêts et nous vous y aiderons. Il faut avoir, Mesdames et Messieurs, confiance dans la liberté. Il ne faut pas la considérer comme un ennemi caché, prêt à abattre ceux qui l'auront choisie. Elle sera, croyez-moi, votre meilleure amie. »

Discours d'investiture de Nelson Mandela

Pretoria, 10 mai 1994

« Par notre présence ici aujourd'hui, et par nos célébrations dans d'autres régions du pays et du monde, nous glorifions cette liberté qui vient de naître et nous mettons en elle tous nos espoirs.

« D'un dramatique désastre humain qui a duré trop longtemps doit naître une société qui sera la fierté de l'humanité.

« Nos actes quotidiens d'Africains du Sud doivent construire une véritable réalité sud-africaine qui fortifiera la foi de l'humanité en la justice, qui affermira sa confiance en la noblesse de l'âme humaine et qui nourrira tous nos espoirs pour que notre vie à tous soit une vie épanouie.

« Tout ceci, nous le devons à la fois à nous-mêmes et aux peuples du monde entier qui sont si bien représentés ici, aujourd'hui.

« À mes compatriotes, je dis sans hésiter que chacun d'entre nous est aussi intimement enraciné dans le sol de ce pays magnifique que le sont les fameux jacarandas de Pretoria et les mimosas de la brousse. Chaque fois que l'un de nous touche le sol de ce pays, il ressent un profond sentiment de bonheur et d'exaltation. L'humeur nationale change avec les saisons. Nous sommes transportés de joie et d'enthousiasme quand l'herbe reverdit et que les fleurs s'ouvrent.

« Cette sensation spirituelle et physique de ne faire qu'un avec notre patrie commune explique l'intensité de la souffrance que nous avons tous portée dans nos cœurs lorsque nous avons vu notre pays déchiré par un conflit terrible et lorsque nous l'avons vu rejeté, boycotté et isolé par les peuples du monde entier, précisément parce qu'il était devenu le symbole d'une idéologie pernicieuse, du racisme et de l'oppression raciale.

« Nous, peuple d'Afrique du Sud, sommes aujourd'hui comblés de voir que l'humanité nous accueille à nouveau dans son sein, et que nous, les hors-la-loi d'hier, avons aujourd'hui le rare privilège d'accueillir sur notre sol toutes les nations du monde.

« Nous remercions nos distingués invités internationaux d'être venus prendre possession, avec notre peuple, de ce qui est, après tout, une victoire commune en matière de justice, de paix et de dignité humaine.

« Nous espérons que vous continuerez à vous tenir à nos côtés quand nous relèverons le défi de bâtir la paix, la prospérité, la démocratie, et d'œuvrer contre le racisme et contre le sexisme.

« Nous apprécions infiniment le rôle joué par notre peuple et leurs masses politiques, les leaders démocratiques, religieux, les femmes, les jeunes, les entreprises, les leaders traditionnels et autres leaders, afin d'arriver à ce résultat. Parmi ceux-ci, et non le moindre, se trouve mon deuxième président adjoint, F. W. De Klerk.

« Nous aimerions également saluer nos forces de sécurité, quel que soit leur rang, pour le rôle insigne qu'elles ont joué dans la protection de nos premières élections démocratiques et dans la transition vers la démocratie contre les forces assoiffées de sang qui refusent toujours de voir la lumière.

« Le temps de soigner les blessures est arrivé.

« Le temps de combler les fossés qui nous séparent est arrivé.

« Le temps de construire est arrivé.

« Nous sommes enfin arrivés au terme de notre émancipation politique. Nous nous engageons à libérer notre peuple de l'asservissement dû à la pauvreté, à la privation, à la souffrance, au sexisme et à toute autre discrimination.

« Nous avons réussi à passer les dernières étapes vers la liberté dans des conditions de paix relative. Nous nous engageons à construire une paix complète, juste et durable.

« Nous avons réussi à implanter l'espoir dans le cœur de millions de personnes de notre peuple. Nous nous engageons à bâtir une société dans laquelle tous les Africains du Sud, qu'ils soient blancs ou noirs, pourront se tenir debout et marcher sans crainte, sûrs de leur droit inaliénable à la dignité humaine — une nation arc-en-ciel, en paix avec elle-même et avec le monde.

« Comme preuve de son engagement dans le renouveau de notre pays, le nouveau Gouvernement par intérim de l'Unité nationale prend la décision, en tant que question urgente, d'amnistier les différentes catégories de compatriotes accomplissant actuellement leur peine d'emprisonnement.

« Nous dédions ce jour à tous les héros et héroïnes de ce pays et du reste du monde qui se sont sacrifiés ou ont donné leur vie pour que nous puissions être libres.

« Leurs rêves sont devenus réalité. La liberté est leur récompense.

« Nous nous sentons à la fois humble et fier de l'honneur et du privilège que le peuple d'Afrique du Sud nous fait en nous nommant premier Président d'un gouvernement d'union démocratique, non raciste et non sexiste.

« Nous sommes conscients que la route vers la liberté n'est pas facile. Nous sommes conscients qu'aucun de nous ne peut réussir seul. Nous devons donc agir ensemble, comme un peuple uni, vers une réconciliation nationale, vers la construction d'une nation, vers la naissance d'un nouveau monde.

« Que la justice soit la même pour tous.

« Que la paix existe pour tous.

« Qu'il y ait du travail, du pain, de l'eau et du sel pour tous.

« Que chacun d'entre nous sache que son corps, son esprit et son âme ont été libérés afin qu'ils puissent s'épanouir.

« Que jamais, jamais plus ce pays magnifique ne revive l'expérience de l'oppression des uns par les autres, ni ne souffre à nouveau l'indignité d'être le paria du monde.

« Que la liberté règne.

« Que le soleil ne se couche jamais sur une réalisation humaine aussi éclatante !

« Que Dieu bénisse l'Afrique ! »

Allocution de Alpha Oumar Konaré, président de la Commission de l'Union africaine, à l'occasion de la session inaugurale du Parlement panafricain

Addis-Abeba, 18 mars 2004

« Devant une salle si pleine, si vivante, si expressive, je ne peux m'empêcher de m'exclamer. Ils sont enfin là ! Nos Députés africains, les Députés du Parlement panafricain sont enfin là !

« Vous êtes enfin là, Honorables Parlementaires, ce 18 mars 2004, près de cent ans après votre première convocation, le 1er août 1904, par le leader panafricaniste Marcus Garvey.

« Un siècle après, quelle joie ! quel bonheur ! que nous aurions tant aimé partager avec les deux seuls acteurs survivants de l'épopée de 1963, la grande épopée d'Addis-Abeba, l'épopée de la Nouvelle Fleur : Ahmed Ben Bella, alors Premier ministre d'Algérie, et Aden Abdullah Osman, alors Président de la République de Somalie. Très bonne santé et très longue vie à eux !

« Ce jour, 22 mai 1963, ils étaient tous là. Trente dignes représentants de trente de nos États autour de Sa Majesté Hailé Sélassié Ier, Roi des Rois, Seigneur des Seigneurs, Lion Conquérant de la Tribu de Judas (pour lui donner son titre).

« Hailé Sélassié était le cent vingt-cinquième descendant de la plus vieille dynastie mondiale, descendant de la reine de Saba et du roi Saolomon. Négus, Empereur de cette vieille Éthiopie à l'histoire millénaire, cette Éthiopie témoin de la liberté de nos peuples, Éthiopie jamais conquise, Éthiopie si peu occupée et si vite libérée, surtout depuis un certain 1er mars 1896 à Adoua.

« Cette Éthiopie maîtresse de son destin, que vous symbolisez si bien, Monsieur le Président de la République, Monsieur le Premier ministre Melès.

« Pour toutes ces raisons, les pères fondateurs étaient là à Addis. Ils étaient là aussi à cause de Ménélik II, l'oncle de Hailé Sélassié. Ménélik a été le premier Africain, depuis Hannibal, à vaincre des troupes européennes. Son prestige a attiré de nombreux Noirs des Amériques vers l'Afrique et lui a valu de parrainer la première Conférence panafricaine de Londres en 1900.

« Ils étaient là aussi, il faut le dire, à cause du prestige personnel de Hailé Sélassié annoncé comme le rédempteur qu'a si bien chanté le Jamaïcain Bob Marley, le chantre du Rastafari, Rastafari venant de Lys Tafari Makonnen, Ras Tafari (Roi Tafari), du vrai nom du Négus.

« Pourquoi à Addis-Abeba ?

« Parce que l'Éthiopie (alors Abyssinie) était porte-parole de l'Afrique, avec le Liberia, l'Union Sud-Africaine de cette époque et l'Égypte, au sein de la Société des Nations, ancêtre de l'ONU en 1920.

« Parce que l'Éthiopie était encore seule, avec le Liberia, l'Union Sud-Africaine de l'époque et l'Égypte, membre de l'Organisation des Nations unies à sa création en 1945. L'Éthiopie, plus que toute autre, symbolisait en sorte l'Afrique !

« Pourquoi encore autour de Hailé Sélassié ?

« Parce qu'il était le patriarche, le doyen.

« Et le patriarche fera entendre sa voix forte, disons déterminée pour Hailé Sélassié, quand les débats risquaient de pas être concluants et annonciateurs d'échec : je cite : “Cette conférence ne peut se clôturer sans l'adoption d'une seule Charte africaine. Nous ne pouvons quitter cette salle sans créer une organisation africaine. Si nous échouons en cela, nous aurons trahi notre responsabilité vis-à-vis de l'Afrique et des peuples que nous dirigeons.” Fin de citation.

« Ils ne sont pas partis, nos pères, ils ont apporté leur pierre :

— Le Roi Mwambutsa, roi du Burundi,

— Ahmadou Ahidjo, Président du Cameroun,
— David Dacko, Président de la République centrafricaine,
— N'Garta Tombalbaye (alors François), Président du Tchad,
— Fulbert Youlou, Président du Congo-Brazzaville
— Joseph Kasavubu, Président du Congo-Kinshasa (alors Léopoldville).

Ils sont restés et ont apporté leur pierre :
— Hubert Maga, Président du Bénin (alors Dahomey),
— Léon M'Ba, Président du Gabon,
— Kwamé Nkrumah, l'Osageyfo, Président du Ghana,
— Sékou Touré, Président de Guinée,
— Félix Houphouët-Boigny, Président de Côte d'Ivoire,
— William Tubman, Président du Liberia.

Ils ont répondu présents et ont apporté leur pierre :
— Son Altesse Hassan Rida, Prince héritier de Libye (au nom du Roi Idriss Ier)
— Philibert Tsiranana, Président de Madagascar,
— Modibo Keita, Président du Mali,
— Mokhtar Ould Dada, Président de la République islamique de Mauritanie,
— Hamani Diori, Président du Niger.

Ils ont renouvelé leur disponibilité et ont apporté leur pierre :
— Sir Ababacar Tafawa Balewa, Premier ministre du Nigeria,
— Grégoire Kayibanda, Président du Rwanda,
— Léopold Sédar Senghor, Président du Sénégal,
— Sir Milton Margai, Premier ministre de Sierra Leone,
— Alferic Ibrahim Aboud, Président du Soudan,
— Julius Nyerere, Président du Tanganyika (d'alors).

Ils sont restés aussi et ont apporté leur pierre :
— Habib Bourguiba, Président de Tunisie,
— Milton Obote, Premier ministre d'Ouganda,
— Nasser, Gamal Abdel Nasser, Président de la République arabe unie (aujourd'hui l'Égypte),
— Maurice Yaméogo, Président du Burkina Faso (alors Haute-Volta).

« À l'appel de Hailé Sélassié Ier, le 25 mai 1963, ils ont tous construit notre cour commune (l'OUA). Cette OUA qui parachèvera l'œuvre de décolonisation et abattra l'apartheid, mais qui n'était pas faite pour résoudre les questions économiques et nombre de situations démocratiques.

« Mais nos pères, à l'instar de leurs illustres prédécesseurs et inspirateurs panafricanistes, dont Sylvester William de Trinidad, William Burghart Du Bois des États-Unis, Marcus Garvey de Jamaïque, George Padmore de Trinidad, ont accompli leur devoir de génération et ils méritent éternellement notre reconnaissance.

« De la cour commune leurs dignes héritiers construisirent la maison commune qui est l'Union africaine.

« Ainsi donc, trente-six ans après ce 25 mai 1963, le message parti d'Alger en juillet 1999 jaillira à Syrte un certain 9 septembre 1999, se définira à Lomé en 2000, s'établira à Lusaka en 2001, s'élèvera à Durban en 2002 pour prendre l'envol en 2003 à Maputo.

« Quelle odyssée ! Cette Union africaine est tout autre que l'OUA ! Elle doit nous conduire à une intégration plus poussée en cette période de mondialisation forte.

« Union africaine, Union des États certes, mais surtout Union des Peuples ! Votre avènement, Mesdames et Messieurs les Parlementaires, marque celui des peuples. Avec vous, montent la société civile, le secteur privé et surtout les partis politiques dont la présence et même la voix manquent tant au projet.

« Honorables Parlementaires,

« Nous ferons en sorte ensemble qu'elle se dote d'un vrai projet politique, de moyens subséquents, d'un véritable programme pluriannuel inspiré du Nepad, fondé sur la bonne gouvernance, la libération des initiatives, le respect de l'État de droit, sur aussi l'exploitation des savoirs endogènes et la mobilisation des ressources internes.

« C'est là tout l'objectif des réflexions sur la Vision de l'Union africaine, les Missions de l'Union africaine, le Cadre stratégique de l'Union africaine, un programme quadriennal de travail que nous entendons soumettre prochainement à nos diverses instances.

« Vous êtes, Mesdames, Messieurs les Parlementaires, un des piliers de la nouvelle maison.

« Vous avez un rôle essentiel à jouer dans la mise en œuvre des objectifs et des principes contenus dans l'Acte constitutif de l'Union, notamment les questions relatives à la protection des droits de l'homme, à la consolidation des institutions démocratiques, à la vulgarisation et à la promotion de la bonne gouvernance, à la promotion et à la consolidation de la solidarité entre nos peuples, et enfin à la promotion de la paix, de la sécurité, de la stabilité, du développement en Afrique.

« Votre rôle de faiseurs de lois fait de vous les dépositaires de la conscience et de la caution morale de la Nation et, certainement, les bâtisseurs d'une Union africaine de droit.

« Mesdames et Messieurs les Parlementaires,

« Vous formez aussi le creuset de la solidarité nationale à l'écoute de tous nos concitoyens, de toutes catégories, les plus humbles, les plus pauvres, les plus faibles. Ce qui vous amènera toujours à vous dresser contre le mur du silence, du rejet et de la stigmatisation dont sont victimes les malades du VIH-sida et aussi à être à l'avant-garde de la lutte contre le paludisme et la poliomyélite.

« Ne pourrions-nous pas envisager ensemble, la Commission de l'Union africaine et vous, en cette année internationale pour commémorer la lutte contre l'esclavage et son abolition, un débat sur l'esclavage dans chacun de nos Parlements ?

« Ne devrions-nous pas envisager ensemble en cette année 2004, année de la Famille africaine, un débat dans chacun de nos Parlements sur les questions de la famille, sur la question combien fondamentale du genre, les problèmes des jeunes et des personnes âgées ?

« La diaspora, n'est-elle pas cette Afrique ? Ne devriez-vous pas l'assumer, la consacrer ?

« Dotés de grandes expériences sur le plan national, nous ne doutons pas un seul instant, Honorables Parlementaires, que vous mettrez ces expériences au service de l'Afrique entière dans sa lutte contre la maladie et la faim, contre la pauvreté et la misère.

« La situation actuelle de notre continent n'est pas une fatalité, le recul annoncé de notre continent ne saurait être irrémédiable si nous sommes plus responsables, si nous sommes plus unis, plus déterminés. Nous avons les moyens de nous en sortir comme l'Inde, comme la Corée du Sud, comme la Malaisie.

« Pour ce faire, nous disposons de grandes ressources minières, énergétiques, de grandes ressources naturelles, de la terre, de l'eau.

« Et aussi l'Homme !

« Et aussi les Hommes !

« Dans vingt ans, le continent africain comptera plus d'un milliard et demi d'habitants, dont 800 millions de jeunes de moins de 15 ans. Égale de la Chine, égale de l'Inde, elle constituera un grand marché, un marché jeune, le plus jeune, face à l'Union européenne et aux États-Unis d'Amérique qui totaliseront à peine 1 milliard d'habitants, en tout cas moins que la population africaine.

« Bâtissons sur notre culture, car elle est la matrice et la force motrice de la Renaissance africaine.

« Faisons jouer la solidarité africaine, cette autre mine inépuisable. Ouvrons-nous sur la modernité, sur la science ; branchons-nous sur le monde ! Avec un tel potentiel, de telles possibilités, une telle jeunesse, l'espoir est permis.

« Même si les épreuves de l'histoire nous ont marqués pour toujours, à travers notamment la traite négrière, la colonisation et l'apartheid qui ont contribué à briser la dynamique africaine.

« Mais sans haine, sans rancune. Nous voulons seulement la reconnaissance des dommages et torts à nous causés, et nous professons un partenariat nouveau entre hommes libres et égaux.

« Le continent Premier, la patrie de l'Humanité, Notre terre, la terre qui a vu pour la première fois l'homme marcher et libérer ses yeux et ses mains est, oui et nous en convenons, une terre de douleurs, une terre de souffrances, mais elle est aussi une terre d'espérance !

« Honorables Parlementaires,

« Soyons à la hauteur de l'Histoire, de notre mission car ce siècle est le nôtre. Le XXIe siècle est africain.

« Mais, Messieurs les Présidents, Monsieur le Premier ministre, Mesdames et Messieurs les Ministres, Mesdames et Messieurs les Parlementaires,

« Donnez-nous un pays !

« Rendez-nous notre pays, l'Afrique !

« Redonnez-nous notre titre d'honneur et de gloire, notre titre de rédemption en faisant de nous les Citoyens d'Afrique !

« Citoyens d'Afrique, pour toujours ! *African citizens for ever !*
« We shall be together ! Together, we do stand !
« Africa must unite ! Africa is uniting !
« Long live Africa ! God bless Africa ! »

Allocution de Kofi Annan, secrétaire général des Nations unies

Sommet Afrique-France, Paris, 19-21 février 2003

« Depuis le dernier sommet Afrique-France il y a deux ans à Yaoundé, les dirigeants africains ont pris un certain nombre de mesures importantes pour aider le continent à réaliser pleinement son potentiel. Ils ont uni leurs destinées au sein d'une Union africaine fondée sur des valeurs partagées et s'appuyant sur des institutions communes. Ils se sont mis d'accord sur un Nouveau partenariat pour le développement de l'Afrique aux objectifs très ambitieux. La démocratie et l'État de droit ont encore gagné du terrain. Et la société civile africaine — associations de femmes, journalistes, juristes, syndicalistes, mouvements de jeunes et bien d'autres — s'est manifestée comme jamais auparavant, tenant les gouvernements pour responsables et insufflant un nouveau dynamisme dans les sociétés africaines.

« Ces progrès ne sont toutefois qu'un début car il y a bien du travail encore. Et ce travail n'est pas facile. Conflits, mauvaise gouvernance, perte de récoltes, maladies continuent d'infliger de grandes souffrances aux populations du continent.

« Comme vous j'ai connu, pendant presque toute ma vie adulte, une Côte d'Ivoire dont la stabilité et l'énergie étaient un symbole d'espoir dans toute l'Afrique de l'Ouest et au-delà. Or voilà qu'aujourd'hui nous nous efforçons tous de calmer une situation qui a provoqué de tragiques divisions ethniques et religieuses dans ce pays, et de résoudre une crise qui a causé la mort de centaines de personnes ainsi que des déplacements massifs de population. Nous devons faire tout notre possible pour aider la Côte d'Ivoire à renouer avec la sécurité qu'elle a connue pendant de si longues années. Je lance un appel à tous les Ivoiriens, et en particulier à leurs dirigeants politiques, pour qu'ils fassent de l'accord qu'ils ont signé le mois dernier un premier pas concret vers la paix.

« Les événements de Côte d'Ivoire ne devraient cependant pas masquer les progrès accomplis dans d'autres régions d'Afrique. Après trois décennies de guerre, l'Angola consolide aujourd'hui une paix enfin retrouvée. Au Burundi, en Sierra Leone, au Soudan et en République démocratique du Congo, les Africains témoignent d'une volonté réelle de régler leurs conflits, et ont déjà obtenu des résultats tangibles. Il importe donc aujourd'hui plus que jamais que la communauté internationale soutienne vigoureusement les dispositifs et institutions dont s'est dotée l'Afrique pour le rétablissement et le maintien de la paix, comme le prévoit par exemple le Plan d'action du G8 pour l'Afrique. L'Afrique ne peut certes pas se permettre de nouvelles crises, mais s'il devait quand même en survenir, il faut qu'elle ait les moyens d'y faire face.

« Dans aucun domaine, il n'est plus impératif de disposer d'une réelle capacité d'intervention africaine qu'en matière de lutte contre le sida. Dans l'agriculture, par exemple, on constate l'émergence de liens systématiques entre insécurité alimentaire et sida. Dans de nombreuses régions du continent, et notamment en Afrique australe, le sida n'est pas seulement un facteur d'exacerbation des crises alimentaires, il en est la principale cause sous-jacente. À cause de cette maladie, on assiste à une déperdition des compétences agricoles, à un recul du développement des campagnes, à la désintégration des moyens d'existence des populations rurales, à une baisse de la capacité de production agricole et à une contraction des revenus des ménages.

« C'est sur les femmes que pèse le plus lourdement cette insécurité alimentaire liée au sida, ce qui confère une évidente dimension féminine au problème. C'est en effet aux soins des femmes que sont confiés les enfants, les vieux, les malades et les mourants. Ce sont elles qui tissent les filets de sécurité qui aident les sociétés à amortir les chocs. Et traditionnellement, c'était leur connaissance des aliments de substitution qui permettait à leur famille de survivre aux périodes de sécheresse. Or ce rôle vital est menacé par la propagation spectaculaire et disproportionnée du sida parmi les femmes.

« Au-delà même du secteur agricole, le sida est en train de déclencher une crise de gouvernance. Les membres les plus productifs de la société se retrouvent en effet parmi ses victimes. Les écoles perdent leurs enseignants ; les hôpitaux, leurs médecins et leurs infirmiers ; les entreprises privées, leurs cadres et leurs ingénieurs ; quant aux ministères, ils y perdent ceux-là mêmes qui sont chargés de concevoir et de mettre en œuvre les programmes censés régler les grands problèmes sociaux. Vu le taux alarmant de contamination au sein de nombreux services nationaux de sécurité, la paix et la sécurité elles-mêmes sont de plus en plus précaires. Secteur après secteur, cette perte de capital humain entraîne une crise de gouvernance et de développement dont les dimensions sont catastrophiques.

« La Déclaration du millénaire, les objectifs de développement qui y sont énoncés et le Nouveau partenariat pour le développement de l'Afrique fournissent à la communauté internationale le cadre général et les mécanismes qui lui permettront d'aider l'Afrique à surmonter cette crise. Je voudrais évoquer trois domaines où une action urgente est impérative.

« Le premier est l'agriculture. Envoyer des aliments est certes essentiel, mais ce n'est pas suffisant. Cela fait longtemps que l'Afrique a besoin d'une révolution verte, à la fois pour se nourrir elle-même et pour libérer la main-d'œuvre qui lui permettrait de lancer une révolution industrielle. Ce besoin est toujours d'actualité. Nous devons rendre sa fertilité à la terre, mettre en place l'infrastructure nécessaire aux marchés ruraux, stimuler la recherche agricole et prendre les autres mesures qui s'imposent pour renverser plusieurs dizaines d'années d'une agriculture intensive qui n'a pas veillé à remplacer ce qu'elle prenait. Mais aujourd'hui, pour que l'Afrique reverdisse, il faudra aussi des techniques agricoles adaptées à une main-d'œuvre dont les rangs se sont clairsemés. C'est là un effort à entreprendre immédiatement.

« Le deuxième domaine est la gouvernance. Nous devons renforcer la capacité de l'État à fournir les services publics essentiels. Mais là où nous parlions autrefois de renforcement des capacités, nous devons aujourd'hui parler de restauration des capacités. J'ai demandé au Programme des Volontaires des Nations unies de se tenir prêt à accroître son aide. J'ai aussi le plaisir d'annoncer aujourd'hui que j'ai l'intention de créer une commission de haut niveau sur le VIH/sida et la gouvernance en Afrique. Cette commission étudiera les liens entre le sida et la gouvernance dans différents secteurs, dont l'agriculture, la jeunesse et l'armée. Elle formulera des recommandations précises en vue de mettre fin aux ravages qu'entraîne cette maladie dans toute l'Afrique, et elle conseillera les responsables africains sur la manière de gérer l'impact structurel considérable que le sida commence à avoir sur leur capacité de relever les nombreux défis du développement. Des informations plus complètes seront fournies prochainement, et je vous engage à accorder un soutien sans réserve à cette commission.

« Le troisième domaine est le sida lui-même. De nombreux dirigeants africains ont adopté des mesures véritablement révolutionnaires pour sensibiliser les populations, lutter contre les préjugés et montrer que la prévention est possible et que le sida peut être traité même dans les sociétés les plus pauvres. Il y a deux ans, à Abuja, vous avez adopté une déclaration très importante, et, depuis, la plupart de vos pays ont adopté des plans d'action nationaux.

« Mes frères, malgré tout ce que vous avez déjà fait, vous devez, chacun d'entre vous, faire plus encore. Je vous exhorte à continuer de parler ouvertement de cette maladie et à souligner l'importance d'une sexualité sans risques, y compris grâce aux préservatifs. Je vous invite à appuyer les initiatives lancées par les nombreux et courageux groupes locaux et organisations communautaires qui se battent contre cette pandémie. J'espère que vous affecterez une proportion plus importante de vos budgets nationaux à la santé publique et, de façon plus générale, que vous interviendrez sur cette question avec toute la force de vos hautes fonctions.

« Je vous conjure d'accorder une attention plus soutenue à l'extraordinaire multiplication des orphelins du sida. Ils sont maintenant 11 millions. D'ici à 2010, le sida aura enlevé leur père, leur mère — ou les deux — à 20 millions d'enfants africains. Sur les frêles épaules des aînés de ces orphelins du sida, parfois âgés de seulement 10 ans ou moins encore, repose la lourde tâche de prendre soin de leurs cadets et d'autres enfants sans parents. Dans des abris de fortune, loin de toute école, privés de perspectives, arrachés à leur propre enfance, ils sont confrontés au plus sombre des avenirs. Il serait impardonnable de laisser leur détresse se prolonger plus longtemps.

« Par-dessus tout, je vous exhorte à placer les femmes au centre du combat de l'Afrique contre le sida. Sur ces trois fronts, le rôle des femmes est absolument vital. Il n'y aura de révolution verte en Afrique que si c'est aussi une révolution pour les femmes. Il n'y aura d'amélioration de la gouvernance que si les femmes se voient attribuer une part effective du pouvoir. Et puisque le sida, en Afrique comme dans le reste du monde, adopte un visage de plus en plus féminin, nous ne pourrons contrôler cette pandémie que si nous plaçons les femmes au cœur même de nos stratégies. En bref, si vous voulez sauver l'Afrique, vous devez d'abord sauver les Africaines.

« J'engage la communauté internationale à faire sa part : les universités, en diffusant les connaissances et les formations ; le secteur privé, en diffusant les techniques et les savoir-faire ; les organisations non gouvernementales, en poursuivant leurs efforts incomparables au niveau local. Le président Bush a encouragé la réponse de la communauté internationale avec sa promesse de dégager 15 milliards de dollars au cours des cinq prochaines années. J'espère que d'autres dirigeants suivront son exemple, notamment à la réunion du G8 que la France doit accueillir cette année et qui offre une occasion idéale de verser des contributions au Fonds mondial. De son côté, le système des Nations unies, tout particulièrement au niveau des pays, devra adopter de nouvelles stratégies et revoir toutes ses activités dans l'optique du sida.

« Permettez-moi de terminer en disant quelques mots de nos organisations, à savoir l'Union africaine et l'Organisation des Nations unies. Trop de gens nous trouvent indifférents plutôt que concernés, distants plutôt que résolus, lorsqu'il s'agit de répondre à leurs préoccupations et à leurs aspirations. Les jeunes en particulier, qui représentent plus de 20 % de la population de l'Afrique — un pourcentage plus élevé que dans n'importe quelle autre région du monde —, sont souvent sceptiques, voire méfiants. Nous devons tous, par esprit de responsabilité politique et parce qu'il y a urgence morale, faire tout notre possible pour mobiliser non seulement la génération actuelle mais aussi les générations futures, en leur offrant des perspectives et en leur donnant espoir. Je suis résolu à travailler en étroite collaboration avec vous pour rendre nos organisations plus efficaces, plus actives et, en fin de compte, plus aptes à nous rapprocher du jour où toute l'Afrique parviendra à la justice, à la paix et à la prospérité. »

Résolution des Nations unies créant le Tribunal pénal international pour le Rwanda (TPIR)

8 novembre 1994

Le Conseil de sécurité [...]

1. Décide par la présente résolution, comme suite à la demande qu'il a reçue du Gouvernement rwandais (S/1994/1115), de créer un tribunal international chargé uniquement de juger les personnes présumées responsables d'actes de génocide ou d'autres violations graves du droit international humanitaire commis sur le territoire du Rwanda et les citoyens rwandais présumés responsables de tels actes ou violations commis sur le territoire d'États voisins, entre le 1er janvier et le 31 décembre 1994, et d'adopter à cette fin le Statut du Tribunal criminel international pour le Rwanda annexé à la présente résolution ;

2. Décide que tous les États apporteront leur pleine coopération au Tribunal international et à ses organes, conformément à la présente résolution et au Statut du Tribunal international, et qu'ils prendront toutes mesures nécessaires en vertu de leur droit interne pour mettre en application les dispositions de la présente résolution et du Statut, y compris l'obligation faite aux États de donner suite aux demandes d'assistance ou aux ordonnances émanant d'une Chambre de première instance, conformément à l'article 28 du Statut, et prie les États de tenir le Secrétaire général informé des mesures qu'ils prendront ;

3. Considère qu'une notification devrait être adressée au Gouvernement rwandais avant que des décisions ne soient prises en vertu des articles 26 et 27 du Statut ;

4. Prie instamment les États ainsi que les organisations intergouvernementales et non gouvernementales d'apporter au Tribunal international des contributions sous forme de ressources financières, d'équipements et de services, y compris des services d'experts ;

5. Prie le Secrétaire général de mettre en œuvre d'urgence la présente résolution et de prendre en particulier des dispositions pratiques pour que le Tribunal international puisse fonctionner effectivement le plus tôt possible, notamment de lui soumettre des recommandations quant aux lieux où le siège du Tribunal international pourrait être établi, et de lui présenter des rapports périodiques ;

6. Décide qu'il choisira le siège du Tribunal international en fonction de critères de justice et d'équité ainsi que d'économie et d'efficacité administrative, notamment des possibilités d'accès aux témoins, sous réserve que l'Organisation des Nations unies et l'État où le Tribunal aura son siège concluent des arrangements appropriés qui soient acceptables pour le Conseil de sécurité, étant entendu que le Tribunal international pourra se réunir ailleurs quand il le jugera nécessaire pour l'exercice efficace de ses fonctions ; et décide d'établir un bureau au Rwanda et d'y conduire des procédures, si cela est possible et approprié, sous réserve de la conclusion d'arrangements adéquats analogues ;

7. Décide d'envisager d'augmenter le nombre de juges et de chambres de première instance du Tribunal international si cela s'avère nécessaire ;

8. Décide de rester activement saisi de la question.

ANNEXE

Statut du Tribunal international pour le Rwanda

Créé par le Conseil de sécurité agissant en vertu du Chapitre VII de la Charte des Nations unies, le Tribunal criminel international chargé de juger les personnes présumées responsables d'actes de génocide ou d'autres violations graves du droit international humanitaire commis sur le territoire du Rwanda et les citoyens rwandais présumés responsables de tels actes ou violations commis sur le territoire d'États voisins entre le 1er janvier et le 31 décembre 1994 (ci-après dénommé « Tribunal international pour le Rwanda ») exercera ses fonctions conformément aux dispositions du présent statut.

Article premier
Compétence du Tribunal international pour le Rwanda

Le Tribunal international pour le Rwanda est habilité à juger les personnes présumées responsables de violations graves du droit international humanitaire commises sur le territoire du Rwanda et les citoyens rwandais présumés responsables de telles violations commises sur le territoire d'États voisins entre le 1er janvier et le 31 décembre 1994, conformément aux dispositions du présent statut.

Article 2
Génocide

[...]

2. Le génocide s'entend de l'un quelconque des actes ci-après, commis dans l'intention de détruire, en tout ou en partie, un groupe national, ethnique, racial ou religieux, comme tel :

a) Meurtre de membres du groupe ;

b) Atteinte grave à l'intégrité physique ou mentale de membres du groupe ;

c) Soumission intentionnelle du groupe à des conditions d'existence devant entraîner sa destruction physique totale ou partielle ;

d) Mesures visant à entraver les naissances au sein du groupe ;

e) Transfert forcé d'enfants du groupe à un autre groupe.

3. Seront punis les actes suivants :

a) Le génocide ;

b) L'entente en vue de commettre le génocide ;

c) L'incitation directe et publique à commettre le génocide ;
d) La tentative de génocide ;
e) La complicité dans le génocide.

Article 3

Crimes contre l'humanité

Le Tribunal international pour le Rwanda est habilité à juger les personnes présumées responsables des crimes suivants lorsqu'ils ont été commis dans le cadre d'une attaque généralisée et systématique dirigée contre une population civile quelle qu'elle soit, en raison de son appartenance nationale, politique, ethnique, raciale ou religieuse :

a) Assassinat ;
b) Extermination ;
c) Réduction en esclavage ;
d) Expulsion ;
e) Emprisonnement ;
f) Torture ;
g) Viol ;
h) Persécutions pour des raisons politiques, raciales et religieuses ;
i) Autres actes inhumains.

Article 4

Violations de l'article 3 commun aux Conventions de Genève et du Protocole additionnel II

Le Tribunal international pour le Rwanda est habilité à poursuivre les personnes qui commettent ou donnent l'ordre de commettre des violations graves de l'article 3 commun aux Conventions de Genève du 12 août 1949 pour la protection des victimes en temps de guerre, et du Protocole additionnel II auxdites Conventions du 8 juin 1977. Ces violations comprennent, sans s'y limiter :

a) Les atteintes portées à la vie, à la santé et au bien-être physique ou mental des personnes, en particulier le meurtre, de même que les traitements cruels tels que la torture, les mutilations ou toutes formes de peines corporelles ;
b) Les punitions collectives ;
c) La prise d'otages ;
d) Les actes de terrorisme ;

e) Les atteintes à la dignité de la personne, notamment les traitements humiliants et dégradants, le viol, la contrainte à la prostitution et tout attentat à la pudeur ;

f) Le pillage ;

g) Les condamnations prononcées et les exécutions effectuées sans un jugement préalable rendu par un tribunal régulièrement constitué, assorti des garanties judiciaires reconnues comme indispensables par les peuples civilisés ;

h) La menace de commettre les actes précités.

Article 5

[...]

4. Le fait qu'un accusé a agi en exécution d'un ordre d'un gouvernement ou d'un supérieur ne l'exonère pas de sa responsabilité pénale mais peut être considéré comme un motif de diminution de la peine si le Tribunal international pour le Rwanda l'estime conforme à la justice.

Article 7

Compétence *ratione loci* et compétence *ratione temporis*

La compétence *ratione loci* du Tribunal international pour le Rwanda s'étend au territoire du Rwanda, y compris son espace terrestre et son espace aérien, et au territoire d'États voisins en cas de violations graves du droit international humanitaire commises par des citoyens rwandais. La compétence *ratione temporis* du Tribunal international s'étend à la période commençant le 1er janvier 1994 et se terminant le 31 décembre 1994.

Article 8

Compétences concurrentes

1. Le Tribunal international pour le Rwanda et les juridictions nationales sont concurremment compétents pour juger les personnes présumées responsables de violations graves du droit international humanitaire commises sur le territoire du Rwanda et les citoyens rwandais présumés responsables de telles violations commises sur le territoire d'États voisins entre le 1er janvier et le 31 décembre 1994.

Article 28

Coopération et entraide judiciaire

1. Les États collaborent avec le Tribunal international pour le Rwanda à la recherche et au jugement des personnes accusées

d'avoir commis des violations graves du droit international humanitaire.

2. Les États répondent sans retard à toute demande d'assistance ou à toute ordonnance émanant d'une Chambre de première instance et concernant, sans s'y limiter :

a) L'identification et la recherche des personnes ;

b) La réunion des témoignages et la production des preuves ;

c) L'expédition des documents ;

d) L'arrestation ou la détention des personnes ;

e) Le transfert ou la traduction de l'accusé devant le Tribunal international pour le Rwanda.

Acte constitutif de l'Union africaine

Article premier

Nous, Chefs d'État et de Gouvernement des États membres de l'Organisation de l'unité africaine (OUA) ;

Inspirés par les nobles idéaux qui ont guidé les Pères fondateurs de notre Organisation continentale et des générations de panafricanistes dans leur détermination à promouvoir l'unité, la solidarité, la cohésion et la coopération entre les peuples d'Afrique, et entre les États africains ;

Considérant les principes et les objectifs énoncés dans la Charte de l'Organisation de l'unité africaine et le Traité instituant la Communauté économique africaine ;

Rappelant les luttes héroïques menées par nos peuples et nos pays pour l'indépendance politique, la dignité humaine et l'émancipation économique ;

Considérant que depuis sa création, l'Organisation de l'unité africaine a joué un rôle déterminant et précieux dans la libération du continent, l'affirmation d'une identité commune et la réalisation de l'unité de notre continent, et a constitué un cadre unique pour notre action collective en Afrique et dans nos relations avec le reste du monde ;

Résolus à relever les défis multiformes auxquels sont confrontés notre continent et nos peuples, à la lumière des changements sociaux, économiques et politiques qui se produisent dans le monde ;

Convaincus de la nécessité d'accélérer le processus de mise en œuvre du Traité instituant la Communauté économique africaine afin de promouvoir le développement socio-économique de l'Afrique et de faire face de manière plus efficace aux défis de la mondialisation ;

Guidés par notre vision commune d'une Afrique unie et forte, ainsi que par la nécessité d'instaurer un partenariat entre les gouvernements et toutes les composantes de la société civile, en particulier les femmes, les jeunes et le secteur privé, afin de renforcer la solidarité et la cohésion entre nos peuples ;

Conscients du fait que le fléau des conflits en Afrique constitue un obstacle majeur au développement socio-économique du continent, et de la nécessité de promouvoir la paix, la sécurité et la stabilité, comme condition préalable à la mise en œuvre de notre agenda dans le domaine du développement et de l'intégration ;

Résolus à promouvoir et à protéger les droits de l'homme et des peuples, à consolider les institutions et la culture démocratiques, à promouvoir la bonne gouvernance et l'État de droit ;

Résolus également à prendre toutes les mesures nécessaires pour renforcer nos institutions communes et à les doter des pouvoirs et des ressources nécessaires afin de leur permettre de remplir efficacement leurs missions ;

Rappelant la Déclaration que nous avons adoptée lors de la quatrième session extraordinaire de notre Conférence à Syrte, en Grande Jamahiriya arabe libyenne populaire socialiste, le 9.9.1999, et par laquelle nous avons décidé de créer l'Union africaine, conformément aux objectifs fondamentaux de la Charte de l'Organisation de l'unité africaine (OUA) et du Traité instituant la Communauté économique africaine ;

sommes convenus de ce qui suit :

Article 2
Institution de l'Union africaine

Il est institué par les présentes une Union africaine conformément aux dispositions du présent Acte.

Article 3
Objectifs

Les objectifs de l'Union sont les suivants :

(a) réaliser une plus grande unité et solidarité entre les pays africains et entre les peuples d'Afrique ;

(b) défendre la souveraineté, l'intégrité territoriale et l'indépendance de ses États membres ;

(c) accélérer l'intégration politique et socio-économique du continent ;

(d) promouvoir et défendre les positions africaines communes sur les questions d'intérêt pour le continent et ses peuples ;

(e) favoriser la coopération internationale, en tenant dûment compte de la Charte des Nations unies et de la Déclaration universelle des droits de l'homme ;

(f) promouvoir la paix, la sécurité et la stabilité sur le continent ;

(g) promouvoir les principes et les institutions démocratiques, la participation populaire et la bonne gouvernance ;

(h) promouvoir et protéger les droits de l'homme et des peuples conformément à la Charte africaine des droits de l'homme et des peuples et aux autres instruments pertinents relatifs aux droits de l'homme ;

(i) créer les conditions appropriées permettant au continent de jouer le rôle qui est le sien dans l'économie mondiale et dans les négociations internationales ;

(j) promouvoir le développement durable aux plans économique, social et culturel, ainsi que l'intégration des économies africaines ;

(k) promouvoir la coopération et le développement dans tous les domaines de l'activité humaine en vue de relever le niveau de vie des peuples africains ;

(l) coordonner et harmoniser les politiques entre les Communautés économiques régionales existantes et futures en vue de la réalisation graduelle des objectifs de l'Union ;

(m) accélérer le développement du continent par la promotion de la recherche dans tous les domaines, en particulier en science et en technologie ;

(n) œuvrer de concert avec les partenaires internationaux pertinents en vue de l'éradication des maladies évitables et de la promotion de la santé sur le continent.

Article 4
Principes

L'Union africaine fonctionne conformément aux principes suivants :

(a) Égalité souveraine et interdépendance de tous les États membres de l'Union ;

(b) Respect des frontières existant au moment de l'accession à l'indépendance ;

(c) Participation des peuples africains aux activités de l'Union ;

(d) Mise en place d'une politique de défense commune pour le continent africain ;

(e) Règlement pacifique des conflits entre les États membres de l'Union par les moyens appropriés qui peuvent être décidés par la Conférence de l'Union ;

(f) Interdiction de recourir ou de menacer de recourir à l'usage de la force entre les États membres de l'Union ;

(g) Non-ingérence d'un État membre dans les affaires intérieures d'un autre État membre ;

(h) Le droit de l'Union d'intervenir dans un État membre sur décision de la Conférence, dans certaines circonstances graves, à savoir : les crimes de guerre, le génocide et les crimes contre l'humanité ;

(i) Coexistence pacifique entre les États membres de l'Union et leur droit de vivre dans la paix et la sécurité ;

(j) Droit des États membres de solliciter l'intervention de l'Union pour restaurer la paix et la sécurité ;

(k) Promotion de l'autodépendance collective, dans le cadre de l'Union ;

(l) Promotion de l'égalité entre les hommes et les femmes ;

(m) Respect des principes démocratiques, des droits de l'homme, de l'état de droit et de la bonne gouvernance ;

(n) Promotion de la justice sociale pour assurer le développement économique équilibré ;

(o) Respect du caractère sacro-saint de la vie humaine et condamnation et rejet de l'impunité, des assassinats politiques, des actes de terrorisme et des activités subversives ;

(p) Condamnation et rejet des changements anticonstitutionnels de gouvernement.

Article 5
Organes de l'Union

1. Les organes de l'Union sont les suivants :
(a) La Conférence de l'Union ;
(b) Le Conseil exécutif ;
(c) Le Parlement panafricain ;
(d) La Cour de justice ;
(e) La Commission ;
(f) Le Comité des représentants permanents ;
(g) Les Comités techniques spécialisés ;
(h) Le Conseil économique, social et culturel ;
(i) Les institutions financières.

2. La Conférence peut décider de créer d'autres organes.

Article 6
La Conférence

1. La Conférence est composée des chefs d'État et de gouvernement ou de leurs représentants dûment accrédités.

2. La Conférence est l'organe suprême de l'Union.

3. La Conférence se réunit au moins une fois par an en session ordinaire. À la demande d'un État membre et sur approbation des deux tiers des États membres, elle se réunit en session extraordinaire.

4. La présidence de la Conférence est assurée pendant un an par un chef d'État et de gouvernement élu, après consultations entre les États membres.

Article 9
Pouvoirs et attributions de la Conférence

1. Les pouvoirs et attributions de la Conférence sont les suivants :
(a) Définir les politiques communes de l'Union ;
(b) Recevoir, examiner et prendre des décisions sur les rapports et les recommandations des autres organes de l'Union et prendre des décisions à ce sujet ;
(c) Examiner les demandes d'adhésion à l'Union ;
(d) Créer tout organe de l'Union ;

(e) Assurer le contrôle de la mise en œuvre des politiques et décisions de l'Union, et veiller à leur application par tous les États membres ;

(f) Adopter le budget de l'Union ;

(g) Donner des directives au Conseil exécutif sur la gestion des conflits, des situations de guerre et autres situations d'urgence ainsi que sur la restauration de la paix ;

(h) Nommer et mettre fin aux fonctions des juges de la Cour de justice ;

(i) Nommer le Président, le ou les vice-présidents et les commissaires de la Commission, et déterminer leurs fonctions et leurs mandats.

2. La Conférence peut déléguer certains de ses pouvoirs et attributions à l'un ou l'autre des organes de l'Union.

Article 17
Le Parlement panafricain

1. En vue d'assurer la pleine participation des peuples africains au développement et à l'intégration économique du continent, il est créé un Parlement panafricain.

2. La composition, les pouvoirs, les attributions et l'organisation du Parlement panafricain sont définis dans un protocole y afférent.

Article 19
Les institutions financières

L'Union africaine est dotée des institutions financières suivantes, dont les statuts sont définis dans des protocoles y afférents :

(a) La Banque centrale africaine ;

(b) Le Fonds monétaire africain ;

(c) La Banque africaine d'investissement.

Article 20
La Commission

1. Il est créé une Commission qui est le Secrétariat de l'Union.

2. La Commission est composée du Président, du ou des vice-présidents et des commissaires. Ils sont assistés par le personnel nécessaire au bon fonctionnement de la Commission.

3. La structure, les attributions et les règlements de la Commission sont déterminés par la Conférence.

Article 23
Imposition de sanctions

1. La Conférence détermine comme suit les sanctions appropriées à imposer à l'encontre de tout État membre qui serait en défaut de paiement de ses contributions au budget de l'Union : privation du droit de prendre la parole aux réunions, droit de vote, droit pour les ressortissants de l'État membre concerné d'occuper un poste ou une fonction au sein des organes de l'Union, de bénéficier de toute activité ou de l'exécution de tout engagement dans le cadre de l'Union.

2. En outre, tout État membre qui ne se conformerait pas aux décisions et politiques de l'Union peut être frappé de sanctions notamment en matière de liens avec les autres États membres dans le domaine des transports et communications, et de toute autre mesure déterminée par la Conférence dans les domaines politique et économique.

Article 24
Siège de l'Union

1. Le siège de l'Union est à Addis-Abeba (République fédérale démocratique d'Éthiopie).

2. La Conférence peut, sur recommandation du Conseil exécutif, créer des bureaux ou des représentations de l'Union.

Article 25
Langues de travail

Les langues de travail de l'Union et de toutes ses institutions sont, si possible, les langues africaines ainsi que l'arabe, l'anglais, le français et le portugais.

Article 30
Suspension

Les gouvernements qui accèdent au pouvoir par des moyens anticonstitutionnels ne sont pas admis à participer aux activités de l'Union.

Article 32
Amendement et révision

1. Tout État membre peut soumettre des propositions d'amendement ou de révision du présent Acte.

2. Les propositions d'amendement ou de révision sont soumises au Président de la Commission qui en communique copies aux États membres dans les trente (30) jours suivant la date de réception.

3. La Conférence de l'Union, sur avis du Conseil exécutif, examine ces propositions dans un délai d'un an suivant la notification des États membres, conformément aux dispositions du paragraphe (2) du présent article.

4. Les amendements ou révisions sont adoptés par la Conférence de l'Union par consensus ou, à défaut, à la majorité des deux tiers, et soumis à la ratification de tous les États membres, conformément à leurs procédures constitutionnelles respectives. Les amendements ou révisions entrent en vigueur trente (30) jours après le dépôt, auprès du Président de la Commission exécutive, des instruments de ratification par les deux tiers des États membres.

Fait à Lomé (Togo), le 11 juillet 2000

Index

Bibliographie indicative

Généralités, histoire

ALMEIDA-TOPOR, Hélène d', *L'Afrique au XXe siècle*, Armand Colin, 1993.

BALANDIER, Georges, *Afrique ambiguë*, 10/18, collection « Le Monde », 1962.

—, *Sociologie actuelle de l'Afrique noire. Dynamique sociale en Afrique centrale*, PUF, collection « Quadrige », 1982.

BART, François, *L'Afrique. Continent pluriel*, Sedes, 2003.

BRUNEL, Sylvie, *L'Afrique. Un continent en réserve de développement*, Bréal éditions, 2003.

CHARTON, Hélène et MEDARD, Claire, *L'Afrique orientale. Annuaire 2004*, L'Harmattan, 2005.

COPPENS, Yves, *Le Singe, l'Afrique et l'homme*, Fayard, collection « Le Temps des sciences », 1983.

DIOP, Cheikh Anta, *Nations nègres et culture,* Présence africaine, 1999.

DUBRESSON, Alain (dir.), MARCHAL, Jean-Yves (dir.), RAISON, Jean-Pierre (dir.), *Les Afriques au sud du Sahara*, Belin, collection « Géographie universelle », 1994.

FAUVELLE AYMAR, François-Xavier, CHRETIEN, Jean-Pierre, PERROT, Claude-Hélène, *Afrocentrismes. L'histoire des Africains entre Égypte et Amérique*, Karthala, collection « Hommes et sociétés », 2000.

HÉLÈNE, Jean, *Écrits d'Afrique*, Édition établie et introduite par Pierre-Édouard DELDIQUE, La Martinière, 2004.

ILIFFE, John, *Les Africains*, Histoire d'un continent, Flammarion, 2002.

JULIEN, Charles-André (dir.), MORSY, Magali (dir.), COQUERY VIDROVITCH, Catherine (dir.), PERSON, Yves (dir.), *Les Africains*, Éd. Jeune Afrique/Éd. du Jaguar, 1977-1978.

KI ZERBO, Joseph, *Histoire de l'Afrique noire*, Hatier, 1972.

LEVEAU, Rémy et CHARILLON, Frédéric, *Afrique du Nord. Moyen-Orient. Édition 2005-2006. Les incertitudes du « Grand Moyen-Orient »*, La Documentation française, 2005.

M'BOKOLO, Elikia, LE CALLENNEC, C., BAH, THIERNO, COPANS, Jean, MATESO, L., *Afrique noire : histoire et civilisations*, Vol. 1. Jusqu'au XVIIIe siècle ; Vol. 2. XIXe et XXe siècles, Hatier/AUPELF-UREF, 1992-1995.

MUDIMBE, Vumbi Yoka, *The Invention of Africa*, Bloomington, Indiana University Press, 1988.

NANTET, Bernard, *Dictionnaire d'histoire et Civilisations africaines*, Larousse, 1999.

NIANE, Djibril Tamsir, *Histoire des Mandingues de l'Ouest*, *Le royaume du Gabou*, Karthala, collection « Hommes et sociétés », 1989.

SMITH, Stephen, *Atlas de l'Afrique*, Autrement, 2004.

VERMEREN, Pierre, *Maghreb, la démocratie impossible ?*, Fayard, 2004.

Africa South of the Sahara 2006, Routledge, 2005.

Les organisations internationales. Des articles détaillés pour chacun des pays de l'Afrique au sud du Sahara, avec des statistiques et de nombreux renseignements pratiques, des adresses...

Annuaire de l'Afrique du Nord, CNRS Éditions, 2004.

The Middle and North Africa 2006, Routledge, 2005.

Articles détaillés comportant l'histoire, la politique et l'économie dans chaque pays du Moyen-Orient et du Maghreb.

Histoire générale de l'Afrique de l'UNESCO

Vol. 1. *Méthodologie et préhistoire africaine* / KI-ZERBO, Joseph (dir.).

Vol. 2. *Afrique ancienne* / MOKHTAR, Mohamed G. (dir.).

Vol. 3. *L'Afrique du VIIe au XIe siècle* / EL-FASI, Mohammed (dir.), HRBEK, Ivan (éd.).

Vol. 4. *L'Afrique du XIIe au XVIe siècle* / NIANE, Djibril Tamsir (dir.).

Vol. 5. *L'Afrique du XVIe au XVIIIe siècle* / OGOT, Bethwell Allan (dir.).

Vol. 6. *L'Afrique du XIXe siècle jusque vers les années 1880* / AJAYI, J.F. Ade (dir.).

Vol. 7. *L'Afrique sous la domination coloniale 1880-1935* / BOAHEN, Albert Adu (dir.).

Vol. 8. *L'Afrique depuis 1935* / MAZRUI, Ali A. (dir.), WONDJI, Christophe (dir.).

1re édition intégrale Edicef / Unesco, 1980 ; éd. abrégée, Présence africaine, 1998.

FAGE, John Donnely, OLIVER, Roland Anthony (éd.), *The Cambridge History of Africa*

Vol. 1. *From the Earliest Times to c. 500 B.C.* / CLARK, J. Desmond (éd.), 1982.

Vol. 2. *From c. 500 B.C. to A.D. 1050* / FAGE, J.D. (éd.), 1978.

Vol. 3. *From c. 1050 to c. 1600* / OLIVER, Roland (éd.), 1977.

Vol. 4. *From c. 1600 to c. 1790* / GRAY, Richard (éd.), 1975.

Vol. 5. *From c. 1790 to c. 1870* / FLINT, John (éd.), 1976.

Vol. 6. *From 1870 to 1905* / OLIVER, Roland (éd.), Sanderson George Neville (éd.), 1985.

Vol. 7. *From 1905 to 1940* / ROBERTS, A.D. (éd.), 1986.

Vol. 8. *From c. 1940 to 1975* / CROWDER, Michael (éd.), 1984, Cambridge University Press, 1975-1986.

(Vidéo)
DAVIDSON, Basil (écrit et présenté par), *Africa* :
Vol. 1 *Mastering a Continent.*
Vol. 2 *Kings and Cities.*
Vol. 3 *This Magnificent African Cake.*
Vol. 4 *Different but Equal.*
Vol. 5 *Caravans of Gold.*
Vol. 6 *The Bible and the Gun.*
Vol. 7 *The Legacy.*
Vol. 8 *The Rise of Nationalism.*
Chicago : Home Vision Select (Firm), 4 vidéocassettes VHS ; Mitchell Beazley Television/RM Arts (Firm)/Channel Four (Great Britain) en collaboration avec la Nigerian Television Authority, édition originale 1984.

(Vidéo)
MAZRUI, Ali, *The Africans : A Triple Heritage :*
Vol. 1. *The Nature of a Continent.*
Vol. 2. *A Legacy of Lifestyles.*
Vol. 3. *New Gods.*
Vol. 4. *Tools of Exploitation.*
Vol. 5. *New Conflicts.*
Vol. 6. *In Search of Stability.*
Vol. 7. *A Garden of Eden in Decay ?*
Vol. 8. *A Clash of Cultures.*
Vol. 9. *Global Africa.*
BBC, Public Broadcasting Service (WETA, Washington), en collaboration avec la Nigerian Television Authority, 1986.

(CD)
M'BOKOLO, Elikia ; SAINTENY, Philippe, *Afrique : Une histoire sonore, 1960-2000* :
CD 1 : *La Marche vers l'indépendance.*
CD 2 : *Les Indépendances.*
CD 3 : *Le Temps des partis uniques.*

CD 4 : *Vers la démocratie.*
CD 5 : *La Baule, et après ?*
CD 6 : *L'Unité africaine, une longue marche.*
CD 7 : *Les Relations franco-africaines.*
Paris : RFI-INA ; Frémeaux et Associés (diff.), 2002.

Thèmes

AMSELLE, Jean-Loup (dir.), M'BOKOLO, Elikia (dir.), *Au cœur de l'ethnie. Ethnies, tribalisme et état en Afrique*, La Découverte, 1985/1999.

BACH, Daniel C. (dir.), *Régionalisation, mondialisation et fragmentation en Afrique subsaharienne*, Karthala, 1998.

BALIBUTSA, Manigaraba, *Une archéologie de la violence en Afrique des Grands Lacs*, CICIBA, 1999.

BAQUE, Philippe, *Un nouvel or noir. Pillage des œuvres d'art en Afrique*, Paris-Méditerranée, 1999.

BARLOW, Sean, EYRE, Banning, *Afro ! Les musiques africaines*, Hors collection, 1997.

BAYART, Jean-François, *L'État en Afrique*. La politique du ventre, Fayard, 1989.

BECKER, Charles (éd.), DOZON, Jean-Pierre (éd.), OBBO, C. (éd.), TOURE, M. (éd.), *Vivre et penser le sida en Afrique*, Karthala, IRD ; Dakar : CODESRIA, 1999.

BEJI, Hele, *Le Désenchantement national. Essai sur la décolonisation*, La Découverte, collection « Cahiers libres », 1982.

BENALI, Abdelkader, *Le Cinéma colonial au Maghreb. L'imaginaire en trompe-l'œil*, Cerf, 1998.

BURGAT, François, *L'Islamisme en face*, La Découverte, collection « La Découverte poche / Essais », 2002.

COQUERY-VIDROVITCH, Catherine, *Histoire des villes africaines, des origines à la colonisation*, Albin Michel, 1993.

DARBON, Dominique (dir.), DU BOIS DE GAUDUSSON, Jean (dir.), *La Création du droit en Afrique*, Karthala, 1997.

DAWOD, Hosham, *Tribus et pouvoirs en terre d'Islam*, Armand Colin, 2004.

Un chapitre par pays.

DIAWARA, Manthia, SY WONYU, Aïda (trad.), *En quête d'Afrique*, Présence africaine, 2001.

DIOP, Boubacar Boris, TOBNER, Odile, VERSCHAVE, François-Xavier, *Négrophobie*, Arènes, 2005.

DOZON, Jean-Pierre, *Frères et sujets. La France et l'Afrique en perspective*, Flammarion, 2003.

DROZ, Yvan, MAUPEU, Hervé, MEDARD, Jean-François, ROSNY, Éric de, SERAPHIN, Éric de, *L'Effervescence religieuse en Afrique. La diversité locale des implantations religieuses chrétiennes au Cameroun et au Kenya*, Karthala, 2004.

DU BOIS DE GAUDUSSON, Jean (dir.), MEDARD, Jean-François (dir.), *L'État en Afrique, entre le global et le local, Afrique contemporaine*, n° 199, 2001.

ELLIS, Stephen (dir.), FAURE, Yves-André (dir.), *Entreprises et entrepreneurs africains*, Karthala, ORSTOM, 1995.

FONTENEAU, Gérard, LINARD, André, MADOUNGA, Noël, *Histoire du syndicalisme en Afrique*, Karthala, 2004.

FOURCHARD, Laurent, MARY André, OTAYEK, René, *Entreprises religieuses transnationales en Afrique de l'Ouest*, Karthala, 2005.

GABAS, Jean-Jacques, *Société numérique et développement en Afrique. Usages et politiques publiques*, Karthala, 2004.

GENDREAU, Francis (éd.), POUPARD, M. (collab.), *Les Transitions démographiques des pays du Sud*, AUPELF-UREF / ESTEM, collection « Universités francophones. Actualités scientifiques », 2001.

GRUENAIS, Marc-Éric (éd.), POURTIER, Roland (éd.), *La Santé en Afrique, Afrique contemporaine*, n° 195, 09/2000.

HEINE, Bernd et NURSE, Derek, *Les Langues africaines*, Traduction et édition françaises sous la direction d'Henry Tourneux et Jeanne Zerner, Karthala, 2004.

HOUNTONDJI, Paulin J., *Sur la philosophie africaine*, Critique de l'ethnophilosophie, François Maspero, 1977.

HOWARD, Ross, MARTHOZ, Jean-Paul, SEBAHARA, Pamphile, FRERE, Marie-Soleil, *Afrique centrale. Médias et conflits. Vecteurs de guerre ou acteurs de paix*, Complexe, 2005.

HUGON, Philippe, *Économie de l'Afrique*, La Découverte, collection « Repères », 2001.

KANE, Ousmane et TRIAUD, Jean-Louis, *Islam et islamismes au sud du Sahara*, Karthala, collection « Hommes et sociétés », 1999.

KEITA, Aoua, *Femme d'Afrique*, Présence africaine, 1994.

KOUROUMA, Ahmadou, *En attendant le vote des bêtes sauvages*, Seuil, collection « Points », 2000.

LATOUCHE, Serge, *L'Autre Afrique. Entre don et marché*, Albin Michel, 1998.

LAVIGNE-DELVILLE, Philippe (dir.), *Quelles politiques foncières pour l'Afrique rurale ?*, Karthala/Coopération française, 1998.

LEIRIS, Michel, *L'Afrique fantôme*, Gallimard, collection « Tel », 1988.

MARIE, Alain (éd.), *L'Afrique des individus. Itinéraires citadins dans l'Afrique contemporaine (Abidjan, Bamako, Dakar, Niamey)* , Karthala, 1997.

MARYSSE, Stefaan et REYNTJENS, Filip, *L'Afrique des Grands Lacs. Annuaire 2003-2004*, L'Harmattan, 2004.

MBEMBE, Achille, *De la postcolonie. Essai sur l'imagination politique dans l'Afrique contemporaine*, Karthala, collection « Les Afriques », 2000.

MEMEL FOTE, Harris, *Des ancêtres fondateurs aux pères de la nation. Introduction à une anthropologie de la démocratie, Cahiers d'études africaines*, n° 123, 1991, pp. 263-285.

MEMMI, Albert, *Portrait du décolonisé arabo-musulman et de quelques autres*. Édition corrigée et augmentée d'une postface, Gallimard, 2004.

NOTRE LIBRAIRIE, *1250 nouveaux titres de littérature d'Afrique noire*, n° 147, janvier-mars 2002 (accessible sur le site de l'adpf : http://www.adpf.asso.fr/notrelibrairie/).

PERRET, Thierry, *Le Temps des journalistes. L'invention de la presse en Afrique francophone*, Karthala, 2005.

PIERRON, GOMIS, Simonne et SOREL, Jacqueline, *Femmes de l'ombre et Grandes Royales dans la mémoire du continent africain*, Présence africaine, 2004.

PIROT, Bernard, *Enfants des rues d'Afrique centrale. Douala et Kinshasa. De l'analyse à l'action.*, Karthala, 2004.

SMITH, Stephen, *Négrologie*, Hachette Littératures, 2005.

STRAUSS-KAHN, Marc-Olivier, *La Zone franc. Rapport annuel 2004*, Secrétariat du Comité monétaire de la zone franc, 2004.

WORLD BANK, *Can Africa Claim the 21st Century ?*, Washington (USA), 2000.

Afrique 2025. Quels futurs possibles pour l'Afrique au sud du Sahara ?, Préface de Thabo Mbeki, Karthala, 2003.

L'Aide au tiers-monde, à quoi bon ?, L'Atelier, 2005.

Les Cinémas d'Afrique, Dictionnaire filmographique, Karthala, Association des trois mondes, 2000.

Les Médias et Internet en Afrique de l'Ouest. La presse en ligne et la connectivité des radios communautaires, Institut Panos Afrique de l'Ouest, 2004.

Perspectives économiques en Afrique, OCDE, 2005.

Une vue d'ensemble et une étude détaillée pour chacun des vingt-deux pays considérés, plus des statistiques sur la scolarisation, l'alphabétisation, la santé, la démographie ; le revenu, la dette extérieure, les investissements étrangers...

Rapport sur le développement en Afrique 2004. L'Afrique dans l'économie mondiale. L'Afrique dans les échanges mondiaux. Statistiques économiques et sociales sur l'Afrique, Economica, 2004.

Pays

ABEBE, Berhanu, *Histoire de l'Éthiopie, d'Axoum à la Révolution*, Centre français des études éthiopiennes, Addis-Abeba et Maisonneuve & Larose, Paris, 1998.

APPRILL, Christophe, DORIER-APPRILL, Élisabeth, KOUVOUAMA, Abel, *Vivre à Brazzaville. Modernité et crise au quotidien*, Karthala, 1998.

ARDITI, Claude (éd.), PAIRAULT, Claude (éd.), TUBIANA, Joseph (éd.), *L'identité tchadienne. L'héritage des peuples et les apports extérieurs*, L'Harmattan, 1994.

BANEGAS, Richard, *La Démocratie à pas de caméléon. Transition et consolidation démocratique au Bénin*, Karthala, 1998, 2 vol.

BAROIN, Catherine (dir.) et CONSTANTIN, François (dir.), *La Tanzanie contemporaine*, Karthala ; collection « Hommes et sociétés » ; Nairobi : IFRA, 1999.

BAYART, Jean-François, *L'État au Cameroun*, Presses de la Fondation nationale des sciences politiques, collection « Références », n° 13, 1985.

BEAU, Nicolas, TUQUOI, Jean-Pierre, PERRAULT, Gilles (préf.), *Notre ami Ben Ali*, La Découverte, 2002.

BOURGEOT, André, *Les Sociétés touarègues. Nomadisme, identité, résistances*, Karthala, 1995.

BRAECKMAN, Colette, *L'Énjeu congolais. L'Afrique centrale après Mobutu*, Fayard, 1999.

CAHEN, Michel, *Mozambique : La révolution implosée. Études sur 12 ans d'indépendance (1975-1987)*, L'Harmattan, 1987.

CALAS, Bernard (dir.), PRUNIER, Gérard (dir.), *L'Ouganda contemporain*, Karthala, Nairobi : IFRA, collection « Hommes et sociétés », 1994.

CHAVAGNEUX, Christian, *Ghana, une révolution de bon sens. Économie politique d'un ajustement structurel*, Karthala, collection « Les Afriques », 1997.

CHRETIEN, Jean-Pierre, *Burundi. L'histoire retrouvée, 25 ans de métier d'historien en Afrique*, Karthala, collection « Hommes et sociétés », 1993.

CHRETIEN, Jean-Pierre (dir.), *Rwanda. Les médias du génocide*, Karthala, collection « Hommes et sociétés », 1995/10.

CISSE, Youssouf Tata et KAMISSOKO, Wa, *La Grande Geste du Mali :* Vol. 1. Des origines à la fondation de l'empire ; Vol. 2. Soundjata, la gloire du Mali, Karthala/ARSAN, collection « Hommes et sociétés », 1988.

COPANS, Jean, *Les Marabouts de l'arachide. La confrérie mouride et les paysans du Sénégal, L'Harmattan*, 1988.

DALLE, Ignace, *Le Règne de Hassan II, 1961-1999. Une espérance brisée*, Maisonneuve & Larose, 25/04/2001.

DARBON, Dominique (dir.), *L'Après-Mandela. Enjeux sud-africains et régionaux*, Karthala, MSHA, collection « Hommes et sociétés », 2000/2001.

DAURE SERFATY, Christine, *La Mauritanie*, L'Harmattan, collection « À la rencontre de », 1993.

DES FORGES, Alison (réd.), *Aucun témoin ne doit survivre. Le génocide au Rwanda*, Karthala, collection « Hommes et sociétés », 1999/04.

DIOP, Momar Coumba (dir.), *Le Sénégal contemporain*, Karthala, 2002.

EBOUSSI BOULAGA, Fabien, *La Démocratie de transit au Cameroun*, L'Harmattan, 1997.

ELLIS, Stephen, *The Mask of anarchy. The destruction of Liberia and the religious dimension of an African civil war*, C. Hurst and co., 2001.

FAES, Géraldine et SMITH, Stephen *Bokassa Ier, un empereur français*, Calmann-Lévy, 2000.

FALOLA, Toyin, *The History of Nigeria*, Greenwood Press, collection « The Greenwood histories of the modern nations », 1999.

FASSIN, Didier, *Afflictions. L'Afrique du Sud, de l'apartheid au sida*, Karthala, 2004.

GUIGANE, Jean-Pierre (dir.), OTAYEK, René (dir.), SAWADOGO, Filiga (dir.), *Le Burkina entre révolution et démocratie (1983-1993). Ordre politique et changement social en Afrique sub-saharienne*, Karthala, 1996.

JEWSIEWICKI, Bogumil (dir.), MONNIER, Laurent (dir.), VILLERS, Gauthier DE (dir.), *Chasse au diamant au Congo-Zaïre*, L'Harmattan, Institut africain, CEDAF, 2001.

KESTELOOT, Lilyan (éd. et trad.), TRAORE, Amadou (collab.), TRAORE, Jean-Baptiste (collab.), *L'Épopée bambara de Ségou*, L'Harmattan, 1993.

LABAT, Séverine, *Les Islamistes algériens. Entre les urnes et le maquis*, Seuil, 1995.

LAFARGUE, Jérôme, *Contestations démocratiques en Afrique. Sociologie de la protestation au Kenya et en Zambie*, Karthala, collection « Hommes et sociétés » ; Nairobi : IFRA, 1996.

LANOTTE, Olivier, *Guerres sans frontières en République démocratique du Congo*, GRIP, 2003.

LE PAPE, Marc (éd.) et VIDAL, Claudine (éd.), *Côte-d'Ivoire : l'année terrible 1999-2000*, Karthala, collection « Les Afriques », 2002.

LEJEAL, Frédéric, *Le Burkina Faso*, Karthala, collection « Méridiens », 2002.

LEVEAU, Rémy, *Le Fellah marocain, défenseur du trône*, Presses de la Fondation nationale des sciences politiques, collection « Références », 1985.

MARTIN, Denis Constant, *Nouveaux Langages du politique en Afrique orientale*, Karthala ; collection « Hommes et sociétés » ; Nairobi : IFRA, 1998.

MOHSEN FINAN, Khadija, *Sahara occidental. Les enjeux d'un conflit régional*, CNRS, collection « CNRS histoire », 1997.

MONGO, Beti, *La France contre l'Afrique*, La Découverte, 1993.

NDAYWEL E NZIEM, Isidore, *Histoire générale du Congo. De l'héritage ancien à la République démocratique*, Louvain-la-Neuve (Belgique), Duculot, 1998.

NGOUPANDE, Jean-Paul, *Chronique de la crise centrafricaine 1996-1997. Le syndrome Barracuda*, L'Harmattan, collection « Études africaines », 1997.

PANKHURST, Richard, *The Ethiopians*, Blackwell's Publishers, Oxford & Blackwell's Publishers Inc. Malden, Massachusetts, 1998.

PRUNIER, Gérard, *Rwanda, 1959-1996. Histoire d'un génocide*, Dagorno, 1997.

PRUNIER, Gérard (éd.) et GRIGNON, François (éd.), *Le Kenya contemporain*, Karthala, 1998.

REYNTJENS, Filip, *La Guerre des Grands Lacs. Alliances mouvantes et conflits extraterritoriaux en Afrique centrale*, L'Harmattan, 1999.

REYNTJENS, Filip, MARYSSE, Stephaan (dir.), *L'Afrique des Grands Lacs*, L'Harmattan, collection « L'Afrique des Grands Lacs », 2001.

ROPA, Denis, *L'Ouganda de Yoweri Museveni*, L'Harmattan, collection « Études africaines », 1998.

SORRY, Charles E., *Sékou Touré, l'ange exterminateur. Un passé à dépasser*, L'Harmattan, 2000.

TOULABOR, Comi M. (dir.), *Le Ghana de J. J. Rawlings*. Restauration de l'État et renaissance du politique, Karthala. 2000.

VERIN, Pierre, *Madagascar*, Karthala, collection « Méridiens », 2000.

VIDAL, Claudine (dir.), *Les Politiques de la haine : Rwanda, Burundi, 1994-1995*, Gallimard, collection « Les temps modernes », 1995.

VIRCOULON Thierry, *L'Afrique du Sud démocratique ou la réinvention d'une nation*, L'Harmattan, collection « Études africaines », 2005.

WILLAME, Jean-Claude, *Patrice Lumumba. La crise congolaise revisitée*, Karthala, collection « Les Afriques », 1990.

Sources Internet

Sites d'actualité sur l'Afrique

— http://www.africatime.com/
— http://www.africa-onweb.com/pays
— http://www.afrik.com
— http://www.africultures.com/index.asp
— http://www.afrique-express.com
— http://www.congonline.com
— http://www.grioo.com/index.php
— http://www.ipsnews.net/fr/index.asp
— http://www.mbolo.com
— http://www.panapress.com/
— http://www.syfia.info/fr/index.asp
— http://www.woyaa.com/linksfr/index.html
— http://fr.allafrica.com
— http://fr.fc.yahoo.com/a/afrique.html

Presse en ligne

Presse française

— *Le Courrier International* (Afrique) : http://www.courrierint.com/
— *Le Figaro* : www.lefigaro.fr/
— *L'Express* : www.lexpress.fr/Express/
— *Libération* : www.liberation.fr
— *Le Monde* : www.lemonde.fr

— *Le Monde diplomatique* : www.monde-diplomatique.fr
— *Radio France Internationale (RFI)* : www.rfi.fr

Presse étrangère non africaine

— *BBC Afrique* : news.bbc.co.uk/1/hi/world/africa/ default.stm
— *The Financial Times* : news.ft.com/world
— *The Guardian* : www.guardian.co.uk/
— *The Independent* : news.independent.co.uk/
— *The New York Times* : www.nytimes.com/
— *Publico* (Portugal) : www.publico.pt/
— *La Reppublicca* (Italie) : www.repubblica.it/
— *The Times* : www.timesonline.co.uk/
— *Le Soir* (Belgique) : www.lesoir.be/
— *The Wall Street Journal* : http://online.wsj.com/public/us
— *The Washington Post* : www.washingtonpost.com

Presse africaine ou sur l'Afrique

— *Africa International* : http://www.africainternational.info
— *Africa daily* : www.africadaily.com/
— *Africa confidential* : http://www.africa-confidential.com/
— *Africa n° 1* : http://www.africa1.com
— *Jeune Afrique/l'Intelligent* : http://www.jeuneafrique. com
— *Marchés tropicaux* : http://www.moreux.fr

Sites de liens vers la presse africaine

— www.afp.com
— http://www.panos-ao.org/
— www.world-newspapers.com/africa.html
— http://www.courrierint.com/

Revues sur l'Afrique

— *Afriche e Orienti* : www.comune.bologna.it/iperbole/africheorienti
— *Politique africaine* : http://www.politique-africaine.com

— *Cahiers d'études africaines* : http://etudesafricaines.revues.org
— *Clio en Afrique* : http://www.up.univ-mrs.fr/~wclio-af/index.html
— *Lusotopie* : http://www.lusotopie.sciencespobordeaux.fr
— *African Affairs* : http://afraf.oupjournals.org/
— *Journal of Modern African Studies* : http://www.jstor.org/journals/0022278X.html
— *Afrique contemporaine* : http://www.afd.fr/jahia/ Jahia/pid/77
— *Géopolitique africaine* : http://www.african-geopolitics.org
— *Peuples noirs, peuples africains* : http://www.arts. uwa.edu.au/mongobeti

Bases de données

— **Afrique de l'Ouest**, site conçu par des historiens africains : http://www.histoire-afrique.org/
— **Habari**, sélection multidisciplinaire de sites commentés sur l'Afrique : http://www.cean.sciencespobordcaux.fr
— Site **Gallica** de la Bibliothèque nationale de France (Voyages en Afrique), découverte de l'Afrique à travers les récits des voyageurs : 900 volumes de textes, 30 titres de revues, 80 cartes, 20 heures d'enregistrements sonores, 6 500 photographies... : http://gallica.bnf.fr/VoyagesEnAfrique/

Organismes officiels

France

— Agence française de développement (AFD) : www.afd.fr/

— Assemblée nationale : www.assemblee-nationale.fr/

— Haut Conseil de la Coopération internationale : www.hcci.gouv.fr/

— Ministère des Affaires étrangères : www.diplomatie.gouv.fr

— Ministère de la Défense : www.defense.gouv.fr/

— Ministère de l'Économie : www.minefi.gouv.fr/

— Organisation internationale de la Francophonie : www.francophonie.org

— Sénat : www.senat.fr/

Afrique

— Commission économique des États d'Afrique de l'Ouest : www.ecowas.int/

— Investir en zone franc [Site portail pour les entreprises qui souhaitent investir en Afrique, créé en 1998 par la Commission de l'Union économique et monétaire ouest-africaine (UEMOA) et par le Secrétariat exécutif de la Communauté économique et monétaire de l'Afrique centrale (CEMAC)] : http://www.izf.net

— Union africaine : www.africa-union.org/

Organismes d'intégration régionale

— http://www.nepad.org/2005/fr/home.php

— http://www.cedeao.org

— http://www.cemac.cf

— http://www.eac.int

— http://www.sadc.int

— http://www.uemoa.int/index.htm

Grande-Bretagne

— Department for international development (DFID) : www.dfid.gov.uk/

— Foreign and Commonwealth Office : www.fco.gov.uk

— Ministère de la Défense : www.mod.uk/

États-Unis

— CIA : www.odci.gov/

— US Defense Department : www.defenselink.mil/

— US Embassy in France : www.amb-usa.fr/irc/defense/periodicals.htm

— US Senate : www.senate.gov/

— US State Department : www.state.gov/

Organismes internationaux

— Banque mondiale : www.worldbank.org

— Commission économique pour l'Afrique : www.uneca.org/era2002/kit/

— Fonds monétaire international : www.imf.org

— Organisation de coopération et de développement économique : www.oecd.org/

— Organisation des Nations unies : www.un.org

— Union européenne : www.europa.eu.int/

Divers (ONG et fondations)

— Agir Ici : www.agirici.org/

— ATTAC : attac.org/france/nouveau.htm

— Amnesty International : www.amnesty.org/

— CCFD : www.ccfd.asso.fr/

— Coordination sud : www.coordinationsud.org/

— FIDH : www.fidh.org/

— The Global Site : www.theglobalsite.ac.uk/

— Global Witness : www.oneworld.org/globalwitness/

— Human Rights Watch : www.hrw.org/

— International Crisis Group (ICG) : www.intl-crisis-group.org/

— IRIN : www.irinnews.org/

— Médecins du monde : www.medecinsdumonde.org/

— Médecins sans frontières (MSF) : www.paris.msf.org/

— Reporters sans frontières (Afrique) : http://www.rsf.org/rubrique.php3 ?id—rubrique=23

— Réseau des centres de documentation pour le développement et la solidarité internationale (Ritimo) : www.globenet.org/ritimo/

— SIPRI : www.sipri.se/

— Survie : http://www.survie-france.org

Centres de recherche et d'enseignement supérieur sur l'Afrique

France

— Association française de sciences politiques : www.afsp.msh-paris.fr

— Centre d'études de l'Afrique noire (CEAN) : www.cean.u-bordeaux.fr

— Africanti (CNRS-CEAN) : http://www.africanti.org

— Centre d'études et de recherches internationales (CERI) : www.ceri-sciences-po.org

— Institut de recherche pour le développement (IRD) : www.ird.fr

— Centre d'études africaines de l'École des hautes études en sciences sociales : http://www.ehess.fr/centres/ceaf/index.html

— MALD, Mutations africaines dans la longue durée, UMR 8054 CNRS/Université de Paris-I : http://mald.univ-paris1.fr

— Université Paris-X (pôles géographique et anthropologique) : http://www.u-paris10.fr

— Laboratoire sociologie, histoire, anthropologie des dynamiques culturelles à l'EHESS de Marseille : http://durandal.cnrs-mrs.fr/shadyc/axes.html

— Sociétés en développement dans l'espace et dans le temps (Le Sedet de Jussieu, Paris 7) : http://www.sedet.cicrp.jussieu.fr/sedet/Afrilab/Accueil.htm

— Le Centre de recherche et d'études sur les pays d'Afrique orientale (le Crepao de Pau) : http://www.univ-pau.fr/RECHERCHE/CREPAO/lecrepao.htm

— L'Observatoire des relations internationales, du développement et de la francophonie (Oridef de Paris 5) : http://www.droit.univparis5.fr/HTMLpages/recherche/O-RIDEF

— Le Centre d'observation des économies africaines (Cobea de paris-Sud 11, Orsay) : http://www.iut-orsay.fr/cobea/Welcome.html

— Géotropiques de l'université Paris-X (Nanterre) : http://www.geotropiques.net

— Économie du développement et de la transition (EDT) de l'université Paris-X (Nanterre) : http://forum.u-paris10.fr/fr/departements/developpement/index.asp

— Institut d'études africaines (IEA d'Aix-Marseille Provence) : http://www.mmsh.univ-aix.fr/iea

— Systèmes de pensée en Afrique noire (SPAN d'Ivry-sur-Seine), CNRS : http://www.ivry.cnrs.fr/spafrican

Allemagne

— Institut d'études africaines (Hambourg) : http://www.duei.de/iak/show.php

— Centre d'études africaines (Bayreuth) : http://www.uni-bayreuth.de/Afrikanologie/IAS/e-index.html

— Centre d'études africaines (Leipzig) : http://www.uni-leipzig.de/~afrika/

— Institut Max-Planck d'anthropologie sociale : http://www.eth.mpg.de/

— Association allemande des chercheurs sur l'Afrique : http://www.vad-ev.de/

Afrique

— IRMC (Institut de recherche sur le Maghreb contemporain) : http://www.irmcmaghreb.org

— Council for the Development of Social Sciences in Africa (CODESRIA) : www.codesria.org/

— Wits Institute for Social and Economic Research : http://wiserweb.wits.ac.za/

— Enda Tiers-Monde au Sénégal : http://www.enda.sn/

— Observatoire de l'Afrique centrale (OBSAC) : www.obsac.com/

Grande-Bretagne

— School of Oriental and African Studies (SOAS) : www.soas.ac.uk

— London School of Economics and Politics (LSE) : http://www.lse.ac.uk

— Centre d'études africaines de l'université de Cambridge : http://www.african.cam.ac.uk/

Belgique

— Association belge des africanistes : www.africana.be

Italie

— Institut italien sur l'Afrique et l'Orient : http://www.isiao.it/

— Institut universitaire pour l'Orient (Naples) : http://www.iuo.it/

Pays-Bas

— Afrika-Studiecentrum de Leyde : http://www.ascleiden.nl

Portugal

— Centre d'études sur l'Afrique et le sous-développement (Lisbonne) : http://pascal.iseg.utl.pt/~cesa/

— Institut de recherche tropicale (Lisbonne) : http://www.iict.pt

— Centre d'études africaines de l'Institut supérieur des sciences du travail et de l'entreprise (Lisbonne) : http://www.cea.iscte.pt

— Centre d'études africaines de l'Université de Porto (Porto) : http://www.letras.up.pt/ceaup/

Divers

— Chronologie annuelle de l'Afrique (La Documentation française) : http://www.ladocumentationfrancaise.fr/monde/chronologies/afrique-2005.shtml

— Perspectives Sud (bibliographie des Afriques d'aujourd'hui) : http://perspectivessud.sciencespobordeaux.fr/ www/index.h

Table des cartes

Table des matières

Composition réalisée par NORD COMPO

IMPRIMÉ EN ESPAGNE PAR LIBERDUPLEX
Barcelone
Hachette Littératures – 31, rue de Fleurus – 75006 Paris
Dépôt légal éditeur : 73856-10/06
Édition 01
ISBN : 2-0127-9270-7

